Herrler/Hertel/Kesseler

Aktuelles Immobilienrecht 2020

Aktuelles Immobilienrecht 2020

in der Gestaltungspraxis

von

Sebastian Herrler
Notar in München

Christian Hertel, LL.M. (George Washington University)
Notar in Weilheim

Prof. Dr. Christian Kesseler
Notar in Düren, Honorarprofessor an der Universität Trier

mit Beiträgen von

Prof. Dr. Jan Eickelberg
Hochschule für Wirtschaft und Recht Berlin

Prof. Dr. Christian Heinze
Leibniz Universität Hannover

Prof. Dr. Stefan Hügel
Notar in Weimar, Honorarprofessor an der Friedrich-Schiller-Universität Jena

Martin Thelen
Notarassessor, Bundesnotarkammer, Berlin

Dr. Johannes Weber
Notar in Freiburg/Breisgau

2020

C.H.BECK

Zitiervorschlag:
Herrler/Hertel/Kesseler ImmobilienR 2020/*Bearbeiter* S. …

www.beck.de

ISBN 978 3 406 75310 7

Wilhelmstraße 9, 80801 München
Druck und Bindung: Druckhaus Nomos
In den Lissen 12, D-76547 Sinzheim

Satz: 3w+p GmbH, Rimpar
Umschlaggestaltung: Druckerei C.H.Beck Nördlingen

chbeck.de/nachhaltig

Gedruckt auf säurefreiem, alterungsbeständigem Papier
(hergestellt aus chlorfrei gebleichtem Zellstoff)

Vorwort

Vorliegender Band enthält die erweiterte Fassung des Skripts der Vortragsreihe „Aktuelle Probleme der notariellen Vertragsgestaltung im Immobilienrecht" des DAI (Deutsches Anwaltsinstitut), Fachinstitut für Notare, des Jahres 2020.

Für die Buchfassung haben wir das Skript nochmals erheblich erweitert und um die aus den Diskussionen gewonnenen Erkenntnisse ergänzt:

- Viele Teile sind deutlich ausführlicher geworden, andere – insbesondere der Teil zum Verkauf mit Weiternutzung (Verkauf mit Wohnungsrecht und Leibrente) – wurden neu aufgenommen.
- Wichtige zwischenzeitliche Entwicklungen zu den besprochenen Themen haben wir nachgetragen, insbesondere den Regierungsentwurf zur WEG-Reform.
- Außerdem haben wir in das Buch gleich am Anfang ein Readers' Digest aufgenommen, welches dem eiligen Leser einen schnellen Zugriff auf alle behandelten Themen ermöglicht und den daraus folgenden Anpassungsbedarf für die Vertragsmuster bzw. die Büroorganisation skizziert.

Wir freuen uns, dass wir dieses Jahr mehrere Gastautoren für Gastbeiträge gewinnen konnten – in alphabetischer Reihenfolge:

- Prof. Dr. *Jan Eickelberg* zu Veräußerungen durch den Testamentsvollstrecker,
- Prof. Dr. *Christian Heinze* zu Grundstücksgeschäften mit ausländischen Beteiligten,
- Notar Prof. Dr. *Stefan Hügel* zu Änderungsvollmachten im Bauträgervertrag,
- Notarassessor *Martin Thelen* zum Geldwäschegesetz und
- Notar Dr. *Johannes Weber* zur Nacherbenzustimmung zu Verfügungen des Vorerben.

Dank ihrer Beiträge gibt dieses Buch einen noch umfassenderen Überblick über die aktuelle Rechtsentwicklung im Immobilienrecht.

Wir hoffen, auch mit dem diesjährigen Band eine Hilfe von Praktikern für Praktiker geben zu können.

Für Anregungen, Hinweise und Kritik, auch und gerade für die Themenwahl in den Folgejahren, sind wir stets dankbar (aktuellesimmorecht@brienner13.de).

München, Weilheim und Düren, im Juli 2020

Sebastian Herrler *Christian Hertel* *Christian Kesseler*

Inhaltsübersicht

E. Wohnungseigentum und Erbbaurecht

F. Allgemeines Grundstücksrecht/Beschränkte dingliche Grundstücksrechte

G. Grundbuchrecht

H. Steuerrecht und Öffentliches Recht

I. Beurkundungsverfahren und Insolvenzrecht

J. Geldwäschebekämpfung durch Notare bei Immobiliengeschäften

Inhaltsverzeichnis

B. Grundstücksgeschäfte mit ausländischen Beteiligten

C. Bauträgervertrag

D. Überlassungsvertrag

E. Wohnungseigentum und Erbbaurecht

F. Allgemeines Grundstücksrecht/Beschränkte dingliche Grundstücksrechte

G. Grundbuchrecht

H. Steuerrecht und Öffentliches Recht

I. Beurkundungsverfahren und Insolvenzrecht

J. Geldwäschebekämpfung durch Notare bei Immobiliengeschäften

Literaturverzeichnis

Bauer/Schaub/*Bearbeiter* .... *Bauer/Schaub,* GBO Grundbuchordnung, Kommentar, 4. Aufl. 2018

BeckNotar-HdB/*Bearbeiter* .... *Heckschen/Herrler/Münch,* Beck'sches Notar-Handbuch, 7. Aufl. 2019

BeckOF Vertrag/*Bearbeiter* .... *Weise/Krauß,* Beck'sche Online-Formulare Vertrag, 52. Edition 2020

BeckOGK/*Bearbeiter* .... *Gsell/Krüger/Lorenz/Reymann,* beck-online.GROSSKOMMENTAR, laufend aktualisiert

BeckOK BGB/*Bearbeiter* .... *Bamberger/Roth/Hau/Poseck,* Beck'scher Online-Kommentar BGB, 54. Ed. Stand 1.5.2020

BeckOK EStG/*Bearbeiter* .... *Kirchhof/Kulosa/Ratschow,* Beck'scher Online-Kommentar EStG, 7. Ed. Stand 1.5.2020

BeckOK GBO/*Bearbeiter* .... *Hügel,* Beck'scher Online-Kommentar GBO, 39. Ed. Stand 1.6.2020

BeckOK WEG/*Bearbeiter* .... *Timme,* Beck'scher Online-Kommentar WEG, 41. Ed. Stand 1.5.2020

Demharter .... *Demharter,* Grundbuchordnung, 31. Aufl. 2018

Herrler/Hertel/Kesseler/*Bearbeiter* ImmobilienR 2013/2014 .... *Herrler/Hertel/Kesseler,* Aktuelle Probleme der notariellen Vertragsgestaltung im Immobilienrecht 2013/2014, DAI-Tagungsskript Februar/März 2014

Herrler/Hertel/Kesseler/*Bearbeiter* ImmobilienR 2014/2015 .... *Herrler/Hertel/Kesseler,* Aktuelle Probleme der notariellen Vertragsgestaltung im Immobilienrecht 2014/2015, DAI-Tagungsskript Februar/März 2015

Herrler/Hertel/Kesseler/*Bearbeiter* ImmobilienR 2015/2016 .... *Herrler/Hertel/Kesseler,* Aktuelle Probleme der notariellen Vertragsgestaltung im Immobilienrecht 2015/2016, DAI-Tagungsskript Februar/März 2016

Herrler/Hertel/Kesseler/*Bearbeiter* ImmobilienR 2016/2017 .... *Herrler/Hertel/Kesseler,* Aktuelle Probleme der notariellen Vertragsgestaltung im Immobilienrecht 2016/2017, DAI-Tagungsskript Februar/März 2017

Herrler/Hertel/Kesseler/*Bearbeiter* ImmobilienR 2017/2018 .... *Herrler/Hertel/Kesseler,* Aktuelle Probleme der notariellen Vertragsgestaltung im Immobilienrecht 2017/2018, DAI-Tagungsskript Februar/März 2018

Herrler/Hertel/Kesseler/ *Bearbeiter* ImmobilienR 2019	*Herrler/Hertel/Kesseler,* Aktuelles Immobilienrecht 2019 in der Gestaltungspraxis, 2019
KEHE/*Bearbeiter*	*Keller/Munzig,* Grundbuchrecht, 8. Aufl. 2019
Krauß Immobilienkaufverträge	*Krauß,* Immobilienkaufverträge in der Praxis, 8. Aufl. 2017
Meikel/*Bearbeiter*	*Meikel,* GBO Grundbuchordnung, Kommentar, 11. Aufl. 2015
MüKoBGB/*Bearbeiter*	*Säcker/Rixecker/Oetker/Limperg,* Münchener Kommentar zum Bürgerlichen Gesetzbuch, 8. Aufl. 2018 ff.
MVHdB V BürgerlR I/ *Bearbeiter*	*Herrler,* Münchener Vertragshandbuch Band 5: Bürgerliches Recht I, 8. Aufl. 2020
MVHdB VI BürgerlR II/ *Bearbeiter*	*Herrler,* Münchener Vertragshandbuch Band 6: Bürgerliches Recht II, 8. Aufl. 2020
Palandt/*Bearbeiter*	*Palandt,* Bürgerliches Gesetzbuch, 79. Aufl. 2020
Schöner/Stöber GrundbuchR	*Schöner/Stöber,* Grundbuchrecht, 15. Aufl. 2012
Soergel/*Bearbeiter*	*Soergel,* Bürgerliches Gesetzbuch mit Einführungsgesetz und Nebengesetzen, 13. Aufl. 2000 ff.
Staudinger/*Bearbeiter*	*Staudinger,* Kommentar zum Bürgerlichen Gesetzbuch mit Einführungsgesetz und Nebengesetzen, Neubearbeitung 1993 ff.
Winkler BeurkG	*Winkler,* Beurkundungsgesetz, Kommentar, 19. Aufl. 2019
WürzNotar-HdB/ *Bearbeiter*	*Limmer/Hertel/Frenz/Mayer,* Würzburger Notarhandbuch, 5. Aufl. 2017

Aktuelles Immobilienrecht 2020
Folgen für die Vertragsgestaltung

Welche Folgen wir aus den in diesem Jahr besprochenen Gesetzesänderungen und Entscheidungen für die Vertragsgestaltung (oder für Vorbereitung und Vollzug der Verträge) ziehen, haben wir nachstehend jeweils in wenigen Sätzen schlagwortartig zusammengefasst. Nicht alles davon ist neu. Vieles wiederholt und bestätigt nur, was ohnehin bereits gängige Gestaltungspraxis ist, erscheint uns aber gleichwohl erwähnens- und wissenswert. Soweit sich aus einer Entscheidung keine Konsequenzen für die Vertragsgestaltung ergeben, ist sie nachstehend nicht eigens erwähnt.

A. Grundstückskauf

1. Vorsicht, wenn Beteiligte behaupten, Vertragsklauseln seien individuell ausgehandelt

Bei Rechtsgeschäften zwischen zwei Unternehmern erhält der Notar manchmal einen Vertragsentwurf von einer Partei. Auf Nachfrage wird ihm nicht selten mitgeteilt, die Regelungen seien zwischen den Beteiligten im Einzelnen ausgehandelt. Häufig finden sich darin Klauseln, die als AGB unwirksam wären. Denn auch bei Rechtsgeschäften zwischen zwei Unternehmern findet eine AGB-Kontrolle statt (§ 310 BGB). §§ 308, 309 BGB gelten zwar nicht unmittelbar, geben aber Anhaltspunkte für die AGB-Kontrolle. Die AGB-Kontrolle entfällt bei gestellten Klauseln nur, soweit die betreffende Klausel vom AGB-Verwender ernsthaft zur Disposition gestellt wurde (§ 305 Abs. 1 S. 3 BGB), also der AGB-Verwender zur Änderung bereit war. Es genügt nicht, dass nur über andere Klauseln verhandelt wurde.

Da der Notar idR nicht feststellen kann, ob und worüber die Beteiligten vorab verhandelt haben, empfiehlt sich ein Hinweis in der Urkunde, wenn der Vertrag Klauseln enthält, die nur als Individualabreden zulässig sind, hingegen in AGB unwirksam wären.

BGH Urt. v. 19. 3. 2019 – XI ZR 9/18

BGH Urt. v. 11. 7. 2019 – VII ZR 266/17

OLG Celle Urt. v. 2. 10. 2019 – 14 U 94/19

ImmobilienR 2020 S. 17 ff. *(Herrler)*

2. Höhe des Mietzinses in Urkunde angeben (bei Verkauf vermieteter Immobilie)

Bei einer vermieteten Immobilie empfiehlt sich, in der Urkunde die Miethöhe (plus Nebenkosten) betragsmäßig zu benennen – sinnvollerweise sowohl die derzeit geschuldete wie die derzeit gezahlte Miete. Zwar haftet der Verkäufer auch bei einer Falschangabe außerhalb der Urkunde. Die ausdrückliche Angabe in der Urkunde selbst vermeidet jedoch Missverständnisse und vereinfacht die Beweislage für beide Vertragsparteien.

Formulierungsbeispiel:
Die in Übereinstimmung mit den gesetzlichen Regelungen (insbesondere §§ 556d ff. BGB) vereinbarte und derzeit vom Mieter gezahlte Nettokaltmiete beträgt ... Euro zuzüglich ... Euro Nebenkostenvorauszahlung monatlich. Der Verkäufer übernimmt keine Gewähr für den künftigen Mieteingang.

OLG Köln Urt. v. 29.11.2018 – 3 U 24/18
ImmobilienR 2020 S. 33 ff. *(Herrler)*

3. Öffentliche Äußerungen im Vorfeld eines Grundstückskaufvertrags

Verkäufer, Bauträger und Makler sollten für die Relevanz vorvertraglicher öffentlicher Eigenschaftsangaben, insbesondere in einem Exposé oder einer Internetanzeige, sensibilisiert werden. Umgekehrt sollte dem Käufer einer Gebrauchtimmobilie bereits im Vorfeld der Beurkundung deutlich vor Augen geführt werden, dass der Verkäufer grundsätzlich nicht für etwaige Erwartungen an die Beschaffenheit des Kaufgegenstands aufgrund vorvertraglicher Äußerungen einzustehen hat und der Käufer daher ggf. Erkundigungen anstellen muss.

Formulierungsbeispiel:
Vorvertragliche Angaben zum Vertragsgegenstand, insbesondere in Exposés oder Internetanzeigen, sind unverbindlich und nicht Vertragsinhalt. Sie begründen keine vertragliche Haftung des Verkäufers, soweit sich nicht aus zwingenden gesetzlichen Vorschriften, insbesondere bei Arglist, etwas anderes ergibt. Dem Verkäufer ist nicht bekannt, dass im Vorfeld des Vertrags (zum Beispiel im Exposé) gemachte Angaben unrichtig sind. *[Bei Bedarf ausdrückliche Korrektur fehlerhafter Angaben, § 434 Abs. 1 S. 3 Hs. 2 Var. 2 BGB].*

BGH Urt. v. 25.1.2019 – V ZR 38/18
ImmobilienR 2020 S. 39 ff. *(Herrler)*

4. Hohe Anforderungen an Arglist auch beim Fachmann

Der Käufer kann sich selbst bei einem fachkundigen Verkäufer nicht ohne Weiteres auf dessen Angaben zum Kaufgegenstand verlassen („trotz Eigenleistungen Stand der Technik beachtet"), da der Haftungsausschluss nach dem BGH nur dann gemäß § 444 BGB durchbrochen wird, wenn es gelingt, dem Verkäufer ein zumindest bedingt vorsätzliches Handeln nachzuweisen. Derartige (preisrelevante) Erklärungen des Verkäufers sollten daher im Zweifel als Beschaffenheitsvereinbarungen in die Urkunde aufgenommen bzw. der Käufer sollte dafür sensibilisiert werden, dass derartige Angaben ohne Verankerung in der Urkunde bei einem weitreichenden Haftungsausschluss faktisch weitgehend wertlos sind.

BGH Urt. v. 14.6.2019 – V ZR 73/18
ImmobilienR 2020 S. 57 ff. *(Herrler)*

5. Verkauf mit Weiternutzung (Wohnungsrecht und Leibrente)

Für eine Verwertung einer Immobilie unter gleichzeitiger Weiternutzung gibt es drei Gestaltungsvarianten; letztere mit zwei Untervarianten:

1. **Immobiliarverzehrkredit:**
   – Die bloße Kreditaufnahme beschränkt den Eigentümer am wenigsten.
   – Sie erlaubt aber wahrscheinlich weniger als ein Verkauf mit Rückvermietung, den Wert der Immobilie auszuschöpfen.
   – Ist der Wert der Immobilie deutlich höher als der Geldbedarf des Eigentümers, ist eine Kreditaufnahme für den Eigentümer mE die beste Lösung.
2. **Verkauf mit Rückvermietung:**
   – Bei einem Verkauf mit Rückvermietung ist die Preisbildung transparent und klar. Egal wie lange der Verkäufer lebt, läuft hier keiner der Beteiligten Gefahr, wegen unerwartet hoher oder kurzer Lebensdauer zu viel zu zahlen oder zu wenig zu erhalten.
   – Im Mietvertrag ist die ordentliche Kündigung des Vermieters auf Lebenszeit des Verkäufers (und dessen Ehegatten) auszuschließen. Das Besitzrecht des Mieters ist durch ein dingliches Wohnungsrecht abzusichern.
   – Als einziges Risiko des Verkäufers verbleibt, falls ihm das Geld anders als erwartet vor seinem Tod ausgeht und er sich daher die Miete nicht mehr leisten kann.
3. **Verkauf gegen Wohnungsrecht oder Nießbrauch:**
   – Ein Kauf auf Wohnungsrecht und/oder Leibrente ist für Verkäufer wie Käufer ein Risikogeschäft, weil niemand zuvor weiß, wie lange der Verkäufer lebt. (Bei einem Verkauf unter nahen Angehörigen, etwa wenn der Neffe von der Tante kauft, wird dies den Beteiligten egal sein, da es ihnen dann nicht auf das genaue Wertverhältnis ankommt).
   – Tendenziell dürften die Beteiligten hier für Wohnungsrecht und Leibrente zu hohe Abschläge vornehmen – der Käufer als Risikoabschlag, der Verkäufer weil ihm die Sicherheit bis zum Lebensende mehr wert ist als eine bestmögliche Verwertung.
   – Idealerweise erhält der Verkäufer das Recht zur „Kündigung" seines Wohnungsrechtes. Sonst muss er zumindest zur Vermietung berechtigt sein.
4. **Verkauf gegen Leibrente:**
   – Der Verkauf gegen Leibrente birgt dieselben Bewertungsprobleme wie das Wohnungsrecht. In der Praxis dürften die Käufer hier häufig deutliche Bewertungsabschläge durchsetzen.
   – Die Leibrente ist durch Reallast im Rang nach dem Wohnungsrecht/Nießbrauch abzusichern.
   – Dem Verkäufer sollte ein vertragliches Rücktrittsrecht bei Nichtzahlung der Leibrente eingeräumt und durch Vormerkung abgesichert werden.

ImmobilienR 2020 S. 61 ff. *(Hertel)*

6. Keine Abtretung des Kaufpreisanspruchs an abzulösende Gläubiger

Üblicherweise wird zur Ablösung dinglicher Gläubiger der Kaufpreisanspruch dahingehend modifiziert, dass der Käufer berechtigt und bei Kaufpreisfälligkeit auch verpflichtet ist, die von den abzulösenden Gläubigern geforderten Beträge an diese in Anrechnung auf den Kaufpreis zu zahlen.

Abzuraten ist hingegen, den Kaufpreisanspruch selbst an den abzulösenden Gläubiger abzutreten. Dadurch können Störungen im Verhältnis der Kaufvertragsparteien unmittelbar auf den abzulösenden Gläubiger durchschlagen und sich dieser schlimmstenfalls einer Bereicherungsforderung des Käufers ausgesetzt sehen.

BGH Urt. v. 20. 3. 2019 – VIII ZR 88/18

ImmobilienR 2020 S. 87 ff. *(Kesseler)*

7. Berechnungstool des BMF zur Kaufpreisaufteilung auf Grundstück und Gebäude

Erscheint dem Notar die vom Käufer gewünschte (und vom Verkäufer hingenommene) Kaufpreisaufteilung zwischen Grundstück und Gebäude allzu gewagt, so kann er darauf hinweisen, dass das Berechnungstool des Bundesfinanzministeriums zur Kaufpreisaufteilung jedenfalls nach einer Entscheidung des FG Berlin-Brandenburg das reale Wertverhältnis von Grundstück und Gebäude indiziert.

FG Berlin-Brandenburg Urt. v. 14. 8. 2019 – 3 K 3137/19

ImmobilienR 2020 S. 97 ff. *(Hertel)*

8. Veräußerung von Grundbesitz durch den Testamentsvollstrecker

Das Testamentsvollstrecker-Zeugnis wird mit der Beendigung des Amts des Testamentsvollstreckers kraftlos (vor allem Erledigung, Zeitablauf, Kündigung, Entlassung; Geschäftsunfähigkeit des Testamentsvollstreckers, Betreuerbestellung). Einen guten Glauben an den Fortbestand der Stellung des Testamentsvollstreckers ist nicht geschützt. Eine Eintragung im Grundbuch darf nur erfolgen, wenn die Verfügungsbefugnis zum Zeitpunkt der Eintragung noch gegeben ist; § 878 BGB wird nach hM nicht analog angewandt. Hierauf gilt es insbesondere bei der Veräußerung eines Grundstücks durch den Testamentsvollstrecker zu reagieren.

Unentgeltliche Verfügungen sind dem Testamentsvollstrecker untersagt, außer, alle Erben (und Vermächtnisnehmer?) stimmen zu.

Im Zeitpunkt der Eintragung im Grundbuch darf die Gültigkeitsfrist des Europäischen Nachlasszeugnisses noch nicht abgelaufen sein (denkbare Reaktion der Praxis: Voreintragung; Hinwirkung auf beschleunigte Bearbeitung bei Grundbuchamt; vorsorgliche Verlängerung des Europäischen Nachlasszeugnisses bei der ausstellenden Behörde).

KG v. 3. 9. 2019 – 1 W 161/19
OLG Köln v. 18. 11. 2019 – 2 Wx 337/19

ImmobilienR 2020 S. 104 ff. *(Eickelberg)*

9. Die Nacherbenzustimmung zur Verfügung des Vorerben – unwiderruflich und endgültig wirksam?

Hat der Nacherbe seine Zustimmung zu einer Verfügung des Vorerben über Grundbesitz erteilt, ist er an diese Zustimmung gebunden. Verliert er die Zustimmungskompetenz vor der Vollendung des Rechtserwerbs im Grundbuch, etwa durch eine insolvenzrechtliche Verfügungsbeschränkung oder den Übergang des Nacherbenanwartschaftsrechts auf einen Dritten oder einen Ersatznacherben, ist dies unbeachtlich. Bei einer Auflassungsvormerkung kann ein Wirksamkeitsvermerk eingetragen und mit Vollzug der Auflassung der Nacherbenvermerk gelöscht werden.

BGH Beschl. v. 6. 12. 2018 – V ZB 134/17

ImmobilienR 2020 S. 112 ff. *(Weber)*

10. Kein Ergänzungspfleger nur für Bekanntgabe der familiengerichtlichen Genehmigung erforderlich

Bei Beteiligung eines Minderjährigen sind zwei Rechtsfragen streng zu unterscheiden: Zum einen, ob ein Ergänzungspfleger erforderlich ist (weil die Eltern von der Vertretung ausgeschlossen sind, weil sie oder ein Großelternteil auf der anderen Vertragsseite stehen) – zum anderen, ob eine familiengerichtliche Genehmigung erforderlich ist (insbesondere wenn der Minderjährige ein Grundstück veräußert oder entgeltlich erwirbt).

BGH Beschl. v. 3.4.2019 – XII ZB 359/17

ImmobilienR 2020 S. 118 ff. *(Hertel)*

11. Unanwendbarkeit von § 566 BGB bei Auseinandersetzung vermieteter Immobilie (zB Miteigentümer, Erbengemeinschaft)

Wird eine vermietete Immobilie an einen bisherigen Miteigentümer veräußert (zB bei einer Auseinandersetzung zwischen Ehegatten) oder an einen bisher bereits in (nicht rechtsfähiger) Gesamthand Mitberechtigten (Erbengemeinschaft), so gilt § 566 BGB nicht. Für den Mieter ist das kein Problem, weil sein Mietvertrag weitergilt. Ein Problem ist es hingegen für den erwerbenden Mitberechtigten: Denn der veräußernde Miteigentümer bleibt Vermieter, der Erwerber kann die Rechte als Vermieter nur zusammen mit dem Veräußerer wahrnehmen.

Eine Vertragsübernahme wäre die beste Lösung, bedarf aber der Zustimmung des Mieters. Daher sollte der Veräußerer den Erwerber ermächtigen, alle Rechte als Vermieter auch in seinem Namen auszuüben – und umgekehrt der Erwerber sich verpflichten, den Veräußerer von allen Verpflichtungen aus dem Mietvertrag freizustellen.

Formulierungsbeispiel:

Der Notar belehrte, dass der Veräußerer im Außenverhältnis gegenüber dem Mieter weiterhin Mit-Vermieter bleibt, wenn der Erwerber bisher bereits Vermieter war (zum Beispiel bei Auseinandersetzung zwischen Miteigentümern oder Erbengemeinschaft).

Die Beteiligten vereinbaren, dass der Erwerber anstelle des Veräußerers den Vertrag übernimmt, sofern der Mieter dem zustimmt. Ansonsten soll die Vertragsübernahme jedenfalls im Innenverhältnis zwischen den heutigen Vertragsparteien gelten und verpflichtet sich der Erwerber, den Veräußerer von allen Verpflichtungen aus dem Mietverhältnis freizustellen. Umgekehrt ermächtigt der Veräußerer den Erwerber, alle Rechte aus dem Mietvertrag auszuüben und alle Erklärungen für ihn abzugeben und entgegenzunehmen, insbesondere zu Mietvertragsänderung, Mieterhöhung, Kündigung oder Aufhebung.

BGH Beschl. v. 9.1.2019 – VIII ZB 26/17

ImmobilienR 2020 S. 124 ff. *(Herrler)*

12. Vertragliches Rücktrittsrecht bei Nichtzahlung der Grunderwerbsteuer durch den Erwerber möglich, aber nicht erforderlich

Sollte der Käufer die Grunderwerbsteuer nicht zahlen und deshalb der Verkäufer vom Finanzamt in Anspruch genommen werden (obwohl sich der Käufer vertraglich zur Übernahme der Grunderwerbsteuer verpflichtet hat), so kann der Verkäufer bereits kraft Gesetzes zurücktreten. Ein eigenes vertragliches Rücktrittsrecht ist im Regelfall nicht erforderlich. Wird dennoch ein vertragliches Rücktrittsrecht vereinbart, sollte genau geregelt werden, unter welchen Voraussetzungen es ausgeübt werden kann.

OLG Brandenburg Urt. v. 28.3.2019 – 5 U 55/18

ImmobilienR 2020 S. 127 ff. *(Herrler)*

13. Geplante Änderung der Grunderwerbsteuer

Wird bisher bei der Veräußerung von Gesellschaftsanteilen erst bei Überschreitung der 95%-Anteilsveränderung Grunderwerbsteuer ausgelöst, so dürfte die Schwelle künftig auf 90% sinken.

ImmobilienR 2020 S. 133 ff. *(Kesseler)*

14. Keine Rückzahlung der Grunderwerbsteuer, wenn Ersterwerber ihm verbleibende Rechtsposition im eigenen wirtschaftlichen Interesse verwertet

Wird ein Grundstückserwerb binnen zwei Jahren nach Vertragsschluss wieder aufgehoben, so wird nach § 16 Abs. 1 Nr. 1 GrEStG keine Grunderwerbsteuer festgesetzt bzw. die Steuerfestsetzung wieder aufgehoben. Dies gilt aber nicht, wenn der Ersterwerber eine ihm verbliebene Rechtsposition aus dem ursprünglichen Kaufvertrag in seinem eigenen (wirtschaftlichen) Interesse verwertet hat – etwa indem er bestimmt, wer an seiner Stelle das Grundstück erwirbt. Gefährlich sind vor allem Konstellationen, in denen der neue Kaufvertrag zugleich mit der Aufhebung des alten Kaufvertrages abgeschlossen wird.

BFH Urt. v. 19.9.2018 – II R 10/16

ImmobilienR 2020 S. 135 ff. *(Kesseler)*

15. Ausnahme für Spekulationssteuer bei eigener Wohnnutzung

Anders als man nach dem Gesetzeswortlaut annehmen könnte, liegt eine Ausnahme von der Einkommensteuerpflicht bei Veräußerung einer Immobilie nicht erst bei einer Wohnnutzung innerhalb der letzten drei (angefangenen) Kalenderjahre vor, sondern bereits wenn das Vertragsobjekt im Jahr der Veräußerung und in den beiden vorangegangenen Jahren, das heißt in einem zusammenhängenden Zeitraum innerhalb der letzten drei Kalenderjahre, der nicht die vollen drei Kalenderjahre umfassen muss, zu eigenen Wohnzwecken genutzt wurde.

BFH Urt. v. 3.9.2019 – IX R 10/19

ImmobilienR 2020 S. 141 ff. *(Hertel)*

B. Grundstücksgeschäfte mit ausländischen Beteiligten

16. Güterstand der Erwerber

Kaufen Beteiligte, die (möglicherweise) in einem ausländischen Ehegüterstand leben, so muss der Notar – wenn nicht sowohl die Anknüpfung nach Art. 15 EGBGB aF (nach der gemeinsamen Staatsangehörigkeit bei Heirat) wie nach Art. 26 EuGüVO (nach dem ersten gemeinsamen gewöhnlichen Aufenthalt nach Eheschließung) zum selben Ergebnis führen, danach fragen, wann die Ehegatten geheiratet haben (ob vor oder ab dem 29. 1. 2019).

Wertvolle Hilfestellungen zum IPR und zum Ehegüterrecht der europäischen Staaten gibt die Website www.couples-europe.eu/, die von der CNUE (Konferenz der Notariate der Europäischen Union) in Zusammenarbeit mit der Universität Graz und des Europäischen Notariellen Netzwerks mit Fördermitteln der Europäischen Union erstellt wurde.

ImmobilienR 2020 S. 159 ff., S. 168 ff. *(Heinze)* und S. 162 ff. *(Hertel)*

C. Bauträgervertrag

17. Änderungsvollmachten im Bauträgervertrag

Eine unbeschränkte Vollmacht zur Änderung der Teilungserklärung ist mit §§ 305 ff. BGB nicht zu vereinbaren. Der BGH hat für die in der Kautelarpraxis verbreitete Lösung, eine im Außenverhältnis unbeschränkt wirkende Vollmacht zu erteilen und den Erwerber durch Beschränkungen im Innenverhältnis zu schützen, festgehalten, dass für etwaige Änderungen stets ein triftiger Grund vorliegen müsse, die in Betracht kommenden triftigen Gründe in der Vollmacht zu benennen sind und in ihren Voraussetzungen erkennbar die Interessen des Vertragspartners angemessen berücksichtigen müssen.

BGH Beschl. v. 19. 9. 2019 – V ZB 119/18

ImmobilienR 2020 S. 183 ff. *(Hügel)*

18. Abnahme im Bauträgervertrag nicht vor Besitzübergabe, sondern nur Zug um Zug

Im Bauträgervertrag finden sich häufig Regelungen, nach denen der Besitz erst nach erfolgter Abnahme zu übertragen ist. Dies sollte man durch eine Regelung ersetzen, nach der Abnahme und Besitzübergabe nicht miteinander verknüpft werden oder die Abnahme (bzw. Teilabnahme) Zug um Zug mit der Besitzübergabe zu erfolgen hat.

OLG München Urt. v. 25.10. 2016 – 9 U 34/16

ImmobilienR 2020 S. 190 ff. *(Herrler)*

19. MaBV-widrige Zahlung kann im Bauträgervertrag auch nicht optional vereinbart werden

Der Bauträger darf eine Zahlung vor den nach § 3 MaBV zulässigen Terminen auch nicht optional im Sinne eines Rechts des Erwerbers zur vorzeitigen Zahlung vereinbaren (auch nicht, wenn sich daran Vergünstigungen für den Erwerber knüpfen). Dies führt zur Gesamtunwirksamkeit des Ratenplans und Endfälligkeit des Werklohns.

OLG Schleswig Urt. v. 2.10. 2019 – 12 U 10/18

ImmobilienR 2020 S. 195 ff. *(Herrler)*

D. Überlassung

20. Hohe Anforderungen an Schenkungswiderruf wegen groben Undanks

Will ein Übergeber sich vorbehalten, die geschenkte Immobilie je nach Verhalten des Übernehmers ggf. zurückzufordern, so ist dem Übergeber eher zu einem freien Rückforderungsrecht zu raten. Denn die Rechtsprechung stellt hohe Anforderungen an einen Schenkungswiderruf wegen groben Undanks des Beschenkten (§ 530 BGB). Da ein freies Rückforderungsrecht den Beschenkten in weitem Maße der Willkür des Übergebers aussetzt, sollte es aber nur sehr bewusst bzw. auf ausdrücklichen Wunsch der Beteiligten eingesetzt werden.

BGH Urt. v. 22.10.2019 – X ZR 48/17

ImmobilienR 2020 S. 199 ff. *(Herrler)*

21. Pflichtteilsergänzung aufgrund hälftigen Eigentumserwerbs nur durch Gelder eines Ehegatten

Erwerben Ehegatten gemeinsam eine Immobilie, so fragt der Notar idR nicht, ob die Ehegatten den Kaufpreis auch anteilig im Erwerbsverhältnis aufbringen. Erbringt ein Ehegatte trotz hälftigen Erwerbs einen höheren Eigenkapitalanteil bzw. in der Folge höhere Tilgungsleistungen, handelt es sich hierbei in aller Regel um Schenkungen (ehebedingte Zuwendung). Etwas anderes gilt vielfach für den Zinsanteil als Mietäquivalent. Der Schenkungsanteil kann zu einem Pflichtteilsergänzungsanspruch der Kinder führen. Relevant ist dies vor allem, wenn Kinder aus einer früheren Beziehung vorhanden sind. Auch schenkungsteuerlich ist der etwaige Mehrbeitrag grundsätzlich relevant. Häufig werden hier freilich die Freibeträge ausreichen.

BGH Urt. v. 14.3.2018 – IV ZR 170/16

ImmobilienR 2020 S. 206 ff. *(Herrler)*

22. Veräußerung gegen personenbezogene Sachleistungen und früher Tod des Berechtigten

Wird eine Immobilie (teil-)entgeltlich gegen personenbezogene Geld- und/oder Sachleistungen veräußert (zB Wohnungsrecht, Leibrente, Wart- und Pflege), kommt eine Anpassung des Vertrags auch bei sehr frühem Versterben des Berechtigten nicht in Betracht. Man mag (vor allem bei einer weitgehend entgeltlichen Veräußerung) klarstellend regeln, dass weder eine Mindest- noch eine Höchstdauer der Leistungen vereinbart ist bzw. einen entsprechenden Hinweis aufnehmen, ohne dass dies erforderlich wäre.

OLG Frankfurt a. M. Beschl. v. 6.5.2019 – 8 W 13/19

ImmobilienR 2020 S. 211 ff. *(Herrler)*

23. Hinweis auf Verlust der Steuerbefreiung nach § 13 Abs. 1 Nr. 4b ErbStG bei Weiterschenkung der (teilweise) geerbten Immobilie durch überlebenden Ehegatten

Ist ein Ehegatte verstorben und nimmt der überlebende Ehegatte die Steuerbefreiung des § 13 Abs. 1 Nr. 4b ErbStG in Anspruch, so verliert er nach einer BFH-Entscheidung die Steuerbefreiung, wenn er später das Eigentum veräußert – auch wenn er es an eines oder mehrere Kinder überlässt und sich dabei ein Wohnungsrecht oder einen Nießbrauch vorbehält. Ein entsprechender allgemeiner Hinweis ist bei den Belehrungen zur Überlassung zu erwägen, um zu verhindern, dass die Beteiligten unbedacht die Steuerbefreiung verlieren – und dass der Notar dies bei Beurkundung nicht erkennt.

Formulierungsbeispiel:

Nach Angabe der Beteiligten handelt es sich beim heutigen Vertragsgegenstand nicht um ein innerhalb der letzten zehn Jahre von Todes wegen erworbenes Familienheim iSv § 13 Abs. 1 Nr. 4b EStG.

BFH Urt. v. 11. 7. 2019 – II R 38/16

ImmobilienR 2020 S. 213 ff. *(Herrler)*

E. Wohnungseigentum und Erbbaurecht

24. Stimmrecht und Kostentragung bei noch nicht ausgebauter Wohnung regeln

Steht bei Errichtung der Gemeinschaftsordnung fest, dass eine oder einzelne Einheiten erst deutlich nach den übrigen Einheiten (aus-)gebaut werden, sollten Stimmrecht und Kostentragung für die Zeit bis zum (Aus-)Bau in der Gemeinschaftsordnung ausdrücklich geregelt werden.

BGH Urt. v. 18. 1. 2019 – V ZR 72/18

ImmobilienR 2020 S. 217 ff. *(Kesseler)*

25. Schuldrechtlich unwiderrufliche Verwalterzustimmung ist auch dinglich unwiderruflich

Ist die Verwalterzustimmung nach § 12 WEG nach Vertragsschluss erteilt, so ist sie schuldrechtlich unwiderruflich. Damit ist auch die dingliche Zustimmung unwiderruflich. Damit ist die bisherige Vertragspraxis abgesichert: Mit Zugang der Verwalterzustimmung an den Notar als (Empfangs-)Vertreter der Vertragsparteien ist die Zustimmung insgesamt unwiderruflich. Der Käufer läuft insoweit kein Risiko mehr.

BGH Beschl. v. 6. 12. 2018 – V ZB 134/17

ImmobilienR 2020 S. 229 ff. *(Hertel)*

26. Trennung zwischen Befugnis zur Entscheidung über Unterhaltung und Kostentragung dafür

Ist einem Wohnungseigentümer die Befugnis zu baulichen Änderungen oder einer Nutzungsänderung zugewiesen, so sollte auch die Pflicht zur Kostentragung hierfür ausdrücklich geregelt werden. Es kann sinnvoll sein, zwischen der Pflicht zur Unterhaltung („Vornahmeverantwortung") und der Kostentragungspflicht („Finanzierungsverantwortung") zu unterscheiden, so dass zB die Wohnungseigentümergemeinschaft über die Unterhaltung der Wohnungseingangstüren oder der Pkw-Stellplätze im Freien entscheidet, jeder Wohnungseigentümer aber die Kosten für die Unterhaltung seiner Tür bzw. seines Stellplatzes selber tragen muss.

BGH Urt. v. 22. 3. 2019 – V ZR 145/18

ImmobilienR 2020 S. 232 ff. *(Kesseler)*

27. Höchstens zweijährige Bindungsdauer für Abnahmepflicht für Betreuungsleistungen beim Betreuten Wohnen möglich

Auch durch Vertragsgestaltung kann keine längere als eine zweijährige Bindungsdauer für die Abnahmepflicht für Betreuungsleistungen beim Betreuten Wohnen vereinbart werden.

BGH Urt. v. 10. 1. 2019 – III ZR 37/18

ImmobilienR 2020 S. 246 ff. *(Herrler)*

28. Grenzen einer allgemeinen Öffnungsklausel

Auch wenn die Gemeinschaftsordnung eine allgemeine Öffnungsklausel, wonach die Eigentümer die Gemeinschaftsordnung durch bloßen Mehrheitsbeschluss abändern können, ohne weitere Vorbehalte vorsieht, kann durch diesen Beschluss in unentziehbare Rechte der Wohnungseigentümer (wie zB die Zweckbestimmung des Wohnungseigentums) nicht ohne deren Zustimmung eingegriffen werden.

BGH Urt. v. 12. 4. 2019 – V ZR 112/18

ImmobilienR 2020 S. 251 ff. *(Kesseler)*

29. Bestandteilszuschreibung des Grundstücks zum Erbbaurecht möglich

Auch wenn Obergerichte die Bestandteilszuschreibung des Grundstücks zum Erbbaurecht anerkannt haben, sollte man davon nur Gebrauch machen, um die kostensparende Erstreckung eines Grundpfandrechtes auf das Grundstück (mit unmittelbar folgender Aufhebung des Erbbaurechts) zu erreichen – aber nicht als längerfristige Konstruktion. Denn die Konstruktion ist ein Unding.

OLG Hamm Beschl. v. 30. 1. 2019 – 15 W 320/18

ImmobilienR 2020 S. 268 ff. *(Kesseler)*

30. Bei Erbbaurecht an Spezialimmobilie Beteiligte zu Entschädigung bei Zeitablauf befragen

Nach § 27 ErbbauRG kann der Eigentümer den bei Zeitablauf des Erbbaurechts entstehenden Anspruch des Erbbauberechtigten auf Zahlung der vereinbarten Entschädigung dadurch abwenden, dass er dem Erbbauberechtigten anbietet, das Erbbaurecht auf die voraussichtliche Standdauer des Erbbaugebäudes zu verlängern. Diese Verlängerungsoption kann nicht durch AGB des Erbbauberechtigten ausgeschlossen werden.

Betrifft ein Erbbaurecht eine Spezialimmobilie (zB Supermarkt, Hotel, Sportcenter oder Ähnliches), so sollten die Beteiligten Entschädigung und Abwendung durch Verlängerung genau regeln. Als Notar würde ich den Eigentümer darauf hinweisen, dass er mit der Entschädigung ggf. wirtschaftlich das Gebäude „kaufen“ muss.

BGH Urt. v. 23.11.2018 – V ZR 33/18

ImmobilienR 2020 S. 271 ff. *(Hertel)*

F. Allgemeines Grundstücksrecht/Beschränkte dingliche Grundstücksrechte

31. Unterlassungsdienstbarkeit kann nicht Nutzung durch bestimmte Personengruppen untersagen

Soll die Unterlassung der Nutzung durch eine bestimmte Personengruppe geregelt werden, so kann dies nicht dinglicher Inhalt einer Dienstbarkeit sein. Denn die Nutzung als solche unterscheidet sich nicht nach der Person des Nutzers. Dinglich kann die Absicherung derartiger Pflichten nur durch eine vollständige Unterlassungsdienstbarkeit erfolgen – kombiniert mit der schuldrechtlichen Zustimmung zur Nutzung durch einen bestimmten Personenkreis.

OLG München Beschl. v. 15.7.2019 – 34 Wx 264/17

ImmobilienR 2020 S. 283 ff. *(Hertel)*

32. Unterhaltungspflicht zwischen den Berechtigten mehrerer Grunddienstbarkeiten

Bestehen mehrere gleichzeitig ausübbare Grunddienstbarkeiten nebeneinander, so sollte bei deren Bestellung geregelt werden, in welchem Verhältnis von den jeweiligen Berechtigten die Pflicht zu Unterhaltung und Kostentragung zu tragen ist.

BGH Urt. v. 8.3.2019 – V ZR 343/17

ImmobilienR 2020 S. 293 ff. *(Kesseler)*

33. Keine Übertragung einer beschränkten persönlichen Dienstbarkeit bei Ausgliederung aus dem Vermögen eines Einzelkaufmanns möglich

Gliedert ein Einzelkaufmann seinen einzelkaufmännischen Betrieb auf eine neugegründete Gesellschaft aus, so verbleibt eine ihm zustehende beschränkte persönliche Dienstbarkeit (auch wenn sie dem Betrieb dient) gleichwohl bei ihm persönlich und geht nicht auf die Gesellschaft über.

OLG Naumburg Beschl. v. 4.3.2019 – 12 Wx 36/18
ImmobilienR 2020 S. 296 ff. *(Herrler)*

34. Keine dingliche Wirkung von Vereinbarungen zur Form der Vorkaufsrechtsmitteilung

Die Form der Mitteilung vom Inhalt des Kaufvertrages kann bei einem dinglichen Vorkaufsrecht nicht mit dinglicher Wirkung geregelt werden.

KG Urt. v. 21.1.2019 – 22 U 67/17
ImmobilienR 2020 S. 297 ff. *(Herrler)*

G. Grundbuchrecht

35. Gültigkeitsfrist des Europäischen Nachlasszeugnisses darf bei Grundbuchvollzug noch nicht abgelaufen sein

Die Gültigkeitsfrist des Europäischen Nachlasszeugnisses (ENZ) darf bei Grundbuchvollzug noch nicht abgelaufen sein. In der Regel hat das ENZ eine Gültigkeitsfrist von sechs Monaten. Hier besteht eine Schutzlücke für den Käufer. Die sicherste (aber teure) Lösung ist, das Grundbuch auf die Erben berichtigen zu lassen. Alternativ könnte man unmittelbar nach Eintragung der Vormerkung eine Verlängerung der Geltungsdauer beantragen und dies als Fälligkeitsvoraussetzung für den Kaufpreis vorsehen (sofern man sicher ist, dass auch die Eigentumsumschreibung im Grundbuch binnen sechs Monaten ab diesem Datum vollzogen ist). Schließlich kann man dem Erwerber oder dem Notar Vollmacht erteilen lassen, eine Verlängerung der Geltungsdauer des ENZ zu beantragen.

KG Beschl. v. 3.9.2019 – 1 W 161/19
ImmobilienR 2020 S. 317 ff. *(Hertel)*

36. Auch zweckgebundene Personenstandsurkunde für Rente genügt im Grundbuchverfahren

Auch eine „nur für Zwecke der Sozialversicherung" erteilte Sterbeurkunde genügt im Grundbuchverfahren zum Nachweis des Todes des Beteiligten.

OLG Nürnberg Beschl. v. 24.7.2019 – 15 W 1125/19
ImmobilienR 2020 S. 334 ff. *(Hertel)*

37. Keine Voreintragung der Erben bei Finanzierungsgrundschuld aufgrund Vollmacht des Testamentsvollstreckers erforderlich

Verkauft der Testamentsvollstrecker ein zum Nachlass gehörendes Grundstück und bevollmächtigt er dabei den Erwerber zur Bestellung der Finanzierungsgrundschuld, so kann die Grundschuld auch ohne Grundbuchberichtigung auf die Erben eingetragen werden.

OLG München Beschl. v. 15.1.2019 – 34 Wx 400/18
ImmobilienR 2020 S. 336 ff. *(Kesseler)*

H. Steuerrecht und Öffentliches Recht

38. Geltungserhaltende Reduktion auf 20 Jahre Bindungsfrist bei 20 % Verbilligung bei Grundstücksverkauf durch Gemeinde

Vereinbaren die Beteiligten bei einem Verkauf durch die Gemeinde im Einheimischenmodell eine unzulässig lange Bindungsfrist, so ist nicht die Bindung insgesamt unwirksam, sondern die Frist auf eine zulässige Länge herabzusetzen. Beteiligte und Notar laufen daher nicht Gefahr, durch eine versehentlich zu lang gesetzte Frist die Wirksamkeit der gesamten Klausel zu gefährden.

BGH Urt. v. 15.2.2019 – V ZR 77/18

ImmobilienR 2020 S. 341 ff. *(Hertel)*

39. Kaufrechtsvermächtnis

Ein Kaufvermächtnis ist nach der Rechtsprechung des BFH grunderwerbsteuerpflichtig. Für eine allfällige Grunderwerbsteuerfreiheit (zB für Verwandte in gerader Linie) kommt es nur auf das Verwandtschaftsverhältnis zum Verkäufer (= Vermächtnisbelasteten) an, nicht auf das Verwandtschaftsverhältnis zum Erblasser. Die Grunderwerbsteuer kann vermieden werden, wenn nicht das Kaufrecht vermacht wird, sondern ein bedingtes Grundstücksvermächtnis, verbunden mit einer Zahlungspflicht an den „Verkäufer".

BFH Urt. v. 16.1.2019 – II R 7/16

ImmobilienR 2020 S. 348 ff. *(Kesseler)*

40. Sondernutzungsrecht als steuerliches Gestaltungsmittel

Nach einer Entscheidung des BFH begründet das Sondernutzungsrecht kein wirtschaftliches Eigentum. Dieses sei vielmehr allein nach dem zugeordneten Miteigentumsanteil zu bestimmen. Die Entscheidung könnte steuerliche Gestaltungsmöglichkeiten eröffnen – etwa bei einer Betriebsentnahme.

BFH Urt. v. 5.7.2018 – VI R 67/15

ImmobilienR 2020 S. 350 ff. *(Kesseler)*

I. Beurkundungsverfahren und Insolvenzrecht

41. Nicht übersetzte Teile der Urkunde sind wie nicht verlesene Teile zu behandeln

Der BGH bestätigt in seiner Entscheidung die Möglichkeit, eine notarielle Urkunde gleichzeitig in zwei Urkundssprachen zu errichten. Dies ist aber die Ausnahme. In der Regel ist die zweite Spalte nur eine Übersetzung des Urkundstextes. Meines Erachtens sollte der Notar eine Urkunde mit zwei gleichwertigen Sprachfassungen, wenn immer möglich, vermeiden und nur den deutschen Text als Urschrift vorsehen (und die fremdsprachige Fassung nur als Übersetzung).

BGH Beschl. v. 20.3.2019 – XII ZB 310/18

ImmobilienR 2020 S. 353 ff. *(Hertel)*

42. Verweisung auf materiell unwirksame, aber formell wirksame Urkunde wirksam

Bei einer Verweisung auf eine andere notarielle Urkunde muss der Notar nur prüfen, ob diese formell wirksam ist. Mögliche Gründe für die materielle Unwirksamkeit machen die Verweisung nicht unwirksam. (Zu prüfen wäre aber, ob dieselben Unwirksamkeitsgründe auch die neue Urkunde materiell unwirksam werden lassen.)

OLG Braunschweig Beschl. v. 15. 7. 2019 – 1 W 12/19

ImmobilienR 2020 S. 360 ff. *(Hertel)*

43. § 1365 BGB gilt nicht für Insolvenzverwalter

Die Frage, ob es sich bei der veräußerten oder belasteten Immobilie um das wesentliche Vermögen iSd § 1365 BGB handelt, erübrigt sich beim Insolvenzverwalter, weil für diesen als Inhaber eines Amtes und Sachwalter § 1365 BGB nicht gilt.

OLG Naumburg Beschl. v. 6.11.2017 – 12 Wx 54/17

ImmobilienR 2020 S. 362 ff. *(Kesseler)*

J. Geldwäschegesetz

44. Grundlagen

Das Geldwäschegesetz (GwG) ist für Notare anwendbar bei Immobilienkäufen (einschließlich Sondereigentum und Erbbaurecht), gesellschaftsrechtlichen Vorgängen (auch Handelsregisteranmeldungen) sowie bei Verwahrungstätigkeiten. Bei diesen Kataloggeschäften treffen den Notar bestimmte Sorgfalts- und Meldepflichten.

Auch Spezialvollmachten und Unterschriftsbeglaubigungen in den vorgenannten Bereichen fallen unter das GwG. Die Pflichten des Notars beschränken sich in diesen Fällen jedoch auf die geldwäscherechtliche Identifizierung der Erschienenen.

Nicht anwendbar ist das Geldwäschegesetz für Notare insbesondere bei Bestellung von Rechten an einem Grundstück, Schenkungen und Übergabe-/Überlassungsverträgen, familien- und erbrechtlichen Angelegenheiten sowie bei General- und Vorsorgevollmachten.

45. Allgemeine Sorgfaltspflichten, insbesondere Beurkundungsverbote

Zu den allgemeinen Sorgfaltspflichten zählen insbesondere eine konkrete Risikobewertung des Vorgangs sowie die Identifizierung der formell Beteiligten (= Erschienenen) und der wirtschaftlich Berechtigten.

Im Rahmen der Identifizierung der wirtschaftlich Berechtigten muss der Notar grundsätzlich bei der Beteiligung von Gesellschaften, die an das Transparenzregister mitteilungspflichtig sind (insbesondere GmbH, AG, OHG, KG, Stiftungen, nicht jedoch GbR, juristische Personen des öffentlichen Rechts und börsennotierte Gesellschaften), einen Transparenzregisterauszug einholen. Dies gilt nach Ansicht der Geschäftsstelle der BNotK jedoch nicht, wenn die Gesellschaft bereits vor dem 1. 1. 2020 bei dem Notar eine Beurkundung vorgenommen hat („Altmandant“) sowie dann, wenn die Gesellschaft aufgrund der Mitteilungsfiktion (§ 20 Abs. 2 GwG) keine Mitteilung an das Transparenzregister vornehmen muss (insbesondere bei einer GmbH wegen der Gesellschafterliste).

Neu eingeführt wurden zwei Beurkundungsverbote (§ 10 Abs. 9 S. 4 GwG). Sind an einem Geschäft über Grundbesitz (= jeder Vorgang iSd § 1 GrEStG, unabhängig davon, ob im konkreten Fall Grunderwerbsteuer anfällt) Gesellschaften beteiligt (insbesondere auch GbR), darf der Notar die Beurkundung erst vornehmen, wenn ihm zuvor eine schlüssige Dokumentation der Eigentums- und Kontrollstruktur der Gesellschaft vorgelegt wurde. Dies gilt auf Veräußerer- und Erwerberseite und auch dann, wenn die Gesellschaft vollmachtlos vertreten wird (nicht aber für eine Gesellschaft als Angebotsempfänger, wenn das Angebot ohne sie beurkundet wird). Für die Erfragung der Eigentums- und Kontrollstruktur hat die BNotK einen Fragebogen entwickelt (der im internen Bereich der BNotK-Homepage unter der Rubrik „Geldwäschebekämpfung" abrufbar ist). Am einfachsten sammelt der Notar die Unterlagen für die Gesellschaften in einer alphabetisch nach Gesellschaften geordneten Ablage, um sie bei einer neuen Beurkundung rasch zur Hand zu haben.

Darüber hinaus besteht ein Beurkundungsverbot, wenn eine ausländische Gesellschaft eine Immobilie in Deutschland erwirbt, solange die Gesellschaft nicht im Transparenzregister Deutschlands oder einem vergleichbaren Register in einem anderen EU-Mitgliedstaat registriert ist. Dieses Beurkundungsverbot gilt jedoch ausschließlich beim direkten Immobilienerwerb und nur, wenn die ausländische Gesellschaft auf Erwerberseite steht. Die BNotK stellt eine Auflistung der EU-Mitgliedstaaten zur Verfügung, die über ein vergleichbares Register verfügen (abrufbar im internen Bereich der BNotK-Homepage unter der Rubrik „Geldwäschebekämpfung").

Ein Verstoß gegen ein Beurkundungsverbot ist eine Ordnungswidrigkeit (§ 56 Abs. 1 Nr. 25 GwG) und Amtspflichtverletzung, macht aber die Beurkundung nicht unwirksam.

Außerhalb des Anwendungsbereichs der Beurkundungsverbote hinaus besteht keine Notwendigkeit, die Beurkundung zu verweigern, auch wenn der Notar eine geldwäscherechtliche Sorgfaltspflicht (noch) nicht erfüllen konnte (§ 10 Abs. 9 S. 2 GwG). Es gilt dann vielmehr der Urkundsgewährungsanspruch. Dies ist etwa relevant, wenn der Notar einen Erschienenen nicht anhand eines gültigen Personalausweises oder Reisepasses identifizieren kann oder ihm noch kein Transparenzregisterauszug einer beteiligten Gesellschaft vorliegt.

46. Meldungen an die Zentralstelle für Finanztransaktionsuntersuchungen

Eine Meldung an die Zentralstelle für Finanztransaktionsuntersuchungen (FIU) ist wie bisher dann abzugeben, wenn der Notar weiß, dass seine notarielle Amtstätigkeit für Zwecke der Geldwäsche, der Terrorismusfinanzierung oder einer anderen Straftat genutzt werden soll („Wissensmeldung").

Künftig werden bei Geschäften über Grundbesitz neu sog. „Sachverhaltsmeldungen" hinzukommen. Dann muss der Notar auch alle Sachverhalte melden, die unter eine (noch zu erlassende) Rechtsverordnung fallen. Dies gilt aber erst, wenn die Rechtsverordnung auch in Kraft getreten ist. Dies wird für Juli/August 2020 erwartet.

Bei meldepflichtigen Vorgängen darf der Notar erst nach Ablauf von drei Werktagen nach der Meldung beurkunden bzw. weiter vollziehen („Anhaltepflicht", § 46 Abs. 1 GwG). Die Beteiligten darf der Notar nicht von der Meldung informieren (§ 47 GwG).

47. Unstimmigkeitsmeldungen an das Transparenzregister

Eine Unstimmigkeitsmeldung an das Transparenzregister muss der Notar nur vornehmen, wenn er auch eine Meldung an die Zentralstelle für Finanztransaktionsuntersuchungen abzugeben hat (also insbesondere künftig bei Sachverhaltsmeldungen).

Voraussetzung ist zudem, dass er Unstimmigkeiten zwischen den im Transparenzregister zugänglichen Angaben und den sonstigen ihm zur Verfügung stehenden Angaben und Erkenntnissen über die wirtschaftlich Berechtigten feststellt. Dies ist insbesondere der Fall, wenn der Notar (i) einen Transparenzregisterauszug erhalten hat und die dort angegebenen wirtschaftlich Berechtigen von seinen Erkenntnissen abweichen, (ii) die im Transparenzregisterauszug enthaltenen Daten zu den wirtschaftlich Berechtigten nicht stimmen (zB falscher Name, falsches Geburtsdatum), (iii) er ein Negativattest erhalten hat, aber zu dem Ergebnis kommt, dass eine Eintragung im Transparenzregister notwendig ist, oder (iv) er die gesuchte Gesellschaft nicht im Transparenzregister finden konnte, obwohl dort eine Eintragung hätte erfolgen müssen. Sofern eine Gesellschaft überhaupt nicht im Transparenzregister erfasst werden muss (insbesondere GbR und ausländische Gesellschaften, die keine Immobilie in Deutschland erwerben), kann keine Unstimmigkeit bestehen.

Änderung des Geldwäschegesetzes

ImmobilienR 2020 S. 363 ff. *(Thelen)*

A. Grundstückskauf

I. Hohe Anforderungen an Individualvereinbarung

1. Voraussetzungen der Inhaltskontrolle nach §§ 307–309 BGB

Eine Inhaltskontrolle anhand der §§ 307–309 BGB findet grundsätzlich nur statt, wenn es sich bei den betreffenden Klauseln um **Allgemeine Geschäftsbedingungen,** also um für eine Vielzahl von Verträgen vorformulierte Vertragsbedingungen handelt, die eine Vertragspartei der anderen bei Abschluss eines Vertrags stellt (§ 305 Abs. 1 S. 1 BGB). Bei **Verbraucherverträgen** wird der Anwendungsbereich der §§ 307–309 BGB durch § 310 Abs. 3 BGB erweitert. Danach gelten Allgemeine Geschäftsbedingungen als vom Unternehmer gestellt, es sei denn, sie wurden durch den Verbraucher in den Vertrag eingeführt (Nr. 1). Im Übrigen finden §§ 305c Abs. 2, 306, 307–309 BGB auf vorformulierte Vertragsbedingungen auch dann Anwendung, wenn diese nur zur einmaligen Verwendung bestimmt sind, soweit der Verbraucher auf Grund der Vorformulierung auf ihren Inhalt keinen Einfluss nehmen konnte (Nr. 2). Will man die Inhaltskontrolle vermeiden, hat man somit dafür Sorge zu tragen, dass es sich bei den betreffenden Klauseln nicht um Allgemeine Geschäftsbedingungen handelt, insbesondere weil die Vertragsbedingungen zwischen den Vertragsparteien im Einzelnen ausgehandelt sind (§ 305 Abs. 1 Nr. 3 BGB), und eine Inhaltskontrolle auch nicht aufgrund von § 310 Abs. 3 Nr. 2 BGB veranlasst ist.

a) Für Vielzahl von Verträgen vorformulierte Vertragsbedingungen

aa) Vorformuliert

Eine vertragliche Regelung ist vorformuliert iSv § 305 Abs. 1 S. 1 BGB, wenn sie schriftlich aufgezeichnet oder auf andere Weise – auch formlos (zB im Kopf des Verwenders) – fixiert ist.[1] Sofern der **Vertragstext bis zur Unterzeichnung nicht vollständig** ist, sondern der Vervollständigung im Rahmen des Vertragsabschlusses bedarf, liegt die Annahme vorformulierter Vertragsbedingungen hinsichtlich dieser noch zu ergänzenden Regelungen *prima facie* nicht nahe. Sofern der Verwender dem Vertragspartner lediglich die Wahl zwischen verschiedenen Regelungsvarianten lässt **(„Ankreuzlösung“),** ändert dies nichts daran, dass diese allesamt durch ihn „vorformuliert“ sind.[2] In notariellen Verträgen dürfte eine derartige Gestaltung nicht in Betracht kommen.

An einer Vorformulierung kann es indes fehlen, wenn das **Ausfüllen der Lücke nicht im Voraus festgelegt** ist und der andere Vertragsteil tatsächlich in die Lage versetzt wird, die offenen Stellen im ansonsten vorformulierten Vertragstext nach seiner freien Entscheidung auszufüllen bzw. eine relevante Mitentscheidungsmacht hat **(„echter Lückentext“).**[3] Gibt der Verwender dem anderen Teil die Regelungsalternativen beispielsweise nicht abschließend vor, sondern unterbreitet – gleich auf welche Weise – lediglich **unverbindliche Vorschläge** zur Lückenfüllung, ist eine die Vorformulierung ausschließende freie Entscheidung jedenfalls zu bejahen, wenn dem anderen Teil seine weitreichende Gestaltungsmacht hinreichend klar erkennbar ist.[4] Dies gilt erst recht, wenn für die auszufüllenden Lücken **keine Formulierungsvorschläge** im Vertragsentwurf vorgesehen sind. Trotz derartiger Lücken ist eine freie Entscheidungsmöglichkeit des anderen Teils jedoch zu verneinen, wenn der Verwender – beispielsweise durch Anweisung an seinen Ab-

[1] Vgl. BGH NJW 2005, 2543 (2544); NJW 1999, 2180 (2181).
[2] Vgl. BeckOGK/*Lehmann-Richter,* 1.3.2020, BGB § 305 Rn. 111.
[3] Vgl. BeckOGK/*Lehmann-Richter,* 1.3.2020, BGB § 305 Rn. 112–114; großzügiger (noch) OLG Celle NotBZ 2012, 386 (hinsichtlich der Bindungsfrist iSv § 147 Abs. 2 BGB).
[4] BGH NJW 1998, 1066 (1067); NJW 1996, 1676 (1677).

schluss-/Terminvertreter (bzw. an den beurkundenden Notar) – sicherstellt, dass stets ein bestimmter Klauselinhalt gewählt wird (uU auch nur als Mindestinhalt). Ein (starkes) Indiz für das Fehlen einer freien Entscheidungsmöglichkeit des anderen Teils ist der Umstand, dass die letztlich (von wem auch immer) vorgenommenen Ergänzungen sich in einer Mehrzahl der vom Verwender abgeschlossenen Verträge in gleicher Weise wiederfinden.[5]

bb) Für eine Vielzahl von Verträgen

Für eine Vielzahl von Verträgen vorformuliert sind Vertragsbedingungen, wenn **mindestens** eine **dreimalige Verwendung** der nicht notwendig wortgleichen, aber denselben Regelungskern enthaltenden Klausel **geplant** ist. Insoweit ist auf die **Verwendungsabsicht des Schöpfers** der vorformulierten Vertragsbedingungen abzustellen, nicht auf die des Klauselverwenders im konkreten Fall.[6] Folglich fallen von Dritten für eine Vielzahl von Verträgen vorformulierte Vertragsbedingungen in den Anwendungsbereich von § 305 Abs. 1 S. 1 BGB, selbst wenn die Partei, welche die Klausel stellt, diese nur in einem einzigen Vertrag verwenden möchte (zB vom Vermieter- bzw. Mieterbund erstellte Mustermietverträge, Vertragsmuster für den Gebrauchtwagenkauf zwischen Privaten, Musterklausel eines Rechtsanwalts).[7] Wurden die Vertragsbedingungen von einem Dritten vorformuliert, ist allerdings zu klären, ob der Klauselverwender diese iSv § 305 Abs. 1 S. 1 BGB gestellt hat.

Ist eine Verwendungsabsicht im vorgenannten Sinne zu bejahen, finden die §§ 305 ff. BGB **bereits bei erstmaliger Verwendung** der betreffenden Klausel Anwendung.[8] Fehlt eine Absicht mehrmaliger Verwendung, können §§ 305c Abs. 2, 306, 307–309 BGB – wie bereits erwähnt – gleichwohl über **§ 310 Abs. 3 Nr. 2 BGB** zur Anwendung gelangen, sofern ein Verbrauchervertrag vorliegt und soweit der Verbraucher keinen Einfluss auf den Klauselinhalt hat. Das Tatbestandsmerkmal der fehlenden Einflussnahmemöglichkeit entspricht nach hM dem fehlenden Aushandeln im Einzelnen iSv § 305 Abs. 1 S. 3 BGB.[9] Allerdings hat der Verbraucher nach dem Regelungsmodell des § 310 Abs. 3 Nr. 2 BGB darzulegen und ggf. zu beweisen, dass seinerseits keine Einflussnahmemöglichkeit bestand. Unter Umständen kommen ihm insoweit allerdings Beweiserleichterungen (Beweis des ersten Anscheins) zugute.

b) Stellen

Ein Stellen der Vertragsbedingungen iSv § 305 Abs. 1 S. 1 BGB setzt voraus, dass eine Vertragspartei einseitig Gestaltungsmacht in Anspruch nimmt.[10] Dieses Tatbestandsmerkmal dient demnach dazu, eine bestimmte Klausel der einen oder der anderen Vertragspartei zuzurechnen.

aa) Inanspruchnahme einseitiger Gestaltungsmacht

In erster Linie geht es beim Tatbestandsmerkmal des Stellens um die Frage der Texthoheit, dh darum, **auf wessen Initiative** die einzelne Vertragsbestimmung in die Verhandlungen eingebracht wurde bzw. wer deren Verwendung verlangt hat.[11] Demgegenüber ist nach Auffassung des BGH **grundsätzlich ohne Bedeutung, wer** von der betreffenden Vertragsbestimmung **profitiert.** Der konkrete Inhalt einer Vertragsbestimmung könne allenfalls als ein (untergeordnetes) Indiz dafür angesehen werden, welche Vertragspartei einseitig

[5] Vgl. *Rodemann* IBR 2019, 659.
[6] BGH NJW 1987, 2373.
[7] BGH NJW 2010, 1131 Rn. 10.
[8] Vgl. BAG NZA 2006, 746.
[9] BAG NZG 2017, 58; Palandt/*Grüneberg* BGB § 310 Rn. 17 mwN auch zur Gegenauffassung.
[10] Vgl. RegBegr, BT-Drs. 7/3919, 15 f.
[11] BGH NJW 2010, 1131 Rn. 11.

Gestaltungsmacht ausgeübt hat.[12] Bei einem Vertrag unter Verbrauchern mag es trotz Verwendung einer Formularklausel im Einzelfall schwierig sein festzustellen, ob deren Verwendung tatsächlich einer der beiden Vertragsparteien im vorgenannten Sinne zuzurechnen ist, so beispielsweise dann, wenn der letztlich ausgewählte vorformulierte Vertragstext zwar von einer Partei vorgeschlagen wurde, diese aber bei wertender Betrachtung insoweit keine einseitige Gestaltungsmacht in Anspruch genommen hat. So hat der BGH im Falle der einvernehmlichen Verwendung eines bestimmten Formulars zum Verkauf eines gebrauchten Autos das Vorliegen von AGB mangels Stellens verneint, da der Mustervertrag zwar von einer Partei eingeführt wurde, sich dessen Verwendung aber im Ergebnis als freie Entscheidung (auch) des anderen Teils darstellte.[13] Ausschlaggebend war für den BGH, dass die andere Partei nicht lediglich die Auswahl zwischen bestimmten, letztlich aber vorgegebenen Formularalternativen, sondern die Gelegenheit hatte, eigene Textvorschläge mit der effektiven Möglichkeit ihrer Durchsetzung in die Verhandlung einzubringen. Die letztgenannte Fallgruppe (einvernehmliche Verwendung eines bestimmten Formulars im C2C-Bereich) dürfte für die notarielle Praxis freilich von geringer Relevanz sein, da die vorformulierten Vertragsbedingungen typischerweise nicht von einer Vertragspartei, sondern vom Notar eingeführt werden.

bb) Einführung durch eine Vertragspartei

An einem Stellen iSv § 305 Abs. 1 S. 1 BGB fehlt es grundsätzlich immer dann, wenn die vorformulierte Vertragsbestimmung **durch** einen **Dritten** in die Verhandlungen eingeführt wird, der eines seiner Vertragsmuster verwendet (Notar, Makler etc). Anders ist dies nur dann zu beurteilen, wenn das Handeln des Dritten bei wertender Betrachtung **einer Vertragspartei zuzurechnen** ist, etwa deshalb, weil
(1) der Dritte das Formular im Auftrag dieser Partei entwickelt hat,[14]
(2) das Vertragsmuster des Dritten Regelungen enthält, die eine Partei ständig oder zumindest regelmäßig verwendet[15] oder
(3) es sich bei dem Dritten um den sog. „Hausnotar" einer Vertragspartei handelt, dieser also regelmäßig für eine der beiden Vertragsparteien tätig wird.[16]
Allen drei vorgenannten Ausnahmefällen ist gemein, dass bei typisierender Betrachtung jedenfalls gewisse Zweifel an der Neutralität der vom Dritten formulierten Vertragsbestimmungen bestehen, mit anderen Worten die mittelbare Inanspruchnahme einseitiger Gestaltungsmacht durch eine Vertragspartei naheliegt.

Bei einem notariellen Vertrag, der überwiegend die Interessen einer Partei berücksichtigt, wurde mitunter eine tatsächliche Vermutung für die Zurechnung, dh für ein Stellen durch diese Partei, angenommen,[17] was jedoch in einem gewissen Spannungsverhältnis zur inhaltlichen Neutralität der formalen Prüfung der Anwendbarkeit von §§ 305ff. BGB steht.[18] Die **Figur des „Hausnotars"** hat heutzutage aufgrund der Vermutung des Stellens durch den Unternehmer beim Verbrauchervertrag gemäß § 310 Abs. 3 Nr. 1 BGB wohl nur noch im Verkehr zwischen Unternehmern Bedeutung, da die vorgenannten Zurechnungskriterien bei einem Vertragsschluss zwischen zwei Verbrauchern in aller Regel nicht erfüllt sind. Von großer Relevanz ist allerdings die Regelung des § 310 Abs. 3 Nr. 1 BGB, die im B2C-Verkehr nahezu ausnahmslos eine Inhaltskontrolle auch derjenigen Re-

[12] BGH NJW 2010, 1131 Rn. 14 mwN auch zur Gegenansicht.
[13] BGH NJW 2010, 1131.
[14] BGH NJW-RR 2010, 39; OLG Düsseldorf NJW-RR 1997, 659 (660).
[15] OLG Köln VersR 2000, 730; NJW-RR 1988, 1459.
[16] BGH NJW 1992, 2160 (2162).
[17] In diesem Sinne BGH NJW 1992, 2160 (2162f.); OLG Düsseldorf NJW-RR 1997, 659 (660); OLG Brandenburg Urt. v. 13.6.2013 – 12 U 162/12, NJW-Spezial 2013, 589.
[18] Ebenso BGH NJW 1995, 2034 (2035): „Aus dem Inhalt von AGB auf die Verwendereigenschaft zu schließen und jeweils denjenigen Vertragspartner als Verwender anzusehen, den die einzelne Klausel begünstigt, ist mit der Systematik und dem Regelungszweck des Gesetzes unvereinbar."

gelungen nach sich zieht, die auf einen Vorschlag des Notars zurückgehen, dessen Handeln grundsätzlich nicht dem Unternehmer zugerechnet werden kann. Etwas anderes gilt nur für den (unwahrscheinlichen) Fall, dass die Klausel vom Verbraucher in den Vertrag eingeführt wurde (§ 310 Abs. 3 Nr. 1 BGB aE), vom Notar im Auftrag des Verbrauchers vorformuliert oder nach Maßgabe von § 305 Abs. 1 S. 3 BGB im Einzelnen ausgehandelt wurde.

c) Individualvereinbarung (§ 305 Abs. 1 S. 3 BGB)

aa) Allgemeines

Nach ständiger Rechtsprechung des BGH erfordert ein **„Aushandeln iSv§ 305 Abs. 1 S. 3 BGB [...] mehr als Verhandeln“.** Der Verwender hat

„den in seinen Allgemeinen Geschäftsbedingungen enthaltenen gesetzesfremden Kerngehalt, also die den wesentlichen Inhalt der gesetzlichen Regelung ändernden oder ergänzenden Bestimmungen, inhaltlich ernsthaft zur Disposition [zu stellen] und dem Verhandlungspartner Gestaltungsfreiheit zur Wahrung eigener Interessen [einzuräumen] mit zumindest der effektiven Möglichkeit, die inhaltliche Ausgestaltung der Vertragsbedingungen zu beeinflussen. Er muss sich also deutlich und ernsthaft zur gewünschten Änderung einzelner Klauseln bereit erklären. Die entsprechenden Umstände hat der Verwender darzulegen. In der Regel schlägt sich das Aushandeln in Änderungen des vorformulierten Textes nieder. Die allgemein geäußerte Bereitschaft, belastende Klauseln abzuändern, genügt nicht.“[19]

Die vom BGH danach an ein Aushandeln gestellten Anforderungen sind hoch:

- Die erforderliche **Verhandlungsbereitschaft** des Klauselverwenders muss **unmissverständlich erklärt** werden und **ernsthaft** sein.
- Sie muss **in der Regel** in **erkennbaren Änderungen des vorgeschlagenen Textes** zum Ausdruck kommen.

Von letztgenanntem Erfordernis kann allenfalls unter besonderen Umständen abgesehen werden, „wenn es nach gründlicher Erörterung bei dem gestellten Entwurf verbleibt“ und der andere Vertragsteil den „Klauselinhalt in seinen rechtsgeschäftlichen Gestaltungswillen aufgenommen hat“.[20] Hiervon ist nur auszugehen, wenn der andere Teil sich den Inhalt der Vertragsklausel zu eigen macht, dh diesen als sachlich berechtigt akzeptiert, was stets eine Würdigung sämtlicher Umstände des Einzelfalles voraussetzt. Insoweit ist insbesondere auf die intellektuellen Fähigkeiten sowie die berufliche Position des Verhandlungspartners und die Existenz bzw. das Fehlen eines wirtschaftlichen Machtgefälles abzustellen.[21] Nach den vorstehenden Kriterien dürfte ein Aushandeln iSv § 305 Abs. 1 S. 3 BGB kaum vorstellbar sein, wenn und soweit der Klauselverwender bestimmte Vertragsbestimmungen als ***conditio sine qua non*** deklariert bzw. entsprechend agiert. Etwas anderes mag allenfalls im unternehmerischen Verkehr gelten.[22]

> **Hinweis:**
> Für **notariell beurkundete Verträge** gelten **grundsätzlich keine Besonderheiten**; weder existiert eine Bereichsausnahme noch wird im Regelfall das Vorliegen einer Individualvereinbarung vermutet. Insbesondere führt die obligatorische Rechtsbelehrung gemäß § 17 Abs. 1 BeurkG nicht ohne weiteres dazu, dass sich die andere Vertragspartei die betreffende Klausel zu eigen macht.

[19] BGH NJW 2019, 2080 Rn. 14 mwN.
[20] Diese Ausnahmekonstellation wurde jeweils verneint in BGH NJW 2015, 3025 (3026); NJW 2003, 1805 (1807); NJW-RR 1987, 144 (145), jeweils mwN.
[21] Palandt/*Grüneberg* BGB § 305 Rn. 20.
[22] Vgl. BGH NJW 2013, 856 Rn. 13; NJW 1992, 2283 (2285); BeckOGK/*Lehmann-Richter*, 1.3.2020, BGB § 305 Rn. 167.

Ebenso wenig wie die Belehrung über Bedeutung und Tragweite einer Klausel führt die **Auswahl zwischen verschiedenen Formulierungen bzw. Vertragsmodelle** zur Bejahung einer Individualvereinbarung, da das jeweilige Gestaltungsmodell gerade nicht zur Disposition steht und anderenfalls die Inhaltskontrolle unschwer ausgehebelt werden könnte (vgl. auch die in § 309 Nr. 2 lit. b BGB enthaltene Wertung).[23] Unbeachtlich für die Zwecke des Aushandelns sind schließlich **unselbstständige Ergänzungen** einer Formularklausel „in Gestalt einer [bloßen] Änderung der Formulierung"[24] – im Gegensatz zu selbständigen Ergänzungen, die dadurch charakterisiert sind, dass der andere Vertragsteil die Lücke unter Inanspruchnahme eigener, im Wesentlichen unbeeinflusster Gestaltungsmacht füllt.[25]

Ohne Relevanz für das Vorliegen von AGB sind verbreitete allgemeine Hinweise im Vertrag, wonach alle Vertragsklauseln zur Disposition gestanden hätten, **bestätigende Vertragsklauseln,** wonach über alle Regelungen **„ausgiebig und ernsthaft" verhandelt** worden sei, und Abreden, dass es sich vorliegend um einen Individualvertrag handele. Allein dadurch wird dem Vertragspartner keine eigene Gestaltungsmacht eingeräumt. Bei fehlendem Einfluss auf den Vertragsinhalt wird dieser Umstand vielmehr durch derartige Klauseln nochmals betont. Im Übrigen könnte der Schutz der §§ 305ff. BGB andernfalls leicht umgangen werden.[26]

bb) Gesamt- oder Individualbetrachtung?

In Anbetracht der hohen Anforderungen der Rechtsprechung an ein Aushandeln stellt sich die Frage, ob diese **im Hinblick auf jede einzelne Vertragsbestimmung** oder lediglich hinsichtlich des Vertragswerks im Ganzen erfüllt sein müssen. Während die Literatur und vereinzelte Instanzgerichte hier eine Gesamtbetrachtung fordern, steht der BGH in ständiger Rechtsprechung auf dem Standpunkt, dass grundsätzlich jede Klausel individuell daraufhin zu untersuchen sei, ob diese im Einzelnen ausgehandelt sei. So hat beispielsweise das LG Frankfurt a. M. bei mehrtägigen Verhandlungen über einen Vertragstext (insgesamt ca. 45 Stunden) den gesamten Vertrag als Individualvereinbarung angesehen, unabhängig davon, ob jede einzelne Klausel ernsthaft zur Disposition gestellt wurde.[27] Zwar dürfte die Länge von Vertragsverhandlungen ein Indiz dafür sein, dass der anderen Vertragspartei jedenfalls in gewissem Maße Gestaltungsfreiheit zur Wahrung eigener Interessen eingeräumt wurde.[28] Dass sich diese Gestaltungsfreiheit auf alle Vertragsklauseln bezieht, ist damit aber nicht gesagt. Auch wenn man der Position des LG Frankfurt a. M. eine gewisse Sympathie entgegenbringen möchte, muss es mit der ganz hM[29] schon mit Blick auf den **Wortlaut** von § 305 Abs. 1 S. 3 BGB **(*„soweit"*)** sowie deshalb bei einer Individualbetrachtung verbleiben, weil anderenfalls der **Schutzzweck** der §§ 305ff. BGB ausgehebelt werden könnte. Beharrt der Verwender auf einer bestimmten Klausel, fehlt es an dem den Ausschluss der Inhaltskontrolle gemäß §§ 307–309 BGB rechtfertigenden Ernsthaft-zur-Disposition-Stellen der betreffenden Klausel.[30] Wird zB die Reichweite der Haftungsfreizeichnung im Einzelnen ausgehandelt, ändert dies nichts daran, dass die vom Verwender vorgegebene, bei den Vertragshandlungen nicht näher thematisierte Vertragsstrafenregelung als Allgemeine Geschäftsbedingung zu qualifizieren ist (zum Spezialfall ei-

---

[23] Zutreffend BGH NJW-RR 2018, 814; BeckOGK/*Lehmann-Richter,* 1.3.2020, BGB § 305 Rn. 171, jeweils mwN auch zur Gegenansicht.

[24] BGH NJW 2013, 1668 (1669) sowie WuM 2013, 293 (294) – zugehöriger Hinweisbeschluss.

[25] BGH NJW 2000, 1110.

[26] BGH NJW 2014, 1725. Jüngst OLG Celle NJW-RR 2020, 79 Rn. 20. Vgl. MüKoBGB/*Basedow* BGB § 305 Rn. 50 zur möglichen „Restbedeutung" derartiger Klauseln.

[27] LG Frankfurt a. M. NZBau 2004, 44.

[28] Vgl. BAG NZA 2010, 939 (941).

[29] Ständige Rechtsprechung, vgl. nur BGH NJW 2019, 2080; NJW 2013, 856 (857); BAG NZG 2010, 939 (941); BGH NJW 2003, 1805 (1808); Palandt/*Grüneberg* BGB § 305 Rn. 18f.

[30] Vgl. BGH NJW 2013, 856 (857).

ner „Paketlösung" sogleich). In diesem Zusammenhang ist schließlich darauf hinzuweisen, dass sich ein Aushandeln iSv § 305 Abs. 1 S. 3 BGB unter Umständen sogar auf den Teil einer Vertragsbestimmung beschränken kann.

Ungeachtet dessen dürfte man bei vielfachen Modifikationen, Ergänzungen bzw. Streichungen von vorformulierten Vertragsbestimmungen im Rahmen der Verhandlungen tendenziell davon ausgehen können, dass es sich auch bei den unverändert gebliebenen Regelungen im Zweifel um Individualvereinbarungen handelt, sofern kein entgegen stehender Wille offenbar wurde.[31] Dem könnte man beispielsweise dadurch Rechnung tragen, dass man vom vermeintlichen Klauselverwender nicht den Vollbeweis des Aushandelns im Einzelnen iSv § 305 Abs. 1 S. 3 BGB verlangt, sondern der andere Vertragsteile nach entsprechendem Vortrag darlegen und ggf. beweisen muss, weshalb hinsichtlich der unveränderten Klauseln keine vergleichbare Gestaltungsmacht zur Wahrnehmung eigener Interessen vorlag. Ob Gleiches gilt, wenn sich die Vertragsverhandlungen über einen längeren Zeitraum erstrecken, der andere Teil rechtliche Berater hinzuzieht und/oder das Geschäft für diesen von großer wirtschaftlicher Bedeutung ist, dürfte eher von theoretischer Bedeutung sein. Denn unter diesen Voraussetzungen ist kaum vorstellbar, dass es nicht zu zahlreichen Modifikationen, Ergänzungen bzw. Streichungen gekommen ist.

cc) „Paketlösungen"

Gerade wenn der andere Teil rechtlich und/oder wirtschaftlich beraten ist, werden die Verhandlungen nicht selten dazu führen, dass dieser letztlich bereit ist, einige der vorgegebenen Vertragsbestimmungen zu akzeptieren, hierfür jedoch Kompensationen an anderer Stelle verlangt und erhält. Häufig widerspricht der Klauselgegner als Teil der Verhandlungsstrategie zunächst einer ganzen Reihe von vorformulierten Regelungen. Im Laufe der Verhandlungen akzeptiert er dann einige ihm nachteilige Klauseln ohne Änderung – zu deren Änderung der Verwender vielleicht ohnehin in keinem Fall bereit war –, erhält dafür aber Zugeständnisse an anderer Stelle, zB bei der Gegenleistung (Preis) oder beim Umfang der Gewährleistung. Ungeachtet dessen, dass aus Sicht beider Vertragsparteien die unverändert gebliebene Klausel nicht isoliert, sondern nur im Zusammenhang mit den jeweiligen Zugeständnissen des Klauselverwenders betrachtet werden kann und andernfalls der erzielte Kompromiss nachträglich einseitig zu Lasten einer Partei geändert wird, geht der **BGH** in ständiger Rechtsprechung davon aus, dass ein **Aushandeln** im Einzelnen iSv § 305 Abs. 1 S. 3 BGB **hinsichtlich der unverändert gebliebenen Klauseln in aller Regel nicht** vorliegt. Etwas anderes gelte nur, wenn sich der Kunde die betreffende Vertragsklausel im Verlaufe des Verhandlungsprozesses zu eigen macht und als sachlich berechtigt akzeptiert.[32] Ansonsten bestehe gerade keine Gestaltungsfreiheit zur Wahrung eigener Interessen, insbesondere wenn der Klauselverwender eine bestimmte Bestimmung als *conditio sine qua non* darstellt. Gegen eine wirtschaftliche Betrachtung und insbesondere gegen die Beachtlichkeit des Preisarguments wird ein Umkehrschluss aus der Kontrollfreiheit nach § 307 Abs. 3 S. 1 BGB angeführt, da sich vorliegend gerade nicht nur die Leistung und die Gegenleistung gegenüberstehen. Zudem lasse sich nur schwer beurteilen, ob es tatsächlich zu einer wirtschaftlich angemessenen Kompensation gekommen sei. Im Übrigen bestehe die Möglichkeit, Zugeständnisse im Rahmen der Angemessenheitsprüfung bei §§ 307, 308 BGB zu berücksichtigen.[33] Gleichwohl scheint namentlich der VII. Zivilsenat des BGH den Kompensationsgedanken nicht von vornherein abzulehnen, jedenfalls sofern ein konkreter Zusammenhang zwischen der unverändert gebliebenen Klausel und der wie

[31] MüKoBGB/*Basedow* BGB § 305 Rn. 50.
[32] Vgl. BGH NJW 2013, 1431 (1433); NJW 2013, 856 Rn. 10–13; NJW 2003, 1805 (1807f.); aA MüKoBGB/*Basedow* BGB § 305 Rn. 41.
[33] Im Anwendungsbereich von § 309 BGB scheidet dies allerdings aus.

auch immer gearteten Kompensation erkennbar ist.[34] Selbst wenn man dieser Entscheidung eine gewisse Sympathie des VII. Zivilsenats für den Kompensationsgedanken entnehmen möchte, ist doch zu konstatieren, dass die anderen BGH-Senate weiterhin an der strengen Linie festhalten.[35]

2. Lückentext kein Allheilmittel

a) OLG Celle Urt. v. 2.10.2019 – 14 U 93/19

OLG Celle Urt. v. 2.10.2019 – 14 U 93/19

Sachverhalt: Die Kl. (Auftraggeber oder AG) begehrt von der Bekl. Zahlung aus einer Vertragserfüllungsbürgschaft, welche die Bekl. für die Fa. B-GmbH (Auftragnehmer oder AN) in Höhe von 92.000 Euro abgegeben hat. Die Vertragserfüllungsbürgschaft bezieht sich insbesondere auf „sämtliche Ansprüche zur Vertragserfüllung einschließlich Überzahlung (Rückzahlung). Zugrunde liegt ein Vertragsverhältnis zwischen der Klägerin als Generalunternehmerin und der B-GmbH als Subunternehmerin. Die Arbeiten der B-GmbH waren nach dem Vortrag der Klägerin insgesamt mangelhaft und letztlich unbrauchbar. In diesem Zusammenhang streiten die Parteien über die Wirksamkeit der Sicherungsabrede zwischen der Klägerin und der B-GmbH.

Bei den Vertragsverhandlungen hatte der AG dem AN ein vorgedrucktes Formular vorgelegt, das bei den Klauseln zur Höhe der Sicherheiten und der Abschlagszahlungen **jeweils Leerfelder** vorsahen. Diese Lücken wurden jeweils handschriftlich ergänzt (im Folgenden fett und unterstrichen):

„**7.** Zahlungsbedingungen. **7.1.** Abschlagszahlungen **90 %** der erbrachten Nettoleistung Einbehalte während Vertragserfüllung 10 % der Abschlagszahlungen bis maximal 10 % der Auftragssumme, ablösbar gegen Bürgschaft (Nr. 14).

[...]

16. Sicherheitsleistung. **16.1.** Der AN hat dem Auftraggeber (AG) für die Erfüllung seiner vertraglichen Verpflichtung Sicherheit zu leisten. Werden keine abweichenden Vereinbarungen getroffen, gilt ein Bareinbehalt in Höhe von **10 %** der Auftragssumme als vereinbart."

In der Sache soll der AN Abschlagszahlungen in Höhe von 90 % der erbrachten Nettoleistung erhalten. Zudem darf der AG als Sicherheit für die Vertragserfüllung 10 % der Auftragssumme einbehalten.

Für die Beurteilung ist entscheidend, ob es sich bei der Höhe der Sicherheiten um AGB (dann unangemessene Benachteiligung iSv § 307 Abs. 1 BGB) oder um eine Individualvereinbarung handelt.

Entscheidung: Nach Ansicht des OLG Celle stehen die handschriftlichen Eintragungen (hier der Prozentsätze für Einbehalte) in dem vorformulierten Vertragsmuster einer Einstufung der Klausel als vorformulierte Vertragsbedingungen nicht entgegen.[36] Dabei betont das Gericht die Anforderungen an ein Aushandeln iSv § 305 Abs. 1 S. 3 BGB. Ein Aushandeln liege nur vor, wenn der Verwender zunächst den in seinen Allgemeinen Geschäftsbedingungen enthaltenen gesetzesfremden Kerngehalt, also die den wesentlichen Inhalt der gesetzlichen Regelung ändernden oder ergänzenden Bestimmungen, inhaltlich ernsthaft zur Disposition stellt und dem Verhandlungspartner Gestaltungsfreiheit zur Wah-

[34] Vgl. BGH NJW 2013, 856 (857). Die Vorinstanz hatte unter Verweis auf eine an anderer Stelle erfolgte Kompensation ein Aushandeln im Einzelnen trotz unverändert gebliebener Klausel verhältnismäßig großzügig bejaht (Zu-eigen-machen, als sachlich berechtigt akzeptiert). Der BGH hat diese Ausführungen nicht beanstandet. Sie waren freilich auch nicht entscheidungserheblich.

[35] BGH NJW 2013, 1668 (1669) mwN.

[36] OLG Celle NJW-RR 2020, 79 Rn. 16ff.

rung eigener Interessen einräumt mit zumindest der realen Möglichkeit, die inhaltliche Ausgestaltung der Vertragsbedingungen zu beeinflussen. Etwas kryptisch ist der Hinweis, dass etwas anderes gelten könne, wenn es sich bei den handschriftlichen Eintragungen um einen wesentlichen Vertragsinhalt handele. Möglicherweise zielt dieser Hinweis auf § 307 Abs. 3 S. 1 BGB, der allerdings voraussetzt, dass AGB vorliegen und lediglich die Inhaltskontrolle insoweit für unanwendbar erklärt (dazu sogleich unter lit. b).

Mit seiner Entscheidung liegt das OLG Celle auf der Linie des BGH, die jener kürzlich bestätigt hat:

„[T]rotz der Notwendigkeit, in den Vertragsbedingungen den Betrag der Baukosten einzusetzen und anzukreuzen, ob die Baukosten „brutto" oder „netto" vereinbart sein sollen, [ist] von vorformulierten Vertragsbedingungen auszugehen."[37]

Erwähnenswert ist diese Entscheidung des OLG Celle vor allem deshalb, weil dasselbe Gericht (allerdings ein anderer Senat) vor einigen Jahren im Urteil vom 30.8.2012 – 13 U 135/11[38] im Hinblick auf formularmäßige Bindungsfristen unter Hinweis auf handschriftliche Ergänzungen die Einschlägigkeit von vorformulierten Vertragsbedingungen verneint hatte.

b) Abgrenzung zu BGH Urt. v. 11.7.2019 – VII ZR 266/17

Die Abgrenzung des Tatbestandsmerkmals „vorformuliert" von den weiteren Tatbestandsmerkmalen („für eine Vielzahl von Verträgen"; „stellen") ist freilich – sieht man von der Vorformulierung durch Dritte ab – mitunter nicht so einfach. So hat der VII. Zivilsenat des BGH kürzlich zwar vorformulierte Vertragsbedingungen im Falle eines Lückentextes bejaht, sodann aber das Vorliegen von AGB zutreffend mit dem Argument verneint, die Lückenfüllung (Eintragung der Baukostensumme) bezöge sich allein auf den vorliegenden Vertrag und sei daher nicht für eine Vielzahl von Verträgen vorformuliert.

„Die so zu vervollständigende Vertragsbedingung bezieht sich indes nicht auf eine Vielzahl von Verträgen. Sie erhält vielmehr ihren Regelungsgehalt erst durch das Einsetzen der Baukostensumme, die für das jeweilige Bauvorhaben, d.h. individuell, bestimmt wird. Damit enthält § 5.3.1 Abs. 1 S. 1 der Vertragsmuster eine Vertragsbestimmung, deren Verwendung nur für diesen Vertrag beabsichtigt ist."[39]

Im Fall des BGH war somit lediglich die Entscheidung für „brutto" bzw. „netto" für eine Vielzahl von Verträgen vorformuliert, nicht hingegen die konkrete Baukostensumme. Im Übrigen betrifft die Baukostensumme – ebenso wie der Kaufpreis – unmittelbar die vertragliche Hauptleistung und ist daher nach § 307 Abs. 3 S. 1 BGB der Inhaltskontrolle entzogen.[40] Die Angabe der prozentualen Höhe der Sicherungseinbehalte im Fall des OLG Celle ist demgegenüber nicht in vergleichbarer Weise individuell. Während es sich bei der Bausumme um einen wesentlichen Vertragsinhalt handele, der Einfluss auf die gesamte Vertragsgestaltung habe, habe die Höhe der Sicherungseinbehalte keine vergleichbare Bedeutung.[41] Als Differenzierungskriterium mag die Faustregel dienen, ob der Vertrag bei Nichtfüllung der Lücke, ggf. unter Rückgriff auf dispositives Gesetzesrecht, bestehen bleiben kann oder nicht.

Das Differenzierungskriterium des OLG Celle („wesentlicher Vertragsinhalt") verschleiert ein wenig, dass es an der Vorformulierung für eine Vielzahl von Verträgen fehlt bzw.

---

[37] BGH NJW 2019, 2997 Rn. 32.
[38] OLG Celle NotBZ 2012, 386 = BeckRS 2012, 20728.
[39] BGH NJW 2019, 2997 Rn. 32.
[40] BGH NJW 2019, 2997 Rn. 18ff.
[41] OLG Celle NJW-RR 2020, 79 Rn. 18.

bringt auf unkonventionelle Art zum Ausdruck, dass hier die wechselseitigen, nach § 307 Abs. 3 S. 1 BGB kontrollfreien Hauptleistungen betroffen sind.

> **Hinweis:**
> Während eine individuelle Bausumme nicht zur Verwendung für eine Vielzahl von Verträgen bestimmt ist und die AGB-Kontrolle somit grundsätzlich nicht eingreift, kann die Bezifferung von zu stellenden Sicherheiten anhand abstrakter Prozentsätze sehr wohl zur Verwendung für eine Vielzahl von Verträgen bestimmt sein.

c) Exkurs: Preishaupt- vs. Preisnebenabrede

Wie gerade erwähnt ist eine Inhaltskontrolle nach §§ 307 Abs. 1, Abs. 2, 308, 309 BGB kraft gesetzlicher Anordnung in § 307 Abs. 3 S. 1 BGB für die Bestimmung von Leistung und Gegenleistung ausgeschlossen **(Preishauptabrede).** Hierunter fallen Regelungen, „die unmittelbar den Preis der vertraglichen Hauptleistung oder das Entgelt für eine rechtlich nicht geregelte, zusätzlich angebotene Sonderleistung bestimmen." Aufgrund der Privatautonomie stehe es den Vertragsparteien im Allgemeinen frei, Leistung und Gegenleistung zu bestimmen. Daher fehle es insoweit regelmäßig an gesetzlichen Vorgaben und damit an einem Kontrollmaßstab.[42] Der **Preis einer Leistung** ist also **grundsätzlich frei verhandelbar** (Grenze unter anderem §§ 134, 138 BGB).

Nach allgemeiner Ansicht gilt die Freistellung von der Inhaltskontrolle indes nur für Abreden über den **unmittelbaren Gegenstand der Hauptleistungspflichten.** Hierunter sind Regelungen zu verstehen, ohne die ein wirksamer Vertrag mangels Bestimmtheit oder Bestimmbarkeit des wesentlichen Vertragsinhalts nicht mehr angenommen werden kann.[43] **Auf sog. Preisnebenabreden,** also Regelungen, die die Leistungspflicht des Verwenders einschränken, verändern, ausgestalten oder modifizieren, **ist § 307 Abs. 3 S. 1 BGB** hingegen **nicht anwendbar.** Zwar haben auch Preisnebenabreden mittelbare Auswirkungen auf Preis und Leistung. Anders als bei Preishauptabreden kann bei Preisnebenabreden im Falle ihrer Unwirksamkeit dispositives Gesetzesrecht an ihre Stelle treten. Es handelt sich demgemäß um ergänzende Regelungen, welche die Art und Weise der Erbringung der Vergütung und/oder etwaige Modifikationen des Preises zum Inhalt haben.[44] Diese gestalten zwar indirekt die vertragliche Vergütung, bestimmen aber nicht unmittelbar das Ob und den Umfang von Entgelten für Leistungen, die dem Kunden auf rechtsgeschäftlicher Grundlage erbracht werden. **Durch Preisnebenabreden wälzt der Verwender allgemeine Betriebskosten oder Aufwendungen zur Erfüllung eigener gesetzlicher oder nebenvertraglicher Pflichten oder für sonstige, in seinem eigenen Interesse liegende Tätigkeiten auf den Kunden ab.**[45] Da Preisnebenabreden somit bereits bestehende Preis(haupt-)abrede lediglich ergänzen und „neben" diese treten, müsse im Rahmen der Inhaltskontrolle überprüft werden, ob sie zu einer unangemessenen Benachteiligung des Kunden führen.[46]

Näher zur Abgrenzung von nicht kontrollfähiger Preishauptabrede (§ 307 Abs. 3 S. 1 BGB) und kontrollfähiger Preisnebenabrede jüngst *Jerger* NJW 2019, 3752 ff.

---

[42] Vgl. BGH NJW 2019, 47 Rn. 14.
[43] BGH NJW 2019, 2997 Ls. 1 (zweiter Teil).
[44] Vgl. BGHZ 185, 96 = NJW 2010, 2789; BGHZ 146, 331 (338) = NJW 2001, 2399.
[45] Vgl. BGH NJW 2011, 1726 Rn. 18; BGHZ 195, 298 = NJW 2013, 995 Rn. 13.
[46] BGH NJW 2019, 47 Rn. 15.

3. Einzelbetrachtung jeder Klausel (§ 305 Abs. 1 S. 3 BGB)

a) BGH Beschl. v. 19. 3. 2019 – XI ZR 9/18

BGH Beschl. v. 19. 3. 2019 – XI ZR 9/18

Sachverhalt: Die (gewerblich tätige) Kl. begehrt von der beklagten Sparkasse Rückzahlung einer im Rahmen eines Darlehensvertrags entrichteten Bearbeitungsgebühr. Sie plante den Bau eines Mehrfamilienhauses und stand hinsichtlich der Finanzierung dieses Bauvorhabens mit der Sparkasse in Kontakt. Die Bekl. fasste am 30. 8. 2011 die Rahmendaten der gewünschten Finanzierung „unter Berücksichtigung Ihrer persönlichen Vorstellungen" in einem so genannten **Term Sheet** zusammen. Dort heißt es einleitend:

„Mit diesem Term Sheet stellt die Sparkasse die Rahmendaten der gewünschten Finanzierung unter Berücksichtigung ihres bisherigen Prüfungsergebnisses zusammen. Damit die Finanzierung den Beschlussgremien der Sparkasse korrekt vorgestellt werden kann, teilt der Kreditnehmer kurzfristig eventuell bestehende Änderungswünsche mit; anderenfalls bestätigt der Kreditnehmer mit Gegenzeichnung dieses Term Sheets die korrekte Wiedergabe der Finanzierungsanfrage."

Im Term Sheet wird unter anderem ein „Bearbeitungsentgelt einmalig: 3,50 %" erwähnt (inkl. Kosten für ein Wertgutachten). Weiter ist ein „Bearbeitungsentgelt" iHv 5.000,00 Euro für den Fall vorgesehen, dass die Finanzierung aus von der beklagten Sparkasse nicht zu vertretenden Gründen nicht zustande kommen sollte. Der Geschäftsführer der Kl. brachte **handschriftlich Änderungswünsche** zur Person des Generalunternehmers und zu den Verfügungen über das Baukonto auf der Urkunde an und unterzeichnete diese.

Am 23. 1. 2012 schlossen die Parteien einen Darlehensvertrag über einen „Bauzwischenkredit Bauträger" in laufender Rechnung bis zu einem Höchstbetrag von 1.272.000 Euro, der zunächst mit 7,5 % p. a. zu verzinsen war. In Nr. 4.1 dieses Vertrags ist geregelt, dass mit Vertragsabschluss eine einmalige Bearbeitungsgebühr iHv 44.520,00 Euro fällig wird.

Entscheidung: Die auf Rückzahlung dieser Gebühr nebst Zinsen gerichtete Klage war in den Instanzen erfolglos. Auf Nichtzulassungsbeschwerde hin hat der BGH die Entscheidung aufgehoben und zurückverwiesen. Der XI. Zivilsenat des BGH bestätigt die Linie der höchstrichterlichen Rechtsprechung, wonach ein Aushandeln einer Klausel iSv § 305 Abs. 1 S. 3 BGB nicht schon dann zu bejahen ist, „wenn nach Verhandlungen über verschiedene andere Teilaspekte eines Vertrags dort Vertragsbedingungen geändert worden sind." Ungeachtet dessen, dass die Vertragspartner bei solchen Verhandlungen jeweils für sich ihre wirtschaftliche Position als einheitliches Paket beurteilen, rechtfertige es dieser Umstand „nicht, eine vom Verwender gestellte, konkret nicht verhandelte und unverändert in den Vertrag übernommene Vertragsbedingung als ausgehandelt anzusehen".[47] Hierfür sei der klare Gesetzeswortlaut von § 305 Abs. 1 S. 3 BGB entscheidend. Das Aushandeln müsse sich danach jeweils auf bestimmte Vertragsbedingungen beziehen („im Einzelnen"). Nur in diesem Umfang („soweit") führe dies zur Nichtanwendung der §§ 305 ff. BGB.[48]

Klarstellend weist der BGH darauf hin, dass die Aufforderung zur Mitteilung von Änderungswünschen an der Qualifikation nichts ändert. Demnach sei die in dem Term Sheet vom 30. 8. 2011 enthaltenen Passage, wonach „der Kreditnehmer kurzfristig eventuell bestehende Änderungswünsche" mitteilen solle, unerheblich, da darin nur die allgemeine Bereitschaft der Sparkasse zur Abänderung von Regelungen des Darlehensvertrags zum Ausdruck komme, nicht hingegen die konkrete Bereitschaft, gerade den gesetzesfernen Kern der in Rede stehenden Klausel ernsthaft zur Disposition zu stellen.[49]

---

[47] BGH NJW 2019, 2080 Rn. 15.
[48] BGH NJW 2019, 2080 Rn. 15.
[49] BGH NJW 2019, 2080 Rn. 17.

b) Stellungnahme

aa) Position der Literatur

Zahlreiche Stimmen in der Literatur stehen einer Individualbetrachtung und der Ablehnung von „Paketlösungen“ im Rahmen von § 305 Abs. 1 S. 3 BGB kritisch gegenüber. Richtigerweise sei die Gesamtheit der für den anderen Teil erkennbar in die Verhandlungen einbezogenen, vorformulierten Vertragsbestimmungen als Individualvereinbarung anzusehen. Anderenfalls drohe ein **Eingriff in die Vertragsparität,** da der gefundene Kompromiss (Kompensation nachteiliger Klauseln) infolge der Inhaltskontrolle nachträglich zulasten des Verwenders korrigiert werde. Im Übrigen sei es nicht gerechtfertigt, das **Preisargument** (wirtschaftliches Gesamtpaket) gänzlich außen vor zu lassen.[50]

bb) Würdigung

Trotz der zahlreichen Gegenstimmen in der Literatur, die sich im Übrigen überwiegend auf den unternehmerischen Geschäftsverkehr beziehen,[51] hat die strenge Linie des BGH im Bereich des Verbrauchervertrags und auch bei Verträgen zwischen Verbrauchern (C2C-Verträge) einige Argumente auf ihrer Seite. Gerade **Zugeständnisse beim Preis** sind **gerichtlich kaum überprüfbar,** da sich nur schwer feststellen lässt, wo der Zielwert bei unveränderten Vertragsbedingungen tatsächlich liegt (Unzulässigkeit des Preisarguments bezüglich Nebenbedingungen). Zudem ist es durchaus problematisch, aus der **Verhandlungsbereitschaft hinsichtlich einzelner Klauseln,** die sich in tatsächlichen Änderungen niedergeschlagen hat, auf eine umfassende Verhandlungsbereitschaft des Klauselverwenders zu schließen. Die Annahme, dass der Klauselverwender bei Anerkennung von Paketlösungen gezielt bestimmte Regelungen als Verhandlungsmasse in den Vertragsvorschlag aufnehmen wird, um durch eine Modifikation dieser bzw. einen gänzlichen Verzicht auf diese Regelungen das gesamte Klauselwerk der Inhaltskontrolle entziehen zu können, erscheint nicht allzu fernliegend.[52]

cc) B2B-Verträge

Gerade bei Verträgen zwischen Unternehmern (B2B-Verträge) wird der vorstehend geschilderte strenge Ansatz der Rechtsprechung allerdings zu recht kritisiert. Jedenfalls bei fehlendem Verhandlungsungleichgewicht (abstrakt aufgrund der Stellung als Unternehmer und konkret aufgrund der Einzelfallumstände)[53] **sollte die Individualbetrachtung jeder Klausel in teleologischer Auslegung von § 305 Abs. 1 S. 3 BGB aufgegeben werden.** Insoweit muss es genügen, dass die (in aller Regel rechtlich beratenen) Parteien über den gesamten Vertrag verhandelt haben und sich das letztlich unterzeichnete Dokument in rechtlicher wie wirtschaftlicher Hinsicht als Ergebnis des Verhandlungsprozesses darstellt.[54]

Vgl. jüngst zur Anwendbarkeit der §§ 305–307 BGB im unternehmerischen Geschäftsverkehr *Armbrüster* NZA-Beil. 2019, 44 ff.; *Maier-Reimer* NJW 2017, 1 ff.; *Mann* BB 2017, 2178 ff.

---

[50] So unter anderem Staudinger/*Mäsch* (2019) BGB § 305 Rn. 52 ff. mwN; *Berger* NJW 2010, 465 (468); *Dauner-Lieb/Axer* ZIP 2010, 309 (314); *Miethaner* NJW 2010, 3121 (3123).

[51] Vgl. hierzu jüngst *Armbrüster* NZA-Beil. 2019, 44; *Maier-Reimer* NJW 2017, 1; *Mann* BB 2017, 2178.

[52] Selbst wenn man der Literaturansicht folgen will, kann jedenfalls allein die Aufgabe von unangemessen benachteiligenden Klauseln iSv §§ 307–309 BGB keinesfalls dazu führen, dass über den Aspekt der Paketlösung auch die übrigen Vertragsbestimmungen als im Einzelnen ausgehandelt gelten.

[53] Die bloße formale Stellung als Unternehmen ist allein ggf. nicht als Abgrenzungskriterium geeignet, da eine 100-Euro-UG unter Umständen deutlich schutzwürdiger sein kann, als ein formal als Verbraucher agierender Geschäftsführer einer Immobiliengesellschaft, der im Rahmen der Verwaltung seines eigenen Vermögens eine Immobilie ankauft.

[54] Vgl. Staudinger/*Mäsch* (2019) BGB § 305 Rn. 58 mwN.

> **Hinweis:**
> Einstweilen ist jedoch von der bisherigen, in der Entscheidung vom 19.3.2019 – XI ZR 9/18 (vgl. nachfolgend Abschnitt 4.) vom BGH bestätigten Linie der Rechtsprechung auszugehen, wonach eine Individualbetrachtung jeder Klausel vorzunehmen ist, sodass es sich auch in B2B-Verträgen bei zahlreichen Klauseln um Allgemeine Geschäftsbedingungen handelt.

4. Richtige Verhandlungsstrategie

a) Erster Vertragsentwurf durch die andere Partei

Um eine unerwünschte AGB-Kontrolle zu vermeiden, kann es sich im Einzelfall anbieten, den **(ersten) Vertragsentwurf nicht selbst zu erstellen,** sondern – vor allem im B2B-Bereich – den Vertragspartner zur Einbringung eines Entwurfs aufzufordern.[55] Unter diesen Umständen lässt sich kaum argumentieren, die betreffenden Klauseln seien von deren „Empfänger" gestellt. Die Bereitschaft, die Gestaltungshoheit in derartigem Maße aus der Hand zu geben, wird aber nicht durchwegs gegeben sein.

b) Bestätigungsklauseln

Das bloße „Lippenbekenntnis", der selbst erstellte bzw. dem Verwender zuzurechnende **Vertragsentwurf stehe zur Verhandlung,** um ihm den Anschein von AGB zu nehmen, hilft nach der strengen Linie des BGH – wie bereits erörtert – in aller Regel nicht weiter, insbesondere dann nicht, wenn Änderungswünsche des Vertragspartners (überwiegend) nicht aufgegriffen werden.

c) „Hoch ankern"

Trotz der Individualbetrachtung und der Ablehnung von Paketlösungen durch die höchstrichterliche Rechtsprechung mag es aus Sicht des Klauselverwenders (jedenfalls *prima facie*) strategisch sinnvoll sein, **zunächst** einen **strengeren Klauselinhalt als eigentlich gewünscht vorzuschlagen,** verbunden mit einem Verhandlungsangebot an die andere Partei, mit dem (unausgesprochenen) Ziel, dass letztlich eine Bestimmung vereinbart wird, mit der der Klauselverwender von vornherein einverstanden gewesen wäre. Zumindest im Hinblick auf die betreffende Klausel liegt dann typischerweise[56] eine Individualvereinbarung vor, die nicht der Inhaltskontrolle anhand der §§ 307–309 BGB unterliegt.

Die in diesem Zusammenhang grundsätzlich drohende sog. **„AGB-Falle"** dürfte in der notariellen Gestaltungspraxis indes nicht von großer Relevanz sein. Die sog. AGB-Falle realisiert sich, wenn der andere Teil ohne weiteres den Vorschlag akzeptiert, ohne dass Verhandlungen stattfinden. Unter diesen Umständen dürfte in aller Regel ein Aushandeln im Einzelnen iSv § 305 Abs. 1 S. 3 BGB ausscheiden und sich die Verhandlungsstrategie als Bumerang erweisen. Mit Blick darauf kann sich ein Nichteingehen auf das Verhandlungsangebot seitens des anderen Teils aus strategischen Gründen durchaus als zielführend erweisen. Ist der vorgeschlagene strenge Klauselinhalt als unangemessen benachteiligend iSd §§ 307–309 BGB zu qualifizieren, führt die fehlende Bereitschaft, sich mit den vorgegebenen Regelungen näher auseinanderzusetzen, zu deren Unwirksamkeit, was den Interessen des anderen Teils wegen der dann eingreifenden und in aller Regel deutlich ausgewo-

[55] Vgl. *Kaufhold* NJW 2014, 3488 (3491).
[56] Etwas anderes dürfte nur dann gelten, wenn der Verwender den gesetzesfremden Kerngehalt der Regelung nicht im erforderlichen Umfang inhaltlich ernsthaft zur Disposition gestellt hat.

generen dispositiven gesetzlichen Bestimmungen (§ 306 Abs. 2 BGB) vielfach entspricht („rationales Desinteresse"). Auf dieses Risiko sollte sich der Vertragsgestalter einstellen, dh entweder die Vertragsklauseln von vornherein am Maßstab der §§ 307–309 BGB ausrichten – was im Detail oft nur schwer zu bewerkstelligen ist – oder sicherstellen, dass ein echtes Aushandeln iSv § 305 Abs. 1 S. 3 BGB stattfindet.[57]

5. Folgerungen für die Vertragsgestaltung

a) Dokumentation des Verhandlungsprozesses

Unabhängig davon, ob man den Vertragspartner veranlasst, seinerseits den ersten Entwurf einzubringen oder ob selbst ein als „Verhandlungsmasse" gekennzeichneter Entwurf vorgelegt wird, empfiehlt es sich, den **Verhandlungsprozess im Detail zu dokumentieren.**[58] Insoweit kann auch eine (ergänzende) Bestätigung des Aushandelns zweckmäßig sein. Ob eine Individualvereinbarung iSv § 305 Abs. 1 S. 3 BGB vorliegt, beurteilt sich zwar nicht anhand einer dahingehenden Bestätigung, sondern nach dem tatsächlichen Verhandlungsgang. Allerdings dürfte ein **den Verhandlungsgang im Detail nachzeichnendes Protokoll** ein **starkes Beweismittel** darstellen, da zugunsten einer derartigen Privaturkunde die Vermutung der Vollständigkeit und Richtigkeit ihres Inhalts eingreift.[59] Werden die einzelnen Verhandlungsschritte im Protokoll aufgeführt und illustrieren diese die Verhandlungsbereitschaft des jeweiligen Vertragspartners iSd oben genannten Definition des Aushandelns, dürfte eine Inhaltskontrolle nach §§ 307–309 BGB kaum in Betracht kommen. Vielfach wird der Ersteller des Entwurfs freilich nicht die Anforderungen des BGH an die Verhandlungsbereitschaft erfüllen.

b) Notarieller Hinweis

Sofern man als Notar Zweifel daran hat, ob wirklich eine Individualvereinbarung vorliegt bzw. jedenfalls einzelne Vertragsklausel nicht im Einzelnen iSv § 305 Abs. 1 S. 3 BGB ausgehandelt sind, sollte man die Parteien **auf etwaige Unwirksamkeitsbedenken im Falle der Anwendbarkeit der §§ 307 ff. BGB hinweisen.** Relevant ist dies nach meiner Erfahrung vor allem im B2B-Bereich, wenn der Vertragsentwurf von einer Vertragspartei bzw. deren Anwälten erstellt wurde. In derartigen Konstellationen dürfte nur in seltenen Fällen der gesamte Vertrag im Einzelnen ausgehandelt sein. Somit liegen unter Zugrundelegung der BGH-Rechtsprechung jedenfalls hinsichtlich einzelner Vertragsklauseln AGB vor, sofern der Tatbestand von § 305 Abs. 1 S. 1 BGB erfüllt ist. Es erscheint mir daher zweckmäßig, im Vertrag zu dokumentieren, dass über die mögliche Anwendbarkeit der §§ 305 ff. BGB gesprochen wurde, der Notar über die Details belehrt hat und die Beteiligten der Auffassung sind, dass keine Allgemeinen Geschäftsbedingungen vorliegen, entweder mangels Erfüllung der Tatbestandsvoraussetzungen von § 305 Abs. 1 S. 1 BGB oder weil die (hohen) Anforderungen des BGH an ein Aushandeln im Einzelnen im Hinblick auf sämtliche Vertragsklauseln erfüllt sind.

[57] Vgl. zur Kritik an der AGB-Falle *Kaufhold* BB 2012, 1235 (1237 f.), die bei echter Verhandlungsbereitschaft des Klauselverwenders die Anwendung der AGB-Sondervorschriften auch dann als nicht sachgerecht erachtet, wenn es in der Folge zu keinen Verhandlungen kommt bzw. keine Änderungswünsche geäußert werden (Differenzierung zwischen „echten" und „unechten" AGB).
[58] *Kaufhold* NJW 2014, 3488 (3492).
[59] *Riehm* JuS 2014, 745 (746); vgl. BGH NJW 1999, 1702. Siehe auch MüKoBGB/*Basedow* BGB § 305 Rn. 51.

Formulierungsbeispiel:
Der Notar hat auf die mögliche Anwendbarkeit der §§ 305 ff. BGB, insbesondere auf die strengen Anforderungen an ein Aushandeln im Einzelnen iSv § 305 Abs. 1 S. 3 BGB und die Inhaltskontrolle nach §§ 307 ff. BGB hingewiesen. Die Beteiligten erklären, dass ihres Erachtens keine Allgemeinen Geschäftsbedingungen vorliegen.

6. Vorsorge auf Rechtsfolgenseite

a) Folgen der Unwirksamkeit einer Formularklausel

Ist eine Formularklausel unangemessen benachteiligend und daher unwirksam, erstreckt sich das Unwirksamkeitsverdikt lediglich auf die betreffende Klausel selbst. Im Übrigen bleibt der Vertrag gemäß § 306 Abs. 1 BGB in Abweichung von § 139 BGB wirksam. Die Schließung der so geschaffenen Regelungslücke erfolgt grundsätzlich durch die einschlägige dispositive gesetzliche Vorschrift (§ 306 Abs. 2 BGB). Ausnahmsweise können insoweit auch die Grundsätze der ergänzenden Vertragsauslegung herangezogen werden, falls es an einer einschlägigen gesetzlichen Regelung fehlt und die Schließung der Regelungslücke unter Berücksichtigung der beiderseitigen Interessen geboten erscheint. Zur Gesamtunwirksamkeit des Vertrags kann es gemäß § 306 Abs. 3 BGB ganz ausnahmsweise kommen, doch sind an die hierfür erforderliche unzumutbare Härte sehr hohe Anforderungen zu stellen, wenn sich die Gesamtunwirksamkeit – wie im Regelfall – zugunsten des Klauselverwenders auswirkt.[60]

b) Teilunwirksamkeit einer Klausel

aa) Verbot der sog. geltungserhaltenden Reduktion

Wie erwähnt, führt eine unangemessene Benachteiligung grundsätzlich zur Gesamtunwirksamkeit der betreffenden Klausel und regelmäßig zur Anwendbarkeit der subsidiären gesetzlichen Regelung. Eine Reduktion auf den gerade noch zulässigen Inhalt scheidet aufgrund des Präventionszwecks der §§ 305 ff. BGB sowie insbesondere mit Blick auf das Transparenzgebot grundsätzlich aus. Eine salvatorische Klausel ändert hieran aus vorgenannten Gründen nichts.[61] Da sie eine (vermeintliche) Einhaltung der gesetzlichen Vorgaben der Inhaltskontrolle suggerieren (zB: „Die Haftung für Sachmängel ist, soweit gesetzlich zulässig, ausgeschlossen."), sollte man besser auf derartige Klauseln verzichten.

bb) Sonderfälle

(1) Fehlende Berücksichtigung lediglich untypischer Ausnahmefälle. Werden in der betreffenden Formularklausel lediglich untypische Ausnahmefälle nicht berücksichtigt, führt dies nicht zur Gesamtunwirksamkeit der betreffenden Klausel. Bei dieser Fallgruppe handelt es sich allerdings um keine Ausnahme vom Verbot der geltungserhaltenden Reduktion, sondern schlicht um eine Frage der Auslegung der betreffenden Klausel. Trotz der nach § 305c Abs. 2 BGB gebotenen kundenfeindlichsten Auslegung im Rahmen der Inhaltskontrolle dürfen gänzlich fernliegende Auslegungsvarianten von vornherein außer Betracht bleiben, da insoweit keine Gefährdung des Rechtsverkehrs droht.[62]

---

[60] BGH NJW-RR 1996, 1009; näher Palandt/*Grüneberg* BGB § 305 Rn. 16–18.
[61] BGH NZG 2016, 31; NJW 2013, 1668.
[62] BGH NJW 1993, 657 (658): Zulässigkeit eines umfassenden Haftungsausschlusses ohne Rückausnahme für übernommene Garantien. Vgl. auch Palandt/*Grüneberg* BGB § 305 Rn. 11.

(2) Sog. Blue-Pencil-Test. Eine echte Ausnahme vom Verbot der geltungserhaltenden Reduktion stellt der sog. *Blue-Pencil*-Test dar, da insoweit eine denselben Sachkomplex betreffende, nach §§ 307–309 BGB unwirksame Regelung teilweise aufrechterhalten wird. Dies setzt voraus, dass sich die betreffende Klausel aus mehreren sprachlich und inhaltlich teilbaren Bestimmungen zusammensetzt und der unwirksame Teil gestrichen werden kann, ohne dass dies den Aussagegehalt der übrigen Regelungen beeinträchtigt. Erforderlich ist somit ein aus sich heraus verständlicher Klauselrest, der auch isoliert eine sinnvolle Regelung darstellt.[63] So hat der BGH beispielsweise eine formularmäßige Festlegung von Fristbeginn und Fristlänge, bei welcher nur die Fristlänge unangemessen benachteiligend war, teilweise aufrechterhalten.[64] Ferner hielt der BGH eine teilweise Aufrechterhaltung der Klausel bei einer einheitlichen Vertragsstrafenregelung für verschiedene Pflichtverletzungen für möglich.[65]

c) Gestaltungsempfehlung

Ungeachtet dessen, dass der BGH im Einzelfall trotz fehlender sprachlicher Trennbarkeit eine Rückführung der unangemessen benachteiligenden Klausel auf das zulässige Maß akzeptiert hat[66] und der Schwerpunkt des *Blue-Pencil*-Tests unzweifelhaft auf der inhaltlichen Trennbarkeit der betreffenden Klausel liegt, sollte bei der Formulierung von der Inhaltskontrolle nach §§ 307–309 BGB unterliegenden, ggf. problematischen Vertragsbestimmungen darauf geachtet werden, dass sich die einzelnen Regelungselemente einer Klausel nicht nur inhaltlich, sondern auch sprachlich ohne Weiteres trennen lassen. Zwei getrennte Sätze sind also besser als ein zusammengesetzter Satz. Auf eine Bezugnahme auf andere Regelungen sollte an kritischen Stellen besser verzichtet werden.

II. Sachmängelgewährleistung

Wie in jedem Jahr[67] gab es auch im vergangenen Jahr eine Vielzahl von Entscheidungen zur Sachmängelgewährleistung beim Immobilienkaufvertrag, die stets Anlass sind, die Beratungs- und Gestaltungspraxis zu überdenken. Zentrale Norm ist im Kaufrechte insoweit § 434 Abs. 1 BGB, nach welcher die geschuldete Soll-Beschaffenheit der Kaufsache als Anknüpfungspunkt für etwaige Gewährleistungsansprüche zu ermitteln ist.

1. Überblick über das System der Sachmängelhaftung

a) Grundlagen

Der Verkäufer hat dem Käufer den Kaufgegenstand gemäß § 433 Abs. 1 S. 2 BGB frei von Sach- und Rechtsmängeln iSd §§ 434, 435 BGB zu verschaffen. Anderenfalls liegt eine Pflichtverletzung iSd §§ 280ff. BGB vor und dem Käufer stehen die in § 437 BGB normierten Gewährleistungsrechte zu. Für die Freiheit von Sachmängeln ist demnach entscheidend, ob die tatsächliche Beschaffenheit der Kaufsache (sog. Ist-Beschaffenheit) im Zeitpunkt des Gefahrübergangs der Soll-Beschaffenheit entspricht. Mangels gesetzlicher

[63] Ständige Rechtsprechung, vgl. nur BGH NJW 2015, 928; NJW 2009, 1664 (1666); NJW 1982, 178 (179, 181).
[64] BGH NJW 1988, 2106.
[65] BGH NJW-RR 2001, 738 (739).
[66] Vgl. BGH NJW 1995, 2553 (2557) mwN (zu weiter Sicherungsumfang einer Bürgschaft).
[67] Vgl. Herrler/Hertel/Kesseler/*Herrler* ImmobilienR 2019 S. 37ff.; Herrler/Hertel/Kesseler/*Herrler* ImmobilienR 2017/2018 S. 61ff.; Herrler/Hertel/Kesseler/*Herrler* ImmobilienR 2016/2017 S. 53ff.; Herrler/Hertel/Kesseler/*Herrler* ImmobilienR 2015/2016 S. 43ff.

Definition des Begriffs **„Beschaffenheit"** war zunächst umstritten, ob nur Eigenschaft, die der Sache selbst anhaften, oder auch Umweltbeziehungen erfasst sind.[68] Mittlerweile hat der BGH in mehreren Entscheidungen einen weiten Beschaffenheitsbegriff geprägt, demzufolge neben den der Sache selbst anhaftenden Faktoren auch alle Beziehungen der Sache zur Umwelt, die nach der Verkehrsauffassung Einfluss auf die Wertschätzung der Sache haben, als Beschaffenheit einer Kaufsache iSv § 434 Abs. 1 BGB anzusehen sind.[69] Ob eine Einschränkung dahingehend anzunehmen ist, dass nur solche Umweltbeziehungen erfasst sind, die in irgendeiner Weise mit den physischen Eigenschaften der Kaufsache zusammenhängen,[70] wurde jüngst ausdrücklich offen gelassen,[71] doch mag man den Entscheidungsgründen eine Tendenz zu einem weiten Beschaffenheitsbegriff entnehmen.[72]

aa) Ermittlung der Soll-Beschaffenheit

Die Soll-Beschaffenheit ist nach der **in § 434 Abs. 1** (und Abs. 2) **BGB normierten Hierarchie** zu ermitteln. Primär ist eine konkret-individuelle Parteivereinbarung maßgeblich (§ 434 Abs. 1 **S. 1** BGB, subjektiver Mangelbegriff). In Ermangelung einer derartigen Vereinbarung ist die Eignung der Kaufsache für die nach dem Vertrag vorausgesetzte Verwendung maßgebend (§ 434 Abs. 1 **S. 2 Nr. 1** BGB), wiederum ersatzweise kommt es auf die **Normalbeschaffenheit** der Kaufsache an (Eignung für die gewöhnliche Verwendung, Beschaffenheit, die bei Sachen der gleichen Art üblich ist und die der Käufer nach der Art der Sache erwarten kann, vgl. § 434 Abs. 1 **S. 2 Nr. 2** BGB). Zur Ermittlung der Normalbeschaffenheit kann ergänzend auf öffentliche Werbeaussagen des Verkäufers bzw. sonstiger, diesem zuzurechnender Personen zurückgegriffen werden (§ 434 Abs. 1 **S. 3** BGB). Der Anwendungsbereich der letztgenannten Vorschriften stand im Zentrum der jüngsten Entscheidungen des V. Zivilsenats zur Sachmängelgewährleistung beim Immobilienkaufvertrag.

bb) Vorvertragliche Eigenschaftsangaben

Vorvertragliche Eigenschaftsangaben, die in der notariellen Urkunde keinen Niederschlag gefunden haben, stellen in aller Regel **keine Beschaffenheitsvereinbarung** iSv § 434 Abs. 1 S. 1 BGB dar (Zäsurwirkung; näher sogleich S. 39 ff.). Demgegenüber sind derartige Angaben nach ständiger Rechtsprechung des BGH durchaus geeignet, im Einzelfall die geschuldete Sollbeschaffenheit der Kaufsache gemäß § 434 Abs. 1 S. 2 Nr. 1 bzw. Nr. 2 (ggf. iVm S. 3) BGB zu beeinflussen.[73]

b) Relevanz eines allgemeinen Haftungsausschlusses

Enthält der Kaufvertrag über gebrauchte Immobilien – wie regelmäßig – einen allgemeinen Haftungsausschluss, tritt dieser hinter eine Beschaffenheitsvereinbarung iSv § 434 Abs. 1 S. 1 BGB zurück. Eine konkret-individuelle Beschaffenheitsvereinbarung hat nach ständiger Rechtsprechung des BGH Vorrang vor einem allgemeinen Haftungsausschluss. Ein derartiger Haftungsausschluss setzt sich indes gegenüber einer nach § 434 Abs. 1 S. 2 Nr. 1 bzw. Nr. 2 (ggf. iVm S. 3) BGB ermittelten Soll-Beschaffenheit durch. Lediglich in Fällen, in denen ein Sachmangel arglistig verschwiegen wurde, greift der Haftungsausschluss gemäß § 444 Var. 1 BGB insoweit nicht.[74] In aller Regel ist daher für den Käufer mit der relativ großzügigen, den Formzwecken von § 311b Abs. 1 S. 1 BGB nicht in jeder

[68] Vgl. Palandt/*Weidenkaff* BGB § 434 Rn. 9 f.
[69] BGH NJW 2016, 2874: Herstellergarantie als Beschaffenheitsmerkmal.
[70] So BGH NJW 2013, 1947 Rn. 15; NJW 2013, 1671 Rn. 10.
[71] BGH NJW 2016, 2874 Rn. 13.
[72] BGH NJW 2016, 2874 Rn. 13.
[73] Vgl. BGH NJW 2018, 1954.
[74] Vgl. Herrler/Hertel/Kesseler/*Herrler* ImmobilienR 2019 S. 42 ff. mwN zur Rechtsprechung.

Hinsicht hinreichend Rechnung tragenden Anwendung von § 434 Abs. 1 S. 2 Nr. 1 bzw. Nr. 2 (ggf. iVm S. 3) BGB nicht viel gewonnen. Zwar liegt ein Sachmangel vor, doch haftet der Verkäufer für diesen aufgrund des Haftungsausschlusses nicht.

c) Zwischenergebnis

Beim Verkauf gebrauchter Immobilien und einem im Raum stehenden Sachmangel ist somit für die Erfolgsaussichten eines Gewährleistungsanspruchs des Käufers regelmäßig entscheidend, ob sich die geschuldete Sollbeschaffenheit aus § 434 Abs. 1 S. 1 BGB ergibt oder auf die nachrangigen Regelungen von § 434 Abs. 1 S. 2 (ggf. iVm S. 3) BGB zurückgegriffen werden muss.

2. Angaben zur Miethöhe in mitbeurkundeter Mieterliste

a) Interessenlage

Beim Erwerb einer vermieteten Immobilie ist die **Höhe des derzeitigen Mietertrags** (insbesondere die zu erwartenden Nettomieteinnahmen) für einen **Käufer,** der grundsätzlich an den bestehenden Mietverhältnissen festhalten möchte und den Kaufpreis auf Grundlage der ihm mitgeteilten Mieteinnahmen berechnet hat, von entscheidender Bedeutung. Insoweit ist er im vorvertraglichen Stadium auf die Angaben des Verkäufers angewiesen.[75] Kein vergleichbares Informationsbedürfnis besteht indes, wenn der Käufer die derzeitigen Mietverhältnisse – aus welchem Grund auch immer (Eigennutzung, bessere wirtschaftliche Verwertung) – zeitnah beenden möchte.

Der **Verkäufer** ist im absoluten Regelfall unschwer in der Lage, dem Käufer die derzeitige Höhe der aufgrund der vertraglichen Vereinbarungen mit den Mietern zu erwartenden monatlichen bzw. jährlichen Bruttomieteinnahmen mitzuteilen. Auf diese Weise ermöglicht er dem Käufer die Kaufpreisberechnung anhand der derzeit marktüblichen Multiplikatoren, was sich ggf. günstig auf den erzielbaren Preis auswirkt bzw. zu einem zügigeren Vertragsabschluss führt. In aller Regel will der Verkäufer keine Gewähr dafür übernehmen wollen, dass der Mieter die vertraglich geschuldete Miete auch in Zukunft zahlen wird. Der Verkäufer sollte aber regelmäßig in der Lage sein, den Käufer zutreffend über die in der Vergangenheit erfolgten Mietzahlungen zu informieren.

b) Rechtsnatur einer derartigen Mieterliste

Wird dem Kaufvertrag eine Mieterliste mit Angabe der Miethöhe (brutto, ggf. auch netto) ohne nähere Spezifizierung ihrer Rechtsnatur beigefügt, könnte es sich hierbei um
- völlig unverbindliche Angaben,
- bloße Wissenserklärungen des Verkäufers,
- eine Beschaffenheitsvereinbarung iSv § 434 Abs. 1 S. 1 BGB,
- die Zusicherung einer Eigenschaft (verschuldensunabhängige Haftung) oder
- eine eigenständige Garantieerklärung iSv § 311 Abs. 1 BGB

handeln.[76] Entscheidend für die Qualifizierung ist stets der zum Ausdruck gebrachte Wille der Vertragsteile, der im Wege der Auslegung des jeweiligen Vertrags zu ermitteln ist. Eine möglichst unmissverständliche Formulierung, in welche der vorstehenden Kategorien die Angaben zur Miethöhe fallen, ist im Interesse der Transparenz und Streitvermeidung empfehlenswert.

[75] *Schriftleitung* RNotZ 2019, 213.
[76] Vgl. *Schriftleitung* RNotZ 2019, 213. Näher *Krauß* Immobilienkaufverträge Rn. 2636 ff., 2642 ff.

c) OLG Köln Urt. v. 29.11.2018 – 3 U 24/18

Das OLG Köln hatte in seiner Entscheidung vom 29.11.2018 jüngst über die rechtliche Einordnung einer dem Vertrag beigefügten, von allen Parteien unterzeichneten Mieterliste zu entscheiden.[77]

OLG Köln Urt. v. 29.11.2018 – 3 U 24/18

Sachverhalt (vereinfacht): Die Kläger erwarben von der Beklagten mit notariellem Kaufvertrag vom 19.7.2013 ein Mehrfamilienhaus mit 14 vermieteten Wohneinheiten. Im Kaufvertrag war niedergelegt, dass Miet- und Pachtverhältnisse bekannt sind und übernommen werden. Der Kaufvertrag enthielt eine Anlage „Mieterliste", auf die im Kaufvertrag verwiesen und die von den Kaufvertragsparteien sowie dem Notar unterschrieben wurde. In dieser waren neben den Namen der Mieter und der Lage der Wohnungen die einzelnen Warmmieten und in einem Kasten die nachfolgenden Angaben aufgeführt:

„73.428,00 EUR Jahresmiete Brutto
abzgl. BK 12.632,00 EUR
Jahresnettomiete 60.796,00 EUR"

Der Veräußerer wies den Erwerber darauf hin, dass ihm nicht alle Originalmietverträge (Zweitschriften) vorlägen. Ferner seien ihm die Mietkaution sowie die Bürgschaften der Ämter auf Mietkaution nicht übergeben worden. Daher wurde insoweit ein Kaufpreiseinbehalt vereinbart. Im Übrigen sah der Kaufvertrag einen allgemeinen Haftungsausschluss vor. Da die Jahresnettomiete nicht nur unerheblich von den Angaben im Kaufvertrag abwich, verlangte der Erwerber in Höhe des Mindererertrags Ersatz vom Veräußerer.

Entscheidung: Anders als die Vorinstanz bejahte das OLG Köln einen Schadensersatzanspruch des Käufers, da es sich bei der Angabe zur Nettomiete in der Mieterliste um eine Beschaffenheitsvereinbarung handele und die tatsächliche erzielte Nettomiete von dem vereinbarten Wert abwich. Dass der Kaufvertragstext in lediglich pauschaler Form auf die Mieterliste verweist und insoweit die rechtliche Bedeutung der in ihr enthaltenen Angaben im Einzelnen offenlässt, stehe der Annahme einer konkludenten Beschaffenheitsvereinbarung nicht entgegen. Im Einzelnen:

aa) Auslegungskriterien für beigefügte Mietliste

Die erzielten Mieterträge und die aufzuwendenden Betriebskosten gehören zu den Eigenschaften der Immobilie und können daher Gegenstand einer Beschaffenheitsvereinbarung iSv § 434 Abs. 1 S. 1 BGB sein. Vorliegend sei die Jahresnettomiete von 60.796,00 EUR in einer von den Vertragsparteien und dem Notar unterschriebenen Anlage zum notariellen Kaufvertrag genannt. **Zwar fehle** eine **ausdrückliche Erklärung,** dass die Verkäuferin die Gewähr für eine Jahresnettomiete in dieser Höhe übernehmen wolle. Dies sei jedoch für eine Beschaffenheitsvereinbarung iSd § 434 Abs. 1 S. 1 BGB nicht zwingend erforderlich. Vielmehr **genüge es** hierfür beispielsweise, **dass** im Kaufvertrag **auf einen Mietvertrag Bezug genommen** wird und **darin konkrete Einnahmen genannt** werden. Bei der gebotenen objektivierten Auslegung gelte der zur Zeit des Vertragsabschlusses tatsächlich aus einem Hausgrundstück gezogene Nutzen nach der Verkehrsanschauung als ein sicherer Maßstab und als eine der wichtigsten Grundlagen für die Ertragsfähigkeit und damit für die Wertschätzung des Grundstückes. Daher sei nach §§ 133, 157 BGB grundsätzlich davon auszugehen, dass **die in einem Grundstückskaufvertrag aufgeführten** und damit ausdrücklich zum Gegenstand der Vereinbarungen gemachten **Angaben über**

[77] OLG Köln MittBayNot 2019, 562 mAnm *Raff* = ZfIR 2019, 183 mAnm *Bickert;* vgl. auch *Butzmann* IMR 2019, 78.

tatsächlich erzielte Mieterträge eine **Beschaffenheitsvereinbarung** iSd § 434 Abs. 1 S. 1 BGB darstellen.[78]

Nach diesen Grundsätzen sei vorliegend eine Beschaffenheitsvereinbarung über die Angaben zu den Mieterträgen zu bejahen. Die Mieterliste wurde als Anlage zum notariellen Kaufvertrag genommen und ist folglich unmittelbarerer Inhalt des Kaufvertrages geworden.[79] Aus dieser Mieterliste ergebe sich die Jahresnettomiete aus den Einzelangaben der auf die jeweiligen Wohnungen entfallenden Warmmieten abzüglich der Betriebskosten und sei in Fettdruck als Essenz der Anlage. Hinzu komme, dass den Klägern die Mietverträge im Zeitpunkt des Vertragsschlusses nicht vorlagen und daher die Informationslage der Kläger zu den Mieteinnahmen allein auf den Angaben in dieser Anlage beruhe, was deren Bedeutung unterstreiche.[80]

bb) Kein Ausschluss der Haftung

Für einen Haftungsausschluss nach § 442 BGB sei nichts ersichtlich, da dem Käufer lediglich die Angaben in der Mieterliste bekannt sind, nicht die hiervon abweichenden tatsächlichen Zahlen. Die konkret-individuelle Beschaffenheitsvereinbarung iSd § 434 Abs. 1 S. 1 BGB setzt sich nach ständiger Rechtsprechung gegen den allgemeinen Haftungsausschluss durch, da dieser bei einer interessengerechten Auslegung dahingehend zu verstehen ist, dass er nicht für das Fehlen der vereinbarten Beschaffenheit, sondern nur für Mängel iSv § 434 Abs. 1 S. 2 Nr. 1, Nr. 2 BGB gelten soll.[81]

d) Stellungnahme

Die Entscheidung des OLG Köln überzeugt. Eine mitbeurkundete Mieterliste mit konkreter Aufstellung der derzeit erzielten Nettomieteinnahmen ist mangels gegenteiliger Anhaltspunkte im Vertrag im Zweifel als Beschaffenheitsvereinbarung iSv § 434 Abs. 1 S. 1 BGB auszulegen. Zwar sind die Anforderungen an eine Beschaffenheitsvereinbarung iSv **§ 434 Abs. 1 S. 1 BGB** hoch. Eine solche liege nur vor, wenn

> „nach dem Inhalt des Kaufvertrages in Bezug auf eine Eigenschaft oder einen der Sache anhaftenden tatsächlichen, wirtschaftlichen Umstand **in eindeutiger Weise** die Pflicht des Verkäufers bestimmt ist, die gekaufte Sache in dem Zustand zu übereignen und zu übergeben, wie ihre Beschaffenheit im Vertrag festgelegt ist."[82]

Aufgrund der großen Bedeutung der Angaben zu den derzeit vereinbarten und erzielten Mieteinnahmen für den Käufer und mangels Relativierung der in der Mieterliste enthaltenen Zahlen im vorliegenden Fall darf dieser berechtigterweise auf deren Richtigkeit vertrauen, zumal er vorliegend keine andere Möglichkeit hat, die zu erwartenden Mieteinnahmen selbst zu berechnen. Es ist in der Gesamtschau nicht erkennbar, dass es sich insoweit lediglich um Wissenserklärungen bzw. gänzlich unverbindliche Angaben handelt.[83] Etwas anderes würde indes tendenziell gelten, wenn der Verkäufer zB während der Beurkundungsverhandlung deutlich gemacht hätte, dass er die Zahlen nicht selbst ermittelt oder geprüft habe, sondern es sich um eine von einem Dritten (zB Makler) aus eigenem Antrieb erstellte Liste handele. Der Umstand, dass dem Verkäufer (angeblich) einzelne Mietverträge nicht vorliegen, dürfte insoweit jedoch eher nicht ausreichen, da der Verkäu-

---

[78] OLG Köln RNotZ 2019, 213 Rn. 20.

[79] Das OLG Köln weist ausdrücklich darauf hin, dass es sich hierbei allerdings nicht um eine notwendige Voraussetzung für die Annahme einer Beschaffenheitsvereinbarung, die auch dergestalt getroffen werden könne, dass zur Dokumentation auf Unterlagen außerhalb des Vertrags verwiesen wird.

[80] OLG Köln RNotZ 2019, 213 Rn. 21.

[81] OLG Köln RNotZ 2019, 213 Rn. 27.

[82] OLG Schleswig NJW 2015, 2668 Rn. 24.

[83] AA *Bickert* ZfIR 2019, 188f.

fer die geschuldete Miete regelmäßig anhand der Zahlungseingänge ermitteln bzw. jedenfalls eine Untergrenze feststellen kann.

e) Hinweise zur Gestaltung

aa) Ausdrückliche Regelung zur Rechtsnatur der Mieterliste

Anders als im vorliegenden Fall sollte in der Urkunde – schon mit Blick auf § 17 Abs. 1 BeurkG – **stets unmissverständlich ausdrücklich geregelt** sein, welche Bedeutung eine beigefügte Mieterliste mit der Angabe von Mieten für die Rechte und Pflichten von Verkäufer und Käufer hat, ob diese also „völlig unverbindlich und ohne Übernahme einer Haftung beigefügt wird", „der Verkäufer die Angaben nach bestem Wissen gemacht hat", es sich um eine „Beschaffenheitsvereinbarung iSv § 434 Abs. 1 S. 1 BGB handelt" oder der Verkäufer die Garantie für die Richtigkeit der dort aufgeführten Angaben übernimmt.[84]

> Hinweis:
>
> **Fehlen ausdrückliche Regelungen** in der Urkunde zur Rechtsnatur der Mieterliste, etwa weil diese ohne nähere Qualifizierung lediglich im Vertrag selbst oder in einer Anlage mitbeurkundet wurde, dürfte mit dem OLG Köln **im Regelfall** gleichwohl von einer **Beschaffenheitsvereinbarung** auszugehen sein,[85] ungeachtet dessen, dass die Vorgaben von § 9 Abs. 1 S. 1 Nr. 2, S. 2 BeurkG bzw. § 14 BeurkG auch überobligationsmäßig eingehalten worden sein könnten.[86]

bb) Interessengerechte Gestaltung

Im Regelfall dürfte es dem Verkäufer ohne Weiteres zuzumuten sein, **jedenfalls Wissenserklärungen** zur Höhe der derzeit vereinbarten Miete sowie zu etwaigen Mietausfällen bzw. Mietminderungen abzugeben, da diese Informationen für die Kaufentscheidung regelmäßig von wesentlicher Bedeutung sind und der Verkäufer hiervon Kenntnis hat oder sich unschwer beschaffen kann.[87] Insoweit unterscheiden sich die erzielten Mieteinnahmen bzw. der vertraglich vereinbarte Mietzins von der Wohnfläche, die der Verkäufer vielfach nicht genau kennt und die der Käufer im Rahmen einer Besichtigung ohne größere Schwierigkeiten selbst ermitteln kann.[88]

In Anbetracht dessen, dass die derzeit vereinbarte Miete samt Nebenkosten in aller Regel ein entscheidender Faktor der Kaufpreisbemessung ist, diese Informationen typischerweise in einem Exposé angegeben werden und sie dem Verkäufer nahezu ausnahmslos unschwer zugänglich sind, erscheint **im Regelfall** sogar eine **Beschaffenheitsvereinbarung** iSv § 434 Abs. 1 S. 1 BGB hinsichtlich der **derzeit vereinbarten Miete** eine angemessene Risikoverteilung zwischen Käufer und Verkäufer darzustellen. Dies gilt insbesondere, aber nicht nur, wenn ein außerordentlich hoher Kaufpreis durch besonders hohe aktuelle Mieteinnahmen gerechtfertigt wird. Der Verkäufer hat dafür einzustehen, dass die Angabe im Kaufvertrag zur Miethöhe dem entspricht, was vertraglich vereinbart wurde. Weitergehend dürfte der Käufer im Regelfall daran interessiert sein, dass der **Mietzins in der betreffenden Höhe rechtmäßigerweise vereinbart werden durfte,** insbesondere die

---

[84] Vgl. auch *Schriftleitung* RNotZ 2019, 213 (214) mit Formulierungsbeispiel für eine Beschaffenheitsvereinbarung.
[85] Ebenso *Raff* MittBayNot 2019, 565 (566); aA *Bickert* ZfIR 2019, 188 (190).
[86] Vgl. BeckOGK/*Seebach/Rachlitz*, 1.7.2019, BeurkG § 14 Rn. 21.
[87] Anders ggf. beim Verkauf durch eine Erbengemeinschaft kurz nach dem Erbfall.
[88] AA *Raff* MittBayNot 2019, 565 (566), der eine Parallele zur Wohnfläche bzw. Grundstücksgröße ziehen möchte.

Vorgaben der §§ 556d–556g BGB (sog. Mietpreisbremse) beachtet wurden,[89] da er andernfalls damit rechnen muss, dass der Mieter die Miete in der Zukunft nicht mehr entsprechend der vertraglichen Vereinbarung bezahlt. Auch dieser Umstand liegt allein in der Sphäre des Verkäufers und kann vom Käufer ohne Offenlegung der vergangenen und aktuellen Mietverhältnisse nicht geprüft. Einen Sonderfall bildet der Berliner Mietendeckel[90] (unabhängig von der Frage seiner Rechts- und Verfassungsmäßigkeit), da die einschlägigen Höchstbeträge allgemein zugänglich sind und daher auch vom Käufer überprüft werden können.[91]

cc) Vergleich mit dem *status quo*

Ungeachtet der vorstehend geschilderten Interessenlage enthalten Kaufverträge in der Praxis derzeit – soweit ersichtlich – vielfach **keine Aufstellung der Mieteinnahmen** bzw. wird darin nicht auf eine entsprechende Anlage verwiesen. Daher könnte man geneigt sein anzunehmen, dass die Ermittlung der Mieteinnahmen in den Risikobereich des Käufers fällt. Das ist abstrakt zwar grundsätzlich richtig, doch findet sich im Kaufvertrag typischerweise eine Regelung, wonach dem Käufer die **Mietverträge** (jedenfalls in Kopie) **übergeben** wurden, ihm deren **Inhalt bekannt** ist und **keine abweichenden Vereinbarungen als die darin niedergelegten getroffen** wurden. Auf diese Weise wird der Käufer in die Lage versetzt, die derzeit vereinbarte Miete sowie die Nebenkostenvorauszahlungen selbst zu ermitteln. Aufgrund der Erklärung des Verkäufers, es bestünden keine hiervon abweichenden Vereinbarungen, wird indes – auch ohne konkrete Aufführung der vereinbarten Miete in der Urkunde bzw. deren Anlagen – die Soll-Beschaffenheit des Kaufgegenstands definiert. Weicht der tatsächlich vereinbarte Mietzins hiervon ab, liegt ein Mangel vor, für den der Verkäufer einzustehen hat. Man könnte allenfalls argumentieren, aufgrund fehlender konkreter Aufführung der vereinbarten Miethöhe handele es sich nicht um eine Beschaffenheitsvereinbarung iSv § 434 Abs. 1 S. 1 BGB, sondern lediglich um einen Umstand, der die geschuldete Beschaffenheit nach § 434 Abs. 1 S. 2 Nr. 1 BGB determiniere. Eine Abweichung hiervon führt zwar ebenfalls zu einem Sachmangel, doch greift hier auch ein allgemeiner Haftungsausschluss, sodass der Verkäufer im Ergebnis grundsätzlich nicht für den Mangel einzustehen hat. Etwas anderes gilt wiederum, wenn dem Verkäufer insoweit Arglist vorzuwerfen ist (§ 444 BGB).

dd) Beurkundungsverfahren: Umgang mit Mieterlisten

Sofern der Verkäufer die Gewähr für die Richtigkeit der Angaben in der Mieterliste übernehmen soll, ist diese grundsätzlich **mitzubeurkunden.** Die Angaben sind daher in den Vertragstext selbst oder in eine zu verlesende Anlage iSv § 9 Abs. 1 S. 2 BeurkG aufzunehmen. Da eine Mieterliste als Bestandsverzeichnis iSv § 14 BeurkG zu qualifizieren ist, kommt alternativ – wie im Fall des OLG Köln – das erleichterte Verfahren nach **§ 14 BeurkG** in Betracht. Eine Beifügung nur zu Beweiszwecken ist grundsätzlich nicht ausreichend, wenn der Verkäufer die Gewähr für die Richtigkeit der Angaben in der Mieterliste übernehmen will. Denn erst durch den Inhalt der „Mieterliste" wird die vertraglich vereinbarte Soll-Beschaffenheit iSv § 434 Abs. 1 S. 1 BGB definiert. Dies gilt erst recht für Zusicherungen bzw. eine Garantie.

Abhängig von der Formulierung der vertraglichen Regelung kann allerdings auch eine **Beifügung zu Beweiszwecken** genügen, etwa wenn im Vertrag geregelt ist, dass dem Käufer der Inhalt des derzeit gültigen Mietvertrags vom … [Datum] bekannt ist und die Parteien vereinbaren, dass keine hiervon abweichenden Vereinbarungen existieren. Eine Mitbeurkundung dürfte demgegenüber wohl erforderlich sein, wenn die Parteien verein-

---

[89] Näher hierzu *Börstinghaus* NJW 2018, 665ff. mwN.
[90] Vgl. hierzu unter anderem *Putzer* NVwZ 2019, 283ff.
[91] Für einen Überblick zu Mietpreisbremse und Mietendeckel: *Häublein* ZfPW 2020, 1ff.

baren, dass der als Anlage beigefügte Mietvertrag die derzeit maßgebenden Vereinbarungen von Verkäufer und Mieter zutreffend und vollständig wiedergibt. Denn in diesem Fall ist die vertragliche Regelung ohne Hinzuziehung des beigefügten Mietvertrags nicht verständlich. Entsprechendes gilt für eine vergleichbare Bezugnahme auf eine beigefügte Mieterliste. In diesem Fall steht den Parteien auch nicht die Möglichkeit der vorstehenden Formulierung offen, um das Mitbeurkundungserfordernis zu vermeiden.

> **Hinweis:**
> Angesichts dessen dürfte es sich empfehlen, beizufügende **Mieterliste eher großzügig** (soweit möglich nach § 14 BeurkG) **mitzubeurkunden** und bei lediglich zu Beweiszwecken beizufügenden Mietverträgen darauf zu achten, dass die vertragliche Regelung ohne Hinzuziehung des Mietvertrags aus sich heraus verständlich ist.

ee) Sensibilisierung von Verkäufern und Maklern

Sofern die Mieterliste mit Angabe von konkreten Miethöhen nicht ausnahmsweise lediglich informatorisch beigefügt wird und der Verkäufer in keiner Weise für die Richtigkeit der darin gemachten Angaben einstehen möchte, sollten er bzw. der Makler dafür sensibilisiert werden, die Angaben **mit der erforderlichen Sorgfalt zu ermitteln,** insbesondere auch etwaige Mietausfälle in der Vergangenheit, bestrittene Nebenkosten etc ausweisen. Zudem sollten nur diejenigen Angaben aufgenommen werden, für die der Verkäufer einstehen möchte bzw. die vom Käufer konkret gefordert werden.[92] In aller Regel wird der Käufer die Angaben des Verkäufers zur Miethöhe unabhängig davon, ob diese ausdrücklich in der Urkunde, in einer Anlage oder durch Bezugnahme auf Mietverträge erfolgen, seiner Kaufpreiskalkulation und der Gestaltung der Finanzierung zugrunde legen. Stellen sich im Nachgang Abweichungen zu seinen Lasten heraus, wird er dazu neigen, diese zum Anlass für die Gewährleistungsansprüche zu nehmen.

ff) Fazit

Unabhängig davon, ob sich die geschuldete Beschaffenheit hinsichtlich der Höhe der Mieteinnahmen bei der herkömmlichen Gestaltung (Übergabe der Mietverträge und Versicherung, dass keine abweichenden Vereinbarungen geschlossen wurden) aus § 434 Abs. 1 S. 1 oder S. 2 Nr. 1 BGB ergibt und ob der Verkäufer im letztgenannten Fall unter Umständen einer Haftung entgegen kann, erscheint es aufgrund der Interessenlage **vorzugswürdig,** die **Höhe der derzeit vereinbarte Miete und der Nebenkostenvorauszahlungen in der Urkunde selbst aufzuführen.** Auf diese Weise wird die Bedeutung dieser Angaben für den Käufer unterstrichen und der Verkäufer zu einer sorgfältigen Prüfung in Anbetracht der andernfalls drohenden Gewährleistung angehalten. Ebenso wie bei Beschaffenheitsvereinbarung „durch die Hintertür" aufgrund von Exposéangaben[93] vermeidet eine unmissverständliche Regelung in der Urkunde Unklarheiten und beugt späterem Streit (mit ungewissem Ausgang) vor. Weicht der derzeitige Zahlungseingang (Ist-Miete) negativ von der Soll-Miete ab und kann der Käufer dies nicht aus den ihm verfügbaren Unterlagen bzw. ihm bekannten Umständen erkennen, trifft den Verkäufer eine Aufklärungspflicht insoweit. Im absoluten Regelfall würde es indes keine angemessene Risikoverteilung darstellen, wenn der Verkäufer eine Gewähr für den Eingang und/oder die Höhe künftiger Mieteinnahmen übernehmen würde.

---

[92] *Bickert* ZfIR 2019, 188 (190); *Schriftleitung* RNotZ 2019, 213 (214).
[93] Vgl. hierzu S. 39 ff.

gg) Formulierungsbeispiel

Formulierungsbeispiel:[94]

Der Vertragsgegenstand ist vermietet. Der Käufer kennt den Mieter und den Mietvertrag. Eine Kopie des Vertrages wurde ihm bereits übergeben. Das Original ist unverzüglich nach Kaufpreiszahlung zu übergeben. Der Verkäufer garantiert, dass er mit dem Mieter keine anderen Vereinbarungen als die darin niedergelegten getroffen hat. Neue Vertragsabschlüsse und Vertragsänderungen bedürfen ab sofort der vorherigen schriftlichen Zustimmung des Käufers.

Die in Übereinstimmung mit den gesetzlichen Regelungen (insbesondere §§ 556d ff. BGB) vereinbarte und derzeit vom Mieter gezahlte Nettokaltmiete beträgt ... Euro zuzüglich ... Euro Nebenkostenvorauszahlung. Der Verkäufer übernimmt keine Gewähr für den künftigen Mieteingang. Er garantiert aber, dass er keine Mietvorauszahlungen für die Zeit nach Besitzübergang erhalten hat und auch nicht entgegennehmen wird, dass er keine Vorausverfügung über die Miete getroffen hat, dass derzeit keine Mietrückstände bestehen, kein Mieter eine Mietminderung oder einen Mieteinbehalt geltend macht und weder gerichtlich noch außergerichtlich Mietstreitigkeiten geführt werden und dem Mieter bei Beendigung des Mietverhältnisses keine Verwendungsersatz- oder Wegnahmeansprüche zustehen.

3. Öffentliche Äußerungen im Vorfeld eines Grundstückskaufvertrags[95]

a) Interessenlage

Beim Kauf von gebrauchten Immobilien sind Angaben im (vielfach vom Makler erstellten) Exposé für die Kaufentscheidung von wesentlicher Bedeutung. Insbesondere die Flächenangaben und die Angaben zur erzielten Kaltmiete sind für den Käufer entscheidende Preisindikatoren. Aber auch darüber hinausgehende Informationen, etwa zu Lärmimmissionen („ruhige Lage"), zur Restlaufzeit eines auf dem Objekt lastenden Nießbrauchs („endet 2027"), zu einem etwaigen Renovierungs- oder Sanierungsbedarf („hervorragend in Schuss"; „nach neuestem Stand renovierte Luxusimmobilie"[96]) bzw. zur Ausstattung der Immobilie („hochwertige Ausstattung"), haben maßgeblichen Einfluss auf die Preisbildung. Nicht nur der Käufer, sondern auch das diesen finanzierende Kreditinstitut legt die Exposéangaben seiner Entscheidung zur Gewährung des Darlehens zu Grunde. Manche der im Exposé enthaltenen Angaben sind seitens des Käufers im Rahmen einer Besichtigung unschwer überprüfbar, andere hingegen nicht bzw. nur unter Einschaltung sachverständiger Hilfe. Letztere ist angesichts des mitunter sehr kurzen Zeitabstands zwischen Besichtigung und Beurkundung des Kaufvertrags[97] vielfach kaum zu erlangen. In vielen Punkten vertrauen der Käufer und seine Finanzierungsbank daher auf die Angaben im Exposé.

Dieses Vertrauen steht in einem gewissen Spannungsverhältnis zur Motivationslage von Makler und Verkäufer bei der Erstellung des Exposés. Aus deren Blickwinkel handelt es sich beim Exposé nicht in erster Linie um eine Ansammlung von bloßen Fakten. Vielmehr soll das Exposé das Interesse des Kaufinteressenten an der Immobilie wecken, die Immobilie als attraktive Kaufentscheidung präsentieren und diesen letztlich zum Vertragsschluss veranlassen. Vor diesem Hintergrund ist es nicht verwunderlich, dass die Vorzüge der Immobilie deutlich herausgestellt und deren mögliche Nachteile allenfalls am Rande

---

[94] Vgl. BeckNotar-HdB/*Herrler* § 1 Rn. 989.
[95] Bei dem nachfolgenden Text handelt es sich um eine erweiterte Fassung des Beitrags in DNotZ 2020, 397.
[96] BGH NJW 2018, 1954.
[97] Etwa aufgrund des derzeitigen Nachfrageüberhangs.

erwähnt werden. Nicht selten erweisen sich die Angaben im Exposé aber auch als – euphemistisch formuliert – schön gefärbt, dh sie sind irreführend oder schlicht unzutreffend.

Im absoluten Regelfall finden sich keine der Angaben im Exposé im beurkundeten Kaufvertrag wieder. Dort ist regelmäßig lediglich vereinbart, dass der Käufer die Immobilie eingehend besichtigt hat, keine Beschaffenheitsvereinbarungen getroffen wurden und er diese so wie besichtigt erwirbt. Stellt sich nun nach Kaufpreiszahlung und Besitzübergabe heraus, dass Angaben im Exposé falsch waren, fühlt sich der Käufer übervorteilt und glaubt, erfolgreich gegen den Verkäufer vorgehen zu können. Nach der Rechtsprechung des Bundesgerichtshofs erweist sich dieser Glaube freilich vielfach als Trugschluss.

Im Folgenden soll daher die jüngere Linie des V. Zivilsenats des BGH im Hinblick auf die Haftungsbegründung falscher Exposéangaben skizziert und kritisch beleuchtet werden. Abschließend finden sich einige Überlegungen zur Gestaltung des Beurkundungsverfahrens und des Gebrauchtimmobilienkaufvertrags.

b) Zäsurwirkung der Beurkundung

Bei hinreichend konkreten Eigenschaftsangaben im Exposé liegt auf den ersten Blick die Annahme einer Beschaffenheitsvereinbarung iSv § 434 Abs. 1 S. 1 BGB bzw. § 633 Abs. 2 S. 1 BGB nahe, mit der Folge, dass bei Abweichungen von diesen Angaben die Sachmängelgewährleistung eingreift. Allerdings führt dies zu einem Konflikt mit § 311b Abs. 1 S. 1 BGB, da sich das Beurkundungserfordernis auf „alle Vereinbarungen [erstreckt], die nach dem Willen der Vertragsteile (oder nach dem anderen erkennbaren Willen eines Vertragsteils) Bestandteil des Vertrages sein, Rechtswirkungen erzeugen sollen.“[98] Würde man die vom Käufer zur Kenntnis genommenen und seiner Kaufentscheidung zugrunde gelegten, jedoch nicht in der Urkunde enthaltenen Exposéangaben als Beschaffenheitsvereinbarungen qualifizieren, hätte dies einen Formmangel und damit gemäß § 125 S. 1 BGB im Zweifel (§ 139 BGB) die Nichtigkeit des Vertrags zur Folge.[99]

aa) V. Zivilsenat: Zäsurwirkung beim Kaufvertrag

Seit seiner Entscheidung vom 6.11.2015 steht der V. Zivilsenat des BGH auf dem Standpunkt, dass eine Beschreibung von Eigenschaften vor Vertragsschluss, die in der notariellen Urkunde keinen Niederschlag gefunden hat, in aller Regel keine Beschaffenheitsvereinbarung iSv § 434 Abs. 1 S. 1 BGB begründet.[100] Maßgeblich sind für den BGH dabei die folgenden vier Erwägungen:

(1) Angesichts des beiden Vertragsparteien bekannten Beurkundungserfordernisses könne der Käufer nicht berechtigterweise darauf vertrauen, dass der Verkäufer die Gewähr für das Vorhandensein einer in der notariellen Urkunde nicht erwähnten Eigenschaft der Kaufsache übernehmen wolle.

(2) Würde man vorvertragliche Eigenschaftsangaben regelmäßig als Beschaffenheitsvereinbarungen iSv § 434 Abs. 1 S. 1 BGB qualifizieren, hätte dies einen Beurkundungsmangel und damit im Zweifel die Gesamtnichtigkeit des Kaufvertrags zur Folge (§ 125 S. 1 BGB), da sich das Beurkundungserfordernis nach § 311b Abs. 1 S. 1 BGB auf derartige Vereinbarungen erstreckt. Ungeachtet der Heilungsmöglichkeit nach § 311b Abs. 1 S. 2 BGB spreche somit der Auslegungsgrundsatz „in dubio pro Wirksamkeit“ gegen die Annahme eines bei Beurkundung fortbestehenden, zur Nichtigkeit führenden beiderseitigen Rechtsbindungswillen im Hinblick auf derartige Angaben.

(3) Dieses Auslegungsergebnis werde durch die Zwecke des gesetzlichen Formerfordernisses des § 311b Abs. 1 S. 1 BGB bestätigt. Würde man vorvertragliche Eigenschaftsanga-

[98] BGH NJW 2016, 1815; MüKoBGB/*Ruhwinkel* BGB § 311b Rn. 55 mwN.

[99] Zur Frage der Teilnichtigkeit wegen unvollständiger Beurkundung vgl. MüKoBGB/*Kanzleiter*, 7. Aufl. 2016, BGB § 311b Rn. 71 mwN.

[100] BGH NJW 2016, 1815.

ben, die in der Urkunde keinen Niederschlag finden, ohne weiteres als rechtserhebliche Beschaffenheitsvereinbarungen qualifizieren, wären sowohl die Warn- und Schutzfunktion der Beurkundung als auch die bezweckte Beratung und Belehrung der Parteien in Frage gestellt (vgl. § 17 Abs. 1 BeurkG).

(4) Der Bundesgerichtshof verweist schließlich darauf, dass dem Käufer nach dieser Auslegung zwar kein Sachmängelgewährleistungsanspruch, möglicherweise aber ein Anspruch aufgrund vorvertraglicher Pflichtverletzung zustehe, so dass dieser nicht rechtlos gestellt werde. Aus Sicht des V. Zivilsenats determiniert somit die (fehlende) Form etwaiger vorvertraglicher Abreden die Auslegung des Vertrags: „Maßgeblich ist […], was in der notariellen Urkunde vereinbart wird. Erst sie ergibt, wofür der Verkäufer letztlich einstehen will.“[101]

Wenngleich es auf den ersten Blick etwas befremdlich erscheint, dass preisrelevante, vorvertragliche Eigenschaftsangaben des Verkäufers (zB in einem Exposé) im Rahmen von § 434 Abs. 1 S. 1 BGB bedeutungslos sein sollen, überzeugt die restriktive Linie des V. Zivilsenats insoweit. Entscheidend ist hierfür vor allem die andernfalls drohende Aushöhlung des Käuferschutzes aufgrund der grundsätzlichen Nichtigkeit des gesamten Kaufvertrags und des damit verbundenen Entfallens der Schutzwirkung der Vormerkung.[102] Der gewissen Einschränkung der Rechte des Käufers sollte aber durch die Handhabung der anderen zur Verfügung stehenden rechtlichen Instrumente angemessen Rechnung getragen werden.

bb) VII. Zivilsenat: Keine Zäsurwirkung beim Bauträgervertrag

Der VII. Zivilsenat des BGH hat in seiner bisherigen Rechtsprechung demgegenüber beim Bauträgervertrag keine vergleichbare Zäsurwirkung für vorvertragliche Eigenschaftsangaben angenommen. Vielmehr geht er davon aus, dass auch einseitige Vorstellungen des Erwerbers für den Vertragsinhalt maßgeblich sein können, wenn der Bauträger in Kenntnis dieser Vorstellungen den Vertrag abschließe (zB vorvertragliche Wohnflächenangaben).[103] Die fehlende Erwähnung der betreffenden Eigenschaft in der notariellen Urkunde stehe „nicht einer Beurteilung entgegen, die bei der Vertragsauslegung in entscheidender Weise den Prospekt in den Vordergrund stellt, auf dessen Angaben nach den getroffenen Feststellungen der Erwerbsentschluss des Kl. maßgeblich beruhte.“[104]

Eine aktuelle Stellungnahme eines Mitglieds dieses VII. Zivilsenats deutet darauf hin, dass dieser trotz der „Zäsur-Rechtsprechung“ des V. Zivilsenats an seiner Linie festhalten und vorvertragliche Abreden im Zweifel als rechtsverbindliche Beschaffenheitsvereinbarungen iSv § 633 Abs. 2 S. 1 BGB ansehen wird.[105] Im Gegensatz zum V. Zivilsenat, der den Primat der notariellen Urkunde betont, stellt *Jurgeleit* (wohl stellvertretend für den VII. Zivilsenat) die berechtigten Erwartungen des Bestellers an die Beschaffenheit des Werks in den Vordergrund und postuliert ein extensives Verständnis einer Beschaffenheitsvereinbarung. Nur auf diese Weise könne dem gebotenen Schutz des Bestellers Rechnung getragen werden, da dieser frühestens mit Abnahme prüfen könne, ob sich seine Erwartungen verwirklicht haben.[106]

---

[101] BGH NJW 2017, 150 Rn. 18.
[102] Näher *Herrler* NJW 2016, 1767 (1769).
[103] BGH NJW 2004, 2156.
[104] BGH NJW-RR 2008, 258 Rn. 18. Näher Herrler/Hertel/Kesseler/*Herrler* ImmobilienR 2019 S. 38 f.
[105] Vgl. *Jurgeleit* NJW 2019, 2649 ff.
[106] *Jurgeleit* NJW 2019, 2649 (2655).

c) Beschaffenheitsvereinbarungen „durch die Hintertür"

aa) Gebrauchtimmobilienkaufvertrag

Dass vorvertragliche Eigenschaftsangabe nach Ansicht des V. Zivilsenats keine Beschaffenheitsvereinbarung iSv § 434 Abs. 1 S. 1 BGB begründen, bedeutet – wie bereits erörtert – indes nicht, dass diese völlig irrelevant sind. Sie können in Ermangelung einer Beschaffenheitsvereinbarung zur Bestimmung der geschuldeten Beschaffenheit nach Maßgabe von § 434 Abs. 1 S. 2 Nr. 1 oder Nr. 2 BGB herangezogen werden, ohne dass hierdurch ein Konflikt mit dem Beurkundungserfordernis entstünde. Insoweit besteht – soweit ersichtlich – Einvernehmen. Bemerkenswert ist indes, dass der BGH (zunächst ohne nähere Problematisierung) in seiner Entscheidung vom 22.4.2016[107] angenommen hat, dass vorvertragliche Äußerungen des Verkäufers in einem Exposé die Soll-Beschaffenheit der Kaufsache nach Maßgabe von § 434 Abs. 1 S. 3 Hs. 1 iVm S. 2 Nr. 2 BGB definieren und sich insoweit kein Konflikt mit § 311b Abs. 1 S. 1 BGB stellt. In seinen weiteren Entscheidungen vom 19.1.2018[108] und vom 9.2.2018[109] bestätigte der Senat diese Linie. Dabei komme es nicht darauf an, ob der Verkäufer das Exposé selbst erstellt hat oder es sich um ein Maklerexposé handelt.[110]

Anders formuliert: Vereinbaren Verkäufer und Käufer im Vorfeld des Vertragsschlusses, dass die gebrauchte Eigentumswohnung eine Wohnfläche von 80 qm hat, ist dies aufgrund der Zäsurwirkung der Beurkundung für die geschuldete Beschaffenheit irrelevant. Findet sich hingegen in dem den Kaufinteressenten zugänglich gemachten Exposé eine derartige Wohnflächenangabe, wird hierdurch die Soll-Beschaffenheit der Kaufsache definiert, für welche der Verkäufer einzustehen hat. Bei Sachmängeln bewahrt ihn der in der Praxis übliche, weitreichende Haftungsausschluss regelmäßig (§ 444 BGB) vor einer Haftung, was an dem grundsätzlichen Befund der Begründung einer Haftung „durch die Hintertür" des § 434 Abs. 1 S. 3 BGB freilich nichts ändert. Begründen Exposéangaben einen Rechtsmangel iSv § 435 BGB, hat der Verkäufer für diese in der Regel in Ermangelung eines Haftungsausschlusses einzustehen.

bb) Bauträgervertrag

Während der V. Zivilsenat das Formproblem durch einen Rekurs auf § 434 Abs. 1 S. 3 BGB elegant (wenngleich nicht unbedingt überzeugend) umschifft, steht die Position des VII. Zivilsenats (Relevanz berechtigter Erwerbererwartungen) jedenfalls *prima facie* in einem gewissen Spannungsverhältnis zu § 311b Abs. 1 S. 1 BGB. Eine Formnichtigkeit hätte für den Erwerberschutz katastrophale Folgen. Gerade im Falle von Uneinigkeiten über die ordnungsgemäße Erfüllung der Pflichten des Bauträgers kommt es in aller Regel nicht zur Eigentumsumschreibung und somit nicht zur Heilung eines etwaigen Formmangels gemäß § 311b Abs. 1 S. 2 BGB. Wäre der Vertrag (form-)nichtig, entfiele die Schutzwirkung der Vormerkung, sodass der Besteller bei Insolvenz des Bauträgers regelmäßig weitgehend leer ausginge.

(1) Systemimmanente Unvollständigkeit des Bauträgervertrags. Aufgrund der Unterschiede zwischen Kauf- und Bauträgervertrag ist die strukturelle Unvollständigkeit des Letzteren jedoch systemimmanent und im Regelfall für die Formwirksamkeit des Vertrags unschädlich. Denn anders als beim Gebrauchtimmobilienkauf kann beim Bauträgervertrag zur Definition des Leistungsgegenstands nicht schlicht auf das in der Natur vorhandene Objekt Bezug genommen werden. Vielmehr bedarf es einer näheren Spezifizierung des noch zu erstellenden Werks. Unabhängig davon, wie detailliert die vertragliche Regelung

[107] BGH NJW 2017, 150.
[108] BGH NJW-RR 2018, 752.
[109] BGH NJW 2018, 1954.
[110] BGH NJW-RR 2018, 752; NJW 2017, 150 Rn. 7.

insoweit ausfällt, bleibt der Inhalt des Bauträgervertrags stets präzisierungsbedürftig. Dies gilt beispielsweise für einen Verweis auf die allgemein anerkannten Regeln der Technik oder bestimmte Qualitätsstandards ebenso wie für erforderliche oder zweckmäßige Anpassungen im Zuge der Errichtung des Bauwerks.[111] Gleichwohl gerät die vertragsimmanente Unvollständigkeit des werkvertraglichen Teils des Bauträgervertrags nicht in Konflikt mit den Vorgaben von § 311b Abs. 1 S. 1 BGB, wenn **Leistungsbestimmungsrechte** nach §§ 315ff. BGB vereinbart werden. Bei funktionaler Beschreibung des Bauwerks lässt sich der geschuldete Qualitätsstandard unter Heranziehung von **§ 650k Abs. 2 BGB** ermitteln. Auch im Übrigen bietet die Auslegung der Erklärungen der Vertragsparteien vielfältige Möglichkeiten, den berechtigten Erwartungen des Bestellers Rechnung zu tragen, etwa durch ein **nicht allzu restriktives Verständnis des Andeutungserfordernisses** sowie durch die Heranziehung des Auslegungsgrundsatzes der ***falsa demonstratio.***[112]

(2) Verbleibende Friktionen. Die geschilderten Mechanismen liefern allerdings – entgegen der Ansicht von *Jurgeleit*[113] – in denjenigen Konstellationen keine in Einklang mit dem Formgebot des § 311b Abs. 1 S. 1 BGB stehenden Lösungen, in denen zentrale Angaben zum Kaufgegenstand betreffend die Quantität einer bestimmten Referenzgröße im Vertrag schlicht fehlen (zB keinerlei Wohnflächenangaben) bzw. dieser ausdrücklich eine in Widerspruch zu den vorvertraglichen Erklärungen stehende Eigenschaftsangabe enthält. Würde man dies anders sehen, verlöre das Andeutungserfordernis jegliche Konturen und die mit dem Formgebot verfolgten Zwecke liefen leer. Somit verbleiben Konstellationen, in denen die Realisierung der berechtigten Käufererwartungen im Wege der Auslegung unvermeidlich zu einem Konflikt mit dem Formgebot des § 311b Abs. 1 S. 1 BGB führt. Der VII. Zivilsenat wird früher oder später entscheiden müssen, ob er der „Zäsur-Rechtsprechung" des V. Senats folgt. Solange er nur Sachverhalte aus der *ex post* Perspektive nach Eigentumsumschreibung zu entscheiden hat, kann er aufgrund der Heilungswirkung des § 311b Abs. 1 S. 2 BGB weiterhin an seiner Linie festhalten. Entsteht bereits zuvor Streit, erwiese der VII. Zivilsenat dem Erwerber einen Bärendienst, wenn er eine außerurkundliche Einigung hinsichtlich einer bestimmten Leistungspflicht bejahte, sodann aber deren Formunwirksamkeit annehmen würde, womit im Regelfall eine Gesamtnichtigkeit des Vertrags samt Wegfall der Schutzwirkungen der Vormerkung verbunden wäre. Vor diesem Hintergrund sollte beim Bauträgervertrag besser Abstand von vorvertraglichen Beschaffenheitsvereinbarungen genommen werden. Bejaht man mit dem VII. Zivilsenat eine besondere Schutzbedürftigkeit des Erwerbers einer erst noch herzustellenden Immobilie, liegt es wertungsmäßig (entgegen der Gesetzessystematik und der Gesetzesmaterialien) nicht fern, den Rechtsgedanken des § 434 Abs. 1 S. 3 BGB für öffentliche Anpreisungen des Bauträgers[114] fruchtbar zu machen bzw. eine weitreichende c.i.c.-Haftung anzunehmen, ohne insoweit auf die Spezialität des Sachmängelgewährleistungsrechts zu verweisen.[115]

(3) BGH Urt. v. 25.1.2019 – V ZR 38/18. Die Handhabung von § 434 Abs. 1 S. 3 BGB durch den BGH ist in der Literatur auf deutlichen Widerspruch gestoßen,[116] weshalb

[111] *Jurgeleit* NJW 2019, 2649 (2653f.).

[112] Herrler/Hertel/Kesseler/*Herrler* ImmobilienR 2019 S. 39f.; *Jurgeleit* NJW 2019, 2649 (2654); strenger OLG Köln BeckRS 2016, 124161 Rn. 21; *Weber* notar 2017, 379 (383).

[113] *Jurgeleit* NJW 2019, 2649 (2653f.).

[114] Diese betreffen in aller Regel zwar ebenfalls unvertretbare Sachen, beziehen sich indes typischerweise auf eine Vielzahl von noch herzustellenden Wohnungen, so dass diese Konstellation näher als der Gebrauchtimmobilienverkauf an dem gewerblichen Verkauf von „Massenwaren" liegt, welche die Gesetzesverfasser mit § 434 Abs. 1 S. 3 BGB im Blick hatten.

[115] Vgl. Herrler/Hertel/Kesseler/*Herrler* ImmobilienR 2019 S. 40 mwN.

[116] Vgl. BeckOK BGB/*Faust* BGB § 434 Rn. 78; *Grigoleit/Herresthal* JZ 2003, 233 (239); *Herrler* NotBZ 2017, 121 (128); *Herrler* NJW 2017, 152; *Weber* RNotZ 2016, 650 (654).

sich der V. Zivilsenat veranlasst sah, sich in seinem Urteil vom 25. 1. 2019[117] ausführlich mit der Gegenposition auseinanderzusetzen. In dieser Entscheidung ging es neben der Behandlung vorvertraglicher öffentlicher Äußerungen des Verkäufers um die Frage, wie in diesem Zusammenhang Regelungen im Kaufvertrag zu verstehen sind, wonach eine bestimmte Eigenschaft des Kaufobjekts nicht zur vereinbarten Beschaffenheit gehört.

BGH Urt. v. 25.1.2019 – V ZR 38/18

Sachverhalt: Mit notariellem Vertrag vom 2.5.2013 kauften die Kl. von der Bekl. (Verkäufer) unter Ausschluss der Haftung für Sachmängel ein mit einem Wohnhaus bebautes Grundstück zu einem Kaufpreis von 750.000 Euro. Im Kaufvertrag war geregelt, dass die Zulässigkeit einer weiteren Bebauung oder bestimmten Verwendung nicht zur vereinbarten Beschaffenheit des Grundbesitzes gehört. In dem vom Makler mit Billigung der Bekl. erstellten Verkaufsexposé hieß es:

„Es besteht die Erlaubnis, zwei bis drei Pferdeboxen auf dem hinteren Grundstücksteil zu errichte[n]. Daneben gibt es eine angrenzende Weide, die gepachtet werden kann."

Grundlage dieser Aussagen waren die Bauakten, die für diese Angaben lediglich „Indizien", jedoch keine gesicherte Grundlage boten, was Makler und Verkäufer wussten. Nach Besitzübergang stellten die Kl. fest, dass weder eine Baugenehmigung für die Errichtung von Pferdeboxen bestand noch eine solche Bebauung genehmigungsfähig war. Sodann erklärten sie den Rücktritt von dem Kaufvertrag und verlangten Rückzahlung des Kaufpreises Zug um Zug gegen Rückübertragung des Eigentums an dem Grundstück.

Entscheidung: In Übereinstimmung mit dem Berufungsgericht bejahte der BGH den geltend gemachten Anspruch auf Rückzahlung des Kaufpreises nach §§ 434 Abs. 1 S. 3, 437 Nr. 2, 323, 346 Abs. 1 BGB.

cc) Sachmangel iSv § 434 Abs. 1 S. 3 Hs. 1 BGB

Das Kaufobjekt weise einen Sachmangel iSd § 434 Abs. 1 S. 3 BGB auf, weil, abweichend von den Angaben in dem Verkaufsexposé, keine Baugenehmigung für die Errichtung von bis zu drei Pferdeboxen auf dem hinteren Grundstücksteil erteilt war und eine solche Bebauung öffentlich-rechtlich auch nicht genehmigungsfähig sei. Die Annahme eines Sachmangels wegen des Fehlens einer Eigenschaft der Kaufsache iSv § 434 Abs. 1 S. 2 und S. 3 BGB setze nicht voraus, dass diese Eigenschaft in dem notariellen Kaufvertrag Erwähnung findet. Insbesondere sei § 434 Abs. 1 S. 3 BGB ohne Einschränkungen auf Grundstückskaufverträge anwendbar und **nicht teleologisch dahin zu reduzieren,** dass die nach der öffentlichen Äußerung zu erwartende Beschaffenheit im Vertrag einen Niederschlag gefunden haben müsse. Insoweit verweist der Senat auf die Unterscheidung in § 434 Abs. 1 BGB zwischen einer von den Vertragsparteien vereinbarten und der gesetzlich vorgegebenen Beschaffenheit der Kaufsache. Die Eigenschaften, die der Käufer nach den öffentlichen Äußerungen des Verkäufers erwarten könne, zählten zu der **nach dem Gesetz geschuldeten Beschaffenheit.** Schon nach der Gesetzessystematik wäre es deshalb fragwürdig, bei beurkundungsbedürftigen Rechtsgeschäften allein die Vorschrift des § 434 Abs. 1 S. 3 BGB und nicht auch § 434 Abs. 1 S. 2 Nr. 1 und Nr. 2 BGB im Wege der teleologischen Reduktion dahin einzuschränken, dass die öffentliche Äußerung Erwähnung im Vertrag gefunden haben müsse. Vor diesem Hintergrund überzeuge auch der Einwand nicht, dass es wertungsmäßig keinen Unterschied machen könne, ob der Verkäufer Angaben zur Kaufsache in einer öffentlichen Äußerung mache oder, etwa anlässlich der Besichtigung des Grundstücks, nur gegenüber dem Käufer. Zwar sei in beiden Fällen zu beurteilen, welche Rechtsfolgen eine Information des Verkäufers über die Kaufsache nach sich zieht (sofern die Haftung hierfür nicht wirksam ausgeschlossen wurde). Der Maßstab

[117] BGH MittBayNot 2020, 24 mAnm *Weber* = NotBZ 2019, 379 *(Krauß)* = ZfIR 2019, 559 mAnm *Brändle;* hierzu *Hahn* ZfIR 2019, 755; *Cziupka* EWiR 2019, 525.

sei aber ein jeweils anderer. Eine öffentliche Äußerung des Verkäufers richte sich an die Öffentlichkeit und präge die Erwartung an die Beschaffenheit der Sache. Wann eine Äußerung des Verkäufers, die nur an den (späteren) Käufer gerichtet war, zu einer vereinbarten Beschaffenheit iSv § 434 Abs. 1 BGB führe, sei dagegen eine Frage der Auslegung. Hierzu habe der Senat den Auslegungsgrundsatz entwickelt, dass eine Beschreibung von Eigenschaften eines Grundstücks durch den Verkäufer vor Vertragsschluss, die in der notariellen Urkunde keinen Niederschlag findet, in aller Regel nicht zu einer Beschaffenheitsvereinbarung führe.[118]

> **Hinweis:**
> Damit dürfte der vorstehend geschilderte Meinungsstreit für die Praxis einstweilen erledigt sein.[119] Man hat sich darauf einzustellen, dass derartige vorvertragliche „Werbeaussagen" unabhängig von deren Erwähnung oder Andeutung in der Urkunde für die geschuldete Sollbeschaffenheit und damit für eine potentielle Haftung des Verkäufers relevant sind.

dd) Keine Ausnahme nach § 434 Abs. 1 S. 3 Hs. 2 BGB

Diese öffentliche Äußerung war vorliegend auch nicht gemäß § 434 Abs. 1 S. 3 Hs. 2 Var. 2 BGB „in gleicher Weise berichtigt" worden. Hierfür jedenfalls erforderlich gewesen, dass der **Verkäufer klar darauf hinweist, dass eine bestimmte öffentliche Äußerung unrichtig ist.** Dass sich aus übergebenen Unterlagen für den Käufer Zweifel an der Richtigkeit der öffentlichen Angabe des Verkäufers ergeben könnten, genüge insoweit nicht.[120]

ee) Vorliegend keine sog. negative Beschaffenheitsvereinbarung

Eine Haftung aufgrund der nach § 434 Abs. 1 S. 3 iVm S. 2 Nr. 2 BGB ermittelten Sollbeschaffenheit der Kaufsache kommt von vornherein nicht in Betracht, wenn die Vertragsparteien eine hiervon **abweichende Beschaffenheit** nach Maßgabe von **§ 434 Abs. 1 S. 1 BGB vereinbart** haben (etwa in Gestalt einer so genannten negativen Beschaffenheitsvereinbarung). Denn nach der bereits dargestellten Systematik von § 434 Abs. 1 BGB kommt S. 3 nur zur Anwendung, wenn es insoweit an einer vereinbarten Beschaffenheit iSv S. 1 fehlt.

Die in Rede stehende vertragliche Regelung („Die Zulässigkeit einer weiteren Bebauung oder bestimmten Verwendung gehört nicht zur vereinbarten Beschaffenheit des Grundbesitzes.") stellt allerdings keine derartige negative Beschaffenheitsvereinbarung iSv § 434 Abs. 1 S. 1 BGB dar, sondern ist nach Ansicht des BGH als (bloßer) Haftungsausschluss auszulegen, da dadurch gerade keine bestimmte Eigenschaft in Bezug auf die Bebauung oder Verwendung des Grundstücks vereinbart wird. Eine gegenüber den Angaben im Exposé vorrangige negative Beschaffenheitsvereinbarung setzt voraus, dass ein bestimmter Zustand des Grundstücks in Bezug auf die Pferdehaltung konkret vereinbart wird (zB „Pferdeboxen können nicht errichtet werden.").[121]

ff) Zwar Haftungsausschluss, aber Arglist

Nach ständiger Rechtsprechung des BGH erfasse der im Vertrag niedergelegte allgemeine Haftungsausschluss zwar die nach den öffentlichen Äußerungen des Verkäufers iSv § 434

[118] BGH NJW 2019, 2380 Rn. 12–14.
[119] Zur Kritik an der Linie des BGH aktuell unter anderem *Cziupka* EWiR 2019, 525; *Weber* MittBayNot 2019, 28 (29 ff.).
[120] BGH NJW 2019, 2380 Rn. 14.
[121] BGH NJW 2019, 2380 Rn. 19.

Abs. 1 S. 3 BGB zu erwartenden Eigenschaften des Grundstücks. Allerdings ist es dem Verkäufer vorliegend wegen der vom BGH bejahten Arglist nach § 444 BGB verwehrt, sich auf den Haftungsausschluss zu berufen. Die für eine arglistige Täuschung erforderliche Offenbarungspflicht begründet der BGH mit den unrichtigen Angaben über die Zulässigkeit der Errichtung von Pferdeboxen im Verkaufsexposé. Die Arglist ergab sich vorliegend daraus, dass die Verkäuferin damit einverstanden war, dass die Angabe zu einer Errichtung von Pferdeboxen in das Exposé aufgenommen wurde, obwohl sie wusste, dass hierfür keine sichere Tatsachengrundlage bestand, da die amtliche Bauakte lediglich „Indizien" dafür bot, dass eine Bebauung mit Pferdeboxen bauordnungsrechtlich zulässig war. Darin seien den Vorwurf einer – Arglist begründende – **Angabe „ins Blaue" hinein** zu sehen.[122]

Vorliegend musste sich der Verkäufer das **Wissen des Maklers als ihrem Verhandlungsführer analog § 166 BGB zurechnen lassen.** Dieser hatte sämtliche Verhandlungen mit dem Käufer geführt. Verkäufer und Käufer haben sich offenbar erst im Notartermin getroffen. Zwar sei ein Makler in der Regel kein Vertreter des Verkäufers. Etwas anderes gilt jedoch, wenn der Makler – wie vorliegend – zugleich Verhandlungsführer oder -gehilfe ist.[123]

Ob daneben ein unmittelbarer **Anspruch** des Käufers auch **gegen den Makler nach § 823 Abs. 2 BGB iVm § 263 StGB** besteht, konnte der BGH indes nicht abschließend entscheiden, da das **Vorliegen eines Vermögensschadens iSv § 263 StGB** seitens des Käufers nicht hinreichend geklärt war. Daher hat der Senat die Sache insoweit an das Berufungsgericht zurückverwiesen.

„Ein Vermögenschaden im Sinne des Betrugstatbestandes (§ 263 StGB) liegt nicht bereits deshalb vor, weil die Klägerin und der Drittwiderbeklagte das Grundstück nicht gekauft hätten, wenn sie gewusst hätten, dass entgegen der Angabe in dem Exposé die Errichtung von Pferdeboxen unzulässig und das Grundstück deshalb nicht in vollem Umfang zu dem vertraglich vorausgesetzten Zweck – Pferdehaltung auf dem Grundstück – brauchbar ist. **Entscheidend ist vielmehr, ob das Grundstück wirtschaftlich betrachtet der** von der Klägerin und dem Drittwiderbeklagten **erbrachten Gegenleistung entsprach.** Zwar kann als Schaden die gesamte Leistung des Geschädigten anzusehen sein, wenn die Gegenleistung nicht oder nicht in vollem Umfange zu dem vertraglich vorausgesetzten Zweck brauchbar ist; selbst wenn der Verkehrswert der Gegenleistung der Leistung des Getäuschten entspricht. Das setzt aber weiter voraus, dass der Getäuschte sie auch nicht in anderer zumutbarer Weise verwenden, namentlich ohne besondere Schwierigkeiten wieder veräußern kann."[124]

d) Stellungnahme

Der V. Zivilsenat hat das Gesetz auf seiner Seite, welches nicht nach einer etwaigen Formbedürftigkeit des Kaufvertrags differenziert, sondern in § 434 Abs. 1 S. 3 BGB ohne Einschränkung anordnet, dass öffentliche Werbeaussagen die Normalbeschaffenheit des Kaufgegenstands prägen. Hierbei handelt es sich nicht um eine rechtsgeschäftliche Vereinbarung, sondern um Auslegungsmaterial für die „gesetzlich vorgegebene Beschaffenheit der Kaufsache".[125]

aa) Aushöhlung der Formzwecke

Ungeachtet dessen, dass es wertungsmäßig kaum überzeugen kann, den Verkäufer für öffentliche Äußerungen im Vorfeld des Vertragsschlusses strenger haften zu lassen als für individuelle Äußerungen gegenüber dem Käufer,[126] führt die Position des V. Zivilsenats zur

[122] BGH NJW 2019, 2380 Rn. 23.
[123] BGH NJW 2019, 2380 Rn. 24.
[124] BGH NJW 2019, 2380 Rn. 35.
[125] Insoweit zutr. BGH NJW 2019, 2380 Rn. 13f.
[126] *Herrler* NJW 2017, 152; *Weber* RNotZ 2016, 650 (653).

weitgehenden Aushöhlung der mit dem Beurkundungserfordernis des § 311b Abs. 1 S. 1 BGB verfolgten Zwecke (Beratung-, Belehrungs- und Beweisfunktion, Übereilungsschutz). Wesentliche Informationen finden sich bei dieser Auslegung nicht in der Urkunde, sondern in Internetannoncen, Verkaufsexposés etc, die nicht Gegenstand der Beurkundung waren. *Weber* hat zutreffend darauf hingewiesen, dass die Parteien danach die Soll-Beschaffenheit durch einen schlichten Verweis auf das außerurkundliche Exposé regeln könnten („Für die geschuldete Beschaffenheit gelten die öffentlichen Äußerungen des Verkäufers im Internet.").[127] Mit Blick auf die vorgenannten Formzwecke dürfen außerurkundliche Äußerungen des Verkäufers daher lediglich zur Konkretisierung der in der Urkunde niedergelegten bzw. zumindest angedeuteten Rechte und Pflichten herangezogen werden. Dieses Andeutungserfordernis gilt entgegen den Ausführungen des BGH auch für die Eignung zu der nach dem Vertrag vorausgesetzten Verwendung iSv § 434 Abs. 1 S. 2 Nr. 1 BGB.[128] Dem Schutz der berechtigten Käufererwartungen ist auf andere Weise Rechnung zu tragen.

Die vorstehenden Bedenken können auch nicht unter Hinweis auf den üblichen allgemeinen Haftungsausschlusses entkräftet werden, weshalb fahrlässige Falschangaben im Exposé im Ergebnis folgenlos blieben.[129] Denn das Vorliegen eines Haftungsausschlusses ist abhängig von der konkreten Vertragsgestaltung (im Fall von Allgemeinen Geschäftsbedingungen kann ein solcher nicht wirksam vereinbart werden), hat eine weitgehend arbiträre Unterscheidung zwischen Sach- und Rechtsmängeln zur Folge[130] (da der Haftungsausschluss üblicherweise nur für Sachmängel vereinbart wird), und führt aufgrund der Rückausnahme (Haftung für Arglist) infolge der mitunter schwer kalkulierbaren Abgrenzung von grober Fahrlässigkeit und bedingtem Vorsatz („Angaben ins Blaue") zu nicht unerheblicher Rechtsunsicherheit.

bb) Historie und Telos von § 434 Abs. 1 S. 3 Hs. 1 BGB

Die Gesetzesmaterialien sowie der mit § 434 Abs. 1 S. 3 Hs. 1 BGB verfolgte Zweck sprechen ebenfalls deutlich gegen dessen Anwendbarkeit auf beurkundungspflichtige Kaufverträge über unvertretbare Sachen. § 434 Abs. 1 S. 2 Nr. 2 BGB knüpft an eine Beschaffenheit an, die der Käufer nach *Art der Sache* erwarten kann. Insoweit sind öffentliche Äußerung des Verkäufers nach § 434 Abs. 1 S. 3 Hs. 1 BGB relevant. Hierbei geht es gerade nicht um eine Beschaffenheit, die allein dem konkreten Kaufgegenstand anhaftet, sondern um die Normalbeschaffenheit aller Sachen dieser Art, etwa eine bestimmte Stickstoffemission eines Fahrzeugtyps. Dieser Fokus auf vertretbaren Sachen wird dadurch bestätigt, dass der Gesetzgeber im Werkvertragsrecht bewusst darauf verzichtet hat, eine Parallelvorschrift zu § 434 Abs. 1 S. 3 BGB zu schaffen. Denn „die Regelung [sei] auf den Verkauf von Massenwaren zugeschnitten, die typischerweise Gegenstand der Werbung insbesondere durch den Hersteller sind."[131] Die Gesetzeshistorie sowie das Telos von § 434 Abs. 1 S. 3 BGB sprechen somit ebenfalls dafür, diese Vorschrift nicht auf den Verkauf gebrauchter Immobilien als unvertretbare Sachen anzuwenden. Eine individuelle Eigenschaft eines derartigen Kaufgegenstands wird nur durch eine vertragliche Beschaffenheitsvereinbarung iSd § 434 Abs. 1 S. 1 BGB zur geschuldeten Soll-Beschaffenheit. Für die Anwendung von § 434 Abs. 1 S. 2 Nr. 1 BGB muss der nach dem Vertrag vorausgesetzte Zweck in diesem zumindest angedeutet sein,[132] sodass es auch insoweit zu keinem Konflikt mit dem Formerfordernis kommt. Daher ist eine unterschiedliche Behandlung von § 434

[127] Vgl. jüngst *Weber* MittBayNot 2020, 28 (31).
[128] BeckOGK/*Faust,* 1.11.2018, BGB § 434 Rn. 51; *Cziupka* EWiR 2019, 525 (526).
[129] So angedeutet vom BGH (NJW 2019, 2380 Rn. 14).
[130] Zur Abgrenzungsproblematik insoweit vgl. Herrler/Hertel/Kesseler/*Herrler* ImmobilienR 2019 S. 37.
[131] Abgeordneten-Entwurf, BT-Drs. 14/6040, 214.
[132] *Weber* MittBayNot 2020, 28 (29f.), auch zur Vereinbarkeit mit den Vorgaben der Verbraucherrechterichtlinie (RL (EU) 2019/771).

Abs. 1 S. 2 Nr. 1 und Nr. 2 BGB einerseits und § 434 Abs. 1 S. 3 BGB andererseits entgegen dem BGH ohne weiteres zu rechtfertigen.

cc) Fazit

Ungeachtet der erneuten Bekräftigung durch den V. Zivilsenat in seinem Urteil vom 25. 1. 2019 ist die Regelung des § 434 Abs. 1 S. 3 BGB infolge teleologischer Reduktion auf Immobilienkaufverträge nicht anzuwenden, da diese Vorschrift schon strukturell nicht auf Kaufverträge über unvertretbare Sachen zugeschnitten ist und ansonsten die meisten der mit dem Beurkundungserfordernis des § 311b Abs. 1 S. 1 BGB verbundenen Formzwecke verfehlt würden. Den schutzwürdigen Interessen des Käufers lässt sich über eine Haftung für vorvertragliche Pflichtverletzungen nach §§ 280 Abs. 1, 311 Abs. 2, Abs. 3 BGB angemessen Rechnung tragen. Der von der hM bejahte Vorrang der Sachmängelgewährleistung[133] sollte insoweit relativiert werden, zumal vorvertragliche Eigenschaftsangaben nach der hier vertretenen Ansicht außerhalb von § 434 Abs. 1 S. 1 BGB nicht geeignet sind, einen Sachmangel zu begründen.[134]

e) Haftungsrisiko und Enthaftungsmöglichkeiten

Bei der folgenden Erörterung des Haftungsrisikos des Verkäufers für vorvertragliche Eigenschaftsangaben soll die dargestellte Linie des V. Zivilsenats zugrunde gelegt werden.[135] Derartige Angaben begründen danach grundsätzlich eine Sollbeschaffenheit der Kaufsache iSv § 434 Abs. 1 S. 3 iVm S. 2 Nr. 2 BGB mit entsprechender Haftungsfolge. Eine Haftung des Verkäufers für das Vorhandensein dieser Eigenschaften ist in den nachfolgenden Konstellationen gleichwohl ausgeschlossen.[136]

aa) Geschuldete Beschaffenheit der Kaufsache

(1) Immanente Grenzen des § 434 Abs. 1 S. 3 BGB. Vorvertragliche öffentliche Äußerungen iSv § 434 Abs. 1 S. 3 Hs. 1 BGB definieren ausnahmsweise nicht die geschuldete Sollbeschaffenheit der Kaufsache, wenn

(1) der Verkäufer keine Kenntnis von der öffentlichen Äußerung eines Dritten (insbesondere des Maklers) hat und diese auch nicht kennen musste (§ 434 Abs. 1 S. 3 Hs. 2 Var. 1 BGB) – wobei er sich das Wissen eines von ihm als Verhandlungsgehilfen eingeschalteten Maklers allerdings zurechnen lassen muss –;

(2) die öffentliche Äußerung im Zeitpunkt des Vertragsschlusses in gleichwerter Weise berichtigt war (§ 434 Abs. 1 S. 3 Hs. 2 Var. 2 BGB), etwa in Gestalt eines berichtigenden Exposés, welches die Korrektur hinreichend deutlich zum Ausdruck bringt und dem Kaufinteressenten rechtzeitig – idealiter unter Hinweis auf die Berichtigung – ausgehändigt wurde, oder durch eine hinreichend präzise Klarstellung im notariellen Kaufvertrag; und

(3) die unzutreffende öffentliche Äußerung die Kaufentscheidung des Käufers nicht beeinflussen konnte (§ 434 Abs. 1 S. 3 Hs. 2 Var. 3 BGB). Neben fehlender Kenntnis des Käufers, welche bei einer Exposéangabe kaum vorstellbar ist, dürfte dies nur zu bejahen sein, wenn die betreffende Eigenschaft für den konkreten Käufer schlicht irrelevant war.[137]

---

[133] Vgl. im Überblick BeckOK BGB/*Faust* BGB § 437 Rn. 194ff. mwN.
[134] Näher *Faust* JZ 2016, 1012 (1016).
[135] Vgl. nachfolgend S. 50 zu den relevanten Unterschieden gegenüber einer bloßen Haftung für vorvertragliche Pflichtverletzung.
[136] Vgl. Überblick bei *Krauß* NotBZ 2019, 37f.
[137] BeckOK BGB/*Faust* BGB § 434 Rn. 90 aE.

(2) Negative Beschaffenheitsvereinbarung iSv § 434 Abs. 1 S. 1 BGB. Eine öffentliche Äußerung iSv § 434 Abs. 1 S. 3 BGB vermag die Soll-Beschaffenheit des Kaufgegenstands ebenfalls nicht zu beeinflussen, wenn die Parteien über genau diese Eigenschaft eine konkret-individuelle Beschaffenheitsvereinbarung iSd vorrangigen § 434 Abs. 1 S. 1 BGB getroffen haben. Steht eine derartige Beschaffenheitsvereinbarung in lediglich negativem Sinne, dh die bloße Verneinung einer konkreten Eigenschaft (negative Beschaffenheitsvereinbarung) in Rede, ist eine solche unter Berücksichtigung der schutzwürdigen Interessen des Käufers, der auf die öffentlichen vorvertraglichen Angaben vertraut, nur anzunehmen, wenn diese in demselben oder jedenfalls einem vergleichbaren Konkretisierungsgrad erfolgt. Jede zusätzliche Abstraktheit der Angabe ist demnach schädlich. Der V. Zivilsenat legt eine derartige Abrede als Haftungsbeschränkung aus.[138] Für eine Rückausnahme bei Arglist des Verkäufers ist in beiden Fällen richtigerweise kein Raum, wenn und soweit der Verkäufer deutlich zum Ausdruck bringt, für das Vorhandensein dieser konkreten Eigenschaft nicht einstehen zu wollen. Insoweit fehlt es am Schutzbedürfnis des Käufers.

bb) Haftungsausschluss

Richtet sich die Soll-Beschaffenheit des Kaufgegenstands in Ermangelung einer negativen Beschaffenheitsvereinbarung und mangels Einschlägigkeit von § 434 Abs. 1 S. 3 Hs. 2 BGB nach den öffentlichen Äußerungen, kann eine Haftung des Verkäufers gleichwohl aufgrund gesetzlicher oder vertraglicher Regelungen ausgeschlossen sein.

(1) Kenntnis des Käufers iSv § 442 BGB. Die Sachmängelgewährleistungsrechte des Käufers sind gemäß § 442 Abs. 1 S. 1 BGB bei Kenntnis des Mangels im Zeitpunkt des Vertragsschlusses, dh bei Beurkundung, ausgeschlossen. Dieser Norm kommt im Fall von beschaffenheitsbegründenden öffentlichen Äußerungen iSv § 434 Abs. 1 S. 3 Hs. 1 BGB keine eigenständige Bedeutung zu, da bei Kenntnis des Käufers eine Beeinflussung der Kaufentscheidung durch die öffentliche Äußerung ausscheidet und jene somit gemäß § 434 Abs. 1 S. 3 Hs. 2 Var. 3 BGB die Normalbeschaffenheit iSv § 434 Abs. 1 S. 2 Nr. 2 BGB nicht beeinflusst.

(2) Vertraglicher Haftungsausschluss. Die Haftung des Verkäufers für die öffentlichen Äußerungen kann zudem rechtsgeschäftlich abbedungen worden sein,[139] wobei insoweit zwischen einem konkreten und einem allgemeinen Haftungsausschluss zu differenzieren ist.

(a) Konkreter Haftungsausschluss. Benennt der Haftungsausschluss die von ihm erfassten Eigenschaften der Kaufsache konkret (zB: keine bestimmte Flächengröße, keine bestimmte Schallisolierung, keine bestimmte Miethöhe geschuldet), sind Mängelgewährleistungsansprüche des Käufers für diesbezügliche vorvertragliche Angaben in öffentlichen Äußerungen (ebenso wie bei diesbezüglichen Beschaffenheitsvereinbarungen iSv § 434 Abs. 1 S. 1 BGB) ausgeschlossen. Für eine Rückausnahme bei Vorsatz des Verkäufers ist kein Raum, wenn und soweit dieser deutlich zum Ausdruck gebracht hat, für das Vorhandensein einer konkreten Eigenschaft nicht einstehen zu wollen. Insoweit fehlt es am Schutzbedürfnis des Käufers.

(b) Allgemeiner Haftungsausschluss. Auch ein beim Verkauf von gebrauchten Immobilien üblicher allgemeiner, dh pauschaler Haftungsausschluss („gekauft wie besichtigt unter Ausschluss der Gewährleistung“) entbindet den Verkäufer grundsätzlich von einer Haf-

---

[138] Vgl. BGH NJW 2019, 2380 Rn. 14.

[139] Sofern Allgemeine Geschäftsbedingungen vorliegen bzw. jedenfalls §§ 307–309 BGB Anwendung finden, wovon beim Verkauf durch einen Unternehmer an einen Verbraucher im Zweifel auszugehen ist (vgl. § 310 Abs. 3 Nr. 1, Nr. 2 BGB), muss der Haftungsausschluss zudem der Inhaltskontrolle standhalten.

tung aufgrund öffentliche Äußerungen iSv § 434 Abs. 1 S. 3 BGB. Auf diesen kann sich der Verkäufer allerdings gemäß § 444 BGB nicht berufen, wenn er arglistig gehandelt hat. Hierfür genügt bedingter Vorsatz etwa in Gestalt von Angaben „ins Blaue hinein“ ohne tatsächliche Grundlage. Die vorstehende Rückausnahme für arglistiges Handeln gilt nicht nur bei einem pauschalen Haftungsausschluss, sondern auch, wenn der Konkretisierungsgrad des Haftungsausschlusses hinter den die Soll-Beschaffenheit prägenden Abreden bzw. Angaben iSv § 434 Abs. 1 BGB zurückbleibt. Ebenso wie bei negativen Beschaffenheitsvereinbarungen bemisst sich der erforderliche Konkretisierungsgrad für den Gegenstand des Haftungsausschlusses am Konkretisierungsgrad der Soll-Beschaffenheit bestimmenden öffentlichen Äußerung iSv § 434 Abs. 1 S. 3 BGB.

Sonderfall: Ausschluss der Anwendbarkeit von § 434 Abs. 1 S. 3 BGB. Anstelle eines Haftungsausschlusses bzw. ergänzend hierzu könnte man vertraglich die Anwendbarkeit von § 434 Abs. 1 S. 3 BGB schlicht abbedingen.

Formulierungsbeispiel:
Vorvertragliche Angaben zum Vertragsgegenstand, insbesondere in Anzeigen oder Exposés, sind unverbindlichen und begründen keine Rechte und Pflichten.

Ungeachtet dessen, dass diese Regelung auf der Ebene der Definition der geschuldeten Beschaffenheit des Kaufgegenstandes ansetzt, dürfte eine derartige Abbedingung von § 434 Abs. 1 S. 3 BGB wertungsmäßig einem allgemeinen Haftungsausschluss gleichzustellen sein, so dass der Verkäufer im Fall von Arglist gleichwohl haftet.[140] Eine derartige Regelung dürfte sich zudem als unangemessene Benachteiligung iSv § 307 Abs. 2 Nr. 1 BGB darstellen und daher bei Vorliegen von AGB nicht sowie bei einem Vertrag zwischen einem Unternehmer und einem Verbraucher regelmäßig empfehlenswert.[141]

cc) Unterschied zu einer bloßen c.i.c.-Haftung

Die vom V. Zivilsenat postulierte Anwendung des Sachmängelgewährleistungsrechts anstelle einer bloßen Haftung für vorvertragliche Pflichtverletzungen hat für die Beteiligten zur Folge, dass der Käufer vom Verkäufer auch Nacherfüllung nach § 439 BGB, dh mangelfreien Lieferung, oder (im Falle des Verschuldens) Schadensersatz gerichtet auf das positive Interesse verlangen kann und im Falle eines fehlenden oder unwirksamen Haftungsausschlusses auch unabhängig vom Vorliegen von Arglist haftet.[142]

f) Konsequenzen für die Gestaltungspraxis

Verkäufer, Bauträger und Makler sollten für die Relevanz vorvertraglicher öffentlicher Eigenschaftsangaben, insbesondere in einem Exposé oder einer Internetanzeige, **sensibilisiert** werden. Den Verkäufer, Bauträger bzw. Makler gilt es vor allzu euphorischen Anpreisungen, denen keine hinreichende Tatsachenbasis zugrunde liegt, bzw. etwaigen Diskrepanzen zwischen Exposé und Baubeschreibung zu warnen. Dies kann im Vorfeld der Beurkundung oder im Kaufvertrag selbst geschehen. Enthält der Vertrag eine entsprechende „Stoppstelle“, bietet diese Gelegenheit, etwaige unrichtige Exposéangaben in der Kaufantragsurkunde selbst zu korrigieren. Umgekehrt sollte dem Käufer einer Gebrauchtimmobilie bereits im Vorfeld der Beurkundung deutlich vor Augen geführt werden, dass der Verkäufer grundsätzlich nicht für etwaige Erwartungen an die Beschaffenheit des Kaufgegenstands aufgrund vorvertraglicher Äußerungen einzustehen hat und der Käufer

140 Im Ergebnis wohl ebenso *Weber* MittBayNot 2020, 24 (31); aA (ohne Arglistausnahme) *Cziupka* EWiR 2019, 525 (526).
141 *Cziupka* EWiR 2019, 525 (526); aA *Graf* ZfPW 2017, 1 (15).
142 Vgl. *Weber* MittBayNot 2020, 24 (31).

daher ggf. Erkundigungen anstellen muss. Stehen derartige vorvertragliche öffentliche Äußerungen im Raum und erfährt der Notar davon,[143] sollte im Vertrag **klar geregelt** werden, welche rechtliche Qualität diesen Eigenschaftsangaben zukommt, dh klargestellt werden, ob und wenn ja, inwieweit, der Verkäufer für deren Vorhandensein die Gewährleistung übernehmen möchte. Im Einzelfall mag der Verkäufer bereit sein, bestimmte Exposéangaben als Beschaffenheitsvereinbarung in den Vertrag aufzunehmen.

g) Formulierungsbeispiel

Formulierungsbeispiel:

Der Vertragsgegenstand wird verkauft wie besichtigt. Soweit in dieser Urkunde nicht ausdrücklich abweichend geregelt, ist eine besondere Beschaffenheit weder vereinbart noch geschuldet. Der Verkäufer schuldet insbesondere kein bestimmtes Flächenmaß, keine Bebaubarkeit und keine bestimmte Verwendbarkeit des Vertragsgegenstands. Vorvertragliche Angaben zum Vertragsgegenstand, insbesondere in Exposés oder Internetanzeigen, sind unverbindlich und nicht Vertragsinhalt. Sie begründen keine vertragliche Haftung des Verkäufers, soweit sich nicht aus zwingenden gesetzlichen Vorschriften, insbesondere bei Arglist, etwas anderes ergibt. Dem Verkäufer ist nicht bekannt, dass im Vorfeld des Vertrags (zB im Exposé) gemachte Angaben unrichtig sind. *[Bei Bedarf ausdrückliche Korrektur fehlerhafter Angaben, § 434 Abs. 1 S. 3 Hs. 2 Var. 2 BGB].* Soweit in dieser Urkunde keine Beschaffenheit vereinbart wurde, werden alle Ansprüche wegen eines Sachmangels ausgeschlossen.[144]

h) Zusammenfassung

1. Entgegen dem V. Zivilsenat des BGH ist die Regelung des § 434 Abs. 1 S. 3 BGB auf Kaufverträge über gebrauchte Immobilien infolge teleologischer Reduktion nicht anzuwenden, da diese Vorschrift schon strukturell nicht auf Kaufverträge über unvertretbare Sachen zugeschnitten ist („Massenwerbung“) und andernfalls die meisten der mit dem Beurkundungserfordernis des § 311b Abs. 1 S. 1 BGB verbundenen Formzwecke verfehlt würden.
2. Während es bei Kaufverträgen über gebrauchte Immobilien regelmäßig nicht geboten ist, vorvertragliche Äußerungen für die Soll-Beschaffenheit zu berücksichtigen, stellt sich die Interessenlage beim Erwerb einer noch zu errichtenden Immobilie abweichend dar. Um den schutzwürdigen Erwerberinteressen Rechnung zu tragen genügt es mitunter nicht, allein auf die in der Urkunde enthaltenen Regelungen abzustellen. Vielmehr muss sich der regelmäßig gewerblich tätige Unternehmer grundsätzlich an seinen vorvertraglichen Eigenschaftsangaben festhalten lassen. Will man einen Beurkundungsmangel mit entsprechender Nichtigkeitsfolge vermeiden, bildet auch insoweit – entgegen der bisherigen Rechtsprechung des VII. Zivilsenats des BGH – die Beurkundung eine Zäsur. Sofern Leistungsbestimmungsrechte, die Auslegung unter Berücksichtigung des Andeutungserfordernisses sowie die Rechtsfigur der *falsa demonstratio* nicht weiterhelfen, bleibt (wohl) nur die Heranziehung des Rechtsgedankens des § 434 Abs. 1 S. 3 BGB, sofern man nicht lediglich auf eine in den Rechtsfolgen hinter der Sachmängelgewährleistung zurückbleibende Haftung für vorvertragliche Pflichtverletzungen zurückgreifen möchte.
3. Eine die Haftung für unzutreffende vorvertragliche Äußerungen ausschließende negative Beschaffenheitsvereinbarung iSv § 434 Abs. 1 S. 1 BGB ist entgegen dem BGH möglich, hat allerdings denselben Konkretisierungsgrad aufzuweisen wie die vorvertrag-

[143] Eine generelle Nachfrageobliegenheit ohne dahingehende Anhaltspunkte besteht nicht.
[144] In Anlehnung an *Weber* MittBayNot 2020, 24 (31).

lichen Angaben. Gleiches gilt für einen konkreten Haftungsausschluss. In beiden Fällen bleibt sodann auch kein Raum mehr für eine Arglisthaftung des Verkäufers.
4. Verkäufer, Bauträger und Käufer sollten idealerweise bereits im Vorfeld der Beurkundung über die Rechtsfolgen etwaiger unzutreffender vorvertraglicher Eigenschaftsangaben, insbesondere in Exposés, aufgeklärt werden.

4. Anschaffungspreis einer Einbauküche als Soll-Beschaffenheit?

a) Gesonderter Kaufpreis für Inventar

Vielfach wird bei mitverkauftem Inventar ein darauf entfallender Kaufpreisteilbetrag gesondert ausgewiesen, da auf diese Weise die Bemessungsgrundlage der Grunderwerbsteuer und damit die zu zahlende Grunderwerbsteuer reduziert werden kann.[145] Üblicherweise wird hierbei nicht mathematisch auf den Anschaffungspreis der Inventargegenstände Bezug genommen und eine Berechnung der Abschreibung vorgenommen. Im Regelfall schätzen die Parteien den Zeitwert der mitverkauften beweglichen Gegenstände mehr oder weniger frei, teilweise mit Unterstützung des begleitenden Maklers. Häufig geschieht dies erst kurz vor Vertragsschluss.

b) OLG München Urt. v. 9.10.2019 – 20 U 556/19

Einen hiervon abweichenden Sachverhalt hatte das OLG München in seiner Entscheidung vom 9.10.2019[146] zu beurteilen, in welchem nicht der Zeitwert, sondern der Anschaffungspreis des mitverkauften Inventars im Mittelpunkt stand, der zudem bereits im Verkaufsexposé angegeben war.

OLG München Urt. v. 9.10.2019 – 20 U 556/19

Sachverhalt: Im Exposé wurde der Anschaffungspreis der mitverkauften Küche mit 25.000 Euro angegeben. Tatsächlich betrug dieser lediglich 12.000 Euro. Im beurkundeten Kaufvertrag findet sich kein Hinweis auf den Anschaffungspreis. Als Ablösebetrag für die Küche wurde in der Urkunde ein Betrag von 15.000,00 Euro angesetzt, den der Käufer zusätzlich zu bezahlen hatte.

Als der Käufer den niedrigeren Anschaffungspreis erfährt, beansprucht er vom Verkäufer mit Blick darauf, dass im Kaufvertrag 60 % des angeblichen Anschaffungspreises als Kaufpreis für die Küche angesetzt wurde, 60 % des den tatsächlichen Anschaffungspreis übersteigenden Betrags als Schaden, mithin 60 % von 12.800 Euro, also 7.680 Euro.

Entscheidung: Das OLG München bejaht im Ergebnis einen Zahlungsanspruch des Käufers in dieser Höhe, allerdings nicht gestützt auf einen Anspruch aus Sachmängelgewährleistung, sondern gemäß **§ 280 Abs. 1 iVm §§ 241 Abs. 2, 311 Abs. 2 BGB** wegen vorvertraglichen Verschuldens.

aa) Keine Abweichung von der geschuldeten Soll-Beschaffenheit

Zunächst stellt das OLG München klar, dass vorliegend kein Sachmangel der Küche iSv § 434 Abs. 1 BGB vorliege. § 434 Abs. 1 S. 3 BGB sei nicht einschlägig, da der **Preis keine Beschaffenheit der Küche iSv § 434 Abs. 1 BGB** darstelle. Bei dem (Anschaffungs-)Preis einer Sache handele es sich nicht um eine Eigenschaft im Sinne des Sachmän-

---

[145] Die von *Kesseler* in dieser Veranstaltungsreihe geäußerten Befürchtungen zu einer bevorstehenden Änderung der Verwaltungspraxis (Herrler/Hertel/Kesseler/*Kesseler* ImmobilienR 2015/2016 S. 334 ff.) haben sich jedenfalls für die in Bayern grunderwerbsteuerpflichtigen Vorgänge noch nicht materialisiert.

[146] OLG München BeckRS 2019, 23762 = DNotI-Report 2019, 173 = IBR 2020, 48 *(Basty)* = ZfIR 2019, 183 mAnm *Bickert*.

gelgewährleistungsrechts. Weder hafte dieser der Sache selbst an noch sei die Beziehung der Sache zur Umwelt bzw. ihre tatsächlichen, rechtlichen und wirtschaftlichen Verhältnisse betroffen, die nach der Verkehrsanschauung einen Einfluss auf Nutzen und Wertschätzung des Gegenstands zu haben pflegen.[147]

bb) Anspruch gemäß § 280 Abs. 1 iVm §§ 241 Abs. 2, 311 Abs. 2 BGB

Aufgrund der zurechenbaren, falschen, vorvertraglichen Eigenschaftsangabe bestehe jedoch ein Schadensersatzanspruch nach § 280 Abs. 1 iVm §§ 241 Abs. 2, 311 Abs. 2 BGB *(culpa in contrahendo).* Vorliegend habe die Beklagte dem Kläger über das ihr zuzurechnende Maklerexposé einen Anschaffungspreis für die mitverkaufte Küche von ca. 25.000 EUR genannt. Diese Angaben sind objektiv unzutreffend. Hieran ändere auch der Umstand nichts, dass der Listenpreis der Küche 25.000 EUR betrug und der Verkäuferin vom Möbelhaus ein Rabatt iHv 40% gewährt wurde. Zum einen werde ein derartiger Rabatt jedermann vom Möbelhaus gewährt, was allgemein bekannt sei. Zum anderen war die Verkäuferin der mehrmaligen Aufforderung zur Übersendung der Rechnung für die Küche im Vorfeld zum Vertragsschluss wiederholt nicht nachgekommen. Somit habe die Verkäuferin vorsätzlich eine falsche Auskunft über einen für den konkreten Vertragsschluss wesentlichen Umstand erteilt und dadurch eine Fehlvorstellung des Käufers hervorgerufen. Da der Anwendungsbereich der §§ 459ff. BGB hier nicht eröffnet sei, lägen die Voraussetzungen für ein Anspruch wegen Verschuldens bei den Vertragsverhandlungen vor.

cc) Höhe des ersatzfähigen Schadens

Der Anspruch aus § 280 Abs. 1 iVm §§ 241 Abs. 2, 311 Abs. 2 BGB richte sich auf den **Ersatz des Vertrauensschadens.** Da der Käufer an dem für ihn ungünstigen Vertrag festhalte, sei insoweit auf die berechtigten Erwartungen des Käufers abzustellen, die durch den zustande gekommenen Vertrag nicht befriedigt werden. Der **Geschädigte** sei **so zu behandeln, als wäre es ihm bei Kenntnis der wahren Sachlage gelungen, den Vertrag zu einem niedrigeren Preis abzuschließen.** Schaden sei daher der Betrag, um den der Geschädigte den Kaufgegenstand im Vertrauen auf die Richtigkeit der Angaben des Verkäufers zu teuer erworben habe.[148] Auf Grundlage der vom Käufer vorgetragenen, plausiblen Berechnungsgrundlagen schätzt der Senat diesen Betrag auf 7.320 EUR. Da es allein um die Bemessung des Vertrauensschadens und nicht um eine Anpassung des Vertrages gehe, brauche der Geschädigte nicht nachzuweisen, dass sich der Vertragspartner auf einen Vertragsschluss zu einem niedrigeren Preis eingelassen hätte.[149]

c) Folgen für die Bemessung des auf das Inventar entfallenden Kaufpreises?

Die Entscheidung des OLG München überzeugt im Ergebnis und in der Begründung. Der ihr zugrundeliegende Sachverhalt war allerdings insoweit atypisch gelagert, als der Anschaffungspreis mitverkaufter Inventargegenständen im Regelfall nicht im Vorfeld angegeben, sondern die Immobilie schlicht samt Einbauküche bzw. sonstiger beweglicher Gegenstände zu einem bestimmten Preis angeboten wird. Hier kam hinzu, dass der Kaufpreis wohl mit Blick auf die Anschaffungskosten der Einbauküche erhöht wurde und der Verkäufer im Vorfeld des Vertragsschlusses zudem um Übersendung der Rechnung für die Einbauküche gebeten hatte. Sofern der Verkäufer für Inventar der Immobilie ein zusätzliches Entgelt verlangt und bei der Verhandlung über die Höhe dieses Entgelts auf seine Anschaffungskosten verweist, führen unzutreffende Angaben insoweit jedenfalls zu einem Schadensersatzanspruch nach § 280 Abs. 1 iVm §§ 241 Abs. 2, 311 Abs. 2 BGB, im Ein-

---

[147] OLG München BeckRS 2019, 23762 Rn. 5.
[148] OLG München BeckRS 2019, 23762 Rn. 17f.
[149] OLG München BeckRS 2019, 23762 Rn. 19.

zelfall möglicherweise auch zu einer **Strafbarkeit nach § 263 StGB.**[150] Wie auch sonst bei vorvertraglichen Falschangaben kommt eine Enthaftung des Verkäufers nach vorstehend geschilderten Grundsätzen (vgl. S. 48 ff.) in Betracht, insbesondere durch eine ausdrückliche Richtigstellung.

aa) Bloße Wertangabe zwecks Reduzierung der Grunderwerbsteuer

Umgekehrt dürfte eine Schadensersatzpflicht des Verkäufers aufgrund **unzutreffender Angabe des (Zeit-)Werts einzelner Inventargegenstände** in der notariellen Urkunde – mit Blick auf eine hierdurch weiterhin mögliche Reduzierung der Grunderwerbsteuer – in aller Regel nicht zu einer Haftung des Verkäufers nach § 280 Abs. 1 iVm §§ 241 Abs. 2, 311 Abs. 2 BGB führen. Dies gilt jedenfalls im absoluten Regelfall, in dem sich Verkäufer und Käufer häufig erst kurz vor der oder sogar in der Beurkundungsverhandlung über den für das Inventar anzusetzenden, im Kaufpreis enthaltenen Wert desselben einigen und diese Angaben gerade nicht für den Kaufentschluss des Käufers (mit-) ursächlich waren.[151]

bb) Unzutreffende Preisangaben im Exposé

Problematischer sind **Angaben im Exposé zu Anschaffungskosten bestimmter mitverkaufter Inventargegenstände** unabhängig davon, ob diese nach der Berechnungsgrundlage im Exposé bzw. im Kaufvertrag zu einer Erhöhung des Kaufpreises führen oder nicht. Denn in jedem Fall dienen derartige Preisangaben der Rechtfertigung des Gesamtkaufpreises und zielen darauf ab, die Entscheidungsfindung des Käufers im Sinne des Verkäufers zu beeinflussen. Legt man die vorliegende Entscheidung des OLG München zugrunde, dürften vorsätzliche[152] falsche Angaben insoweit auch unabhängig von einer konkret ausgewiesenen Preiserhöhung und unbeschadet einer etwaigen Strafbarkeit nach § 263 StGB zu einer Haftung des Verkäufers nach § 280 Abs. 1 iVm §§ 241 Abs. 2, 311 Abs. 2 BGB führen. Die Bemessung des zu ersetzenden Vertrauensschadens bereitet ohne konkrete Aufteilung des Kaufpreises freilich gewisse Schwierigkeiten.

5. Denkmalschutz als offenbarungspflichtiger Sachmangel?

a) Abgrenzung Sachmangel – Rechtsmangel

Trotz des weitgehenden gesetzlichen Regelungsgleichlaufs seit der Schuldrechtsreform kommt der Abgrenzung von Sachmängeln von Rechtsmängeln beim Kauf gebrauchter Immobilien nach wie vor große Bedeutung zu. Denn in aller Regel enthält der Kaufvertrag über gebrauchte Immobilien einen umfassenden Haftungsausschluss nur für Sachmängel, während der Verkäufer für Rechtsmängel hingegen grundsätzlich einzustehen hat.[153] Nach der Rechtsprechung handelt es sich bei der **Sozialbindung** eines Grundstücks um einen **potentiellen Rechtsmangel.** Demgegenüber begründet die fehlende Bebaubarkeit (zB fehlende Baugenehmigung) regelmäßig einen Sachmangel.[154] Dass es sich bei einer **fehlenden Baugenehmigung** um einen **Sachmangel** handelt, wurde jüngst in der auf S. 43 ff. dargestellten Entscheidung des BGH vom 25. 1. 2019 (V ZR 38/18) vorausgesetzt

[150] So hatte das LG Landshut als Vorinstanz auch einen Anspruch nach § 823 Abs. 2 BGB iVm § 263 StGB bejaht (BeckRS 2018, 48053).

[151] Hiervon unberührt bleibt die (auch strafbewehrte) Pflicht der Parteien, den anteiligen Wert des Inventars in realistischer Höhe anzugeben.

[152] Trifft den Verkäufer insoweit lediglich Fahrlässigkeit, ist die Reichweite des üblichen Haftungsausschlusses entscheidend.

[153] Näher Herrler/Hertel/Kesseler/*Herrler* ImmobilienR 2019 S. 45 ff.

[154] Vgl. Herrler/Hertel/Kesseler/*Herrler* ImmobilienR 2019 S. 47 mwN.

und ohne weitere Thematisierung angenommen.[155] Die mögliche Begründung, die beiden letztgenannten Eigenschaften (Bebaubarkeit, Denkmaleigenschaft) knüpften stets an ein konkretes (ggf. erst im Planungsstadium befindliches) Gebäude an, während die Sozialbindung das Grundstück als solches betreffe, vermag jedenfalls nicht in der Hinsicht zu überzeugen.

b) OLG Koblenz Urt. v. 20.12.2018 – 1 U 287/18

In der Entscheidung des OLG Koblenz vom 20.12.2018[156] ging es um die Denkmaleigenschaft eines verkauften Gebäudes und einer etwaigen Haftung des Verkäufers wegen arglistiger Täuschung insoweit.

OLG Koblenz Urt. v. 20.12.2018 – 1 U 287/18

Sachverhalt: Mit notariellem Kaufvertrag vom 25.9.2015 erwarb der Kläger von dem Beklagten eine Immobilie zu einem Kaufpreis von 82.500,00 Euro. Bei dem darauf befindlichen Gebäude handelt es sich um ein in der Ursubstanz aus dem 17. Jahrhundert, vermutlich Baujahr um 1660, stammendes Fachwerkhaus. Der notarielle Kaufvertrag enthält einen umfassenden, allgemein gehaltenen Gewährleistungsausschluss für Sachmängel. Unter Hinweis darauf, der Verkäufer habe wahrheitswidrig verneint, dass das Kaufobjekt unter Denkmalschutz stehe, begehrt der Käufer Minderung des Kaufpreises.

Entscheidung: Das OLG Koblenz hat ein Recht des Käufers zur Minderung des Kaufpreises gemäß §§ 433, 434, 437 Nr. 2 BGB unter Hinweis auf den Haftungsausschluss sowie darauf verneint, dass ein arglistiges Verhalten des Verkäufers nicht nachgewiesen sei.

aa) Denkmalschutz als möglicher Sachmangel

Zwar handele es sich bei der Denkmalschutzeigenschaft eines Gebäudes um einen Sachmangel und nicht um einen Rechtsmangel. Denn die **Denkmaleigenschaft** bedeutet für ein Kaufobjekt eine öffentlich-rechtliche Beschränkung, die dem jeweiligen Eigentümer **zusätzliche Verhaltens- und Unterlassungspflichten** auferlegt. Durch die Eintragung in das Verzeichnis der Baudenkmäler sind die **Befugnisse des Eigentümers nach § 903 BGB nicht unerheblich eingeschränkt.**

bb) Haftungsausschluss; Arglist

Jedoch steht der Haftungsausschluss einem Gewährleistungsrecht des Käufers entgegen. Etwas anderes gelte nach § 444 BGB nur bei arglistigem Verhalten des Verkäufers bzw. einer ihm zuzurechnenden Person. Eine **arglistige Täuschung** ist zum einen **aktiv** durch vorsätzlich falsche Angaben seitens des Verkäufers bzw. durch eine ihm zuzurechnende Person möglich. Dies war zwar seitens des Klägers behauptet worden, konnte vom Senat vorliegend indes nicht mit hinreichender Gewissheit festgestellt werden. Darüber hinaus kommt eine Arglisthaftung **passiv** wegen der Täuschung **durch Verschweigen** offenbarungspflichtiger Mängel in Betracht. Hierfür müssen dem Verkäufer Fehler bekannt sein oder er diese zumindest für möglich halten und billigend in Kauf nehmen, dass dem Käufer diese Fehler nicht bekannt waren und er bei deren Offenlegung den Kaufvertrag nicht oder nicht mit dem vereinbarten Inhalt geschlossen hätte. Ausreichend sei insoweit bedingter Vorsatz im Sinne eines „Fürmöglichhaltens" und „Inkaufnehmens".[157] In seiner Urteilsbegründung verweist der Senat darauf, dass die auf Verkäuferseite die Verhandlungen führende Ehefrau des Verkäufers möglicherweise gar keine Kenntnis von der Denkmaleigenschaft hatte und somit schon aus diesem Grund eine Aufklärungspflicht ausscheide.

[155] BGH NJW 2019, 2380.
[156] OLG Koblenz DNotZ 2019, 686 = IMR 2019, 2242 *(Kemper)*.
[157] OLG Koblenz BeckRS 2018, 34702.

c) Stellungnahme

Im Zentrum der Entscheidung des OLG Koblenz steht die Beweiswürdigung zur Frage, ob die Ehefrau des Verkäufers Kenntnis von der Denkmaleigenschaft hatte oder nicht. Das mag für die Frage maßgeblich sein, ob dem Verkäufer eine arglistige Täuschung in Gestalt aktiven Tuns vorzuwerfen ist. Nicht näher erörtert wird allerdings, ob eine **Täuschung durch Unterlassen** unabhängig von einer Kenntnis des Verhandlungsgehilfen des Verkäufers stets dadurch begründet werden kann, dass der Verkäufer selbst Kenntnis vom maßgeblichen Umstand (hier: Denkmaleigenschaft) hatte und daher selbst gehalten war, den Käufer hierüber aufzuklären. Das wird man unschwer bejahen müssen, zumal wenn man mit dem Senat unterstellt, dass der Verhandlungsgehilfe des Verkäufers hiervon keine Kenntnis hatte. Insoweit kann sich der Verkäufer nicht durch Unkenntnis seines Verhandlungsgehilfen enthaften, sondern muss sich an seiner eigenen Kenntnis festhalten lassen.

Damit ist die Frage des Vorliegens einer arglistigen Täuschung durch Unterlassen allerdings noch nicht vollständig beantwortet. Denn eine derartige Täuschung durch Unterlassen setzt eine **Offenbarungspflicht** seitens des Verkäufers voraus, dass – insoweit ist dem OLG Koblenz zuzustimmen – „dem Verkäufer Fehler bekannt waren oder er sie zumindest für möglich hielt und er billigend in Kauf nahm, dass dem Käufer diese Fehler nicht bekannt waren und er bei deren Offenlegung den Kaufvertrag nicht oder nicht mit dem vereinbarten Inhalt geschlossen hätte". Ein entscheidendes Tatbestandsmerkmal, welches der BGH in ständiger Rechtsprechung fordert, hat das OLG Koblenz in vorstehender Definition jedoch nicht aufgeführt. In Anbetracht dessen, dass jede Partei bei Vertragsverhandlungen allein ihre eigenen Interessen verfolgen darf, besteht eine Offenbarungspflicht bezüglich solcher Umstände, die den Vertragszweck des anderen vereiteln können und daher für seinen Entschluss, den Kaufvertrag abzuschließen, von wesentlicher Bedeutung sind, nur, wenn er die aktive Mitteilung durch den Verkäufer **nach der Verkehrsauffassung erwarten konnte.** Dies kann der Käufer **nur hinsichtlich solcher Mängel, die** einer Besichtigung nicht zugänglich und daher **nicht ohne weiteres erkennbar sind.**[158]

Bei einem Fachwerkhaus, das als solches ohne weiteres erkennbar ist, liegt es nahe, dass der Käufer selbst Erkundigungen zu einer etwaigen Denkmaleigenschaft anstellen muss. Insoweit kann er sich „nach der Verkehrsauffassung" nicht zurücklehnen und darauf verlassen, dass der Verkäufer ihm die erforderlichen Informationen liefert. An diesem Ergebnis wird man bei einem erkennbar sehr alten Haus nicht ernstlich zweifeln können.[159] Der Käufer steht daher bei lediglich mündlichen Angaben des Verkäufers vor dem Dilemma, dass nicht ohnehin subsidiär eine Offenbarungspflicht besteht, auf deren Missachtung er einen Gewährleistungsanspruch wegen arglistiger Täuschung stützen kann.

Hinweis:

Sofern die Denkmaleigenschaft eines Objekts in Frage steht, sollte sich der Käufer **Angaben zur (fehlenden) Denkmaleigenschaft stets in nachweisbarer Form erteilen bzw. bestätigen lassen,** um nicht vor einem vergleichbaren Beweisproblem wie im Fall des OLG Koblenz zustehen. Ist der Verkäufer nicht zu derartigen beweiskräftigen Angaben bereit, sollte dieser Umstand Anlass für eigene Erkundigungen des Käufers sein.

---

[158] Vgl. nur BGH NJW 2012, 1078 Rn. 21 f. mwN.

[159] Ähnlich *Kemper* IMR 2019, 2242.

6. Hohe Anforderungen an Arglist auch beim Fachmann

a) Arglistiges Verschweigen

Ein arglistiges Handeln des Verkäufers ist zum einen aktiv durch unzutreffende Angaben zum Vertragsgegenstand und zum anderen passiv durch bloßes Verschweigen offenbarungspflichtiger Umstände möglich. Hierdurch wird ein Anspruch des Käufers auf Schadensersatz aufgrund der Verletzung vorvertraglicher Pflichten gemäß § 280 Abs. 1 iVm §§ 241 Abs. 2, 311 Abs. 2 BGB *(culpa in contrahendo)* begründet, der auch nach Gefahrübergang nicht durch die Vorschriften über die Haftung des Verkäufers wegen eines Sachmangels nach §§ 434ff. BGB ausgeschlossen wird. Zudem greift in diesen Konstellationen ein vertraglich vereinbarter Haftungsausschluss nach **§ 444 Var. 1 BGB** nicht und auch grobfahrlässige Unkenntnis des Käufers vom Mangel ist nach **§ 442 Abs. 1 S. 2 BGB** nicht schädlich, sodass dem Käufer die gesetzlichen Mängelgewährleistungsrechte in vollem Umfang zustehen. Ein bloßes Verschweigen von Mängeln ist allerdings – im Gegensatz zu aktiven Falschangaben – nur tatbestandsmäßig, wenn eine Offenbarungspflicht besteht.

aa) Offenbarungspflicht

Grundsätzlich darf jede Partei bei den Vertragsverhandlungen allein ihre eigenen Interessen verfolgen. Allerdings ist jeder Vertragspartner verpflichtet, „den anderen Teil **über solche Umstände aufzuklären, die den Vertragszweck (des anderen) vereiteln können und daher für seinen Entschluß von wesentlicher Bedeutung sind,** sofern er die Mitteilung nach der Verkehrsauffassung erwarten konnte.“[160] Nach der Verkehrsauffassung kann der Käufer die Mitteilung solcher **Mängel** erwarten, die einer Besichtigung nicht zugänglich und daher **nicht ohne weiteres erkennbar** sind. Demgegenüber kann der Käufer eine Aufklärung hinsichtlich solcher Mängel, die einer Besichtigung zugänglich und damit ohne weiteres erkennbar sind, nicht erwarten, weil er diese Mängel bei der im eigenen Interesse gebotenen Sorgfalt selbst wahrnehmen kann.[161] Die betreffenden Mängel dürfen auch **nicht nur unerheblich** sein. Verallgemeinerungsfähige Aussagen lassen sich insoweit nur schwer treffen, da vieles von den Einzelfallumständen abhängig ist.

bb) Arglist

Bei einer Täuschung durch Verschweigen eines offenbarungspflichtigen Mangels **handelt** nach ständiger Rechtsprechung des BGH arglistig, wer

(1) einen Fehler mindestens **für möglich erachtet** und
(2) zumindest **damit rechnet und billigend in Kauf nimmt,** dass der Vertragsgegner den Fehler nicht kennt und bei Offenbarung den Vertrag nicht oder nicht mit dem vereinbarten Inhalt geschlossen hätte.[162]

Das Tatbestandsmerkmal der Arglist erfasst damit nicht nur ein Handeln des Veräußerers, das von betrügerischer Absicht getragen ist, sondern auch solche Verhaltensweisen, die auf **bedingten Vorsatz im Sinne eines „Fürmöglichhaltens und Inkaufnehmens“** reduziert sind und mit denen kein moralisches Unwerturteil verbunden sein muss. Ein grob fahrlässiges Verhalten genügt insoweit nicht. Die vom BGH hieran in ständiger Rechtsprechung angelegten Anforderungen sind hoch, wie das nachfolgende Urteil illustriert.

---

[160] Ständige Rechtsprechung, vgl. BGH NJW-RR 1988, 348 (350) mwN.
[161] BGH DNotZ 2020, 27 Rn. 11.
[162] Ständige Rechtsprechung, vgl. BGH NJW 2018, 389 Rn. 11; NJW 2013, 2182 Rn. 12; NJW 1995, 1549 (1550), jeweils mwN.

b) BGH Urt. v. 14. 6. 2019 – V ZR 73/18

BGH Urt. v. 14. 6. 2019 – V ZR 73/18

Sachverhalt: In dem der Entscheidung des V. Zivilsenats des BGH vom 14. 6. 2019[163] zugrunde liegenden Sachverhalt kauften die Kläger im Jahre 2010 von dem Beklagten, einem Maurermeister und Inhaber eines in der Bauwirtschaft tätigen Unternehmens, ein mit einem Einfamilienhaus bebautes Grundstück. Der Verkäufer erklärte, das Haus fachgerecht und nach den anerkannten Vorschriften errichtet zu haben. Die Haftung für Sachmängel wurde wie üblich umfassend ausgeschlossen.

Im Rahmen mehrerer Besichtigungstermine vor Abschluss des Kaufvertrags war an der Rückwand der an das Haus angebauten Garage ein Wasserfleck erkennbar. Im Jahre 2014 ließen die Kläger den kompletten Aufbau der auf der Garage befindlichen Terrasse nebst Aufkantung bzw. Ablaufrinne entfernen und führten auf dieser Grundlage ein selbstständiges Beweisverfahren zur Feststellung der Ursache eines fortschreitenden Wasserschadens sowie notwendiger Mangelbeseitigungsmaßnahmen durch. In diesem Verfahren stellte der Sachverständige W. fest, dass die von dem Beklagten eingebrachte Drainage nicht den zum Zeitpunkt der Errichtung des Hauses im Jahre 1993 geltenden DIN-Vorschriften und anerkannten Regeln der Technik entsprach.

Der von den Klägern geltend gemachte Schadensersatzanspruch aus §§ 437 Nr. 3, 280 Abs. 1 und Abs. 3, 281 Abs. 1 S. 1 BGB wurde vom OLG Saarbrücken unter Hinweis auf das arglistige Verschweigen dieses Mangels bejaht.

Entscheidung: Der V. Zivilsenat hat sich dem nicht angeschlossen. Zwar weise die Immobilie einen Sachmangel auf, da die Drainage und die Abdichtung des Gebäudes gegen eindringende Feuchtigkeit nicht den zum Zeitpunkt der Errichtung geltenden DIN Vorschriften entsprechend ausgeführt wurden, nicht den anerkannten Regeln der Technik entsprachen und daher nicht voll funktionstüchtig waren. Eine Haftung des Verkäufers komme aufgrund des allgemeinen Haftungsausschlusses jedoch nur in Betracht, wenn er sich auf diesen wegen Arglist nicht berufen kann (§ 444 BGB). Hierfür sei erforderlich, dass der Verkäufer **zumindest mit Eventualvorsatz** handelte. Ein grob fahrlässiges Verhalten genüge insoweit nicht. Das zumindest bedingt vorsätzliche Verhalten des Verkäufers sei vom Käufer nachzuweisen.

aa) Arglistiges Verschweigen

Ein arglistiges Verschweigen sei nur zu bejahen, wenn der Verkäufer den Mangel kennt oder ihn zumindest für möglich hält und zugleich weiß oder doch damit rechnet und billigend in Kauf nimmt, dass der Käufer den Mangel nicht kennt und bei Offenbarung den Vertrag nicht oder nicht mit dem vereinbarten Inhalt geschlossen hätte. Bei **einer Besichtigung zugänglichen** und damit ohne weiteres erkennbaren **Mängeln** bestehe grundsätzlich **keine Offenbarungspflicht.** Insoweit könne der Käufer kann keine Aufklärung erwarten, weil er diese Mängel bei der im eigenen Interesse gebotenen Sorgfalt selbst wahrnehmen könne. Sofern bei einer Besichtigung indes **nur Spuren von Mängeln erkennbar** sind, die aber keinen tragfähigen Rückschluss auf Art und Umfang des Mangels erlauben, müsse der Verkäufer gemäß seinem Kenntnisstand aufklären und dürfe sein konkretes Wissen nicht zurückhalten. Ziehe der Verkäufer aufgrund eigener Sachkunde oder aufgrund eines von ihm eingeholten Gutachtens Schlüsse auf den Mangel und seine Ursachen, die sich dem Käufer bei einer Inaugenscheinnahme der Symptome nicht in gleicher Weise aufdrängen, könne der Käufer von einem redlichen Verkäufer eine Mitteilung dieser Schlussfolgerungen erwarten.[164]

---

[163] BGH DNotZ 2020, 27 = IMR 2019, 3422 *(Rodemann)* = ZfIR 2019, 846 *(Bickert).*
[164] BGH DNotZ 2020, 27 Rn. 11.

Der Umstand, dass es sich angesichts der wiederholt erfolglosen Sanierung dem Beklagten als Fachmann hätte aufdrängen müssen, dass die Mangelursache eine andere sei, rechtfertigt nicht den Vorwurf der Arglist. Denn hierdurch sei nur fahrlässige Unkenntnis, nicht aber der für die Arglist vorausgesetzte Eventualvorsatz belegt. **Selbst ein bewusstes Sich-Verschließen genüge nicht für die Annahme der Arglist.** Stets erforderlich sei die Kenntnis der den Mangel begründenden Umstände zumindest in der Form des Eventualvorsatzes. Diese Kenntnis könne nicht durch wertende Überlegungen ersetzt, sondern müsse festgestellt werden.[165]

bb) Arglistige Täuschung durch falsche Angaben

Schließlich lässt sich die Anwendbarkeit von § 444 BGB auf Grundlage des festgestellten Sachverhalts nicht damit begründen, der Verkäufer habe vorsätzlich falsche Angaben über die Einhaltung der einschlägigen DIN-Vorschriften bei der Errichtung des Wohnhauses gemacht. Richtig sei zwar, dass der Verkäufer **Fragen des Käufers richtig und vollständig zu beantworten** habe. Allein der Umstand, dass Fragen falsch beantwortet wurden, begründe jedoch noch nicht den Vorwurf der Arglist. **Derjenige, der gutgläubig (auch leichtfertig) falsche Angaben macht, handele** jedoch grundsätzlich **nicht arglistig.** Etwas anderes gelte nur bei Angaben des Verkäufers ohne tatsächliche Grundlage – **„ins Blaue hinein"** –, mit deren Unrichtigkeit er rechnet.[166]

Nach diesen Grundsätzen trage die Begründung des Berufungsgericht, der Beklagte „habe sich, wenn er nicht bewusst von den einschlägigen DIN-Vorschriften abgewichen sei, über diese vor der Bauausführung jedenfalls nicht hinreichend informiert, so dass seine Angabe ohne tatsächliche Grundlage „ins Blaue hinein" erfolgt sei[, da man v]on einem Fachmann wie dem Beklagten […] die Einhaltung bestimmter Qualitätsstandards erwarten [könne], er […] die jeweils aktuell geltenden Regeln seines Fachs kennen und anwenden" müsse, den Arglistvorwurf nicht. Denn die **Annahme bedingten Vorsatzes setze voraus, dass der Verkäufer mit der Unrichtigkeit seiner Angaben rechnet.**

„Der Beklagte müsste folglich bei der Abgabe seiner Erklärung damit gerechnet haben, dass er bei der Errichtung des Wohnhauses von den anerkannten Regeln der Technik oder den einschlägigen Vorschriften abgewichen ist. Hiervon kann nicht allein deshalb ausgegangen werden, weil die Abdichtung des Wohnhauses nicht den einschlägigen DIN-Vorschriften entspricht und der Beklagte diese als Fachmann grundsätzlich zu kennen hatte. Denn es ist nicht ausgeschlossen, dass dem Beklagten nicht bewusst war, die einschlägigen DIN-Vorschriften bei der Errichtung des Wohnhauses für sich und seine Familie nicht vollumfänglich gekannt und in jeder Hinsicht beachtet zu haben. Ein solches unbewusstes Abweichen von einschlägigen Vorschriften reicht für die Feststellung einer arglistigen Täuschung im Rahmen eines Kaufvertrages indes nicht aus. Die Angabe des fachkundigen Verkäufers, das Kaufobjekt fachgerecht bzw. nach den anerkannten Vorschriften errichtet zu haben, erfolgt nicht schon dann ohne tatsächliche Grundlage „ins Blaue hinein", wenn er bei der Bauausführung unbewusst von einschlägigen DIN-Vorschriften abgewichen ist."[167]

Selbst bei einem fachkundigen Verkäufer, der erklärt, das Kaufobjekt fachgerecht bzw. nach den anerkannten Vorschriften errichtet zu haben, rechtfertigt die Abweichung von den damals maßgeblichen DIN-Vorschriften nach Ansicht des V. Zivilsenats des BGH keinen Rückschluss auf ein zumindest bedingt vorsätzliches Verhalten aufgrund von „Angaben ins Blaue hinein", da nicht auszuschließen sei, dass die Abweichung von den DIN-Vorschriften dem Verkäufer nicht bewusst war und ihn daher nur ein Fahrlässigkeitsvorwurf trifft.

---

[165] BGH BeckRS 2019, 23720 Rn. 15 (in DNotZ 2020, 27 nicht abgedruckt).
[166] BGH DNotZ 2020, 27 Rn. 25.
[167] BGH DNotZ 2020, 27 Rn. 29.

c) Stellungnahme/Folgerungen für die Gestaltungspraxis

Die vorliegende Entscheidung des BGH belegt einmal mehr, dass der marktübliche, weitreichende Haftungsausschluss beim Verkauf gebrauchter Immobilien dem (auch grob fahrlässig handelnden) Verkäufer einen weiterreichenden Schutz vor Inanspruchnahme gewährt. Der Käufer kann sich selbst bei einem fachkundigen Verkäufer nicht auf dessen Angaben zum Kaufgegenstand verlassen, da der Haftungsausschluss nur dann gemäß § 444 BGB durchbrochen wird, wenn es gelingt, dem Verkäufer ein zumindest bedingt vorsätzliches Handeln nachzuweisen. Die hierfür vom BGH angelegten Anforderungen sind in der Praxis vielfach nicht zu erfüllen. Man mag nun darüber diskutieren, ob die Tatsacheninstanzen auf der Beweisebene nicht etwas Käufer freundlicher agieren sollten, um dem Verkäufer die Schutzbehauptung zu erschweren, er habe lediglich aus Unwissen gehandelt. Derartiges hat der BGH indes nicht im Sinn, wie seine Ausführungen vor allem in Rn. 31 belegen.

Für die Gestaltungspraxis ist aufgrund der strengen Linie des BGH dazu zu raten, **derartige Erklärungen des Verkäufers** („trotz Eigenleistungen Stand der Technik beachtet"), die durchaus sehr preisrelevant sind, **als Beschaffenheitsvereinbarungen** in die Urkunde **aufzunehmen** oder jedenfalls den Käufer **dafür zu sensibilisieren,** dass derartige beschaffenheitsrelevante Angaben ohne Verankerung in der Urkunde bei einem weitreichenden Haftungsausschluss **faktisch weitgehend wertlos** sind. Sofern der Verkäufer im Fall von relevanten Eigenleistungen nicht zur Übernahme der Gewährleistung insoweit bereit ist und (insbesondere aufgrund des derzeitigen Marktumfelds) ein diesem Umstand Rechnung tragender Preisabschlag ebenfalls nicht durchsetzbar ist, bleibt dem Käufer nichts anderes übrig, als den **Kaufgegenstand vor Vertragsschluss umfassend zu untersuchen.**

III. Verkauf mit Weiternutzung (Wohnungsrecht und Leibrente)

Der nachfolgende Beitrag baut in den Grundzügen auf meinem gleichnamigen Beitrag in Heft 6/2020 der DNotZ[168] auf, den ich Notar Prof. *Kanzleiter* zu Ehren seines 80. Geburtstages gewidmet hatte. Während der DNotZ-Beitrag einen kurzen Überblick liefern sollte, geht es mir nachfolgend vor allem um Hinweise für die praktische Gestaltung. Daher habe ich vor allem diverse Formulierungsbeispiele und auch Hinweise zur Berechnung ergänzt.

1. Gestaltungsmöglichkeiten für Verwertung mit Weiternutzung

Zunehmend wollen ältere Beteiligte ihre selbstgenutzte Immobilie zwar verwerten, aber doch weiter selbst bewohnen. Typischer Fall ist ein älterer Eigentümer (häufig alleinstehend), dem die selbstgenutzte Immobilie gehört, der aber sonst kein Vermögen und nur geringe Einkünfte hat. Daher will der Eigentümer die Immobilie verwerten, aber möglichst weiter dort wohnen bleiben.

Der Erhalt der Immobilie für die Erben ist dem Eigentümer nicht so wichtig. Häufig haben die Verkäufer keine Kinder – oder sie sind von den Kindern entfremdet – oder sie würden die Immobilie zwar gern weitergeben, haben aber weder selber genug Einkünfte, um ohne Verwertung der Immobilie auszukommen, noch können (oder wollen) die Kinder die Immobilie gegen eine angemessene Zahlung übernehmen. Dem Verkäufer ist also sein Lebensunterhalt wichtiger als der Vermögenserhalt.

In dem Trend fließen mehreren Faktoren zusammen, objektive wie demographischer Wandel und Vermögenswachstum und eine subjektive Einstellungsänderung: Demographisch wird Deutschlands Bevölkerung älter, kinderlose Paare nehmen zu. Wirtschaftlich haben mehr Ältere Immobilieneigentum. Und die früher allgemeine Einstellung, dass man Vermögen unbedingt an die nächste Generation weitergeben müsse, ist zwar noch deutliche Mehrheitsmeinung, aber mehr ältere Leute als früher wollen sich auch den Genuss des vorhanden Vermögens gönnen.

Grundsätzlich lassen sich drei Modelle für eine Verwertung mit Weiternutzung der Immobilie unterscheiden:

- Klassischerweise nahm der Eigentümer zunächst einen Kredit auf sein Haus auf, bis er möglicherweise später doch zum Verkauf gezwungen war. Heute gäbe es hierfür den **Immobiliarverzehrkredit.**
- Bei den beiden anderen Varianten verkaufen die Eigentümer ihre Immobilie **(Verkauf mit Weiternutzung)**: Entweder sie schließen einen normalen Kaufvertrag, mieten die Immobilie aber sogleich zurück (und lassen sich die Nutzung durch ein Wohnungsrecht absichern) **(Verkauf mit Rückmietung)**.
- Oder die Verkäufer behalten sich beim Verkauf ein unentgeltliches Wohnungsrecht oder einen Nießbrauch vor und erhalten für die so belastete Immobilie eine Einmalzahlung und/oder eine lebenslängliche Leibrente **(Verkauf mit Wohnungsrecht)**.

Alle drei Varianten will ich hier untersuchen – mit Schwerpunkt bei den beiden Varianten des Verkaufs mit Weiternutzung. Beide Varianten des Verkaufs mit Weiternutzung kombinieren der notariellen Praxis längst bekannte Vertragsbestandteile. Aber sie weisen in der Kombination doch Spezifika auf, derentwegen man sie als besondere Untertypen des Kaufvertrages charakterisieren kann. Vor allem kombinieren sie das kaufvertragliche Element des nur punktuellen Leistungsaustauschs mit Rechtsbeziehungen auf Lebenszeit einer Vertragspartei wie Wohnungsrecht und Leibrente, die in der notariellen Praxis sonst eher im Kontext des Überlassungsvertrages verwendet werden.

[168] DNotZ 2020, 406.

Damit werden diese Elemente in einem Vertrag mit gegensätzlichen Interessen eingesetzt. Beim Kaufvertrag will kein Vertragsteil dem anderen etwas schenken und ist die Bereitschaft zu gegenseitigem Nachgeben nach Vertragsschluss eher gering. Daher ist die genaue Regelung der gegenseitigen Rechte und Pflichten und deren Absicherung noch wichtiger als beim Überlassungsvertrag.

In der Literatur sind die speziellen Fragen der (Immobilien-)Verwertung mit Weiternutzung bisher noch kaum behandelt.[169] Am ehesten gibt es Literatur zum Verkauf auf Leibrente[170] – aber ohne die Kombination mit einem Wohnungsrecht für den Verkäufer.

Von diversen gewerblichen Ankäufern oder Maklern werden hingegen unterschiedliche Konzepte zum Verkauf mit Weiternutzung beworben. Auch in allgemeinen oder Wirtschaftszeitschriften finden sich gelegentlich Artikel hierzu. Die Bezeichnungen der Modelle variieren. Natürlich fehlt auch ein trendiger Anglizismus nicht: „Eat your bricks" heißt es auf Neudenglisch (wobei der Verzehr der eigenen Ziegelsteine, wörtlich genommen, ziemlich hart und unverdaulich sein dürfte).

2. Ergebnisoffene Beratung über verschiedene Gestaltungsmöglichkeiten

Beginnen wir mit der offenen Beratungssituation. Eine ältere Dame oder ein älteres Ehepaar will sich beim Notar beraten lassen, was es denn so an Möglichkeiten gebe, ihre Immobilie zu Geld zu machen und trotzdem dort wohnen bleiben zu können. Und welche Vor- und Nachteile die einzelnen Modelle denn hätten. Nach der Beratung könnte der Notar den Beteiligten die Gestaltungsmöglichkeiten aus Sicht des Grundstückseigentümers/Verkäufers wie folgt zusammenfassen:

Formulierungsbeispiel:

Nachstehend darf ich Ihnen die verschiedenen in unserem Gespräche angesprochenen **Gestaltungsvarianten** wie folgt zusammenfassen:

- Bei einem **Immobiliarverzehrkredit** erhalten Sie von der Bank oder Sparkasse monatliche Kreditauszahlungen (ähnlich einer Rente). Der Kredit muss erst nach Ihrem Tod durch Ihre Erben zurückgezahlt werden (etwa durch den Verkauf der Immobilie). Allerdings bieten wohl nur wenige Kreditinstitute solche Immobiliarverzehrkredite an. Sie müssten sich diesbezüglich bei Ihrer Bank oder Sparkasse erkundigen.
- Bei einem **Verkauf mit Rückvermietung** schließen Sie einen normalen Kaufvertrag über die Immobilie ab, mieten sie aber in derselben Urkunde an. Der Mietvertrag sollte vom Vermieter unkündbar sein (außer bei Vertragsverstößen Ihrerseits), während Sie als Mieter ganz normal kündigen können. Ggf. kann vereinbart werden, dass die Miete für einen bestimmten Zeitraum nicht erhöht werden kann. Ggf. kann zusätzlich ein Wohnungsrecht zur Absicherung vereinbart werden, um eine Kündigung auch bei Insolvenz des Käufers oder Zwangsversteigerung der Immobilie auszuschließen. Vorteil dieser Gestaltung ist, dass sich Kaufpreis und Miethöhe an den Marktpreisen orientieren können. Sie können aber nur solange in der Immobilie bleiben, wie Sie die Miete zahlen können.
- Bei einem **Verkauf mit Wohnungsrecht** erhalten Sie ein lebenslanges unentgeltliches Wohnungsrecht (oder einen Nießbrauch). Sie müssen nur die Nebenkosten zahlen (insofern ähnlich wie ein Mieter). Dafür erhalten Sie nur einen geringeren Kaufpreis.

---

[169] Vgl. insbesondere *Krauß*, Die „Versilberung des Betongoldes" oder „Eat your brick", ErbR 2017, 530 (Vergleich der Modelle). Zur Rückmietung durch die Verkäufer habe ich selbst geschrieben: WürzNotar-HdB/*Hertel* Teil 2 Rn. 559 f. (mit Formulierungsmuster).

[170] So insbesondere BeckNotar-HdB/*Krauß* § 1 Rn. 744–750; *Krauß* Immobilienkaufverträge Rn. 1481 ff. sowie vollständiges Vertragsmuster Rn. 5517; Vertragsmuster: MVHdB V BürgerlR I/*Volmer* Form. I. 14.; *Schöner/Stöber* GrundbuchR Rn. 3236 ff.; ferner WürzNotar-HdB/*Hertel* Teil 2 Rn. 210 f.

Der Vorteil für Sie ist, dass in jedem Fall gesichert ist, dass Sie bis zum Lebensende in der Wohnung bleiben können. Die Schwierigkeit ist, den Geldwert des Wohnungsrechts – und damit den Kaufpreisabschlag – zu berechnen. Denn der hängt davon ab, wie lange Sie leben und das Wohnungsrecht nutzen. Ggf. kann eine Aufzahlung vereinbart werden, falls das Wohnungsrecht vor einem bestimmten Termin erlischt. Häufig wird vereinbart, dass Sie die Wohnung auch vermieten dürfen (insbesondere falls Sie später in ein Alters- oder Pflegeheim umziehen). Bei dem Wohnungsrecht ist auch zu regeln, wer welche Unterhaltungskosten trägt.

- Vor allem beim Verkauf mit Wohnungsrecht kann der Kaufpreis statt einer Einmalzahlung auch als **monatliche Leibrente** gezahlt werden. Durch eine Wertsicherungsklausel kann vereinbart werden, dass sich die Leibrente entsprechend der Inflation erhöht. Die Leibrente ist durch Reallast im Grundbuch abzusichern. Vorteil ist, dass die Leibrente lebenslang gezahlt wird. Nachteil ist auch hier die Schwierigkeit, den Wert der Leibrente im Vorhinein zu bestimmen.

Für ergänzende Rückfragen, ggf. auch zur rechtlichen Gestaltung eines konkreten Angebots, stehe ich gern zur Verfügung. Ob aber ein Angebot für Sie wirtschaftlich sinnvoll ist und im Verhältnis zum Wert Ihrer Immobilie angemessen ist, müssen Sie selbst entscheiden.

Mit einer solchen Zusammenfassung kann der Notar den Grundstückseigentümern helfen, verschiedene Angebote einzuordnen und zu vergleichen.

3. Immobiliarverzehrkredit

a) Immobiliarverzehrkredit passt theoretisch

Langt einem älteren Immobilieneigentümer seine Rente nicht, so kann er überlegen, die monatliche Lücke durch einen Bankkredit zu finanzieren – um den Erben mit der Immobilie auch die Kreditrückzahlung zu überlassen. Eigentlich wäre dies **für den Eigentümer die beste Lösung.**

- Der bloße Kredit ist die Lösung, die den Eigentümer am wenigsten beschränkt. Er **bleibt Eigentümer.** Damit kommen ihm Wertsteigerungen der Immobilie weiter zugute. Und er kann die Immobilie später immer noch verkaufen oder vererben.
- Ein möglicher Wermutstropfen ist, dass er sich als Eigentümer auch weiterhin um die Immobilie kümmern muss. Das heißt er hat die Arbeit weiter am Hals. Vor allem trägt er auch das Risiko und die Kosten, wenn unerwartet **größere Arbeiten am Haus** anfallen.

Dabei will der Eigentümer keinen klassischen Kredit, sondern eigentlich monatliche Auszahlungen. Theoretisch gibt es einen solchen Kredit in Form des **Immobilienverzehrkredits:**

- Der **Kreditbetrag** wird hier nicht auf einmal, sondern **in monatlichen Raten ausbezahlt.** Das heißt anders als üblich sinkt der Kreditbetrag nicht im Laufe der Zeit, sondern steigt immer mehr an. (Daher findet man Darstellung zum Immobilienverzehrkredit teils auch unter dem Stichwort der **„Umkehrhypothek“** (nach der Common Law *reverse mortgage*).
- Zu Lebzeiten zahlt der Kreditnehmer weder Zins noch Tilgung. Vielmehr wird der **Kreditbetrag samt Zinsen erst mit dem Tod** des Kreditnehmers fällig.
- Die Erben können dann entscheiden, ob sie die Forderung der Bank durch **Verkauf** der Immobilie aus dem Verkaufserlös oder aus **Eigenmitteln** oder durch **anderweitige Kreditaufnahme** tilgen. (In Internetdarstellungen heißt es manchmal, dass dann die Bank die Immobilie verkaufen kann.[171] Das mag faktisch zutreffen. Rechtlich kann der

[171] So etwa www.haus.de/geld-recht/leibrente-wie-funktioniert-die-haus-rente oder www.immobilienscout24.de/

Grundschuldgläubigerin aber nach § 1149 BGB vor Fälligkeit kein Befriedigungsrecht durch freihändigen Verkauf eingeräumt werden.)

Der **Immobilienverzehrkredit** ist im geltenden Recht vor allem als Ausnahme zu den Regelungen über den Verbraucherimmobiliarkredit definiert. So gilt die **EU-Richtlinie über Wohnimmobilienkredite** (RL 2014/17/EU)[172] nach ihrem Art. 3 Abs. 2 lit. a ausdrücklich nicht für **Immobilienverzehrkredite:**

Art. 3 Wohnimmobilienkredit-RL

(1) [...]

(2) Diese Richtlinie gilt nicht für

a) Immobilienverzehrkreditverträge, bei denen der Kreditgeber
   i) pauschale oder regelmäßige Zahlungen leistet oder andere Formen der Kredittilgung vornimmt und damit im Gegenzug einen Betrag aus dem künftigen Erlös des Verkaufs einer Wohnimmobilie erhält oder ein Recht an einer Wohnimmobilie erwirbt, und
   ii) erst dann eine Rückzahlung fordert, wenn im Leben des Verbrauchers ein oder mehrere von den Mitgliedstaaten festgelegte Ereignisse eintreten, außer der Verbraucher verstößt gegen die Vertragsbestimmungen, was dem Kreditgeber erlaubt, den Kreditvertrag zu kündigen;

Dies hat der deutsche Gesetzgeber in § 491 Abs. 2 S. 4 BGB übernommen:

§ 491 BGB

(1) [...]

(2) [...] [4]Keine Immobiliar-Verbraucherdarlehensverträge sind Immobilienverzehrkreditverträge, bei denen der Kreditgeber

1. pauschale oder regelmäßige Zahlungen leistet oder andere Formen der Kreditauszahlung vornimmt und im Gegenzug nur einen Betrag aus dem künftigen Erlös des Verkaufs einer Wohnimmobilie erhält oder ein Recht an einer Wohnimmobilie erwirbt und
2. erst nach dem Tod des Verbrauchers eine Rückzahlung fordert, außer der Verbraucher verstößt gegen die Vertragsbestimmungen, was dem Kreditgeber erlaubt, den Vertrag zu kündigen.

Denn anders als beim Verbraucherimmobiliarkredit passt hier die Prüfung der persönlichen Kreditwürdigkeit (ob der Kreditnehmer selbst auch in der Lage ist, den Kredit zurückzuzahlen) nicht. Denn der Kreditnehmer soll den Kredit ja gar nicht zurückzahlen, sondern erst dessen Erben.[173]

Dass der Gesetzgeber aber die vorvertraglichen Informationspflichten für den Immobiliarverzehrkredit gleich ganz abgeschafft hat (anstatt sie entsprechend anzupassen) und dass auch Schriftformerfordernis und vor allem Widerrufsrecht nicht gelten, wird in der Literatur deutlich kritisiert.[174]

b) In der Praxis ungebräuchlich

In der **Praxis** scheint der Immobiliarverzehrkredit bzw. die Umkehrhypothek jedoch **nur eine geringe Rolle** zu spielen.[175]

– Denn sonst hätten sähen wir als Notare ab und zu bei der **Grundschuldbeurkundung** auch eine Umkehrhypothek – oder genauer eine Grundschuld für einen Immobilienverzehrkredit. Natürlich erfahren wir nicht immer, warum die Beteiligten die Grundschuld bestellen. Aber häufig erzählen es einem die Leute doch oder man fragt ge-

wissen/verkaufen/haus-verkaufen-auf-rentenbasis.html oder www.immoverkauf24.de/immobilienverkauf/immobilienverkauf-a-z/leibrente/leibrente-berechnen/ (jeweils zuletzt abgerufen am 7.6.2020).

[172] https://eur-lex.europa.eu/legal-content/DE/TXT/PDF/?uri=CELEX:32014L0017&from=DE.

[173] Vgl. BT-Drs. 18/5922, 78.

[174] *Freitag/Allstadt* WM 2017, 1877 (1879 ff.); *Omlor* NJW 2017, 1633 (1635 f.); MüKoBGB/*Schürnbrand/Weber* BGB § 491 Rn. 94.

[175] So auch die Einschätzung von *Freitag/Allstadt* WM 2017, 1877; MüKoBGB/*Schürnbrand/Weber* BGB § 491 Rn. 91.

sprächsweise nach. Mir ist jedenfalls nicht erinnerlich, dass ich jemals bei einer Grundschuldbeurkundung von einer Umkehrhypothek gehört hätte. Einmal wurde ich danach bei einer Beratung gefragt. Das war es dann aber auch schon.

- Auch in der **Literatur** finden sich nur wenig Ausführungen zum Immobiliarverzehrkredit und zur Umkehrhypothek.
  So ist in den Kommentierungen zu § 491 Abs. 2 S. 4 BGB im Wesentlichen nur ein Aufsatz zitiert, der sich ausschließlich mit dem Immobiliarverzehrkredit befasst[176] – und ein weiterer Überblicksaufsatz zur Änderung des § 491 BGB, der in ein paar Absätzen auch Hinweise zum Immobiliarverzehrkredit gibt.[177]
  Zum Stichwort der „Umkehrhypothek" findet man gerade drei Aufsätze, die aber auch keine Einzelheiten der kreditvertraglichen Konstruktion behandeln.[178] Dass auch die Großkommentare zu §§ 1113 BGB die Umkehrhypothek gerade mal mit einem Absatz erwähnen,[179] ist besser verständlich, da die Besonderheiten im Kreditvertragsrecht liegen, nicht in der grundpfandrechtlichen Absicherung.
- Auch der **Gesetzgeber** ging bei Umsetzung der Wohnimmobilienkreditrichtlinie zunächst davon aus, dass für keine gesonderte gesetzliche Regelung erforderlich sei, da derartige Lösungen idR außerhalb des Kreditrechts umgesetzt würden.[180] Erst nachträglich wurde die Ausnahme des jetzigen § 491 Abs. 2 S. 4 BGB eingefügt.[181] Dass sie aber eingefügt wurde, deutet doch auf ein praktisches Bedürfnis hin. Sonst wäre sie nicht gefordert und vom Gesetzgeber nachträglich aufgenommen worden.

Woran liegt diese geringe Rolle der Immobiliarverzehrkredite? Ist irgendetwas daran faul? An einer **Überregulierung** kann es nicht liegen, nachdem die Beschränkungen des Verbraucherkreditrechts für Immobiliarverzehrkreditverträge nicht gelten.

Außerhalb der Immobiliarverzehrkreditverträge spielt dies eine Rolle. Hier schränkt die Immobiliarkreditrichtlinie die Möglichkeit älterer Menschen ein, selbständig noch einen Kredit bekommen. Denn auch wenn sie in Form einer Immobilie eine hinreichende Sicherheit für den Kredit stellen können, scheitern sie möglicherweise an der Kreditwürdigkeitsprüfung, die Art. 18 Wohnimmobilienkreditrichtlinie und § 505a BGB vorschreiben – und deren Kriterien jetzt durch die Immobiliar-Kreditwürdigkeitsprüfungsleitlinien-Verordnung (ImmoKWPLV)[182] konkretisiert wurden.[183]

§ 505a BGB: Pflicht zur Kreditwürdigkeitsprüfung bei Verbraucherdarlehensverträgen

(1) [1]Der Darlehensgeber hat vor dem Abschluss eines Verbraucherdarlehensvertrags die Kreditwürdigkeit des Darlehensnehmers zu prüfen. [2]Der Darlehensgeber darf den Verbraucherdarlehensvertrag nur abschließen, wenn aus der Kreditwürdigkeitsprüfung hervorgeht, dass bei einem Allgemein-Verbraucherdarlehensvertrag keine erheblichen Zweifel daran bestehen und dass es bei einem Immobiliar-Verbraucherdarlehensvertrag wahrscheinlich ist, dass der Darlehensnehmer seinen Verpflichtungen, die im Zusammenhang mit dem Darlehensvertrag stehen, vertragsgemäß nachkommen wird.

[176] *Freitag/Allstadt* WM 2017, 1877.
[177] *Omlor* NJW 2017, 1633.
[178] *Kulms* ZfIR 2002, 614; *Müller* VW 2010, 924; *Schnabl,* Die US-amerikanische reverse mortgage („umgekehrte Hypothek"): Ein Alterssicherungsmodell für Deutschland?, NZM 2007, 714. Der Aufsatz von *Schnabl* stammt nicht von einem Praktiker, sondern von einem (damaligen) Rechtsreferendar. Er ist sehr allgemein und rein theoretisch gehalten. Unter dem Begriff der Umkehrhypothek fasst er auch den Verkauf auf Leibrente als deren Funktionsäquivalent.
[179] MüKoBGB/*Lieder* BGB § 1113 Rn. 106; Staudinger/*Wolfsteiner* (2015) BGB Einl. §§ 1113ff. Rn. 22.
[180] Vgl. BT-Drs. 18/5922, 78.
[181] Durch das Finanzaufsichtsrechtergänzungsgesetz v. 6. 6. 2017 (BGBl. 2017 I 1495).
[182] Verordnung zur Festlegung von Leitlinien zu den Kriterien und Methoden der Kreditwürdigkeitsprüfung bei Immobiliar-Verbraucherdarlehensverträgen (Immobiliar-Kreditwürdigkeitsprüfungsleitlinien-Verordnung – ImmoKWPLV v. 24. 4. 2018 (BGBl. 2018 I 529).
[183] Vgl. *Omlor* NJW 2018, 2445.

Bei einem Rentner ist häufig klar, dass er einen Kredit nicht mehr aus seinen Einkünften zurückzahlen kann – auch wenn er hinreichende dingliche Sicherheiten stellen könnte.

Wahrscheinlich hatten Sie auch schon einmal eine ähnliche Situation wie ich, in der die Großmutter eine Grundschuld bestellt und sie und der Enkel als Gesamtschuldner die persönliche Zwangsvollstreckungsunterwerfung erklären. Ich belehrte natürlich eifrig die Großmutter, dass sie damit für die Kreditschuld des Enkels hafte – und zwar mit dem Grundstück, aber auch mit ihrem sonstigen Vermögen – bis mich die Beteiligten unterbrachen und sagten, es sei genau umgekehrt: Der Enkel hafte für die Großmutter.

Mir ist auch kein dem Vertragstypus als solchem innewohnender **Nachteil für den Kreditnehmer,** der grundsätzlich gegen einen Immobiliarverzehrkredit spräche, erkennbar. Dass der Eigentümer seine Immobilie verfrühstückt, mag für einen sparsamen Menschen kritikwürdig sein, ist aber gerade der Zweck der Übung. Die Bank verführt ihn ja nicht, mehr auszugeben, als er eigentlich will, sondern er fragt bei der Bank nach einem Kredit nach.

Auf Seiten der **Bank** (präziser der Kreditinstitute) könnte ich mir eine gewisse Zurückhaltung vorstellen, da die Durchsetzung des fälligen Kredits auf Schwierigkeiten stoßen könnte: Lebt der Kreditnehmer länger als erwartet, so wäre der **Kreditrahmen schon vor dem Tod des Kreditnehmers ausgeschöpft.** Dann stünde die Bank vor dem Dilemma, entweder auf der Kreditrückzahlung zu bestehen und die Immobilie notfalls versteigern zu lassen, was ihr bei einem hochbetagten Kreditnehmer ein schlechtes Image gibt („Die arme alte Frau und die gierige Bank") – oder sie prolongiert den Kredit, wäre dann aber für anfallende Zinsen möglicherweise nicht mehr abgesichert. Daher würde ich erwarten, dass die Banken den möglichen Kreditrahmen auf die statistische Lebensdauer des Kreditnehmers plus x Jahre strecken – wodurch natürlich der während der statistisch zu erwartenden Lebensdauer zur Verfügung stehende Kreditrahmen und damit der monatlich an den Kreditnehmer auszuzahlende Betrag sinkt.

Zu dieser Vermutung würde passen, dass es im Internet heißt, die **Risikoabschläge** der Banken seien **hoch** und die **Auszahlungsbeträge daher gering.**[184]

Aber wenn dem so ist – stellt sich nicht dasselbe Problem beim Verkauf auf Leibrente? Auch hier kann ich nur vermuten.

- Ich vermute aber, dass die Käufer beim Kauf auf Leibrente auf steigende Immobilienwerte wetten. Dann können sie den Immobilienwert in ihren internen Berechnungen höher ansetzen – während die Bank (Kreditinstitut) bei ihrer Bewertung nur den derzeitigen Wert ansetzen darf.
- Denn nach § 505b Abs. 2 S. 3 BGB darf sich die Kreditwürdigkeitsprüfung „nicht hauptsächlich darauf stützen, dass der Wert der Wohnimmobilie den Darlehensbetrag übersteigt, oder auf die Annahme, dass der Wert der Wohnimmobilie zunimmt, es sei denn, der Darlehensvertrag dient zum Bau oder zur Renovierung der Wohnimmobilie." Allerdings lässt jedenfalls ein Teil der Literatur mögliche Wertsteigerungen als einen zusätzlichen Faktor für die Prüfung der Kreditwürdigkeit zu.[185]

c) Schlussfolgerung

Meine erste Schlussfolgerung ist daher:
- Die bloße Kreditaufnahme beschränkt den Eigentümer am wenigsten.
- Sie erlaubt aber wahrscheinlich weniger als ein Verkauf mit Rückvermietung, den Wert der Immobilie auszuschöpfen.

[184] www.immobilienscout24.de/wissen/verkaufen/haus-verkaufen-auf-rentenbasis.html (zuletzt abgerufen am 6.7.2020).
[185] *König* WM 2017, 269 (277); *Omlor* NJW 2018, 2445 (2448).

– Ist der **Wert der Immobilie deutlich höher als der Geldbedarf** des Eigentümers, ist eine **Kreditaufnahme für den Eigentümer mE die beste Lösung.**

4. Verkauf mit Rückvermietung

a) Vor- und Nachteile

Zweite Gestaltungsmöglichkeit ist ein Verkauf gegen Einmalzahlung mit Rückvermietung. Hier sind wir als Notare auf vertrautem Terrain. Das haben die allermeisten von uns schon beurkundet. Das behandle ich daher am kürzesten.

Denkbar ist natürlich auch, dass der Verkäufer aus dem Erlös seines Hausverkaufs eine kleinere Immobilie erwirbt. Wegen der Kosten für den Umzug – möglicherweise sogar für neue Möbel (wenn etwa statt der großen alten Schränke neue, an die neuen Räume angepasste Schränke gekauft werden müssen), lohnt sich dies aber meist nur bei einer deutlichen Verkleinerung. Und hier will ich auch nur die Gestaltungsmöglichkeiten vergleichen, bei denen der Verkäufer in seiner bisherigen Wohnung wohnen bleiben kann.

– Käufer ist typischerweise ein Privatmann, der eine **Immobilie als Kapitalanlage** kauft. Ihm ist es nur recht, wenn der Verkäufer dort wohnen bleibt. Dann hat er längerfristig einen soliden und solventen Mieter. Und im Zweifelsfall kümmert sich der Verkäufer auch nach dem Verkauf noch um die Immobilie – besser als ein normaler Mieter, weil es einmal sein Haus oder seine Wohnung war.
– Beim **Verkauf an einen Privatmann** passt mE auch **nur ein Verkauf mit Rückvermietung.** Ein Kauf auf Leibrente ist für einen Privatmann viel zu riskant, weil er dann das Risiko tragen müsste, dass der Verkäufer deutlich länger lebt als nach der Statistik erwartet und er daher einen unerwartet hohen Kaufpreis zahlen muss. (Anders ist dies natürlich, wenn ein naher Angehöriger kauft und es den Beteiligten nicht darauf ankommt, ob der Kaufpreis sich am Ende als zu hoch oder zu niedrig erweist.)

b) Modifikationen des Mietvertrages (mit Formulierungsbeispiel)

Der **Mietvertrag** muss mit dem Kaufvertrag **mitbeurkundet** werden, da der Verkäufer nur verkaufen will, wenn er auch zurückmieten kann. Möglicherweise verlangt die finanzierende Bank des Käufers, dass ein „handelsübliches" Mietvertragsformular verwendet wird. Dann muss der Notar bei den nicht einschlägigen Alternativen tüchtig streichen, will er nicht endlos vorlesen. Häufig wird den Vertragsbeteiligten aber genügen, die wichtigen Klauseln zu vereinbaren (also Mietgegenstand und Laufzeit, Miethöhe und Nebenkosten, Schönheitsreparaturen).

Zum Schutz des Verkäufers wird man im Mietvertrag die **ordentliche Kündigung** durch den Käufer **auf Lebenszeit des Verkäufers ausschließen** (und wenn nur ein Ehegatte Eigentümer = Verkäufer ist, auch auf Lebenszeit von dessen Ehegatten). Die außerordentliche Kündigung bleibt dem Käufer vorbehalten (insbesondere falls der Mieter die Miete nicht zahlen würde).

Am gesetzlichen Kündigungsrecht des Mieters würde ich nichts ändern. Denn wenn dem Verkäufer mit zunehmenden Alter die Wohnung zu groß wird oder er sie sonst nicht mehr nutzen kann (weil er zB die Treppe in die oberen Stockwerke nicht mehr steigen kann), soll er nicht an die Wohnung gebunden sein.

Möglicherweise wird man Mieterhöhungen für eine bestimmte Zeit ausschließen oder jedenfalls hinausschieben. Aufbauend auf meinem Formulierungsbeispiel im Würzburger Notarhandbuch[186] könnte eine Rückvermietung an den Verkäufer wie folgt formuliert werden:

[186] Vgl. mein Muster: WürzNotar-HdB/*Hertel* Teil 2 Rn. 560.

Formulierungsbeispiel: Rückvermietung an den Verkäufer

1. Der Kaufgegenstand wird derzeit vom Verkäufer bewohnt und soll auch weiter von ihm gemietet werden.
   Der Notar belehrte, dass dann der Inhalt des Mietvertrages mitbeurkundet werden muss, soweit der Grundstückskaufvertrag davon abhängt.
2. Darauf vereinbaren die Beteiligten folgenden Mietvertrag zwischen dem Käufer Frau/Herrn ... als Vermieter und dem Verkäufer Frau/Herrn ... als Mieter *(ggf. auch Ehepartner des Verkäufers als Mieter mit aufnehmen):*
   - Mietgegenstand ist das gesamte Vertragsobjekt (samt mitverkauftem Inventar, aber ohne sonstiges Mobiliar).
   - Das Mietverhältnis beginnt mit Besitzübergang des Kaufobjekts (das heißt mit Eingang des Kaufpreises beim Verkäufer). Der Mietvertrag läuft auf unbestimmte Zeit. Eine **Kündigung** des Vermieters wegen Eigenbedarfs oder zur wirtschaftlichen Verwertung (§ 573 Abs. 2 Nr. 2 und Nr. 3 BGB) wird für die Lebenszeit des Verkäufers/des längerlebenden der Verkäufer **ausgeschlossen.** Der Mieter kann jederzeit nach Maßgabe der gesetzlichen Vorschriften kündigen.
   - Die (Kalt-)Miete beträgt ... **EUR** (... Euro) monatlich.
   - Es ist eine **Indexmiete** (§ 557b BGB). Die Miete ändert sich im selben Verhältnis, in dem sich der vom Statistischen Bundesamt ermittelte Verbraucherpreisindex für Deutschland (www.destatis.de – 105,8 im Dezember 2019 auf Basis 2015 = 100) verändert. Die Änderung muss durch Erklärung in Textform (schriftlich oder per E-Mail etc) geltend gemacht werden. Der Vermieter kann erstmals für den Monatsersten **fünf Jahre nach Mietbeginn** eine Erhöhung verlangen. Danach kann der Vermieter eine Erhöhung nur verlangen, wenn die Indexmiete zum Zeitpunkt des Wirksamwerdens des Erhöhungsverlangens mindestens **drei Jahre unverändert** ist (von Erhöhungen nach §§ 559–560 BGB abgesehen). Im Übrigen gilt § 557b BGB.
   - Wasser und Strom zahlt der Mieter direkt an den Versorgungsträger. Auch Heizöl muss der Mieter selbst auf eigene Kosten besorgen.
   - Der Mieter hat sämtliche sonstigen **Betriebskosten** im Sinne des § 556 BGB in Verbindung mit der Betriebskostenverordnung (BGBl. 2003 I 2346) zu tragen. Hierfür ist eine monatliche Nebenkostenvorauszahlung von derzeit insgesamt ...,00 EUR (... Euro) zu leisten.
   - Die sich daraus ergebende Gesamtmiete von zurzeit .... EUR (... Euro) ist monatlich im Voraus, spätestens bis zum 3. Werktag eines jeden Monats an den Vermieter auf dessen Konto IBAN DE ... bei der ... Bank/Sparkasse ... zu zahlen.
   - Eine **Mietkaution** ist nicht geschuldet.
   - Der Mieter gibt bei Mietende oder Auszug das Mietobjekt besenrein, aber im Übrigen **unrenoviert zurück.** Eine Renovierung ist seitens des Vermieters nicht gewünscht und wird beim Auszug auch nicht geschuldet. Unberührt bleibt eine gesetzliche Schadensersatzpflicht bei schuldhaften Beschädigungen der Mietsache.
   - Der Vermieter ist zu keinen **Schönheitsreparaturen** verpflichtet. Soweit der Mieter Schönheitsreparaturen wünscht, muss er diese selbst auf eigene Kosten vornehmen lassen. Ebenso trägt der Mieter die Kosten für das Beheben kleiner Schäden (Kleinreparaturen) an Installationsgegenständen für Elektro, Wasser, Abwasser und Öl, der Heizungsanlage, Fenster- und Türverschlüssen und Rollläden bis zu einem Betrag von 100,00 EUR im Einzelfall – höchstens aber von jährlich 7 % der Jahresmiete (samt Nebenkostenvorauszahlung, aber ohne Heizkosten).
   - Winterdienst muss der Mieter selbst auf eigene Kosten vornehmen.

c) Wohnungsrecht zur Sicherung des Mietverhältnisses

Zu erwägen ist, das Besitzrecht aus dem Mietvertrag zusätzlich durch ein **dingliches Wohnungsrecht** im Grundbuch abzusichern. Denn das Mietverhältnis schützt den Mieter zwar bei einem Weiterverkauf durch den Erwerber (§ 566 BGB). Bei einem Erwerb durch Zwangssteigerung oder freihändigen Verkauf durch den Insolvenzverwalter kann der Erwerber aber einen Miet- oder Pachtvertrag kündigen (§ 57a ZVG, § 111 InsO). Dieses gesetzliche Sonderkündigungsrecht kann im Mietvertrag nicht abbedungen werden. Hiergegen kann den Mieter nur ein zusätzliches dingliches Wohnungsrecht (§ 1093 BGB) schützen. Wünschen die Beteiligten keine Absicherung durch ein Wohnungsrecht, kann man etwa formulieren:

Formulierungsbeispiel:

Der Notar belehrte:

- Der Mieter ist zwar im Fall einer Veräußerung geschützt, da auch der Erwerber an den Mietvertrag gebunden ist (§ 566 BGB).
- Bei einem Erwerb durch **Zwangssteigerung** oder freihändigen Verkauf durch den **Insolvenzverwalter** könnte der Erwerber aber den Mietvertrag kündigen (§ 57a ZVG, § 111 InsO). Dieses gesetzliche Sonderkündigungsrecht kann im Mietvertrag nicht abbedungen werden. Hiergegen könnte den Mieter nur ein zusätzliches Wohnungsrecht (§ 1093 BGB) schützen.
- Finanziert der Käufer durch eine Grundschuld am Vertragsobjekt, ist das Wohnungsrecht allerdings gegenüber der den Käufer finanzierenden Bank erklärungsbedürftig. Das Wohnungsrecht dürfte allerdings nur ausgeübt werden, soweit der Mieter seine mietvertraglichen Pflichten erfüllt, insbesondere die Miete zahlt. Daher steht es den berechtigten Interessen der Bank nicht entgegen.

Die Beteiligten wollen heute jedoch kein derartiges Wohnungsrecht vereinbaren.

Wird ein Wohnungsrecht bestellt, so ist zu regeln, dass es **nur zur Absicherung** des schuldrechtlichen Besitzrechts aus dem Mietvertrag dient. Daher wird man die Ausübung des Wohnungsrechts davon abhängig machen, dass der Mieter Miete und Nebenkostenvorauszahlungen zahlt (bzw. wenn man auch den Fall einer unbedachten Kündigung des Erwerbers nach § 57a ZVG, § 111 InsO erfassen will – dass er die zuletzt während des Bestehens des Mietverhältnisses geschuldete Miete und Nebenkosten bzw. den anfänglich im notariellen Vertrag vereinbarten Betrag mit Wertsicherung und Nebenkosten zahlt).

Der Mieter ist zu verpflichten, das Wohnungsrecht zu löschen, wenn der Mietvertrag aufgrund Aufhebung, Kündigung durch den Mieter oder Kündigung durch den Vermieter wegen erheblicher schuldhafter Pflichtverletzung durch den Mieter endet (oder wegen sonst dem Vermieter vorbehaltener Kündigungsrechte) – oder auf Verlangen des Eigentümers bei Nichtzahlung über einen bestimmten Betrag (zB die für ein halbes Jahr geschuldeten Zahlungen) hinaus. Bei der Formulierung muss man nur darauf achten, dass eine Mietvertragskündigung nach § 57a ZVG bzw. § 111 InsO nicht zur Löschung des Wohnungsrechts verpflichtet.

Das Wohnungsrecht muss natürlich **Vorrang vor Grundpfandrechten** und Reallasten haben. Sonst ist es sinnlos. Bestehende, vom Verkäufer aufgenommene Grundpfandrechte wird man idR aus dem Kaufpreis ablösen. Auch wenn der Verkäufer möglicherweise nicht sofort ablösen will (etwa weil ihm die dann anfallende Vorfälligkeitsentschädigung zu hoch erscheint), wird der Käufer auf einer Ablösung und Grundpfandrechtslöschung bestehen.

Formulierungsbeispiel: Wohnungsrecht zur Sicherung des Mietverhältnisses

1. Der Notar belehrte:
   - Im Fall einer Veräußerung ist auch der Erwerber an den Mietvertrag gebunden (§ 566 BGB).
   - Bei einem Erwerb durch Zwangssteigerung oder freihändigen Verkauf durch den Insolvenzverwalter könnte der Erwerber aber den Mietvertrag kündigen (§ 57a ZVG, § 111 InsO). Dieses gesetzliche Sonderkündigungsrecht kann im Mietvertrag nicht abbedungen werden. Hiergegen kann den Mieter nur ein zusätzliches Wohnungsrecht (§ 1093 BGB) schützen.
2. Die Beteiligten vereinbaren daher:

   a) Die Veräußerer – der Überlebende allein – erhalten zur Absicherung ihres Mietvertrages auf Lebenszeit ein **Wohnungsrecht** zur alleinigen und ausschließlichen Nutzung des gesamten Vertragsobjektes.
   - Die Wohnungsberechtigten haben die **Nebenkosten** der Wohnung im Sinne des § 556 BGB und der Betriebskostenverordnung (BGBl. 2003 I 2346), wie Heizung, Strom, Wasser, Abwasser, Müllabfuhr sowie Grundstücksabgaben und -versicherungen etc zu tragen.
   - Soweit die Wohnungsberechtigten **Schönheitsreparaturen** wünschen, müssen sie diese selbst vornehmen und deren Kosten selbst tragen.
   - Im Übrigen hat der Eigentümer das dem Wohnungsrecht unterliegende Gebäude auf seine Kosten in gut bewohnbarem und beheizbarem Zustand zu erhalten.

   Soweit im vorstehenden Mietvertrag abweichende Regelungen zu Unterhaltung und Kostentragung getroffen sind, gehen diese jedenfalls schuldrechtlich vor.

   b) Die Wohnungsberechtigten sind **nicht befugt**, die dem Wohnungsrecht unterliegenden Räumlichkeiten zu **vermieten** oder sonst die Ausübung des Wohnungsrechts anderen Personen zu überlassen (außer der gesetzlich zulässigen Mitnutzung durch ihre Familie oder Pflegepersonal).

   c) Das Wohnungsrecht dient nur zur Absicherung. Es darf nur ausgeübt werden, solange Herr/Frau … die vorstehend vereinbarte **Miete** und Nebenkostenvorauszahlungen zahlen (bzw., sollte der der Mietvertrag ohne ihre Zustimmung enden, die zuletzt während des Bestehens des Mietverhältnisses geschuldete Miete und die Nebenkosten).

   d) Herr/Frau … verpflichten sich, das Wohnungsrecht auf ihre Kosten zu löschen,
   - wenn der Mietvertrag aufgrund vertraglicher Aufhebung, Kündigung durch den Mieter oder Kündigung durch den Vermieter wegen erheblicher schuldhafter Pflichtverletzung durch den Mieter endet oder
   - auf Verlangen des Eigentümers bei Nichtzahlung von Miete und Nebenkostenzahlungen mit einem Betrag, der über die für das letzte halbe Jahr geschuldeten Zahlungen hinausgeht.

   e) Ebenso erlischt das Wohnungsrecht, wenn die Wohnungsberechtigten das Grundstück, gleich aus welchem Grund, **dauerhaft verlassen** haben; sie sind dann zur Löschung des Rechts im Grundbuch verpflichtet.

   f) Die Beteiligten bewilligen und beantragen, am Vertragsbesitz ein

   WOHNUNGSRECHT NACH § 1093 BGB

   für Herrn … und Frau … als Berechtigte nach § 428 BGB – mit der Maßgabe, dass zu Lebzeiten nur an beide Berechtigte gemeinsam geleistet werden kann – und für den Überlebenden allein in das Grundbuch einzutragen.

   Das Wohnungsrecht soll in Abteilung II und III erste Rangstelle erhalten. Das heißt auch eine allfällige Finanzierungsgrundschuld der Käufer würde Rang nach dem Wohnungsrecht erhalten.

Im Grundbuch ist zu vermerken, dass zur Löschung der Nachweis des Todes des jeweiligen Wohnungsberechtigten genügen soll – bzw. der Nachweis, dass der Berechtigte seinen Wohnsitz seit mindestens sechs Monaten vom Vertragsobjekt wegverlegt hat (etwa durch Vorlage der Meldebestätigung).

g) Schuldrechtlich verpflichten sich die Käufer, während des Bestehens des Wohnungsrechts **keine Umbaumaßnahmen** ohne schriftliche Zustimmung der Wohnungsberechtigten durchzuführen.

d) Schlussfolgerung

Meine zweite Schlussfolgerung ist:

- Bei einem **Verkauf mit Rückvermietung** ist die **Preisbildung transparent** und klar. Egal wie lange der Verkäufer lebt, läuft hier keiner der Beteiligten Gefahr, wegen unerwartet hoher oder kurzer Lebensdauer zu viel zu zahlen oder zu wenig zu erhalten.
- Im Mietvertrag ist die **ordentliche Kündigung** des Vermieters auf Lebenszeit des Verkäufers (und dessen Ehegatten) auszuschließen. Das Besitzrecht des Mieters ist durch ein dingliches **Wohnungsrecht** abzusichern.
- Als einziges Risiko des Verkäufers verbleibt, falls ihm das Geld anders als erwartet vor seinem Tod ausgeht und er sich daher die Miete nicht mehr leisten kann.

5. Verkauf gegen Wohnungsrecht (oder Nießbrauch)

a) Vor- und Nachteile

Während es eben um ein Wohnungsrecht zur Absicherung des Mietvertrages ging, sprechen wir beim Verkauf gegen Einräumung eines Wohnungsrechts von einem **unentgeltlichen dinglichen Wohnungsrecht als Teil der Gegenleistung** (oder genauer als vorbehaltenem Recht des Verkäufers).

- Ein Verkauf gegen Einräumung eines Wohnungsrechts hat für den Verkäufer den Vorteil, dass er **sicher in der Wohnung bleiben** kann, solange er will.
- Der Vorteil für den Käufer ist, dass er einen geringeren Kaufpreis zahlen muss, also seine Liquidität geschont wird.
- Noch größer ist der **einkommensteuerliche Vorteil** für den Käufer: Erwirbt er die Wohnung als Privatvermögen und behält er sie mehr als zehn Jahre, so ist der Wertzuwachs durch den Wegfall des Wohnungsrechts steuerfrei – während er auf Mietzahlungen (die wirtschaftlich denselben Nutzungsvorteil wie das Wohnungsrecht darstellen) Einkommensteuer zahlen müsste. (Dass der Käufer beim Wohnungsrecht mangels Einkunftserzielung bei seiner Einkommensteuer keine Werbungskosten und keine Abschreibung geltend machen kann, dürfte demgegenüber geringer wiegen.)

Wegen dieser Vorteile wird der Käufer häufig die Unsicherheit der Lebenserwartung des Verkäufers in Kauf nehmen – jedenfalls wenn er dafür einen Risikoabschlag bei der Bemessung von Kaufpreis oder Leibrente erhält. Und für den Verkäufer ist die Sicherheit, nicht wegen Zahlungsunfähigkeit ausziehen zu müssen, häufig wichtiger als den vollen Gegenwert für seine Immobilie zu erhalten.

b) Bewertung des Wohnungsrechts

Die – wirtschaftliche, nicht rechtliche – Schwierigkeit des Verkaufs gegen Wohnungsrecht ist die Bewertung des Wohnungsrechts. Bei einer Überlassung ist das egal, weil dort der Wert des Wohnungsrechts nur für die Schenkungssteuer von Belang ist. Beim Verkauf entscheidet die Bewertung durch die Vertragsparteien aber über den Restkaufpreis bzw. die Höhe der Leibrente. Den statistischen Wert des Wohnungsrechts kann man zwar nach der Sterbetafel berechnen. Den Wert im konkreten Falle weiß man aber erst nach dem Tod des Wohnungsberechtigten.

Ich vermute, dass idR beide Vertragsparteien den **Wert des Wohnungsrechts tendenziell zu hoch ansetzen** – der Käufer, weil er einen Sicherheitszuschlag vornimmt für den Fall, dass der Verkäufer länger lebt als statistisch zu erwarten wäre – aber auch der Verkäufer, weil ihm die lebenslange Absicherung so wichtig ist, so dass er bereit ist, dafür einen höheren Abschlag hinzunehmen, und lieber eine Variante mit Wohnungsrecht wählt als eine vielleicht statistisch bessere Gegenleistung, die ihm aber nicht die Sicherheit des lebenslangen Wohnrechtes gibt.

Hinzu kommen schlichte Rechenfehler oder doch Schwierigkeiten mit der Berechnung. Der typische Verkäufer dürfte den Wert seines Wohnungsrechts als Jahreskaltmiete mal statistische Lebenserwartung ansetzen. Damit vergisst er die erforderliche **Abzinsung.** Auch die mir im Internet ersichtlichen Rechenbeispiele gewerblicher Ankäufer rechnen ohne Abzinsung.[187] Sie erläutern auch nicht, warum sie keine Abzinsung ansetzen. Ich nehme an, sie würden dies damit begründen, dass idR die Mieten über der Inflation steigen und damit ein möglicher Ertrag aus dem durch das Wohnungsrecht ersparten Kaufpreisteil aufgewogen würde.

Die Abzinsung ändert das Rechenergebnis aber wesentlich, wie jeder Notar weiß, der in die Bewertungstabellen des Bundesfinanzministeriums nach § 14 BewG für auf Lebensdauer geschuldete Rechte blickt und dort etwa bei einer 75-jährigen Frau eine statistische Lebenserwartung von weiteren 13,11 Jahren, aber nur einen Multiplikator von 9,422 sieht – oder noch deutlicher bei einer 65-jährigen Frau trotz weiterer Lebenserwartung von 21,06 Jahren nur einen Multiplikator von 12,632. Das Geheimnis liegt bekanntlich darin, dass die Kapitalwerte nach § 14 BewG mit einer angenommenen Verzinsung von 5,5 % berechnet werden.

5,5 % sind derzeit natürlich eine unrealistische Verzinsung. Aber etwa 1 % Schuldzinsen erspart sich auch der Kreditnehmer mit guter Solvenz; und ich nehme eher an, dass ein gewerblicher Ankäufer etwas mehr Kreditzinsen zahlen muss. Geht man von einer geringeren Verzinsung aus, so ist der Unterschied geringer. Aber es bleibt ein Unterschied. Und je jünger die Beteiligten sind, desto größer ist der Unterschied.

Auch wenn man mit einer Abzinsung rechnet, muss man daher definieren, welchen Zinsfuß man zugrunde legt (und ob man mit vor- oder nachschüssiger Zahlung rechnet). Will man den Barwert mit einem anderen Zinsfuß berechnen, so findet man die erforderlichen Multiplikatoren in einer Veröffentlichung des Statischen Bundesamtes „Versicherungsbarwerte für Leibrenten – Tabellen zur jährlich und monatlich vorschüssigen Zahlungsweise“.[188] Die Berechnung ist natürlich nicht Aufgabe des Notars. Aber möglicherweise sind die Beteiligten für einen Hinweis dankbar, wie sie es berechnen können.

c) Kündigungsmöglichkeit und Ablösungspflicht

Die Möglichkeit zur Eigennutzung wird für den Verkäufer nicht erst mit dem Tod wertlos, sondern bereits, wenn er ins Alters- oder Pflegeheim umziehen muss und daher die eigene Wohnung nicht mehr nutzen kann. Oder er will die Wohnung aus anderen Gründen nicht mehr nutzen.

[187] Nachstehend bespreche ich die Beispiele unter Abschnitt 6. c).

[188] Im Internet auf der Homepage des Statischen Bundesamtes: www.destatis.de/DE/Themen/Gesellschaft-Umwelt/Bevoelkerung/Sterbefaelle-Lebenserwartung/Publikationen/Downloads-Sterbefaelle/versicherungsbarwerte-leibrenten-5126201189004.html (aktuellste Ausgabe 2016/2018 – erschienen am 5.11.2019 – Artikelnummer: 5126201189004).

- Solange der Verkäufer noch Eigentümer ist, könnte er die Immobilie jederzeit vermieten oder verkaufen.
- Verkauft er und mietet die Wohnung zurück, so könnte er als Mieter jederzeit kündigen.
- Es darf nicht sein, dass er bei einem Verkauf auf Leibrente (mit Wohnungsrecht) plötzlich an der Wohnung gefesselt ist – und bei einem Auszug den im Wohnungsrecht verkörperten Wert verlöre.

Hiergegen kann sich der Verkäufer entweder dadurch schützen, dass er sein **Wohnungsrecht „kündigen"** und vom Käufer den Restwert des Wohnungsrechts ersetzt verlangen kann. Oder/Und er behält sich das Recht zur Vermietung der Wohnung vor. Wahrscheinlich ist dem Verkäufer die Ablösung durch eine Zahlung lieber als die Vermietungsbefugnis, weil er sich dann nicht um die Vermietung kümmern muss – während dem Käufer die Vermietungsmöglichkeit lieber sein wird, damit er nicht plötzlich mit einer ungeplanten Zahlung belastet wird.

- Bei einem Kündigungsrecht ist zum einen zu regeln, unter welchen Bedingungen der Verkäufer das Wohnungsrecht **kündigen** kann (zB in Schriftform mit einer Frist von ... Monaten).
- Zum anderen muss der Vertrag regeln, dass der Verkäufer dann einen **Wertersatz** für den Restwert seines Wohnungsrechts erhält – und wie sich dieser berechnet – etwa ob er als Einmalbetrag zu zahlen ist oder als monatliche Zahlung. Für den Käufer besser zu tragen (weil ggf. aus einer Vermietung des Objekts zu finanzieren) und auch eher dem Charakter des Wohnungsrechts als periodischer Nutzung entsprechend ist eine laufende Zahlung. Denkbar ist aber auch eine Einmalzahlung mit Abzinsung. Die Berechnung sollte möglichst präzise festgelegt werden. Jedenfalls bei einem privaten Käufer wird die Leibrente unter dem Wohnwert der Wohnung liegen, weil der Käufer bei einer Vermietung die Miete erst versteuern muss.
- Zur Absicherung des Verkäufers kann man eine Reallast (bei wiederkehrenden Zahlungen) oder eine Sicherungshypothek (bei einer Einmalzahlung) vorsehen. (Die Sicherungshypothek müsste dann schon beim Verkauf eingetragen werden.) Ist die Ersatzzahlung nicht dinglich abgesichert, berechtigt das Wohnungsrecht aber nach seinem dinglichen Inhalt auch zur Vermietung, so hat der Verkäufer bei Aufgabe der Eigennutzung zumindest für eine seiner beiden Handlungsoptionen eine dingliche Absicherung.

Formulierungsbeispiel: Ablösung durch Leibrente

Der Verkäufer hat das Recht, jederzeit mit einer Frist von 6 (sechs) Monaten die **Ablösung des Wohnungsrechts** zu verlangen.

- Nach Zugang der Kündigung muss der Käufer eine Reallast zur Absicherung einer **Leibrente** für den Verkäufer über einen Betrag von monatlich ... EUR (... Euro) eintragen lassen – im selben Rang, in dem vorher das Wohnungsrecht des Verkäufers eingetragen war. Er hat sich für die Leibrentenzahlungen und für die Reallast der sofortigen Zwangsvollstreckung ohne weiteren Nachweis zu unterwerfen.
- Der Verkäufer ist dann verpflichtet, die Wohnung bis zu dem von ihm genannten Zeitpunkt vollständig und besenrein zu räumen – frühestens aber nach ranggerechter Eintragung der Leibrente.
- Die Leibrente ist dann ab dem Zeitpunkt zu zahlen, an dem der Verkäufer die Wohnung vollständig und besenrein geräumt hat sowie dem Käufer eine unterschriftsbeglaubigte Löschungsbewilligung für sein Wohnungsrecht erteilt hat – frühestens aber ab dem in der Kündigung genannten Kündigungstermin.

Ggf. kann der Betrag der Leibrente auch wertgesichert vereinbart werden.

Formulierungsbeispiel: Einmalzahlung

Der Verkäufer hat das Recht, jederzeit mit einer Frist von 6 (sechs) Monaten die **Ablösung des Wohnungsrechts** zu verlangen.

- Der Verkäufer ist dann verpflichtet, die Wohnung bis zu dem von ihm genannten Zeitpunkt vollständig und besenrein zu räumen.
- Maßgeblicher Zeitpunkt für die Berechnung des **Ablösebetrags** ist der vom Verkäufer genannte „Kündigungs"-Zeitpunkt, vorausgesetzt die Immobilie ist bis dahin vom Verkäufer vollständig geräumt und der Verkäufer hat dem Käufer eine unterschriftsbeglaubigte Löschungsbewilligung für sein Wohnungsrecht übergeben – und vorausgesetzt, der Verkäufer lebt dann noch.
- Der Restwert des Wohnungsrechts ist nach der statistischen Lebenserwartung des Verkäufers zu diesem Zeitpunkt zu berechnen. Zur Abzinsung ist ein Zinsfuß von 2,5 % (zweieinhalb Prozent) und ein monatlicher Mietwert der Wohnung von ... EUR (... Euro) anzusetzen.
- Die Summe ist binnen Monatsfrist nach dem genannten Berechnungszeitpunkt zu zahlen.
- ***Entweder:*** Eine dingliche Absicherung der (möglichen) Ablösung durch Eintragung einer **Sicherungshypothek** wird nicht vereinbart. ***Oder:*** *Eintragung einer Sicherungshypothek für den höchsten zu erwartenden Ablösebetrag – mit Rang vor der Finanzierungsgrundschuld des Verkäufers.*
- Der Verkäufer kann die Löschungsbewilligung einem Notar unter der Treuhandauflage erteilen, sie erst nach Zahlung herauszugeben.

d) Recht zur Vermietung

Alternativ oder kumulativ kann der Verkäufer das Recht zur Vermietung der Wohnung erhalten – entweder durch Vereinbarung eines Nießbrauchs oder durch (dingliche) Änderung des Wohnungsrechts. Bekanntlich kann ein Recht zur Vermietung auch als dinglicher Inhalt eines Wohnungsrechts (§ 1093 BGB) vereinbart werden.

Dabei sollte man bestimmte Vorgaben für den Mietvertrag regeln (so zB dass die Miete nicht geringer als 85% der ortsüblichen Miete sein darf oder dass die ordentliche Kündigung nur für einen bestimmten Zeitraum ausgeschlossen werden darf). Bei einem Wohnungsrecht ist ausdrücklich zu regeln, dass der Erwerber einen solchen Mietvertrag bei Ende des Wohnungsrechts übernehmen muss (da beim Wohnungsrecht der Mietvertrag nicht kraft Gesetzes übergeht, während beim Nießbrauch § 1059d BGB auf § 566 BGB verweist).

Formulierungsbeispiel:

2. (*wie Formulierungsbeispiel unter Abschnitt 4. c*)
   (...)

f) Abweichend von der gesetzlichen Regelung ist der Wohnungsberechtigte **befugt**, die dem Wohnungsrecht unterliegenden Räumlichkeiten zu **vermieten** oder sonst die Ausübung des Wohnungsrechts anderen Personen zu überlassen.

g) Schuldrechtlich vereinbaren die Beteiligten:
   - Im **Mietvertrag** ist eine Miete von mindestens 85 % der ortsüblichen Miete zu vereinbaren.
   - Außerdem ist vorzusehen, dass der Mieter sämtliche Neben- bzw. Betriebskosten im Sinne des § 556 BGB und der Betriebskostenverordnung (BGBl. 2003 I 2346) zahlt und die Schönheitsreparaturen übernimmt.
   - Es darf keine längere als die gesetzliche Kündigungsfrist vereinbart werden. Auch darf – ohne Zustimmung des Eigentümers – keine Mindestdauer der Miete

und kein sonstiger Ausschluss der Kündigungsrechte des Vermieters von mehr als drei Jahren vereinbart werden.
- Einen solchen Mietvertrag muss der Käufer nach Erlöschen des Wohnungsrechts übernehmen.

e) Absicherung durch Nießbrauch oder Wohnungsrecht

Das Nutzungsrecht des Verkäufers kann man im Grundbuch entweder durch Nießbrauch oder durch Wohnungsrecht absichern. In beiden Fällen wird man den Rechtsinhalt etwas modifizieren, so dass am Ende unabhängig von der rechtlichen Einordnung im Wesentlichen derselbe Rechtsinhalt herauskommt:
- Abweichend vom Gesetz wird man beim Wohnungsrecht die Vermietung zulassen.
- Beim Nießbrauch wird man abweichend vom üblichen bestimmte Unterhaltungskosten dem Eigentümer auferlegen.

In jedem Fall muss der Nießbrauch oder das Wohnungsrecht im Grundbuch mit Vorrang gegenüber sämtlichen zur Versteigerung berechtigenden Rechten (Grundpfandrechten, Rentenschulden und Reallasten) eingetragen werden.

f) Instandhaltung und Nebenkosten

Nebenkosten wird immer der Verkäufer als Wohnungsberechtigter (oder Nießbraucher) tragen. Am einfachsten und interessengerecht erscheint mir, auf die Nebenkosten bzw. Betriebskosten nach **§ 556 BGB** iVm der **Betriebskostenverordnung** (BGBl. 2003 I 2346) abzustellen. Denn die Interessenabgrenzung zwischen Eigentümer und Nutzer entspricht der zwischen Vermieter und Mieter. Mit der Betriebskostenverordnung hat man eine präzise Abgrenzung. Daher verwende ich die Verweisung auch bei einem normalen Wohnungsrecht.

Ebenso wird man dem Wohnungsberechtigten (oder Nießbraucher) idR alle **Schönheitsreparaturen** auferlegen. Die im Mietrecht erforderlichen Einschränkungen (die sich aus der Verpflichtung des Vermieters zur Gewähr des Gebrauchs der Mietsache ergeben) sind bei einem rein dinglichen Wohnungsrecht nicht zu beachten. Ich denke, der Begriff der Schönheitsreparaturen als solcher genügt. Möglicherweise wird man aber nur regeln, dass der Käufer-Eigentümer keine Schönheitsreparaturen schuldet und dass der Verkäufer-Wohnungsberechtigte, wenn er den Schönheitsreparaturen haben will, diese auf eigene Kosten durchführen lassen muss.

Sonstige Unterhaltungs- und Instandhaltungsmaßnahmen wird man idR dem Käufer auferlegen. Bei einem normalen Wohnungsrecht heißt es dann meist: „Im Übrigen muss der Eigentümer das dem Wohnungsrecht unterliegende Gebäude in stets gut bewohnbarem und beheizbarem Zustand erhalten." Das passt mE auch für einen Verkauf auf Leibrente. Möglicherweise ist ein gewerblicher Ankäufer aber bereit, darüber hinausgehende Pflichten zur Unterhaltung der Immobilie zu übernehmen.
- Wenn der Ankäufer die Immobilie nicht nur wegen des Grundstücks, sondern auch wegen des Gebäudes gekauft hat, ist er daran interessiert, das Gebäude in einem **guten Zustand zu erhalten** (um später einen guten Weiterverkaufspreis erzielen zu können).
- Der gewerbliche Käufer ist häufig besser als der Verkäufer in der Lage, für eine **professionelle, gleichwohl aber kostengünstige Instandhaltung** der Immobilie zu sorgen, während sich der Eigentümer als Privatmann wahrscheinlich schwerer tut, zu wissen, wann er sinnvollerweise welchen Handwerker beauftragt. Hier liegt ein möglicher Kostenvorteil des Verkaufs gegen Wohnrecht gegenüber dem fortdauernden Eigentum.
- Das kann ein deutlicher Pluspunkt für den Verkäufer sein, für den es mit zunehmendem Alter schwieriger wird, die Immobilie unterhalten zu lassen.

Soweit der Käufer-Eigentümer weitergehende Unterhaltungspflichten übernimmt, ist zu überlegen, ob diese Pflicht durch eine **gesonderte Reallast abgesichert** werden soll. Denn inwieweit die Unterhaltungspflicht durch den Eigentümer dinglicher Inhalt des Nießbrauchs oder Wohnungsrechts sein kann, ist bekanntlich strittig.[189]

g) Schlussfolgerung

Meine dritte Schlussfolgerung ist:

- Ein **Kauf auf Wohnungsrecht und/oder Leibrente** ist für Verkäufer wie Käufer ein **Risikogeschäft,** weil niemand zuvor weiß, wie lange der Verkäufer lebt. (Bei einem Verkauf unter nahen Angehörigen, etwa wenn der Neffe von der Tante kauft, wird dies den Beteiligten egal sein, da es ihnen dann nicht auf das genaue Wertverhältnis ankommt).
- Tendenziell dürften die Beteiligten hier **für Wohnungsrecht und Leibrente zu hohe Abschläge** vornehmen – der Käufer als Risikoabschlag, der Verkäufer weil ihm die Sicherheit bis zum Lebensende mehr wert ist als eine bestmögliche Verwertung.
- Idealerweise erhält der Verkäufer das Recht zur **„Kündigung"** seines Wohnungsrechtes. Sonst muss er zumindest zur **Vermietung** berechtigt sein.

6. Einmalzahlung oder Leibrente

a) Vor- und Nachteile

Die Zahlung an den Verkäufer kann entweder als Einmalzahlung oder als Leibrente erfolgen – oder auch durch eine Kombination beider. Hat der Verkäufer noch Schulden auf dem Haus, müssen zumindest diese durch eine Einmalzahlung abgelöst werden.

Vorteil einer **Einmalzahlung** für den Verkäufer ist, dass er die Zahlung erhält, bevor das Eigentum umgeschrieben wird. Das Wohnungsrecht kann man dann unproblematisch dinglich im Grundbuch absichern. Bei der Leibrente ist die Absicherung im Grundbuch natürlich auch möglich. Aber im Sicherungsfall müsste der Verkäufer sein eigenes Grundstück erst versteigern lassen. Sein Wohnungsrecht bleibt bei der Versteigerung natürlich erhalten, weil es vorrangig ist. Aber die Versteigerung ist einmal mühsam. Und ob bei der Versteigerung mit einem bestehenbleibenden Wohnungsrecht der volle Wert der Leibrente erzielt wird, ist nicht sicher, weil der Kreis der potentiellen Bieter deutlich kleiner ist als bei einer frei nutzbaren Wohnimmobilie.

Umgekehrt hat die **Leibrente** für den Käufer den Vorteil, dass er keinen Kapitalabfluss hat, sondern den Kaufpreis monatlich abstottern kann. Für den Verkäufer vorteilhaft ist, dass die Leibrente auf Lebenszeit gezahlt wird – also auch, falls er 104 Jahre alt wird.

Das Risiko der **Leibrente** ist, dass ihr **Wert** zwar statistisch, aber nicht im Einzelfall vorhersagbar ist.

- Denn wenn der Verkäufer länger lebt als nach der Statistik erwartet, ist er zwar durch die Leibrente aus Lebenszeit abgesichert. Dann muss aber der Verkäufer mehr zahlen, als er erwartet hatte. Im Übergabevertrag ist dies dem Erwerber egal: Meist sind es ja die eigenen Eltern, denen er die Leibrente zahlt. Denen gönnt er ein langes Leben. Und auch wenn er an die Tante oder den Onkel zahlt, haben ihm Tante oder Onkel schließlich das Haus geschenkt. Beim Kauf auf Leibrente will aber keiner dem anderen etwas schenken.
- Bei einem gewerblichen Ankäufer mittelt sich das wirtschaftliche Risiko, wenn er diverse Immobilien zu vergleichbaren Bedingungen ankauft. Aber der private Käufer läuft

[189] Vgl. *Schöner/Stöber* GrundbuchR Rn. 1253 mwN.

das Risiko, möglicherweise deutlich mehr als erwartet zahlen zu müssen. Daher wird der Erwerber versuchen, für sein Risiko einen Abschlag vornehmen. Und der Verkäufer wird – da ihm die lebenslange Absicherung durch die Leibrente wahrscheinlich wichtiger ist als ein möglichst hoher Erlös – dies hinnehmen. Daher dürfte bei einer Leibrente tendenziell weniger gezahlt werden als bei einer Einmalzahlung – jedenfalls wenn man die Abzinsung berücksichtigt.
- Nachteilig ist die Leibrente hingegen für den Verkäufer, wenn er unerwartet früh nach dem Verkauf verstirbt. Dies mag der Verkäufer akzeptieren, weil er im Gegenzug auf Lebenszeit abgesichert ist. Die Vertragsteile können das Risiko mindern, indem sie eine Mindestdauer der Rente vereinbaren (und den dann Auszahlungsbererechtigten bestimmen). Aber für diese Risikoübernahme wird der Käufer den Leibrentenbetrag senken.

Der **Ertragsanteil** der Leibrente ist bei der Einkommensteuer des Verkäufers nach § 22 Nr. 1 S. 2 lit. a sublit. bb EStG zu versteuern. In der Regel wird dies zu keiner Steuer führen. Denn bei einem 75-jährigen Verkäufer beträgt der Ertragsanteil 11%. Und idR hat der Verkäufer keine höheren Einkünfte (sonst würde er nicht verkaufen), so dass ein paar zehn Euro monatlich zusätzlich Einkünfte nicht zu einer Steuerpflicht führen.

b) Gestaltung der Leibrente

Für den Verkäufer empfiehlt sich eine **Wertsicherungsklausel** zur Absicherung der Leibrente gegen die Inflation. Möglicherweise ist der Käufer dazu aber nicht bereit – oder nur gegen einen Abschlag bei der Höhe der Leibrente. Auch wenn keine Wertsicherung vereinbart ist, würde ich dies ausdrücklich in den Vertrag hineinschreiben, damit es dem Verkäufer auch bewusst ist.

Formulierungsbeispiel:

Eine Wertsicherungsklausel ist nicht vereinbart. Der Betrag der Leibrente ändert sich daher nicht, auch wenn der Geldwert infolge Inflation sinkt.

Durch **Vertragsgestaltung** lässt sich die Unsicherheit über die Laufzeit der Leibrente zwar vermindern, aber nicht ausschließen:
- Nur bei einer **Zeitrente** auf einen festen Zeitraum wäre eine genaue Bewertung im Vorhinein möglich (allerdings noch mit der Unsicherheit des anzusetzenden Abzinsungsfaktors behaftet). Die Begrenzung auf eine Höchstdauer widerspricht aber dem Interesse des Verkäufers an einer lebenslangen Absicherung. Der Verkäufer will sich durch den Verkauf auf Leibrente einen sorgenfreien Lebensabend sichern. Dem widerspräche fundamental, wenn er befürchten müsste, ganz am Ende seines Lebens doch noch die vertraute Umgebung verlassen und seinen Lebensstandard einschränken zu müssen. Wer am Verkauf auf Leibrente interessiert ist, wird daher typischerweise **lieber Abschläge an der Rentenhöhe als an der Dauer der Rente** hinnehmen.
- Denkbar ist hingegen eine bestimmte **Mindestlaufzeit** der Leibrente. Dadurch kann der Verkäufer sich (oder eher seine Erben) für den Fall absichern, dass er unerwartet früh vor der statistischen Lebenserwartung verstirbt. Teils bieten gewerbliche Ankäufer die Wahlmöglichkeit zwischen einer Leibrente mit und ohne Mindestlaufzeit an. Für die Mindestlaufzeit muss der Verkäufer dann aber einen Abschlag von der Höhe der Leibrente hinnehmen.
- Umgekehrt könnte sich der Käufer durch Vereinbarung einer **Höchstdauer** der Leibrente absichern. Wie dargestellt, wird der Verkäufer aber keine Befristung wünschen. Denn er hat sich für den Verkauf auf Leibrente entschieden, um bis ans Lebensende abgesichert zu sein.

Formulierungsbeispiel:

Verstirbt der Verkäufer binnen **10 (zehn) Jahren** ab der ersten Fälligkeit der Leibrente, so erhält an seiner Stelle
- Frau/Herr ..., geboren am ..., wohnhaft ..., **oder**
- ein sonst schriftlich vom Verkäufer gegenüber dem Käufer benannter Berechtigter, **ersatzweise**
- die Erben des Verkäufers

die Leibrente bis zum Ablauf von 10 (zehn) Jahren ab der ersten Fälligkeit.

c) Berechnungsbeispiele von gewerblichen Ankäufern oder Vermittlern

Schaut man sich im Internet zugängliche Berechnungsbeispiele an, so rechnen die gewerblichen Ankäufer oder Vermittler **nicht mathematisch exakt,** sondern lassen Positionen weg, die sich zugunsten des Verkäufers auswirken würden, und nehmen umgekehrt Positionen auf, die sich zulasten des Verkäufers auswirken.

Nun ist die Preisfindung Sache der Beteiligten. Letztlich geht es auch nicht darum, ob die Berechnung so mathematisch richtig ist. Denn der Ankäufer macht dem Eigentümer ein Angebot für einen **zahlenmäßig bestimmten Betrag.** Das ist für den Eigentümer entscheidend. Das ist für den Eigentümer auch vergleichbar, wenn er sich von mehreren Ankaufsinteressenten Angebote einholt. Und die Verkäufer werden sich schon denken, dass die Käufer die Immobilie nicht aus Nächstenliebe erwerben, sondern weil sie darin ein gutes Geschäft sehen.

Die Berechnungsbeispiele zeigen aber: Um ihre Nutzung oder die Leibrente auf Lebenszeit zu erhalten, müssen die Verkäufer größere Abschläge vom Verkehrswert hinnehmen, als sich bei rein statistischer Berechnung ergäbe. Teils sind die Abschläge offen in der Berechnung ausgewiesen, teils ergeben sie sich indirekt aus dem Fehlen der Abzinsung. Der Verkäufer erkauft sich den Vorteil einer lebenslangen Absicherung mit dem Nachteil von Wertabschlägen. Wenn der Verkäufer den optimalen Gegenwert für seine Immobilie erzielen will, ist ein Verkauf auf Leibrente meist eine schlechte Idee. Das sollte dem Verkäufer bewusst sein.

Auch wenn der Notar die Berechnung des jeweiligen Anbieters nicht nachrechnen wird (das ist nicht seine Aufgabe, und wahrscheinlich sieht er die Berechnung gar nicht), will ich Ihnen doch zur Verdeutlichung drei Berechnungsbeispiele vorstellen, die ich im Internet gefunden habe. Es gibt natürlich zahlreiche weitere Anbieter. Meist ist deren Preisberechnung nicht veröffentlicht. Daher können die drei Beispiele nur Schlaglichter werfen, worauf die Verkäufer bei der Prüfung konkreter Angebote achten sollten.

Beispiel 1.1 (gewerblicher Ankäufer):[190]

Immobilie ohne Einmalzahlung

Ein Paar im Alter von jeweils 75 Jahren verkauft seine Immobilie im Wert von 300.000 Euro an die [...] AG und erhält dafür im Gegenzug eine monatliche Zahlung von 750 Euro. Die Senioren können beide bis zum Lebensende in ihrer vertrauten Umgebung wohnen bleiben.

Eine offizielle Miete für ihre 120 qm große Immobilie zahlen sie nicht, vom Verkehrswert wird jedoch der Wert des Wohnrechts und der Instandhaltung abgezogen. In der Summe sind das im konkreten Fall 1.020 Euro pro Monat.

Wie kommen wir auf diese Zahlen? Der Rechenweg kann verständlich nachvollzogen werden, er basiert auf den Zahlen der neutralen Immobiliengutachter sowie der Sterbetafel des

[190] Deutsche Leibrenten AG (gewerblicher Ankäufer) https://deutsche-leibrenten.de/musterrechnungen/ (zuletzt abgerufen am 7.6.2020).

Statistischen Bundesamtes. Demnach haben die beiden 75-jährigen Senioren zusammen eine Restlebenserwartung von 14,1 Jahren (Nachkommazahl abgerundet). Denn mit zwei Personen verdoppelt sich statistisch die Chance auf ein langes Leben.

Musterrechnung

Wert der Immobilie	€ 300.000,–
Gesamtwert Wohnrecht und Instandhaltung (1.020 EUR × 12 Monate × 14,1 Jahre)	€ 173.000,–
Gesamtwert der Leibrente	€ 127.000,–
Monatlicher Beitrag	€ 750,–

Meine Anmerkungen zu dieser Berechnung:

- Die Berechnung der statistischen Lebenserwartung bei **verbundenen Leben** ist kompliziert. Erläuterungen finden sich beim Statistischen Bundesamt.[191] Diese Zahl habe ich nicht nachgeprüft; sie erscheint mir aber plausibel bei einer statischen Lebenserwartung der Frau allein von etwas über 13 Jahren. (Die Aussage, dass sich die statistischen Chancen „verdoppeln", vereinfacht natürlich zu stark.)
- Die Musterrechnung berücksichtigt aber nicht, dass der Käufer die Leibrente nicht sofort, sondern über 14 Jahre gestreckt zahlen muss, bzw. den Einkommensverlust durch das Wohnungsrecht nicht auf einmal, sondern erst über die Jahre hinweg erleidet. Statistisch korrekt wäre eine Berechnung mit **Abzinsung.** Bei Annahme eines niedrigen Zinsfußes ist der Unterschied allerdings nicht allzu groß: Bei einem Zinsfuß von 1,0% würde sich anstelle der angesetzten ca. 14 Jahre Lebenserwartung ein Multiplikator von ca. 13 ergeben, bei einem Zinsfuß von 2,0% ein Multiplikator von ca. 12 – also schon ein Unterschied von 1/7 oder gut 14%. Umgekehrt lässt sich argumentieren, dass der Wert des Wohnungsrechts mit der Zeit ansteigt. Die Vereinfachung ist für das Wohnungsrecht daher vertretbar. Aber es bleibt eine Vereinfachung.
- Auch die **Leibrente** ist **ohne Abzinsung** gerechnet. Das wäre bei einer wertgesicherten Leibrente mE vertretbar, weil dann deren Wert (wie der des Wohnungsrechts) steigt. Aber bei einem Festbetrag wirkt es sich eindeutig zulasten des Verkäufers aus. Auch bei einem Zinsfuß zwischen 1% und 2% macht es ca. 10% Unterschied bei der Leibrente aus. Das ist kein Pappenstiel.

Beim selben gewerblichen Ankäufer findet sich unmittelbar anschließend folgendes Beispiel 1.2:[192]

Immobilie mit Einmalzahlung

Eine 78-jährige Frau bewohnt eine 150 qm große Immobilie, für die ein Wert von 500.000 Euro ermittelt wurde. Die statistische Restlebenserwartung der Seniorin beträgt 10,4 Jahre. Für das Wohnrecht inkl. Instandhaltung ergibt sich eine Summe von 1.650 Euro monatlich.

Da noch eine kleine Restschuld auf dem Haus lastet, wünscht sie sich Seniorin ergänzend zu den monatlichen Zahlungen eine Einmalzahlung in Höhe von 50.000 Euro. Dieser Betrag wird aufgezinst bis zum statistisch errechneten Lebensende, denn erst dann geht die Immobilie ja in das Eigentum der [...] über. Aus 50.000 Euro werden damit 66.944 Euro. Insgesamt ergibt sich eine monatliche Leibrente in Höhe von 1.820 Euro.

---

[191] Im Internet auf der Homepage des Statischen Bundesamtes: www.destatis.de/DE/Themen/Gesellschaft-Umwelt/Bevoelkerung/Sterbefaelle-Lebenserwartung/Publikationen/Downloads-Sterbefaelle/versicherungs barwerte-leibrenten-5126201189004.html (aktuellste Ausgabe 2016/2018 – erschienen am 5.11.2019 – Artikelnummer: 5126201189004).

[192] Deutsche Leibrenten AG (gewerblicher Ankäufer) https://deutsche-leibrenten.de/musterrechnungen/ (zuletzt abgerufen am 7.6.2020).

Musterrechnung

Wert der Immobilie	€ 500.000,–
Einmalzahlung 50.000 + Verzinsung 17.000	€ 67.000,–
Gesamtwert Wohnrecht und Instandhaltung	€ 206.000,–
Gesamtwert der Leibrente	€ 227.000,–
Monatlicher Beitrag	€ 1.820,–

Wie kommen wir auf diese Zahlen? Der Rechenweg kann transparent nachvollzogen werden:

Gesamtwert der Leibrente = Monatliche Leibrente × 12 Monate × Restlebenserwartung

Gesamtwert des Wohnrechts = Monatlicher Wohnwert und Instandhaltung × 12 Monate × Restlebenserwartung

Meine Anmerkungen:

- Diese Berechnung halte ich für deutlich problematischer: Statistisch richtig wäre mit einer Abzinsung zugunsten des Verkäufers zu rechnen. Hier findet sich plötzlich umgekehrt bei der Einmalzahlung eine **„Verzinsung" zulasten des Verkäufers.** Mathematisch gibt es dafür keine Begründung. Und auch wirtschaftlich sehe ich keine Begründung. Denn auch bei einem normalen Kauf müsste der Käufer den Preis sofort zahlen – und nicht erst in zehn Jahren. Wann rechtlich das Eigentum übergeht, ist irrelevant. Wirtschaftlich geht das Eigentum gleich über (jedenfalls sofern die Käuferin die Immobilie bereits mit einer Finanzierungsgrundschuld belasten kann). Auch zahlt die Käuferin nur den heutigen Preis, nicht was die Immobilie in zehn Jahr wert ist. Die „Verzinsung" ist einfach ein Preisabschlag, weil der Käuferin der Vorteil der ratenweisen Zahlung mittels Leibrente entgeht.
- Wohnrecht und Leibrente sind wieder **ohne Abzinsung berechnet** – was von einer statistisch genauen Berechnung zulasten des Verkäufers abweicht.

Beispiel 2 (gewerblicher Vermittler):[193]

Gehen wir von einem Haus mit einem Verkehrswert von 250.000 Euro aus. Die Verkäuferin - derzeit 65 Jahre alt – entscheidet sich für eine Leibrente mit lebenslangem Wohnrecht. Laut Berechnungen des Statistischen Bundesamts hat sie noch eine Lebenserwartung von 21 Jahren (252 Monate). Das Haus könnte im Vergleich derzeit für 700 Euro monatlich vermietet werden. Wir gehen in diesem Beispiel von einem Zinssatz von 3 Prozent aus.

Daraus ergibt sich dann folgende **Beispielrechnung** für die Leibrente:

250.000 Euro – (252 Monate × 750 Euro) = 189.000 Euro

Einen gewissen Abschlag müssen wir vornehmen, da der neue Eigentümer die Immobilie nicht selbst nutzen kann.

189.000 Euro – 10 % = 170.100 Euro

Unter Vorbehalt – eventuell müssen Sie mit zusätzlichen Sicherheitsabschlägen rechnen – wird dieser Betrag nun durch die Anzahl der Monate geteilt, die Sie voraussichtlich noch in Ihrem Haus wohnen werden.

170.100 Euro/252 Monate = 675 Euro

Die monatliche Rentenzahlung würde demnach 675 Euro betragen.

[193] Immobilienscout 24 (gewerblicher Vermittler) www.immobilienscout24.de/wissen/verkaufen/haus-verkaufen-auf-rentenbasis.html (zuletzt abgerufen am 7. 6. 2020).

Meine Anmerkungen zu dieser Berechnung:

- Mir ist nicht ersichtlich, warum im Text 700,– EUR Mietwert angeben sind, in der Berechnung aber 750,– EUR angesetzt sind. Möglicherweise ist es nur ein Schreibfehler. Vielleicht wurden aber auch Unterhaltungskosten für das Haus angesetzt. Die im Text angegebene „Verzinsung" von 3% kann es nicht sein, weil das 21,– EUR/Monat wären. (Auch wäre eine Verzinsung des Wohnwerts statistisch Unfug.)
- Die **10% „Abschlag"** sind offen ausgewiesen. Das ist ehrlicher als die „Verzinsung" im Beispiel 1.2. Die Begründung mit „fehlender Eigennutzung" aber macht nur Sinn, wenn man davon ausgeht, dass selbst nutzbare Immobilien einen höheren Preis erzielen als Mietimmobilien. Das ist derzeit mE nicht der Fall. Der Sache nach handelt es sich wieder um einen Preisabschlag bzw. Risikozuschlag zugunsten des Käufers.
- Auch hier fehlt bei der Wertberechnung der Leibrente wieder die **Abzinsung.**
- Ein **dicker Rechenfehler** findet sich darin, dass die 189.000,– EUR, die sich als Wert des Wohnungsrechts ergeben, nicht vom Wert der Immobilie abgezogen, sondern versehentlich als Restwert angesetzt wurden. Tatsächlich wäre der Restwert für die Leibrente nur 250.000,– EUR minus 189.000,– = 61.000,– EUR. Rechnet man davon erst die 10% ab und dividiert man dann durch 252 Monate kommt nur eine **Leibrente von 217,– EUR** heraus (bzw. wenn man für das Wohnungsrecht nur 700,– EUR ansetzt, wie im Text angegeben, von **262,– EUR**).

Beispiel 3 (gewerblicher Vermittler):[194]

Die folgenden drei Rechenbeispiele zeigen, wie hoch eine Leibrente im individuellen Fall ausfallen könnte. Das zu verrentende Kapital ergibt sich aus den abzuziehenden Kosten für den Käufer: Notarkosten, Grunderwerbsteuer, Kaufnebenkosten, etc. Hinzu kommt eine fiktive Verzinsung des investierten Kapitals.

Rechenbeispiel 1)

Verkaufen ein 70-jähriger Mann und seine 70-jährige Frau ihr Haus in einer begehrten Wohnlage an einen Anbieter von Leibrenten für 400.000 Euro und möchten dort beide bis zu ihrem Ableben wohnen bleiben, ergibt sich bei 13,11 Jahren berechneter/erwarteter Lebenszeit zB ein zu verrentendes Kapital von etwa 103.000 Euro. Monatlich erhalten der 70-jährige Mann und seine 70-jährige Frau um die 650 Euro Leibrente.

Rechenbeispiel 2)

Aufgrund der kürzeren Lebenserwartung von Männern fiele die Rente bei einer Lebensgemeinschaft von zwei 70-jährigen Männern in demselben Haus aus Beispiel 1 hingegen höher aus. Es ergibt sich ein zu verrentendes Kapital von etwa 115.000 Euro welches bei einer erwarteten Lebenszeit von 12,38 Jahren in 149 Monatszahlungen aufgeteilt wird. Die monatliche Leibrente beträgt 775 Euro.

Rechenbeispiel 3)

Veräußert ein alleinstehender 80-jähriger Mann seine Doppelhaushälfte für 500.000 Euro, so ergibt sich ein zu verrentendes Kapital von 271.000 Euro. Bei einer berechneten Lebenszeit von etwa 6 Jahren, erhält der Alleinstehende etwa 3.600 Euro monatliche Leibrente.

Meine Anmerkungen zu dieser Berechnung:

- Diese Rechenbeispiele sind **nicht nachprüfbar.** Es fehlt die Angabe, wie sich das zu verrentende Kapital ergibt. Es heißt nur, dass sich das zu verrentende Kapital nach Abzug der Kaufnebenkosten und einer fiktiven Verzinsung des investierten Kapitals ergebe. Dass dem Verkäufer die Kaufnebenkosten aufgebürdet werden, ist völlig unüblich.
- Offenbar erfolgt dann kein Abzug des **Wertes des Wohnungsrechts** sondern stattdessen einer fiktiven Verzinsung. Dies macht aus Sicht des Kapitalanlegers, der die Woh-

[194] ImmoVerkauf24 (gewerblicher Vermittler) www.immoverkauf24.de/immobilienverkauf/immobilienverkauf-a-z/leibrente/leibrente-berechnen/ (zuletzt abgerufen am 7.6.2020).

nung erwirbt, durchaus Sinn. Für den Verkäufer wäre aber eher interessant, wieviel er sonst an Miete zahlen müsste. Ein Abzug von Verzinsung und Wohnungsrecht wäre hingegen nicht zu begründen.

- In jedem Fall sind die **Abschläge enorm:** Der 80-jährige Mann muss vom Wert seiner Immobilie mit 500.000,– EUR fast die Hälfte Abschlag hinnehmen. Rechnet man dies auf die im Text angegebene Lebenserwartung um, so wären es gut 38.000,– EUR Abschlag pro Jahr bzw. über 3.000,– EUR pro Monat. Legt man acht Jahre Lebenserwartung zugrunde (Sterbetafel 2015/2017: 7,92 Jahre), so wären es immer noch über 28.000,– EUR pro Jahr bzw. fast 2.400,– EUR pro Monat (jeweils ohne Abzinsung gerechnet). Die Immobilie möchte ich sehen, die bei einem Wert von 500.000,– EUR einen Ertrag von 2.400,– EUR im Monat abwirft.
- Und auch wenn man das erste Beispiel nimmt, ergeben sich bei einem Immobilienwert von 400.000,– EUR und 297.000,– EUR Abschlägen für die angegebenen 13,11 Jahre Lebenserwartung ein Abschlag von ca. 22.650,– EUR pro Jahr bzw. knapp 1.890,– EUR pro Monat. Auch das wirft keine Immobilie mit einem Wert von 400.000,– EUR ab. Etwas besser erklärbar würden die hohen Abschläge nur, wenn der Käufer auch Nebenkosten und Instandhaltung tragen würde.
- Bei allen drei Beispielen ist die **Lebenserwartung zu gering** angesetzt. Bei einer 70-jährigen Frau betrug die Lebenserwartung in den Sterbetafeln der letzten zehn Jahre immer über 16 Jahre, bei einem 70-jährigen Mann immer über 13 Jahre, bei einem 80-jährigen Mann immer über sieben Jahre. Erst recht ist kein Zuschlag für die verbundenen Leben angesetzt. Wahrscheinlich ist hier eine Abzinsung angesetzt (da an anderer Stelle die Multiplikatoren nach § 14 BewG erwähnt sind). Dann wäre der Erläuterungstext verkürzt, die Berechnung aber korrekt – und der Zinssatz eher zugunsten der Verkäufer zu hoch angesetzt. Oder man hat für die Beispiele uralte Sterbetafeln verwendet. Dann wäre dies ein Rechenfehler zugunsten der Verkäufer. Die Leibrente ist zu hoch berechnet. Da ich aber nicht annehme, dass den Käufern bei Berechnung des tatsächlichen Angebotes derselbe Fehler unterläuft, werden die Modellverkäufer dann enttäuscht sein, wenn die ihnen tatsächlich angebotene Leibrente geringer ist als nach dem Rechenbeispiel erwartet. Und in jedem Fall bleibt, dass der Betrag, aus dem die Leibrente berechnet wird, mit hohen Abschlägen vom Verkehrswert berechnet wurde.

Jedenfalls nach den veröffentlichten Beispielen müssen die Verkäufer daher jeweils deutliche Abschläge beim Verkauf gegenüber dem Verkehrswert hinnehmen. Wenn die Käufer den Marktwert ihres Hauses erzielen wollen, sind sie besser beraten, zum Marktpreis zu verkaufen und zum Marktpreis zurückzumieten. Mit den Sterbetafeln des Statistischen Bundesamtes können sie auch berechnen, ob ihnen der Kaufpreis voraussichtlich für die Mietzahlung bis zum Lebensende reicht.

Verbraucherschutzverbände sind daher eher skeptisch gegenüber Verrentungsmodellen und raten den Verkäufern, Angebote genau durchzurechnen und möglichst auch von unabhängiger Seite (zB Verbraucherzentralen) nochmals prüfen zu lassen.[195] Lässt sich der Verkäufer mehrere Angebote unterschiedlicher Anbieter geben, kann er eher vergleichen.

d) Sofortige Umschreibung?

Bei einem Verkauf auf Leibrente erbringt der Käufer zunächst einmal (fast) keine Leistung. Man könnte erwägen, das Eigentum erst umschreiben zu lassen, wenn der Käufer seine Leistung erbracht hat. Dann ist aber der Verkäufer schon verstorben. Der Käufer kann zwar durch Auflassungsvormerkung und (unwiderrufliche) Auflassungsvollmacht oder ausgesetzte Auflassung abgesichert werden. Auch die Verjährung ist kein Problem, da dann die Fälligkeit erst mit Tod des Verkäufers eintritt. Auch könnte man ggf. den Gefahrüber-

[195] www.haus.de/geld-recht/leibrente-wie-funktioniert-die-haus-rente (zuletzt abgerufen am 7. 6. 2020).

gang entsprechend hinausschieben. Machbar wäre eine solche Lösung, ohne dass der Käufer eine ungesicherte Vorleistung eingehen müsste.

In der Praxis wird dem Käufer eine bloße Absicherung aber meist nicht genügen. Zum einen können bei einer mehrjährigen Zwischenzeit bis zur Eigentumsumschreibung nachrangige Eintragungen erfolgen (zB Pfändungen). Deren Beseitigung kann der Käufer zwar nach Eigentumsumschreibung aufgrund seiner Vormerkung verlangen. Dies kann aber einen Zeit- und Kostenaufwand seinerseits bedeuten. Auch für die Bewertung seiner Kreditwürdigkeit ist für den Käufer wichtig, möglichst bald Eigentümer zu werden.

Im Regelfall wird daher das Eigentum gleich umgeschrieben (natürlich erst nach einer allfälligen Einmalzahlung). Damit erbringt umgekehrt der Verkäufer eine Vorleistung, für die er abgesichert werden muss.

e) Absicherung der Leibrente durch Reallast

Jedenfalls ist die Leibrente durch eine Reallast abzusichern – im Nachrang nach dem Wohnungsrecht (oder Nießbrauch) des Verkäufers, aber grundsätzlich im Rang vor anderen Reallasten oder Grundpfandrechten. Hier genügt ein übliches Muster für eine Reallast.

Was aber, wenn der Käufer die Leibrente nur ein paar Monate zahlt und dann die Zahlungen einstellt? Dann kann der Verkäufer die Immobilie aufgrund der Reallast versteigern lassen. In der Versteigerung bleibt sein Wohnungsrecht bestehen, da es im Rang vor der Leibrenten-Reallast eingetragen ist. Aber der Verkäufer trägt das Risiko der Versteigerung – und hätte nicht den eigentlich gewollten Zustand.

f) Absicherung des Verkäufers durch Rückauflassungsvormerkung

Jedenfalls wenn der Käufer schon kurz nach dem Verkauf die Zahlungen einstellt, wird der Verkäufer möglicherweise lieber zurücktreten. Hierfür kann man ein vertragliches Rücktrittsrecht vorsehen (und sowohl dessen Voraussetzungen wie die Rückabwicklung Zug um Zug gegen Rückzahlung näher regeln).

Den Rückübertragungsanspruch sollte man durch eine Vormerkung im Grundbuch absichern – mit Rang nach den anderen Rechten des Verkäufers. Bis zur Höhe der Rückzahlungspflicht (insbesondere für eine erhaltene Einmalzahlung) kann auch eine Finanzierungsgrundschuld des Käufers Vorrang vor der Rückauflassungsvormerkung des Verkäufers erhalten.

Ein solches Rücktrittsrecht mit Rückauflassungsvormerkung halte ich zwar für empfehlenswert, aber nicht im Sinne einer Absicherung gegenüber ungesicherten Vorleistungen für erforderlich. Denn die Gegenleistung des Erwerbers sind Leibrente und Wohnungsrecht. Diese müssen abgesichert werden. Ein Rücktrittsrecht wäre nur ein zusätzliches Recht bei Nicht- oder Schlechtleistung.

Formulierungsbeispiel: Rücktrittsrecht bei Nichtleistung des Käufers

1. Der Verkäufer kann von diesem Kaufvertrag zurücktreten, wenn
   - der Käufer mit der Zahlung von mehr als 3 % (drei Prozent) der **Einmalzahlung auf den Kaufpreis** (Ziffer …) für mehr als zwei Monate in Verzug ist, oder
   - mit der Zahlung der **Leibrente** mit einem Betrag in Verzug ist, der mindestens dem für die letzten **sechs Monate** vor Zugang der Rücktrittserklärung entspricht, oder
   - mit **Instandhaltungsarbeiten** in Verzug ist, deren Kosten (ohne Mehrwertsteuer) bei Beauftragung eines Fachmanns mindestens einem Betrag von 5.000,00 EUR (fünftausend Euro) entspricht.

   Weitergehende gesetzliche Rücktrittsrechte bleiben unberührt.
2. Der Rücktritt muss durch unterschriftsbeglaubigte Erklärung erfolgen.

3. Im Fall des Rücktritts sind die erbrachten Zahlungen **zinslos zurückzuerstatten** – Zug um Zug gegen Rückübertragung des Eigentums, frei von ab heute bestellten Belastungen für Dritte.
   Aufwendungen des Käufers auf den Vertragsgegenstand sind zu ersetzen, soweit sie bei Zugang der Rücktrittserklärung noch werterhöhend sind. Sonstige Aufwendungen sind nicht zu ersetzen. Ebenso wenig sind gezogene Nutzungen zu erstatten.
   Im Übrigen gelten §§ 346 ff. BGB für die Rückabwicklung.
4. Zur Absicherung des Rückübertragungsanspruchs des Verkäufers bei Rücktritt bewilligen und beantragen die Beteiligten die Eintragung einer **Rückauflassungsvormerkung** für den Verkäufer/für die Verkäufer als Berechtigte nach § 428 BGB und für den Überlebenden allein – mit Rang unmittelbar nach der Reallast für die Unterhaltung der Immobilie und die Leibrente – mit nachstehendem Rangvorbehalt.
5. Der Käufer behält sich das Recht vor, im Rang vor dieser Rückauflassungsvormerkung Grundpfandrechte für Kreditinstitute mit Sitz in Deutschland oder Österreich in Höhe von bis zu ... EUR (... Euro) mit bis zu 20 % Zinsen jährlich und bis zu 10 % einmaliger Nebenleistung eintragen zu lassen. Der Rangvorbehalt kann auch in Teilbeträgen und/oder mehrmals ausgenützt werden
   Bedingung für die Ausübung des **Rangvorbehalts** ist, dass die Grundpfandrechtsbestellungsurkunde folgende Einschränkung zumindest sinngemäß enthält: Die Grundpfandrechtsgläubigerin darf das Grundpfandrecht nur in Anspruch nehmen, insoweit sie Zahlungen auf den Kaufpreis an den Verkäufer geleistet hat oder Aufwendungen für die Unterhaltung der Immobilie finanziert hat.

g) Schlussfolgerung

Meine vierte und letzte Schlussfolgerung ist:
- Der Verkauf gegen **Leibrente** birgt dieselben Bewertungsprobleme wie das Wohnungsrecht. In der Praxis dürften die Käufer hier häufig deutliche Bewertungsabschläge durchsetzen.
- Die Leibrente ist durch **Reallast** im Rang nach dem Wohnungsrecht/Nießbrauch abzusichern.
- Dem Verkäufer sollte ein **vertragliches Rücktrittsrecht** bei Nichtzahlung der Leibrente eingeräumt und durch **Vormerkung** abgesichert werden.

h) Belehrung bei Verkauf auf Leibrente

Nachstehend habe ich zusammengefasst, wozu der Notar den Verkäufer bei einem Verkauf auf Leibrente beraten könnte. Belehren muss der Notar natürlich nur über die rechtliche Tragweite und mögliche ungesicherte Vorleistungen. Mein Formulierungsbeispiel geht weit über das hinaus. Vor allem die Hinweise auf die Berechnung des Wertes der Leibrente machen nur Sinn, wenn sie der Verkäufer vor seiner Entscheidung zur Kenntnis nimmt. In der Beurkundung selbst kommen sie zu spät.

Nachstehender Formulierungsvorschlag ist daher deutlich ausführlicher als alles, was ich bisher selbst in entsprechende Urkunden geschrieben habe. Das ist einmal der Unterschied zwischen praktischer Sofortlösung und nachträglicher wissenschaftlicher Betrachtung. Zum anderen habe ich nachstehend auch aufgenommen, was ich sonst teilweise zusätzlich nur mündlich erwähnt habe. Nehmen Sie daher bitte meinen Formulierungsvorschlag nur als Vorschlag und Hilfe für Ihre eigene Belehrung. Ich meine nicht, dass der Notar so ausführlich belehren muss.

Formulierungsbeispiel:

1. Zum **Verkauf auf Leibrente** belehrte der Notar die Beteiligten insbesondere:
   - Der Verkauf auf Leibrente ist wirtschaftlich und rechtlich deutlich komplizierter als ein normaler Grundstückskauf. Der Notar muss dabei den Austausch der beiderseitigen Leistungen rechtssicher gestalten und die Beteiligten insbes. vor ungesicherten Vorleistungen warnen. Zu wirtschaftlichen Fragen muss – und kann – der Notar aber nicht beraten. Die **Beteiligten müssen selbst prüfen,** ob die beiderseitig vereinbarten **Leistungen angemessen** und für sie passend sind – und sich ggf. dazu anderweitig beraten lassen.
   - Während bei einem normalen Grundstückskauf Kaufpreiszahlung einerseits und Grundstückübereignung andererseits kurzfristig abgewickelt werden, müssen Verkäufer und Käufer beim Kauf auf Leibrente mit Wohnungsrecht **über viele Jahre** zusammenwirken.
   - Wirtschaftliches Hauptproblem beim Verkauf auf Leibrente ist die **Bewertung** der Leistungen des Käufers. Denn wieviel **Wohnungsrecht und Leibrente** konkret wert sind, hängt von der Lebensdauer des Verkäufers ab. Die statistische Lebenserwartung lässt sich aus Tabellen des Statischen Bundesamtes ablesen (Internet: www.destatis.de). Je nach tatsächlicher Lebensdauer kann der tatsächliche Wert aber auch deutlich geringer oder höher sein als der errechnete Wert. Jedenfalls teilweise lassen sich diese Unwägbarkeiten durch eine **Mindest- oder Höchstdauer der Leibrente** oder durch ersatzweise vereinbarte Zu- oder Rückzahlungen ausgleichen.
   - Für den statistischen Wert von Leibrente und Wohnungsrecht kommt es nicht nur auf die statische Lebenserwartung des Verkäufers an, sondern ist auch eine **Abzinsung** vorzunehmen (= nach der Höhe der potentiell bei einer anderweitigen Geldanlage erzielbaren Ertrags). So hat etwa eine 75-jährige Frau noch eine statistische Lebenserwartung von 13,11 Jahren (Sterbetafel 2016/2018). Der Multiplikator, um den Wert eines lebenslangen Wohnungsrechts oder Leibrente zu berechnen, beträgt aber – je nach angenommen Zinsfuß – 12,160 (bei 1 % Zins), 11,287 (bei 2 % Zins), 10,513 (bei 3 %), 9,825 (bei 4 % Zins) oder 9,210 (bei 5 % Zins). Das heißt je nach angenommenem Zinsfuß ist für eine lebenslange Leibrente von 10.000,– EUR pro Jahr ein Abschlag vom Immobilienwert zwischen 121.600,– EUR (bei 1 %) und 92.100,– EUR (bei 5 % Zins) vorzunehmen.
   - Die dem Verkäufer geschuldeten Leistungen (insbesondere die Leibrente) sind dinglich **nur am Vertragsobjekt selbst abgesichert.** Das heißt schlimmstenfalls (falls der Käufer nicht zahlt) müsste der Verkäufer die Immobilie aufgrund seiner Reallast versteigern lassen.
   - Ist eine Grundschuld oder ein anderes **Grundpfandrecht** oder eine Reallast im Grundbuch mit Rang vor dem Wohnungsrecht (oder der Leibrentenreallast) des Verkäufers eingetragen (oder mit Gleichrang mit diesem), erlischt das Wohnungsrecht (oder die Leibrentenreallast) im Falle einer Versteigerung aus dem vorrangigen Grundpfandrecht oder der Reallast (je nach Höhe des Versteigerungserlöses ggf. auch ohne Ersatzzahlung).
   - Der **Ertragsanteil** der Leibrente ist bei der Einkommensteuer des Verkäufers nach § 22 Nr. 1 S. 2 lit. a sublit. bb EStG zu versteuern. Bei einem 75-jährigen Verkäufer beträgt der Ertragsanteil 11 %.
   - Ein Verkauf auf Leibrente ist nicht die einzige Möglichkeit, wie ein Eigentümer den wirtschaftlichen Wert seiner Immobilie verwerten und gleichwohl weiterhin in der Immobilie wohnen bleiben kann: Denkbar wäre etwa auch ein **Verkauf mit Rückvermietung** auf Lebenszeit (und Absicherung des Mietrechts durch Eintragung eines Wohnungsrechts im Grundbuch). Ebenso kann der Eigentümer einen Kredit

auf seine Immobilie aufnehmen, ggf. auch in Form eines sogenannten **Immobilienverzehrkredits** (= mit monatlicher Auszahlung von Raten, ohne laufende Zinszahlung, Rückzahlung erst nach dem Tod des Eigentümers).

2. Im Übrigen belehrte der Notar insbesondere: *(Übliche Belehrung zum Grundstückskauf.)*

IV. Bereicherungsanspruch bei Abtretung der Kaufpreisforderung (BGH Urt. v. 20.3.2019 – VIII ZR 88/18)

Frage:

An wen wird bei der Zahlung auf Anderkonto geleistet?

Amtliche Leitsätze:

1. Wird eine unter verlängertem Eigentumsvorbehalt verkaufte Photovoltaikanlage vom Eigentumsvorbehaltskäufer weiterveräußert und die hieraus diesem zustehende Kaufpreisforderung (ein zweites Mal) an seine kreditgebende Bank abgetreten, liegt in der Kaufpreiszahlung des Zweiterwerbers bei objektiver Betrachtungsweise aus der Sicht des Zuwendungsempfängers eine Leistung an die Bank, wenn diese die Bewilligung eines für die Durchführung des Kaufvertrags erforderlichen Rangrücktritts mit einem ihr zustehenden Grundpfandrecht von der Zahlung auf ein bankeigenes Konto (CpD) abhängig macht.
2. In einem solchen Fall kann sich die Bank nicht darauf berufen, bloße Zahlstelle gewesen zu sein.

1. Einführung

Zahlt ein Käufer im Rahmen eines Kaufvertrages seinen Kaufpreis und wird dabei vorgesehen, dass der Kaufpreis (zumindest auch) an Drittbeteiligte zu fließen hat, stellt sich immer die Frage, an wen der Käufer in diesen Fällen tatsächlich leistet.

Beim Klassiker des Grundstückskaufvertrages unter Ablösung nicht übernommener Belastungen fließen regelmäßig Beträge an die abzulösenden Gläubiger. Leistet der Käufer nun an diese zur Erfüllung der Forderung aus dem Löschungsversprechen oder erfüllt er nur den Kaufpreisanspruch seines Verkäufers, indem er die gegen den Verkäufer gerichtete Forderung auf Darlehensrückzahlung im Wege der Direktleistung tilgt?

Im ersten Fall leistet er gegenüber dem abzulösenden Gläubiger, im zweiten Fall gegenüber seinem Verkäufer. Spannend wird die Frage dann, wenn etwas in den zugrundeliegenden Kausalverhältnissen schief geht.

Beispiel:

Der Kaufvertrag ist wegen einer nicht beurkundeten Abrede über die Ausführung zusätzlicher Bauleistungen unwirksam, was nach Ablösung der Bank zutage tritt (BGH Urt. v. 10.2.2005 – VII ZR 184/04).[196]

Einen solchen Fall hatten wir hier.

2. Sachverhalt

BGH Urt. v. 20.3.2019 – VIII ZR 88/18[197]

A liefert an B eine Photovoltaikanlage unter Vereinbarung eines verlängerten Eigentumsvorbehalts.

B schraubt die Anlage auf das Dach eines mit einer Grundschuld belasteten Hauses und verkauft die Anlage an C.

---

[196] NJW 2005, 1356.

[197] NJW 2019, 2608 = JuS 2020, 73 *(Schwab)* = EWiR 2019, 417 *(Samhat)* = WuB 2019, 384 *(Keller)*.

Im Rahmen des dazu abgeschlossenen notariellen Kaufvertrages wird vereinbart, dass die Kaufpreiszahlung des C auf Notaranderkonto erfolgt, und zwar mit der Begründung, „dass in Abt. III des Grundbuchs mehrere Grundpfandrechte eingetragen sind und vorrangig vor diesen Rechten eine Dienstbarkeit zugunsten des Käufers für die Errichtung, Unterhaltung und den Betrieb der Solarstromanlage [...] einzutragen ist. Der Notar soll daher entsprechende Löschungsbewilligungen bzw. Vorrangseinräumungserklärungen bezüglich sämtlicher in Abt. III eingetragener Rechte einholen. Der Kaufpreis darf daher nicht an die Verkäuferin zur Auszahlung gelangen, bevor die erste Rangstelle der einzutragenden Dienstbarkeit in Abt. II und III des Grundbuchs sichergestellt ist."

B tritt die Kaufpreisforderung an den Grundschuldgläubiger ab.

Die Grundschuldgläubigerin übersendet die Vorrangeinräumungserklärung unter der nur an den Notar gerichteten Auflage, „dass ein Teilbetrag des vereinbarten Kaufpreises iHv 450.000 Euro auf dem Konto [...] bei uns der Volksbank L. [Bekl.] [...] gutgeschrieben wird. Die Überweisung auf das interne Konto dient lediglich Kontrollzwecken. Nach Eingang des Betrags wird eine entsprechende Umbuchung zugunsten des Kundenkontos vorgenommen."

C zahlt auf das Anderkonto und der Notar leitet den Kaufpreis entsprechend der erteilten Treuhandauflage an den Gläubiger weiter. Der aber leitet diesen dann nicht auf das Konto des B weiter, sondern nutzt diesen zur mit B vereinbarten Tilgung von Verbindlichkeiten von Schwestergesellschaften. B geht zwischenzeitlich in die Insolvenz.

A und der Gläubiger streiten um die Berechtigung am Kaufpreis in dem Umfang wie dieser von der Vorausabtretung an A erfasst ist.

3. Die Entscheidung des BGH

Ausgangsgrundlage eines Anspruchs von A gegen C konnte nur ein solcher aus Bereicherungsrecht sein. In Betracht kommt dazu nur § 816 Abs. 2 BGB.

§ 816 BGB: Verfügung eines Nichtberechtigten

(1) [...]

(2) Wird an einen Nichtberechtigten eine Leistung bewirkt, die dem Berechtigten gegenüber wirksam ist, so ist der Nichtberechtigte dem Berechtigten zur Herausgabe des Geleisteten verpflichtet.

Dass die Leistung des C dem A gegenüber wirksam ist, ist unproblematisch. Der BGH lässt hier offen, ob dies schon aufgrund dessen Unkenntnis von der (Voraus-)Zession nach §§ 408 Abs. 1, 407 Abs. 1 BGB oder aufgrund der durch die Klageerhebung gegen den Grundschuldgläubiger implizierten Genehmigung der Fall ist.

Richtig muss es insoweit sein, schon auf §§ 408 Abs. 1, 407 Abs. 1 BGB abzustellen, da ansonsten der Schutz des gutgläubigen C gefährdet wäre. Der in Unkenntnis einer Zession an den ihm bekannten Gläubiger leistende Schuldner darf im Hinblick auf die Erfüllungswirkung seiner Leistung nicht von der Genehmigung des Zessionars abhängig sein.

a) Leistungsempfänger

Die problematische Frage war die, **an wen der C in einem solchen Fall tatsächlich leistet:** An B, seinen Verkäufer, oder an den Grundschuldgläubiger als letztendlichen Zahlungsempfänger.

Der BGH überlegt hier nun zuerst, an wen aus Sicht des C gezahlt worden ist, an B oder an den Grundschuldgläubiger, und kommt zu dem Ergebnis, C habe an seinen Verkäufer B leisten wollen, und zwar mit folgender Begründung:

(Rn. 19): „Nach dem Inhalt des zwischen der F-GmbH und Herrn C geschlossenen Kaufvertrags konnte zwar auf die Möglichkeit geschlossen werden, dass der Kaufpreis in Gänze oder teilweise an Grundpfandrechtsgläubiger – und damit auch an die Bekl. – weitergeleitet wird. Jedoch sollte die durch Herrn C zu leistende Zahlung im Ergebnis auf ein Konto der F-GmbH gelangen. Es ist weder festgestellt noch ersichtlich, dass Herr C um die Einbeziehung der Bekl. in die Abwicklung des Kaufvertrags wusste, so dass es an der für eine übereinstimmende Zweckbestimmung erforderlichen Willensübereinstimmung fehlt."

Darauf komme es, so der BGH, aber für die Bestimmung der Leistungsbeziehung nur dann an, wenn insoweit eine Willensübereinstimmung zwischen dem Grundschuldgläubiger als tatsächlichem Zahlungsempfänger und dem C bestanden habe. Dies sei aber nicht der Fall, da der Grundschuldgläubiger über das Geld aufgrund der erfolgten Abtretung habe verfügen wollen und tatsächlich auch verfügt habe. Deshalb sei die Zahlung aus Sicht des Grundschuldgläubigers ihm gegenüber zweckbestimmt.

Auf diese Sicht des Zahlungsempfängers komme es letztlich an, weshalb der BGH dann auch – trotz aus seiner Sicht abweichender Leistungszweckverfolgung des C – den Grundschuldgläubiger als Zahlungs- und damit Bereicherungsempfänger ansieht.

Im Ergebnis geht der BGH also für diese Bereicherungsfälle davon aus, dass der vom Leistenden verfolgte Leistungszweck nur dann eine Rolle für die Bestimmung des Leistungsempfängers spielt, wenn zwischen dem Leistenden und dem Empfänger Einigkeit über diese Leistungsbeziehung besteht. Ansonsten komme es auf die Sicht des Empfängers an.

b) Rechtsgrundlos

Damit war der Fall aber noch nicht zu Ende. Entscheidend war weiter, ob der Grundschuldgläubiger die Leistung auch rechtsgrundlos erhalten hat.

Der BGH stellt insoweit auf die erfolgte Vorausabtretung der Kaufpreisforderung an A ab, aufgrund derer dieser am Kaufpreisanspruch berechtigt gewesen sei:

(Rn. 25): „Die Bekl. hat die Leistung auch als Nichtberechtigte iSd § 816 II BGB erhalten. Denn sie war nicht Inhaberin der Kaufpreisforderung in Höhe des erhaltenen Betrags. Die insofern an sie erfolgte Sicherungsabtretung vom 29.7.2011 durch die F-GmbH ging ins Leere, weil die Forderung zuvor bereits wirksam an die spätere Insolvenzschuldnerin im Rahmen des verlängerten Eigentumsvorbehalts abgetreten war."

Ergebnis war, dass der Grundschuldgläubiger die ganze erhaltene Zahlung auf den Kaufpreis herauszugeben hatte.

4. Stellungnahme

Warum interessiert uns der Fall? Natürlich deshalb, weil die Abwicklung über den Notar erfolgte und im Grunde eine dem Grundstückskaufvertrag unter Ablösung nicht übernommener Belastungen ähnliche Gestaltung vorlag.

- Ein Gegenstand wird verkauft.
- Es bedarf der Mitwirkung eines Dritten durch Rangrücktritt/Löschung.
- Der Kaufpreis wird (zumindest auch) an den Dritten gezahlt.
- Den Beteiligten ist von etwaigen Rechten anderer Personen an der Kaufpreisforderung nichts bekannt.

Wer bedarf hier des Schutzes vor Risiken aus der Beteiligung anderer Personen?

- Der Verkäufer möchte nicht mit Zahlungsrisiken in der Person des Käufers belastet sein.

– Der Inhaber der abzulösenden Rechtsposition will unabhängig vom Grundverhältnis zwischen Verkäufer und Käufer bei Aufgabe/Rangverschlechterung seiner Rechte seine Gegenleistung erhalten.
– Der Käufer will lastenfreies bzw. vertragskonformes Eigentum.

Was nun macht die Entscheidung des BGH hier problematisch?

a) Leistungsbeziehung

Der BGH stellt hier zum einen fest, der C habe um die Einbeziehung des Grundschuldgläubigers nicht gewusst, und entsprechend auch eine Leistungshandlung vornehmen wollen, die im Ergebnis auf das Konto des B gelangen sollte:

(Rn. 19): „Nach dem Inhalt des zwischen der F-GmbH und Herrn C geschlossenen Kaufvertrags konnte zwar auf die Möglichkeit geschlossen werden, dass der Kaufpreis in Gänze oder teilweise an Grundpfandrechtsgläubiger – und damit auch an die Bekl. – weitergeleitet wird. Jedoch sollte die durch Herrn C zu leistende Zahlung im Ergebnis auf ein Konto der F-GmbH gelangen. Es ist weder festgestellt noch ersichtlich, dass Herr C um die Einbeziehung der Bekl. in die Abwicklung des Kaufvertrags wusste, so dass es an der für eine übereinstimmende Zweckbestimmung erforderlichen Willensübereinstimmung fehlt."

Dies habe aber nicht mit der Empfangserwartung des Grundschuldgläubigers korrespondiert, der die Zahlung auf eines seiner Kontrolle unterliegenden Kontos verlangt habe. Objektiv sei damit die Zweckbestimmung der Leistung dahin auszulegen, dass diese an den Grundschuldgläubiger und nicht an den B erfolgt sei.

(Rn. 24): „Damit war die Zahlung des Käufers C aus Sicht der Bekl. ihr gegenüber zweckbestimmt. Dementsprechend hat die Bekl. aus objektiver Empfängersicht den Kaufpreis in Höhe des bei ihr eingegangenen Betrags vereinnahmt, denn sie musste die Zahlung als Leistung an sich selbst – nämlich entsprechend der im Treuhandauftrag gestellten Bedingung – ansehen. Dass die Bekl. selbst Leistungsempfängerin und nicht etwa nur Zahlstelle für eine Leistung an die F-GmbH gewesen ist, wird zudem dadurch bestätigt, dass sie den Betrag nach Erhalt nicht – wie noch im Treuhandauftrag angekündigt – an die F-GmbH weitergeleitet, sondern ihn mit Kreditverbindlichkeiten verrechnet hat, die die F-Bautechnik GmbH sowie die F-Vermögens- und Beteiligungsgesellschaft mbH ihr gegenüber hatten."

Dieser Bewertung ist in der Literatur teils zugestimmt,[198] teils aber auch widersprochen worden.[199] Im Kern dreht sich die Frage dabei darum, ob die Einordnung der internen Leitungsannahme durch den Grundschuldgläubiger auch zu einer entsprechenden Leistungszweckbestimmung – sei diese auch nur objektiv und nicht subjektiv vorhanden- führe. *Schwab* führt dazu aus, dass dann, wenn der C nicht um die Rolle des Grundschuldgläubigers beim Empfang des Kaufpreises wisse, da er diesen auf Anderkonto zahle, „C an die F-GmbH (habe) leisten wollen; seine Leistung aber in Wirklichkeit an die L-GmbH geflossen (sei)."[200]

Fraglich ist aber nicht, wie der BGH die Unterscheidung zwischen subjektiver und objektiver Leistungsbestimmung wertet. **Entscheidend** ist vielmehr, was der C bei seiner Zahlung wollte.

[198] *Keller* WuB 2019, 387 (388); *Samhat* EWiR 2019, 417.
[199] *Schwab* JuS 2020, 73.
[200] *Schwab* JuS 2020, 73.

b) Rechtsgrund der Zahlung

> Frage:
> Was ist der Rechtsgrund der Zahlung des C?

Auf den ersten Blick mag die Betrachtung des BGH, der C habe ausschließlich auf seine Kaufpreiszahlungsverbindlichkeit hin geleistet, einleuchtend erscheinen. Schließlich wird auf das Anderkonto des Notars hin gezahlt, um damit den Anspruch des Verkäufers zu erfüllen.

Zum einen aber hat die bloße Einzahlung auf dem Anderkonto des Notars regelmäßig gerade keine Erfüllungswirkung. Der BGH vertritt in ständiger Rechtsprechung, dass eine solche Erfüllungswirkung der Zahlung nur dann anzunehmen ist, wenn dies von den Beteiligten explizit vereinbart wird.[201] Dem hat sich die Literatur angeschlossen.[202]

Es kommt also für den C tatsächlich doch darauf an, wo das auf dem Anderkonto verwahrte Geld letztendlich hinfließt. Nur dann, wenn es vertragskonform ausgezahlt wird[203] bzw. vertragskonform auszahlungsreif ist,[204] kann die Leistung als erfüllungswirksam angesehen werden.

Rechtsgrund der Leistung des C mag hier zunächst der Kaufvertag sein. Seine Leistungsbestimmung lautet aber letztendlich immer darauf, auch die Herstellung der vereinbarten Rangstelle seiner Dienstbarkeit zu erreichen. Soweit der Kaufpreis für die Herstellung dieser Rangstelle benötigt wird, steht dem B im Regelfall sachgerechter Vertragsgestaltung gerade kein Anspruch auf Leistung an sich, sondern nur einer auf Leistung zwecks Erfüllung der Auflagen des abzulösenden/zurücktretenden Gläubigers zu.[205]

Der BGH geht deshalb nach meinem Verständnis schon darin fehl, dem C als Käufer zu unterstellen, er habe auch im Umfang der für die Herstellung der gewünschten Rangstelle der Dienstbarkeit erforderlichen Mittel nicht direkt an den Grundschuldgläubiger leisten wollen. Nur so kann er letztlich sicherstellen, dass es zur Rangverbesserung der Dienstbarkeit kommt. Aus Sicht des Gläubigers allerdings ist die Leistung des C in letzter Konsequenz eine solche, die ihren Rechtsgrund im Sicherungsvertrag zu B hat. So wie ihm die Rechtsposition Grundschuld insgesamt nur kraft des Sicherungsvertrages zusteht, stehen ihm auch alle Rechte gegenüber Dritten nur unter dem Vorbehalt dieses Sicherungsvertrages zu.

Wie also stehen die Leistungsbeziehungen?

- Der Käufer zahlt an den abzulösenden Gläubiger, um
  - seine kaufvertragliche Verpflichtung gegenüber dem Verkäufer zu erfüllen,
  - die Bedingung des ihm gegenüber durch den abzulösenden Gläubiger abgegebenen Löschungsversprechens auszulösen.
- Der abzulösende Gläubiger lässt sein Grundpfandrecht löschen, um
  - seinen Verpflichtungen aus dem Sicherungsvertrag mit dem Verkäufer nachzukommen,
  - gegenüber dem Käufer das Löschungsversprechen zu erfüllen.
- Der Verkäufer weist den Käufer zur Zahlung an den Gläubiger an, um
  - seiner Verpflichtung aus dem Kaufvertrag auf Herstellung der Lastenfreiheit zu genügen,
  - dem Gläubiger die Befriedigung aus dem Sicherungsvertrag zu verschaffen.

---

[201] BGH DNotZ 1983, 549 (552); NJW 1994, 1404.

[202] *Zimmermann* DNotZ 1980, 460; DNotZ 1989, 262; *Brambring* DNotZ 1990, 615; BeckNotar-HdB/*Trömer* § 1 Rn. 851 f.

[203] So OLG Köln DNotZ 1989, 261.

[204] *Brambring* DNotZ 1990, 615 (633); *Zimmermann* DNotZ 1989, 262.

[205] Siehe dazu bspw. BeckNotar-HdB/*Everts* § 1 Rn. 209.

c) Rechtsgrund – Was bekommt der Gläubiger für den Rangrücktritt?

Der BGH hat hier nur die Frage gestellt, ob als Rechtsgrund des Behaltens des angeforderten Betrages die Abtretung des Kaufpreisanspruchs durch den B an den Grundschuldgläubiger in Betracht kommt. Dazu stellt er zu Recht fest, dass einer solchen Abtretung die Vorausabtretung zu Gunsten des Eigentumsvorbehaltsverkäufers A entgegen stand.

Die Frage, die der Senat nicht geklärt hat, ist aber doch die, ob nicht dem Grundschuldgläubiger aus eigenem Recht ein Anspruch auf die geforderte Zahlung zustand.

Wenn wir uns die vorstehenden Grundlagen der Zahlung ansehen, wird schnell klar, dass der erkennende Senat ein wesentliches Element des Vorgangs ausgeblendet hat: Den **Sicherungsvertrag** betreffend das Grundpfandrecht.

Durch den im Vertrag vorgesehenen und für den Käufer erforderlichen Rangrücktritt des Grundschuldgläubigers entstand dem Grundschuldgläubiger ein wirtschaftlicher Nachteil. Ein Grundstück belastet mit einer Photovoltaikdienstbarkeit ist weniger wert als ein solches ohne. Dass sich der Gläubiger diesen Nachteil abkaufen lässt, ist zunächst einmal ebenso wenig rechtsgrundlos wie die Löschung eines Grundpfandrechts gegen Entgelt. Eine Photovoltaikanlage ohne Standort ist dagegen nicht viel wert.

Im Verhältnis zwischen dem Gläubiger eines grundpfandrechtsgesicherten Darlehens und dem Eigentümer ist durch die Rechtsprechung geklärt, dass der Eigentümer im Veräußerungsfall einen Anspruch auf Löschung gegen Leistung eines angemessenen Entgelts (die „Vorfälligkeitsentschädigung") hat. Einen solchen Anspruch auf Rangrücktritt im Falle der Bestellung einer Dienstbarkeit gibt es bislang nicht – denkbar wäre ein solcher allerdings schon.

Vorliegend hätte der BGH in jedem Fall die Überlegung verfolgen müssen, welche Forderung der Grundschuldgläubiger gerechtfertigterweise für den Rangrücktritt hätte stellen können. Dieser hätte zumindest im Minderwert des Grundstücks nach Belastung durch die Dienstbarkeit bestanden.

Nach meinem Verständnis konnte sich auch die Vorausabtretung an den A nur auf den Kaufpreisanspruch so beziehen, wie dieser eben konkret begründet wurde. Ich hätte aus den vertraglichen Vereinbarungen der Beteiligten gelesen, dass sich die Zahlungsverpflichtung des C und damit der korrespondierende (vorab an A abgetretene) Zahlungsanspruch des B nur auf Leistung des Kaufpreises in Höhe des für die Herstellung der Rangstelle erforderlichen Teils an den Grundschuldgläubiger und des Rests zur freien Verfügung an B (und damit auch an A) lautete. Das hat der VIII. Senat aber offenbar anders gesehen und die Leistung des C an den Grundschuldgläubiger dem an diesen (nur zweit-) abgetretenen Anspruch des B auf Zahlung des Kaufpreises an sich zugeordnet.

5. Richtige Gestaltung zur Vermeidung des Risikos

Worin der VIII. Senat in der hier besprochenen Entscheidung fehlgeht, ist das Rangrücktrittsverhältnis zwischen C und dem Grundschuldgläubiger nicht ausreichend beleuchtet zu haben. Da der Grundschuldgläubiger aus seiner dinglichen Rechtsposition zunächst nicht zur Mitwirkung an dem Rangrücktritt verpflichtet gewesen wäre, hätte ihn allenfalls ein etwaiger aus dem Sicherungsvertrag mit dem Eigentümer bestehender Anspruch dazu zwingen können, an dem Vorgang mitzuwirken. Das hat der Senat nicht geprüft.

Der BGH hat es vorgezogen demjenigen, der von den Beteiligten im Grunde am wenigsten schützenswert war, den Anspruch auf den Verkaufserlös zuzubilligen. Der Grundschuldgläubiger hat eine Rechtsposition verloren, indem ihm nunmehr nur noch ein belastetes Eigentum als Sicherungsgegenstand zur Verfügung steht.

a) Parallelität zum Löschungsverfahren

Die Situation entspricht der des im Rahmen eines Kaufvertrages wegzulöschenden Gläubigers. Auch in diesem Fall soll eine Kaufpreiszahlung nur erfolgen, wenn sichergestellt ist, dass Belastungen im Rahmen der Abwicklung zur Löschung gelangen.

Wie sich hier gezeigt hat, funktionierte die Abwicklung des Vertragsverhältnisses mit dem Schutz des Käufers in der gewählten Gestaltung.

Durch die Formulierung zur Auszahlung dann, wenn die **„erste Rangstelle sichergestellt"** ist, wurde zu Gunsten des Käufers eine Vertragssituation geschaffen, die sein Risiko auf ungesicherte Vorleistung ausschloss. Da die erste Rangstelle erst dann wirklich sichergestellt war, als der Rangtausch durch Eintragung vollzogen war, musste sich der Käufer selbst im Falle der verfrühten Auszahlung (Beispiel: bloßes Vorliegen der Rangrücktrittserklärung ohne grundbuchlichen Vollzug) keinem Risiko ausgesetzt sehen. In dem Fall des Scheiterns hätte ihm der Notar gehaftet.

Beispiel zur mangelnden Sicherstellung:

Dem Notar werden die Löschungsunterlagen zur im Grundbuch noch eingetragenen Grundschuld auflagenfrei übergeben. Der Löschungsantrag wird mit dem auf Eintragung der Käufervormerkung gestellt, der Kaufpreis wird fällig. Vor Eintragung der Löschung nimmt der Verkäufer seinen Löschungsantrag zurück und die Vormerkung wird im Rang nach der Grundschuld eingetragen.

Der Käufer hat in solchen Fällen nur dann eine wirklich gesicherte Position, wenn sich sein Löschungs- bzw. Vorrückanspruch direkt gegen den Gläubiger der anspruchswidrigen Rechtsposition richtet. Ggf. kann dieser durch Vormerkung gesichert werden.

Nach nahezu unumstrittener Auffassung soll § 13 GBO dem Berechtigten einer Vormerkung (oder auch eines sonstigen nachrangigen Rechts am Grundstück) kein eigenes Antragsrecht auf Löschung vorrangiger Belastungen einräumen, da er nur mittelbar Begünstigter sei. Diese Auffassung ist so verfestigt wie falsch. Auch wenn der Kreis der Antragsberechtigten begrenzt sein muss, deckt der Wortlaut der Norm auch nachrangig Berechtigte, da diese direkt, nämlich durch Rangverbesserung, begünstigt sind. Jedenfalls für den Berechtigten einer Vormerkung könnte so das unnötige Abwicklungsrisiko beseitigt werden.

Schon um die Durchführung des Löschungsverfahrens zusätzlich abzusichern, ist es sinnvoll, dass möglichst zwischen dem Käufer und dem wegzulöschenden bzw. zurücktretenden Gläubiger eine direkte schuldrechtliche Anspruchsbeziehung hergestellt wird. Die bloße verfahrensrechtliche Rechtsposition aus dem notariellen Treuhandverfahren im Rahmen der Übergabe der Löschungsunterlagen ist jedenfalls unsicherer. Soll es bei Privatgläubigern zu einer Absicherung des Löschungs- oder Rangrücktrittsversprechens durch Vormerkung kommen, ist der direkte Anspruch des Käufers zwingend erforderlich.

b) Schutz des Gläubigers

Wirklich unglücklich sieht die Position des Gläubigers im hier besprochenen Fall aus. Er verliert den Vorrang seiner Grundschuld und muss den Verkaufserlös an den A herausgeben.

Der BGH mag hier deshalb zu Ungunsten des Gläubigers eingenommen gewesen sein, weil dem C und dem Notar gegenüber die tatsächliche Verwendungsabsicht des Kaufpreises kaschiert wurde. Durch das Treuhandschreiben wurde der Eindruck erweckt, der Gläubiger handele als reine Verwahrstelle des B.

Nichtsdestotrotz bedarf es auch im Rahmen eines solchen Löschungs- bzw. Rangrücktrittsverfahrens der Beachtung der Interessen des Gläubigers. Sein Anspruch auf Erhalt der Gegenleistung für die Löschung bzw. den Rangrücktritt sollte idealerweise nicht an den Kaufpreisanspruch geknüpft sein und sich somit nicht nur aus abgetretenem Recht ergeben.[206] Wie auch an anderer Stelle (siehe bspw. die Risiken des abgetretenen Darlehensauszahlungsanspruchs unter Abschnitt 6. und die bekannten Risiken des abgetretenen Übereignungsanspruchs im Kettenkaufvertrag) ist auch hier die Sicherung des Leistungsinteresses eines Beteiligten durch die Abtretung von bloß schuldrechtlichen Ansprüche mit erheblichen Risiken verbunden.

Wäre hier der Weg des direkten Rangrücktrittsversprechens des Grundschuldgläubigers gewählt bzw. vom BGH erkannt worden, hätte dem Gläubiger jedenfalls in dem Umfang, in dem ihm materiell aufgrund seines Rangrücktritts Mittel zugestanden hätten, kein Anspruch nach § 816 Abs. 2 BGB gedroht. So aber musste er sich mit dem Risiko der Vorwegabtretung abfinden – ein sicheres Zeichen, dass dies für den Regelfall des Kaufvertrages kein geeignetes Mittel zur Absicherung des abzulösenden Gläubigers ist.

Der Weg über eigene Vertragsbeziehungen führt auch zu sachgerechten Leistungsbeziehungen:
- Der Käufer leistet an den Gläubiger – egal wieviel dieser fordert. Dafür hat er einen eigenen direkten Anspruch auf Löschung.
- Der Gläubiger ist dem Verkäufer gegenüber verpflichtet, vom Käufer nur so viel zu fordern, wie im Belastungsverhältnis geschuldet.
- Der (Abtretungs-)Gläubiger des Verkäufers kann auf das zugreifen, was dem B zusteht – immer unter Berücksichtigung der Rechte des abzulösenden Gläubigers.

6. Ein Rückblick auf Risiken des Bereicherungsrechts bei der Finanzierungsvollmacht

Die Absicherung eines Vertragsbeteiligten durch die Abtretung eines Anspruchs bringt Risiken mit sich. Auf der Veranstaltung 2010 stand eine Entscheidung des V. Senats zur Besprechung, in der es um die Abtretung des Darlehensauszahlungsanspruchs gegen Finanzierungsgläubiger des Käufers an den Verkäufer ging. Eine Konstruktion, die noch heute in einigen Formularen der Finanzierungsvollmacht zu finden ist.

a) Sachverhalt (vereinfacht)

BGH v. 27.6.2008 – V ZR 83/07[207]

A verkauft an B seine Eigentumswohnung. Im Kaufvertrag ist für B eine Belastungsvollmacht vorgesehen. Voraussetzung der Nutzung der Belastungsvollmacht ist die Abtretung des Darlehensauszahlungsanspruchs des Käufers gegen seine finanzierende Bank an den Verkäufer. Die finanzierende Bank zahlt den Kaufpreis an A aus. B gerät in wirtschaftliche Schwierigkeiten und lässt die Eigentumswohnung verkommen. Als er auch die Zahlungen auf das Darlehen einstellt, ergibt eine Prüfung der Bank, dass der Darlehensvertrag unwirksam ist, und zwar da
a) B bei dessen Abschluss nicht wirksam vertreten war,
b) der Mitarbeiter der Bank bei Abschluss des Vertrages geistig verwirrt war,
c) die Bank über die Vermögensverhältnisse des B arglistig getäuscht worden ist und der Darlehensvertrag deshalb angefochten wird.

[206] Anders BeckOF Vertrag/*Salzig* Form. 8.1.1 Anm. 8, der die Herstellung eines eigenen Löschungs- und damit korrespondierenden Gegenleistungsanspruchs des Gläubigers ausdrücklich ausschließt.
[207] Nachempfunden BGH v. 27.6.2008 – V ZR 83/07, DNotZ 2008, 923 (dazu die Anm. von *Keim* DNotZ 2009, 245); Schilling ZNotP 2009, 138.

b) Die Falllösung des BGH

Bei dem vom V. Zivilsenat entschiedenen, im Detail äußerst komplizierten Fall (der Bank war der Kaufpreisanspruch des Verkäufers abgetreten worden und aus diesem ging sie vor) war der zwischen dem Käufer und seiner finanzierenden Bank geschlossene Darlehensvertrag aufgrund eines Mangels in der Vertretungsmacht (Geschäftsbesorgungsmodell) nichtig.

Diese Nichtigkeit führt nach den Überlegungen des V. Zivilsenats dazu, dass die Bank die aus ihrer Sicht rechtsgrundlos an den Verkäufer ausgezahlten Darlehensmittel von diesem zurück verlangen kann. Dies soll sogar dann gelten, wenn der Kaufvertrag im Übrigen bereits vollständig durchgeführt und namentlich das Eigentum vom Verkäufer auf den Käufer übergegangen ist. Mängel im Darlehensvertrag können so voll auf den Verkäufer durchschlagen. Denkt man den Gedanken des BGH zu Ende, muss dies selbst in Fällen wie dem vorstehend zu b) genannten Problem der Geschäftsunfähigkeit des Mitarbeiters der Bank gelten.

c) Rechtliche Grundlagen

Auch der V. Zivilsenat hat in seiner Entscheidung strikt die Leistungsbeziehungen zwischen den Beteiligten geprüft und auf Mängel untersucht. Was die Zahlung der Bank an den Verkäufer angeht, beruht diese nach Auffassung des V. Senats auf zwei möglichen Rechtsgrundlagen:[208]
- die Bank leistet aufgrund einer eigenen Tilgungsbestimmung als Dritte iSd § 267 Abs. 1 S. 1 BGB oder
- die Bank leistet als Hilfsperson des Käufers unter Übermittlung dessen Tilgungsbestimmung.

Die erste Überraschung präsentierte der Senat darin, dass er die Zahlung von Seiten der Bank an den Verkäufer nicht als solche eines Dritten iSd **§ 267 Abs. 1 S. 1 BGB** ansah. Ich war bis zu dieser Entscheidung wie selbstverständlich davon ausgegangen, dass die Bank ohne jeden Zweifel als **Dritte auf die Kaufpreisschuld** leistet, da sie aufgrund der Einschränkung der Sicherungszweckerklärung ansonsten das Grundpfandrecht nicht als Sicherheit verwenden kann.

Beschränkt man sich auf diesen Gesichtspunkt, sind die Fälle zu vorstehend a) und b) eindeutig auch Problem des Verkäufers. Aber selbst im Fall c), der arglistigen Täuschung, dürfte sich die Bank im Hinblick auf die Abtretung auf **§ 404 BGB** stützen und dem Verkäufer die Anfechtung entgegen halten. Mit der Abtretung werden so die Probleme des Vertrages zwischen dem Käufer und seiner Bank auf den Verkäufer verlagert.

Die zweite vom V. Senat diskutierte Möglichkeit einer Zahlung für den Käufer ist die im Bankverkehr übliche **Anweisung** und damit **Einschaltung der Bank als Hilfsperson** des Käufers. Zwar ist mittlerweile anerkannt, dass es auf den Empfängerhorizont für die Frage der Wirksamkeit der Anweisung nicht ankommt, gleichwohl aber wurde bislang die Wirksamkeit der Zahlungsanweisung unabhängig von der Wirksamkeit des zugrunde liegenden Darlehensvertrages gesehen.[209] Der V. Senat liest in die im Kaufvertrag bereits erklärte Anweisung – wohl aufgrund der Abtretung – hinein, dass sie nur im Hinblick auf eine wirksame Abtretung des Darlehensauszahlungsanspruches und gerade nicht zwecks alleiniger Erfüllung des Kaufpreisanspruchs gemeint sei.

Soll nach den Überlegungen des V. Senats auch die Anweisung des Käufers an seine Bank unter der Voraussetzung stehen, dass der Darlehensvertrag wirksam ist, dann ist auch hier selbst im Fall c) vom Durchschlagen der Anfechtung auf den Verkäufer auszugehen.

---

[208] So auch *Keim* DNotZ 2009, 245.
[209] BGH NJW 1994, 2357 (2358); BGHZ 111, 382 (386); BGHZ 147, 269.

d) Praktische Konsequenzen

Dreh- und Angelpunkt der Entscheidung des BGH ist die Abtretung des Auszahlungsanspruchs in Verbindung mit dem Fehlverständnis von der Sicherungszweckerklärung. An diesem Punkt muss der vertragsgestalterische Ansatz zur Bereinigung der Risikolage für den Verkäufer liegen.

Die **Bedeutung der Abtretung der Auszahlungsansprüche** für das Sicherungssystem des Verkäufers ist dabei denkbar **gering.** Der manchmal angeführte Schutz vor Pfändungszugriffen Dritter auf die Auszahlungsansprüche ist tatsächlich kein Problem des Verkäufers. Soweit dieser in der von ihm vorzugebenden Sicherungszweckerklärung ausdrücklich festhält, dass eine Nutzung des Grundpfandrechts als Kreditsicherheit nur dann in Betracht kommt, wenn auf den Kaufpreisanspruch hin gezahlt wird, kann es ihm letztlich gleichgültig sein, ob von dritter Seite Pfändungen in den Anspruch ausgebracht werden. Entweder leistet die Bank nämlich an ihn, dann hat sie die Grundschuld als Sicherungsgegenstand. Oder sie leistet nicht an ihn, dann ist die Bank einem Kondiktionsanspruch ausgesetzt. Es besteht damit kein Anlass, diese kritische Formulierung überhaupt in die Muster der Belastungsvollmacht aufzunehmen.

Schlüssel zur Beherrschung der Risiken der vorzeitigen Belastung durch die Finanzierungsgrundpfandrechte des Käufers ist und bleibt die sachgerechte Ausgestaltung der **Vollmacht zur Abgabe von Sicherungszweckerklärungen.**

Nichts hindert daran, die Vollmacht zur Eingehung der Sicherungszweckerklärung so auszugestalten, dass nur solche Vereinbarungen getroffen werden können, nach denen der Finanzierungsgläubiger auf die Kaufpreisschuld des Käufers leistet.

V. Kaufpreisaufteilung auf Gebäude und Grundstück

1. BFH Urt. v. 16. 9. 2015 – IX R 12/14

Vor fünf Jahren hatte Ihnen *Kesseler* eine BFH-Entscheidung vorgestellt, wonach das Finanzamt eine im Kaufvertrag vereinbarte Kaufpreisaufteilung von Grundstück und Gebäude grundsätzlich der einkommensteuerlichen Abschreibung zugrunde legen muss, sofern sie nicht die realen Wertverhältnisse in grundsätzlicher Weise verfehlt.[210]

Kerngehalt der Entscheidung:[211]

Das Finanzamt muss die vertragliche Kaufpreisaufteilung grundsätzlich der Abschreibung zugrunde legen – außer wenn sie „die realen Wertverhältnisse in grundsätzlicher Weise verfehlt".

Leitsatz der Entscheidung:

Eine vertragliche Kaufpreisaufteilung von Grundstück und Gebäude ist der Berechnung der AfA auf das Gebäude zu Grunde zu legen, sofern sie zum einen nicht nur zum Schein getroffen wurde sowie keinen Gestaltungsmissbrauch darstellt und zum anderen das FG auf der Grundlage einer Gesamtwürdigung von den das Grundstück und das Gebäude betreffenden Einzelumständen nicht zu dem Ergebnis gelangt, dass die vertragliche Kaufpreisaufteilung die realen Wertverhältnisse in grundsätzlicher Weise verfehlt und wirtschaftlich nicht haltbar erscheint.

Dabei hatte der BFH in seiner Entscheidungsbegründung der vertraglichen Kaufpreisaufteilung einen sehr hohen Stellenwert für die Bemessung der Abschreibungsgrundlage eingeräumt. Ich zitiere ausführlich, um danach die davon differenzierende Argumentation des FG Berlin-Brandenburg zu verdeutlichen.

Grundsätzlich ist die **vertraglich vereinbarte Kaufpreisaufteilung** auch vom Finanzamt zugrunde zu legen.

„b) Wurde die entsprechende Kaufpreisaufteilung im Kaufvertrag vorgenommen, sind diese vereinbarten und bezahlten Anschaffungskosten grundsätzlich auch der Besteuerung zu Grunde zu legen (ständige Rechtsprechung, vgl. Urteile des Bundesfinanzhofs – BFH – vom 1. 4. 2009 IX R 35/08, BFHE 224, 533, BStBl II 2009, 663; vom 18. 1. 2006 IX R 34/05, BFH/NV 2006, 1634; BFH-Beschlüsse vom 4. 12. 2008 IX B 149/08, BFH/NV 2009, 365; vom 24. 1. 2007 IX B 84/06, BFH/NV 2007, 1104). Wenngleich dem Käufer im Hinblick auf seine AfA-Berechtigung typischerweise an einem höheren Anschaffungswert des Gebäudes gelegen ist und die entsprechende Aufteilungsvereinbarung – zu Gunsten des Verkäufers – ggf. Einfluss auf eine für ihn positive sonstige Vertragsgestaltung haben kann, rechtfertigt dies grundsätzlich noch keine abweichende Verteilung (vgl. [...])."[212]

Ausgenommen sind **Scheinvereinbarungen oder Gestaltungsmissbrauch** – was praktisch nur selten relevant sein wird.

„Vereinbarungen der Vertragsparteien über Einzelpreise für Einzelwirtschaftsgüter binden allerdings nicht, wenn Anhaltspunkte dafür bestehen, der Kaufpreis sei **nur zum Schein bestimmt** worden (vgl. BFH-Urteil vom 28. 10. 1998 X R 96/96, BFHE 187, 450, BStBl II 1999, 217) oder die Voraussetzungen eines **Gestaltungsmissbrauchs** iSv § 42 AO seien gegeben (BFH-Ur-

[210] Herrler/Hertel/Kesseler/*Kesseler* ImmobilienR 2014/2015 S. 334.

[211] BFHE 251, 214 = BStBl. II 2016, 397 = BFH/NV 2016, 266 = DB 2016, 207 = DStR 2016, 33 = NJW 2016, 591 = RNotZ 2016, 205. Dazu Anm. *Bode* FR 2016, 229; *Esskandari/Bick* EStB 2016, 45; *Ihle* notar 2016, 96; *Kleinmanns* BB 2016, 175; *Kohlhaas* Stbg 2016, 460; *Raspé* Grundeigentum 2017, 760.

[212] BFH Urt. v. 16. 9. 2015 – IX R 12/14, Rn. 19.

teile in BFHE 224, 533, BStBl II 2009, 663; in BFH/NV 2006, 1634, mwN.; BFH-Beschluss in BFH/NV 2009, 365).“[213]

Dann kommt eine stärkere Einschränkung: Das Finanzgericht (und natürlich ebenso zuvor das Finanzamt) müssen die vertragliche Aufteilung nicht nur auf ihre Plausibilität prüfen, sondern **objektiv verifizieren.**

„c) Auch mit einer nach allgemeinen Grundsätzen der Besteuerung zu Grunde zu legenden Vereinbarung können die Parteien jedoch angesichts der gebotenen Tatbestandsmäßigkeit der Besteuerung nicht die Höhe der Steuer des Käufers – konkret seiner AfA – gestalten. Deshalb hat das FG im Rahmen der Ermittlung der AfA-Bemessungsgrundlage im Einzelfall (vgl. BFH-Beschlüsse in BFH/NV 2009, 365, mwN.; vom 26.8.2008 IX B 63/08, juris) zu prüfen, ob nennenswerte Zweifel an der vertraglichen Aufteilung bestehen (BFH-Urteil vom 10.10.2000 IX R 86/97, BFHE 193, 326, BStBl II 2001, 183; BFH-Beschlüsse in BFH/NV 2007, 1104; vom 16.9. 2002 IX B 35/02, BFH/NV 2003, 40). Es darf sich nicht darauf beschränken, die vertragliche Aufteilung steuerrechtlich nachzuvollziehen, sondern hat das **Ergebnis durch weitere Umstände,** insbesondere der objektiv am Markt erzielbaren Preise bzw. Verkehrswerte **zu verifizieren** (vgl. BFH-Beschluss in BFH/NV 2009, 365).“[214]

Dies schränkt der BFH aber sogleich wieder ein: Selbst eine **wesentliche Abweichung von den Bodenrichtwerten** sei **lediglich ein Indiz** für eine Abweichung von den realen Werten, die sich aber auch entkräften lasse.

„Eine **wesentliche Diskrepanz zu den Bodenrichtwerten** rechtfertigt es aber nicht ohne weiteres, diese an die Stelle der vereinbarten Werte zu setzen oder die auf Grund und Gebäude entfallenden Anschaffungskosten zu schätzen. Es handelt sich lediglich um ein Indiz dafür, dass die vertragliche Aufteilung ggf. nicht die realen Werte wiedergibt. Ein solches Indiz kann durch andere Indizien entkräftet werden. Das FG hat die Gesamtumstände des Kaufobjekts aufzuklären und dahingehend zu würdigen, ob besondere Aspekte die Abweichung nachvollziehbar erscheinen lassen. Zu denken ist dabei etwa an besondere Ausstattungsmerkmale des Gebäudes, dessen ursprüngliche Baukosten und etwaige Renovierungen, eine ggf. eingeschränkte Nutzbarkeit wegen bestehender Mietverträge oder den Wohnwert des Gebäudes im Kontext der Nachbarschaft (Straßenlärm, soziale Einrichtungen oder besondere Ruhe wegen einer benachbarten Grünanlage). Parallel dazu hat das FG die besonderen Kriterien des Grundstücks zu berücksichtigen, etwa eine gepflegte Gartenanlage oder störenden Baumbestand.“[215]

Dabei setzt der BFH die Latte für eine Korrektur der vertraglichen Vereinbarung hoch: Nur wenn die vertragliche Vereinbarung die **„realen Wertverhältnissen in grundsätzlicher Weise verfehlt“,** kann sie das Finanzamt oder das Finanzgericht korrigieren.

„d) Eine Korrektur der von den Parteien getroffenen Aufteilung des Anschaffungspreises auf Grund und Gebäude ist lediglich geboten, wenn sie die **realen Wertverhältnisse in grundsätzlicher Weise verfehlt** (BFH-Urteil in BFHE 224, 533, BStBl II 2009, 663, mwN.) und wirtschaftlich nicht haltbar erscheint (vgl. BFH-Beschluss vom 9.7.2002 IV B 160/01, BFH/NV 2002, 1563).

Das FG hat im Rahmen seiner Gesamtwürdigung einen gewissen Bewertungsspielraum. Es gelten insoweit die allgemeinen Grundsätze der finanzgerichtlichen Sachverhaltsfeststellung und Sachverhaltswürdigung. Dabei kommt eine Bindung an etwaige Schätzungen des FA nicht in Betracht.“[216]

---

[213] BFH Urt. v. 16.9.2015 – IX R 12/14, Rn. 20.
[214] BFH Urt. v. 16.9.2015 – IX R 12/14, Rn. 21.
[215] BFH Urt. v. 16.9.2015 – IX R 12/14, Rn. 22.
[216] BFH Urt. v. 16.9.2015 – IX R 12/14, Rn. 23–24.

Ist die vertragliche Vereinbarung erst einmal beiseitegeschoben, hat das FG nach einer **Gesamtwürdigung der Verhältnisse** zu entscheiden.

„e) Kann nach diesen Grundsätzen eine vereinbarte Kaufpreisaufteilung nicht der Besteuerung zu Grunde gelegt werden, hat sie das FG entsprechend seiner Gesamtwürdigung der Verhältnisse durch eine Aufteilung nach den realen Verkehrswerten von Grund und Gebäude zu ersetzen. Dabei hat das FG die, nach welchem Wertermittlungsverfahren die Kaufpreisaufteilung vorzunehmen ist, anhand der Umstände des Einzelfalls zu beantworten (vgl. BFH-Urteil vom 22.10.2007 IV B 111/06, BFH/NV 2008, 360, mwN.; vom 23.6.2005 IX B 117/04, BFH/NV 2005, 1813)."[217]

In der Praxis hatten dies manche Käufer als Freibrief missbraucht, die Bewertung des Gebäudes auszureizen, um möglichst hohes Abschreibungspotential zu schaffen. So spricht etwa *Ihle*[218] von einem „sehr weitgehenden Spielraum", den die Entscheidungen des BFH den Vertragsparteien gebe, „die Höhe der Anschaffungskosten des Käufers für die von ihm erworbenen Einzelwirtschaftsgüter in seinem Sinne zu beeinflussen".

Dem Verkäufer ist die Aufteilung in aller Regel völlig egal, sofern er nicht selbst Abschreibungen auf das Gebäude vorgenommen hat.

Wenn einem als Notar der Gebäudeanteil allzu hoch erscheint, kann man allenfalls die Bodenrichtwerte als Anhaltspunkt heranziehen und im Übrigen dem Käufer ins Gewissen reden, nicht zu überreizen.

2. FG Berlin-Brandenburg Urt. v. 14.8.2019 – 3 K 3137/19

Kesseler hatte Ihnen damals bereits ein **Tool des Bundesfinanzministeriums** zur Aufteilung des Kaufpreises vorgestellt. Sie finden das Aufteilungstool („Arbeitshilfe zur Aufteilung eines Gesamtkaufpreises für ein bebautes Grundstück (Kaufpreisaufteilung)" mit Stand Mai 2019) jetzt auf der **Homepage des Bundesfinanzministeriums** unter:

www.bundesfinanzministerium.de/Content/DE/Standardartikel/Themen/Steuern/Steuerarten/Einkommensteuer/2018-03-28-Berechnung-Aufteilung-Grundstueckskaufpreis.html

Dieses Aufteilungstool erkannte nun jedenfalls das Finanzgericht Berlin-Brandenburg ausdrücklich als für die Kaufpreisaufteilung geeignet an. Gegen die FG-Entscheidung wurde **Revision zum BFH** eingelegt, so dass wir möglicherweise im nächsten Jahr berichten können, wie der BFH dazu entschieden hat.

Kerngehalt der Entscheidung:[219]

Aufteilungstool des BMF indiziert die realen Wertverhältnisse von Grundstück und Gebäude.

Leitsätze der Entscheidung:

1. Die „Arbeitshilfe zur Aufteilung eines Gesamtkaufpreises für ein bebautes Grundstück (Kaufpreisaufteilung)" des BMF ist für die Kaufpreisaufteilung, insbesondere für die Ermittlung des Sachwerts des Gebäudes, methodisch geeignet und führt zu nachvollziehbaren Ergebnissen.
2. Die Arbeitshilfe erfasst zwar die Bodenpreissteigerung örtlich exakt, die Baupreissteigerung jedoch nur im deutschlandweiten Mittel. Dies führt jedoch nicht zu nennenswerten Verschiebungen und bewegt sich noch im Rahmen zulässiger Typisierung.

[217] BFH Urt. v. 16.9.2015 – IX R 12/14, Rn. 25.
[218] *Ihle* notar 2016, 96.
[219] BeckRS 2019, 28421. Revision eingelegt, Az. des BFH: IX R 26/19.

a) Sachverhalt

FG Berlin-Brandenburg Urt. v. 14. 8. 2019 – 3 K 3137/19

Es ging um eine Einzimmerwohnung, die zu einem Kaufpreis von 110.000,– EUR gekauft wurde – bzw. mit Kaufnebenkosten ca. 118.000,– EUR. Mit vier Zahlen lässt sich der Sachverhalt zusammenfassen:
- Nach dem Kaufvertrag entfielen nur mickrige ca. 20 % des Kaufpreises auf den Grundstücksanteil, ca. 80 % auf den Gebäudeanteil.
- Das Finanzamt rechnete mit dem Aufteilungstool des BMF nach und kam auf stolze 70 % Grundstücksanteil und nur 30 % Gebäudeanteil.

b) Berechnungsmethode

Das Aufteilungstool des BMF berechnet nach dem Sachwertverfahren.
- Der Bodenwert wird nach dem **Bodenrichtwert** bestimmt.
- Der Gebäudewert wird nach den **Normalherstellungskosten 2010** berechnet, mit einem Faktor je nach **Gebäudeart** und Wohnungsgröße. Davon wird eine **lineare Alterswertminderung** vorgenommen und nach dem **Preisindex** für die Bauwirtschaft indiziert.
- Daraus ergibt sich das **Verhältnis** von Grundstücks- zu Gebäudewert.

Das FG Berlin-Brandenburg beschreibt die Berechnung wie folgt (Hervorhebungen sind von mir):

„Die Excel-Tabelle errechnet den **Bodenwert** aus der Multiplikation von Grundstücksgröße und Bodenrichtwert.

Zur Ermittlung des **Gebäudewerts** wird nach der **Sachwertrichtlinie** der **Brutto-Grundfläche-Kostenwert** herangezogen. Bei Eigentumswohnungen wird bei einer Nutzfläche bis 35 m² eine Werterhöhung mit dem Faktor 1,1 und bei Wohnflächen ab 135 m² eine Wertminderung mit dem Faktor 0,85 gemäß Sachwertrichtlinie durchgeführt. Der so ermittelte Brutto-Grundfläche-Kostenkennwert wird mit einem Faktor auf Kosten je Wohnfläche umgerechnet. Grund hierfür ist, dass die Normalherstellungskosten 2010 als Ausgangswerte herangezogen werden, diese sich jedoch auf die Bruttogrundfläche entsprechend DIN 277 beziehen, worüber in der Praxis meist weder beim Steuerpflichtigen noch beim Finanzamt – FA – Erkenntnisse vorliegen. Deswegen werden die **Normalherstellungskosten 2010** (pro Bruttogrundfläche) auf Kosten pro Wohnfläche umgerechnet. Der Faktor beträgt bei Mehrfamilienhäusern und Wohnungseigentum 1,9. Die Faktoren wurden teilweise durch das Baukosteninformationszentrum Deutscher Architektenkammern, teilweise durch die interministerielle Arbeitsgruppe für die Erarbeitung der Sachwertrichtlinie ermittelt. Außenanlagen werden pauschal mit 3 % berücksichtigt. Sodann wird eine **lineare Alterswertminderung** vorgenommen. Dabei wird die maximale Gesamtnutzungsdauer nach der Sachwertrichtlinie zugrunde gelegt. Bei der Ermittlung des Gebäudealters wird typisierend das Baujahr vom Jahr der Anschaffung abgezogen. Die Alterswertminderung beträgt maximal 70 %. Anschließend erfolgt die Indizierung des Preises entsprechend den **Preisindizes** für die Bauwirtschaft des Statistischen Bundesamts. So ergeben sich die auf das Anschaffungsjahr bezogenen typisierten Herstellungskosten (THK) je m². Dieser Wert wird mit der Wohnfläche multipliziert und ergibt so den Gebäudewert.

Der Bodenwert und der Gebäudewert werden ins **Verhältnis** gesetzt und ergeben so die Kaufpreisaufteilung, die dann auf den tatsächlichen Kaufpreis übertragen wird.“[220]

[220] FG Berlin-Brandenburg Urt. v. 14. 8. 2019 – 3 K 3137/19, Rn. 16–18.

c) Was geht vor: Kaufvertragliche Aufteilung oder Aufteilungstool?

Das klingt ja alles ganz plausibel. Aber die entscheidende Frage ist, welche Bedeutung diesem Aufteilungstool zukommt. Ist es nur relevant, wenn die Kaufvertragsparteien keine vertragliche Aufteilung vorgenommen haben – oder wenn diese im Ausnahmefall die „realen Wertverhältnissen in grundsätzlicher Weise verfehlt". Die BFH-Entscheidung vom 16.9.2015 spräche dafür.

Das FG Berlin-Brandenburg dreht aber den Spieß um: Das **Aufteilungstool zeigt, was die realen Wertverhältnisse sind.** Wenn die Kaufvertragsparteien davon abweichen, verfehlen sie die realen Wertverhältnisse in grundsätzlicher Weise. Hören wir, wie das FG Berlin-Brandenburg dies begründet.

Zuerst referiert es die **Rechtsprechung des BFH,** insbesondere die Entscheidung vom 16.9.2015:

„Für die deswegen notwendige Kaufpreisaufteilung hat der BFH ausgesprochen, dass eine vertragliche Kaufpreisaufteilung von Grundstück und Gebäude der Berechnung der AfA auf das Gebäude zu Grunde zu legen ist, sofern sie zum einen nicht nur zum Schein getroffen wurde sowie keinen Gestaltungsmissbrauch darstellt und zum anderen das Finanzgericht – FG – auf der Grundlage einer Gesamtwürdigung von den das Grundstück und das Gebäude betreffenden Einzelumständen nicht zu dem Ergebnis gelangt, dass die vertragliche Kaufpreisaufteilung die realen Wertverhältnisse in grundsätzlicher Weise verfehlt und wirtschaftlich nicht haltbar erscheint. Das FG hat im Rahmen der Ermittlung der AfA-Bemessungsgrundlage im Einzelfall zu prüfen, ob nennenswerte Zweifel an der vertraglichen Aufteilung bestehen. Es darf sich nicht darauf beschränken, die vertragliche Aufteilung steuerrechtlich nachzuvollziehen, sondern hat das Ergebnis durch weitere Umstände, insbesondere der objektiv am Markt erzielbaren Preise bzw. Verkehrswerte zu verifizieren. Eine wesentliche Diskrepanz zu den Bodenrichtwerten rechtfertigt es aber nicht ohne weiteres, diese an die Stelle der vereinbarten Werte zu setzen oder die auf Grund und Gebäude entfallenden Anschaffungskosten zu schätzen. Es handelt sich lediglich um ein Indiz dafür, dass die vertragliche Aufteilung ggf. nicht die realen Werte wiedergibt (BFH, Urteil vom 16.9.2015 IX R 12/14, DStR 2016, 397, BStBl II 2016, 397, Juris Rn. 19–23)."[221]

Und jetzt dreht das FG Berlin-Brandenburg die Argumentation: Das Aufteilungstool ist zwar nicht das reale Wertverhältnis, aber es hat doch eine **„große indizielle Bedeutung"** für die Bestimmung des realen Wertverhältnisses.

„II. Ausgehend von diesen Grundsätzen ist der Senat davon überzeugt, dass die vertragliche Kaufpreisaufteilung die realen Wertverhältnisse nicht widerspiegelt.

Der Senat hält dabei die Arbeitshilfe des BMF für die Wertermittlung, insbesondere des Sachwerts des Gebäudes, grundsätzlich für geeignet (näher nachfolgend 2.). Er misst den Ergebnissen der Arbeitshilfe zum einen eine **große indizielle Bedeutung** zu, um bei erheblicher Abweichung die Marktangemessenheit der vertraglich vereinbarten Kaufpreisaufteilung zu widerlegen, und sieht zum anderen, falls diese widerlegt und daher im Wege der Schätzung eine anderweitige Kaufpreisaufteilung vorzunehmen ist, in ihr eine geeignete Schätzungshilfe."[222]

Damit ist die **Argumentations- und Beweislast umgedreht:** Nicht die Finanzverwaltung oder das Finanzgericht müssen begründen, warum sie von der vertraglichen Aufteilung abweichen, sondern die Beteiligten müssen begründen, warum sie vom Ergebnis des Aufteilungstools abweichen.

„Im konkreten Fall sieht der Senat keine Umstände von Gewicht, die eine nennenswerte Abweichung der realen Wertverhältnisse von den Ergebnissen der Arbeitshilfe ergeben (näher nachfol-

[221] FG Berlin-Brandenburg Urt. v. 14.8.2019 – 3 K 3137/19, Rn. 52.
[222] FG Berlin-Brandenburg Urt. v. 14.8.2019 – 3 K 3137/19, Rn. 53–54.

gend 1.), und gelangt daher im Wege der Schätzung zu einer Kaufpreisaufteilung, wie sie sich aus der Arbeitshilfe ergibt."[223]

Es bleibt das Problem, dass jedenfalls der Zungenschlag der **BFH-Entscheidung** vom 16.9.2015 ein ganz anderer ist. Das FG kann dem BFH schlecht widersprechen, also **differenziert** es: Wenn der BFH eine bloße Abweichung von den Bodenrichtwerten nicht genügen lässt, so muss doch eine Abweichung von Bodenrichtwerten + Gebäudewert genügen.

„Da sich der Senat nicht allein auf die Bodenrichtwerte, sondern auf die Arbeitshilfe des BMF stützt, bei deren Berechnung die Bodenrichtwerte lediglich einfließen, sieht sich der Senat nicht im Widerspruch zur Auffassung des BFH, dass eine wesentliche Diskrepanz zu den Bodenrichtwerten es nicht ohne weiteres rechtfertigt, die auf Grund und Gebäude entfallenden Anschaffungskosten zu schätzen. Die Arbeitshilfe des BMF geht über eine bloße Bestimmung der Bodenrichtwerte und deren Vergleich mit der kaufvertraglichen Bestimmung des Bodenwertanteils deutlich hinaus."[224]

Das ist nicht nur juristisch elegant differenziert, sondern auch ein inhaltlicher Unterschied – und überzeugend: Denn wenn die Aufteilung im Kaufvertrag von einer neutralen Schätzung der beiden Komponenten – Bodenrichtwert und Gebäude – abweicht, dann muss der Käufer vortragen, was im konkreten Sachverhalt so anders sein soll, dass er eine andere Aufteilung vornehmen will.

Zuletzt verwendet das FG dann das Arbeitstool auch zur eigenen Berechnung der angemessenen Aufteilung.

d) Anmerkung: Entscheidung ist richtig und praktikabel

Das Ergebnis der Entscheidung des FG Berlin-Brandenburg halte ich für richtig und praktikabel. In der Praxis erlebe ich so gut wie nie eine „vertragliche" Aufteilung. Wenn eine Aufteilung im Vertrag steht, ist sie **einseitig vom Käufer vorgeschlagen** und vom Verkäufer nur hingenommen. Wenn der Verkäufer erfährt, dass die Aufteilung für ihn (wie regelmäßig) keine steuerlichen Auswirkungen hat – und sie wegen des Sachmängelausschlusses auch keine zivilrechtlichen Auswirkungen hat, ist dem Verkäufer regelmäßig egal, welche Aufteilung der Käufer in den Vertrag hineinschreiben lässt.

Auch die notarielle Beurkundung kann nicht als Filter für unrealistische Angaben dienen.

- Als Notar müsste ich die Beurkundung der Aufteilung natürlich ablehnen, wenn es ein bloßes Scheingeschäft wäre.
- Aber sonst kann ich als Notar nicht prüfen, ob die Aufteilung die „realen Wertverhältnissen in grundsätzlicher Weise verfehlt". Wenn ich Zweifel daran habe, kann ich diese ansprechen – und etwa den Käufer fragen, ob sein Steuerberater die Aufteilung nach dem Tool des BMF berechnet hat, aber ich muss beurkunden, was die Beteiligten erklären (solange es nicht rechtswidrig ist).

Daher ist die Angabe im Vertrag regelmäßig nur ein steuerlicher Wunsch des Käufers. Ich sehe keinen Grund sie im Normalfall rechtlich anders zu werten als eine vom Käufer in seiner Steuererklärung vorgenommene Aufteilung. Dort prüft das Finanzamt ja auch, ob die Aufteilung realistisch ist.

Wenn man die BFH-Entscheidung ein zweites Mal liest, kann man durchaus Ansatzpunkte herauslesen, dass die Entscheidung nicht so als Freibrief für ein steuerliches Ausreizen gedacht ist, wie sie von der Praxis meist verstanden wird.

[223] FG Berlin-Brandenburg Urt. v. 14.8.2019 – 3 K 3137/19, Rn. 55.
[224] FG Berlin-Brandenburg Urt. v. 14.8.2019 – 3 K 3137/19, Rn. 56.

- Insbesondere ist das Argument des FG Berlin-Brandenburg, dass zwar ein alleiniges Abstellen auf die Bodenrichtwerte ungenügend sein mag, aber die Berücksichtigung von Bodenrichtwerten und einer Schätzung des Gebäudewertes eine hinreichende Tatsachengrundlage bietet, mE auch mit dem Geist der BFH-Entscheidung vereinbar.
- In dem Ausgangsfall der BFH-Entscheidung vom 16.9.2015 wurde die Klage nach Zurückverweisung an das FG schließlich zurückgenommen. Auch das spricht dafür, dass die Entscheidung nicht als Freibrief für jegliche Steuergestaltung genommen werden darf, nur weil sie es in die Kaufvertragsurkunde geschafft hat.

Das BMF-Aufteilungstool ist vielleicht nicht perfekt. Aber es ist für die Praxis eine sinnvolle Arbeitshilfe, mit der die Steuerberater im Vorhinein abschätzen können, welche Aufteilung die Finanzverwaltung anerkennen wird – und wo sie ggf. zusätzliche Argumente für einen höheren Gebäudewertanteil liefern müssen.

Damit sie jetzt nicht erschrecken: Wir als Notare müssen das Aufteilungstool natürlich nicht anwenden – schon weil wir grundsätzlich nicht zu den steuerlichen Rechtsfolgen belehren müssen. Ich halte es auch nicht für sinnvoll, dass der Notar die Aufteilung nachrechnet. Das ist Aufgabe des Steuerberaters der Beteiligten, der die Aufteilung später auch gegenüber dem Finanzamt vertreten muss.

VI. Veräußerung von Grundbesitz durch den Testamentsvollstrecker

Dieser Beitrag untersucht einige der mit der Veräußerung von Grundbesitz durch einen Testamentsvollstrecker zusammenhängenden Fragestellungen und bindet dabei neuere Rechtsprechung in den Gesamtkontext ein. Es soll hier vor allem auf die Verfügungsbefugnis (hierzu Abschnitt 1.) und die Legitimation (hierzu Abschnitt 2.) des Testamentsvollstreckers fokussiert werden.

1. Die Verfügungsbefugnis des Testamentsvollstreckers

Nach § 2203 BGB hat der Testamentsvollstrecker die letztwilligen Verfügungen des Erblassers zur Ausführung zu bringen und ist dabei entsprechend § 2205 S. 2 BGB insbesondere dazu berechtigt, den Nachlass in Besitz zu nehmen und über die Nachlassgegenstände – und damit auch den Grundbesitz – zu verfügen. Spiegelbildlich ist dem/den Erben die Verfügungsbefugnis (unter anderem) über die zum Nachlass gehörenden Grundstücke entzogen, § 2211 Abs. 1 BGB. Die Verfügungsbefugnis endet dabei mit dem Erbfall und nicht erst mit der Annahme des Amtes des Testamentsvollstreckers.[225]

Erklärt auf der Veräußererseite ein Testamentsvollstrecker die Auflassung eines Grundstücks, so hat der Notar als „Vorfilter" des Grundbuchamts (§ 20 GBO) stets dessen Verfügungsbefugnis zu prüfen.[226] Dabei sind insbesondere die Grenzen der Verfügungsbefugnis zu beachten:

Zunächst kann der Erblasser selbst individuelle Abweichungen vom gesetzlichen Umfang der Befugnisse bestimmen. Diese sind im Testamentsvollstreckerzeugnis anzugeben (hierzu Abschnitt 2. a). Sofern sich hierin keine Angaben finden, können der Notar und das Grundbuchamt von der oben genannten generellen Verfügungsbefugnis ausgehen, da die Vermutungswirkung der §§ 2368 Abs. 3, 2365 BGB auch insoweit gilt.[227]

In jedem Fall zu prüfen sind jedoch die gesetzlichen Schranken der Verfügungsmacht des Testamentsvollstreckers, namentlich das Verbot der unentgeltlichen Verfügung (hierzu nachfolgend Abschnitt a) und das Verbot des Insichgeschäft (hierzu nachfolgend Abschnitt b).[228]

a) Verbot der unentgeltlichen Verfügung

Der Testamentsvollstrecker ist nach § 2205 S. 3 BGB zu unentgeltlichen Verfügungen nur berechtigt, soweit sie einer sittlichen Pflicht oder einer auf den Anstand zu nehmenden Rücksicht entsprechen.[229] Da letztere Ausnahmefälle bei Immobilienübertragungen regelmäßig nicht einschlägig sein werden,[230] ist in der Praxis ein besonderes Augenmerk auf den Begriff der „Unentgeltlichkeit" zu richten. Eine gegen dieses Verbot verstoßende Verfügung ist unwirksam[231] – mit der Möglichkeit der Genehmigung durch die Erben (und eventuell der Vermächtnisnehmer, hierzu sogleich). Dies gilt auch für den in der Praxis häufigen Fall der sog. Teilunentgeltlichkeit.[232]

---

225 OLG Köln ZEV 2020, 123.
226 Vgl. BayObLG BWNotZ 1989, 87.
227 DNotI-Report 2020, 11; Meikel/*Böhringer* GBO § 52 Rn. 20 mwN.
228 Beachte: Der Testamentsvollstrecker bedarf bei minderjährigen Erben keiner Zustimmung durch das Familiengericht: OLG Karlsruhe NJW-RR 2015, 1097. Dies macht diese Gestaltung besonders attraktiv bei der Erbeinsetzung minderjähriger Kinder, bei denen auch ein oder beide Elternteile als Testamentsvollstrecker eingesetzt werden können – und damit keine Genehmigungsbedürftigkeit bei Verfügungen über zum Nachlass gehörenden Grundbesitz besteht.
229 Von dieser Beschränkung kann der Erblasser auch nach hM nicht befreien: *Zahn* MittRhNotK 2000, 89.
230 Vgl. zu einer sehr extensiven Auslegung des Begriffs der Anstandsschenkung OLG Düsseldorf ZEV 2017, 328.
231 *Zahn* MittRhNotK 2000, 89; das Grundbuch wird unrichtig.
232 BGH ZEV 2016, 202; grundlegend BGH NJW 1963, 1613; vgl. jüngst etwa OLG München RNotZ 2018, 491 (zu § 2113 Abs. 2 BGB bei einer Grundstücksveräußerung unter Wohnungsrechtsvorbehalt).

Unentgeltlichkeit setzt dabei objektiv voraus, dass aus dem Nachlass[233] ein Wert ohne Zuführung eines entsprechenden Vermögensvorteils weggegeben wurde. Subjektiv muss der Testamentsvollstrecker wissen oder bei ordnungsgemäßer Verwaltung erkennen müssen, dass die Leistung der Gegenseite unzulänglich ist.[234] Es ist ein strenger Maßstab anzusetzen.[235] Die Beurteilung der (Un-)Entgeltlichkeit wird vom Grundbuchamt von Amts wegen vorgenommen;[236] es ist dabei jedoch umstritten, ob diese Prüfung bereits im Rahmen der Eintragung der Eigentumsvormerkung[237] zu erfolgen hat oder erst bei Eigentumsumschreibung.[238]

Den Nachweis der Entgeltlichkeit muss der Testamentsvollstrecker führen,[239] er muss dabei jedoch nicht die Form des § 29 Abs. 1 GBO einhalten.[240] Es sind zudem allgemeine Wertungsgesichtspunkte heranzuziehen. Die Rechtsprechung hat dabei den allgemeinen Erfahrungssatz aufgestellt, dass eine entgeltliche Verfügung anzunehmen ist, wenn die dafür maßgebenden Beweggründe im Einzelnen angegeben werden, verständlich und der Wirklichkeit gerecht werdend erscheinen und begründete Zweifel an der Pflichtmäßigkeit der Handlung nicht ersichtlich sind.[241] Bei einem Näheverhältnis des Testamentsvollstreckers zum Erwerber[242] besteht dabei für das Grundbuchamt regelmäßig Anlass zu einer besonders sorgfältigen Prüfung der Entgeltlichkeit der Verfügung.[243] Wenn keine Anhaltspunkte für eine mögliche Absicht des Testamentsvollstreckers bestehen, die übrigen Erben zu benachteiligen – was sich insbesondere aus einem von den Beteiligten eingeholten Wertgutachtens ergeben kann[244] –, kann gleichwohl auch in diesem Fall eine Entgeltlichkeit festgestellt werden.[245] Bei einer Veräußerung an einen unbeteiligten Dritten gilt folgerichtig der allgemeine Erfahrungssatz, dass es sich um einen entgeltlichen Vertrag und keine verschleierte Schenkung handelt.[246]

Wenn sich im Nachhinein herausstellt, dass das Gutachten, auf das sich der Testamentsvollstrecker zum Zeitpunkt des Vertragsschlusses „gutgläubig" verlassen hat und verlassen durfte, einen unzureichenden Wert auswies, handelt es sich gleichwohl nicht zwingend auch um ein (teil-)unentgeltliches Geschäft, da zu einer objektiven Wertdifferenz wie gesehen stets auch subjektiv hinzukommen muss, dass der Testamentsvollstrecker von der Teilunentgeltlichkeit der Verfügung weiß oder zumindest erkennen musste, dass die Gegenleistung unzulänglich war.[247]

Sofern der Testamentsvollstrecker wirksame letztwillige Verfügungen des Erblassers – insbesondere (schuldrechtlich wirkende) Vermächtnisse[248] (§ 1967 BGB) und Teilungsan-

---

[233] Aufgrund des sog. Zuflussprinzips liegt auch dann eine unentgeltliche Verfügung vor, wenn die Gegenleistung zwar gleichwertig war, diese jedoch nicht (oder nicht vollständig) in den Nachlass gelangt: BGH NJW 1953, 219.

[234] OLG Düsseldorf ZEV 2020, 123.

[235] BGH ZEV 2016, 202; vgl. klarstellend zum Vor/Nacherben OLG München ErbR 2018, 467: „Auch eine Teilunentgeltlichkeit führt zur Gesamtunwirksamkeit der das Recht der Nacherben vereitelnden Verfügung."

[236] OLG München NotBZ 2012, 118; dies umfasst jedoch ausdrücklich nicht die Frage, ob der Testamentsvollstrecker seiner Pflicht zur ordnungsgemäßen Verwaltung gemäß § 2216 BGB nachgekommen ist: Meikel/*Böhringer* GBO § 52 Rn. 65.

[237] *Amann* MittBayNot 2012, 267; *Keim* ZEV 2007, 470 (472); MüKoBGB/*Kohler* BGB § 883 Rn. 27.

[238] OLG München DNotZ 2012, 459; OLG Frankfurt a. M. ZEV 2011, 534; OLG Zweibrücken FGPrax 2007, 11.

[239] *Zahn* MittRhNotK 2000, 89.

[240] Vgl. OLG Köln FGPrax 2013, 105.

[241] Vgl. *Demharter* GBO § 52 Rn. 23 mwN.

[242] Und einem Insichgeschäft, hierzu nachfolgend b).

[243] Zu der Parallelproblematik bei der Verfügung eines Vorerben: OLG Düsseldorf FGPrax 2008, 94.

[244] Zu der Parallelproblematik bei der Verfügung eines Vorerben: OLG Düsseldorf FGPrax 2008, 94.

[245] OLG Frankfurt a. M. ZEV 2012, 325.

[246] *Schmenger* BWNotZ 2004, 97 mwN.

[247] OLG München BeckRS 2017, 131385; BGH NJW 1991, 842.

[248] Schließlich wird/werden der/die Erbe/n von einer Verbindlichkeit befreit. Zu den dinglich wirkenden Vermächtnissen (Vindikationslegat) ausländischen Rechts insbesondere im deutschen Immobilienverkehr vgl. grundlegend EuGH NJW 2017, 3767 – Kubicka; hierzu eingehend *Wagner* NJW 2017, 355; zu den Auswirkungen der Rechtsprechung des EuGH auf das Nießbrauchsrecht des überlebenden Ehegatten

ordnungen[249] – vollzieht, handelt er per definitionem „entgeltlich“.[250] Im Ergebnis wird das Nachlassgericht dabei die (auszulegende) letztwillige Verfügung des Erblassers mit dem tatsächlich vorgenommenen Rechtsgeschäft des Testamentsvollstreckers dahingehend prüfen, ob eine pflichtgemäße Erfüllung der Anordnungen erfolgt.[251]

Zum Nachweis gegenüber dem Grundbuchamt ist es dabei weder erforderlich, dass sich das Vermächtnis aus einer öffentlichen Urkunde ergibt, noch dass die Stellung der Erben durch Erbschein nachgewiesen wird; es gilt die freie Beweiswürdigung, dh eine privatschriftliche Verfügung in beglaubigter Abschrift mit Eröffnungsvermerk bzw. eine Bezugnahme auf die Nachlassakten beim gleichen Gericht reichen aus.[252] Dieselbe Beweiserleichterung gilt auch für die Frage, ob der Bedachte seinen Vermächtnisanspruch an einen Dritten wirksam abgetreten hat;[253] das schuldrechtliche Kausalgeschäft spielt wegen des geltenden Abstraktionsprinzips dabei keine Rolle.[254]

b) Verbot des Insichgeschäfts/der Doppelvertretung

Der Testamentsvollstrecker unterliegt in entsprechender Anwendung des § 181 BGB dem Verbot des Insichgeschäfts und der Doppelvertretung dergestalt, dass er nicht an Rechtsgeschäften mitwirken darf, an denen er auf der anderen Seite als Vertreter eines Dritten oder im eigenen Namen beteiligt ist.[255]

Das Verbot des In-sich-Geschäfts ist insbesondere dann einschlägig, wenn der Testamentsvollstrecker über ein Grundstück aus dem Nachlass zu seinen eigenen Gunsten verfügt.[256] Ein solches ist ihm indes dann erlaubt, wenn dies vom Erblasser gestattet ist[257] bzw. dies ausschließlich in der Erfüllung einer Verbindlichkeit besteht.[258] Letzteres ermöglicht es dem Testamentsvollstrecker etwa, ein zu seinen Gunsten ausgelobtes Vermächtnis durch eine Selbstkontrahierung zu erfüllen.[259] Es gelten die oben genannten Grundsätze entsprechend.

Fraglich ist, inwieweit der Testamentsvollstrecker bei der Erfüllung von Vermächtnissen Grundbesitz unter Verstoß gegen das Verbot der Doppelvertretung auch an Dritte übertragen kann und dabei sowohl auf Seiten des bzw. der Erben und des Vermächtnisnehmers agieren kann.[260] Bejaht wurde dies stets, wenn der Erblasser eine Verwaltungsvollstreckung für den Vermächtnisnehmer angeordnet hat.[261]

---

nach französischem Recht OLG Saarbrücken ZEV 2019, 640 kritisch hierzu *Bandel* MittBayNot 2019, 93; *Leitzen* ZEV 2019, 642.

[249] Beachte: Eine unentgeltliche Verfügung kann auch im Rahmen einer Erbauseinandersetzung vorliegen, wenn ein Miterbe wertmäßig mehr zugeteilt bekommt, als seiner Erbquote entspricht: BGH NJW 1963, 1613.

[250] OLG München RNotZ 2015, 359; grundlegend BGH NJW 1963, 1613.

[251] BayObLG BWNotZ 1989, 87.

[252] OLG München BeckRS 2017, 131385; RNotZ 2015, 359; auch wird gefordert, dass eine Bescheinigung des Nachlassgericht vorgelegt wird, dass sich keine weiteren letztwilligen Verfügungen in der Nachlassakte befinden: *Zahn* MittBayNot 2000, 89 (111).

[253] OLG München NJW-RR 2016, 1101. Kritisch zu recht die *Schriftleitung* in RNotZ 2016, 528: Ein Nachweis in grundbuchmäßiger Form durch notariell beglaubigte Abtretungsvereinbarungen wäre ohne weiteres möglich gewesen.

[254] Palandt/*Grüneberg* BGB § 398 Rn. 2.

[255] BGH NJW 1959, 1429; OLG Hamm RNotZ 2010, 587; BayObLG DNotZ 1983, 176.

[256] OLG München MittBayNot 2012, 46; Palandt/*Weidlich* BGB § 2205 Rn. 25 mwN.

[257] OLG München ZEV 2017, 733; OLG Düsseldorf RNotZ 2014, 61.

[258] BGH NJW 1959, 1429. Beachte: In der Ernennung eines Miterben liegt in der Regel die Gestattung derjenigen In-sich-Geschäfte, die im Rahmen ordnungsmäßiger Verwaltung des Nachlasses liegen; an die Ordnungsmäßigkeit sind strenge Anforderungen zu stellen (BGH ebenda.).

[259] Bereits BayObLG DNotZ 1983, 176.

[260] Grundsätzlich kritisch *Muscheler* ZEV 2011, 230: Nur der Vermächtnisnehmer ist zur Aufnahme der Auflassung zuständig. Schließlich müsse sich niemand gegen seinen Willen Eigentum aufdrängen lassen, die Ausschlagungsmöglichkeit nach § 2307 Abs. 2 BGB sei nicht fristgebunden.

[261] OLG Hamm NJW-RR 2011, 11.

Die obergerichtliche Rechtsprechung spricht dem Testamentsvollstrecker überdies eine ebensolch Kompetenz zu, wenn der Testamentsvollstrecker für die Erfüllung eines Untervermächtnisses, mit dem der Vermächtnisnehmer beschwert ist, zu sorgen hat.[262]

Nach einer Entscheidung des OLG Frankfurt a. M. müsse in sonstigen Konstellationen stets anhand des jeweiligen Einzelfalls unter Auslegung der letztwilligen Verfügung entschieden werden, ob der Testamentsvollstrecker eine solche Befugnis besitze. Hierfür spreche eine sachlich nicht erforderliche Befreiung des Testamentsvollstreckers von den Beschränkungen des § 181 BGB, sofern sich die Aufgabe des Testamentsvollstreckers in der Durchführung der Erbauseinandersetzung zwischen den Miterben und der Erfüllung der angeordneten Vermächtnisse erschöpfen soll.[263] Richtigerweise dürfte allerdings auf den Umstand abzustellen sein, dass der Abwicklungstestamentsvollstrecker in dem konkreten Fall ausdrücklich für die „Erfüllung" der Vermächtnisse zuständig sein sollte – mit der Folge, dass ihm die Kompetenz zur Auflassungserklärung und zur Annahme derselben übertragen wurde.[264]

Hinweis:

Um Unklarheiten und Auslegungsschwierigkeiten zu vermeiden, sollten die gewünschten Befugnisse des Testamentsvollstreckers ausdrücklich aufgenommen und klargestellt werden, ob er auch zur Erfüllung von Vermächtnissen für die Vermächtnisnehmer handeln soll.

Für den Testamentsvollstrecker/Notar ist es vor dem Hintergrund des § 2307 Abs. 2 BGB in jedem Fall ratsam,
- den Vermächtnisnehmer mitwirken zu lassen bzw.
- das Einverständnis des Vermächtnisnehmers einzuholen bzw.
- vor der Vermächtniserfüllung die Annahme des Vermächtnisses durch den Vermächtnisnehmer abzuwarten.

c) Zustimmung der Erben

Nach gefestigter Rechtsprechung kann der Testamentsvollstrecker Verfügungen entgegen § 2205 S. 3 BGB und § 181 BGB vornehmen, wenn sie mit Zustimmung aller Erben, Nacherben und Nachnacherben – nicht erforderlich sind demgegenüber Erklärungen der Ersatzerben, Ersatznacherben und Auflagenbegünstigten[265] – erfolgen.[266] Nach der herrschender Rechtsprechung ist überdies auch die Zustimmung der Vermächtnisnehmer erforderlich, soweit deren Vermächtnisse noch nicht erfüllt oder sonst erledigt sind.[267] Die Zustimmung bedarf dem Grundbuchamt gegenüber der Form des § 29 GBO[268] – mit Ausnahme des Nachweises, wer Vermächtnisnehmer ist, hier gelten die vorab dargestellten Grundsätze.

Testamentsvollstrecker und Erben können gemeinsam über einen Nachlassgegenstand sogar auch dann verfügen, wenn der Erblasser durch Anordnung von Todes wegen eine Verfügung verboten hat.[269]

[262] OLG München NJW-RR 2013, 1231.

[263] OLG Frankfurt a. M. DNotI-Report 2018, 126; kritisch *Weidlich* MittBayNot 2019, 174; ähnlich *Lange* DNotZ 2018, 804; beachte: die Testamentsvollstreckerbenennung des Urkundsnotars erfolgte mit schriftlichem Testament vom gleichen Tag (vgl. hierzu jüngst OLG Köln RNotZ 2018, 336).

[264] *Litzenburger* ZEV 2018, 624.

[265] BGH DNotZ 1972, 86.

[266] Vgl. grundlegend BGH DNotZ 1972, 90; *Reimann* DNotZ 2007, 579 mwN.

[267] BGH DNotZ 1972, 86; BayObLG Rpfleger 1989, 200; nach aA ist dies nicht (*Kollmeyer* NJW 2018, 2289; *Zahn* MittBayNot 2000, 89) bzw. nur dann erforderlich, wenn über den konkreten Vermächtnisgegenstand verfügt wird (*Lange/Kuchinke* ErbR § 31 VI 2 b).

[268] Meikel/*Böhringer* GBO § 52 Rn. 59.

[269] BGH DNotZ 1972, 86.

> **Hinweis:**
> Sofern möglich, sollte stets versucht werden, die Erben und Vermächtnisnehmer an der Veräußerung mitwirken und ihr Einverständnis erklären zu lassen. Dies gilt insbesondere im Falle eines besonderen Näheverhältnisses zwischen dem Testamentsvollstrecker und dem Erwerber.

d) Problem: Beendigung der Testamentsvollstreckung

Die Verfügungsbefugnis des Testamentsvollstreckers muss noch im Zeitpunkt der Eintragung des Eigentümerwechsels bestehen.[270] Dies bedeutet konkret: Verliert der Testamentsvollstrecker sein Amt nach der Antragstellung beim Grundbuchamt, ist die von ihm vorgenommene Verfügung unwirksam.[271]

Es wird prüfen sein (hierzu Abschnitt 2. a), inwieweit das Testamentsvollstreckerzeugnis kraft Rechtsscheins hier für Rechtssicherheit – vor allem für den Vertragspartner – wird sorgen können.

2. Die Legitimation des Testamentsvollstreckers

Der Testamentsvollstrecker hat sich dem Notar und im Grundbuchverfahren gegenüber dem Grundbuchamt zu legitimieren; schließlich muss geprüft werden, ob sich die von ihm vorgenommenen Verfügungen in den Grenzen seiner Befugnisse bewegen.[272] Als „Ausweis" seiner Verfügungsbefugnis kommen entsprechend § 35 Abs. 2 GBO drei Legitimationsmöglichkeiten in Betracht:
- das Testamentsvollstreckerzeugnis (hierzu nachfolgend Abschnitt a),
- das Europäische Nachlasszeugnis (hierzu nachfolgend Abschnitt b) und
- die Bestellung in einer notariellen Urkunde nebst Eröffnungsprotokoll und Annahmenachweis (hierzu nachfolgend Abschnitt c).

Der zusätzlichen Vorlage eines Erbscheins bedarf es in keinem dieser Fälle.[273]

a) Testamentsvollstreckerzeugnis

Der Nachweis der Verfügungsbefugnis gegenüber dem Notar und dem Grundbuchamt kann zunächst durch die Vorlage eines Testamentsvollstreckerzeugnisses geführt werden, § 35 Abs. 2 GBO iVm § 2368 BGB.[274]

Es bedarf dabei nach der obergerichtlichen Rechtsprechung wegen § 29 Abs. 1 S. 2 GBO (Nachweis durch öffentliche Urkunde)[275] gegenüber dem Grundbuchamt der Vorlage des Testamentsvollstreckerzeugnisses in Urschrift oder Ausfertigung.[276] Begründet wird dies von der obergerichtlichen Rechtsprechung vor allem damit, dass es für den Nachweis der Verfügungsbefugnis des Testamentsvollstreckers maßgeblich auf den Zeitpunkt der Eintragung des Eigentumswechsels anzustellen ist. Dementsprechend müsse auch die Möglichkeit berücksichtigt werden, dass die Verfügungsbefugnis des Testamentsvollstreckers auch nach der notariellen Beurkundung des Rechtsgeschäfts durch eine Einziehung des

[270] OLG Hamm MittBayNot 2017, 249.
[271] Vgl. OLG Bremen NJW-RR 2016, 905.
[272] *Schmenger* BWNotZ 2004, 97.
[273] *Zahn* MittRhNotK 2000, 89.
[274] OLG München BeckRS 2017, 131385.
[275] Die Nachweisführung alternativ durch eine öffentliche oder eine öffentlich beglaubigte Urkunde ist auf Erklärungen beschränkt, die zur Eintragung erforderlich sind.
[276] OLG Hamm MittBayNot 2017, 249; BayObLG DNotZ 1996, 20; *Schöner/Stöber* GrundbuchR Rn. 3462; *Demharter* GBO § 35 Rn. 60; Meikel/*Krause* GBO § 35 Rn. 176.

Testamentsvollstreckerzeugnisses (§ 2361 BGB) weggefallen sein kann. Folglich sei in diesem Zusammenhang auch für eine Notarbescheinigung in Anlehnung an § 21 BNotO kein Raum.[277] Die gegenteilige Auffassung lässt es demgegenüber ausreichen, wenn bei der Beurkundung die Ausfertigung des Testamentsvollstreckerzeugnisses vorgelegt und hiervon eine beglaubigte Abschrift der einzureichenden Ausfertigung der Urkunde beigefügt wird.[278]

Einer Vorlage ergänzender Unterlagen bedarf es stets dann nicht, wenn die Nachlassakten beim Gericht des Grundbuchamts geführt werden; hier reicht ein bloßer Verweis auf die Nachlassakten aus.[279]

Das Testamentsvollstreckerzeugnis genießt nach § 2368 S. 2 iVm § 2366 BGB im Grundbuchverkehr öffentlichen Glauben. Der Erbschein bezeugt hingegen nur die Tatsache der Testamentsvollstreckerernennung als solche (§ 352b Abs. 2 FamG)[280] und reicht folgerichtig als Legitimation nicht aus.[281] Der Testamentsvollstreckervermerk im Grundbuch wiederum dient lediglich dazu, die Verfügungsbeschränkung der Erben öffentlich zu machen und damit eine gutgläubigen Erwerb Dritter von den Erben verhindern – und nicht einen solchen durch den Testamentsvollstrecker zu ermöglichen.[282]

Misslich ist indes, dass der öffentliche Glaube des Testamentsvollstreckerzeugnisses nur besteht, wenn und solange das Testamentsvollstreckerzeugnis in Kraft ist. Nach § 2368 S. 2 Hs. 2 BGB wird es, wie gesehen, jedoch automatisch und ohne Einziehungsbeschluss kraftlos, wenn das Amt des Testamentsvollstreckers beendet ist.[283] Geschützt wird daher nur der gute Glaube an die Erlangung der Stellung des Testamentsvollstreckers und das Fehlen von Beschränkungen, nicht jedoch der gute Glaube an das Fortbestehen des Testamentsvollstreckeramtes.[284] Ob § 878 BGB auf die Beendigung des Testamentsvollstreckeramtes nach Antragstellung beim Grundbuchamt anwendbar ist, ist umstritten, die ganz hM spricht sich jedoch hiergegen aus.[285] So entschied jüngst auch das OLG Köln; es bestehe – zumindest in dem entschiedenen Fall – keine Schutzbedürftigkeit des Testamentsvollstreckers oder des Käufers.[286]

Der Vertragspartner trägt damit das Risiko, dass der Testamentsvollstrecker sein Amt nach der Antragstellung beim Grundbuchamt verliert, und die von ihm vorgenommene Verfügung unwirksam wird. In einem solchen Fall hilft auch die (rechtsfehlerhaft erfolgte) Eintragung durch das Grundbuchamt nicht weiter, schließlich werden mit dem Kraftloswerden des Testamentsvollstreckerzeugnisses auch die damit verbundenen Vermutungen – konkret § 2365 BGB – und ein etwaiger gutgläubiger Erwerb gegenstandslos.[287]

Überdies begründet das Testamentsvollstreckerzeugnis auch keine Fiktion dahingehend, dass der veräußerte Gegenstand auch zum Nachlass gehört (vgl. § 2366 BGB).[288] Da in diesen Fällen ein gutgläubiger Erwerb lediglich nach den § 892 BGB möglich ist, sollten

---

[277] OLG Hamm MittBayNot 2017, 249; kritisch *Bergner* MittBayNot 2017, 252.
[278] LG Köln Rpfleger 1977, 29; Bauer/Schaub/*Schaub* GBO § 52 Rn. 14; *Walloscheck* ZEV 2011, 167.
[279] *Krauß* Immobilienkaufverträge Rn. 597.
[280] OLG Rostock ErbR 2020, 274.
[281] DNotI-Report 2017, 65.
[282] DNotI-Report 2017, 65.
[283] Dies betrifft vor allem Fälle, in denen der Testamentsvollstrecker geschäftsunfähig wird, ihm ein Betreuer für Vermögensangelegenheiten bestellt wird (§§ 1896, 2225 BGB), er selbst das Amt kündigt (§ 2226 BGB) oder er entlassen wird (§ 2227 BGB).
[284] MüKoBGB/*Grziwotz* BGB § 2368 Rn. 46. Ebenfalls nicht geschützt wird der gute Glaube daran, dass der Gegenstand weiterhin der Testamentsvollstreckung unterliegt und ihr nicht durch Freigabe des Testamentsvollstreckers entzogen worden ist (*Grziwotz* aaO Rn. 47).
[285] OLG Celle DNotZ 1953, 158; BayObLG NJW 1956, 1279; MittBayNot 1999, 82; OLG Frankfurt a. M. Rpfleger 1980, 63; aA *Schöner/Stöber* GrundbuchR Rn. 124; Palandt/*Herrler* BGB § 878 Rn. 11; Staudinger/*Gursky* BGB § 878 Rn. 58 mwN; Übersicht bei MüKoBGB/*Grziwotz* BGB § 2368 Rn. 46; ausdrücklich nicht entschieden von OLG München DNotI-Report 2015, 22.
[286] OLG Köln ZEV 2020, 35.
[287] Palandt/*Weidlich* BGB § 2368 Rn. 10 mwN.
[288] MüKoBGB/*Grziwotz* BGB § 2368 Rn. 47 mwN.

die Erben eine Grundbuchberichtigung auf den Erben/die Erbengemeinschaft durchführen lassen.[289]

> **Hinweis:**
> Auf dieses Risiko kann in der kautelarischen Praxis unterschiedlich reagiert werden:
> - Zum einen könnte daran gedacht werden, in derartigen Fällen stets eine Einschaltung eines Anderkontos vorzusehen und dieses damit zu kombinieren, die Auszahlung erst nach wirksamer Umschreibung nebst Prüfung, dass die Verfügungsbefugnis des Testamentsvollstreckers zu diesem Zeitpunkt noch bestanden hat, vorzunehmen.[290]
> - Als „milderes Mittel" sollte überdies daran gedacht werden, die Vormerkung erst dann zu löschen, wenn eine Einsichtnahme in die Nachlassakten nach Umschreibung keine Anhaltspunkte dafür ergeben hat, dass zum Zeitpunkt der Umschreibung der Testamentsvollstrecker nicht mehr im Amt gewesen war, und dies auch durch den Testamentsvollstrecker schriftlich bestätigt wird.[291]
> - Weiterhin ist anzuraten, dass die Erben die Verfügung des Testamentsvollstreckers genehmigen, dann läge – sofern keine Ersatztestamentsvollstreckung angeordnet ist, zusätzlich eine Zustimmung des für den Fall des Kraftloswerdens des Testamentsvollstreckerzeugnisses Verfügungsberechtigten vor.[292]

b) Europäisches Nachlasszeugnis

Nach § 35 Abs. 2 GBO kann sich der Testamentsvollstrecker auch durch ein Europäisches Nachlasszeugnis (ENZ) ausweisen. Wenn in dem ENZ entsprechend dem Antrag die Testamentsvollstreckung ausgewiesen ist, bedarf es dann auch keiner zusätzlichen Erklärung der Amtsannahme – insbesondere gegenüber dem Grundbuchamt.[293]

Es steht im Ermessen des beurkundenden Notars, ob er bei der Beantragung des ENZ das Formblattes IV in Anhang 4 der Durchführungsverordnung Nr. 1329/2014 verwendet oder nicht.[294]

Zu beachten ist, dass der Nachweis der Bewilligungsbefugnis eines Erben durch ein ENZ nur durch Vorlage einer von der Ausstellungsbehörde ausgestellten beglaubigten Abschrift des Zeugnisses (nicht durch eine entsprechende Ausfertigung) geführt werden kann, deren Gültigkeitsfrist im Zeitpunkt der Eintragung im Grundbuch noch nicht abgelaufen ist. Das gilt nach einer aktuellen Entscheidung des Kammergerichts auch bei Ablauf der Gültigkeitsfrist nach Antragstellung beim Grundbuchamt.[295] Dies ist für die gestaltende Praxis fraglos misslich.[296]

---

[289] DNotI-Report 2020, 11.
[290] Vgl. *Krauß* Immobilienkaufverträge Rn. 603.
[291] Vgl. *Mensch* notar 2014, 384; ähnlich *Zahn* MittBayNot 2000, 89.
[292] DNotI-Report 2020, 11.
[293] Gutachten DNotI-Report 2018, 145.
[294] EUGH DNotZ 2019, 460 nach Vorlage durch OLG Köln FGPrax 2018, 37.
[295] KG FGPrax 2019, 193; *Schmitz* RNotZ 2017, 269; *Lange* DNotZ 2016, 102; *Böhringer* NotBZ 2015, 281; aA (Frist muss nur zum Zeitpunkt der Beantragung noch nicht abgelaufen sein): BeckOK GBO/*Wilsch* GBO § 35 Rn. 39; Gierl/Köhler/Kroiß/Wilsch/*Wilsch* Internationales ErbR Teil 3 § 5 Rn. 28; KEHE/*Volmer* GBO § 35 GBO Rn. 79; *Volmer* notar 2016, 323.
[296] Wenn das ENZ als Erbennachweis verwendet wird, sollte daher – unabhängig von der etwaigen Veräußerung durch den/die Erben – auf der Grundlage des ENZ eine zeitnahe Umschreibung auf die Erben erfolgen. Die Voreintragung ist stets vorteilhaft, da sonst das Risiko der gutgläubigen Erwerbs nach Art. 69 Abs. 4 EuErbVO (grob fahrlässige Unkenntnis ausreichend) und das Risiko, dass das ENZ zwischenzeitlich widerrufen oder ausgesetzt wird (Art. 71, 73 EuErbVO) besteht.

Hinweis:
Es sollte insoweit auf eine beschleunigte Bearbeitung bei dem Grundbuchamt hingewirkt werden; auch kann an einen Antrag auf vorsorgliche Verlängerung des ENZ bei der ausstellenden Behörde gedacht werden.[297]

c) Testamentsvollstreckeranordnung in öffentlich beurkundeter letztwilliger Verfügung

Entsprechend § 35 Abs. 2 Hs. 2 BGB kann sich der Testamentsvollstrecker schließlich durch eine Ernennung legitimieren, die in einer öffentlich beurkundeten Verfügung von Todes wegen enthalten ist. In einem solchen Fall bedarf es noch eines Protokolls der Eröffnung der Verfügung, aus der sich ergibt, dass die in Rede stehende letztwillige Verfügung maßgeblich ist. Beides muss dem Grundbuchamt mindestens in beglaubigter Abschrift vorgelegt werden.

Als weitere Voraussetzung bedarf es – über den Wortlaut des § 35 Abs. 2 Hs. 2 GBO hinaus – schließlich noch des Nachweises der Annahme des Amtes in grundbuchtauglicher Form. Dies kann – neben dem bloßen Verweis auf die beim gleichen Gericht geführten Nachlassakten, sofern sich aus diesen die wirksame Annahme des Amtes ergibt[298] – insbesondere erfolgen vermittels einer mit Dienstsiegel versehenen Bescheinigung des Nachlassgerichts, sog. Annahmezeugnis.[299] Nicht ausreichend ist demgegenüber eine Bestätigung des Nachlassgerichts über den Eingang einer privatschriftlichen Annahmeerklärung.[300]

3. Ergebnis

Die Verfügungsbefugnis des Testamentsvollstreckers unterliegt individuell-testamentarischen/erbvertraglichen und gesetzlichen Grenzen. Um kostspielige „Gutachtenschlachten" über die Frage der Teilunentgeltlichkeit zu vermeiden, sollten soweit möglich – insbesondere bei Verträgen des Testamentsvollstreckers mit Personen, zu denen er ein besonderes Näheverhältnis besitzt – der bzw. die Erben und die Vermächtnisnehmer, deren Vermächtnisse noch nicht erfüllt sind, an der Verfügung beteiligt werden und dieser zustimmen. Der Notar sollte zudem bereits bei der Testamentsgestaltung die Fragestellung erörtern, ob der Testamentsvollstrecker auch zur eigenständigen Erfüllung der Vermächtnisse befugt sein soll.

Die Problematik des eingeschränkten Gutglaubensschutz des Testamentsvollstreckerzeugnisses gilt es schließlich im Rahmen der Abwicklung des Vertrages angemessen zu berücksichtigen, um den Käufer vor unliebsamen Überraschungen zu bewahren.

---

[297] In Deutschland ist hierfür ein unterschriebener Antrag erforderlich, aber auch ausreichend: § 35 Abs. 1 IntErbVG iVm § 23 Abs. 1 S. 5 FamFG.

[298] Meikel/*Böhringer* GBO § 52 Rn. 14; ausnahmsweise kann auch die Annahmeerklärung gegenüber dem Grundbuchamt genügen, sofern dieses zum für den Nachlassfall zuständigen Amtsgericht gehört (LG Saarbrücken FamRZ 2009, 1252).

[299] OLG Saarbrücken FGPrax 2019, 126; OLG Hamm ZErb 2017, 235; vgl. zuvor OLG München ErbR 2016, 604.

[300] OLG Hamm Rpfleger 2017, 398.

VII. Die Nacherbenzustimmung zur Verfügung des Vorerben – unwiderruflich und endgültig wirksam?[301]

1. Problemaufriss

In seiner Rechtsprechung zur Unwiderruflichkeit der Verwalterzustimmung geht der BGH dem Grunde nach davon aus, dass es sich bei der Veräußerungsbeschränkung nach § 12 Abs. 1 WEG um eine Verfügungsbeschränkung handelt, leitet jedoch aus § 183 Hs. 2 BGB ab, dass die Zustimmung Kraft der besonderen Natur des Rechtsverhältnisses unwiderruflich ist.[302] Im Erbrecht ergibt sich eine ähnliche Konstellation, wenn ein Nacherbe eine Zustimmung zu einer Verfügung des nicht befreiten Vorerben über Grundbesitz erteilt. Wenig beleuchtet wurde bislang die Frage, wie sich ein späterer Widerruf der Zustimmung oder ein Verlust der Verfügungsbefugnis des Nacherben zwischen erklärter Zustimmung und der Vollendung des Rechtserwerbs, also der Eintragung im Grundbuch (§ 873 Abs. 1 BGB), auswirkt.[303] Die Problematik stellt sich insbesondere bei Grundstückskaufverträgen. Zu einem Verlust der Verfügungsbefugnis kommt es etwa dann, wenn der zustimmende Nacherbe nach der Erteilung der Zustimmung verstirbt und damit der Ersatznacherbe an seine Stelle tritt, er das Nacherbenanwartschaftsrecht veräußert oder seine Verfügungsbefugnis wegen der Eröffnung eines Insolvenzverfahrens (§§ 80f. InsO) verliert.[304]

2. Allgemeines zur Nacherbenzustimmung

a) Wirksamkeit der Verfügung bei Zustimmung der Nacherben

Hat der Erblasser den Vorerben nicht von der Beschränkung des § 2113 Abs. 1 BGB befreit (vgl. § 2136 BGB), ist die Verfügung des Vorerben über den zur Erbschaft gehörenden Grundbesitz im Falle des Eintritts der Nacherbfolge insoweit unwirksam, als sie das Recht des Nacherben vereiteln oder beeinträchtigen würde. Mit dem Eintritt des Nacherbfalls (§ 2139 BGB) wird die Verfügung mit absoluter Wirkung gegenüber jedermann unwirksam.[305] § 2113 Abs. 1 BGB schützt den Nacherben jedoch nur vor Verfügungen, die sein Nacherbenrecht vereiteln oder beeinträchtigen. Hat der Nacherbe der Verfügung des Vorerben zugestimmt, liegt keine Beeinträchtigung vor. Haben sämtliche Nacherben in die Verfügung des Vorerben eingewilligt, ist sie auch beim Eintritt des Nacherbfalls wirksam.[306]

b) Zustimmungskompetenz

Welche Nacherben der Verfügung zustimmen müssen, um ihr zur absoluten Wirksamkeit zu verhelfen, ist weitgehend geklärt: Zustimmen müssen alle primären Nacherben sowie alle weiteren Nacherben, die beim Eintritt des Nacherbfalls zur Nacherbfolge berufen sind (sog. Nachnacherben).[307] Die Zustimmung der Ersatznacherben ist hingegen nach ganz

---

[301] Bei diesem Text handelt es sich um einen Zweitabdruck des Beitrags, der in DNotZ 2020, 439 zu Ehren von Prof. Dr. *Rainer Kanzleiter* erschienen ist.
[302] BGH DNotZ 2019, 844 Rn. 15f.
[303] Für Erteilung der Zustimmung als maßgeblichen Zeitpunkt *Hartmann* DNotZ 2019, 27 (33); BeckOGK/*Müller-Christmann,* 15.1.2020, BGB § 2113 Rn. 48; aA BeckOK GBO/*Zeiser* GBO § 51 Rn. 102a (für Vollendung des Rechtserwerbs).
[304] Vgl. hierzu eingehend Gutachten DNotI-Report 2009, 65ff.
[305] BGH NJW 1969, 2043 (2044).
[306] *Hartmann* DNotZ 2016, 899 (900).
[307] MüKoBGB/*Lieder* BGB § 2113 Rn. 32.

hM nicht erforderlich.[308] Sind die Nacherben unbekannt, weil sie zB noch nicht gezeugt sind oder ihre Persönlichkeit erst durch ein künftiges Ereignis bestimmt ist, ist für sie ein Pfleger zu bestellen (§ 1913 Abs. 1 S. 2 BGB), der nach einhelliger Auffassung gemäß §§ 1915, 1821 Abs. 1 Nr. 1 BGB eine betreuungsgerichtliche Genehmigung benötigt.[309] Wichtigster praktischer Anwendungsfall für die Einsetzung unbekannter Nacherben ist die Berufung der Abkömmlinge des Vorerben im Zeitpunkt von dessen Ableben. Da der Kreis der Nacherben wegen der Möglichkeit von Adoptionen erst mit dem Tod des Vorerben feststeht, sind die Nacherben noch unbekannt.[310] Nach der wohl noch überwiegenden Auffassung vertritt der Pfleger auch die bereits vorhandenen Abkömmlinge, da diese aus dem Kreis der Abkömmlinge bis zum Eintritt des Nacherbfalls wieder ausscheiden können.[311]

c) Zeitpunkt des Ausscheidens aus der Nacherbenbindung

aa) Nacherbenzustimmung

Stimmt der Nacherbe der Verfügung des Vorerben zu, ändert dies an der Nacherbenbindung des betroffenen Grundbesitzes zunächst nichts. Würde die Auflassung des Grundbesitzes vor ihrer Eintragung im Grundbuch aufgehoben, würde das Grundstück weiterhin der Nacherbfolge unterliegen. Diese materiell-rechtlichen Überlegungen spiegeln sich im Grundbuchverfahrensrecht. Der zum Schutz der Nacherben eingetragene Nacherbenvermerk (§ 51 GBO) kann im Grundbuch wegen Grundbuchunrichtigkeit (§ 22 Abs. 1 GBO) erst gelöscht werden, wenn das Grundstück aus dem Nachlass ausgeschieden ist.[312] Dies ist erst mit der Eigentumsumschreibung auf den Erwerber der Fall, nicht jedoch bereits mit dem Abschluss des Kaufvertrages oder der Eintragung Auflassungsvormerkung.[313]

bb) Freigabe des Grundbesitzes aus der Nacherbenbindung

Etwas anderes gilt, wenn der Grundbesitz aufgrund eines Rechtsgeschäfts zwischen den Nacherben und dem Vorerben aus der Nacherbenbindung ausgeschieden ist. Dass eine Beseitigung der Nacherbenbindung mit der Folge eines sog. Eigenerwerbs durch den Vorerben möglich ist, ist in der Rechtsprechung anerkannt. Nur über die dogmatische Begründung besteht keine Einigkeit.[314] Während der BGH und das BayObLG zu einer Auseinandersetzungsvereinbarung zwischen Vor- und Nacherben tendieren,[315] hält das OLG Hamm eine Analogie zur Freigabe eines Gegenstands aus der Testamentsvollstreckung in § 2217 BGB für vorzugswürdig, lässt dabei aber offen, ob zusätzlich zur einseitigen Freigabeerklärung das Einvernehmen des Vorerben erforderlich ist.[316] Die Eintragung der Freigabe im Grundbuch ist für deren Wirksamkeit nicht erforderlich – denn das Grundbuch ist kein konstitutives Register im Hinblick auf die Nacherbenrechte, sondern bringt lediglich Verfügungsbeschränkungen des Vorerben zum Ausdruck.

Beseitigen Vor- und Nacherbe die Nacherbenbindung anlässlich einer anstehenden Grundstücksveräußerung durch eine solche Freigabevereinbarung, würde sich eine nachträgliche Verfügungsbeschränkung des Nacherben vor Eintragung des späteren Käufers

[308] BGH NJW 1963, 2320 (2321); NJW 2014, 1593 Rn. 11.
[309] OLG Frankfurt a. M. RNotZ 2010, 583 (585); OLG Hamm NJW-RR 1997, 1095 (1096); *Weidlich* ZErb 2014, 325 (331).
[310] OLG München MittBayNot 2014, 464 (465).
[311] BayObLG DNotZ 1998, 206 (208); OLG Frankfurt a. M. RNotZ 2010, 583 (585); hiergegen grundlegend *Kanzleiter* DNotZ 1970, 326 (336).
[312] BGH NJW 2014, 1593 Rn. 11.
[313] KG NJW-RR 1993, 268 (269); OLG Karlsruhe FGPrax 2019, 1 f.
[314] Vgl. grundlegend *Keim* DNotZ 2003, 822 ff.; *Weidlich* ZErb 2014, 325 ff.
[315] BGH NJW-RR 2001, 217 (218); BayObLG NJW-RR 2005, 956.
[316] OLG Hamm MittBayNot 2017, 166 (167).

nicht auswirken, da der Grundbesitz bereits mit der Wirksamkeit der Vereinbarung zwischen Vor- und Nacherben aus der Nacherbenbindung endgültig ausscheidet.

Die Freigabevereinbarung hat weiterreichende Wirkungen als die Zustimmung zur Verfügung über den Grundbesitz: Denn während bei einer Nacherbenzustimmung das Surrogat der Verfügung (regelmäßig der Kaufpreis) der Nacherbenbindung unterliegt (§ 2111 BGB) und im Nacherbfall dem Nacherben anfällt, scheidet bei einer Freigabevereinbarung der Nachlassgegenstand kompensationslos aus dem Nachlass aus.[317] Der Nacherbe ist daher gut beraten, genau zu überlegen, ob er eine Freigabevereinbarung mit dem Vorerben abschließt (ggf. auch gegen Kompensationszahlung) oder einer Verfügung des Vorerben lediglich zustimmt.

3. Nachträglicher Verlust der Einwilligungsbefugnis des Nacherben

a) Verlust der Zustimmungskompetenz nach erteilter Zustimmung, aber vor Vollzug des Rechtserwerbs im Grundbuch

Stimmt der Nacherbe der Verfügung des Vorerben über den Grundbesitz zu, liegt in dieser Zustimmung eine Verfügung über das Nacherbenanwartschaftsrecht.[318] Im Gegensatz zur Freigabe des Gegenstands aus der Nacherbenbindung (vgl. oben unter 2. c) bb) führt die vor Eigentumsumschreibung erteilte Zustimmung nicht zu einer unmittelbaren Entlassung des Gegenstandes aus der Nacherbenbindung. Der Grundbesitz scheidet aus der Nacherbenbindung erst mit der Vollendung des Rechtserwerbs aus, an seine Stelle tritt der Veräußerungserlös (§ 2111 BGB). Stimmt der Nacherbe einer Beeinträchtigung seines Nacherbenanwartschaftsrechts in Bezug auf einen Gegenstand zu, soll darin eine Einwilligung bzw. Genehmigung in entsprechender Anwendung von §§ 183, 184, 185 Abs. 1 BGB bzw. § 185 Abs. 2 S. 1 Var. 1 BGB zu sehen sein.[319]

Die Zustimmungsberechtigung des Einwilligenden muss grundsätzlich im Zeitpunkt der Vornahme des Hauptgeschäfts, mithin also im Zeitpunkt der Vollendung des Rechtserwerbs durch die Grundbucheintragung, noch vorhanden sein.[320] Verliert der Zustimmende nach Erteilung der Einwilligung, aber vor der Vollendung des Rechtserwerbs seine Verfügungsbefugnis, wird die Einwilligung gegenstandslos.[321] Dies gilt insbesondere für den Fall, dass der Eigentümer eines Grundstücks nach der Einwilligung in die Verfügung eines Dritten, aber vor der Grundbucheintragung das Eigentum am Grundstück auf einen anderen wirksam übertragen hat. Ob in bestimmten Fällen eine entsprechende Anwendung von § 878 BGB und damit eine Vorverlagerung auf den Zeitpunkt der Antragstellung beim Grundbuchamt in Betracht kommt, ist umstritten.[322] Geht man davon aus, dass der Nacherbe mit der Erteilung der Zustimmung unmittelbar über ein Recht am Grundbesitz verfügt, wäre die Zustimmung unwirksam, wenn der Nacherbe vor der Grundbucheintragung bzw. vor der Antragstellung seine Zustimmungskompetenz verliert.[323]

Diese Betrachtung greift aber letztendlich zu kurz. Denn sie verkennt, was der Gegenstand der Einwilligung ist. Der Nacherbe verfügt im Zeitpunkt der Erteilung der Zustimmung über kein unmittelbares dingliches Recht am Grundstück, sondern lediglich über sein Nacherbenanwartschaftsrecht an dem potenziellen Nachlass. Diese Nacherbenanwartschaft führt lediglich zu einer Verfügungsbeschränkung des Vorerben, begründet aber kein

[317] BGH NJW-RR 2001, 217 (218); *Hartmann* DNotZ 2016, 899 (913).

[318] So ausdrücklich OLG München NJW-RR 2018, 71 (73); Staudinger/*Avenarius* (2019) BGB § 2113 Rn. 18.

[319] OLG Brandenburg BeckRS 2014, 6997; OLG München NJW-RR 2018, 71 (72).

[320] BGH NZI 1999, 313; *Gursky* DNotZ 1998, 273 (280).

[321] Vgl. OLG Köln MittRhNotK 1996, 275 f.; OLG Düsseldorf MittRhNotK 1996, 276 (277).

[322] BGH NJW 1963, 36 (analoge Anwendung von § 878 BGB bei Zustimmung nach § 5 ErbbauRG); zu § 12 WEG OLG Frankfurt a. M. RNotZ 2012, 330 (332); OLG Hamm NZM 2010, 709 (710).

[323] In diesem Sinne BeckOK GBO/*Zeiser* GBO § 51 Rn. 102a.

beschränktes dingliches Recht bzw. eine eigentumsähnliche Anwartschaft am nacherbengebundenen Grundbesitz selbst. Das Nacherbenanwartschaftsrecht ist eine erbrechtliche und keine sachenrechtliche Anwartschaft.[324] Der Nacherbe muss damit rechnen, dass der Grundbesitz nicht Teil des Nachlasses bleibt. Er ist insbesondere zu Einwilligungen verpflichtet, wenn die Verfügung zur ordnungsmäßigen Verwaltung erforderlich ist.

Wenn eine Anwartschaft ohne sachenrechtlichen Publizitätsakt auf einen Dritten übertragen wird, wirkt eine einmal erteilte Einwilligung des Rechtsinhabers fort.[325] Begründen lässt sich dies mit dem Rechtsgedanken des § 404 BGB, wonach der Zedent Einwendungen aus dem bisherigen Rechtsverhältnis gegen sich gelten lassen muss.[326] Diese Überlegungen müssen auch für die Übertragung des Nacherbenanwartschaftsrechts gelten. Sie vollzieht sich außerhalb des Grundbuchs durch Abtretung des Rechts (analog § 2033 BGB).[327] Demzufolge wäre auch der Erwerber eines Nacherbenanwartschaftsrechts an eine erteilte Einwilligung gebunden. Auch der Ersatznacherbe ist an die Zustimmung gebunden. Denn der Ersatznacherbe verfügt nur über die Stellung eines Ersatzkandidaten und muss die vom primären Nacherben abgegebenen Erklärungen gegen sich gelten lassen.

Diese Überlegungen leiten zu der Frage über, wie die Zustimmung zur Verfügung über den nacherbengebundenen Grundbesitz dogmatisch zu fassen ist. Meines Erachtens liegt in der Zustimmung zur Verfügung über den Grundbesitz eine einseitige aufschiebend bedingte und zugleich inhaltlich beschränkte Verfügung über die Nacherbenanwartschaft: Die aufschiebende Bedingung tritt mit der Wirksamkeit der Eigentumsumschreibung ein. Wird die Eigentumsumschreibung wirksam, scheidet das Grundstück aus der Nacherbenbindung aus. Diese Verfügung über das Nacherbenanwartschaftsrecht ist aufschiebend bedingt und damit nach dem Rechtsgedanken von § 161 Abs. 1 S. 2 BGB insolvenzfest.[328]

Das Nacherbenanwartschaftsrecht ist kein im Grundbuch eingetragenes Sachenrecht. Demzufolge bedarf es zur Wirksamkeit einer Verfügung über das Nacherbenanwartschaftsrecht keiner Grundbucheintragung. Die Unwirksamkeit einer Verfügung des Vorerben im Eintritt des Nacherbfalls ist lediglich ein Reflex des Nacherbenanwartschaftsrechts. Über sein Nacherbenanwartschaftsrecht verfügt der Nacherbe als Berechtigter, der Vorerbe verfügt über den Grundbesitz ebenfalls als Berechtigter. In Betracht kommt daher nur eine analoge Anwendung von § 185 BGB, die sich darauf beschränkt, dass die Verfügungsbeschränkung des § 2113 Abs. 1 BGB entfällt, wenn der Inhaber des Nacherbanwartschaftsrechts eine gegenständlich beschränkte Zustimmungserklärung in Bezug auf die Anwartschaft abgegeben hat. Die analoge Anwendung der §§ 182ff. BGB muss aber dem Umstand Rechnung tragen, dass der Tatbestand der Verfügung bereits mit der Abgabe der Zustimmungserklärung abgeschlossen ist und nur noch vom Eintritt einer Bedingung abhängt.

Vor diesem Hintergrund dürfte die Zustimmungserklärung des Nacherben auch unwiderruflich sein.[329] Denn wenn der Rechtsnachfolger des Nacherben an die vom Rechtsvorgänger erteilte Zustimmung gebunden ist, muss dies erst recht für den Nacherben selbst gelten. Die Unwiderruflichkeit der Zustimmung wird man außerdem damit begründen können, dass ein Widerruf wegen der Rechtsnatur des zugrunde liegenden Rechtsverhältnisses gemäß § 183 Abs. 1 Hs. 2 BGB ausgeschlossen ist. Der Nacherbe willigt nicht in das

---

[324] RGZ 83, 434 (437); Staudinger/*Avenarius* (2019) BGB § 2100 Rn. 13.

[325] OLG Hamm DNotZ 1995, 632 (634) (Abtretung des Grundpfandrechts lässt Zustimmung zur Änderung der Gemeinschaftsordnung unberührt); BeckOGK/*Regenfus,* 1.1.2020, BGB § 183 Rn. 46; *Gursky* DNotZ 1998, 273 (280); MüKoBGB/*Bayreuther* BGB § 183 Rn. 6; Staudinger/*Gursky* (2015) BGB § 183 Rn. 18f.

[326] BeckOGK/*Regenfus,* 1.1.2020, BGB § 183 Rn. 46.

[327] NK-BGB/*Gierl* BGB § 2100 Rn. 61.

[328] Vgl. zur Insolvenzfestigkeit von unter aufschiebender Bedingung getroffenen Verfügungen Reul/Heckschen/Wienberg/*Reul,* Insolvenzrecht in der Gestaltungspraxis, 2. Aufl. 2018, § 2 Rn. 309.

[329] Wie hier Palandt/*Weidlich* BGB § 2120 Rn. 3; anders BeckOGK/*Theilig,* 1.1.2020, BGB § 2120 Rn. 45 und *Schöner/Stöber* GrundbuchR Rn. 3477 – Unwiderruflichkeit erst mit bindender Einigung und Stellung des Eintragungsantrags beim Grundbuchamt.

Hauptgeschäft ein, sondern in die Beeinträchtigung seines Nacherbenanwartschaftsrechts. Die Einwilligung steht lediglich unter der aufschiebenden Bedingung der Eigentumsumschreibung und ist mit dem Zugang der Erklärung als Verfügungstatbestand abgeschlossen. Außerdem ist zu berücksichtigen, dass der Vorerbe seine Verpflichtung gegenüber dem Vertragspartner nicht sicher erfüllen könnte, wenn der Nacherbe seine Zustimmung zur Verfügung frei widerrufen könnte. Insoweit lassen sich die Erwägungen des BGH zur Frage der Unwiderruflichkeit der Verwalterzustimmung[330] durchaus im vorliegenden Kontext fruchtbar machen. Es wäre mit den Grundsätzen einer ordnungsgemäßen Verwaltung des Nachlasses nicht vereinbar, wenn eine einmal erteilte Einwilligung des Nacherben zurückgezogen werden könnte. In der Praxis sollte man gleichwohl eine unwiderrufliche Zustimmungserklärung einholen, um das Problem von vornherein zu vermeiden.[331]

Die Verfügungsbefugnis des Nacherben muss nur im Zeitpunkt des Zugangs der Zustimmungserklärung (§ 182 Abs. 1 BGB analog, § 130 Abs. 1 BGB) bestehen. Hat der Vorerbe die Verfügungserklärung abgegeben, scheidet ein Widerruf der Verfügung gemäß § 183 BGB aus. Nach der hier vertretenen Auffassung ist aber auch ein Widerruf zu einem früheren Zeitpunkt ausgeschlossen, sofern sich der Nacherbe nicht den Widerruf vorbehalten hat. Anderenfalls ist der Verfügungstatbestand abgeschlossen und hängt nur noch vom Eintritt der aufschiebenden Bedingung der Vornahme des Rechtsgeschäfts des Vorerben ab.

b) Verlust der Zustimmungskompetenz nach Eintragung der Auflassungsvormerkung

Selbst wenn man der hier vertretenen Auffassung nicht folgt, würden sich für die Gestaltung von Kaufverträgen über nacherbengebundene Grundstücke im Ergebnis keine gravierenden Nachteile ergeben, wenn die Zustimmung des Nacherben zur Eintragung der Vormerkung nach deren Eintragung unwiderruflich wäre.

Nach ganz überwiegender Auffassung fällt bereits die Bewilligung einer Vormerkung unter den Begriff der Verfügung iSv § 2113 Abs. 1 und Abs. 2 BGB.[332] Wenn der Nacherbe seine Zustimmung zur Eintragung der Vormerkung erteilt und diese damit dem Nacherben gegenüber endgültig wirksam wird, ist die Bestellung der Vormerkung gegenüber den Nacherben wirksam. Die Rechtsprechung geht daher zu Recht davon aus, dass bei der Vormerkung ein Wirksamkeitsvermerk in das Grundbuch eingetragen werden kann.[333] Würde nach Eintragung der Vormerkung der Nacherbfall eintreten oder eine sonstige nachträgliche Verfügungsbeschränkung, wäre in analoger Anwendung von § 883 Abs. 2 S. 2 BGB anzunehmen, dass diese Veränderung im Verhältnis zum Vormerkungsberechtigten unwirksam ist.[334] Jede nach der Eintragung der Vormerkung eintretende Änderung der Rechtslage wird durch die Vormerkungswirkung neutralisiert.[335]

Hat der Nacherbe nach erteilter Nacherbenzustimmung das Nacherbenanwartschaftsrecht veräußert oder ist der Nacherbe verstorben, ist nicht nur die Vormerkung, sondern in analoger Anwendung auch die vom Vorerben erklärte Auflassung in analoger Anwendung von § 883 Abs. 2 BGB dem Rechtsnachfolger gegenüber endgültig wirksam.[336]

---

[330] BGH DNotZ 2019, 844 Rn. 15 f.
[331] *Hartmann* DNotZ 2019, 27 (35).
[332] NK-BGB/*Gierl* BGB § 2113 Rn. 3; Staudinger/*Avenarius* (2019) BGB § 2113 Rn. 51; MüKoBGB/*Lieder* BGB § 2113 Rn. 12.
[333] BayObLG DNotZ 1998, 206 (207); OLG München RNotZ 2016, 305 (307); OLG Köln BWNotZ 2019, 74 (75).
[334] BeckOGK/*Assmann*, 1.2.2020, BGB § 883 Rn. 153; vgl. allg. zur analogen Anwendung auf nachträgliche Verfügungsbeschränkungen BGH NJW 2007, 2993 Rn. 14; NJW 1966, 1509.
[335] Staudinger/*Gursky* (2013) BGB § 883 Rn. 218.
[336] Vgl. zur Wirksamkeit der Auflassung nach gutgläubigem Erwerb der Vormerkung Staudinger/*Gursky* (2013) BGB § 888 Rn. 73. Vgl. auch OLG Köln DNotZ 2011, 441 (443).

4. Eintritt des Nacherbfalls nach erteilter Zustimmung

Ist der Nacherbfall eingetreten, nachdem der Nacherbe der Verfügung zugestimmt hat, aber bevor es zur Grundbucheintragung gekommen ist, ist der Nacherbe an die Verfügung gebunden. Insbesondere wirkt eine vom Vorerben erklärte Auflassung gegen ihn fort.[337] Der Nacherbe würde sich in einen Selbstwiderspruch setzen, würde er sich an eine mit seiner Zustimmung erteilte Auflassung nicht gebunden halten.

Hat der Nacherbe die Zustimmung erteilt, wurde die Auflassung noch nicht erklärt, wird man annehmen müssen, dass er zur Erklärung der Auflassung verpflichtet ist. Eine Haftung des Nacherben nach Eintritt des Nacherbfalls besteht für vom Vorerben begründete Verbindlichkeiten, die sich im Rahmen der ordnungsmäßigen Verwaltung des Nachlasses halten. Ist der Vorerbe von der Pflicht zur ordnungsgemäßen Verwaltung befreit (§ 2136), haftet er für sämtliche Verbindlichkeiten.[338] Eine Haftung der Nacherben wird man auch bei einem nicht befreiten Vorerben annehmen können, wenn der Nacherbe der Maßnahme zugestimmt hat. Dann wird er sich nicht darauf berufen können, dass die Maßnahme nicht ordnungsgemäßer Verwaltung entsprach.

Nicht recht einleuchten vermag es, wenn die Literatur eine Haftung des Nacherben für Verbindlichkeiten auf gegenständliche Leistungen aus dem Nachlass ablehnt.[339] Dass der Nacherbe für eine vom Vorerben begründete Darlehensverbindlichkeit haften soll, nicht aber für die Pflicht zur Übereignung eines zum Nachlass gehörenden Grundstücks, ist nicht recht verständlich. Gerade bei nachlassbezogenen Rechtsgeschäften ist eine Haftung des Nacherben naheliegend, geht doch der Nachlass auf den Nacherben über und ist damit nur der Nacherbe in der Lage, die Verbindlichkeit zu erfüllen. Demzufolge ist auch der Nacherbe zur Erfüllung der Verbindlichkeiten verpflichtet, die auf eine gegenständliche Leistung aus dem Nachlass gerichtet sind, sofern er der Verfügung zugestimmt hat oder die Verfügung ordnungsmäßiger Verwaltung entsprach. Folgt man der hier vertretenen Ansicht nicht, wäre der Erwerber zumindest durch die Eintragung einer Auflassungsvormerkung geschützt. Der Nacherbe müsste nach § 888 BGB der Verfügung der Erben des Vorerben über den Grundbesitz zustimmen.

5. Fazit

Hat der Nacherbe seine Zustimmung zu einer Verfügung des Vorerben über Grundbesitz erteilt, ist er an diese Zustimmung gebunden. Verliert er die Zustimmungskompetenz vor der Vollendung des Rechtserwerbs im Grundbuch, etwa durch eine insolvenzrechtliche Verfügungsbeschränkung oder den Übergang des Nacherbenanwartschaftsrechts auf einen Dritten oder einen Ersatznacherben, ist dies unbeachtlich.[340] Bei einer Auflassungsvormerkung kann ein Wirksamkeitsvermerk eingetragen und mit Vollzug der Auflassung der Nacherbenvermerk gelöscht werden.

---

[337] Vgl. KG DNotZ 1942, 107 (108); LG Aachen MittRhNotK 1967, 217 (219); MüKoBGB/*Lieder* BGB § 2139 Rn. 4.

[338] MüKoBGB/*Lieder* BGB § 2144 Rn. 4; NK-BGB/*Gierl* BGB § 2144 Rn. 10 mwN.

[339] Vgl. etwa Staudinger/*Avenarius* (2019) BGB Vorbem. zu §§ 2144 ff. Rn. 7.

[340] So im Ergebnis auch *Hartmann* DNotZ 2019, 27 (33); zust. BeckOGK/*Müller-Christmann*, 15.1.2020, BGB § 2113 Rn. 48; aA BeckOK GBO/*Zeiser* GBO § 51 Rn. 102a.

VIII. Kein Ergänzungspfleger nur für Bekanntgabe der familiengerichtlichen Genehmigung erforderlich

1. Wiederholung: Genehmigung für Tatbestände §§ 1643, 1821, 1822 BGB – Ergänzungspfleger bei Ausschluss der Eltern von Vertretung

a) Ergänzungspfleger bei Interessenskonflikt, Genehmigung bei Grundstückskauf

Fragen der familien- oder betreuungsgerichtlichen Genehmigung beschäftigen uns regelmäßig in dieser Veranstaltung.[341] Ist ein Minderjähriger beteiligt, stellen sich immer zwei Fragen, die getrennt voneinander zu prüfen sind:
- Zum einen: Können die Eltern nach das Kind vertreten oder sind sie nach §§ 1629 Abs. 2, 1795 BGB von der **Vertretung ausgeschlossen** (weil auf der anderen Seite ein **Elternteil oder ein Großelternteil beteiligt** ist oder sonst ein Interessenkonflikt besteht) und ist damit ein **Ergänzungspfleger erforderlich?**
- Zum anderen: Ist eine **familiengerichtliche Genehmigung** nach § 1643 iVm §§ 1821, 1822 Nr. 1, Nr. 3, Nr. 5, Nr. 8–11 BGB erforderlich, insbesondere bei Kauf oder Verkauf eines Grundstücks?

Oder, als Eselsbrücke formuliert:
- Den **Ergänzungspfleger** brauchen wir, wenn ein Interessenkonflikt besteht, zB wenn die **Oma** einen Vertrag mit dem Minderjährigen schließen will.
- Die **familiengerichtliche Genehmigung** brauchen wir, wenn der Minderjährige ein **Grundstück kaufen** oder verkaufen will.
- Und will der Minderjährige das **Grundstück von der Oma kaufen**, braucht man **Ergänzungspfleger + Genehmigung.**

b) Verfahrensbeistand bzw. Verfahrenspfleger im Genehmigungsverfahren

Damit es nicht zu einfach wird, gibt es noch den Verfahrensbeistand im familiengerichtlichen (§ 158 FamFG) bzw. den Verfahrenspfleger im betreuungsgerichtlichen Genehmigungsverfahren (§ 276 FamFG).

Der Gesetzgeber wählte bewusst eine **etwas abweichende Bezeichnung,** um die unterschiedlichen Voraussetzungen für die Bestellung und die unterschiedliche Funktion der beiden Pfleger hervorzuheben.

In Verfahren zur **familiengerichtlichen Genehmigung** muss aber nur dann ein Verfahrenspfleger bestellt werden, wenn **ausnahmsweise ein erheblicher Interessensgegensatz** zwischen dem Kind und seinen Eltern besteht.
- In Verfahren über die **Person des Kindes** (Entzug oder Übertragung der elterlichen Sorge, Herausgabe des Kindes und Ähnliches) ordnet § 158 Abs. 2 Nr. 2–5 FamFG als Regelfall die Bestellung eines Verfahrensbeistandes an (sofern nicht ein älterer Minderjähriger seine eigenen Angelegenheiten wahrnehmen kann).
- In rein **vermögensrechtlichen Angelegenheiten** bleibt aber nur die Grundregel des § 158 Abs. 1 und Abs. 2 Nr. 1 FamFG: Ein Verfahrensbeistand muss nur ausnahmsweise

[341] In den letzten fünf Jahren: *Hertel,* Ergänzungspfleger und Genehmigungserfordernis bei Überlassung an einen minderjährigen Erwerber, in: Herrler/Hertel/Kesseler ImmobilienR 2014/2015 S. 134; *Kesseler,* Betreuungsgerichtliche Genehmigung – Verwendung der Doppelvollmacht (BGH Beschl. v. 2.12.2015 – XII ZB 283/15), in: Herrler/Hertel/Kesseler ImmobilienR 2016/2017 S. 119; *Hertel,* Kriterien für Erteilung der betreuungsgerichtlichen Genehmigung (BGH Beschl. v. 30.11.2016 – XII ZB 355/16), in: Herrler/Hertel/Kesseler ImmobilienR 2017/2018 S. 81; *Hertel,* Verkauf durch Betreuer, in: Herrler/Hertel/Kesseler ImmobilienR 2019 S. 102.

bestellt werden, wenn ausnahmsweise ein erheblicher Interessensgegensatz zwischen Eltern und Kind besteht.

§ 158 FamFG: Verfahrensbeistand

(1) Das Gericht hat dem minderjährigen Kind in Kindschaftssachen, die seine Person betreffen, einen geeigneten Verfahrensbeistand zu bestellen, soweit dies zur Wahrnehmung seiner Interessen erforderlich ist.

(2) Die Bestellung ist in der Regel erforderlich,

1. wenn das Interesse des Kindes zu dem seiner gesetzlichen Vertreter in erheblichem Gegensatz steht,
2. […]

Im **betreuungsgerichtlichen** Verfahren regelt § 276 Abs. 1 S. 1 FamFG:

§ 276 FamFG: Verfahrenspfleger

(1) [1]Das Gericht hat dem Betroffenen einen Verfahrenspfleger zu bestellen, wenn dies zur Wahrnehmung der Interessen des Betroffenen erforderlich ist. [2]Die Bestellung ist in der Regel erforderlich, wenn

1. […]

Nach der Rechtsprechung ist ein Verfahrenspfleger erforderlich, wenn der Betreute seinen **Willen nicht mehr kundtun** bzw. einen **freien Willen überhaupt nicht bilden kann.**[342]

Wir merken uns:

- Verfahrensbeistand im **familiengerichtlichen** Genehmigungsverfahren nur ausnahmsweise bei **erheblichem Interessensgegensatz** zwischen Eltern und Kind.
- Verfahrenspfleger im **betreuungsgerichtlichen** Genehmigungsverfahren immer, wenn der Betreute seinen **Willen nicht mehr kundtun** kann.

c) Beschwerderecht des Verfahrenspflegers

Der Verfahrenspfleger (oder Verfahrensbeistand) ist auch die Antwort auf die Frage, wer denn Beschwerde gegen die erteilte betreuungs- oder familiengerichtliche Genehmigung erheben könnte. Hier hat der Verfahrenspfleger (bzw. Verfahrensbeistand) ein Beschwerderecht.[343]

2. BGH Beschl. v. 3.4.2019 – XII ZB 359/17: Kein Ergänzungspfleger nur für Bekanntgabe der familiengerichtlichen Genehmigung erforderlich

a) An wen ist die Genehmigung für den Minderjährigen bekanntzugeben?

Das **OLG Nürnberg** wollte jetzt noch einen Schritt weitergehen und den Ergänzungspfleger bei jedem Vertrag jedenfalls für die Entgegennahme der gerichtlichen Genehmigung verlangen – auch wenn materiell-rechtlich die Eltern nicht von der Vertretung ausgeschlossen sind und damit kein Ergänzungspfleger erforderlich ist.

Ausgangspunkt ist § 41 Abs. 3 FamFG. Danach ist der Genehmigungsbeschluss auch demjenigen bekanntzugeben, der bei dem genehmigten Rechtsgeschäft vertreten wird:

[342] BGH NJW-RR 2012, 66; NJW 2014, 785 (786); NJW 2014, 787 (788).

[343] Vgl. den Sachverhalt der Entscheidung: BGH Beschl. v. 30.11.2016 – XII ZB 355/16, DNotZ 2017, 130. Dazu *Müller* NotBZ 2017, 221; Herrler/Hertel/Kesseler/*Hertel* ImmobilienR 2017/2018 S. 81.

§ 41 FamFG: Bekanntgabe des Beschlusses

(1) [1]Der Beschluss ist den Beteiligten bekannt zu geben. [2]Ein anfechtbarer Beschluss ist demjenigen zuzustellen, dessen erklärtem Willen er nicht entspricht.

(2) [...]

(3) Ein Beschluss, der die Genehmigung eines Rechtsgeschäfts zum Gegenstand hat, ist auch demjenigen, für den das Rechtsgeschäft genehmigt wird, bekannt zu geben.

Unproblematisch ist dies in der Regel, wenn das **Kind 14 Jahre** oder älter ist. Dann ist ihm die Entscheidung nach § 164 S. 1 FamFG grundsätzlich selbst zuzustellen.

§ 164 FamFG: Bekanntgabe der Entscheidung an das Kind

[1]Die Entscheidung, gegen die das Kind das Beschwerderecht ausüben kann, ist dem Kind selbst bekannt zu machen, wenn es das 14. Lebensjahr vollendet hat und nicht geschäftsunfähig ist. [2][...]

Was ist aber, wenn der Vertretene geschäftsunfähig – sei es ein kleines Kind oder ein nicht mehr geschäftsfähiger Betreuter?

- Bei dem geschäftsunfähigen **Betreuten** ist schon nach § 276 Abs. 1 S. 1 FamFG ein Verfahrenspfleger zu bestellen.
- Es bleibt das geschäftsunfähige **Kind.** Genügt hier die Bekanntgabe der Entscheidung an die Eltern – oder ist die Bestellung eines Verfahrenspflegers oder gar eines Ergänzungspflegers erforderlich?

Die Frage wurde schon unmittelbar nach Inkrafttreten des FamFG heftig diskutiert.[344] Das **OLG Nürnberg** als Vorinstanz hatte entschieden, dass sogar ein **Ergänzungspfleger** erforderlich sei, um die Genehmigung entgegenzunehmen. Der BGH schob dem einen Riegel vor: Ob ein Ergänzungspfleger erforderlich ist, bestimmen allein §§ 1629 Abs. 2, 1795 BGB. Verfahrensrechtliche Gründe können nicht zur Bestellung eines Ergänzungspflegers führen. Es kann nicht sein, dass sich aus der Auslegung einer bloßen Norm über die Bekanntgabe plötzlich vom Gesetzgeber sonst für das Verfahren gar nicht erforderte Rollen zu bestellen sind. Sonst würde der Schwanz mit dem Hund wedeln.

Bei der Diskussion hatte man richtig erkannt, dass sich § 41 Abs. 3 FamFG mit dem Verbot der In-Sich-Geschäfte (§ 1795 BGB) beißt. Man hatte den Blick aber zu sehr auf das Detail geheftet und – nur damit das Detail stimmt – das System ändern wollen – anstatt das Detail dem System unterzuordnen.

b) BGH Beschl. v. 12. 2. 2014 – XII ZB 592/12: Kein Ergänzungspfleger nur für Bekanntgabe der Genehmigung der Erbschaftsausschlagung

Dieselbe Rechtsfrage hatte der BGH bereits im Jahr 2014 entschieden. Damals ging es um die Frage, ob für die Bekanntgabe der **Genehmigung einer Erbschaftsausschlagung** ein Ergänzungspfleger bestellt werden müsse, weil die Eltern insoweit von der Vertretung des Kindes ausgeschlossen seien.

> **Kerngehalt der Entscheidung:**[345]
>
> Anlässlich eines Verfahrens auf Genehmigung einer Erbausschlagung für ein minderjähriges Kind ist diesem zur Entgegennahme des Genehmigungsbeschlusses iSv § 41 Abs. 3 FamFG nur dann ein Ergänzungspfleger zu bestellen, wenn die Voraussetzungen für eine Entziehung der Vertretungsmacht nach § 1796 BGB festgestellt sind.

[344] Vgl. zum damaligen Meinungsstand etwa Gutachten DNotI-Report 2009, 145 (147 ff.); *Kölmel,* Die Vertretung des Kindes bei der Bekanntgabe des Genehmigungsbeschlusses, MittBayNot 2011, 190.

[345] ZEV 2014, 199. Dazu Anm. *P. Becker* BWNotZ 2015, 18; *Hachenberg* NZFam 2014, 370; *Klepsch* NotBZ 2014, 287; *Mensch* MittBayNot 2015, 277; *W. Roth* NJW-Spezial 2015, 423; *Veit* FamRZ 2016, 299; *Weissinger* FamRB 2015, 188; *Zorn* FamRZ 2014, 641.

Bereits damals lehnte der BGH ab, über die materiell-rechtliche Regelung in §§ 1795, 1796 BGB hinaus aus rein verfahrensrechtlichen Gründen einen Ergänzungspfleger zu fordern. **§§ 1795, 1796 BGB** seien eine **abschließende Regelung:**

„c) Der Senat folgt der zuletzt genannten Auffassung. Aus § 41 Abs. 3 FamFG, wonach ein Beschluss, der die Genehmigung eines Rechtsgeschäfts zum Gegenstand hat, auch demjenigen bekanntzugeben ist, für den das Rechtsgeschäft genehmigt wird, folgt nicht, dass das Vertretungsrecht des Vormunds gemäß § 1793 Abs. 1 Satz 1 BGB über die in § 1796 BGB bezeichneten Fälle hinaus zu entziehen ist. Nach § 1796 Abs. 2 BGB soll die eine Ergänzungspflegschaft auslösende Entziehung des Vertretungsrechts nur erfolgen, wenn das Interesse des Mündels zu dem Interesse des Vormunds in erheblichem Gegensatz steht. Eine solche Entscheidung setzt mithin voraus, dass der Tatrichter entsprechende Feststellungen getroffen hat. Ein Ausschluss des Vertretungsrechts aus verfahrensrechtlichen Gründen jenseits des hier nicht einschlägigen § 1795 BGB oder des § 1796 BGB (so aber Kölmel MittBayNot 2012, 108, 109 f.) kommt nicht in Betracht.“[346]

Es fehle auch an einem Bedürfnis für eine zusätzliche Kontrolle durch einen Ergänzungspfleger. Denn das gerichtliche Verfahren diene ja schon der Kontrolle des Handelns der Eltern. **Man brauche nicht noch einen Ergänzungspfleger, um das kontrollierende Gericht nochmals zu kontrollieren.ff**

„aa) Für eine generelle Entziehung des Vertretungsrechts ohne Betrachtung der Umstände des Einzelfalls fehlt es daher bereits an einer gesetzlichen Grundlage. Im Übrigen besteht hierfür auch kein Bedürfnis. Im Rahmen des Genehmigungsverfahrens hat das Amtsgericht von Amts wegen die Umstände des Einzelfalls zu prüfen, insbesondere ob die Voraussetzungen für eine Genehmigung der Erbausschlagung zum Wohle des Kindes vorliegen. Erhält das Gericht im Rahmen dieser Ermittlungen Kenntnis von einem möglichen Interessenwiderstreit, ist die Bestellung eines Ergänzungspflegers nach § 1796 Abs. 2 BGB immer noch möglich.

Daraus wird zudem ersichtlich, dass der gesetzliche Vertreter in Fällen der vorliegenden Art bereits durch das Gericht kontrolliert wird. Die Erbausschlagung steht unter dem gerichtlichen Genehmigungsvorbehalt. Ein Bedürfnis dafür, das der Kontrolle dienende Verfahren sowie das kontrollierende Gericht seinerseits einer generellen weiteren Kontrolle durch einen anderen Vertreter des Rechtsinhabers zu unterstellen, besteht – jedenfalls soweit kein Interessenwiderstreit festgestellt wird – nicht (s. auch MünchKomm FamFG/Ulrici 2. Aufl. § 41 Rn. 15).“[347]

c) BGH Beschl. v. 3.4.2019 – XII ZB 359/17: Kein Ergänzungspfleger nur für Bekanntgabe der familiengerichtlichen Genehmigung eines Vertrags

Auf dieser Entscheidung von 2014 baut die jetzige BGH-Entscheidung auf.

> **Kerngehalt der Entscheidung:**[348]
>
> Im Verfahren über die familiengerichtliche Genehmigung eines Vertrags ist grundsätzlich keine Bestellung eines Ergänzungspflegers erforderlich.

Leitsätze der Entscheidung:

a) Im Verfahren über die familiengerichtliche Genehmigung eines von Eltern als gesetzlichen Vertretern ihres minderjährigen Kindes abzuschließenden Vertrages bedarf es zur Vertretung des nicht verfahrensfähigen Kindes im Verfahren und für die Bekanntgabe der die Genehmigung aussprechenden Entscheidung keines Ergänzungspflegers (Fortführung von Senatsbeschluss vom 12.2.2014 – XII ZB 592/12 – FamRZ 2014, 640).

---

[346] BGH Beschl. v. 12.2.2014 – XII ZB 592/12, Rn. 13.
[347] BGH Beschl. v. 12.2.2014 – XII ZB 592/12, Rn. 13.
[348] NJW 2019, 1814. Dazu *Münch* FamRZ 2019, 987; *Ulrici* FGPrax 2019, 131.

b) Etwas anderes gilt nur, wenn und soweit die Eltern nach § 1795 BGB kraft Gesetzes von der Vertretung ausgeschlossen sind oder ihnen die Vertretung wegen einer bestehenden Interessenkollision nach § 1796 BGB durch gerichtliche Entscheidung entzogen worden ist (im Anschluss an Senatsbeschlüsse BGHZ 191, 48 = FamRZ 2011, 1788 und vom 27.6.2018 – XII ZB 46/18 – FamRZ 2018, 1512).

aa) Sachverhalt: Genehmigungserfordernis, aber materiell-rechtlich kein Vertretungsausschluss

BGH Beschl. v. 3.4.2019 – XII ZB 359/17

In dem zugrundeliegenden Sachverhalt war der Vater verstorben. Ihm gehörte landwirtschaftlicher Grundbesitz, den die Witwe und die Kinder (5 bzw. 9 Jahre alt) als Miterben erbten. Die Witwe wollte diese landwirtschaftlichen Grundstücke **langfristig verpachten.**

Sie beantragte die familiengerichtliche **Genehmigung** der Verpachtung. Das Amtsgericht bestellte daraufhin eine **Ergänzungspflegerin** für die Kinder – mit dem Aufgabenbereich, den Pachtvertrag abzuschließen (!). Es begründete dies damit, dass die Witwe die Genehmigung nicht selbst für die Kinder entgegennehmen könne.

Dagegen ging die Witwe vor. Das OLG Nürnberg hielt die Bestellung des Ergänzungspflegers für richtig.

Entscheidung: Der BGH hob auf und entschied: Ein Ergänzungspfleger ist nicht erforderlich.

bb) Rechtsfrage: Ist Ergänzungspfleger allein für Entgegennahme der Genehmigung durch Minderjährigen erforderlich?

Im vorliegenden Sachverhalt
- bedurfte der Vertrag zwar einer familiengerichtlichen Genehmigung,
- war aber der alleinige Elternteil materiell-rechtlich nicht von der Vertretung der Kinder ausgeschlossen.

Fraglich war damit, ob möglicherweise allein aus verfahrensrechtlichen Gründen – nämlich für die Zustellung der gerichtlichen Genehmigung – ein Ergänzungspfleger erforderlich war. Der Pachtvertrag bedurfte nach §§ 1643 Abs. 1, 1822 Nr. 5 BGB der familiengerichtlichen Genehmigung, da er länger als ein Jahr nach Volljährigkeit des Kindes fortdauern sollte. Bei Abschluss des Pachtvertrages war die Witwe nicht von der Vertretung der Kinder nach §§ 1629 Abs. 2, 1795 BGB ausgeschlossen. Hätte die Witwe von ihren Kindern gepachtet (bzw. von der Erbengemeinschaft, an der auch ihre Kinder beteiligt waren), hätte ein In-sich-Geschäft vorgelegen und wäre ein Ergänzungspfleger erforderlich gewesen. Hier wollte aber die Erbengemeinschaft an einen Dritten verpachten. Die Mutter und ihre minderjährigen Kinder standen damit auf derselben Seite des Rechtsgeschäfts. Damit lagen kein In-sich-Geschäft und kein Vertretungsausschluss nach § 1795 BGB vor. Gründe für eine ausnahmsweise Entziehung der elterlichen Vertretungsmacht nach § 1796 BGB waren keine ersichtlich.

cc) OLG Nürnberg: Ergänzungspfleger für Entgegennahme der Genehmigung erforderlich

Das OLG Nürnberg meinte, für die Bekanntgabe der Genehmigung an das Kind nach § 41 Abs. 3 FamFG sei die Bestellung eines Ergänzungspflegers erforderlich, weil die Eltern insoweit an der Vertretung gehindert seien. Es differenzierte den vorliegenden Fall von dem der BGH-Entscheidung von 2014. Dort sei es nur um eine einseitige Erklärung der Eltern gegangen, hier hingegen um einen Vertrag.

dd) BGH: Ob Ergänzungspfleger erforderlich ist, bestimmt allein das materielle Recht (§§ 1795, 1796 BGB), nicht das Verfahrensrecht

Das war ein schwaches Argument. Denn die damalige Argumentation passt 1: 1 auch auf die eine wie die andere Genehmigungssituation. Warum sollte das Gericht bei der Vertragsgenehmigung einen Kontrolleur brauchen, den es bei der Genehmigung eines einseitigen Rechtsgeschäfts nicht brauchte?

So bügelte der BGH die Argumentation des OLG Nürnberg recht kurz ab, indem es auf die Gründe seiner Entscheidung von 2014 verwies:

„aa) Entgegen der Auffassung des Oberlandesgerichts begründet der Abschluss von Verträgen keine entscheidende Besonderheit gegenüber der vom Senat bereits entschiedenen Fallkonstellation einer Erbausschlagung (vgl. auch Senatsbeschluss vom 2.12.2015 – XII ZB 283/15 – FamRZ 2016, 296 Rn. 20; zutreffend Weber DNotZ 2015, 498, 502 ff. mwN auch zur aA; MünchKommFamFG/Ulrici 3. Aufl. § 41 Rn. 14 ff.; Staudinger/Veit BGB [2014] § 1796 Rn. 14). Die Rechtsprechung des Bundesverfassungsgerichts steht dem auch in der vorliegenden Fallgestaltung nicht entgegen. Denn diese bezieht sich auf einen am Genehmigungsverfahren nicht beteiligten, selbst verfahrensfähigen Vertretenen und verlangt, dass diesem der Genehmigungsbeschluss bekanntgegeben werden muss. Daraus und aus der daran orientierten Gesetzesfassung in § 41 Abs. 3 FamFG folgt aber noch nicht, dass das nicht verfahrensfähige Kind für die Bekanntgabe – und ebenfalls hinsichtlich der Vertretung im Genehmigungsverfahren – einen Ergänzungspfleger benötigt. Vielmehr ist im Unterschied zur Stellung des Nachlasspflegers, um den es in dem vom Bundesverfassungsgericht entschiedenen Fall ging, die verfassungsrechtlich garantierte elterliche Sorge vom Gesetz nur insoweit eingeschränkt, als die Eltern hinsichtlich bestimmter Verträge nicht unbeschränkt für das Kind handeln können, sondern hierfür einer gerichtlichen Genehmigung bedürfen. Da es an einer ausdrücklichen gesetzlichen Grundlage fehlt, verbietet sich ein über die bestehenden Ermächtigungen hinausgehender Eingriff in das Elternrecht. Der Senat hat dementsprechend bereits in anderem Zusammenhang hervorgehoben, dass die gesetzliche Vertretung des Kindes im Kindschaftsverfahren durch die Eltern als Bestandteil des Elternrechts eine wohlabgewogene Entscheidung des Gesetzgebers darstellt (vgl. Senatsbeschlüsse BGHZ 191, 48 = FamRZ 2011, 1788 Rn. 18 ff. und vom 27.6.2018 – XII ZB 46/18 – FamRZ 2018, 1512 Rn. 11 ff.).

bb) Der gesetzliche Vertreter wird in Fällen der vorliegenden Art schließlich bereits durch das Gericht kontrolliert. Ein Bedürfnis dafür, das der Kontrolle dienende Verfahren sowie das kontrollierende Gericht seinerseits einer generellen weiteren Kontrolle durch einen anderen Vertreter des Rechtsinhabers zu unterstellen, besteht – jedenfalls soweit kein Interessenwiderstreit festgestellt wird – nicht (Senatsbeschluss vom 12.2.2014 – XII ZB 592/12 – FamRZ 2014, 640 Rn. 15 mwN).“[349]

[349] BGH Beschl. v. 3.4.2019 – XII ZB 359/17, Rn. 8–9.

IX. Grenzen der Anwendbarkeit von § 566 BGB

1. Keine Anwendbarkeit von § 566 BGB bei Veräußerung unter Miteigentümern

Wird eine vermietete Immobilie veräußert, sorgt § 566 BGB dafür, dass zwischen Erwerber und Mieter der Mietvertrag unverändert fort gilt.[350] Abgesehen davon, dass typischerweise ein früherer Übergang des wirtschaftlichen Eigentums gewünscht ist, könnte man mit Blick auf § 566 BGB grundsätzlich auf nähere Regelungen im Kaufvertrag verzichten. Der Verkäufer verliert seine Position als Vermieter kraft Gesetzes, der Käufer rückt kraft Gesetzes in diese ein.

a) BGH Beschl. v. 9.1.2019 – VIII ZB 26/17

§ 566 BGB hilft jedoch nach Ansicht des BGH[351] nicht weiter, wenn der Erwerber kein außenstehender Dritter, sondern ein anderer Miteigentümer ist, der schon bislang Vermieter war. Denn § 566 Abs. 1 BGB setzt seinem **Wortlaut** zufolge die **Veräußerung an einen Dritten** voraus. Im Interesse des Mieterschutzes bedürfe es keiner Überleitung des Mietvertrags, da der Erwerber bereits an diesen gebunden ist. Eine Enthaftung des veräußernden Miteigentümer-Vermieters nach § 566 Abs. 2 BGB stünde sogar in Widerspruch zu den zu schützenden Mietinteressen. Anzutreffen sind derartige Fallkonstellationen insbesondere
(1) bei der Auseinandersetzung von in Trennung lebenden bzw. geschiedenen Eheleuten, die ihre in Miteigentum stehenden, vermieteten Immobilien auseinandersetzen wollen,
(2) bei einer Aufteilung eines vermieteten Mehrfamilienhauses in Wohnungseigentum nach § 3 WEG, bei der den vormaligen Bruchteilseigentümern jeweils einzelne Wohnungen zum Alleineigentum zugewiesen werden, und
(3) bei der Auseinandersetzung nicht rechtsfähiger Gesamthandsgemeinschaften (Gütergemeinschaft, Erbengemeinschaft), die zunächst als Vermieter aufgetreten sind.
In der Rechtsprechung hat sich die Frage der Anwendbarkeit von § 566 BGB in der Vergangenheit insbesondere im Zusammenhang mit der Kündigung von Mietverhältnissen nach vorangehender Auseinandersetzung der Miteigentümergemeinschaft gestellt. Verneint man diese mit dem BGH, bleibt der veräußernde Miteigentümer (Mit-)Vermieter. Eine Kündigung ist demzufolge nach § 744 Abs. 1 BGB weiterhin auch durch diesen auszusprechen.[352] Andernfalls ist die Kündigung unwirksam. Zudem hat der veräußernde Miteigentümer keine Möglichkeit, seine eigene Haftung für die Erfüllung der vertraglichen Vermieterpflichten nach Maßgabe von § 566 Abs. 2 BGB zu beseitigen.

b) Gestaltungshinweise

Auch wenn Zweifel bestehen, ob dieses restriktive Verständnis den berechtigten Interessen aller Beteiligten gerecht wird,[353] welches auch aus Sicht des Mieters nicht ausschließlich Vorteile bringt (insbes. Erfordernis der Kündigung gegenüber allen Vermietern),[354] ist aufgrund der unmissverständlichen Position des BGH von einer Nichtanwendung von § 566 BGB bei Erwerb durch eine Person auszugehen, die schon bislang (Mit-)Vermieter war.

---

[350] Nach hM wird mit Eigentumsübergang ein inhaltsgleicher Mietvertrag zwischen Erwerber und Mieter begründet.
[351] BGH Beschl. v. 9.1.2019 – VIII ZB 26/17, DNotZ 2019, 922 mAnm *Forschner* = NZM 2019, 208 mAnm *Zschieschack*. Vgl. hierzu *Herrler* MittBayNot 2019, 323 ff.; *Streppel* ZNotP 2019, 335 f.; *Uerlings/Bremkamp* notar 2019, 268 ff.
[352] Vgl. BGH NJW 2014, 536 Rn. 15.
[353] Vgl. Herrler/Hertel/Kesseler/*Herrler* ImmobilienR 2019 S. 65 f. mwN.
[354] *Forschner* DNotZ 2020, 923 (926).

Folglich bleibt der Veräußerer weiterhin Vermieter. Der dadurch bedingten eingeschränkten Handlungsfähigkeit des Erwerbers betreffend das Mietverhältnis und der fortbestehenden Haftung des Veräußerers ist gestalterisch angemessen Rechnung zu tragen.

(1) (Zum einen sollte dem Erwerber eine **umfassende, unbefristete und unwiderrufliche**[355] **Vollmacht** zur Ausübung aller Vermieterrechte – unter Freistellung des veräußernden Miteigentümers von sämtlichen aus der Ausübung der Vollmacht entstehenden Ansprüchen, Verbindlichkeiten etc. – erteilt und dieser zusätzlich **ermächtigt** werden, die **Vermieterrechte im eigenen Namen auszuüben.** Im Fall eines Handelns aufgrund der Ermächtigung bedarf es – anders als beim Handeln kraft Vollmacht – keiner Offenlegung.

(2) Zum anderen sollte zur Vermeidung einer fortbestehenden Haftung des veräußernden Miteigentümers für die Erfüllung der Vermieterpflichten eine **Schulhaftentlassung im Außenverhältnis** angestrebt werden. Im Einzelfall mag sich der Veräußerer mit einer Haftungsfreistellung im Innenverhältnis zufriedengeben.[356]

Vgl. für ein **Formulierungsbeispiel** Herrler/Hertel/Kesseler/*Herrler* ImmobilienR 2019 S. 67 f.

Alternativ kommt eine **Vertragsübernahme** in Betracht, entweder durch dreiseitige Vereinbarung (Veräußerer, Erwerber und Mieter) oder durch zweiseitige Vereinbarung mit Zustimmung des Mieters.[357] Hiervon sollte meines Erachtens aber wohl nur Gebrauch gemacht werden, wenn der Mieter seine Zustimmung bereits im Voraus erteilt hat oder an der Beurkundung mitwirkt.

2. Räumliche Grenzen des § 566 Abs. 1 BGB

Mit einer sehr speziellen Konstellation der möglichen Anwendbarkeit von § 566 Abs. 1 BGB hatte sich der XII. Zivilsenat des BGH in seinem Urteil vom 4.9.2019[358] zu befassen.

a) BGH Urt. v. 4.9.2019 – XII ZR 52/18

BGH Urt. v. 4.9.2019 – XII ZR 52/18

Sachverhalt (vereinfacht): Die Klägerin mietete im Jahr 2004 von der Rechtsvorgängerin der beiden Beklagten Räumlichkeiten in einem größeren Gebäudekomplex an. Im Mietvertrag waren lediglich die Grundstücke mit den Flurnummern 9/18 und 9/19 aufgeführt. Zusätzlich nutzte die Klägern mit Billigung der Rechtsvorgängerin der beiden Beklagten für die Zulieferung zu ihrem Ladenlokal eine auf dem Grundstück 9/20 gelegene Fläche.

Nach Insolvenz der Rechtsvorgängerin veräußerte der Insolvenzverwalter die beiden Grundstücke Flurnummern 9/18 und 9/19 an die Beklagte zu 1 und das Grundstück Flur Nr. 9/20 an die Beklagte zu 2. Die Beklagte zu 1 kündigte den Mietvertrag unter Berufung auf ihr Sonderkündigungsrecht nach § 111 InsO. Hiergegen wendet sich die Klägerin unter Hinweis darauf, die Kündigung sei mangels Mitwirkung der Beklagten zu 2 unwirksam.

Entscheidung: Anders als noch das OLG bejaht der BGH die Wirksamkeit der auf § 111 InsO gestützten Kündigung, da das Flurstück 9/20 nicht vermietet, sondern nur zur Nutzung überlassen wurde und die Beklagte zu 1 somit allein zur Kündigung berechtigt war. Im Einzelnen:

355 Hier ist der grundsätzliche Ausschluss des Widerrufs der Vollmacht ausnahmsweise zulässig, da die Vollmacht im alleinigen Interesse des Erwerbers erteilt wird, der auch die Vermieterstellung bei wirtschaftlicher Betrachtung allein innehat.

356 Näher Herrler/Hertel/Kesseler/*Herrler* ImmobilienR 2019 S. 66 f.

357 *Uerlings/Bremkamp* notar 2019, 268 (269 f.) mit Formulierungsvorschlag.

358 BGH DNotZ 2020, 35 = ZfIR 2019, 840 mAnm *Lang/Graf.* Vgl. hierzu *Harke* LMK 2020, 425662.

aa) Beschränkung von § 566 Abs. 1 BGB auf vermietete Flächen

Werden Wohnungen oder Geschäftsräume in einem Gebäude vermietet, erstrecke sich das Recht des Mieters zur Benutzung der gemieteten Räume zwar grundsätzlich auch auf das Recht zur Mitbenutzung der Gemeinschaftsflächen des Hauses. **Ohne entsprechende vertragliche Vereinbarung** seien jedoch **Gemeinschaftsflächen, die der Mieter nur mitbenutzen darf, nicht mitvermietet.** Folglich waren lediglich die auf den Grundstücken mit den Flurnummern 9/18 und 9/19 gelegenen Räumlichkeiten Mietgegenstand, nicht hingegen die auf dem Grundstück mit der Flurnummer 9/20 gelegene, von der Klägerin mitbenutzte Fläche.[359]

bb) § 566 Abs. 1 BGB bei bloßem Mitbenutzungsrecht unanwendbar

Allein die Möglichkeit des Mieters, eine später veräußerte Grundstücksfläche im Rahmen des vertragsgemäßen Mietgebrauchs mitbenutzen zu dürfen, genüge nicht für die Anwendung des § 566 Abs. 1 BGB. Erforderlich sei – neben der Veräußerung der Mietsache – vielmehr die **Gebrauchsüberlassung** der vermieteten Räume. Erst die zum Erwerbszeitpunkt vom Besitz eines Mieters ausgehende **Publizitätswirkung** ermögliche es einem Erwerber, bereits aus der Besitzlage abzulesen, in welche Mietverhältnisse er eintreten müsse. Die tatsächlich ausgeübte Sachherrschaft bilde deshalb den Anknüpfungspunkt für den mit dieser Vorschrift bezweckten Mieterschutz. Eine Gebrauchsüberlassung wiederum sei **mehr als die Gestattung oder Duldung eines (Mit-)Gebrauchs** oder die bloße Einräumung der Möglichkeit zum (Mit-)Gebrauch. Sie erfordere, wenn – wie vorliegend bei der Raummiete – der Gebrauch der Mietsache notwendig deren Besitz voraussetzt, **die vom Vermieter vorzunehmende Verschaffung des ungestörten (Mit-)Besitzes an den Mieter,** damit dieser die Mietsache, insbesondere auch unter Ausschluss des Vermieters, benutzen könne.[360]

cc) Fortbestehender Mitbenutzungsanspruch gegen Erwerber

Abschließend weist der BGH darauf hin, dass eine Anwendung von § 566 Abs. 1 BGB mit Blick auf den hiermit bezweckten Mieterschutz nicht geboten sei, da dem Mieter weiterhin sein Anspruch gegen den ursprünglichen Vermieter auf Gewährung der Mitbenutzung des Grundstücks Flur Nr. 9/20 zustehe. **Diese Verpflichtung sei von § 566 Abs. 1 BGB miterfasst und gehe bei Veräußerung des Mietgegenstandes (Flurnummern 9/18 und 9/19) auf den Erwerber dieser Flächen über.** Insoweit spiele es keine Rolle, ob der Erwerber rein tatsächlich in der Lage sei, seine ich hiernach bestehenden Verpflichtungen zu erfüllen oder nicht. Ggf. sei der Mieter auf seine mietrechtlichen Gewährleistungsrechte angewiesen.

dd) Angemessener Interessenausgleich

Zwar bestehe dadurch für den Mieter die Gefahr, dass der Erwerber der Flurnummern 9/18 und 9/19 nicht mehr in der Lage, den gegen ihn gerichteten Mitbenutzungsanspruch zu erfüllen. Hierbei handele es sich aber um ein der konkreten Gestaltung (Mietvertrag und bloßes Mitbenutzungsrecht an einem anderen Grundstück) immanentes Risiko. Ungeachtet dessen, dass § 566 BGB zwar grundsätzlich den Schutz des Mieters bezwecke und dessen Schlechterstellung durch einen Verkauf des Mietobjekts vorbeugen soll, führe eine Veräußerung an verschiedene Personen nicht stets zur **Entstehung einer Vermietergemeinschaft,** die dem Mieter als Gesamtschuldner nach § 421 BGB haften. Bei der Auslegung des § 566 Abs. 1 BGB dürften nicht nur ausschließlich die Interessen des Mieters in den Blick genommen werden, da die Vorschrift auch dem Interessenaus-

---

[359] BGH DNotZ 2020, 35 Rn. 25 f.
[360] BGH DNotZ 2020, 35 Rn. 29.

gleich zwischen dem Mieter, dem sein vertragliches Besitzrecht auch nach der Veräußerung des Mietgegenstands erhalten bleiben soll, und den Belangen des Erwerbers, der aufgrund der Regelung des § 566 Abs. 1 BGB mit dem Eigentumserwerb die Pflichten aus einem Mietvertrag übernehmen muss, an dessen Abschluss er nicht beteiligt war und auf dessen inhaltliche Ausgestaltung er keinen Einfluss nehmen konnte, diene. Daher führe die Veräußerung eines vermieteten Grundstücks an verschiedene Erwerber nur dann zum Eintritt eines weiteren Vermieters in ein bestehendes Mietverhältnis, wenn zuvor ein **einheitliches Mietverhältnis über ein einheitliches Mietobjekt** bestand. Insoweit verbiete der Grundsatz der Unteilbarkeit des Mietverhältnisses die Aufspaltung des über ein einheitliches Mietobjekt geschlossenen Mietvertrags in mehrere Mietverhältnisse. Vorliegend war die von der Beklagten zu 2 erworbene Grundstücksfläche indes nicht Mietgegenstand, so dass die Veräußerung der Grundstücke nicht zur Aufspaltung eines einheitlichen Mietverhältnisses führen konnte.[361] die Veräußerung eines vermieteten Grundstücks an verschiedene Erwerber zum Eintritt eines weiteren Vermieters in ein bestehendes Mietverhältnis führen kann.

b) Stellungnahme

Die differenzierte, nicht ausschließlich auf den Mieterschutz abstellende Position des BGH überzeugt. Während der VIII. Zivilsenat des BGH in seiner Entscheidung zur Veräußerung an einen bisherigen Miteigentümer ausschließlich auf die Position des Mieters abgestellt hat, nimmt der XII. Zivilsenat vorliegend auch die Position des Erwerbers in den Blick und dehnt den durch § 566 Abs. 1 BGB bewirkten Mieterschutz nicht über Gebühr aus. § 566 Abs. 1 BGB findet demnach keine Anwendung, sofern mietvertraglich lediglich der Mitgebrauch bestimmter Räumlichkeiten gestattet oder geduldet ist, dem Mieter jedoch nicht der ungestörte alleinige Besitz verschafft wurde. Ein Erwerber dieser Räumlichkeiten tritt somit nicht gemäß § 566 Abs. 1 BGB in dem Mietvertrag ein. Demgegenüber ist der Erwerber der mietvertraglich zur alleinigen Nutzung überlassenen Räumlichkeiten nach § 566 Abs. 1 BGB weiterhin zur Gestattung bzw. Duldung des Mitgebrauchs der anderen Räumlichkeiten verpflichtet. Kann er dieser Verpflichtung nicht nachkommen, sieht er sich dem mietvertraglichen Gewährleistungsregeln ausgesetzt.

X. Rücktrittsrecht bei Nichtzahlung der Grunderwerbsteuer

1. Ausgangssituation

(Steuer-)Schuldner der Grunderwerbsteuer sind nach § 13 Nr. 1 GrEStG alle an dem betreffenden Erwerbsvorgang als Vertragsteile beteiligten Personen. Dies führt *im Außenverhältnis* gemäß § 44 AO zu einer gesamtschuldnerischen Haftung von Käufer und Verkäufer. Von der Haftung gegenüber dem Fiskus zu unterscheiden ist die Frage, wer die Grunderwerbsteuer *im Innenverhältnis* zu tragen hat. Hier entspricht es dem gesetzlichen Regelfall und ist in der Praxis **allgemein üblich,** dass der **Käufer** eines Grundstücks **sich** dem Verkäufer gegenüber **in der notariellen Urkunde verpflichtet,** die anfallende Grunderwerbsteuer zu tragen. Eine entsprechende Freistellungspflicht besteht ebenfalls ohne diesbezügliche Vereinbarung der Parteien. Denn der Käufer eines Grundstücks hat gemäß **§ 448 Abs. 2 BGB** neben den Kosten der Beurkundung des Kaufvertrags auch die der Auflassung, der Eintragung und der zur Eintragung erforderlichen Erklärungen zu tragen. Nach Sinn und Zweck dieser Regelung fallen alle unmittelbar mit dem Eigentumsübergang und dem zu Grunde liegenden Kausalgeschäft in Zusammenhang stehenden Kosten dem Käufer zur Last. Hierzu zählt nach heute ganz herrschender Meinung auch

[361] BGH DNotZ 2020, 35 Rn. 34–36.

die Grunderwerbsteuer.[362] Ohne deren Entrichtung kommt die Eigentumsumschreibung wegen der nach § 22 GrEStG bestehenden Umschreibungssperre in aller Regel nicht in Betracht.

2. Handlungsoptionen des Verkäufers bei pflichtwidriger Nichtzahlung durch den Käufer

Die von den Parteien im Innenverhältnis getroffene bzw. die kraft Gesetzes geltende Freistellungsregelung hat auf die Geltendmachung des staatlichen Steueranspruchs freilich nur wenig Einfluss; die gesetzliche Steuerhaftung des Verkäufers kann nicht vertraglich abbedungen werden. Nach pflichtgemäßem Ermessen wird das Finanzamt zwar zunächst allein den Grundstückskäufer zur Zahlung der Grunderwerbsteuer heranziehen; kommt dieser aber trotz Mahnung seiner Zahlungsverpflichtung nicht nach, droht eine Inanspruchnahme des Verkäufers.

Wird der Grundstückverkäufer vom Finanzamt auf Zahlung der Grunderwerbsteuer in Anspruch genommen, kann er sich dieser nach § 44 AO iVm §§ 1 Abs. 1 Nr. 1, 13 Nr. 1 GrEStG bestehenden Pflicht nur auf zwei Wegen entziehen: Entweder bewegt er den Käufer – zB unter Androhung des Rücktritts vom Vertrag bzw. der Geltendmachung von Schadensersatzansprüchen – dazu, die Steuer entsprechend dessen Verpflichtung im Innenverhältnis doch noch an das Finanzamt zu zahlen, oder der Verkäufer erklärt den Rücktritt vom Kaufvertrag, um die Aufhebung der Grunderwerbsteuer durch das Finanzamt gemäß § 16 Abs. 1 Nr. 1 oder Nr. 2 GrEStG zu erreichen. Das **Bestehen eines** gesetzlichen oder vertraglichen **Rücktrittsrechts** (hierzu sogleich unter Abschnitt 3. und 4.) ist für den Grundstücksverkäufer demzufolge **von großer Bedeutung** – sei es nur als „Druckmittel“, um den Käufer zur Zahlung anzuhalten.

Zwar kann sich ein Rücktritt seitens des Verkäufers für den (säumigen) Käufer als besonders misslich darstellen, wenn der Kaufpreis bereits (ggf. überwiegend) bezahlt wurde. Denn auf Grund des Rücktritts erlischt der Anspruch auf Eigentumsverschaffung und infolgedessen entfallen die Sicherungswirkungen der akzessorischen Vormerkung (insbesondere der Insolvenzschutz, § 106 InsO). Umgekehrt würde die Rechtsstellung des (vertragstreuen) Verkäufers bei fehlendem Rücktrittsrecht nachhaltig geschwächt, da nach seiner Inanspruchnahme durch das Finanzamt die Eigentumsumschreibung erfolgen kann (vgl. § 22 GrEStG) und die Geltendmachung bzw. Durchsetzung des Ausgleichsanspruchs insbesondere bei wertausschöpfender Belastung des Grundbesitzes zu Gunsten der finanzierenden Bank des Käufers fruchtlos zu verlaufen droht. In Anbetracht dessen, dass der Pflichtenverstoß auf der Seite des Käufers liegt, erscheint es nicht unangemessen, dass er das vorbeschriebene Risiko zu tragen hat.

3. Gesetzliches Rücktrittsrecht nach § 323 BGB

In Ermangelung eines vertraglichen Rücktrittsrechts für den Fall der Nichtzahlung der Grunderwerbsteuer durch den Käufer bzw. der Inanspruchnahme des Käufers für die Grunderwerbsteuer ist der Verkäufer auf das gesetzliche Leistungsstörungsrecht (§ 323 BGB) angewiesen. Die Nichtzahlung der Grunderwerbsteuer durch den Käufer stellt eine den Anwendungsbereich von § 323 Abs. 1 BGB eröffnende **Pflichtverletzung** gegenüber dem Verkäufer dar. Das Rücktrittsrecht setzt im Regelfall voraus, dass der Verkäufer dem Käufer eine **angemessene Frist** zur Leistung setzt. Nach fruchtlosem Fristablauf kann er sodann vom Kaufvertrag zurücktreten, es sei denn, der Rücktritt ist nach § 323 Abs. 5 BGB ausgeschlossen oder beschränkt.

---

[362] Vgl. BGH NJW 2010, 2873 Rn. 21 mwN.

a) Teilleistung, § 323 Abs. 5 S. 1 BGB

Die Nichtzahlung der Grunderwerbsteuer stellt eine teilweise Nichtleistung iSv § 323 Abs. 5 S. 1 BGB dar (quantitative Teilleistung), mit der Folge, dass ein Rücktritt vom ganzen Vertrag gemäß § 323 Abs. 5 S. 1 BGB nur bei fehlendem Interesse des Gläubigers (Verkäufer) an der Teilleistung möglich ist. Hieran scheint es auf den ersten Blick zu fehlen, da der Verkäufer am Erhalt des Kaufpreises sehr wohl ein Interesse haben dürfte. Gleichwohl muss sich der Verkäufer nicht auf einen Teilrücktritt verweisen lassen, da die Gegenleistung, also die Pflicht des Verkäufers zur Übereignung der Immobilie, nach dem Willen der Parteien unteilbar ist. Somit steht § 323 Abs. 5 S. 1 BGB einem Rücktritt vom ganzen Vertrag nicht entgegen.[363]

b) Unerheblichkeit der Pflichtverletzung, § 323 Abs. 5 S. 2 BGB

Jedenfalls in den Bundesländern, in denen die Grunderwerbsteuer nach wie vor weniger als 5% beträgt, könnte man einen Ausschluss des Rücktritts nach § 323 Abs. 5 S. 2 BGB erwägen. Selbst wenn man den Rechtsgedanken von § 323 Abs. 5 S. 2 BGB, der in seinem unmittelbaren Anwendungsbereich die nicht vertragsgemäße Leistung, also die Schlechtleistung, und nicht die (teilweise) Nichtleistung regelt, auf die teilweise Nichtleistung übertragen wollte, stellt sich die Nichtzahlung der Grunderwerbsteuer keinesfalls als nur unerhebliche Pflichtverletzung dar. Zum einen handelt es sich hierbei regelmäßig um eine **vorsätzliche Pflichtverletzung,** die vom BGH in ständiger Rechtsprechung vom Anwendungsbereich des § 323 Abs. 5 S. 2 BGB ausgenommen wird.[364] Zum anderen rechtfertigt die Nichtzahlung der Grunderwerbsteuer durch den Käufer, der hieran wegen der Umschreibungssperre nach § 22 GrEStG eigentlich ein elementares Eigeninteresse hat, den Rückschluss auf erhebliche Liquiditätsschwierigkeiten desselben, sodass die Durchsetzbarkeit des Erstattungsanspruchs des Verkäufers gefährdet erscheint. Anders als der Empfänger einer mangelhaften Leistung verfügt der Verkäufer nicht über ein Minderungsrecht.[365]

c) Zwischenergebnis

Somit begründet die Nichtleistung der Grunderwerbsteuer durch den hierzu verpflichteten Käufer in jedem Fall ein gesetzliches Rücktrittsrecht des Käufers. Im Grundsatz besteht somit kein Anlass für die Vereinbarung eines vertraglichen Rücktrittsrechts für den Fall der Nichtzahlung der Grunderwerbsteuer. Gleichwohl mag ein vertragliches Rücktrittsrecht im Einzelfall erwägenswert sein, etwa um den Druck auf den Käufer zu möglichst umgehenden Begleichung der Grunderwerbsteuer zu erhöhen.

d) Exkurs: Notar- und Grundbuchkosten

Die vorstehenden Ausführungen gelten grundsätzlich *mutatis mutandis* für die Inanspruchnahme des Verkäufers für die nach dem Vertrag vom Käufer zu tragenden Notar- und Grundbuchkosten. Da deren Höhe aber erheblich hinter der Grunderwerbsteuer zurückbleibt und der Rückschluss auf Liquiditätsschwierigkeiten nicht ohne weiteres in gleicher Weise gerechtfertigt ist, mag man insoweit die Statuierung eines vertraglichen Rücktrittsrechts erwägen. Richtigerweise ist der Verkäufer bei vorsätzlicher Nichtzahlung der Notar- und/oder Grundbuchkosten durch den Käufer aber ebenfalls nach Fristsetzung gemäß § 323 Abs. 1 BGB zum Rücktritt vom Vertrag berechtigt.

---

363 *Förster/Herrler* NJW 2010, 2090 (2091 f.); Palandt/*Grüneberg* BGB § 323 Rn. 26.
364 BGH NJW 2006, 1960 Rn. 13; kritisch BeckOGK/*Looschelders,* 1.3.2020, BGB § 323 Rn. 296 mwN.
365 Näher *Förster/Herrler* NJW 2010, 2090 (2092 f.).

4. Vertragliches Rücktrittsrecht

a) Autonomes Regime

Wollen die Vertragsparteien ungeachtet der vorstehenden Ausführungen ein vertragliches Rücktrittsrecht für den Fall der Nichtzahlung der Grunderwerbsteuer (und der Notar- und Gerichtskosten) durch den Käufer vereinbaren, steht es ihnen frei, dieses, sowohl auf der Tatbestands- als auf der Rechtsfolgenseite, nach eigenem Belieben auszugestalten. Entscheidende Bedeutung kommt insoweit der Frage zu, welches Ereignis das Rücktrittsrecht des Verkäufers auslösen soll und ob der Verkäufer dem Käufer zunächst eine angemessene (kurze) Frist zur Beseitigung der Pflichtverletzung setzen muss.

Das Rücktrittsrecht kann an

1. den Erhalt des Grunderwerbsteuerbescheids durch den Verkäufer,
2. die Fälligkeit der beim Verkäufer angeforderten Grunderwerbsteuer bzw. ein an die Fälligkeit anknüpfendes Datum,
3. die Einleitung von Maßnahmen zur zwangsweisen Durchsetzung durch das Finanzamt oder
4. der tatsächlichen Entrichtung der Grunderwerbsteuer durch den Verkäufer
5. anknüpfen.

Die unter Ziff. 3 und Ziff. 4 genannten Zeitpunkte sind ebenso zu spät wie die Fälligkeit der beim Verkäufer angeforderten Grunderwerbsteuer (Ziff. 2). Noch entscheidender als das das Rücktrittsrecht auslösende Ereignis ist aber eine angemessene Vorsorge dafür, dass es nicht zu einer versehentlichen Auslösung des Rücktrittsrechts kommt, welches der Verkäufer sodann ohne Abhilfemöglichkeit seitens des Käufers ausüben kann (zB aufgrund eines Postversehens bei Übersendung des Grunderwerbsteuerbescheids an den Käufer, eines Überweisungsfehlers oÄ). Daher erscheint es sachgerecht, das Rücktrittsrecht zwar an den **Erhalt des Grunderwerbsteuerbescheids durch den Verkäufer** (Zahlungsfrist ein Monat) zu knüpfen, dessen Ausübbarkeit aber zusätzlich an den fruchtlosen Ablauf einer dem Käufer jedenfalls in Textform gesetzten **Zahlungsfrist von jedenfalls fünf Bankarbeitstagen** zu knüpfen.

b) OLG Brandenburg Urt. v. 28.3.2019 – 5 U 55/18

Das OLG Brandenburg hatte in seiner Entscheidung vom 28.3.2019[366] jüngst einen derartigen Fall der Nichtzahlung der Grunderwerbsteuer durch den Käufer bei vereinbartem vertraglichem Rücktrittsrecht zu entscheiden und dabei insbesondere zu klären, ob der Verkäufer dem Käufer vor Ausübung des Rücktrittsrechts eine (wenn auch kurze) Frist zur Leistung setzen muss. Im Kaufvertrag war vereinbart, dass der Verkäufer zum Rücktritt vom Vertrag für den Fall berechtigt sei, „dass er für die gesetzlichen Verbindlichkeiten des Käufers, insbesondere die Grunderwerbsteuer, in Anspruch genommen wird.“

Aus Sicht des Senats ist bei einer derartigen Formulierung schon ungewiss, ob die bloße Geltendmachung der Grunderwerbsteuer gegenüber dem Verkäufer oder erst deren tatsächliche Begleichung bzw. zwangsweise Beitreibung das Rücktrittsrecht auslöst. Jedenfalls sei aber, insbesondere mit Blick auf die gesetzliche Ausgangslage (§ 323 BGB), zunächst eine angemessene Frist zur Leistung zu setzen. Ferner verwies das OLG auf eine weitere Regelung im Kaufvertrag, wonach der Verkäufer unter anderem bei Nichtzahlung des Kaufpreises nach den gesetzlichen Vorschriften vom Vertrag zurücktreten könne, ihm somit zunächst das Setzen einer angemessenen Frist zugemutet wird. Eine vorherige Setzung einer kurzen Frist sei dem Verkäufer aufgrund der gesetzlichen Möglichkeiten zur Aufhebung der Grunderwerbsteuer auch zumutbar.

---

[366] OLG Brandenburg BeckRS 2019, 8185 = NotBZ 2020, 33.

Im Ergebnis hat das OLG Brandenburg zutreffend entschieden. Zwar dürfte die Formulierung „Inanspruchnahme“ schon nach der nächstliegenden Bedeutung des Wortsinns und erst recht mit Blick auf die berechtigten Interessen von Verkäufer und Käufer richtigerweise dahingehend zu interpretieren sein, dass der Verkäufer einen Grunderwerbsteuerbescheid vom Finanzamt erhalten hat, zumal mit Blick auf das Fristsetzungserfordernis. In jedem Fall setzt der Rücktritt aber die vorherige Setzung einer (kurzen) Abhilfefrist voraus.

5. Alternativlösung bei Fremdfinanzierung

Um das Risiko zu minimieren, dass der Käufer die Grunderwerbsteuer nicht bezahlt, besteht im Falle der (teilweisen) Fremdfinanzierung des Kaufpreises die Möglichkeit, die freie **Verwendbarkeit des Grundpfandrechts** zugunsten der finanzierenden Bank **daran zu knüpfen, dass** nicht nur Kaufpreis, sondern darüber hinaus auch die **Grunderwerbsteuer** (und ggf. zusätzlich die Notar- und Grundbuchkosten) **vollständig bezahlt** sind. Eine derartige Ausgestaltung der Finanzierungsvollmacht hat – sofern die finanzierende Bank die Einschränkung der Zweckerklärung aufmerksam liest – zur Folge, dass die Bank sinnvollerweise die Eigenmittel und die Darlehensvaluta auf einem Konto poolt, um sodann neben dem Kaufpreis auch die Grunderwerbsteuer (und ggf. die Notar- und Grundbuchkosten) von diesem Konto zu bezahlen. Auf diese Weise wird die Bezahlung der Grunderwerbsteuer auf elegante Weise sichergestellt.

Formulierungsbeispiel: Einschränkung der Sicherungszweckerklärung in der Finanzierungsvollmacht zwecks Sicherstellung der Grunderwerbsteuerzahlung[367]

Der Veräußerer verpflichtet sich zum Zweck der Kaufpreisfinanzierung bei der Bestellung von Grundpfandrechten mitzuwirken. Dazu erteilt er dem Erwerber Vollmacht, alle im Zusammenhang mit der Bestellung und rangrichtigen Eintragung von Grundpfandrechten am Kaufgrundbesitz sowie von Sicherungsverträgen mit dem Gläubiger zweckmäßigen Erklärungen abzugeben, wobei klargestellt wird, dass die Grundpfandrechte durch den Veräußerer nur im Rahmen von Sicherungsvereinbarungen mit diesem gestellt werden.

Hinsichtlich der dinglichen Grundpfandrechtsbestellung gilt diese Vollmacht ausdrücklich auch der Höhe und der Nebenleistungen nach unbeschränkt und mit der Befugnis, Vollstreckungsunterwerfungen nach § 800 ZPO zu erklären. Allerdings kann von der Vollmacht nur unter Vorlage einer Ausfertigung dieser Vollmachtsurkunde sowie hinsichtlich aller grundbuchverfahrensrechtlich zu verwendenden Erklärungen nur vor dem amtierenden Notar Gebrauch gemacht werden. Der beurkundende Notar wird angewiesen, solche Erklärungen nur zugunsten deutscher Kreditinstitute oder Versicherungen entgegenzunehmen.

Hinsichtlich der Sicherungsvereinbarungen gilt die Vollmacht mit der ausdrücklichen Einschränkung, dass bis zur vollständigen, mit Tilgungsbestimmung auf die Kaufpreisschuld geleisteten Zahlung des Kaufpreisbetrages **nebst Grunderwerbsteuer [!]**[368] das Grundpfandrecht nicht als Sicherheit genutzt werden darf, es sei denn, der Kaufvertrag würde aus vom Veräußerer zu vertretenden Gründen nicht durchgeführt.

[367] In Anlehnung an *Kesseler* DNotZ 2017, 651 (672).

[368] Ggf. zusätzlich: „sowie der Notar- und Gerichtskosten“. Ich würde es aber bei der Grunderwerbsteuer belassen. Der Verkäufer kann effektiv vor der Inanspruchnahme für die Notarkosten dadurch geschützt werden, dass der Notar angewiesen wird, die Eigentumsumschreibung erst nach Zahlung der Notarkosten zu veranlassen.

Der Veräußerer ist vom Erwerber von allen im Zusammenhang mit der Grundpfandrechtsbestellung entstehenden Kosten freizustellen. Auf die subsidiäre Kostenhaftung des Veräußerers wurde hingewiesen.

Alle Eigentümerrechte und übertragbaren Rechtspositionen aus dem Sicherungsvertrag werden hiermit mit Wirkung ab Zahlung des vollständigen Kaufpreises und der Grunderwerbsteuer auf den Erwerber übertragen.

6. Exkurs: Strenge verfahrensrechtliche Anforderungen an die Aufhebung der Grunderwerbsteuer

In diesem Zusammenhang ist aus aktuellem Anlass auf die strengen Vorgaben für eine Rückgängigmachung der Grunderwerbsteuer in § 16 Abs. 5 GrEStG hinzuweisen.

§ 16 GrEStG: Nichtfestsetzung der Steuer, Aufhebung oder Änderung der Steuerfestsetzung

[…]

(5) Die Vorschriften der Absätze 1 bis 4 gelten nicht, wenn einer der in § 1 Absatz 2 bis 3a bezeichneten Erwerbsvorgänge rückgängig gemacht wird, der nicht fristgerecht und in allen Teilen vollständig angezeigt (§§ 18 bis 20) war.

Sofern also zB der Notar die Anzeige des Erwerbsvorgangs nicht innerhalb der **Zwei-Wochen Frist des § 18 Abs. 3 S. 1 GrEStG** vornimmt, kommt trotz späteren Rücktritts eine Aufhebung der Grunderwerbsteuer in den Fällen des § 1 Abs. 2–3a GrEStG (insbesondere im Falle einer Anteilsvereinigung bei Grundbesitz haltenden Gesellschaften) nicht in Betracht. Neben der Einhaltung der Zwei-Wochen Frist muss die Anzeige an das **zuständige Finanzamt** gerichtet sein. Steht eine **Anteilsvereinigung** iSv § 1 Abs. 3 Nr. 1 oder Nr. 2 GrEStG im Raum, muss

„[d]ie Anzeige […] grundsätzlich an die Grunderwerbsteuerstelle des zuständigen FA übermittelt werden oder sich zumindest nach ihrem Inhalt **eindeutig an die Grunderwerbsteuerstelle richten.** Dazu ist erforderlich, dass die Anzeige als eine solche nach dem GrEStG gekennzeichnet ist und ihrem Inhalt nach ohne weitere Sachprüfung – insbesondere ohne dass es insoweit einer näheren Aufklärung über den Anlass der Anzeige und ihre grunderwerbsteuerrechtliche Relevanz bedürfte – an die Grunderwerbsteuerstelle weiterzuleiten.“[369]

Die von der Finanzverwaltung, jüngst erneut vom BFH mit Urteil vom 22.5.2019 (II R 24/16) bestätigte Linie ist insoweit sehr streng.

Hinweis:

Jede, auch geringfügige Verletzung der Vorgaben für die Anzeige des Erwerbsvorgangs nach §§ 18–20 GrEStG führt bei den in § 1 Abs. 2–3a GrEStG bezeichneten Erwerbsvorgängen dazu, dass die Grunderwerbsteuer bei Rückabwicklung des Erwerbsvorgangs innerhalb von zwei Jahren seit der Entstehung der Steuer nicht aufgehoben wird.

Während die **zweiwöchige Anzeigepflicht** des § 18 Abs. 3 GrEStG für alle Erwerbsvorgänge zu beachten ist, hat die Missachtung dieser Frist bzw. sonstiger formaler Vorgaben der §§ 18–20 GrEStG nur für Erwerbsvorgänge iSv § 1 Abs. 2–3a GrEStG die oben beschriebenen drastischen Folgen im Falle der späteren Aufhebung des Erwerbsvorgangs.

[369] BFH DStR 2019, 2258 Rn. 20.

XI. Grunderwerbsteuer künftig bereits bei Änderung von 90% der Gesellschaftsanteile – Frist von fünf auf zehn Jahre verlängert

Vorhaben:
Geplante Änderung des Grunderwerbsteuergesetzes.[370]

Dass die in der Praxis durchaus verbreiteten Gestaltungen zur Vermeidung der Grunderwerbsteuer unter Zuhilfenahme gesellschaftsrechtlicher Konstruktionen den Finanzbehörden schon lange ein Dorn im Auge sind, ist bekannt. Mit dem schmucken Namen „RETT-Blocker" (Real Estate Transaction Tax-Blocker) werden diese geradezu vermarktet – dass dies das Augenmerk auf sich zieht, ist klar.

Die Bundesregierung[371] hatte entsprechend schon im vergangenen Jahr einen Gesetzgebungsvorschlag auf den Weg gebracht, um die Umgehung der Grunderwerbssteuer durch die Übertragung von Gesellschaftsanteilen anstelle von Miteigentum durch die Verringerung der Beteiligungsschwellen und Haltezeiten schwieriger und unattraktiver zu machen.

Der Gesetzesentwurf ist nach Zuleitung an Bundesrat und Bundestag mittlerweile aber gestoppt. Im Rahmen des Anhörungsverfahrens waren erhebliche Zweifel an der Wirkung der Neuregelungen erhoben worden.[372] Die Regierungsparteien haben durch Pressemitteilung vom 24.10.2019[373] verlautbart, dass das Verfahren zunächst zum Halten gebracht wird, um den Gesetzentwurf im Laufe des ersten Halbjahres 2020 dann verbessert auf den Weg zu bringen. Covid-19 hat auch hier den Zeitplan durcheinandergebracht. Am Ziel wird festgehalten.

Hier soll angesichts der Unklarheit der künftigen Regelung nur ein kurzer Überblick über die bisherigen Vorschläge gegeben werden:

1. Senkung der Beteiligungsgrenze auf 90% für neue Gesellschafter bei Grundstücks-Personengesellschaften (§ 1 Abs. 2a GrEStG) und Verlängerung des Zeitraums von fünf auf zehn Jahre

Der bisherige § 1 Abs. 2a GrEStG **(Gesellschafterwechsel)** lautet wie folgt:

(2a) Gehört zum Vermögen einer Personengesellschaft ein inländisches Grundstück und **ändert sich innerhalb von <u>fünf</u> Jahren der Gesellschafterbestand** unmittelbar oder mittelbar dergestalt, daß mindestens **<u>95</u>** vom Hundert der <u>An</u>teile am Gesellschaftsvermögen auf neue Gesellschafter übergehen, gilt dies als ein auf die Übereignung eines Grundstücks auf eine neue Personengesellschaft gerichtetes Rechtsgeschäft.

Künftig soll
- die Frist des Betrachtungszeitraums auf zehn Jahre verlängert und
- die Veränderungsschwelle auf mehr als 90% der Anteile gesenkt

werden.

Unabhängig davon, wann die Neuregelung tatsächlich in Kraft tritt, sind die geplanten Übergangsregelungen zu beachten:
- Nur Gesellschafter, deren fünfjährige Haltefrist bereits vollendet ist, gelten künftig als Alt-Gesellschafter (§ 23 Abs. 18 GrEStG-E), deren Anteilserwerbe bei der Prüfung der 90%-Schwelle nicht einbezogen werden.

[370] BR-Drs. 355/19 bzw. BT-Drs. 19/13437.
[371] Zu finden unter: https://www.bundesfinanzministerium.de/Content/DE/Gesetzestexte/Gesetze_Gesetzesvorhaben/Abteilungen/Abteilung_IV/19_Legislaturperiode/Gesetze_Verordnungen/G-Aenderung-Grunderwerbsteuergesetz/2-Regierungsentwurf.pdf?__blob=publicationFile&v=2.
[372] https://www.bundestag.de/dokumente/textarchiv/2019/kw42-pa-finanzen-grunderwerbsteuer-661270.
[373] https://www.cducsu.de/presse/pressemitteilungen/effektive-und-rechtssichere-loesung-fuer-share-deals.

- Läuft die Fünf-Jahresfrist dagegen noch, soll dieser als Altgesellschafter erst nach Ablauf der Zehn-Jahres-Frist gelten.
- Die Alt-Regelung (fünf Jahre) gilt für die Fälle weiter, die die 90% überschritten haben und die 95% in den kommenden Jahren verwirklichen.
- Besonderheiten gelten beim Auseinanderfallen von Verpflichtungs- und Verfügungsgeschäft (Relevanz der Einbringung des Gesetzentwurfs in den Bundestag).

2. Einführung einer Grunderwerbsteuerpflicht für Gesellschafterwechsel bei grundstücksbesitzenden Kapitalgesellschaften (§ 1 Abs. 2b GrEStG-E)

Während bei Kapitalgesellschaften die Veränderung deren Gesellschafterbestandes grunderwerbssteuerlich nur dann von Bedeutung war, wenn sich Anteile in der Hand eines Gesellschafters konzentrierten, soll nach dem Vorschlag nunmehr auch das Durchwechseln des Gesellschafterbestandes analog den Personengesellschaften zur Auslösung der Steuer führen.

Ob sich diese Regelung allerdings im endgültigen Gesetzestext wiederfinden wird, erscheint angesichts der Problematik gerade bei börsennotierten Gesellschaften als unsicher.

3. Herabsetzung der Beteiligungsgrenzen bei Anteilsvereinigungen nach § 1 Abs. 3 und Abs. 3a GrEStG auf 90%

Die Beteiligungsgrenzen für Anteilsvereinigungen bei Gesellschaften werden ebenfalls von den bisherigen 95% auf die neuen 90% heruntergesetzt.

Die Altregelungen gelten analog für die künftige Überschreitung der 95%-Regelung bei solchen Gesellschaften, die heute schon die 90%-Schwelle überschreiten, auf unbegrenzte Zeit weiter.

4. Verlängerung der Behaltefristen in §§ 5, 6 GrEStG

Entsprechend der Regelungen zu den Gesamthandsgemeinschaften in § 1 Abs. 2 GrEStG werden die Halte- bzw. Beteiligungszeiten der §§ 5 und 6 GrEStG von fünf Jahren auf zehn Jahre verlängert.

Ergänzt werden sollen die Wechsel- bzw. Vereinigungstatbestände der §§ 1 Abs. 2a und Abs. 3 Nr. 1 oder Nr. 2 bzw. Abs. 3a GrEStG um einen neu geschaffenen § 6 Abs. 4 Nr. 3 GrEStG-E. Kommt es also zu einer Anteilsvereinigung im Nachgang zu einem die Besteuerung nicht auslösenden Gesellschafterwechsel bzw. einer Vereinigung (< 90%) ist für die Anwendung des § 6 GrEStG die Vorbehaltefrist auf 15 Jahre verlängert.

5. Ansatz des erbschaftsteuerlichen Grundstückswerts bei Veräußerungen im umwandlungsteuerrechtlichen Rückwirkungszeitraum

Welche Bedeutung tatsächlich die geplante Neuregelung der Mindestbemessungsgrundlage in Höhe der erbschaftsteuerlichen Grundstücksbewertung (§ 8 Abs. 2 S. 1 Nr. 4 GrESt-G-E) hat, ist nicht ganz klar. Diese soll dann eingreifen, wenn zwischen den an einer Umwandlung beteiligten Rechtsträgern innerhalb des Rückwirkungszeitraumes ein Erwerbsvorgang nach § 1 Abs. 1 Nr. 1 GrEStG stattfindet und die dabei erzielte Gegenleistung unter dem erbschaftsteuerlichen Wert liegt.

XII. Grunderwerbsteuer bei Immobilienrückerwerb

1. Keine Rückzahlung der Grunderwerbsteuer, wenn Ersterwerber ihm verbliebende Rechtsposition im eigenen wirtschaftlichen Interesse verwertet (BFH Urt. v. 19. 9. 2018 – II R 10/16)[374]

Dass grunderwerbssteuerpflichtige Vorgänge rückabgewickelt werden, ist keine Seltenheit. § 16 GrEStG sieht dazu unter bestimmten Voraussetzungen vor, dass in einem solchen Fall sowohl dann, wenn die dingliche Übertragung noch nicht stattgefunden hat, wie auch dann, wenn es zur echten Rückübereignung kommt, die Grunderwerbssteuer für den ursprünglichen Vorgang aufgehoben (§ 16 Abs. 1 und Abs. 2 GrEStG) und für den Rückerwerb (§ 16 Abs. 2 GrEStG) nicht festgesetzt wird.

Diese gesetzliche Regelung lädt zu Gestaltungen ein, die die Vermeidung der Grunderwerbssteuer für Weiterveräußerungsvorgänge zum Ziel haben. Die Rechtsprechung hat die Anwendung des § 16 Abs. 1 GrEStG deshalb auf die Fälle beschränkt, in denen der Erwerbsvorgang dergestalt rückgängig gemacht wird, dass

(Rn. 14): „die Möglichkeit zur Verfügung über das Grundstück nicht beim Erwerber verbleibt, sondern der Veräußerer seine ursprüngliche Rechtsstellung wiedererlangt."[375]

Leitsätze der Entscheidung:

1. Die Anwendung des § 16 Abs. 1 Nr. 1 GrEStG ist ausgeschlossen, wenn der Ersterwerber eine ihm verbliebene Rechtsposition aus dem ursprünglichen Kaufvertrag in seinem eigenen (wirtschaftlichen) Interesse verwertet hat.
2. Der Erwerber verwertet seine Rechtsposition aus dem ursprünglichen Kaufvertrag, wenn er durch seine Unterschrift unter den Vertrag über die Aufhebung des Grundstückskaufvertrags mit einer grundbesitzenden Gesellschaft bestimmen kann, wer die Anteile an dieser Gesellschaft erwerben darf. Der Anteilserwerb selbst muss nicht steuerbar sein.

a) Sachverhalt (vereinfacht)

BFH Urt. v. 19. 9. 2018 – II R 10/16

Eine GmbH V verkauft ein Grundstück an eine andere GmbH K. Vereinbart wurde, dass den Beteiligten ein Rücktrittsrecht zustehen sollte, wenn nicht bis zu einem bestimmten Zeitpunkt ein Nutzungsvertrag verlängert würde. Der Vertragspartner lehnt die Verlängerung ab. Daraufhin wird in einer Urkunde vereinbart, dass der Kaufvertrag aufgehoben und gleichzeitig ein neuer Kaufvertrag, in diesem Fall allerdings mit zwei anderen Gesellschaften, wovon die eine Mitglied der gleichen Unternehmensgruppe wie K war, die zweite aber nicht entsprechend beherrscht wurde, über 94 % und 6 % der Anteile an der V geschlossen wird.

b) Frühere Entscheidung

Der Sachverhalt ähnelt stark einer Entscheidung des BFH aus dem Jahr 2013.[376] Auch in diesem Fall war der Kaufvertrag über das Grundstück aufgehoben und gleichzeitig ein neuer Kaufvertrag über die Anteile an der verkaufenden Gesellschaft geschlossen worden. Der Unterschied bestand nur darin, dass auch der neue Kaufvertag der Grunderwerbssteuer unterlag, weil nämlich alle Anteile der Gesellschaft an eine Person verkauft wurden.

---

[374] BFHE 262, 465 = BStBl. II 2019, 176 = DStR 2019, 53 = BB 2019, 551 mAnm *Behrens* = EStB 2019, 52 (Ls.) mAnm *Günther* = GmbH-StB 2019, 39 mAnm *Böing*.

[375] Siehe dazu BFH v. 5. 9. 2013 – II R 9/12, BFHE 242, 177 = BStBl. II 2014, 588 = DStRE 2013, 1506 Rn. 11 mwN.

[376] Siehe dazu BFH v. 5. 9. 2013 – II R 9/12, BFHE 242, 177 = BStBl. II 2014, 588 = DStRE 2013, 1506.

c) Die FG-Entscheidung

Das FG Hamburg nahm die Anwendbarkeit des § 16 Abs. 1 GrEStG an, da es weder zu einer Weiterveräußerung des Gebäudes gekommen noch der Verkauf der Anteile an der A-GmbH einer Weiterveräußerung des Grundstücks gleichzustellen sei. Bei einer Übertragung von weniger als 95% der Anteile an der grundbesitzenden Kapitalgesellschaft liege ungeachtet der gesellschaftsrechtlichen Möglichkeit eines Gesellschafters, auf das weitere Schicksal des Grundstücks Einfluss zu nehmen, keine grunderwerbsteuerrechtlich relevante Verwertung der Rechtsposition vor.

d) Der BFH

Der BFH betont zunächst, dass die Anwendung des § 16 Abs. 1 GrEStG in den Fällen der Aufhebung des ersten Kaufvertrages nur dann ausgeschlossen ist,

(Rn. 17): „wenn der Ersterwerber eine ihm verbliebene Rechtsposition auch in seinem eigenen (wirtschaftlichen) Interesse verwertet hat. Eine Verwertung in diesem Sinne liegt vor, wenn die Einflussnahme des Ersterwerbers auf die Weiterveräußerung Ausfluss der ihm verbliebenen Rechtsposition ist."

Nun lag hier aber gerade keine Weiterveräußerung des Grundstücks an einen Dritten vor, vielmehr wurde etwas gänzlich anderes, nämlich die Gesellschaft selbst, die das Grundstück innehatte, veräußert. Dazu greift der BFH auf seine Begründung aus der vorgenannten Entscheidung aus 2013 zurück und erklärt lapidar:

(Rn. 20): „Es reicht vielmehr aus, wenn er durch seine Unterschrift unter den Vertrag über die Aufhebung des Grundstückskaufvertrags mit einer grundbesitzenden Gesellschaft bestimmen kann, wer die Anteile an dieser Gesellschaft erwerben darf. Entscheidend ist, ob der Erwerber sich oder einem oder mehreren Dritten einen maßgeblichen Einfluss auf die grundbesitzende Gesellschaft verschafft."

2013 hieß es dazu:

(Rn. 15): „In diesem Fall behält der Ersterwerber – wirtschaftlich gesehen – den durch den ursprünglichen Kaufvertrag begründeten Zugriff auf das Grundstück, obwohl dieses nach der Rückgängigmachung des Kaufvertrags zivilrechtlich bei der Gesellschaft verbleibt. Erfolgen die Rückgängigmachung des Kaufvertrags und die anschließende Übertragung der Anteile an der grundbesitzenden Gesellschaft in einer Urkunde, nutzt der Ersterwerber seine Rechtsposition aus dem ursprünglichen Kaufvertrag, um zu bestimmen, wer die Anteile an der grundbesitzenden Gesellschaft erwerben darf. Stellt er damit sicher, dass er selbst oder ein von ihm bestimmter Dritter die Anteile erwerben kann, liegt darin eine die Anwendung des § 16 Abs. 1 Nr. 1 GrEStG ausschließende Verwertung der Rechtsposition aus dem ursprünglichen Kaufvertrag im eigenen wirtschaftlichen Interesse."[377]

Dass der zweite Vorgang selbst keinen Grundstückserwerb iSd § 1 Abs. 3 GrEStG darstellte sei irrelevant, weil es auf die weitere Nutzung der wirtschaftlichen Verfügungsmacht ankomme, nicht jedoch auf die Frage, ob mit dem Folgevorgang das ganze Grundstück verwertet werde.

e) Auseinandersetzung

Widerspruch dazu, dass in den Fällen, in denen die Aufhebung des Erstvertrages nur dazu dient, den vom Ersterwerber beeinflussten und diesem wirtschaftlich zuzurechnenden Zweivertrag zustande zu bringen, die Anwendung des § 16 Abs. 1 GrEStG ausgeschlossen

[377] Siehe dazu BFH v. 5.9.2013 – II R 9/12, BFHE 242, 177 = BStBl. II 2014, 588 = DStRE 2013, 1506.

ist, wird es kaum geben. Wer weiter wirtschaftlich verfügt, macht ein Rechtsgeschäft nicht rückgängig.

Problematisch ist jedoch die Gleichsetzung des Kaufvertrages über das Grundstück mit dem Kaufvertrag über den Eigentümer des Grundstücks.

aa) Abgrenzung zu BFH Urt. v. 11.6.2013 – II R 52/12

Zutreffend ist die Bewertung des BFH, dass es für die Ablehnung der Anwendbarkeit des § 16 Abs. 1 GrEStG dann nicht darauf ankommen kann, ob der initiierte Folgevorgang selbst grunderwerbssteuerpflichtig ist, wenn im Ergebnis über das ganze Grundstück verfügt wird. Das FG hatte noch angenommen, wegen der Unterschreitung der Voraussetzungen des § 1 Abs. 3 GrEStG im Folgegeschäft liege keine Verfügung vor. Das kann aber als Folge nicht richtig sein, da es nur auf die Ausübung der wirtschaftlichen Verfügungsmacht ankommt.

In der vom FG zu Grunde gelegten Entscheidung des BFH war es dagegen um die Rückgängigmachung eines unter § 1 Abs. 3 GrEStG fallenden Vertrages über den Erwerb von Anteilen dadurch gegangen, dass durch die nachträgliche Rückübertragung von Anteilen die Schwelle des § 1 Abs. 3 GrEStG unterschritten wurde und so das Ausgangsgeschäft überhaupt nicht mehr steuerbar war.

bb) Ist die Gleichsetzung des Anteilserwerbs mit dem Grundstückstransfer gleichzusetzen?

Das Hauptproblem an der Auffassung des BFH besteht aber darin, dass die Gleichsetzung des Anteilserwerbs an der das Grundstück verkaufenden Gesellschaft nicht mit dem Verkauf des Grundstücks gleichzustellen ist. Der Erwerb eines Pferdes ist auch nicht der Erwerb des ganzen Gestüts. Schon rechtsdogmatisch ist es äußerst schwierig, der Argumentation des BFH, der Erwerber eines Grundstücks von einer Gesellschaft habe die Rechtsmacht, den Verkauf der Gesellschaft selbst zu steuern, zu folgen. Mehr als den folgenden Satz liefert der BFH nicht als Begründung:

„Erfolgen die Rückgängigmachung des Kaufvertrags und die anschließende Übertragung der Anteile an der grundbesitzenden Gesellschaft in einer Urkunde, nutzt der Ersterwerber seine Rechtsposition aus dem ursprünglichen Kaufvertrag, um zu bestimmen, wer die Anteile an der grundbesitzenden Gesellschaft erwerben darf."

Woraus sich diese Rechtsmacht ergibt, bleibt vollständig im Dunkeln.

Der BFH zeigt an diesem Sachverhalt wie an vielen anderen Fällen der Ausweitung der Anwendung des Grunderwerbssteuergesetzes (siehe dazu nur die Fälle aus dem vergangenen Jahr zum verbundenen Geschäft beim Grundstücks- und Bauvertrag), seine Neigung, weit über die Grenzen des Wortlauts der Normen hinauszugehen und dies nur durch eine auf sich selbst aufbauende Kette von Entscheidungen und nicht durch Argumente aus dem Gesetz zu begründen.

cc) Vorläufiges Unterbleiben der Aufhebung

Ein Gedanke springt beim Lesen der Entscheidung sofort ins Auge: Warum haben die Beteiligten den Erstkaufvertrag überhaupt aufgehoben? Wäre es nicht einfacher gewesen, den Kaufvertrag über die Gesellschaftsanteile unabhängig von der Aufhebung des Kaufvertrages zu vereinbaren und erst sehr viel später durch die Nutzung des Rücktrittsrechts den Erstkaufvertrag zurückzudrehen?

Folgt man der „Argumentation" des BFH, muss wohl auch dieser Vorgang die Anwendung des § 16 Abs. 1 GrEStG ausschließen. Nur dann, wenn die Herrschaftsmacht am Grundstück bei Abschluss des Zweivertrages bereits aufgegeben war, übt der Erstkäufer seine Macht nicht mehr aus.

dd) Unterschreiten der 95%- bzw. künftig 90%-Schwellen?

Behrens stellt in seiner Urteilsbesprechung[378] die Frage, ob anders zu entscheiden wäre, wenn der Zweitvorgang selbst einer Verfügung über das Grundstück gerade nicht gleichgestellt ist, es insbesondere nicht zu einer Veräußerung aller Anteile, sondern nur von weniger als 95% (künftig wohl 90%) komme. Bleibt man beim Gesetz, dann verfügt derjenige, der über Gesellschaftsanteile unterhalb der Schwelle des § 1 Abs. 3 GrEStG verfügt überhaupt nicht über das Grundstück. Richtig wäre es da wohl, dort streng am Gesetz zu bleiben.

Ob der BFH dem aber folgt, erscheint mir zumindest zweifelhaft. Der BFH hat diese Frage nicht beantwortet. Bleibt man rein in der Terminologie des BFH mit der Konzentration auf die wirtschaftliche Verfügungsmacht, könnte es darauf möglicherweise nicht ankommen. Denn die wirtschaftliche Verfügungsmacht hätte auch die Folgetransaktion beherrscht.

Das Problem bleibt, dass Argumentationen, die ihren Boden im Gesetz verlassen, schwer vorhersehbar sind. Bei solchen Gestaltungen ist also Vorsicht angeraten.

2. Nur Ersterwerb, nicht Rückerwerb grunderwerbsteuerbar (BFH Urt. v. 20.2.2019 – II R 27/16)[379]

Es können logische Sekunden sein, die darüber entscheiden, ob ein Vorgang grunderwerbsteuerbehaftet ist bzw. grunderwerbsteuerfrei rückabgewickelt werden kann. Der hier entschiedene Fall zeigt die Notwendigkeit der Vorsicht.

a) Sachverhalt (vereinfacht)

BFH Urt. v. 20.2.2019 – II R 27/16

K ist alleiniger Inhaber einer GmbH A. Folgende Vorgänge werden hintereinander beurkundet:

- Urkunde 1: Die GmbH A schließt mit einer anderen GmbH B einen schuldrechtlichen Erwerbsvertrag über ein Unternehmen, zu dem auch ein Grundstück gehört.
- Urkunde 2: K überträgt der GmbH B 25% der Anteile an der GmbH A.
- Urkunde 3: K erhält eine Rückkaufoption an den 25%.
- Urkunde 4: Konkretisierung des Kaufvertrages über das Grundstück aus Urkunde 1 mit Auflassung.

Ausweislich der Abreden stehen und fallen diese Verträge miteinander.

Für den Grundstücksankauf der GmbH A von der GmbH B wird Grunderwerbssteuer festgesetzt.

Weniger als zwei Jahre später macht K von seiner Option Gebrauch und erwirbt alle Anteile an der GmbH A zurück.

Worüber gestritten wird, ist klar: Hat K durch den Rückerwerb der 100%-Beteiligung Grunderwerbssteuer ausgelöst, obschon er ursprünglich Inhaber aller Anteile war?

b) Einordnung

Der Erwerb von mindestens 95% der Anteile an einer Gesellschaft führt nach § 1 Abs. 3 GrEStG zur Auslösung von Grunderwerbssteuer. Damit wäre mit der Ausübung der Opti-

[378] *Behrens* BB 2019, 551.
[379] BFHE 264, 352 = BStBl. II 2019, 559 = DNotZ 2019, 827 = BB 2019, 1893 mAnm *Behrens* = DStRK 2019, 229 *(Meßbacher-Hönsch)* = GmbH-StB 2019, 262 mAnm *Böing* = HFR 2019, 1077 mAnm *Hübner.*

on und der Erwerb der Alleingesellschafterstellung durch den K die Steuer ausgelöst worden.

Was aber als Frage im Raum stand, war, ob es sich nicht um einen Fall des § 16 Abs. 2 GrEStG handelte, der dazu hätte führen müssen, dass der Erwerb steuerfrei gestellt würde. Schließlich war K vor der Umsetzung der Maßnahmen Inhaber aller Anteile an der das Grundstück haltenden GmbH.

c) Der BFH

Die Frage, ob § 16 Abs. 2 GrEStG auch auf Vorgänge der Erwerbsfiktion in Form der Veränderung der Anteilsinhaber (§ 1 Abs. 2a GrEStG) und Anteilsvereinigung (§ 1 Abs. 3 GrEStG) anwendbar ist, hat der BFH schon geklärt.[380] Der II. Senat weist zurecht auf § 16 Abs. 5 GrEStG hin. Entsprechend ist der 1. Leitsatz gefasst:

Amtlicher Leitsatz:

1. § 16 Abs. 2 Nr. 1 GrEStG ist auch auf Erwerbsvorgänge nach § 1 Abs. 2, 2a und 3 GrEStG anwendbar.

Dies gilt, was der BFH hier noch einmal bestätigt (obschon es keinerlei Entscheidungsrelevanz besitzt) auch dann, wenn der Rückerwerb selbst nicht steuerbar ist, also bspw. eine zunächst steuerbare Übertragung von 95% der Anteile an einer grundbesitzhaltenden Gesellschaft durch Rückübertragung von 1% der Anteile in eine gerade nicht mehr die Schwelle des § 1 Abs. 3 GrEStG überschreitende Beteiligung verwandelt wird.

Amtlicher Leitsatz:

2. Das gilt auch dann, wenn zwar der Ersterwerb, nicht aber der Rückerwerb steuerbar ist.

Die hier entscheidende Frage war nun, wie der Fall zu beurteilen ist, dass sich das Grundstück zum Zeitpunkt der Anteilsveräußerung noch nicht im Vermögen der betreffenden Gesellschaft befunden hat. Dazu hält der BFH fest, dass jedenfalls in den Fällen, in denen das Grundstück bei der Erstveräußerung der Anteile nicht dem Anteilseigner zuzurechnen war, der Rückerwerb der Schwellenbeteiligung zur Auslösung der Grunderwerbssteuer führt.

Amtlicher Leitsatz:

3. Ist zwar der Rückerwerb, nicht aber der Ersterwerb steuerbar, so kann § 16 Abs. 2 Nr. 1 GrEStG nur anwendbar sein, wenn zum Zeitpunkt des Ersterwerbs das Grundstück dem damaligen Veräußerer grunderwerbsteuerrechtlich zuzuordnen war. Dies gilt ungeachtet der Frage, ob es der Steuerbarkeit des Ersterwerbs bedarf.

d) Bewertung

Die Tatbestände der Erwerbsfiktion des § 1 Abs. 2a und Abs. 3 GrEStG können zu eigenartig anmutenden Belastungen führen. Im vorliegenden Fall kann man durchaus Verständnis für die Unzufriedenheit des K mit der steuerlichen Bewertung haben. Beim Erwerb des Grundstücks durch die GmbH A wurde die Grunderwerbssteuer gezahlt. Subjektiv geschah dies im Rahmen einer Vereinbarung, bei deren Abschluss der K Inhaber aller Anteile an der GmbH A war, sodass der Eindruck, er erwerbe das Grundstück auch auf Grundlage des Verständnisses des § 1 Abs. 3 GrEStG, dass nämlich der Alleininhaber einer GmbH als Inhaber des Grundstücks anzusehen ist, nicht von der Hand zu weisen ist.

Gleichwohl dürfte der BFH hier mit seiner Bewertung richtig liegen. Da alle Vorgänge des Erwerbs des Geschäftsbetriebs inklusive Grundstück auf der einen Seite und der Betei-

[380] BFH v. 11.6.2013 – II R 52/12, BFHE 241, 419 = BStBl. II 2013, 752 = DStRE 2013, 1133 Rn. 13.

ligung des Verkäufers des Geschäftsbetriebes an der kaufenden GmbH auf der anderen Seite als Einheit angesehen wurden, hatte der K nach dem Plan der Beteiligten tatsächlich zu keinem Zeitpunkt die rechtliche Zuordnung des Grundstücks im grunderwerbssteuerlichen Sinne bei sich. Diese erlangte er erstmals mit der Ausübung der Option und dem entsprechenden Erwerb aller Anteile an der GmbH A. Auch wenn er diese Anteile früher schon einmal innehatte, war dies doch zu einem Zeitpunkt, als diese das Grundstück noch nicht besaß.

Sähe man den Fall anders, müsste letztlich auch jeder Erwerb, den die GmbH A in der Zeit zwischen dem Verkauf des 25%-Anteils an die GmbH B und dem Rückerwerb durch den K von der Besteuerung nach § 1 Abs. 3 GrEStG freigestellt sein.

e) Lehren aus dem Fall

Die Lehre aus dem Fall ist eine einfache: Soll der Rückerwerb zu einer Freistellung nach § 16 Abs. 2 GrEStG führen, dann muss der steuerliche „Erwerber" des Grundstücks schon einmal die grunderwerbssteuerliche Zuordnung iSd § 1 Abs. 3 GrEStG gehabt haben. Ist das nicht der Fall, dann liegt auch kein Rückerwerb im Sinne der Norm vor.

XIII. Neues zur Spekulationsfrist (§ 23 Abs. 1 Nr. 1 EStG)

1. Prüfungsschema Spekulationsgeschäfte § 23 Abs. 1 Nr. 1 EStG

Zur „Spekulationsfrist" des § 23 Abs. 1 Nr. 1 EStG hatte ich auf dieser Veranstaltung zuletzt im Jahr 2015 referiert.[381] In den letzten drei Jahren gab es mehrere neue BFH-Entscheidungen, die einzelne Aspekte der Spekulationsfrist näher beleuchten. Diese will ich Ihnen hier vorstellen.

a) Formulierungsbeispiel

Nach meiner Erfahrung spielt das Thema in der notariellen Praxis durchaus eine Rolle. Vorsorglich habe ich in meinen Kaufverträgen immer einen kurzen Hinweis auf eine mögliche Einkommenssteuerpflicht aus Spekulationsgeschäft, Entnahme aus Betriebsvermögen oder gewerblichem Grundstückshandel. Beim Verkauf durch Private steht die Spekulationsfrist an erster Stelle. Bei der Veräußerung von land- und forstwirtschaftlichen Grundstücken erwähne ich hingegen die Entnahme aus dem Betriebsvermögen zuerst (die ich auch bei der Hofübergabe immer abfrage), da hier häufiger Betriebsvermögen vorliegt – und erst danach die Spekulationsfrist. Im normalen Grundstückskaufvertrag liest sich das bei mir jetzt so (im ersten Spiegelstrich leicht geändert gegenüber meinem Formulierungsvorschlag im Würzburger Notarhandbuch):[382]

Formulierungsbeispiel:

X. Hinweise des Notars

1. *(Belehrungen zum materiellen Recht)*
2. Der Notar wies den Verkäufer darauf hin, dass Einkommensteuer anfallen kann,
   - wenn zwischen Anschaffung und Veräußerung **weniger als zehn Jahre** vergangen sind („Spekulationsgeschäft"; § 23 Nr. 1 EStG) – ausgenommen bei eigener Nutzung zu eigenen Wohnzwecken im Jahr der Veräußerung und in den beiden vorangegangen Jahren (*ggf. ergänzen:* wobei Eigentumszeiten des Erblassers oder Schenkers dem Erben oder Beschenkten angerechnet werden),
   - oder wenn durch die Veräußerung ein Grundstück aus einem **Betriebsvermögen** entnommen wird und dadurch stille Reserven aufgedeckt werden,
   - oder wenn ein **gewerblicher Grundstückshandel** vorliegt (insbesondere wenn mehr als drei Objekte innerhalb eines Zeitraums von fünf Jahren entgeltlich veräußert werden, die weniger als fünf Jahre im Eigentum des Veräußerers gestanden hatten).

Der Notar nahm keine steuerliche Beratung für den Einzelfall vor, sondern verwies die Beteiligten darauf, sich an einen Steuerberater zu wenden, soweit sie eine steuerliche Beratung wünschen. *(Oder kurz nur den letzten Satz ohne die drei vorhergehenden Spiegelstriche, insbesondere bei einem gewerblichen Veräußerer.)*

b) Keine Amtspflicht zur Belehrung, sondern nur ausnahmsweise Warnpflicht

Natürlich weiß ich, dass ich als Notar zu steuerlichen Fragen nicht belehren muss, sondern **nur ausnahmsweise eine Warnpflicht** habe, wenn ich eine für den Beteiligten nachteilige steuerliche Folge erkenne und gleichzeitig erkenne, dass der Beteiligte diese für ihn

[381] Herrler/Hertel/Kesseler/*Hertel* ImmobilienR 2014/2015 S. 290.
[382] WürzNotar-HdB/*Hertel* Teil 2 Kap. 2 Rn. 4 Ziff. X. 2.

nachteilige Steuerfolge nicht gesehen hat.[383] Als Notar muss ich zwar nichts vom Steuerrecht verstehen (von wenigen Ausnahmen abgesehen), aber ich darf einen Beteiligten nicht in eine für ihn nachteilige vermeidbare Steuerfolge hineinlaufen lassen.

Nach der Rechtsprechung muss der Notar den Verkäufer dann – aber auch nur dann – auf eine mögliche Steuerpflicht nach § 23 Abs. 1 Nr. 1 EStG hinweisen, wenn
- der Notar sowohl **wusste,** dass der **Verkauf innerhalb der Spekulationsfrist** erfolgte und
- dass der Verkäufer dabei einen **Gewinn** erzielte.[384]

Es genügt, wenn der Notar den Spekulationsgewinn aus dem ihm übergebenen Ankaufsvertrag hätte ersehen können.[385] Der Notar ist aber nicht verpflichtet, das Grundbuch auf Tatsachen durchzusehen, die für das Entstehen eines zu versteuernden Spekulationsgewinnes bedeutsam sein können.[386] Ist daher etwa das Grundstück auf ein neues Grundbuchblatt umgeschrieben und kann der Notar nicht ersehen, ob es dem Eigentümer für mehr als zehn Jahre gehörte, muss der Notar nicht das geschlossene Grundbuch einsehen, um das Erwerbsdatum festzustellen.

Teile der Literatur lehnen diese Hinweispflicht ab, weil der Notar damit gegen seine Neutralitätspflicht verstoßen müsse, wenn er (jedenfalls indirekt) den Ankaufspreis des jetzigen Verkäufers anspreche.[387]

Ich nehme die allgemeine Belehrung in jeden Kaufvertragsentwurf auf. Damit gebe ich dem Verkäufer Anlass und Gelegenheit, Zweifelsfragen vorab mit seinem Steuerberater zu besprechen. Ebenso will ich vermeiden, dass der Kaufvertrag im Termin platzt, weil der Verkäufer erst jetzt merkt, dass er eine Steuerpflicht auslöst, die er bei einem Verkauf ein Jahr später vielleicht vermeiden könnte – und dass der Käufer dann Probleme hat, weil er auf einer unnützen Finanzierung sitzt und nicht davon loskommt (weil die 14-tägige Widerrufsfrist nach Verbraucherkreditrecht schon abgelaufen ist).

Gibt der Notar allerdings Auskunft zu steuerlichen Fragen, so haftet er, wenn seine Auskunft unrichtig sein sollte, auch wenn er nicht zur Belehrung verpflichtet war. Besteht keine Belehrungspflicht, kann sich der Notar jedoch auf Auskünfte und Hinweise nur zu einem oder mehreren Einzelpunkten beschränken. Dann haftet er auch nur für deren Richtigkeit, nicht für die gesamte steuerrechtliche Gestaltung des Vertrages.[388]

Dabei schaue ich auch schon einmal in der Beurkundung in den Kommentar, wenn mir die Beteiligten steuerrechtliche Fragen etwa zu § 23 EStG stellen, die ich zwar einordnen kann, bei deren Beantwortung ich mir aber nicht sicher bin. Dann stelle ich aber auch klar, dass das nur das ist, was ich auf Anhieb dazu im Kommentar fand – und dass die Beteiligten ggf. eben noch ihren Steuerberater fragen müssen, wenn ich im Kommentar keine eindeutige BFH-Entscheidung gefunden habe.

c) Prüfungsschema

Zur Erinnerung und als Übersicht habe ich Ihnen ein generelles Prüfungsschema für § 23 Abs. 1 Nr. 1 EStG erstellt – damit wir bei den Entscheidungsbesprechungen jeweils sehen, an welchem Punkt des Schemas wir uns befinden.

Streng genommen ist Ansatzpunkt für die Prüfung nicht unmittelbar § 23, sondern § 22 EStG. Denn zu den steuerbaren sonstigen Einkünften zählen nach § 22 Nr. 2 EStG die Einkünfte aus privaten Veräußerungsgeschäften iSd § 23 EStG.

---

[383] Vgl. insbesondere die Darstellung der einschlägigen Rechtsprechung bei Ganter/Hertel/Wöstmann/*Ganter,* Handbuch der Notarhaftung, 3. Aufl. 2014, Rn. 1277 ff.

[384] BGH Urt. v. 2.6.1981 – VI ZR 148/79, DNotZ 1981, 775.

[385] BGH Urt. v. 10.11.1988 – IX ZR 31/88, DNotZ 1989, 452.

[386] BGH Urt. v. 13.6.1995 – IX ZR 203/94, DNotZ 1996, 116.

[387] *Winkler* BeurkG § 17 Rn. 266; kritisch auch Soergel/*J. Mayer* BeurkG § 17 Rn. 31 Fn. 178.

[388] BGH Urt. v. 20.9.2007 – III ZR 33/07, BGHReport 2007, 1170 mAnm *Waldner* = DNotZ 2008, 370 mAnm *Moes* = EWiR 2008, 79 mAnm *Bellut.*

Prüfungsschema:

Besteuerung privater Grundstücksveräußerungsgeschäfte nach § 23 EStG

1. Steuerbar sind Veräußerungsgeschäfte über Grundstücke, bei denen Zeitraum zwischen Anschaffung und Veräußerung **nicht mehr als zehn Jahre** beträgt (§ 23 Abs. 1 Nr. 1 EStG).
   - Maßgeblicher Stichtag für die Berechnung der Zehn-Jahres-Frist ist jeweils der Abschluss des **schuldrechtlichen Geschäfts.**[389] Dies gilt auch, wenn der schuldrechtliche Vertrag formunwirksam war, aber tatsächlich vollzogen wurde.[390] Ist eine rechtsgeschäftliche Genehmigung erforderlich, ist Stichtag deren Wirksamwerden; steuerrechtlich wirkt die rechtsgeschäftliche Genehmigung nicht zurück[391] (während eine gerichtliche oder behördliche Genehmigung wohl nach allgemeinen Grundsätzen zurückwirkt).
   - Als Anschaffung gilt auch die Überführung in das Privatvermögen bei **Betriebsentnahme** oder Betriebsaufgabe (§ 23 Abs. 1 S. 2 EStG). (Umgekehrt gilt die Einlage in das Betriebsvermögen als Veräußerung, wenn die Veräußerung aus dem Betriebsvermögen innerhalb von zehn Jahren seit der – ursprünglichen – Anschaffung erfolgt, § 23 Abs. 1 S. 5 EStG).
   - Bei **unentgeltlichem Erwerb** (Schenkung oder Erwerb von Todes wegen) ist (auch) dem Einzelrechtsnachfolger die Anschaffung durch den Rechtsvorgänger zuzurechnen (§ 23 Abs. 1 S. 3 EStG).
2. „Ausgenommen sind Wirtschaftsgüter, die im Zeitraum zwischen Anschaffung oder Fertigstellung und Veräußerung ausschließlich zu eigenen Wohnzwecken oder im Jahr der Veräußerung und in den beiden vorangegangen Jahren zu **eigenen Wohnzwecken** genutzt wurden." (§ 23 Abs. 1 Nr. 1 S. 3 EStG). Eine Nutzung zu eigenen Wohnzwecken
   - liegt auch bei einer **Ferienwohnung** vor.
   - Es genügt, wenn der Eigentümer die Wohnung selbst zu eigenen Wohnzwecken nutzt – sei es auch gemeinsam mit einem anderen (zB Lebensgefährte, Freund) – auch wenn er einem anderen **Teile der Wohnung** unentgeltlich zu eigenen Wohnzwecken überlässt.
   - Ebenso genügt eine unentgeltliche Überlassung zur Wohnnutzung an Kinder, für die ein **Anspruch auf Kindergeld** besteht (bzw. die nach § 32 EStG zu berücksichtigen sind). (Eine Vermietung an Kinder wäre keine eigene Wohnnutzung durch den Eigentümer.)
   - Hingegen genügt **nicht** eine unentgeltliche Nutzung durch **andere Angehörige** – auch nicht durch andere unterhaltsberechtigte Angehörige.
   - Ebenso wenig genügen bloße Besuche oder Notfallaufenthalte für eine eigene Wohnnutzung.
3. Zur **Fristberechnung** der eigenen Wohnnutzung:
   - Das Objekt muss in einem zusammenhängender Zeitraum innerhalb der letzten drei Kalenderjahre, der – mit Ausnahme des mittleren Kalenderjahres – nicht die vollen drei Kalenderjahre umfassen muss, zu eigenen Wohnzwecken genutzt werden, das heißt die eigene Wohnnutzung muss das **gesamte Vorjahr + mindestens den (1.) Januar im Kalenderjahr der Veräußerung + mindestens den (31.) Dezember im zweiten Kalenderjahr** vor der Veräußerung erfassen.

[389] BFHE 120, 522 = BStBl. II 1977, 384; BFHE 173, 144 = BStBl. II 1994, 687; BFHE 190, 425 = BStBl. II 2000, 262; BFH/NV 2003, 1171; BFHE 212, 127 = BStBl. II 2006, 513; BFHE 245, 323 = BStBl. II 2014, 826 = = DStR 2014, 1711. Dazu Herrler/Hertel/Kesseler/*Hertel* ImmobilienR 2014/2015 S. 291.

[390] BFH Urt. v. 15.12.1993 – X R 49/91, BFHE 173, 144 = BStBl. II 1994, 687 = NJW-RR 1995, 148.

[391] BFH Urt. v. 2.10.2001 – IX R 45/99, BFHE 196, 567 = BStBl. II 2002, 10 = MittBayNot 2002, 133; BFH Beschl. v. 18.9.2006 – IX B 154/05, BFH/NV 2007, 31.

- Liegt zwischen Anschaffung und Veräußerung nur ein Zeitraum von zwei Jahren oder weniger, so muss die Eigennutzung während des gesamten Zeitraums bestanden haben.

4. Wurde die veräußerte Immobilie **teilweise** zu eigenen Wohnzwecken und teilweise zu anderen Zwecken genutzt (zB vermietete **Einliegerwohnung**, beruflich genutztes **Arbeitszimmer**), gilt die Steuerbefreiung nur für den zu eigenen Wohnzwecken genutzten Gebäudeteil.

Bei Zweifelsfragen wird man für die Sicht der Finanzverwaltung das **BMF-Schreiben** zu „Zweifelsfragen zur Neuregelung der Besteuerung privater Grundstücksveräußerungsgeschäfte nach § 23 EStG" heranziehen.[392]

2. Zehn-Jahres-Zeitraum bei unentgeltlichem Erwerb

a) Grundsatz: Zurechnung der Anschaffungs- und Nutzungszeit für Erbe oder Beschenkten

Bei **unentgeltlichem Erwerb** (Schenkung oder Erwerb von Todes wegen) ist (auch) dem Einzelrechtsnachfolger die Anschaffung durch den Rechtsvorgänger zuzurechnen (§ 23 Abs. 1 S. 3 EStG).

Ebenso ist bei unentgeltlichem Erwerb (Gesamtrechtsnachfolge, unentgeltliche Einzelrechtsnachfolge) die Nutzung des Wirtschaftsguts zu eigenen Wohnzwecken durch den Rechtsvorgänger dem Rechtsnachfolger zuzurechnen (Rn. 26 des BMF-Schreibens).

b) BFH Urt. v. 3.9.2019 – IX R 8/18: Wohnungsrecht oder andere Versorgungsleistungen führen nicht zur Entgeltlichkeit, wohl aber eine Schuldübernahme

Kerngehalt der Entscheidung:[393]

Zur Abgrenzung des unentgeltlichen Erwerbs iSd § 23 EStG.

Leitsätze der Entscheidung:

1. Ein unentgeltlicher Erwerb iSd § 23 Abs. 1 Satz 3 EStG liegt vor, wenn im Rahmen der Übertragung eines Grundstücks im Wege der vorweggenommenen Erbfolge dem Übergeber ein (dingliches) Wohnrecht eingeräumt wird und die durch Grundschulden auf dem Grundstück abgesicherte Darlehen des Rechtsvorgängers nicht übernommen werden.
2. Nachträgliche Anschaffungskosten entstehen nicht, wenn der Erwerber eines Grundstücks zwecks Löschung eines Grundpfandrechts Schulden tilgt, die er zunächst nicht vom Übergeber übernommen hat.
3. Die bloße Verwendung des Veräußerungserlöses zur Tilgung privater Verbindlichkeiten nach der Veräußerung führt nicht zur Entstehung von Veräußerungskosten.

Uns interessieren hier nur die beiden ersten Leitsätze:

- Ein **vorbehaltenes Nutzungsrecht** führt demnach nicht zur Entgeltlichkeit – ebenso wenig die fortbestehende dingliche Haftung für Schulden des Veräußerers. Die Eigen-

[392] Bundesministerium der Finanzen, Schreiben v. 5.10.2000 – IV C 3-S 2256-263/00, BStBl. I 2000, 1383. Rn. 1 wurde geändert durch BMF-Schreiben v. 7.2.2007, Rn. 34 aufgehoben durch BMF-Schreiben v. 3.9.2019.

[393] BFH Urt. v. 3.9.2019 – IX R 8/18, für BFHE vorgesehen, DStR 2020, 33 = NJW 2020, 358.

tumszeit (oder Nutzungszeit) des Rechtsvorgängers ist daher dem Beschenkten anzurechnen.
- Übernimmt der Übernehmer hingegen schuldrechtlich **Verbindlichkeiten des Übergebers** oder verpflichtet er sich, den Übergeber freizustellen, so ist es kein unentgeltlicher Erwerb mehr iSd § 23 Abs. 1 S. 3 EStG, sondern eine neue Anschaffung, die eine **neue Zehn-Jahres-Frist** auslöst.

Dazu führt der BFH aus:

„a) Ein unentgeltlicher Erwerb liegt vor, wenn der Erwerber keine Gegenleistung erbringt. Das ist zB der Fall, wenn zivilrechtlich eine Schenkung vorliegt (vgl. ...). Die **Übernahme von Schulden** beim Erwerb eines Grundstücks hingegen stellt eine **Gegenleistung** dar. Es liegt in Höhe der Schuldübernahme ein Entgelt vor (vgl. Beschluss des Großen Senats des Bundesfinanzhofs – BFH – vom 05.7.1990 – GrS 4–6/89, BFHE 161, 317, BStBl II 1990, 847, Leitsatz 3; BFH-Urteile vom 06.9.2006 – IX R 25/06, BFHE 215, 465, BStBl II 2007, 265, unter II.1., Rz 8, und vom 17.4.2007 – IX R 56/06, BFHE 218, 53, BStBl II 2007, 956, unter II.1., Rz 10; ...). Denn der Übertragende wird von einer zivilrechtlichen Verbindlichkeit befreit, in die der Übernehmer des Grundstücks eintritt."[394]

Die bloße Duldung der dinglichen Haftung stellt hingegen keine Gegenleistung dar. Auch die nachträgliche Ablösung der Grundschulden durch Zahlung führt nicht zu einer nachträglichen Entgeltlichkeit oder nachträglichen Anschaffungskosten.[395]

c) Teilweise Entgeltlichkeit bei Schuldübernahme

Übernimmt hingegen der Übernehmer Schulden der Übergeber, liegt (insoweit) kein unentgeltlicher Erwerb iSd § 23 Abs. 1 S. 3 EStG mehr vor. In der Regel wird die Schuldübernahme (deutlich) unter dem Verkehrswert des übergebenen Gegenstandes liegen. Bei einer solchen gemischten Schenkung hat eine Aufteilung[396]
- in einen **entgeltlichen Teil** zu erfolgen (für den ggf. bei Veräußerung binnen zehn Jahren nach Anschaffung ein Veräußerungsgewinn nach §§ 22, 23 Abs. 1 Nr. 1 EStG zu versteuern ist) und
- in einen **unentgeltlichen Teil** (bei dem der Anschaffungszeitpunkt durch den Übergeber für die Berechnung der Zehn-Jahres-Frist maßgeblich ist).[397]

d) Einordnung anderer Versorgungsleistungen

Unklar ist die Zuordnung anderer Versorgungsleistungen:
- Der Große Senat des BFH hatte allgemein entschieden, dass Versorgungsleistungen keine Entgeltlichkeit begründen.[398]
- Die Literatur will dies teilweise nicht auf § 23 Abs. 1 S. 3 EStG anwenden, da die Voraussetzungen des § 10 Abs. 1 Nr. 1a EStG im Privatvermögen nicht vorliegen.[399] Das Argument leuchtet mir nicht ein, weil es nicht um die einkommensteuerliche Abzugsfähigkeit der Einnahmen geht, sondern um die Frage, ob die Vorbehalte der Übergeber bzw. Leistungen der Übernehmer einen eigenen Anschaffungstatbestand und damit eine neue Zehn-Jahres-Frist auslösen.
- Jedenfalls **Wart- und Pflege** würde ich aber genauso wie ein Wohnungsrecht (oder Nießbrauch) behandeln und daraus keine Entgeltlichkeit ableiten. Hier ist die Berech-

---

[394] BFH Urt. v. 3.9.2019 – IX R 8/18, Rn. 14.
[395] BFH Urt. v. 3.9.2019 – IX R 8/18, Rn. 24ff.
[396] Vgl. allg. BFH Urt. v. 31.5.2000 – IX R 50/97 und IX R 51/97, BStBl. II 2001, 594; BFH Urt. v. 27.7.2004 – IX R 54/02, BStBl. II 2006, 9; BFH Urt. v. 29.6.2011 – IX R 63/10, BStBl. II 2011, 873.
[397] BeckOK EStG/*Trossen* EStG § 23 Rn. 238.
[398] Vgl. BFH Beschl. v. 5.7.1990 – GrS 4–6/89, BFHE 161, 317 = BStBl. II 1990, 847 = NJW 1991, 254.
[399] BeckOK EStG/*Trossen* EStG § 23 Rn. 234.

nung des Wertes im Vorhinein noch schwieriger als bei einem Wohnungsrecht oder Nießbrauch, da man meist nicht weiß, ob die Wart und Pflege überhaupt je erforderlich wird.
- Auch bei einer **Leibrente** würde ich an die Anschaffung durch die Übergeber anknüpfen. Denn auch für die Leibrente ist die Versorgung der Übergeber maßgeblich, während die genaue Höhe der Belastung der Erwerber im Einzelfall im Vorhinein nicht zuverlässig zu ermitteln ist – und für die Beteiligten auch nur eine untergeordnete Rolle gegenüber der Absicherung der Übergeber spielt. Dies spricht mE ebenfalls für die Fortschreibung der Anschaffung durch die Übergeber und gegen eine Charakterisierung als (teilweise) Neuanschaffung durch die Übernehmer.

3. Nutzung zu eigenen Wohnzwecken

a) BMF-Schreiben

Im BMF-Schreiben heißt es zur Nutzung zu eigenen Wohnzwecken (Hervorhebungen von mir):

„5.3 Nutzung zu eigenen Wohnzwecken
(Rn. 22): Der Steuerpflichtige muss das Wirtschaftsgut zu eigenen Wohnzwecken genutzt haben. Diese Voraussetzung ist erfüllt, wenn er das Wirtschaftsgut allein, mit seinen Familienangehörigen oder gemeinsam mit einem Dritten bewohnt hat. Unschädlich ist, wenn der Steuerpflichtige **Teile des Wirtschaftsguts einem Dritten unentgeltlich zu Wohnzwecken überlassen** hat. Die dem Steuerpflichtigen zu eigenen Wohnzwecken verbleibenden Räume müssen jedoch noch den Wohnungsbegriff erfüllen und ihm die Führung eines selbständigen Haushalts ermöglichen. Ein Wirtschaftsgut wird auch dann zu eigenen Wohnzwecken genutzt, wenn es vom Steuerpflichtigen nur zeitweise bewohnt wird, in der übrigen Zeit ihm jedoch als Wohnung zur Verfügung steht (zB Wohnung im Rahmen einer **doppelten Haushaltsführung,** nicht zur Vermietung bestimmte **Ferienwohnung;** auf die Belegenheit der Wohnung in einem Sondergebiet für Ferien- oder Wochenendhäuser kommt es nicht an).

(Rn. 23): Eine Nutzung zu eigenen Wohnzwecken liegt auch vor, wenn der Steuerpflichtige das Wirtschaftsgut einem Kind, für das er **Anspruch auf Kindergeld** oder einen Freibetrag nach § 32 Abs. 6 EStG hat, unentgeltlich zu Wohnzwecken überlassen hat. Die unentgeltliche Überlassung eines Wirtschaftsguts an andere – auch unterhaltsberechtigte – Angehörige stellt keine Nutzung zu eigenen Wohnzwecken im Sinne des § 23 Abs. 1 Satz 1 Nr. 1 Satz 3 EStG dar. Die Altenteilerwohnung in der Land- und Forstwirtschaft ist kein vom Eigentümer zu eigenen Wohnzwecken genutztes Wirtschaftsgut.

(Rn. 24): Bewohnt ein Miteigentümer eines **Zwei- oder Mehrfamilienhauses** eine Wohnung allein, liegt eine Nutzung zu eigenen Wohnzwecken vor, soweit er die Wohnung auf Grund eigenen Rechts nutzt (vgl. R 164 Abs. 2 Satz 1 EStR 1999 und H 164 „Beispiele zur Überlassung an Miteigentümer“ EStH 1999).“[400]

b) BFH Urt. v. 27.6.2017 – IX R 37/16: Auch Zweit- oder Ferienwohnung dient zu eigenen Wohnzwecken iSd § 23 EStG

Bereits in einer Entscheidung vom 27.6.2017 entschied der BFH zwei wichtige Fragen zur Nutzung zu eigenen Wohnzwecken – beide im Sinne einer weiten Auslegung der Ausnahmevorschrift.

[400] Bundesministerium der Finanzen, Schreiben v. 5.10.2000 – IV C 3-S 2256–263/00.

Kerngehalt der Entscheidung:[401]
Auch Zweit- oder Ferienwohnung dient zu eigenen Wohnzwecken iSd § 23 EStG.

Leitsätze der Entscheidung:

1. Ein Gebäude wird auch dann zu eigenen Wohnzwecken genutzt, wenn es der Steuerpflichtige nur zeitweilig bewohnt, sofern es ihm in der übrigen Zeit als Wohnung zur Verfügung steht. Unter § 23 Abs. 1 Satz 1 Nr. 1 Satz 3 EStG können deshalb auch Zweitwohnungen, nicht zur Vermietung bestimmte Ferienwohnungen und Wohnungen, die im Rahmen einer doppelten Haushaltsführung genutzt werden, fallen.
2. Eine Nutzung zu eigenen Wohnzwecken „im Jahr der Veräußerung und in den beiden vorangegangenen Jahren" (§ 23 Abs. 1 Satz 1 Nr. 1 Satz 3 2. Alternative EStG) liegt vor, wenn das Gebäude in einem zusammenhängenden Zeitraum genutzt wird, der sich über drei Kalenderjahre erstreckt, ohne sie – mit Ausnahme des mittleren Kalenderjahrs – voll auszufüllen.

Hier interessiert uns zunächst nur die Frage, ob auch die Zweit- oder Ferienwohnung der eigenen Wohnnutzung dient. Das Finanzamt hatte vertreten, dass die Veräußerung von Zweitwohnungen steuerlich nicht begünstigt sei, soweit sie nur für Erholungsaufenthalte genutzt würden. Der BFH sieht hingegen **auch Zweit- und Ferienwohnungen** als steuerbegünstigt an:

„a) Der Ausdruck „Nutzung zu eigenen Wohnzwecken" setzt in beiden Alternativen lediglich voraus, dass eine Immobilie zum Bewohnen geeignet ist und vom Steuerpflichtigen auch bewohnt wird. Der Steuerpflichtige muss das Gebäude zumindest auch selbst nutzen; unschädlich ist, wenn er es gemeinsam mit seinen Familienangehörigen oder einem Dritten bewohnt (vgl. Urteile des Bundesfinanzhofs – BFH – vom 23.7.1997 X R 143/94, BFH/NV 1998, 160, unter II.3.a; vom 28.11.2001 X R 27/01, BFHE 197, 218, BStBl II 2002, 145, unter II.1., beide jeweils zu § 10e EStG; vom 18.1.2006 IX R 18/03, BFH/NV 2006, 936, unter II.1.a; vom 25.5.2011 IX R 48/10, BFHE 234, 72, BStBl II 2011, 868, unter II.1.a; BFH-Beschluss vom 28.5.2002 IX B 208/01, BFH/NV 2002, 1284, unter II.2.a; BMF-Schreiben in BStBl I 2000, 1383, Rz 22; Seitz, Deutsches Steuerrecht – DStR – 2001, 277, 280). Eine Nutzung zu „eigenen Wohnzwecken" liegt hingegen nicht vor, wenn der Steuerpflichtige die Wohnung entgeltlich oder unentgeltlich an einen Dritten überlässt, ohne sie zugleich selbst zu bewohnen (vgl. BFH-Urteile in BFH/NV 1998, 160, unter II.3.b; vom 14.3.2000 IX R 8/97, BFHE 191, 502, BStBl II 2001, 66, unter II.1.a, zu § 7 Abs. 5 Satz 2 EStG aF, und in BFHE 197, 218, BStBl II 2002, 145, unter II.1.; Schmidt/Weber-Grellet, EStG, 36. Aufl., § 23 Rz 18)."[402]

Der BFH argumentierte vor allem damit, dass dem Gesetzgeber die Frage der Zweit- und Ferienwohnungen aus anderen Gesetzen bekannt sein musste. Hätte der Gesetzgeber Zweit- und Ferienwohnungen ausnehmen wollen, so hätte er dies ausdrücklich geregelt.

„Die Gegenansicht, wonach eine Nutzung zu „eigenen Wohnzwecken" wie in § 10e EStG und in § 2 Satz 2 des Eigenheimzulagengesetzes (EigZulG) bei einer Nutzung als Zweit- oder Ferienwohnung nicht vorliegen soll (vgl. Schmidt/Weber-Grellet, aaO, § 23 Rz 18; Höck, Finanz-Rundschau 2000, 764, 765; Seitz, DStR 2000, 277, 280) findet im Gesetz keine Stütze. Wenn der Gesetzgeber Zweit- und Ferienwohnungen von der Begünstigung hätte ausnehmen wollen, hätte es nahegelegen, dies – wie in § 10e Abs. 1 Satz 2 EStG und § 2 Satz 2 EigZulG – ausdrücklich zu regeln (vgl. BFH-Urteil in BFHE 178, 140, BStBl II 1995, 720, unter 2.a). Dies ist jedoch nicht geschehen, obwohl der Gesetzgeber in der Vergangenheit die mit der Nutzung von Zweit- oder Ferienwohnungen verbundenen Fragestellungen regelmäßig in den Blick genommen hat. Die Abgrenzung nach der Intensität der Nutzung wäre im Übrigen in der Praxis nicht nur mit

[401] BFH Urt. v. 27.6.2017 – IX R 37/16, BFHE 258, 490 = BStBl. II 2017, 1192 = DStR 2017, 2268.
[402] BFH Urt. v. 27.6.2017 – IX R 37/16, Rn. 12.

erheblichem Ermittlungsaufwand verbunden, sondern würde im Einzelfall auch zu nicht sachgerechten Ergebnissen führen. Steuerpflichtige, die aufgrund fester Arbeitszeiten ihre Zweitwohnung nur an Wochenenden und in den Ferien nutzen können, wären gegebenenfalls von der Begünstigung ausgeschlossen, während Steuerpflichtige, die nicht an feste Arbeitszeiten oder an einen festen Arbeitsplatz gebunden sind und daher die Zweitwohnung häufiger und insbesondere auch an Wochentagen und außerhalb der Ferienzeiten nutzen können, ohne ersichtlichen Grund begünstigt sein könnten (vgl. BFH-Urteil in BFHE 160, 481, BStBl II 1990, 815, unter 2.a). Eine Ungleichbehandlung bestünde gegebenenfalls auch zwischen Steuerpflichtigen, deren Zweitwohnung in einem räumlich nahen Umfeld belegen ist und daher auch nach der Arbeit aufgesucht werden kann, und anderen Steuerpflichtigen, deren Zweitwohnung weiter entfernt liegt und daher nur an Wochenenden und in den Ferien genutzt werden kann."[403]

c) BFH Beschl. v. 29.5.2018 – IX B 106/17: Mit-Wohnnutzung genügt, aber nicht bloße Besuche des Eigentümers

Nach Rn. 22 des BMF-Schreibens liegt bereits dann eine Nutzung zu eigenen Wohnzwecken vor, wenn der Eigentümer die Wohnung „auch" selbst nutzt – und er Teile der Wohnung an andere unentgeltlich überlässt. Bloße Besuche des Eigentümers genügen aber nicht zur eigenen Wohnnutzung.

> Kerngehalt der Entscheidung:[404]
> Bloße Besuche des Eigentümers genügen nicht zur eigenen Wohnnutzung.

Leitsatz der Entscheidung:

Eine Nutzung zu eigenen Wohnzwecken auf der Grundlage der BFH-Entscheidung vom 27.6.2017 IX R 37/16 (BFHE 258, 490, BStBl II 2017, 1192) liegt nicht vor, wenn die Wohnung dem Steuerpflichtigen nicht als Wohnung zur Verfügung steht, sondern von einem Dritten zu Wohnzwecken genutzt wird und der Steuerpflichtige sich dort nur gelegentlich besuchsweise aufhält.

d) BFH Urt. v. 21.5.2019 – IX R 6/18: Überlassung an Angehörige ist keine „Nutzung zu eigenen Wohnzwecken"

Vorsicht: Kriterium ist nicht die Vermietung, sondern die **„Nutzung zu eigenen Wohnzwecken"**.

Das BMF-Schreiben stellt es in Rn. 23 einer Eigennutzung gleich, wenn der Eigentümer die Wohnung „an ein Kind, für das er **Anspruch auf Kindergeld** oder einen Freibetrag nach § 32 Abs. 6 EStG hat, unentgeltlich zu Wohnzwecken" überlässt.

Die Überlassung an andere Angehörige – auch an andere unterhaltsberechtigte Angehörige zu deren eigenen Wohnzwecken – ist hingegen keine Nutzung zu eigenen Wohnzwecken und damit steuerschädlich. Dies bestätigte der BFH erst kürzlich.

> Kerngehalt der Entscheidung:[405]
> Überlassung an Angehörige ist keine „Nutzung zu eigenen Wohnzwecken" iSd § 23 Abs. 1 S. 1 Nr. 1 und S. 3 EStG.

[403] BFH Urt. v. 27.6.2017 – IX R 37/16, Rn. 15.
[404] BFH Beschl. v. 29.5.2018 – IX B 106/17, BFH/NV 2018, 951 = MittBayNot 2019, 91.
[405] BFH Urt. v. 21.5.2019 – IX R 6/18, BFH/NV 2019, 1227 = ZfIR 2019, 776.

Leitsätze der Entscheidung:

1. Eine „Nutzung zu eigenen Wohnzwecken" iSd § 23 Abs. 1 Satz 1 Nr. 1 Satz 3 EStG liegt nicht vor, wenn der Steuerpflichtige die einem Angehörigen unentgeltlich überlassene Wohnung zeitweilig für wenige Nächte im Jahr als Zufluchtsmöglichkeit (mit-)nutzt, um einer wegen der Alkoholerkrankung des Ehepartners in der gemeinsamen Ehewohnung unerträglich gewordenen Situation zu entfliehen.
2. Eine unter Zwang zustande gekommene Vermögensmehrung liegt nicht vor, wenn im Zeitpunkt der Veräußerung (§ 23 Abs. 1 Satz 1 Nr. 1 Satz 1 EStG) die zuständige Behörde zwar beabsichtigte, dem betroffenen Steuerpflichtigen ein Rückbaugebot aufzuerlegen, eine dahingehende Anordnung jedoch noch nicht unmittelbar bevorstand.

Auch hier führt der BFH zunächst aus, dass eine Mitnutzung zu eigenen Wohnzwecken der Eigentümerin genügen würde, wenn sie die übrigen Teile der Wohnung unentgeltlich zur Wohnnutzung überlässt (vgl. Rn. 22 des BMF-Schreibens):

„a) Ausgenommen von der Besteuerung sind nach § 23 Abs. 1 Satz 1 Nr. 1 Satz 3 EStG Wirtschaftsgüter, die im Zeitraum zwischen Anschaffung oder Fertigstellung und Veräußerung ausschließlich zu eigenen Wohnzwecken (1. Alternative) oder im Jahr der Veräußerung und in den beiden vorangegangenen Jahren zu eigenen Wohnzwecken (2. Alternative) genutzt wurden. Eine „Nutzung zu eigenen Wohnzwecken" setzt in beiden Alternativen voraus, dass eine Immobilie zum Bewohnen geeignet ist und vom Steuerpflichtigen bewohnt wird. Der Steuerpflichtige muss das **Gebäude zumindest „auch" selbst nutzen;** unschädlich ist, wenn er es gemeinsam mit seinen Familienangehörigen oder einem Dritten bewohnt. Eine Nutzung zu „eigenen Wohnzwecken" liegt hingegen nicht vor, wenn der Steuerpflichtige die Wohnung entgeltlich oder unentgeltlich an einen Dritten überlässt, ohne sie zugleich selbst zu bewohnen (Urteil des Bundesfinanzhofs – BFH – vom 27.6.2017 – IX R 37/16, BFHE 258, 490, BStBl II 2017, 1192, mit zahlreichen weiteren Nachweisen)."[406]

Wertungsmäßig einer eigenen Nutzung gleich steht die Nutzung durch **Kinder,** für die der Eigentümer einen **Kindergeldanspruch** hat.

„c) Eine „Nutzung zu eigenen Wohnzwecken" ist im Rahmen des § 23 Abs. 1 Satz 1 Nr. 1 Satz 3 EStG so zu verstehen wie in § 10e EStG und in § 4 des Eigenheimzulagengesetzes (BFH-Urteil vom 18.1.2006 – IX R 18/03, BFH/NV 2006, 936). Danach liegt eine Nutzung zu eigenen Wohnzwecken auch vor, wenn der Steuerpflichtige Teile einer zu eigenen Wohnzwecken genutzten Wohnung oder die Wohnung insgesamt einem einkommensteuerlich zu berücksichtigenden Kind (§ 32 EStG) unentgeltlich zur teilweisen oder alleinigen Nutzung überlässt. Die Nutzung der Wohnung durch das Kind ist dem Eigentümer in diesem Fall als eigene zuzurechnen, weil es ihm im Rahmen seiner unterhaltsrechtlichen Verpflichtung obliegt, für die Unterbringung des Kindes zu sorgen (BFH-Urteil vom 18.1.2011 – X R 13/10, BFH/NV 2011, 974, mwN.)."[407]

Eine Nutzung durch andere Angehörige genügt jedoch nicht. Im zugrunde liegenden Fall hatte die Eigentümerin die Wohnung an ihre erwachsene Tochter, für die kein Kindergeldanspruch mehr bestand, unentgeltlich zur Wohnnutzung überlassen. Dies genügte nicht. Ebenso wenig genügte, dass die Eigentümerin hin und wieder in der Wohnung nächtigte, wenn sie es zuhause wegen ihres Ehemannes nicht mehr aushielt. Das war nur ein Notfall und zu selten, um eine eigene Wohnnutzung zu begründen.

---

[406] BFH Urt. v. 21.5.2019 – IX R 6/18, Rn. 16.
[407] BFH Urt. v. 21.5.2019 – IX R 6/18, Rn. 16.

4. Mindestzeitraum für eigene Wohnnutzung

Liest man die gesetzliche Regelung zur Mindestdauer der eigenen Wohnnutzung, so muss man zwei Missverständnisse vermeiden:

- Die Eigennutzung während der **gesamten Eigentumszeit** ist nur erforderlich, wenn zwischen Anschaffung und Veräußerung **nur zwei Jahre** oder weniger lagen.
- Bei einem **längeren Zeitraum als zwei Jahren** kommt es hingegen nur auf die drei letzten Kalenderjahre an. Anders als man bei unbefangener Gesetzeslektüre meinen könnte, muss die Eigennutzung aber nicht während des ganzen Kalenderjahres der Veräußerung und der beiden vorhergehenden Kalenderjahre bestehen. Vielmehr genügt ein zusammenhängender Zeitraum der Nutzung zu eigenen Wohnzwecken, der sich über drei Kalenderjahre erstreckt, ohne sie – mit Ausnahme des mittleren Kalenderjahrs – voll auszufüllen; das heißt die **ununterbrochene Eigennutzung** muss das **ganze Kalenderjahr vor der Veräußerung + mindestens den 31. Dezember im Kalenderjahr davor + mindestens den 1. Januar im Kalenderjahr der Veräußerung** umfassen (besser jeweils den gesamten Kalendermonat).

a) BMF-Schreiben

Zum maßgeblichen Nutzungszeitraum heißt es in dem BMF-Schreiben:

„**5.4 Zeitlicher Umfang der Nutzung zu eigenen Wohnzwecken**

(Rn. 25): Von der Besteuerung des Veräußerungsgewinns sind Wirtschaftsgüter ausgenommen, die ausschließlich, dh **ununterbrochen**

- vom Zeitpunkt der Anschaffung oder Fertigstellung bis zur Veräußerung zu eigenen Wohnzwecken genutzt wurden. Für die Bestimmung des Zeitpunkts der Anschaffung und der Veräußerung ist in diesem Zusammenhang jeweils auf den Zeitpunkt der Übertragung des wirtschaftlichen Eigentums abzustellen. Ein **Leerstand vor Beginn** der Nutzung zu eigenen Wohnzwecken ist unschädlich, wenn er mit der beabsichtigten Nutzung des Wirtschaftsguts zu eigenen Wohnzwecken in Zusammenhang steht. Dies gilt auch für einen **Leerstand zwischen Beendigung der Nutzung** zu eigenen Wohnzwecken und Veräußerung des Gebäudes, wenn der Steuerpflichtige die Veräußerungsabsicht nachweist;
- im Jahr der Veräußerung und in den beiden vorangegangenen Jahren, dh in einem **zusammenhängenden Zeitraum innerhalb der letzten drei Kalenderjahre,** der nicht die vollen drei Kalenderjahre umfassen muss, zu eigenen Wohnzwecken genutzt wurden. Ein Leerstand zwischen Beendigung der Selbstnutzung und Veräußerung ist unschädlich, wenn das Wirtschaftsgut im Jahr der Beendigung der Nutzung zu eigenen Wohnzwecken und in den beiden vorangegangenen Jahren zu eigenen Wohnzwecken genutzt wurde.

Beispiel: Eine Eigentumswohnung, die A im Jahr 1995 angeschafft und anschließend vermietet hatte, wird nach Beendigung des Mietverhältnisses im **Dezember 1998 bis zur Veräußerung im Januar 2000 von ihm zu eigenen Wohnzwecken genutzt.** Da A die Wohnung im Jahr der Veräußerung und in den beiden vorangegangenen Jahren zu eigenen Wohnzwecken genutzt hat, unterliegt ein erzielter Veräußerungsgewinn nicht der Besteuerung. Hätte A die Eigentumswohnung im Jahr 1999 auch nur kurzfristig zu anderen Zwecken genutzt (zB vorübergehende Fremdvermietung), wäre der erzielte Veräußerungsgewinn zu versteuern.

(Rn. 26): Bei unentgeltlichem Erwerb (Gesamtrechtsnachfolge, unentgeltliche Einzelrechtsnachfolge) ist die Nutzung des Wirtschaftsguts zu eigenen Wohnzwecken durch den Rechtsvorgänger dem Rechtsnachfolger zuzurechnen.

(Rn. 27): Werden in das zu eigenen Wohnzwecken genutzte Wirtschaftsgut innerhalb des Zehnjahreszeitraums bisher zu anderen Zwecken genutzte Räume einbezogen, unterliegt ein auf diese Räume entfallender Veräußerungsgewinn nur dann nicht der Besteuerung, wenn die bisher zu anderen Zwecken genutzten Räume in einem zusammenhängenden Zeitraum innerhalb der letzten drei Kalenderjahre vor der Veräußerung zu eigenen Wohnzwecken genutzt wurden."

b) BFH Urt. v. 27.6.2017 – IX R 37/16: Berechnung der Mindestfrist

Dieselbe Berechnung nimmt die Rechtsprechung vor.

Leitsätze der Entscheidung:[408]

1. [...]
2. Eine Nutzung zu eigenen Wohnzwecken „im Jahr der Veräußerung und in den beiden vorangegangenen Jahren" (§ 23 Abs. 1 Satz 1 Nr. 1 Satz 3 2. Alternative EStG) liegt vor, wenn das Gebäude in einem zusammenhängenden Zeitraum genutzt wird, der sich über drei Kalenderjahre erstreckt, ohne sie – mit Ausnahme des mittleren Kalenderjahrs – voll auszufüllen.

Der BFH zitiert dafür ausdrücklich das BMF-Schreiben:

„d) § 23 Abs. 1 Satz 1 Nr. 1 Satz 3 1. Alternative EStG setzt voraus, dass die Wohnung im Zeitraum zwischen Anschaffung oder Fertigstellung und Veräußerung ausschließlich zu eigenen Wohnzwecken genutzt worden ist. § 23 Abs. 1 Satz 1 Nr. 1 Satz 3 2. Alternative EStG verlangt demgegenüber eine Nutzung zu eigenen Wohnzwecken im Jahr der Veräußerung und in den beiden vorangegangenen Jahren. Im Jahr der Veräußerung und im zweiten Jahr vor der Veräußerung muss die Nutzung zu eigenen Wohnzwecken nicht während des gesamten Kalenderjahrs vorgelegen haben. Es **genügt ein zusammenhängender Zeitraum der Nutzung zu eigenen Wohnzwecken, der sich über drei Kalenderjahre erstreckt, ohne sie – mit Ausnahme des mittleren Kalenderjahrs – voll auszufüllen** (vgl. BMF-Schreiben in BStBl I 2000, 1383, Rz 25; [...])."[409]

c) BFH Urt. v. 3.9.2019 – IX R 10/19: Kurzfristige Vermietung nur im Jahr der Veräußerung nach Ende der Eigennutzung unschädlich

In logischer Konsequenz heißt dies, dass eine Vermietung nur im Jahr der Veräußerung nach Ablauf einer mindestens Eigennutzung (die sich auch auf mindestens einen Tag des Veräußerungsjahres erstreckte) unschädlich ist.

Kerngehalt der Entscheidung:[410]

Kurzfristige Vermietung nur im Jahr der Veräußerung nach Ende der zweijährigen Eigennutzung unschädlich.

Leitsatz der Entscheidung:

Wird eine Wohnimmobilie im Jahr der Veräußerung kurzzeitig vermietet, ist dies für die Anwendung der Ausnahmevorschrift des § 23 Abs. 1 Satz 1 Nr. 1 Satz 3 2. Alternative EStG unschädlich, wenn der Steuerpflichtige das Immobilienobjekt – zusammenhängend – im Veräußerungsjahr zumindest an einem Tag, im Vorjahr durchgehend sowie im zweiten Jahr vor der Veräußerung zumindest einen Tag lang zu eigenen Wohnzwecken genutzt hat.

Entscheidend ist, dass vorher die Eigennutzung ununterbrochen war (also sich von einem Zeitpunkt im zweiten Jahr vor der Veräußerung über das gesamte Vorjahr ununterbrochen bis ins Jahr der Veräußerung erstreckte). Daher spricht man besser nur von einer

[408] BFH Urt. v. 27.6.2017 – IX R 37/16, BFHE 258, 490 = BStBl. II 2017, 1192 = DStR 2017, 2268.
[409] BFH Urt. v. 27.6.2017 – IX R 37/16, Rn. 16.
[410] BFH Urt. v. 3.9.2019 – IX R 10/19, BFH/NV 2020, 14 = DStR 2019, 2471 mAnm *Morawitz* = DStRK 2019, 337 mAnm *Weiss*.

kurzfristigen Vermietung – nicht von einer Zwischenvermietung. Auch muss die Eigennutzung zumindest noch am ersten Tag des Veräußerungsjahres bestanden haben. Daher kann es nur eine kurzfristige Vermietung sein.

Die Entscheidung ist zwar logisch. Aber das Gesetz führt in der Auslegung der Rechtsprechung teilweise zu unterschiedlichen Ergebnissen, wo wertungsmäßig kein Unterschied zu erwarten gewesen wäre:

- Hat der Eigentümer die Wohnung vom 1.12. des Jahres 01 bis zum 31.1. des Jahres 03 genutzt, dann vom 1.2. des Jahres 03 an vermietet und im Dezember 03 veräußert (= gesamtes Vorjahr + mindestens Dezember Vor-Vorjahr + mindestens Januar des Veräußerungsjahres), ist ein Veräußerungsgewinn nicht nach § 23 Abs. 1 Nr. 1 EStG zu versteuern.
- Verschiebt man die Nutzung hingegen um zwei Monate von 1.10. des Jahres 01 bis zum 30.11. des Jahres 02, so würde bei Veräußerung im Jahr 03 selbst eine kürzere Vermietung den Veräußerungsgewinn steuerbar machen.

XIV. Kein Provisionsanspruch des Verkäufermaklers bei Vertrag mit einem dem ursprünglichen Kaufinteressenten nahestehenden Dritten

1. Maklerkunde verkauft an Geschäftsführer der ihm vom Makler als Kaufinteressenten nachgewiesenen GmbH

Kerngehalt der Entscheidung:

Kein Maklerlohn bei Kauf durch Alleingesellschafter der dem Maklerkunden nachgewiesenen GmbH.

Leitsatz der Entscheidung:

Der Verkäufermakler hat keinen Provisionsanspruch, wenn der Verkäufer mit einem Dritten abschließt – auch nicht, wenn dieser mit einem nachgewiesenen Kaufinteressenten gesellschaftsrechtlich verbunden ist.

BGH Urt. v. 21.11.2018 – I ZR 10/18[411]

Sachverhalt: Der Eigentümer eines mit einem Gefahrgutlager bebauten Gewerbegrundstücks hatte einen **(Verkäufer-)Makler** beauftragt. Der Makler wies unter anderem eine GmbH als Kaufinteressentin nach, deren Geschäftsführer das Grundstück besichtigte. Es kaufte dann aber nicht die GmbH, sondern deren Geschäftsführer persönlich (der wohl auch Alleingesellschafter war).

Die **prozessuale Situation** war ungewöhnlich: Es klagte nicht etwa der (Verkäufer-)Makler gegen den Verkäufer, sondern der **Verkäufer gegen den Käufer.** Der Makler trat im Prozess lediglich als Streithelfer des Verkäufers auf. Denn im Vertrag war geregelt: „Sollte der Veräußerer zur Zahlung einer Maklernachweisprovision verpflichtet werden, so ist der Erwerber verpflichtet, dem Veräußerer die Provision bis zur Höhe von 3 Prozent vom Hundert des Bruttokaufpreises zuzüglich Umsatzsteuer zu erstatten."[412]

Der Makler hatte dem Verkäufer eine Rechnung gestellt, die der Verkäufer auch zahlte. Der Käufer weigerte sich aber, die Maklerprovision zu übernehmen. Es ging um mehr als 100.000,– EUR Maklerprovision (plus Mehrwertsteuer).

[411] BGH Urt. v. 21.11.2018 – I ZR 10/18, DNotZ 2019, 529 = NJW 2019, 1803 mit ablehnender Anm. *Würdinger.* Vgl. *Hogenschurz,* Zur Entwicklung des Maklerrechts seit 2018, ZfIR 2019, 329.

[412] BGH Urt. v. 21.11.2018 – I ZR 10/18, Rn. 3.

Entscheidung: Der BGH handelt in seiner Begründung erst zwei mögliche Anspruchsgründe ab, die uns hier nicht näher interessieren sollen:

Zum einen hatte der Verkäufer vorgetragen, der Käufer müsse aufgrund der vorstehend zitierten **Vertragsklausel** schon zahlen, wenn der Makler vom Verkäufer eine Provision angefordert habe – gleich ob zu recht oder zu unrecht. Die Vorinstanzen hatten die Klausel aber – wohl zu recht – anders ausgelegt als vom Verkäufer vorgetragen. Denn wenn die Zahlungspflicht als unbedingte gemeint gewesen wäre, wäre sie wohl auch so formuliert worden. Hier wollte der Käufer (wie typischerweise) nur zahlen, wenn es sich nicht vermeiden ließ.

Dann prüfte der BGH, ob der Makler möglicherweise eine **Vermittlungstätigkeit** erbracht habe. Vorliegend hatte er das Grundstück aber nur bei einer Besichtigung gezeigt und bei Fragen der GmbH dieser die ihm vom Eigentümer erteilten Auskünfte an die GmbH weitergeleitet. Das genügte nicht als Vermittlungstätigkeit.

Auch einen Maklerlohnanspruch wegen **Nachweis** des Kaufinteressenten lehnte der BGH ab. Der Makler hatte nur die GmbH als Kaufinteressenten nachgewiesen. Gekauft hatte jedoch deren Alleingesellschafter-Geschäftsführer. Dies genügt nach der BGH-Entscheidung nicht für einen Provisionsanspruch.

Dieses Ergebnis überrascht zunächst, wenn man ältere BGH-Entscheidungen ansieht. Betrachten wir also zunächst die zwei letzten Leitentscheidungen des BGH zu einem Maklerlohnanspruch bei wirtschaftlicher Identität.

2. Abgrenzung zu älteren BGH-Entscheidungen

a) BGH Urt. v. 5.10.1995 – III ZR 10/95: Maklerlohn auch geschuldet, wenn Parallel-GmbH des Makler-Auftraggebers kauft

Leitsatz der Entscheidung:

Wird das einer GmbH durch einen Makler nachgewiesene Grundstück durch eine andere GmbH erworben, die von denselben Gesellschaftern mit demselben Gesellschaftszweck später gegründet worden ist, so erwächst dem Makler daraus ein Provisionsanspruch gegen die erstgenannte GmbH.

BGH Urt. v. 5.10.1995 – III ZR 10/95[413]

Sachverhalt: Den Maklerauftrag an den **Käufermakler** hatte eine GmbH in Gründung erteilt. Den Kaufvertrag schloss eine andere, erst nach Erteilung des Maklerauftrags gegründete GmbH ab, die dieselben Gesellschafter und denselben Geschäftszweck hatte.

Entscheidung: Nach BGH schuldete die ursprüngliche Auftraggeberin die Maklerprovision.

b) BGH Urt. v. 8.4.2004 – III ZR 20/03: Maklerlohn auch geschuldet, wenn Vater und Bruder der Maklerkundin kaufen

Leitsatz der Entscheidung:

Die wirtschaftliche Identität des beabsichtigten Vertrags mit dem tatsächlich abgeschlossenen kann beim Erwerb des nachgewiesenen Objekts durch einen Dritten bejaht werden, wenn zwischen dem Maklerkunden und dem Dritten enge persönliche und wirtschaftliche Beziehungen bestehen. Dafür ist nicht erforderlich, daß der Maklerkunde bewußt nur vorgeschoben wurde.

[413] NJW 1995, 3311.

BGH Urt. v. 8.4.2004 – III ZR 20/03[414]

Sachverhalt: Eine Kaufinteressentin hatte einen **Käufermakler** beauftragt. Anstelle der Maklerkundin kauften ihr Vater und Bruder das Grundstück. Die Maklerkundin sollte das darauf zu errichtende Gebäude aber mit bewohnen.

Entscheidung: Nach BGH bestand ein Maklerlohnanspruch.

c) Unterschied: Näheverhältnis auf Seiten des Maklerkunden = Maklerhonoraranspruch – Näheverhältnis auf Seiten des nachgewiesenen Interessenten = kein Maklerhonoraranspruch

Auf den ersten Blick widersprechen sich die Entscheidungen:
- Die Parallel-GmbH kauft → Es besteht ein Maklerlohnanspruch.
- Vater und Bruder kaufen → Es besteht ein Maklerlohnanspruch.
- Der Alleingesellschafter-Geschäftsführer der GmbH kauft → Es besteht **kein** Maklerlohnanspruch.

Die Nähe zwischen den Beteiligten ist in allen drei Fällen in etwa dieselbe oder jedenfalls nicht relevant unterschiedlich.

Der BGH gibt die **ältere Rechtsprechung** auch nicht etwa auf, sondern zitiert sie **zustimmend.**

„Nach der Rechtsprechung des Bundesgerichtshofs kommt es, wenn der Makler seinem Auftraggeber ein Objekt zum Kauf nachweist und nicht dieser, sondern ein Dritter das Objekt erwirbt, darauf an, ob der Maklerkunde im Hinblick auf seine Beziehung zu dem Erwerber gegen Treu und Glauben verstieße, wenn er sich darauf beriefe, der ursprünglich von ihm erstrebte Vertrag sei nicht von ihm, sondern von einem Dritten abgeschlossen worden (BGH, Urteil vom 5.10.1995 – III ZR 10/95, NJW 1995, 3311). Der Hinweis auf den Grundsatz von Treu und Glauben ist nicht so zu verstehen, dass ein solcher Ausnahmetatbestand allein in ausgesprochenen Umgehungsfällen in Betracht käme, wenn also der Maklerkunde bewusst nur vorgeschoben wird und das Objekt von vornherein durch einen nicht an den Maklervertrag gebundenen Dritten erworben werden soll. Entscheidend ist vielmehr, dass bei besonders engen persönlichen oder wirtschaftlichen Bindungen der Vertragsschluss dem Maklerkunden im wirtschaftlichen Erfolg häufig ähnlich zugutekommt wie ein eigener, der Abschluss des Vertrags darum auch für die Verpflichtung zur Zahlung einer Maklerprovision einem eigenen Geschäft gleichzusetzen ist. Der Kunde kann nicht die Vorteile, die sich aus der Tätigkeit des von ihm beauftragten Maklers ergeben, für sich in Anspruch nehmen, die damit verbundenen Nachteile, das heißt die Zahlung eines Maklerlohns, jedoch ablehnen. Umstände solcher Art können etwa vorliegen, wenn der Kunde an dem abgeschlossenen Geschäft selbst weitgehend beteiligt ist, wenn zwischen dem Kunden und dem Erwerber eine feste, auf Dauer angelegte, in der Regel familien- oder gesellschaftsrechtliche Bindung besteht oder wenn der Maklerkunde über eine vom Erwerber erteilte Vollmacht mit diesem rechtlich und wirtschaftlich eng verbunden ist und er durch eine Anmietung des Anwesens von dem Kauf selbst profitiert (BGH, Urteil vom 8.4.2004 – III ZR 20/03, NJW-RR 2004, 851).“[415]

Wo also liegt der Unterschied? In den bisherigen Fallkonstellationen ging es um **Käufer-,** jetzt aber um einen **Verkäufermakler.**
- In den beiden Fällen aus den Jahren 1995 und 2004 war jeweils ein Nahestehender **auf Seiten des Maklerkunden** Vertragspartner geworden.
- Im jetzigen Fall bestand hingegen das Näheverhältnis **nicht zum Maklerkunden,** sondern auf der anderen Vertragsseite, zu dem zuerst als Interessenten Nachgewiesenen.

„Diese Rechtsprechung führt nicht dazu, dass die Klägerin der Streithelferin gegenüber zur Zahlung einer Provision verpflichtet ist. Sie betrifft Fälle, in denen der **Käufermakler** eine Nach-

[414] NZM 2004, 428.
[415] BGH Urt. v. 21.11.2018 – I ZR 10/18, Rn. 40.

weistätigkeit gegenüber seinem Kunden entfaltet, jedoch nicht dieser selbst, sondern ein Dritter das in Rede stehende Objekt erworben hat. In solchen Fällen wird das nachgewiesene mit dem tatsächlich abgeschlossenen Geschäft als persönlich und wirtschaftlich identisch angesehen, weil es dem Maklerkunden wie ein eigenes Geschäft zugute kommt.

Die Gründe, die eine solche Gleichsetzung rechtfertigen, kommen im Streitfall nicht zum Tragen. Hier steht zwar eine Nachweistätigkeit der Streithelferin gegenüber der Klägerin fest. Anders als in den vom Bundesgerichtshof bislang entschiedenen Fällen ist die Streithelferin hier jedoch nicht Käufer-, sondern **Verkäufermaklerin.** Außerdem hat **kein vom Maklerkunden verschiedener Dritter das Geschäft abgeschlossen,** sondern die Klägerin selbst. Soweit zwischen dem Beklagten und der F. GmbH so enge wirtschaftliche Beziehungen bestanden, dass die F. GmbH, wenn sie Kundin der Streithelferin gewesen wäre, infolge des ihr gegenüber geführten Nachweises bei einem Erwerb durch den Beklagten zur Zahlung einer Maklerprovision verpflichtet gewesen wäre, ist dies im Streitfall unerheblich."[416]

Das beim Käufermakler angewendete Kriterium der **wirtschaftlichen Identität** wäre **beim Verkäufermakler sinnlos.** Denn aus Sicht des Verkäufers sei jeder Verkauf zu dem angestrebten Kaufpreis wirtschaftlich identisch.

„**Wirtschaftlich identisch** ist ein Kaufvertrag **für den Verkäufer mit jedem Erwerber,** der bereit und in der Lage ist, den geforderten Kaufpreis zu zahlen. Kommt nach Abschluss des Maklervertrags ein Kaufvertrag zustande, ist der Verkäufer jedoch nicht in jedem Fall zur Zahlung einer Provision verpflichtet. Das Entstehen einer Provisionspflicht des Verkäufers setzt voraus, dass der Verkäufermakler eine provisionsauslösende Tätigkeit entfaltet (vgl. OLG Karlsruhe, NJW-RR 1988, 249, 250). Wenn nichts anderes vereinbart ist, wird der Makler für seine vertragsgemäße Tätigkeit belohnt, falls diese den mit dem Maklervertrag angestrebten Erfolg erreicht hat. Er wird dabei nicht belohnt für den Erfolg schlechthin, sondern für einen Arbeitserfolg (BGH, Urteil vom 27.1.1988 – IVa ZR 237/86, NJW-RR 1988, 942). Im Streitfall hat die Streithelferin zwar durch die Benennung der F. GmbH eine Nachweistätigkeit erbracht. Diese hat jedoch nicht zu dem angestrebten Erfolg und dem Abschluss eines Kaufvertrags mit diesem Unternehmen geführt. Das Berufungsgericht hat deshalb zu Recht angenommen, dass es an einer vergütungspflichtigen Maklerleistung der Streithelferin fehlt."[417]

Der BGH stützt den Maklerlohnanspruch auf **Treu und Glauben.** Es sei zwar nicht erforderlich, dass der Maklerkunde bewusst zur Umgehung gehandelt habe, sondern es genüge die objektive Nähe. Aber offenbar spielt die Möglichkeit der Umgehung doch eine Rolle für den BGH. Denn die Umgehungsgefahr ist natürlich auf Seiten des Maklerkunden höher, wenn er dadurch 3,47% des Kaufpreises „einsparen" kann. Daher führt der BGH hier als zusätzliches Argument auch an, dass die Initiative, dass nicht die GmbH, sondern deren Alleingesellschafter-Geschäftsführer kauft, nicht vom Maklerkunden, sondern vom Erwerber ausging.

„Nach den Feststellungen des Berufungsgerichts ist zudem nicht die Klägerin an den Beklagten zum Zwecke des Verkaufs des Objekts herangetreten, sondern hat umgekehrt der Beklagte Interesse an einem eigenen Erwerb des Objekts durch ihn selbst bekundet. Die Klägerin ist deshalb durch den Grundsatz von Treu und Glauben nicht gehindert, sich gegenüber der Streithelferin darauf zu berufen, dass nicht die F. GmbH das Objekt erworben hat, sondern der Beklagte."[418]

[416] BGH Urt. v. 21.11.2018 – I ZR 10/18, Rn. 41–42.
[417] BGH Urt. v. 21.11.2018 – I ZR 10/18, Rn. 43.
[418] BGH Urt. v. 21.11.2018 – I ZR 10/18, Rn. 44.

d) Konsequenz: Bei Verkäufermakler Maklerhonorar nur bei formaler Identität von nachgewiesenem Interessenten und Käufer

In Konsequenz der BGH-Entscheidung vom 21.11.2018 hat ein Verkäufermakler nur Provisionsanspruch, wenn einer der formal von ihm Benannten kauft. Möglicherweise kann man noch einen Anspruch begründen, wenn der Verkäufer von sich aus vorschlägt, dass doch ein dem Nachgewiesenen Nahestehender kauft (damit der Verkäufer sich das Maklerhonorar spart). Aber im Regelfall ist der Anspruch beim Verkäufermakler auf die formal Benannten begrenzt.

Würdinger hat dies in seiner Entscheidungsanmerkung kritisiert.[419] Auch ich halte die Differenzierung des **BGH nicht für überzeugend.** Die Möglichkeit, eine Vertragspartei durch eine ihr nahestehende zu ersetzen, besteht natürlich nur auf Käufer-, kaum auf Verkäuferseite (es sei denn, zwei Töchter eines Konzerns schieben das Grundstück schnell hin oder her). Aber wenn man nicht auf die Umgehung abstellt, sondern auf die wirtschaftliche Identität, so leuchtet mir nicht ein, warum bei derselben Fallkonstellation der Käufermakler eine Provision bekommen soll, der Verkäufermakler hingegen nicht.

Der BGH meint, aus Sicht des Verkäufers sei jeder Verkauf zu dem vom Verkäufer gewünschten Kaufpreis wirtschaftlich identisch. Aber wer sagt, dass man nur aus Sicht des Verkäufers prüfen muss? Prüft die **wirtschaftliche und persönliche Identität für das gesamte Rechtsgeschäft,** so hat man auch beim Verkäufermakler ein sinnvolles Abgrenzungskriterium.

Eine solche Abgrenzung passt mE auch wertungsmäßig: Der Makler hat nachgewiesen, dass ein bestimmtes Unternehmen Interesse an dem Grundstück haben könnte. Ob dann das Unternehmen selbst, dessen Mutter, Tochter oder Schwester kauft, kann doch keinen Wertungsunterschied machen. Im Kauf kommt noch der Nachweis durch den Makler zum Tragen. Und damit kann man sehr wohl vom Verkauf durch Hinz und Kunz abgrenzen – oder vom Kauf durch einen bloßen Freund oder Geschäftspartner des ersten nachgewiesenen Unternehmens, der von diesem von der Kaufmöglichkeit erfahren hat.

Bisher kann der Makler das Problem vermeiden, indem er sich vom **Erwerbsinteressenten** vor dem Nachweis ebenfalls einen **Maklerauftrag** unterschreiben lässt. Denn dann wäre es ein **Käufermakler,** bei dem der Kunde auch zahlen muss, wenn nicht er kauft, sondern ein wirtschaftlich identisches Geschäft zustande kommt. Das geht nicht mehr, wenn der Gesetzgeber, wie erwogen, auch beim Grundstücksverkauf das strenge Auftraggeberprinzip einführt.

Ebenso kann der Makler überlegen, neben dem Unternehmen selbst vorsorglich auch dessen hauptsächliche **Gesellschafter und Geschäftsführer als mögliche Interessenten zu benennen.** Jedoch muss der Nachgewiesene auch prinzipiell bereit zum Abschluss eines Vertrages sein, so dass der Makler nicht einfach unbesehen jeden aus dem Umfeld der Gesellschaft benennen kann.

[419] *Würdinger* NJW 2019, 1806.

XV. Aufhebung der Verbrauchsgüterkaufrichtlinie 1999/44 durch die Richtlinie 2019/771 zum 1.1.2022

Nachdem sich alle Beteiligten an die Verbrauchsgüterkaufrichtlinie 1999/44 gewöhnt haben, die 2002 auch einen wesentlichen Impuls zur Schuldrechtsmodernisierung gab, wurde sie mit Wirkung zum 1. 1. 2022 durch die Richtlinie (EU) 2019/771 des Europäischen Parlaments und des Rates vom 20. 5. 2019 über bestimmte vertragsrechtliche Aspekte des Warenkaufs, zur Änderung der Verordnung (EU) 2017/2394 und der Richtlinie 2009/22/EG sowie zur Aufhebung der Richtlinie 1999/44/EG[420] aufgehoben. Für Grundstücksverträge erscheint dies auf den ersten Blick bedeutungslos, weil die Richtlinie (wie bereits die Richtlinie 1999/44) nur für Kaufverträge zwischen Verbrauchern und Unternehmern über Waren, dh bewegliche körperliche Gegenstände gilt. Allerdings ist bereits die Richtlinie 1999/44 in Deutschland überschießend umgesetzt worden, so dass im Rahmen des Umsetzungsprozesses ggf. auch eine Anpassung des allgemeinen Kaufrechts diskutiert werden könnte. Dies hätte erhebliche Folgen etwa für das Sachmängelgewährleistungsrecht, weil die neue Richtlinie 2019/771 einen Vorrang der objektiven vor der subjektiven Vertragsmäßigkeit vorsieht und nur in engen Ausnahmefällen eine „negative Beschaffenheitsvereinbarung" erlaubt (vgl. Art. 6, 7, 7 Abs. 5 RL 2019/771).

[420] ABl. 2019 L 136, 28–50.

B. Grundstücksgeschäfte mit ausländischen Beteiligten

I. Anwendbares Recht auf Verpflichtung und Verfügung

Unmittelbare Folge eines Grundstücksgeschäfts mit ausländischen Beteiligten ist die Frage nach dem anwendbaren Recht. Indes wirft dies bei Grundstückverträgen idR keine größeren Probleme auf: Für **dingliche Fragen** findet für in Deutschland belegene Grundstücke stets deutsches Recht Anwendung (Art. 43 Abs. 1 EGBGB), und auch die deutschen **Formvorschriften** für dingliche Fragen (§ 925 Abs. 1 BGB) bleiben maßgeblich (Art. 11 Abs. 4 EGBGB). Gleiches gilt für die Regeln des deutschen Registerrechts (GBO) einschließlich der dort vorgesehenen Formalia (zB § 29 GBO) aufgrund der Maßgeblichkeit des heimischen Verfahrensrechts (lex-fori-Grundsatz). Auch auf **schuldrechtlicher Ebene** ist eine – gebührenerhöhende – Rechtswahl im Regelfall nicht nötig, um zum deutschen Recht zu gelangen: Hier findet nach Art. 4 Abs. 1 lit. c Rom I-VO[421] für Verträge, „die ein dingliches Recht an unbeweglichen Sachen sowie die Miete oder Pacht unbeweglicher Sachen zum Gegenstand haben", das Recht des Staates Anwendung, in dem die unbewegliche Sache belegen ist. Dies gilt auch dann, wenn es sich um einen Verbrauchervertrag handelt (vgl. Art. 6 Abs. 4 lit. c Rom I-VO), und auch dann, wenn es nur um einen Vorvertrag geht.[422] Auch die deutschen **Formvorschriften** für die schuldrechtlichen Beziehungen (§ 311b Abs. 1 BGB) kommen (nach teilweise vertretener Auffassung) nach Art. 11 Abs. 5 Rom I-VO, sonst (nach hM) nach Art. 11 Abs. 1 Rom I-VO als Ortsrecht zur Anwendung.

Die Anwendung eines ausländischen Rechts bei einem Vertrag über ein deutsches Grundstück kann sich daher nur dann ergeben, wenn in einem einheitlichen Vertrag Grundstücke in mehreren Staaten verkauft werden, weil dann nicht eine gespaltene Rechtsanwendung, sondern eine Schwerpunktbetrachtung und damit einheitliche Anknüpfung des schuldrechtlichen Geschäfts erfolgen soll (str.), die ggf. zur Anwendung fremden Schuldvertragsrecht für das deutsche Grundstück führen kann. Ähnliches wird bei Bauträgerverträgen vertreten, wenn der Wert der Bauleistung den Grundstückswert übersteigt; dann soll es zur Anwendung des Art. 4 Abs. 1 lit. b Rom I-VO und damit (idR) des Rechts am gewöhnlichen Aufenthalt (Art. 19 Rom I-VO) des Bauträgers kommen (str.).[423] Zu einer Abweichung vom Recht am Belegenheitsort kann es auch durch Anwendung der Ausweichklausel (Art. 4 Abs. 3 Rom I-VO) kommen, wenn beide Parteien ihren gewöhnlichen Aufenthalt in einem anderen Staat haben; allerdings dürfte dies bei Grundstücksgeschäften weiterer Anhaltspunkte bedürfen. Kommt es ausnahmsweise zur Anwendung ausländischen Rechts, so werden deutsche Gerichte zwingende Vorschriften, deren Einhaltung als entscheidend für die Wahrung des öffentlichen Interesses angesehen werden (zB des Grundstücksverkehrsgesetzes), auch unabhängig von dem auf den Vertrag anwendbaren Recht zur Anwendung bringen.

Unabhängig von dem auf das schuldrechtliche und das dingliche Geschäft anwendbaren Recht ist das auf eine etwaige **Stellvertretung** anwendbare Recht zu bestimmen. Für die **rechtsgeschäftliche Vertretung** gilt für alle seit dem 17.6.2017 erteilten Vollmachten der neue Art. 8 EGBGB (Art. 229 § 41 EGBGB). Für die hier interessierenden Grundstücksverträge ist zunächst Art. 8 Abs. 6 EGBGB von Belang, der auf die gewillkürte Stellvertretung bei Verfügungen über Grundstücke oder Rechte an Grundstücken (nicht aber über Anteile an grundstückshaltenden Gesellschaften) die Geltung des nach Art. 43 Abs. 1 EGBGB maßgeblichen Rechts, also des Rechts am (jeweiligen) Belegenheitsort des

---

[421] Verordnung (EG) Nr. 593/2008 des Europäischen Parlaments und des Rates vom 17.6.2008 über das auf vertragliche Schuldverhältnisse anzuwendende Recht (Rom I), ABl. 2008 L 177, S. 6–16.
[422] BeckOGK/*Köhler* Rom I-VO Art. 4 Rn. 192.
[423] BeckOGK/*Köhler* Rom I-VO Art. 4 Rn. 93.

Grundstücks zwingend und rechtswahlfest anordnet. Demgegenüber unterliegt die Anknüpfung der Vollmacht für den schuldrechtlichen Teil des Grundstücksgeschäfts den allgemeinen Regeln des Art. 8 Abs. 1–5 EGBGB. Unproblematisch ist hier die Anknüpfung nach Art. 8 Abs. 5 EGBGB an den Gebrauchsort der Vollmacht, denn dieser ist bei Grundstücksgeschäften der Ort, wo das Grundstück belegen ist und/oder die Beurkundung erfolgt.[424] Allerdings ist die Anknüpfung an den Gebrauchsort der Vollmacht subsidiär („Ergibt sich das anzuwendende Recht nicht aus den Absätzen 1 bis 4") zu den Anknüpfungen der Art. 8 Abs. 1–4 EGBGB, so dass sich die Anwendung ausländischen Vertretungsrechts (vorbehaltlich einer Rechtswahl für die Vollmacht gemäß Art. 8 Abs. 1 EGBGB) daraus ergeben kann, dass der Bevollmächtige in Ausübung seiner unternehmerischen Tätigkeit handelt (zB ein ausländischer Makler; dann gelten gemäß Art. 8 Abs. 2 EGBGB die Sachvorschriften des Staates, in dem der Bevollmächtigte im Zeitpunkt der Ausübung der Vollmacht seinen gewöhnlichen Aufenthalt hat, es sei denn, dieser Ort ist für den Dritten nicht erkennbar) oder dass der Bevollmächtigte als Arbeitnehmer des Vollmachtgebers handelt (zB ein Angestellter eines ausländischen Unternehmens als Käufer; dann gelten gemäß Art. 8 Abs. 3 EGBGB die Sachvorschriften des Staates, in dem der Vollmachtgeber im Zeitpunkt der Ausübung der Vollmacht seinen gewöhnlichen Aufenthalt hat, es sei denn, dieser Ort ist für den Dritten nicht erkennbar). Denkbar ist ferner, dass es sich um eine auf Dauer angelegte Vollmacht handelt, von der aber gewöhnlich in einem anderen Staat als dem Belegenheitsstaat des Grundstücks Gebrauch gemacht wird; dann gelten gemäß Art. 8 Abs. 4 EGBGB die Sachvorschriften des gewöhnlichen Gebrauchsorts, es sei denn, dieser Ort ist für den Dritten nicht erkennbar. Die Form der Vollmacht richtet sich – ebenso wie die des Grundgeschäfts – gesondert nach Art. 11 EGBGB. Für das Registerverfahren gelten unabhängig von Art. 11 EGBGB die Vorgaben der GBO.

Für die **gesetzliche Vertretung** gelten andere Kollisionsnormen als Art. 8 EGBGB: Art. 16, 17 KSÜ regeln die **Vertretung von Minderjährigen** (dazu unten IV.), Art. 14 EGBGB eine etwaige gesetzliche Vertretungsmacht der Ehegatten untereinander, und Art. 13 Abs. 1 iVm Art. 5 Abs. 1 ESÜ[425] die Vertretung durch Betreuer, Vormund oder Pfleger sowie Art. 15 ESÜ die **Vorsorgevollmacht** für die Vertretung Volljähriger.[426] Für die **organschaftliche Vertretung** wiederum gelten die (ungeschriebenen) Regeln des Internationalen Gesellschaftsrechts, also entweder die Sitz- oder die Gründungstheorie. Für Grundstücksgeschäfte mit ausländischen Beteiligten kann von Bedeutung sein, dass die EU seit dem 16.2.2019 öffentliche (Personenstands-)Urkunden, die von den Behörden eines Mitgliedstaats gemäß dessen nationalem Recht ausgestellt werden, den Behörden eines anderen Mitgliedstaats vorgelegt werden müssen und in erster Linie dazu dienen, einen oder

[424] *Bücken* RNotZ 2017, 213 (221). Allgemein wird unter dem Gebrauchsort der Ort verstanden, „an dem der Bevollmächtigte die Erklärung abgibt oder empfängt", *Becker* DNotZ 2017, 835 (847).

[425] Haager Übereinkommen v. 13.1.2000 über den internationalen Schutz von Erwachsenen, BGBl. 2007 II 323.

[426] Nicht eindeutig ist nach dem ESÜ, ab welchem Zeitpunkt die Kollisionsnorm für die Vorsorgevollmacht (Art. 15 ESÜ) greift, insbesondere ob sie bereits dann gilt, wenn der Vollmachtgeber selbst noch handlungsfähig ist, die Vollmacht aber bereits als unmittelbar wirksam erteilt wird, insbesondere nicht vom Nachweis der Handlungsunfähigkeit (der in der Praxis Schwierigkeiten aufwerfen kann) abhängen soll. Im Erläuternden Bericht zum ESÜ findet sich dazu bei Rn. 97: „Der Fall einer üblichen Vollmacht, die von dem Erwachsenen erteilt wird, um unmittelbar wirksam zu werden, die jedoch die Besonderheit aufweist, ebenfalls ausdrücklich erteilt worden zu sein, um nach Eintreten der Handlungsunfähigkeit weiterzuwirken, kann nicht ausgeschlossen werden. Es könnte akzeptiert werden, dass eine solche Vollmacht in dem Sinn teilbar ist, dass sie bis zum Eintreten der Handlungsunfähigkeit unter das Übereinkommen von 1978 und danach unter das Erwachsenenschutzübereinkommen fällt." Daraus dürfte zu folgern sein, dass die Vollmacht erst dann dem ESÜ (und damit der günstigen Kollisionsnorm des Art. 15 Abs. 1 ESÜ) unterfällt, wenn die Handlungsunfähigkeit eingetreten ist (Satz 2: „danach unter das Erwachsenenschutzübereinkommen"). Eine derartige Auslegung hätte allerdings zur Folge, dass der Nachweis der Handlungsunfähigkeit, die im materiellen Recht als Wirksamkeitsvoraussetzung der Vollmacht aus Gründen ihrer praktischen Brauchbarkeit regelmäßig vermieden wird, für die Zwecke des Kollisionsrechts erforderlich wäre.

mehrere bestimmter Sachverhalte (Geburt; die Tatsache, dass eine Person am Leben ist; Tod; Namen; Eheschließung, einschließlich Ehefähigkeit und Familienstand; Ehescheidung, Trennung ohne Auflösung des Ehebandes oder Ungültigerklärung einer Ehe; eingetragene Partnerschaft, einschließlich der Fähigkeit, eine eingetragene Partnerschaft einzugehen, und Status der eingetragenen Partnerschaft; Auflösung einer eingetragenen Partnerschaft, Trennung ohne Auflösung der eingetragenen Partnerschaft oder Ungültigerklärung der eingetragenen Partnerschaft; Abstammung; Adoption; Wohnsitz oder Aufenthaltsort; Staatsangehörigkeit; Vorstrafenfreiheit) zu belegen, von jeder Art der Legalisation und ähnlichen Förmlichkeit befreit hat (Art. 4 ApostillenVO[427]). Um eine etwaig erforderliche Übersetzung zu vermeiden, werden gemäß § 1120 ZPO nF mehrsprachige Formulare gemäß Art. 7 EU-ApostillenVO durch die Behörden ausgestellt, die für die Erteilung der Urkunden zuständig sind.

[427] Verordnung (EU) 2016/1191 des Europäischen Parlaments und des Rates vom 6.7.2016 zur Förderung der Freizügigkeit von Bürgern durch die Vereinfachung der Anforderungen an die Vorlage bestimmter öffentlicher Urkunden innerhalb der Europäischen Union und zur Änderung der Verordnung (EU) Nr. 1024/2012, ABl. 2016 L 200, 1–136.

II. Güterstand der Erwerber

1. Europäische Güterverordnung (EuGüVO) hat Anknüpfung für ab 29.1.2019 abgeschlossene Ehen geändert

a) Unterschiedliche Anknüpfung je nach Heiratszeitpunkt

Wie Sie alle wissen, ist das Güterrecht für alle am oder nach dem **29. 1. 2019** abgeschlossenen Ehen nach der **Europäischen Güterrechtsverordnung** (EuGüVO)[428] zu bestimmen (Art. 69 Abs. 3 EuGüVO). Derselbe Stichtag gilt für die Europäische Verordnung über das Güterrecht eingetragener Partnerschaften (EuPartVO).[429]

Für alle zuvor abgeschlossenen Ehen bleibt es bei der Anknüpfung nach Art. 15, 14 EGBGB, also bei der primären Anknüpfung an die gemeinsame Staatsangehörigkeit.

Sie wissen auch, dass die EuGüVO im Verfahren der **Verstärkten Zusammenarbeit** erlassen wurde und daher nicht in allen EU-Mitgliedstaaten gilt (abzüglich Irland und Dänemark, wie die EuErbVO), sondern nur in den Mitgliedstaaten, die sich an der Verstärkten Zusammenarbeit beteiligen. Bisher sind dies 18 der nunmehr noch 27 EU-Mitgliedstaaten.

Sie wissen aber auch, dass die IPR-Regelungen der EuGüVO **universell anzuwenden** sind (Art. 20 EuGüVO), also auch gegenüber Nicht-EuGüVO-Mitgliedstaaten. Nur für die Regelungen über Anerkennung und Vollstreckung ist relevant, ob die Entscheidung etc. aus einem anderen EuGüVO-Mitgliedstaat kommt.

b) Objektive Anknüpfung an ersten gemeinsamen gewöhnlichen Aufenthalt

Für alle Ehen, die an oder nach dem 29. 1. 2019 abgeschlossen wurden, bestimmt sich das objektive Güterstatut nach dem **ersten gemeinsamen gewöhnlichen Aufenthalt nach Eheschließung.**

- Es genügt, wenn die Ehegatten ihren gewöhnlichen Aufenthalt **im selben Staat** haben. Sie müssen nicht in derselben Wohnung wohnen.
- Unklar ist noch, bis wann nach Eheschließung der gewöhnliche Aufenthalt im selben Staat begründet worden sein muss. Jedenfalls genügt die Aufenthaltsnahme **unmittelbar nach der Heirat.** Darüber hinaus lässt die Literatur eine Aufenthaltsbegründung innerhalb von bis zu sechs Monaten nach der Heirat genügen. Im Zweifelsfall wird man den Ehegatten zu einer Rechtswahl raten.

Rück- und Weiterverweisungen sind nach der EuGüVO nicht zu beachten (Art. 32 EuGüVO).

c) Keine Rechtswahl des Belegenheitsrechts mehr möglich – auch nicht bei Altehen

Für Rechtswahlen, die ab dem 29. 1. 2019 abgeschlossen werden, gilt die EuGüVO auch bei Altehen (Art. 69 Abs. 3 EuGüVO).

Art. 22 Abs. 1 EuGüVO lässt nur die Wahl des Rechts des gewöhnlichen Aufenthalts oder einer Staatsangehörigkeit eines der Ehegatten im Zeitpunkt der Rechtswahl zu.

---

[428] Verordnung (EU) 2016/1103 des Rates vom 24. 6. 2016 zur Durchführung einer Verstärkten Zusammenarbeit im Bereich der Zuständigkeit, des anzuwendenden Rechts und der Anerkennung und Vollstreckung von Entscheidungen in Fragen des ehelichen Güterrechts, ABl. 2016 L 183, 1.

[429] Verordnung (EU) 2016/1104 des Rates vom 24. 6. 2016 zur Durchführung der Verstärkten Zusammenarbeit im Bereich der Zuständigkeit, des anzuwendenden Rechts und der Anerkennung und Vollstreckung von Entscheidungen in Fragen güterrechtlicher Wirkungen eingetragener Lebenspartnerschaften, ABl. 2016 L 183, 30.

Die bisherige Rechtswahlmöglichkeit des Belegenheitsrechts von Immobilien (Art. 15 Abs. 2 Nr. 3 EGBGB) ist damit entfallen. Vor dem 29.1.2019 getroffene Rechtswahlen zugunsten des Belegenheitsrechts bleiben wirksam. Seitdem ist aber keine Rechtswahl des Belegenheitsrechts mehr möglich.

d) Ausnahme: Ehen rein iranischer Staatsangehöriger

Einzige relevante staatsvertragliche Ausnahme sind im Ehegüterrecht **Ehen rein iranischer Staatsangehöriger.** Für diese gilt nach dem Niederlassungsabkommen zwischen dem Deutschen Reich und dem Kaiserreich Persien vom 17.2.1929[430] iranisches Ehegüterrecht (ebenso für die Erbfolge iranischer Staatsangehöriger). Das Abkommen ist aber auf deutsch-iranische Doppelstaatler nicht anwendbar. Andere Ausnahmen gibt es im Ehegüterrecht nicht.

Im **Erbrecht** gibt es hingegen Ausnahmen für Iraner, Türken und Russen bzw. andere GUS-Staaten.

Bei **Türken** gilt aufgrund des als Anhang zum deutsch-türkischen Konsularvertrag vom 28.5. 1929 abgeschlossenen Nachlassabkommens Staatsangehörigkeitsrecht für den beweglichen Nachlass und Belegenheitsrecht für Grundstücke im Nachlass.

Gegenüber **Russland** und den anderen GUS-Staaten gilt aufgrund des deutsch-sowjetischen Konsularvertrages vom 25.4.1958 Belegenheitsrecht für Immobilien im Nachlass.

Als Eselsbrücke kann man sich merken: Iraner Staatsangehörigkeitsrecht im Ehe- und Erbrecht – Russen Belegenheitsrecht im Erbrecht – Türkei liegt in der Mitte – also im Erbrecht Kombination Staatsangehörigkeits- und Belegenheitsrecht.

2. Wiederholung: Ausländisches Güterrecht beim Grundstückserwerb

a) Internet-Seite der CNUE als Hilfsmittel: www.couples-europe.eu/

Als Hilfsmittel für das Ehegüterrecht der europäischen Staaten und deren Anknüpfung nach nationalem IPR (die in den EuGüVO-Mitgliedstaaten weiterhin für Altehen relevant ist) gibt es die Website www.couples-europe.eu/. Sie wurde von der CNUE (Konferenz der Notariate der Europäischen Union) in Zusammenarbeit mit der Universität Graz und des Europäischen Notariellen Netzwerks mit Fördermitteln der Europäischen Union erstellt. Dort finden Sie ins Deutsche übersetzte Informationen mit Links auf die einschlägigen Gesetzestexte (letztere meist nur in der Amtssprache). Dies ist eine sehr nützliche schnell zugängliche Quelle neben den Ihnen bekannten Hilfsmitteln der Literatur.

b) Vorsichtshalber nie Erwerb zum Gesamtgut der Gütergemeinschaft (sondern immer Erwerb zu Bruchteilen oder zu Alleineigentum)?

Amann[431] hatte in dieser Veranstaltung vor 15 Jahren empfohlen, in Zweifelsfällen bei (möglicher) Geltung eines ausländischen Güterstandes immer zu Miteigentum in Bruchteilen aufzulassen, nicht an das Gesamtgut einer (schlimmstenfalls gar nicht bestehenden) Gütergemeinschaft. Denn schlimmstenfalls könnte dann nach der Rechtsprechung zur Auflassung an eine nicht bestehende Gütergemeinschaft deutschen Rechts die Auflassung ganz unwirksam sein.

---

[430] RGBl. 1930 II 1002 (1006); RGBl. 1931 II 9; BGBl. II 1955, 829.

[431] Amann/Hertel/*Amann,* Aktuelle Probleme der Vertragsgestaltung im Immobilienrecht 2004/2005, S. 93; ähnlich jetzt *Amann* FS 25 Jahre Deutsches Notarinstitut 2018, 721 (740).

Meines Erachtens wird man dies auf die wirklichen Zweifelsfälle beschränken. Die würde ich wohl enger sehen als Amann. Im Wesentlichen verbleiben aus meiner Sicht die nordischen Staaten und die Niederlande.

c) Problemfall: Gesetzliche Güterstände niederländischen Rechts und der nordischen Staaten

Die Charakterisierung des gesetzlichen Güterstandes niederländischen Rechts und der nordischen Staaten gleicht der Quadratur des Kreises. Wenn wir fragen, ob der Güterstand eigentumsrechtliche Folgen nach Art einer Gesamthandsgemeinschaft hat oder nicht, gibt es keine richtige Antwort.

Es ist wie die Frage: Was ist ein Maultier – ein Pferd oder ein Esel? Antwort: Vater Pferd, Mutter Esel. Also was ist nun ein Maultier – ein Pferd oder ein Esel? Antwort: Es passt in keine der beiden Schubladen.

So ist es auch mit dem gesetzlichen Güterstand nach niederländischem Recht und in den nordischen Staaten. In den nordischen Staaten spricht man von einer aufgeschobenen Gütergemeinschaft, in den Niederlanden von einer „Gütergemeinschaft".
- Bestimmtes Vermögen wird als „gemeinschaftlich" qualifiziert. Wirklich relevant ist dies aber erst bei der Beendigung des Güterstandes und der Auseinandersetzung des Vermögens.
- Zuvor verwaltet jeder Ehegatte „seine" Gegenstände der Gütergemeinschaft allein und kann darüber allein verfügen.
- Allerdings haften die Gegenstände des Gesamtgutes auch für Schulden des anderen Ehegatten. Hierin liegt ein gemeinschaftliches Element noch während des Bestehens des Güterstandes.

d) Änderung von aufgeschobener „Gütergemeinschaft" auf aufgeschobene „Errungenschaftsgemeinschaft" in den Niederlanden

Letzte Vorbemerkung: Bis Jahresende 2017 nannte sich der gesetzliche Güterstand des niederländischen Rechts „allgemeine Gütergemeinschaft" *(allgehele Gemeenschap van Goederen).* Für alle ab 1.1.2018 abgeschlossenen Ehen gilt hingegen „Gütergemeinschaft" (*Gemeenschap van Goederen,* Art. 1:93 ff. BW). Sie betrifft jetzt nur mehr die ab Eheschließung neu erworbenen Güter. Konnte man bisher die allgemeine Gütergemeinschaft des niederländischen Rechts der aufgeschobenen Gütergemeinschaft der nordischen Staaten vergleichen, so kann man den neuen gesetzlichen Güterstand mit einer aufgeschobenen Errungenschaftsgemeinschaft vergleichen.

3. OLG Oldenburg Beschl. v. 11.2.2019 – 12 W 143/17: Bei gesetzlichem Güterstand niederländischen Rechts Grundbucheintragung auf einen Erwerber zu Alleineigentum mit Hinweis auf Verfügungsbeschränkung möglich

Kerngehalt der Entscheidung:[432]

Entgegen der bisherigen grundbuchlichen Praxis kann ein Erwerber, der im gesetzlichen Güterstand des niederländischen Rechts lebt, auch als Alleineigentümer eingetragen

[432] FGPrax 2019, 122 = MittBayNot 2019, 386 = NJW-RR 2019, 793 = NZFam 2019, 412 = RNotZ 2019, 336.

werden – aber mit einem Hinweis auf den Güterstand (und damit indirekt auf die sich daraus ergebenden Verfügungsbeschränkungen).

a) Bisherige Rechtsprechung: „Erwerb im gesetzlichen Güterstand des niederländischen Rechts"

Ist ein Erwerber im gesetzlichen Güterstand des niederländischen Rechts verheiratet, so hatte die Rechtsprechung bisher sowohl bei Alleinerwerb eines Ehegatten[433] wie bei gemeinschaftlichem Erwerb beider Ehegatten[434] nur einen Erwerb und Eintragung „im gesetzlichen Güterstand des niederländischen Rechts" zugelassen.

Die Literatur wollte hingegen überwiegend auch einen Alleinerwerb eines Ehegatten zu Alleineigentum bzw. einen Erwerb von Ehegatten zu Miteigentum zulassen.

b) Neuer Ansatz: Alleinerwerb, aber mit Hinweis auf Güterstand

Das OLG Oldenburg argumentiert:
- Bereits mit dem Erwerb des Grundstücks werden dingliche – gegenüber jedermann wirkende – Rechtsbeziehungen des anderen Ehegatten an dieser Sache begründet. Zwar besteht eine gemeinsame Verfügungs- und Verwaltungsbefugnis der Ehegatten über das Grundstück erst mit Beendigung des Güterstandes. Aber schon vorher **haftet** das Grundstück für Schulden beider Ehegatten (Art. 1:96 BW).
- Jedoch hat nach niederländischem Güterrecht nur der erwerbende Ehegatte die **alleinige Verwaltungs- und Verfügungsbefugnis** über das Grundstück. Daher wird er in den Niederlanden auch als Alleineigentümer im Grundbuch eingetragen.
- Wenn man wie bisher beide Ehegatten als gemeinschaftliche Eigentümer einträgt, gäbe man dem nicht erwerbenden Ehegatten **weitergehende Rechte,** als ihm eigentlich nach niederländischem Güterrecht zustünden.[435]

Das OLG Oldenburg will daher die **Lösung des niederländischen Grundbuchrechts** auch im deutschen Recht nachzeichnen: Einzutragen sei der erwerbende Ehegatte „als im gesetzlichen Güterstand niederländischen Rechts lebend".
- Damit sei einerseits die alleinige Verwaltungs- und Verfügungsbefugnis des eingetragenen Ehegatten ausgedrückt.
- Andererseits sei auch die (potentielle) Haftung auch für Schulden des anderen Ehegatten ausgedrückt.

„Aus Sicht des erkennenden Senats lässt sich das nach niederländischem Recht tatsächlich bestehende Gemeinschaftsverhältnis in einer für die Bedürfnisse des Rechtsverkehrs ausreichenden Weise auch im deutschen Grundbuch bezeichnen, ohne dass es hierzu der Eintragung des nicht erwerbenden Ehegatten bedarf. In der niederländischen Grundbuchpraxis wird in derartigen Fallkonstellationen auf den Umstand, dass der Erwerber in Gütergemeinschaft lebt, hingewiesen. Auf diese Weise wird bei einem niederländischen Inlandssachverhalt öffentlich erkennbar gemacht, dass das Grundstück möglicherweise in eine Gütergemeinschaft fällt, mit der Folge, dass das Grundstück als Haftungsmasse für die Schulden jedes der beiden Ehegatten dient und dass bei Einleitung eines Scheidungsverfahrens beide Ehegatten nur noch gemeinschaftlich verfügen können (Gutachten Seite 11). Ein derartiger Hinweis ist über § 47 GBO auch nach deutschem Grundbuchrecht möglich. [...] Ein derartiger Eintrag im Grundbuch gibt Gläubigern, Notaren und allen interessierten Parteien nach niederländischem Recht einen Anspruch gegenüber dem

433 LG Köln MittRhNotK 1978, 113.

434 OLG Düsseldorf FGPrax 2000, 5; OLG München NJW-RR 2009, 806; OLG Oldenburg Rpfleger 1991, 412; OLG Schleswig FGPrax 2010, 19. Vgl. auch DNotI-Gutachten Abruf Nr. 1401 v. 14.6.2004 (Niederlande).

435 OLG Oldenburg Beschl. v. 11.2.2019 – 12 W 143/17, Rn. 16–18.

eingetragenen Ehegatten auf Auskunft, ob das Grundstück in die Gütergemeinschaft fällt und ob ein Scheidungsgesuch eingereicht ist. Der eingetragene Ehegatte trägt dabei nach Art. 1:96 Abs. 5 BW die Beweislast dafür, dass das Grundstück nicht in die eheliche Gütergemeinschaft fällt. Kann er diesen Beweis nicht führen, wird das Grundstück als in die Gütergemeinschaft fallend behandelt (Gutachten S. 11). Hierdurch ist das Informationsbedürfnis des interessierten Rechtsverkehrs im ausreichenden Maße gewahrt. Im Gegenzug wird durch die alleinige Eintragung des erwerbenden Ehegatten als Eigentümer deutlich, dass nur diesem die Verfügungsbefugnis über das Grundstück zusteht. Im Gegenzug wird der nicht eingetragene Ehegatte durch den zusätzlichen Vermerk gegen einen gutgläubigen Erwerb im Falle der Beendigung der Gemeinschaft geschützt. […]“[436]

Mit Beendigung des Güterstandes endet die alleinige Verfügungsbefugnis. Nun sind beide Ehegatten nur gemeinsam verfügungsbefugt, bis sie das Eigentum auseinandergesetzt haben. Dann müsse das Grundbuch durch Eintragung beider Ehegatten als gemeinschaftlicher Eigentümer berichtigt werden.

„[…] Da bei Beendigung des Güterstandes sich die Verfügungsbefugnis in eine gemeinschaftliche Befugnis beider Eheleute wandelt, besteht ab diesem Zeitpunkt zudem ein Berichtigungsanspruch nach § 894 BGB dahingehend, dass nunmehr beide Ehegatten als Eigentümer in beendeter Gütergemeinschaft niederländischen Rechts eingetragen werden.“[437]

In einem obiter dictum stellt das OLG Oldenburg fest: Erwerben die Ehegatten hingegen ein Grundstück **gemeinsam,** seien sie zwingend als Erwerber im gesetzlichen Güterstand niederländischen Rechts einzutragen. Damit lehnt das OLG Oldenburg offenbar eine Eintragung zu Miteigentum zu Bruchteilen beim gesetzlichen Güterstand nach niederländischem Recht ab.[438]

c) Anmerkung: Innovative und präzise Lösung – aber Grundbuch ist kein Ersatz-Güterrechtsregister

Auch wenn das OLG Oldenburg gegen meine Auffassung[439] entschieden hat, muss man zugestehen, dass seine Entscheidung bei einem Alleinerwerb die komplizierte Gemengelage des niederländischen Rechts so gut es geht im deutschen Grundbuch nachzeichnet. Meine erste Reaktion war daher: Das könnte endlich eine Lösung für ein Problem sein, an dem ich selbst seit über zwei Jahrzehnten erfolglos knobele.

Zugleich muss man feststellen, dass die Lösung über das geschriebene Grundbuchrecht herausgeht. Nach deutschem Grundbuchrecht ist nach § 47 GBO ein Gemeinschaftsverhältnis mehrerer Erwerber (Miteigentum oder Gesamthand) im Grundbuch einzutragen. Traditionell zählt man dazu auch ein Gemeinschaftsverhältnis nach einem ausländischen Güterrecht.

Hier soll aber der Güterstand eines Alleineigentümers vermerkt werden. Was das OLG Oldenburg eintragen will, sind potentielle güterrechtliche Folgen – hier eine aktuelle Haftungsfolge und eine potentielle Änderung der Verfügungsbefugnis bei Beendigung des Güterstandes. Das OLG Oldenburg will damit das Grundbuch zu einem **ersatzweisen Güterrechtsregister** machen.

Das kann man mE de lege ferenda durchaus vertreten. Mit Blick auf die Gutglaubensvorschriften des Art. 16 EGBGB (für Altehen) bzw. des Art. 28 EuGüVO (für ab 29.1. 2019 abgeschlossene Ehen) wäre durchaus zu überlegen, ob so ein Güterrechtsregister nicht Sinn machen würde – und ob die Anknüpfung an das Grundbuch nicht eine einfache, unkomplizierte und zielgenaue Lösung wäre.

---

[436] OLG Oldenburg Beschl. v. 11.2.2019 – 12 W 143/17, Rn. 19.
[437] OLG Oldenburg Beschl. v. 11.2.2019 – 12 W 143/17, Rn. 19.
[438] OLG Oldenburg Beschl. v. 11.2.2019 – 12 W 143/17, Rn. 20.
[439] Meikel/*Hertel* GBO Einl. G Rn. 223.

De lege lata sehe ich aber als **Aufgabe des Grundbuchs nur die Abbildung von Eigentum und Verfügungsbefugnis,** nicht des Güterstandes oder allfälliger Verfügungsbeschränkungen aus dem Güterstand. Sonst müssten wir in Konsequenz auch bei allen anderen verheirateten Grundstückseigentümern den Güterstand eintragen. Auch beim gesetzlichen Güterstand deutschen Rechts kann ja die Verfügungsbeschränkung des § 1365 BGB eine Rolle spielen.

Bei aller Sympathie für den innovativen Lösungsvorschlag des OLG Oldenburg: Ich würde es bei den vom deutschen Grundbuchrecht vorgesehen Schubladen belassen. Und danach würde ich bei einem Erwerber niederländischen Rechts eine Eintragung als Allein- oder Miteigentümer ohne Zusatz zulassen (und damit auch einen Erwerb durch Ehegatten zu ungleich großen Bruchteilen).

III. Einfluss ausländischen Güterrechts

Regeln des (ausländischen) Güterrechts können für Grundstücksgeschäfte Bedeutung zum einen auf der Ebene der dinglichen Berechtigung erlangen, also bei der Frage, wer tatsächlich Eigentümer des zu veräußernden Grundstücks ist (zB eine Errungenschaftsgemeinschaft oder Gütergemeinschaft nach ausländischem Recht) und daher an der Veräußerung mitwirken muss. Zum anderen kann das ausländische Güterrecht auch Verfügungsbeschränkungen über das eheliche Vermögen (vgl. § 1365 BGB) oder einzelne Gegenstände (wie etwa die Familienwohnung) anordnen.[440]

1. Verfügungsbefugnis bei ausländischem Güterstand

OLG Saarbrücken Beschl. v. 6.11.2019 – 5 W 59/19[441]

Sachverhalt: Der Käufer schloss am 11.12.2018 mit dem derzeit als Eigentümer im Grundbuch eingetragenen Veräußerer einen notariellen Kaufvertrag über den Erwerb eines Grundstücks zum Kaufpreis von 343.000,– Euro. Der Veräußerer ist dänischer Staatsangehöriger, er hatte das Grundstück mit notariellem Vertrag vom 17.8.2012 erworben, die Eintragung im Grundbuch wurde im März 2013 vollzogen. Laut einer Auskunft des Einwohnermeldeamtes schloss er am 25.8.2012 in Dänemark die Ehe mit einer rumänischen Staatsangehörigen. Nachdem die Ehegatten nach der Eheschließung zunächst noch in Luxemburg wohnten, ließen sie sich später in Deutschland nieder.[442] Mit der angefochtenen Zwischenverfügung hat das Grundbuchamt darauf hingewiesen, dass Zweifel an der Verfügungsbefugnis des Veräußerers bestünden, weil sich die güterrechtlichen Beziehungen nach dem Recht des Wohnsitz- oder Aufenthaltsstaates zum Zeitpunkt der Eheschließung richteten.

a) Ausgangspunkt: Prüfungspflichten des Grundbuchamts bei möglicher Anwendung ausländischen Güterrechts

Das OLG Saarbrücken ging von der Verpflichtung des Grundbuchamts aus, im Rahmen der Bewilligung nach § 19 GBO die Verfügungsbefugnis des Bewilligenden von Amts wegen zu prüfen.[443] Die Verfügungsbefugnis von Ehegatten allerdings ist nur insoweit nachzuweisen, als der Verfügende nach dem für ihn maßgeblichen Güterrecht nicht allein verfügungsberechtigt ist;[444] diese Frage ist in Fällen mit Auslandsbezug anhand des nach kollisionsrechtlichen Regeln in Frage kommenden Güterrechts zu prüfen. Maßgebend ist dabei neben dem Grundbuchinhalt der dem Grundbuchamt unterbreitete Sachverhalt, es sei denn, dass dessen Unrichtigkeit dem Grundbuchamt bekannt ist oder bei gehöriger Prüfung erkennbar gewesen wäre.[445] Wenn auf Grund bestimmter Anhaltspunkte begründete Zweifel an dem Vorliegen der Eintragungsvoraussetzungen auftauchen, die sich jedoch nicht nur aus den vorliegenden Eintragungsunterlagen zu ergeben brauchen, sondern auch sonst bekannt geworden sein oder auf der Lebenserfahrung beruhen können, so ist das Grundbuchamt zur Beanstandung berechtigt und verpflichtet.

---

[440] *J. Weber* RNotZ 2017, 365 (366) mit ausführlicher Darstellung.
[441] NJW-RR 2020, 266 = MDR 2020, 343.
[442] OLG Saarbrücken Beschl. v. 6.11.2019 – 5 W 59/19 Rn. 9. Die Feststellungen im Tatbestand des Beschlusses Rn. 1 sind mE etwas abweichend, im Folgenden werden die Angaben aus den Gründen zugrunde gelegt.
[443] Dazu BGH Beschl. v. 28.4.1961 – V ZB 17/60, BGHZ 35, 135; BGH Beschl. v. 21.2.2013 – V ZB 15/12, FamRZ 2013, 948.
[444] *Demharter* GBO § 33 Rn. 30.
[445] BGH Beschl. v. 28.4.1961 – V ZB 17/60, BGHZ 35, 135.

In Fällen des Eigentümerwechsels (vgl. § 20 GBO) wird zwar gemäß § 891 Abs. 1 BGB vermutet, dass dem eingetragenen Eigentümer das Recht zusteht. Diese Vermutung gilt auch für das Grundbuchamt selbst, sie ist aber bis zur Vollendung der Eintragung widerlegbar; daher darf das Grundbuchamt die Eintragung eines Grundstückserwerbers nicht vornehmen, wenn es die Grundbuchunrichtigkeit kennt und feststeht, dass sich der Rechtserwerb allenfalls kraft guten Glaubens vollziehen könnte. Die Vermutungswirkung erfasst aber nicht die güterrechtlichen Verhältnisse der Ehegatten und entfällt auch, wenn dem Grundbuchamt Verfügungsbeschränkungen aufgrund konkreter Tatsachen bekannt werden. In einem solchen Falle kann und muss das Grundbuch durch Zwischenverfügung Gelegenheit geben, die auf Grund konkreter Anhaltspunkte bestehenden Zweifel auszuräumen, ob etwa eine Verfügungsbeschränkung vorliegt.

b) Tatsächliche Vermutung der Anwendung des ausländischen gesetzlichen Güterstands

Hier ging aus der Aktenlage eine Verfügungsbeschränkung des Veräußerers (bzw. eine andere Eigentumszuweisung kraft ausländischen Güterrechts) hervor. Ausgangspunkt ist Art. 15 EGBGB in der bis zum 29.1.2019 geltenden Fassung, der für bis zu diesem Zeitpunkt geschlossene Ehen maßgeblich bleibt (vgl. Art. 69 Abs. 3 EuGüVO[446]). Soweit die Eheleute nicht gemäß Art. 15 Abs. 2 EGBGB das anwendbare Ehegüterrecht gewählt haben, unterliegen die güterrechtlichen Wirkungen der Ehe gemäß Art. 15 Abs. 1 EGBGB dem bei der Eheschließung für die allgemeinen Wirkungen der Ehe maßgebenden Recht. Dieses bestimmt sich gemäß Art. 14 EGBGB entweder vorrangig anhand der übereinstimmenden Staatsangehörigkeit der Ehegatten, sonst nach ihrem gemeinsamen gewöhnlichen Aufenthalt und nachrangig nach der sonst engsten Verbindung (Art. 14 Abs. 1 Nr. 1–3 EGBGB).

Im Beispielsfall ist der Veräußerer dänischer Staatsangehöriger und seit dem 25.8.2012, also vor Vollendung des Rechtserwerbs des später veräußerten Grundstücks, verheiratet durch Eheschließung in Dänemark mit einer rumänischen Staatsangehörigen. Maßgebend für das Güterrechtsstatut ist das allgemeine Ehewirkungsstatut (Art. 15 Abs. 1 EGBGB aF). Allgemeines Ehewirkungsstatut und damit auch Güterrechtsstatut ist luxemburgisches Recht, weil beide Ehegatten (ersichtlich) seinerzeit dort – noch – ihren Wohnsitz unterhielten und sie auch verschiedenen Staaten angehören (vgl. Art. 14 Abs. 1 Nr. 1, Nr. 2 EGBGB). Da das luxemburgische IPR auch keine Rückverweisung (vgl. Art. 4 Abs. 1 EGBGB) auf deutsches Recht anordnete, kam hier luxemburgisches Güterrecht zur Anwendung. Die im Zeitpunkt der Eheschließung „beabsichtigte" Begründung eines Wohnsitzes in Deutschland führt nicht zur Anwendung deutschen Rechts.

Ist der eingetragene Berechtigte verheiratet und hat das Grundbuchamt (wie hier) Anhaltspunkte für die Anwendung ausländischen Güterrechts, so besteht eine **tatsächliche Vermutung** für die **Anwendung des ausländischen gesetzlichen Güterstands.**[447] Gesetzlicher Güterstand nach luxemburgischen Recht (Art. 1400 ff. C. civ.) ist die Errungenschaftsgemeinschaft, die zuweilen auch als „Gütergemeinschaft" bezeichnet wird[448] und mit der deutschen Gütergemeinschaft bei der Behandlung des Gesamtguts vergleichbar ist. Dabei wird die Zugehörigkeit aller beweglichen und unbeweglichen Vermögenswerte zum gemeinschaftlichen Vermögen gemäß Art. 1402 Abs. 1 C. civ. bis zum Beweis des Gegenteiles vermutet.[449] Auch das Alleinverwaltungsrecht jedes Ehegatten bei Gesamtgut

---

[446] Verordnung (EU) 2016/1103 des Rates vom 24.6.2016 zur Durchführung einer Verstärkten Zusammenarbeit im Bereich der Zuständigkeit, des anzuwendenden Rechts und der Anerkennung und Vollstreckung von Entscheidungen in Fragen des ehelichen Güterrechts, ABl. 2016 L 183, 1.

[447] KG Beschl. v. 12.12.1972 – 1 W 1781/72, NJW 1973, 428 (430).

[448] Bergmann/Ferid/Henrich/*Martiny*, Internationales Ehe- und Kindschaftsrecht – Luxemburg, Stand: 1.4.2019, S. 47 ff.

[449] Bergmann/Ferid/Henrich/*Martiny*, Internationales Ehe- und Kindschaftsrecht – Luxemburg, Stand: 1.4.2019, S. 48.

(Art. 1421 ff. C. civ.) hilft hier nicht weiter, weil die Veräußerung oder die Belastung von Grundstücken, auch soweit es sich um von dem handelnden Ehegatten selbst eingebrachtes Gesamtgut handelt, die Mitwirkung des anderen Ehegatten erfordert (Art. 1424 Abs. 1 C. civ.).[450] Im Ergebnis wird also kraft gesetzlicher Vermutung die Zugehörigkeit des Grundstücks zum Gesamtgut der Ehegatten vermutet, so dass die Mitwirkung beider Ehegatten an der Veräußerung zu der Eintragung des Erwerbers im Grundbuch erforderlich ist.

2. Sonderproblem niederländisches Güterrecht

Dazu bereits oben unter II. 3. S. 164 und OLG Oldenburg Beschl. v. 11.2.2019 – 12 W 143/17 (bei gesetzlichem Güterstand niederländischen Rechts Grundbucheintragung auf einen Erwerber zu Alleineigentum mit Hinweis auf Verfügungsbeschränkung möglich).

3. Seit 29.1.2019: Anwendung der EuGüVO (Art. 69 Abs. 3 EuGüVO)

a) Anwendbares Ehegüterrecht (Art. 26 EuGüVO)

Für alle Ehen (und alle Rechtswahlvereinbarungen), die an oder nach dem 29.1.2019 abgeschlossen wurden, bestimmt sich das anwendbare Ehegüterrecht, sofern keine Rechtswahl getroffen wurde, nach Art. 26 EuGüVO (bereits oben unter II. 1. S. 162 ff.):

Artikel 26 Mangels Rechtswahl der Parteien anzuwendendes Recht[451]

Mangels einer Rechtswahlvereinbarung nach Artikel 22 unterliegt der eheliche Güterstand dem Recht des Staates,

a) in dem die Ehegatten nach der Eheschließung ihren **ersten gemeinsamen gewöhnlichen Aufenthalt** haben, oder anderenfalls

Der gewöhnliche Aufenthalt bestimmt sich nach den Kriterien der physischen Anwesenheit und der sozialen Integration; eine gemeinsame Wohnung ist nicht nötig, ein gemeinsamer gewöhnlicher Aufenthalt in einem Staat genügt. Dabei werden objektive (Dauer, Regelmäßigkeit des Aufenthalts, soziale und berufliche Bindungen) und subjektive Kriterien (Wille zur Aufenthaltsbegründung) herangezogen. Es genügt der gemeinsame gewöhnliche Aufenthalt, der „kurz nach der Eheschließung" begründet wird (ErwG 49 S. 2 EuGüVO), wobei als „kurz" Zeiträume zwischen drei Monaten und einem Jahr diskutiert werden.

[450] Bergmann/Ferid/Henrich/*Martiny,* Internationales Ehe- und Kindschaftsrecht – Luxemburg, Stand: 1.4. 2019, S. 48.

[451] Dazu auch ErwG 49 EuGüVO: „Wird keine Rechtswahl getroffen, so sollte diese Verordnung im Hinblick auf die Vereinbarkeit von Rechtssicherheit und Vorhersehbarkeit des anzuwendenden Rechts mit den tatsächlichen Lebensumständen des Paares die Einführung harmonisierter Kollisionsnormen vorsehen, die sich auf eine Rangfolge der Anknüpfungspunkte stützen, anhand deren sich das auf das gesamte Vermögen der Ehegatten anzuwendende Recht bestimmen lässt. So sollte der erste gemeinsame gewöhnliche Aufenthalt der Ehegatten kurz nach der Eheschließung erster Anknüpfungspunkt noch vor der gemeinsamen Staatsangehörigkeit der Ehegatten zum Zeitpunkt der Eheschließung sein. Ist keiner dieser Anknüpfungspunkte gegeben oder liegen Fälle vor, in denen bei Fehlen eines ersten gemeinsamen gewöhnlichen Aufenthalts die Ehegatten zum Zeitpunkt der Eheschließung jeweils eine doppelte gemeinsame Staatsangehörigkeit haben, sollte drittens an das Recht des Staates angeknüpft werden, zu dem die Ehegatten die engste Verbindung haben. Bei Anwendung des letztgenannten Kriteriums sollten alle Umstände berücksichtigt werden, und es sollte klargestellt werden, dass für diese Verbindung der Zeitpunkt der Eheschließung maßgebend ist."

b) dessen **Staatsangehörigkeit beide Ehegatten zum Zeitpunkt der Eheschließung besitzen,**[452] oder anderenfalls

c) mit dem die Ehegatten unter Berücksichtigung aller Umstände zum Zeitpunkt der Eheschließung **gemeinsam am engsten verbunden** sind.

Im Gesetzgebungsverfahren wurde der Ort der Eheschließung als Kriterium der engsten Verbindung gestrichen. Maßgebliche Kriterien der engsten Verbindung können sein ein langer gemeinsamer Aufenthalt in einem Staat, eine enge familiäre, soziale und berufliche Verbundenheit zu einem Staat, die Belegenheit von ehelichem Vermögen oder der Plan des gemeinsamen Aufenthalts in diesem Staat.

(2) Besitzen die Ehegatten zum Zeitpunkt der Eheschließung mehr als eine gemeinsame Staatsangehörigkeit, findet nur Absatz 1 Buchstaben a und c Anwendung.

(3) Ausnahmsweise kann das Gericht, das für Fragen des ehelichen Güterstands zuständig ist, auf Antrag eines der Ehegatten entscheiden, dass das Recht eines anderen Staates als des Staates, dessen Recht nach Absatz 1 Buchstabe a anzuwenden ist, für den ehelichen Güterstand gilt, sofern der Antragsteller nachweist, dass

a) die Ehegatten ihren letzten gemeinsamen gewöhnlichen Aufenthalt in diesem anderen Staat über einen erheblich längeren Zeitraum als in dem in Absatz 1 Buchstabe a bezeichneten Staat hatten und

b) beide Ehegatten auf das Recht dieses anderen Staates bei der Regelung oder Planung ihrer vermögensrechtlichen Beziehungen vertraut hatten.

Das Recht dieses anderen Staates gilt ab dem Zeitpunkt der Eheschließung, es sei denn, ein Ehegatte ist damit nicht einverstanden. In diesem Fall gilt das Recht dieses anderen Staates ab Begründung des letzten gemeinsamen gewöhnlichen Aufenthalts in diesem anderen Staat.

Die Anwendung des Rechts des anderen Staates darf die Rechte Dritter, die sich auf das nach Absatz 1 Buchstabe a anzuwendende Recht gründen, nicht beeinträchtigen.

Abs. 3 ist als Ausgleich im Fall des Abs. 1 lit. a für die Unwandelbarkeit des Statuts gedacht, die Norm soll nur einen engen Anwendungsbereich haben.

(4) Dieser Absatz gilt nicht, wenn die Ehegatten vor der Begründung ihres letzten gemeinsamen gewöhnlichen Aufenthalts in diesem anderen Staat eine Vereinbarung über den ehelichen Güterstand getroffen haben.

b) Reichweite des Ehegüterrechts nach der EuGüVO und Verhältnis zum Sachenrecht

Ähnlich wie in der EuErbVO finden sich in der EuGüVO Vorschriften zum Verhältnis von Güterrecht und Sachenrecht (Art. 1 Abs. 2 lit. g, lit. h EuGüVO). Es stellen sich daher ähnliche Abgrenzungsfragen wie im Internationalen Erbrecht, vor allem ob die Übertragung von Gegenständen im ausländischen Güterrecht von Gesamtgut in Sondergut einzelner Ehegatten oder die Auseinandersetzung des Güterstands mit Einzelrechtsübertragung (zB auf Grundlage eines Ehevertrags) neben den Voraussetzungen des ausländischen Güterrechts auch eines Übertragungsakts nach Maßgabe des Rechts am Ort der Belegenheit

[452] Vgl. auch ErwG 50 EuGüVO: „Wird in dieser Verordnung auf die Staatsangehörigkeit als Anknüpfungspunkt verwiesen, so handelt es sich bei der Frage nach der Behandlung einer Person mit mehrfacher Staatsangehörigkeit um eine Vorfrage, die nicht in den Anwendungsbereich dieser Verordnung fällt; sie sollte sich weiterhin nach nationalem Recht, einschließlich der anwendbaren Übereinkommen, richten, wobei die allgemeinen Grundsätze der Union uneingeschränkt einzuhalten sind. Diese Behandlung sollte keine Auswirkung auf die Gültigkeit einer Rechtswahl haben, die nach dieser Verordnung getroffen wurde."

des Grundstücks bedarf (in Deutschland also Auflassung und Eintragung, §§ 873, 925 BGB).[453]

c) Verkehrsschutz

Der Verkehrsschutz ist ein besonderes Anliegen der EuGüVO. Dies zeigt sich zum einen am Ausschluss der Rückwirkung einer Rechtswahl zum Nachteil Dritter (Art. 22 Abs. 3 EuGüVO; vgl. auch Art. 26 Abs. 3 UAbs. 3 EuGüVO zu gerichtlichen Anordnungen). Dementsprechend kann die rückwirkende Wahl eines Güterrechts, das zB einen Gegenstand als Gesamtgut qualifiziert oder ein Verfügungsverbot anordnet, nicht dazu führen, dass bereits abgeschlossene Erwerbsvorgänge (zB Veräußerung an einen Dritten, Pfändung des Einzelgegenstands eines Ehegatten durch einen Dritten) unwirksam werden. Ob die Rückwirkung des Güterstands auch dem Register „aufgezwungen" werden kann, wird wegen des Sachen- und Registerrechtsvorbehalts (Art. 1 Abs. 2 lit. g, lit. h EuGüVO) bezweifelt.[454] Zudem gilt (sofern die Ehe seit dem 29.1.2019 geschlossen wurde oder seit diesem Zeitpunkt eine Rechtswahl nach der EuGüVO getroffen wurde, sonst gilt Art. 16 EGBGB aF iVm § 1412 BGB fort, Art. 229 § 47 Abs. 2 Nr. 2 EGBGB[455]) eine neue Regelung zum Verkehrsschutz. Ausgangspunkt ist, dass sich auch die güterrechtlichen Verfügungsbeschränkungen nach dem auf das Güterrecht anwendbaren Recht richten (Art. 27 lit. f EuGüVO: „Das nach dieser Verordnung auf den ehelichen Güterstand anzuwendende Recht regelt unter anderem […] die Wirkungen des ehelichen Güterstands auf ein Rechtsverhältnis zwischen einem Ehegatten und Dritten"). Nach Art. 28 Abs. 1 EuGüVO kann ein Ehegatte das anwendbare Güterrecht einem Dritten in einem Rechtsstreit jedoch grundsätzlich nicht entgegenhalten, es sei denn, der Dritte hatte Kenntnis von diesem Recht oder hätte bei gebührender Sorgfalt davon Kenntnis haben müssen. Darin liegt ein Unterschied zur bisherigen Rechtslage nach Art. 16 EGBGB aF iVm § 1412 BGB, weil sich bisher ein Dritter Einwendungen aus dem ausländischen Güterstand nur dann entgegenhalten lassen muss, wenn er zum Zeitpunkt des Abschlusses des Rechtsgeschäfts positive Kenntnis davon hatte, dass die Ehegatten in einem ausländischen Güterstand leben.[456]

Artikel 28 Wirkungen gegenüber Dritten[457]

Art. 28 EuGüVO gilt nur für den Erwerb im rechtsgeschäftlichen Verkehr, nicht bei Erwerb kraft Gesetzes. Zudem schützt Art. 28 EuGüVO nur den guten Glauben an das Nichtbestehen von Beschränkungen nach ausländischem Güterrecht, nicht aber positiv an das Bestehen bestimmter ausländischer Güterrechtsstände.[458] Umstritten ist, ob auch für die dingliche Rechtszuweisung die Anwendung des Art. 28 EuGüVO davon abhängt, ob sich der Dritte auf den Schutz nach Art. 28

[453] Für das Erfordernis eines solchen Übertragungsakts *J. Weber* RNotZ 2017, 365 (368).

[454] *J. Weber* RNotZ 2017, 365 (369).

[455] Nach wohl hL gilt neben Art. 16 EGBGB auch Art. 12 EGBGB (für Verfügungen) und Art. 13 Rom I-VO (für vertragliche Verpflichtungen), soweit Verpflichtungs- oder Verfügungsbeschränkungen für Ehegatten in Rede stehen; diese werden unter den Begriff der „Handlungsunfähigkeit" in Art. 12 EGBGB subsumiert, MüKoBGB/*Spellenberg* EGBGB Art. 12 Rn. 19f. Allerdings sind die Voraussetzungen von Art. 16 EGBGB und Art. 12 EGBGB unterschiedlich, weil Art. 16 EGBGB an den gewöhnlichen Aufenthalt oder das Gewerbe eines Ehegatten in Deutschland anknüpft, während Art. 12 EGBGB an den Ort des Vertragsschlusses anknüpft.

[456] MüKoBGB/*Looschelders* EGBGB Art. 16 Rn. 30. Str. ist, ob auch die Kenntnis des konkreten ausländischen Güterstands erforderlich ist oder ob die Kenntnis der Geltung eines ausländischen Güterstands genügt. Die bloße Kenntnis der ausländischen Staatsangehörigkeit soll nicht genügen. Die ergänzende Anwendung des Art. 12 EGBGB (dazu vorige Fn.) dürfte daran nichts ändern, weil auch dort fahrlässige Unkenntnis der Handlungsunfähigkeit schadet.

[457] Vgl. auch ErwG 49 EuGüVO.

[458] *J. Weber* RNotZ 2017, 365 (369).

EuGüVO beruft oder ob er die tatsächliche Rechtslage gelten lassen will, er also ein Wahlrecht hat.[459]

(1) Ungeachtet des Artikels 27 Buchstabe f darf ein Ehegatte in einer Streitigkeit zwischen einem Dritten und einem oder beiden Ehegatten das für den ehelichen Güterstand maßgebende Recht dem Dritten nicht entgegenhalten, es sei denn, der **Dritte hatte Kenntnis von diesem Recht oder hätte bei gebührender Sorgfalt davon Kenntnis haben müssen.**

Kenntnis „von diesem Recht" meint Kenntnis des tatsächlich anzuwendenden Güterrechts, dessen Wirkungen der Dritte über Art. 28 Abs. 1 EuGüVO vermeiden will. Nicht erforderlich ist Kenntnis des konkreten Inhalts des anzuwendenden Rechts.[460]

Kennenmüssen setzt zunächst voraus, dass der Dritte wusste oder hätten wissen können, dass der handelnde Ehegatte überhaupt verheiratet ist.[461] Die Kriterien für Kennenmüssen werden im Übrigen nicht einheitlich beurteilt. Vor allem ist umstritten, ob es genügt, dass der Dritte von einer ausländischen Staatsangehörigkeit[462] oder einem ausländischen gewöhnlichen Aufenthalt wusste. Die Tatbestände des Art. 28 Abs. 2 EuGüVO fingieren unwiderleglich die Bösgläubigkeit,[463] sind aber nicht abschließend, dh die allgemeine Bösgläubigkeit wegen fahrlässiger Unkenntnis nach Art. 28 Abs. 1 bleibt möglich.

(2) Es wird davon ausgegangen, dass der Dritte Kenntnis von dem auf den ehelichen Güterstand anzuwendenden Recht hat, wenn
a) dieses Recht das Recht des Staates ist,
   i) dessen Recht auf das Rechtsgeschäft zwischen einem Ehegatten und dem Dritten anzuwenden ist,
   ii) in dem der vertragschließende Ehegatte und der Dritte ihren gewöhnlichen Aufenthalt haben oder
   iii) in dem die Vermögensgegenstände – im Fall von unbeweglichem Vermögen – belegen sind,

oder
b) ein Ehegatte die geltenden Anforderungen an die Publizität oder Registrierung des ehelichen Güterstands eingehalten hat, die vorgesehen sind im Recht des Staates,
   (i) dessen Recht auf das Rechtsgeschäft zwischen einem Ehegatten und dem Dritten anzuwenden ist,
   (ii) in dem der vertragschließende Ehegatte und der Dritte ihren gewöhnlichen Aufenthalt haben oder
   (iii) in dem die Vermögensgegenstände – im Fall von unbeweglichem Vermögen – belegen sind.

Nach Art. 28 Abs. 2 EuGüVO wird unwiderleglich die Kenntnis des Dritten fingiert, wenn das Güterrecht das Recht des Staates ist, das auch für die Beziehung des Dritten zum Ehegatten gilt (zB den Kaufvertrag, Art. 28 Abs. 2 lit. a sublit. i), wenn der Dritte und der Ehegatte im Staat des Güterrechts ihren gewöhnlichen Aufenthalt haben (Art. 28 Abs. 2 lit. a sublit. ii) oder wenn in dem Staat des Güterrechts auch die Vermögensgegenstände belegen sind (Art. 28 Abs. 2 lit. a sublit. iii). Die Kenntnis wird auch dann unwiderleglich vermutet, wenn einer der Ehegatten die Publizitäts- oder Registrierungsanforderungen im Hinblick auf den ehelichen Güterstand nach einem der in Art. 28 Abs. 2 lit. b EuGüVO genannten Rechte eingehalten hat.

[459] Gegen ein solches Wahlrecht auf dinglicher Ebene *J. Weber* RNotZ 2017, 365 (370 f.).
[460] *J. Weber* RNotZ 2017, 365 (369) (str.).
[461] *J. Weber* RNotZ 2017, 365 (370).
[462] Verneinend *J. Weber* RNotZ 2017, 365 (370) (auch im Fall eines ausländischen Namens) mit dem Hinweis, auch eine ausländische Staatsangehörigkeit (und ein ausländischer Name) begründe keine Vermutung, dass diese Person zum Zeitpunkt der Eheschließung ihren gewöhnlichen Aufenthalt im Ausland hatte; bejahend BeckOK BGB/*Wiedemann* EuGüVO Art. 28 Rn. 4.
[463] *Dutta* FamRZ 2016, 1973 (1983); *J. Weber* DNotZ 2016, 659 (685).

(3) Kann ein Ehegatte das auf seinen ehelichen Güterstand anzuwendende Recht einem Dritten nach Absatz 1 nicht entgegenhalten, so unterliegen die Wirkungen des ehelichen Güterstands gegenüber dem Dritten dem Recht des Staates,
a) dessen Recht auf das Rechtsgeschäft zwischen einem Ehegatten und dem Dritten anzuwenden ist oder
b) in dem die Vermögensgegenstände – im Fall von unbeweglichem Vermögen – belegen sind oder, im Fall eingetragener Vermögenswerte oder im Fall von Rechten, in dem diese Vermögenswerte oder Rechte eingetragen sind.

Ersatzgüterstatut für Drittwirkungen ist das Recht des Belegenheitsortes des Grundstücks, und zwar nicht alternativ zum Geschäftsstatut (nach lit. a), sondern im Interesse der Rechtssicherheit vorrangig.[464]

Art. 28 EuGüVO steht neben dem Gutglaubensschutz nach materiellem Recht (§ 892 BGB), der aber im deutschen Recht nur auf dinglicher Ebene die fehlende Berechtigung, nicht aber die fehlende Verfügungsbefugnis überwinden kann.[465]

Beispiel:

Die in Errungenschaftsgemeinschaft nach französischem Recht lebenden Eheleute sind gemeinsam Eigentümer eines Grundstücks in Deutschland; ihr Güterstand ist im deutschen Güterrechtsregister eingetragen.[466] Allerdings verzeichnet das Grundbuch fälschlicherweise den Ehemann als Alleineigentümer. Bei Veräußerung des Grundstücks allein durch den Ehemann an einen gutgläubigen Dritten kann der Dritte zwar nicht nach Art. 28 EuGüVO gutgläubig erwerben (vgl. Art. 28 Abs. 2 lit. b sublit. iii EuGüVO). Allerdings ist ein gutgläubiger Erwerb des Dritten (wegen der fehlenden Eintragung der Ehefrau im Grundbuch) nach Art. 43 EGBGB iVm § 892 BGB denkbar. Denkbar bleiben dann allerdings, weil § 892 BGB nicht die Unwirksamkeit des Kaufvertrags überwindet, Bereicherungsansprüche. Scheitert der Erwerb des Dritten indes nicht an der fehlenden Eigentümerstellung, sondern an einer (nicht im Grundbuch eintragungsfähigen Verfügungsbeschränkung), zB weil es sich bei dem Grundstück um das Familienheim handelt (vgl. Art. 215 Abs. 3 Code civil), so kommt ein gutgläubiger Erwerb nach § 892 BGB nicht in Betracht, da das Grundbuch insoweit keinen Rechtsschein begründet (vgl. § 892 Abs. 1 S. 2 BGB: nur Schutz vor eintragungsfähigen Verfügungsbeschränkungen).

4. Prüfungsschema zur EuGüVO

Bietet der Sachverhalt Anhaltspunkte für einen ausländischen Güterstand (zB ausländische Staatsangehörigkeit oder ausländischer Wohn- oder Geburtsort des verheirateten Veräußerers/Erwerbers, oder ist der Veräußerer/Erwerber bereits bei anderem Grundbesitz in ausländischem Güterstand eingetragen), so bietet sich folgende gedankliche Prüfungsfolge an:
a) **Wann wurde die Ehe geschlossen und das Grundstück erworben** (vor oder nach Eheschließung[467])?
b) Wenn die **Ehe vor dem 29. 1. 2019 geschlossen** wurde und keine Rechtswahl für das Ehegüterrecht getroffen wurde (die im Ausland nicht zwangsläufig notariell erfolgen muss, sondern zB auch durch Erklärung bei Eheschließung erfolgen kann), gilt nach

[464] *J. Weber* RNotZ 2017, 365 (371).
[465] Etwas unklar ist, ob neben Art. 28 EuGüVO auch Regeln zum Schutz des Familienheims (vgl. ErwG 53 Satz 2 EuGüVO) als Eingriffsnormen der lex fori über Art. 30 Abs. 1 EuGüVO zur Anwendung kommen können, verneinend *J. Weber* RNotZ 2017, 365 (371).
[466] Beispiel übernommen von *J. Weber* RNotZ 2017, 365 (371).
[467] Das ist nur eine Faustformel, denn es ist auch denkbar, dass das Güterrecht Verfügungsbeschränkungen bei Gegenständen anordnet, die vor Eheschließung erworben wurden.

wie vor **Art. 15 Abs. 1 iVm Art. 14 Abs. 1 Nr. 1–3 EGBGB,**[468] dh maßgeblich ist vorrangig das Güterrecht des Staates der gemeinsamen Staatsangehörigkeit (bei Mehrstaatern Vorrang der deutschen Staatsangehörigkeit, Art. 5 Abs. 1 S. 2 EGBGB), sodann das Güterrechts des gemeinsamen gewöhnlichen Aufenthaltsstaates und nachrangig gilt das Recht des Staates, zu dem sonst die engste Verbindung besteht (zB erster gemeinsamer Wohnsitz nach Eheschließung).[469] Das anwendbare Güterrecht ist nach Art. 15 Abs. 1 EGBGB unwandelbar, dh der Zeitpunkt der Eheschließung ist zur Bestimmung der Staatsangehörigkeit bzw. des gewöhnlichen Aufenthalts maßgeblich; spätere Veränderungen sind unerheblich. Soweit nach Art. 15 EGBGB ausländisches Recht anwendbar ist, ist vorab das ausländische IPR zu prüfen, das eine Rückverweisung auf deutsches Recht anordnen kann (Art. 4 Abs. 1 EGBGB). Auch ist denkbar, dass nach ausländischem IPR das anwendbare Güterrecht wandelbar ist, also sich zB an den aktuell gemeinsamen gewöhnlichen Aufenthalt der Eheleute „anpasst".

c) Wenn die **Ehe seit dem 29. 1. 2019** geschlossen wurde, bestimmt sich das anwendbare Güterrecht nach Art. 26 EuGüVO. Soweit keine Rechtswahl getroffen wurde, ist danach das Recht des Ortes des ersten gemeinsamen gewöhnlichen Aufenthalts nach Eheschließung (Art. 26 Abs. 1 lit. a EuGüVO) maßgeblich, hilfsweise das Recht der gemeinsamen Staatsangehörigkeit (Art. 26 Abs. 1 lit. b EuGüVO), oder das Recht des Staates, mit dem Eheleute sonst zum Zeitpunkt der Eheschließung am engsten verbunden sind (Art. 28 Abs. 1 lit. c EuGüVO). Der Güterstand ist nach der EuGüVO in Ausnahmefällen wandelbar, wenn an ersten gemeinsamen gewöhnlichen Aufenthalt nach Art. 28 Abs. 1 lit. a EuGüVO angeknüpft wird (Art. 28 Abs. 3 EuGüVO). Im Unterschied zu Art. 15 EGBGB erfolgt keine Anwendung ausländischen Kollisionsrechts, sondern es erfolgt ein Verweis direkt auf die Sachnormen des ausländischen Rechts (Art. 32 EuGüVO).

d) Soweit **ausländisches Güterstatut gilt** sind vor allem die Errungenschaftsgemeinschaft mit Gesamtgutsvermutung oder die Gütergemeinschaft problematisch.[470] Ein Sonderfall ist die aufgeschobene Gütergemeinschaft, die sich etwa im niederländischen Recht findet (dazu bereits oben II. 2. d) S. 164). Wichtig sind auch ausländische Vorschriften, die einen besonderen Schutz (nur) der **Familienwohnung** anordnen.[471] Regelmäßig ist die Anwendbarkeit ausländischen Güterrechts auf der Veräußererseite deutlich problematischer als auf Erwerberseite. Bei Veräußerung muss nämlich (vorbehaltlich der Verkehrsschutzregeln, dazu sogleich e) der Ehegatte mitwirken. Bei Erwerb (zB Erwerb und Auflassung nur eines Ehegatten) wird ausländisches Güterrecht demgegenüber regelmäßig kraft Gesetzes außerhalb des Grundbuchs eine Mitberechtigung entstehen lassen; dh die Auflassung ist wirksam und das Grundbuch auf Antrag zu berichtigen.[472] Dies wird auch

[468] Außer Betracht bleiben hier Sonderfälle wie Ehen rein iranischer Staatsangehöriger, für die nach dem Niederlassungsabkommen zwischen dem Deutschen Reich und dem Kaiserreich Persien vom 17. 2. 1929 iranisches Ehegüterrecht gilt; allerdings ist das Abkommen auf deutsch-iranische Doppelstaatler nicht anwendbar. Ebenfalls außer Betracht bleiben hier außerdem vor dem 1. 4. 1953 geschlossene Ehen, bei denen sich das Ehegüterrecht nach der Staatsangehörigkeit des Mannes bestimmt (vgl. Art. 220 Abs. 3 S. 6 EGBGB).

[469] Außer Betracht bleiben hier Sonderfälle wie anerkannte Asylberechtigte (dazu § 2 Abs. 1 AsylVfG, Art. 12 Genfer Flüchtlingskonvention: Wohnsitz statt Staatsangehörigkeit maßgeblich) und Vertriebene oder Spätaussiedler, bei denen ein Wechsel zum deutschen Güterstand (§§ 1, 3 VF-GüterstandsG) erfolgen kann.

[470] Zu ausländischen Rechtsordnungen vgl. die Übersicht bei WürzNotar-HdB/*Hertel* Teil 7 Kap. 2 Rn. 44; BeckNotar-HdB/*Süß* § 28 Rn. 168; *Krauß* Immobilienkaufverträge Rn. 819 ff.

[471] Vgl. Belgien: Art. 215 § 1 Code civil; Bulgarien: Art. 34, 26 Familiengesetzbuch; Finnland: Art. 38 Ehegesetz (mit möglichem gutgläubigen Erwerb); Frankreich: Art. 215 Abs. 3 Code civil; Kroatien: Art. 32 Abs. 3 Familiengesetz; Litauen: Art. 3.36 Abs. 2 ZGB (mit der Möglichkeit eines wirksamen Erwerbs bei fehlender Registrierung als Familienvermögen); Niederlande: Art. 1:88 Burgerlijk Wetboek; Schweiz: Art. 169 ZGB; Spanien: Art. 1320 Código Civil (mit möglichem gutgläubigen Erwerb bei falschen Angaben des Veräußerers); Türkei: Art. 194 ZGB.

[472] *Krauß* Immobilienkaufverträge Rn. 852; vgl. zur vergleichbaren Lage bei deutscher Gütergemeinschaft § 1416 Abs. 2, Abs. 3 BGB.

nach Inkrafttreten der EuGüVO so gesehen: Wird etwa ein Grundstück von einer Person gekauft und an sie aufgelassen, die im italienischen Güterstand der Errungenschaftsgemeinschaft lebt und mit Mitteln des gemeinsamen Vermögens das Grundstück erworben hat, so wird das Grundstück automatisch kraft Gesetzes in Errungenschaftsgemeinschaft nach italienischem Recht wirksam erworben.[473] Problematisch wäre nur ein Verbot des Einzelerwerbs nach ausländischem Recht, das die Auflassung unwirksam machen könnte; ob man dies in eine Auflassungsvollmacht des Veräußerers umdeuten kann, so dass die Erwerber die korrekte (nötige) Auflassung als Gesamthänder erklären können,[474] ist unsicher.

Allerdings kann es auf Erwerberseite für den Notar unklar sein, in welcher Mitberechtigungsform des ausländischen Rechts die Eheleute erwerben. Deshalb wird als „Behelfslösung" die Beurkundung eines Erwerbs in hälftigem Miteigentum vorgeschlagen.[475] Im deutschen Recht ist nämlich anerkannt, dass Ehegatten in Gütergemeinschaft im Fall eines an sie in hälftigem Miteigentum aufgelassenen und eingetragenen Grundstück auf Antrag mit Unrichtigkeitsnachweis unter Vorlage des Ehevertrags als Eigentümer in Gütergemeinschaft eingetragen werden, ohne dass es einer erneuten Auflassung bedarf (vgl. § 1416 Abs. 1 S. 2 BGB; vor Auflassung soll die Berichtigungsbewilligung genügen); dies mag man entsprechend auf ausländische Errungenschaftsgemeinschaften erstrecken.[476] Manchmal wird es als gefährlich angesehen, eine Auflassung und Eintragungsbewilligung als Gesamthänder (nach ausländischem Güterrecht) zu beurkunden, weil das Risiko bestehe, dass nach dem anwendbaren Güterrecht tatsächlich keine Gesamthand besteht. Allerdings kann auch im deutschen Recht die Auflassung an eine nicht existierende Gütergemeinschaft in eine Auflassung zu hälftigem Miteigentum umgedeutet werden, wenn die Beteiligten der Gesamthandsberechtigung keine besondere Bedeutung zugemessen haben und auch keine andere Gesamthand zwischen den Eheleuten besteht.[477]

e) Bei fehlender (erforderlicher) Zustimmung des Ehegatten gilt für den **Verkehrsschutz** bei vor dem 29.1.2019 geschlossener Ehe bzw. Güterrechtswahl Art. 16 EGBGB aF iVm § 1412 BGB fort, für seit dem 29.1.2019 geschlossene Ehe bzw. Güterrechtswahl gilt Art. 28 EuGüVO (Art. 229 § 47 Abs. 2 Nr. 2 EGBGB).

f) Schließlich ist in der Vergangenheit zur Vermeidung der Schwierigkeiten mit ausländischem Güterrecht eine **Teilrechtswahl** des anwendbaren Ehegüterrechts für das in Deutschland belegene unbewegliche Vermögen erwogen worden (Art. 15 Abs. 2 Nr. 3 EGBGB). Seit dem 29.1.2019 ist allerdings auch bei Altehen nur die Wahl des Rechts des gewöhnlichen Aufenthalts oder einer Staatsangehörigkeit eines der Ehegatten im Zeitpunkt der Rechtswahl möglich (in Deutschland in notarieller Form, Art. 23 Abs. 2 EuGüVO iVm §§ 1408, 1410 BGB; im Ausland mindestens Schriftform, Art. 22 Abs. 1 EuGüVO; vgl. auch Art. 25 Abs. 3 EuGüVO); eine isolierte Rechtswahl des Rechts am Ort der Immobilie ist nicht mehr möglich.

---

[473] Zu diesem Beispiel *J. Weber* RNotZ 2017, 365 (367); zum italienischen Recht Art. 177 lit. a Codice civile.

[474] *Krauß* Immobilienkaufverträge Rn. 856.

[475] *Krauß* Immobilienkaufverträge Rn. 851 ff.

[476] *Krauß* Immobilienkaufverträge Rn. 852; zum deutschen Recht Staudinger/*C. Heinze* BGB § 873 Rn. 98 mwN.

[477] *Krauß* Immobilienkaufverträge Rn. 855; zum deutschen Recht MüKoBGB/*Diehn* BGB § 925 Rn. 25; Staudinger/*C. Heinze* BGB § 873 Rn. 67.

5. Wirkungen ausländischer ehegüterrechtlicher Entscheidungen im Grundbuchverfahren

BGH Beschl. v. 16. 5. 2019 – V ZB 101/18[478]

Sachverhalt: M und F sind deutsche Staatsangehörige und im Grundbuch in GbR als Eigentümer eines in Hamburg belegenen Grundstücks eingetragen. Sie heirateten 2002 in Hamburg und hatten von 2004 bis März 2016 ihren gewöhnlichen Aufenthalt in Florida. Im April 2014 reichte F in Florida eine Scheidungsklage ein, der sich M anschloss. Auf Antrag der F („motion for interim equitable distribution") übertrug der Circuit Court den von M an der GbR gehaltenen 50-Prozent-Anteil auf F; außerdem wurde jede Willenserklärung des M ersetzt, die für die Übertragung der Gesellschafterstellung und die Grundbuchberichtigung erforderlich sei. Nach Zurückweisung der Rechtsmittel des M gegen diese Entscheidung und – nicht rechtskräftiger – Scheidung von M und F beantragte F beim Amtsgericht – Grundbuchamt, das Grundbuch dahingehend zu berichtigen, dass M aus der GbR ausgeschieden und sie alleinige Eigentümerin des Grundstücks sei.

Eine Grundbuchberichtigung kommt in Betracht, wenn entweder eine – ggf. gerichtlich ersetzte – Berichtigungsbewilligung des von der Berichtigung Betroffenen M (§ 19 GBO) oder ein grundsätzlich lückenloser, besonders formalisierter Nachweis der die Unrichtigkeit des Grundbuchs bedingenden Tatsachen vorliegt (§ 22 Abs. 1 GBO). Da sich F hier nur auf die (formell rechtskräftige) Entscheidung des Circuit Court stützen kann, scheiden beide Möglichkeiten von vorneherein aus, wenn es bereits an der **Anerkennungsfähigkeit** der ausländischen Entscheidung fehlt und ihr deshalb im Inland keine Rechtswirkung zukommt. Das Grundbuchamt und die Rechtsmittelgerichte haben hier daher inzident die Anerkennung der Entscheidung des Circuit Court gemäß §§ 108, 109 FamFG (nicht § 328 ZPO, da es sich um eine Familiensache handelt) zu prüfen. Das OLG Hamburg als Vorinstanz hat eine Anerkennung der Entscheidung des Circuit Court gemäß § 109 Abs. 1 Nr. 1 FamFG abgelehnt, weil der Circuit Court nach deutschem Recht (bei spiegelbildlicher Anwendung) nicht zuständig sei. Anwendbar sei nämlich die ausschließliche Zuständigkeit deutscher Gerichte für Klagen, durch die das Eigentum, eine dingliche Belastung oder die Freiheit von einer solchen geltend gemacht wird (§ 24 Abs. 1 ZPO), so dass der Circuit Court nicht zuständig gewesen sei.

Der BGH sah das ausländische Verfahren hingegen als Güterrechtssache an, für die gemäß § 98 Abs. 1 Nr. 2, Abs. 3 FamFG (bzw. Art. 3 Abs. 1 lit. a Spiegelstrich 1 Brüssel IIa-VO) das Gericht am gewöhnlichen Aufenthalt der Parteien in Florida (auch für die Folgesache) zuständig ist. Daran ändere sich auch nichts, wenn man das ausländische Verfahren (wegen der vorweggenommenen Entscheidung über die Grundstückszuweisung) als isolierte Güterrechtssache ansieht, weil auch dann gemäß §§ 105, 262 Abs. 1 S. 1, S. 2 FamFG eine spiegelbildliche Zuständigkeit der Gerichte in Florida gegeben war. Demgegenüber sei die ausschließliche Zuständigkeit für dingliche Klagen nach § 24 Abs. 1 ZPO neben dem FamFG nicht anwendbar (vgl. § 262 Abs. 1 FamFG). Zudem sei § 24 Abs. 1 ZPO auch tatbestandlich nicht anwendbar, weil es nicht um eine Klage aus dem dinglichen Recht oder um Klärung der Eigentümerstellung ging, sondern um einen Anspruch auf Verschaffung des dinglichen Rechts (bzw. Übertragung des GbR-Anteils, aus dessen Übertragung sich der Erwerb des dinglichen Rechts nur kraft Gesetzes ergibt). Deshalb führte diese Anteilsübertragung – die weiteren Voraussetzungen für eine Anerkennung der Entscheidung unterstellt – zu einem Erwerb des Eigentums des Grundstücks durch F und damit zur Unrichtigkeit des Grundbuchs iSd § 22 Abs. 1 GBO, ohne dass es einer weiteren Vollstreckung bedarf.

[478] DNotZ 2019, 913.

IV. Beteiligung ausländischer Minderjähriger

1. Einführung

Besondere Probleme können sich bei Beteiligung ausländischer Minderjähriger bzw. Minderjähriger mit gewöhnlichem Aufenthalt im Ausland an einem Grundstücksgeschäft ergeben. Ausgangspunkt ist hier zunächst Art. 7 Abs. 1 EGBGB, wonach sich die **Rechtsfähigkeit und Geschäftsfähigkeit** einer (natürlichen) Person nach dem Recht des Staates richten, dem die Person angehört (zum Verkehrsschutz Art. 12 EGBGB, bei Schuldverträgen Art. 13 Rom I-VO).[479] Kommt man infolge des auf die Geschäftsfähigkeit anwendbaren Rechts dazu, dass die betreffende Person minderjährig ist, so stellt sich die Folgefrage nach der Anwendung der **Beschränkungen** (§§ 1643 Abs. 1, 1821 Nr. 1, Nr. 2, Nr. 4, Nr. 5 BGB) bzw. des **Ausschlusses** (§§ 1629 Abs. 2, 1795 Abs. 1 Nr. 1, Abs. 2 BGB) **der Vertretungsmacht der Sorgeberechtigten für Grundstücksgeschäfte.** Maßgeblich ist hierfür idR nicht, wie man meinen könnte, Art. 21 EGBGB[480] (Wirkungen des Eltern-Kind-Verhältnisses). Vielmehr finden im Regelfall die Art. 15 ff. KSÜ[481] vorrangige Anwendung, während Art. 21 EGBGB nur einen geringen Restanwendungsbereich hat.[482]

Die Regeln über die Grenzen gesetzlicher Vertretung sind zur Ausübung der elterlichen Sorge gemäß Art. 17 KSÜ zu zählen und richten sich deshalb nach dem **Recht des Staates des gewöhnlichen Aufenthalts des Minderjährigen** (Art. 17 S. 1 KSÜ).[483] Das anwendbare Recht ist allerdings wandelbar, dh bei Veränderung des gewöhnlichen Aufenthalts (zB Umzug nach Deutschland) bestimmt das Recht des Staates des jeweiligen neuen gewöhnlichen Aufenthalts des Kindes die Ausübung der elterlichen Verantwortung (Art. 17 S. 2 KSÜ) und damit auch die Grenzen elterlicher Vertretungsmacht. Soweit nach dem auf das Eltern-Kind-Verhältnis anwendbaren Recht (wie zB nach deutschem Recht gemäß §§ 1643, 1821 BGB) die gesetzliche Vertretungsbefugnis der Eltern beschränkt ist, ist eine ggf. erforderliche familiengerichtliche Genehmigung als Schutzmaßnahme iSd KSÜ anzusehen,[484] für die sich die gerichtliche Zuständigkeit (im Verhältnis zu anderen EU-Mitgliedstaaten) nach der Brüssel IIa-VO (ab 1.8.2022: Brüssel IIb-VO[485]), im Übrigen nach dem KSÜ (im Verhältnis zu den Vertragsstaaten des KSÜ, die nicht Mitglied der EU sind) richtet. Im Regelfall führt dies zur Zuständigkeit der Gerichte am gewöhnlichen Aufenthalt des Minderjährigen. Die zuständigen Gerichte dürfen nach Art. 15 Abs. 1 KSÜ ihr eigenes Recht (lex fori) anwenden. Zumindest für die Nachlassabwicklung unter Be-

---

[479] Bei Flüchtlingen und anerkannten Asylberechtigten (§ 2 AsylVfG) findet Art. 12 Abs. 1 der Genfer Flüchtlingskonvention Anwendung, der das Recht des Wohnsitzes oder des gewöhnlichen Aufenthalts beruft.

[480] Vorrangig gegenüber Art. 21 EGBGB und dem KSÜ gilt bei (ausschließlich) iranischen Staatsangehörigen Art. 8 Abs. 3 des Deutsch-iranischen Niederlassungsabkommens vom 1929 Anwendung, das auf das Recht der Staatsangehörigkeit des Minderjährigen verweist.

[481] Zu den Vertragsstaaten des KSÜ zählen neben sämtlichen EU-Mitgliedstaaten auch die Türkei und insgesamt ca. 50 Staaten, für eine Liste siehe www.bundesjustizamt.de.

[482] Für den Restanwendungsbereich ist zwischen Schutzmaßnahmen (Art. 15 KSÜ), zB familiengerichtlichen Genehmigungen nach § 1643 BGB, und übrigen Fragen des Sorge- und Umgangsrechts (zB der gesetzliche Umfang der Vertretungsbefugnis der Eltern nach Art. 17 KSÜ) zu unterscheiden: Für Schutzmaßnahmen ist auf Art. 21 KSÜ nur dann zurückzugreifen, „wenn sich die internationale Zuständigkeit – ausnahmsweise – nach autonomem deutschen Recht richtet, in der Regel also dann, wenn das Kind seinen gewöhnlichen Aufenthalt in einem Staat hat, der weder EU-Mitgliedstaat (außer Dänemark) noch Vertragsstaat des KSÜ oder des MSA ist", MüKoBGB/*Helms* EGBGB Art. 21 Rn. 12. Bei den übrigen Fragen des Sorge- und Umgangsrechts bleibt Art. 21 EGBGB „nur in den seltenen Fällen anwendbar, in denen der persönliche oder intertemporale Anwendungsbereich des KSÜ nicht eröffnet ist", MüKoBGB/*Helms* EGBGB Art. 21 Rn. 14.

[483] BeckOGK/*Markwardt* KSÜ Art. 17 Rn. 6.

[484] MüKoBGB/*Helms* KSÜ Art. 15 Rn. 18.

[485] Verordnung (EU) 2019/1111 des Rates vom 25.6.2019 über die Zuständigkeit, die Anerkennung und Vollstreckung von Entscheidungen in Ehesachen und in Verfahren betreffend die elterliche Verantwortung und über internationale Kindesentführungen, ABl. 2019 L 178, 1–115.

teiligung von Minderjährigen ergibt sich eine Erleichterung mit dem Inkrafttreten der neuen Brüssel IIb-VO am 1.8.2022: Ist nämlich für die Gültigkeit einer Rechtshandlung (zB der Annahme oder Ablehnung eines Erbes oder einer Vereinbarung zwischen den Parteien über die Verteilung des Vermögens, ErwG 33 Brüssel IIa-VO nF), die im Namen eines Kindes in Erbsachen bei einem Gericht eines Mitgliedstaats vorgenommen wurde oder vorzunehmen ist, die Einwilligung oder Genehmigung seitens eines Gerichts erforderlich, so kann nach dem neuen Art. 16 Abs. 3 Brüssel IIa-VO ein Gericht in diesem Mitgliedstaat entscheiden, ob es in diese Rechtshandlung einwilligt oder sie genehmigt, selbst wenn es nach dieser Verordnung nicht zuständig ist. Damit dürften die nach der EuErbVO zuständigen Nachlassgerichte künftig über solche Genehmigungen entscheiden, wobei nicht ganz klar ist, ob sie insofern auch nach Art. 15 Abs. 1 KSÜ ihr eigenes Recht oder das Recht am gewöhnlichen Aufenthaltsort des Kindes anwenden.

Der Verweis nach Art. 17 KSÜ schließt die Rückverweisung aus, dh ausländisches Kollisionsrecht ist idR nicht zu prüfen (vgl. Art. 21 Abs. 1 KSÜ; zu (seltenen) Ausnahmen Art. 21 Abs. 2 KSÜ).[486] Im Grundsatz dieselbe Anknüpfung für die Grenzen elterlicher Vertretungsmacht sieht Art. 21 EGBGB vor,[487] der außerhalb des KSÜ zur Anwendung kommt und das Rechtsverhältnis zwischen einem Kind und seinen Eltern dem Recht des Staates unterwirft, in dem das Kind seinen gewöhnlichen Aufenthalt hat. Im Unterschied zum KSÜ sind bei Art. 21 EGBGB aber Rück- und Weiterverweisungen zu beachten.[488]

Ebenso wie in Art. 12 EGBGB, Art. 13 Rom I-VO und Art. 16 EGBGB aF und Art. 28 EuGüVO findet sich in Art. 19 Abs. 1 KSÜ eine Regelung für den **Verkehrsschutz Dritter.** Danach kann die Gültigkeit eines Rechtsgeschäfts zwischen einem Dritten und einer anderen Person, die nach dem Recht des Staates, in dem das Rechtsgeschäft abgeschlossen wurde, als gesetzlicher Vertreter zu handeln befugt wäre, nicht allein deswegen bestritten werden, weil die andere Person nach dem in diesem Kapitel bestimmten Recht nicht als gesetzlicher Vertreter zu handeln befugt war, es sei denn, der Dritte wusste oder hätte wissen müssen, dass sich die elterliche Verantwortung nach diesem Recht bestimmte.

Die Vorschrift gilt nur dann, wenn das Rechtsgeschäft unter Anwesenden im Hoheitsgebiet desselben Staates geschlossen wurde (Art. 19 Abs. 2 KSÜ). Zweck des Art. 19 KSÜ ist es, den Dritten als Vertragspartner des Kindes davor zu schützen, dass es aufgrund des nach dem KSÜ anwendbaren Rechts an Vertretungsmacht der für das Kind handelnden Person fehlt, obwohl diese nach dem Recht des Aufenthaltsstaates für das Kind zu handeln befugt gewesen wäre. Meines Erachtens wird die Vorschrift für Grundstücksgeschäfte in Deutschland wenig Bedeutung haben: Zum einen ist auch nach deutschem Ortsrecht die Vertretungsmacht der Eltern bei Grundstücksgeschäften beschränkt (§§ 1643, 1821 BGB). Zum anderen ist von einem Kennenmüssen des Dritten bereits dann auszugehen, wenn Anhaltspunkte dafür bestehen, „dass der dem Rechtsgeschäft zugrundeliegende Sachverhalt Bezugspunkte zum Ausland hat, insbesondere, dass sich das Kind oder sein Vertreter längere Zeit im Ausland aufgehalten hat"; dann besteht eine Erkundigungspflicht des Geschäftspartners.[489]

---

[486] Zur Weiterverweisung kann es nach Art. 21 Abs. 2 KSÜ nur kommen, wenn es um Kinder geht, die in Nichtvertragsstaaten des KSÜ ihren gewöhnlichen Aufenthalt haben, aber gleichzeitig eine internationale Zuständigkeit deutscher Gerichte besteht, BeckOGK/*Markwardt* EGBGB Art. 21 Rn. 44.

[487] BeckOGK/*Markwardt* EGBGB Art. 21 Rn. 24.

[488] BeckOGK/*Markwardt* EGBGB Art. 21 Rn. 44 (hM).

[489] BeckOGK/*Markwardt* KSÜ Art. 19 Rn. 10 (mit Hinweis auf die Bescheinigung nach Art. 40 KSÜ).

2. Beispielsfall

OLG München Beschl. v. 10. 2. 2017 – 34 Wx 175/16[490]

Sachverhalt: Im Grundbuch sind B1 und dessen Abkömmlinge B3 und B4 sowie dessen Tochter CG als Eigentümer mit dem Zusatz „als Gesellschafter bürgerlichen Rechts" eingetragen. B2 ist die Ehefrau von B1. B5 (englischer Staatsangehöriger) war mit der am 24. 11. 2012 verstorbenen CG verheiratet, B6 ist deren im Oktober 2008 geborener minderjähriger Sohn, der ebenso wie CG und B5 seinen Lebensmittelpunkt im Gebiet des Vereinigten Königreichs, England hat. Zu unterschriftsbeglaubigter Urkunde vom 22. 7. 2015 erklärten B1 bis B6, letzterer vertreten durch B5, dass sich die Gesellschafterzusammensetzung wie folgt geändert habe: B1 habe bereits gemäß notarieller Urkunde vom 29. 12. 1999 von seiner Gesellschaftsbeteiligung einen Anteil auf seine Ehefrau B2 übertragen. B5 und der minderjährige B6, letzterer dabei vertreten seinen Vater B5, seien aufgrund der gesellschaftsvertraglichen Bestimmung, wonach die Gesellschaft mit den Erben eines verstorbenen Gesellschafters fortgesetzt werde, in die Gesellschafterstellung ihrer Ehefrau bzw. Mutter CG nachgerückt und hätten ihre jeweilige Beteiligung auf die übrigen Mitgesellschafter, B1 bis B4, übertragen. Abschließend stimmten B1 bis B6, letzterer vertreten durch seinen Vater B5, sämtlichen vorstehend beschriebenen Gesellschafterwechseln vorbehaltlos und in vollem Umfang zu; außerdem bewilligten und beantragten sie die entsprechende Berichtigung des Grundbuchs.

Der Notar beantragte Grundbuchberichtigung unter Vorlage einer Ausfertigung des vom Amtsgericht M. beschränkt auf die im Inland befindlichen Nachlassgegenstände erteilten (Eigenrechts-)Erbscheins, der B5 und B6 als Miterben zu je 1/2 nach CG ausweist. Das Grundbuchamt erließ eine Zwischenverfügung mit dem Inhalt: „Bitte reichen Sie mir eine Negativbescheinigung des Familiengerichts und des High Courts nach, wonach die Bestellung eines Ergänzungspflegers bzw. eine familiengerichtliche Genehmigung entbehrlich ist". Dagegen wandte sich der Notar mit der Beschwerde.

Es ging hier um eine Änderung im Gesellschafterbestand, die gemäß § 47 Abs. 2 S. 2 GBO als Berichtigung zu behandeln ist. Diese ist auf der Basis von Berichtigungsbewilligungen der aufgrund ihrer Buchposition formell betroffenen Gesellschafter, mithin der aus der fortbestehenden Gesellschaft durch Anteilsübertragung ausgeschiedenen und der übrigen (Mit-)Gesellschafter, sowie der Zustimmung des eintretenden Gesellschafters bei lediglich schlüssiger Darlegung der Grundbuchunrichtigkeit (§§ 19, 20, 22 Abs. 2, 29 Abs. 1 GBO) möglich.

Zwar ist die Berichtigungsbewilligung von B5 und B6 für die verstorbene CG hier durch den Erbschein nachgewiesen. Aufgrund der Minderjährigkeit von B6 muss das Grundbuchamt aber Bestand und Umfang der elterlichen Vertretungsmacht des B5 für B6 selbständig prüfen. Allerdings bedarf es der vom Grundbuchamt angeforderten Negativatteste nicht, weil sich **Bestehen und Umfang der elterlichen Vertretungsmacht** hier nicht nach dem BGB richten und weil das englische Recht keine dem deutschen Recht (vgl. § 1643 Abs. 1 iVm §§ 1821, 1822 Nr. 1, Nr. 3, Nr. 5, Nr. 8–11 BGB; §§ 1629, 1795 BGB) vergleichbaren Beschränkungen kennt.

Die Vertretung des Minderjährigen richtet sich gemäß Art. 1 Abs. 1 lit. c, Abs. 2, 16 Abs. 1, 17 S. 1, 21 Abs. 1 KSÜ nach englischem Recht wegen des gewöhnlichen Aufenthalts von B6 in England. Ein den §§ 1629, 1795 BGB vergleichbarer Ausschluss oder eine den §§ 1643, 1821, 1822 BGB vergleichbare Beschränkung der Vertretungsmacht findet sich im englischen Recht (sec. 5 Children Act 1989) nicht. So wurde weder ein guardian bestellt noch eine Schutzmaßnahme der nach Art. 8 ff. Brüssel IIa-VO für Sorgerechtsfragen zuständigen englischen Gerichte erlassen, und auch der Ausschluss des Minderjährigen vom Eigentum an unbeweglichem Vermögen

[490] ZEV 2017, 582.

nach englischem Recht greift nicht, weil es hier um Gesellschaftsanteile und nicht Grundvermögen geht.[491]

Es besteht aber ein anderes Eintragungshindernis: Auch wenn die Sorgeberechtigung nach englischem Recht von B5 durch die Vorlage der Geburtsurkunde von B6, die Geburtsanmeldung und die Heiratsurkunde von B5 und CG nachgewiesen ist (vgl. sec. 4 (1) (a) Children Act 1989 mit sec. 10 (1) (a) Births and Deaths Registration Act 1983), bestand Unsicherheit darüber, ob die Übertragung der dem Kind durch Erbschaft zugefallenen Gesellschaftsanteile nach englischem Rechtsverständnis in die Verwaltung und Betreuung des Kindsvermögens fällt, zu der die **elterliche Verantwortung** berechtigt (siehe auch sec. 3 Children Act 1989), zumal ein Interessenwiderstreit in der Person des B5 aus seiner Stellung als Anspruchsinhaber gegen den Nachlass einerseits und als gesetzlicher Vertreter des B6 andererseits nicht ausgeschlossen erscheint. Von Bedeutung für die Befugnis des B5, namens B6 über das letzterem durch Erbschaft angefallene Vermögen zu verfügen, kann zudem sein, ob der B5 (oder eine andere Person) in England zum „administrator" über den Nachlass gerichtlich bestellt wurde und als solcher zur Verwaltung des – auch im Ausland belegenen – Kindsvermögens einschließlich dessen Übertragung auf Dritte ermächtigt ist. Zum Nachweis der Bewilligungsbefugnis des B5 für B6 kann diesem deshalb aufzugeben sein, eine von der zuständigen englischen Behörde ausgestellte Bescheinigung nach Art. 40 KSÜ (samt Apostille) beizubringen, welche bezeugt, dass der B5 aufgrund elterlicher Verantwortung (parental responsibility) zur Übertragung beweglicher Vermögensgegenstände, nämlich Anteilen an der Grundbesitz haltenden Gesellschaft, berechtigt ist, die B6 als Erben nach der am 24.11.2012 verstorbenen Mutter zugefallen sind. Sollte keine solche Bescheinigung mit dieser Aussagekraft beigebracht werden können, so ist die Person des administrators des Nachlasses der CG nachzuweisen (durch Vorlage gerichtlicher Bestellungsurkunde), und es ist zur Klärung der Reichweite der elterlichen Vermögenssorge in Bezug auf das ererbte Vermögen (und der sich daraus ableitenden Bewilligungsbefugnis) ein Gutachten zum ausländischen Recht von Amts einzuholen.

[491] OLG München Beschl. v. 10.2.2017 – 34 Wx 175/16, Rn. 26ff.

C. Bauträgervertrag

I. BGH Beschl. v. 19. 9. 2019 – V ZB 119/18: Änderungsvollmachten im Bauträgervertrag[492]

Leitsätze der Entscheidung:[493]

1. [...]
2. Hinsichtlich der materiell-rechtlichen Wirksamkeit einer Vollmacht (hier: Änderungsvollmacht des Bauträgers) und der Wirksamkeit eines Widerrufs der Vollmacht ist der Prüfungsmaßstab des Notars eingeschränkt. Er hat die Vollziehung eines unter § 53 BeurkG fallenden Vertretergeschäfts nur dann zu unterlassen, wenn für ihn ohne jeden vernünftigen Zweifel erkennbar und damit offensichtlich ist, dass eine wirksame Vollmacht nicht (mehr) vorliegt. Ebenso liegt es, wenn ein evidenter Missbrauch einer im Außenverhältnis unbeschränkten Vollmacht aufgrund von Verstößen gegen im Innenverhältnis bestehenden Beschränkungen gegeben ist.
3. Der Notar, der seiner Amtspflicht zur Einreichung vollzugsreifer Urkunden gem. § 53 BeurkG nachkommt, verstößt auch dann nicht gegen seine Pflicht zu unabhängiger und unparteiischer Betreuung aus § 14 Abs. 1 Satz 2, 3 BNotO, wenn ein Beteiligter die Wirksamkeit der zu vollziehenden Erklärung mit beachtlichen Gründen bestreitet (insoweit Aufgabe von Senat NJW-RR 2016, 695 = ZfIR 2016, 104 Rn. 25).
4. Den beabsichtigten Vollzug einer Urkunde im Sinne des § 53 BeurkG muss der Notar regelmäßig in einem Vorbescheid ankündigen, wenn einer der Urkundsbeteiligten dem Vollzug widerspricht.

1. Erforderlichkeit einer Änderungsvollmacht

Der Bau und die Vermarktung einer Eigentumswohnungsanlage sind naturgemäß ein längerer Vorgang, dessen Endprodukt – das Gebäude – zu Beginn der rechtlichen und tatsächlichen Verwirklichung nicht in allen Einzelheiten feststeht. Vor Verkauf der ersten Wohnung muss die notarielle Aufteilungserklärung nebst den – in aller Regel vorläufigen – Aufteilungsplänen vorliegen. Fast regelmäßig entsteht anschließend ein Änderungsbedarf, beispielsweise bedingt durch Änderungswünsche späterer Erwerber, Auflagen der Bauaufsichtsbehörde oder bautechnische Notwendigkeiten. Das oder die fertig gestellten Gebäude weisen in Praxis dementsprechend im Vergleich zum projektierten Vorhaben fast ausnahmslos Veränderungen auf. Oft ist bereits bei Beurkundung der Teilungserklärung oder des ersten Bauträgervertrags den Beteiligten klar, dass die beurkundeten Aufteilungspläne nicht mit dem angedachten Endzustand der Anlage übereinstimmen werden. Ein praktisch besonders bedeutsamer Fall einer notwendigen Anpassung ist die abschnittsweise Errichtung von Mehrhausanlagen.

Solche Abweichungen in der Bauausführung sind in vielfältigen Erscheinungsformen zu beobachten. Sie reichen von einer geänderten Farbgebung bis hin zu einer kompletten Umplanung des zu errichtenden Gebäudes. Von besonderem Interesse sind solche Abänderungen, die eigentumserhebliche Auswirkungen auf die Aufteilung des Gebäudes in Sonder- und Gemeinschaftseigentum haben und deshalb auch eine Korrektur der ursprünglichen notariellen Aufteilungserklärung bedingen. Immer wieder vorkommende Veränderungen dergestalt sind beispielsweise:
- die Verschiebung der Grenzen zweier Sondereigentumseinheiten,
- die Reduzierung von gemeinschaftlichem Eigentum zugunsten von Sondereigentum,

---

[492] Dieser Beitrag wurde erstmals in NotBZ 2020, 182 veröffentlicht.
[493] NJW 2020, 610.

- der nachträgliche Anbau von Balkonen,
- das nachträgliche Wegmessen von realen Grundstücksteilen und deren Übertragung in das Eigentum des Bauträgers oder der Kommune,
- der nachträgliche Erwerb von Arrondierungsflächen für das aufgeteilte Grundstück.

Solange der aufteilende Bauträger als Alleineigentümer im Grundbuch eingetragen ist, kann er – mit der nachstehend genannten Einschränkung – den wohnungseigentumsrechtlichen Begründungsakt allein und ohne die Mitwirkung eventueller Erwerber nachträglich ändern. Dies bedeutet aber nur, dass er für den grundbuchamtlichen Vollzug der Veränderung keiner Mitwirkung der Erwerber bedarf. Wird durch den Nachtrag auch der Kaufgegenstand eines Erwerbers geändert, muss der Bauträger hierzu auch vertraglich berechtigt sein. Aus diesem Grund ist auch in diesem Stadium bereits eine Zustimmung solcher durch Veränderungen betroffener Erwerber oder eine Änderungsvollmacht auch für den Bauträgervertrag erforderlich.[494] Anderenfalls drohen dem Bauträger Schadensersatzansprüche wegen Nichterfüllung seiner Verpflichtungen aus dem Bauträgervertrag. Mit der Eintragung der ersten **Eigentumsvormerkung** für einen Erwerber verliert der Bauträger die Möglichkeit zur einseitigen Änderung der Teilungserklärung.[495] Das Grundbuchamt darf danach Änderung der Teilungserklärung nur eintragen, wenn entweder der Vormerkungsberechtigte zustimmt oder eine entsprechende Vollmacht des Erwerbers zugunsten des Bauträgers in grundbuchtauglicher Form vorliegt.

Der BGH bestätigt diese Grundsätze in seiner Entscheidung unter Rn. 12.

Bauträger können aus diesem Grund den ersten Erwerbsvertrag risikolos nur abschließen, wenn sie sich die Möglichkeit offen lassen, solche Veränderungen nicht nur tatsächlich, sondern auch rechtlich einwandfrei vornehmen zu können. Um die erforderliche Flexibilität des Bauträgers rechtlich zu gewährleisten, ist eine Urkundengestaltung notwendig, die eine für alle Beteiligten unkomplizierte Anpassung des rechtlichen Zustands an die gebaute Wirklichkeit ermöglicht, auch wenn die von vorneherein endgültige Planung aus Gründen der Rechtssicherheit den Idealfall bilden würde. Die gestalterische Umsetzung besteht darin, dem Bauträger durch den Erwerber das Recht und die **Vollmacht zur nachträglichen Anpassung** der Teilungserklärung mit Gemeinschaftsordnung an den veränderten Vorstellungen zu erteilen.

In der Vergangenheit bestand die wohl häufigste Lösung in einer Regelung in der Gemeinschaftsordnung (sog. **verdinglichte Ermächtigung**) der betreffenden Eigentümergemeinschaft, mit der der Bauträger berechtigt wurde, entsprechende Nachträge zu beurkunden und die erforderlichen grundbuchrechtlichen Bewilligungen und Anträge auch im Namen aller Wohnungseigentümer abzugeben und entgegenzunehmen. Der eigentliche Grund für die Platzierung dieser Ermächtigung in der Gemeinschaftsordnung bestand darin, dass eine Vereinbarung, die nach § 10 Abs. 3 WEG in das Grundbuch eingetragen wird, auch Sondernachfolger bindet. Auf diese Weise sollte sichergestellt werden, dass auch im Fall der Weiterveräußerung der neue Eigentümer an diese Vereinbarung gebunden ist und durch den Bauträger bei den Nachtragsbeurkundungen vertreten werden kann.

Diese weit verbreitete Praxis ist nach der neueren Rechtsprechung[496] nicht mehr möglich. Danach ist eine Regelung in der Gemeinschaftsordnung, nach der die Wohnungseigentümer zur Übertragung von realem Eigentum oder zur Umwandlung von Sonder- in Gemeinschaftseigentum oder umgekehrt verpflichtet sein sollen, nicht möglich. Gegenstand einer Vereinbarung nach § 10 Abs. 2, Abs. 3 WEG kann nämlich nur eine Regelung sein, die sich auf die Innenbeziehung der Wohnungseigentümer untereinander erstreckt. Eine solche Vereinbarung betrifft aber nicht das Gemeinschaftsverhältnis der Wohnungseigentümer untereinander, sondern zielt auf die Eigentumsverhältnisse und damit auf die

[494] Ausführlich hierzu *Müller,* Änderung des sachenrechtlichen Grundverhältnisses, S. 173 ff.
[495] BGH NZM 2005, 753; OLG Köln FGPrax 2016, 60; BayObLG ZMR 2003, 857.
[496] BGH NJW 2003, 2165; BayObLG DNotZ 2002, 149.

sachenrechtlichen Grundlagen der Gemeinschaft durch Zuordnung von Flächen, Gebäudeteilen und Räumen. Eine vertragliche Regelung der sachenrechtlichen Zuordnung ist aber von einer inhaltlichen Ausgestaltung des Gemeinschaftsverhältnisses streng zu unterscheiden. Die sachenrechtliche Aufteilung hat im Gegensatz zu einer Vereinbarung der Wohnungseigentümer untereinander Außenwirkung gegenüber jedem Dritten, da Sondereigentum zivilrechtliches Eigentum iSv § 903 BGB ist.[497] Die Umwandlung von Sonder- in Gemeinschaftseigentum und umgekehrt bedarf daher aufgrund von § 4 Abs. 2 WEG der Form der Auflassung ebenso wie die Übertragung realer Grundstücksflächen (§§ 873, 925 BGB). Aus diesem Grund können keine Ermächtigungen oder vorweggenommene Zustimmungen zu solchen sachenrechtlichen Vorgängen in einer Vereinbarung der Wohnungseigentümer enthalten sein. Anderenfalls würden die Grenzen zwischen der rein sachenrechtlichen Zuordnung und dem in den §§ 10–29 WEG geregelten Gemeinschaftsverhältnis der Wohnungseigentümer in unzulässiger Weise überschritten werden.[498] Schlussfolgerung aus dieser Rechtsprechung ist, dass eine wirksame diesbezügliche **Vollmachtsregelung** nur in den jeweiligen **Erwerbsvertrag** zwischen dem aufteilenden Bauträger und dem Erwerber aufgenommen werden kann.

Die praktische Notwendigkeit einer solchen Vollmacht wird vom BGH soweit ersichtlich unter Rn. 27 erstmals anerkannt.

2. Umfang und Bestimmtheit der Vollmacht

Der Umfang der Änderungsvollmacht ist zunächst nach ihrem Zweck auszurichten. Eine solche Vollmacht bietet nur dann die notwendige Flexibilität, wenn der Bauträger hiermit alle eventuell in der Praxis auftretenden Veränderungen vornehmen kann. Dies bedeutet insbesondere die Möglichkeit der Umwandlung von Gemeinschaftseigentum in Sondereigentum und umgekehrt sowie nachträglicher Ausweisung und Zuordnung von Sondernutzungsflächen. Jede Beschränkung der Vollmacht läuft dieser Intention zuwider. Auf der anderen Seite steht das berechtigte Interesse der Erwerber, vor nachträglichen einseitigen und ungewollten Änderungen seitens des Bauträgers geschützt zu werten. Dies spricht für eine möglichst präzise und einengende Ausgestaltung solcher Vollmachten.

Im Bereich des Grundbuchsrechts ist jedoch gleichzeitig zu beachten, dass grundbuchtaugliche Vollmachten dem **grundbuchrechtlichen Bestimmtheitsgrundsatz** sowie dem Erfordernis urkundlich belegter Eintragungsunterlagen genügen müssen.[499] Die Verwendung unbestimmter Rechtsbegriffe scheidet deshalb aus, weil die Wirksamkeit der Vollmacht in einem solchen Fall durch das Grundbuchamt nicht mit den im Grundbuchverfahrensrecht zur Verfügung stehenden Mitteln geprüft werden kann, einer Auslegung sind insoweit Grenzen gesetzt. Sie kommt zudem nur in Betracht, wenn sie zu einem zweifelsfreien und eindeutigen Ergebnis führt.[500] Bei der Auslegung ist wie bei jeder Grundbucheintragung auf den Wortlaut und Sinn der Erklärung abzustellen, wie er sich für einen unbefangenen Beobachter als nächstliegende Erklärung ergibt.[501]

Zahlreiche Vollmachtklauseln sind vor diesem Hintergrund im Rahmen einer gerichtlichen Überprüfung als unzulässig verworfen worden. So scheiterte beispielsweise eine Formulierung, nach der durch Änderungen mittels einer solchen Vollmacht „dem Käufer keine zusätzlichen Verpflichtungen auferlegt werden, sein Sondereigentum unangetastet bleibt und die Benutzung des Gemeinschaftseigentums nicht eingeschränkt wird".[502] Am Be-

[497] Bamberger/Roth/*Hügel* WEG § 13 Rn. 2 mwN.
[498] BayObLG DNotZ 1998, 383.
[499] OLG München RNotZ 2009, 329; BeckOK GBO/*Otto* GBO § 29 Rn. 74ff.
[500] *Demharter* GBO § 28 Rn. 28.
[501] OLG München FGPrax 2009, 154; OLG München RNotZ 2009, 329.
[502] BayObLG DNotZ 1994, 233.

stimmtheitsgrundsatz gescheitert ist auch eine Formulierung des Inhalts, dass hierdurch „der Mitgebrauch des gemeinschaftlichen Eigentums nicht wesentlich eingeschränkt" werden darf.[503] Hingegen soll eine Vollmacht, die dazu berechtigt, die „Teilungserklärung zu ändern, sofern dadurch die im Sondereigentum stehenden Räume in ihrer Lage und Größe nicht verändert werden",[504] zwar weit gefasst, aber hinreichend bestimmt sein. Nach Ansicht des OLG München umfasst eine Vollmacht „zur Änderung künftiger Sondernutzungsrechte" auch die nachträgliche Begründung eines neuen Sondernutzungsrechts.[505] Diese Rechtsprechung ist nicht immer mit letzter Sicherheit vorhersehbar. Da eine auch nur teilweise gegen den grundbuchrechtlichen Bestimmtheitsgrundsatz verstoßenden Vollmacht insgesamt unwirksam ist, weil eine geltungserhaltende Reduktion in diesem Bereich ausgeschlossen ist,[506] kann nur davon abgeraten werden, das durch die Vollmacht erteilte Vertretungsrecht nach Außen einzuschränken.

Eine **unbeschränkte Vollmacht** vermeidet die dargestellten Schwierigkeiten. Andererseits unterliegen solche schrankenlose Vollmachten im Hinblick auf die §§ 305 ff. BGB erheblichen rechtlichen Bedenken. Hierbei ist aber zunächst zu differenzieren:

a) Änderungsvorbehalt für die Gemeinschaftsordnung

Änderungsvorbehalte in der Gemeinschaftsordnung zugunsten einzelner Eigentümer sind möglich und stellen nach Ansicht der Rechtsprechung Ermächtigungen für den betreffenden Eigentümer dar.[507] Im Ergebnis sind sie eine spezielle Art einer Öffnungsklausel.[508] Der Berechtigte hat hierbei bei Ausübung seiner Ermächtigung die Belange der übrigen Wohnungseigentümer angemessen zu berücksichtigen.[509] Auf diese Weise sind diese nach § 315 BGB vor einem Missbrauch der Gestaltungsmacht geschützt. Der Berechtigte hat eine Art Treuhänderfunktion gegenüber den (zukünftigen) Miteigentümern.[510] Es gelten die allgemeinen Schranken (§§ 134, 138, 242 BGB).

b) Änderungsvorbehalt für die Teilungserklärung

Hingegen können Vollmachten im Bauträgervertrag, die den Bauträger dazu berechtigen, das Wohnungseigentum des Erwerbers ohne Kontrolle oder dessen Mitsprache wesentlich zu verändern, durchaus gegen die Vorgaben in §§ 305 ff. BGB verstoßen. Jedoch ist auch hierbei nochmals eine Unterscheidung nötig. Änderungsvollmachten, die das Vertragsverhältnis zwischen Bauträger und Erwerber nicht unmittelbar berühren, sondern nur eine Änderung der Teilungserklärung bzw. der Gemeinschaftsordnung ermöglichen, unterliegen wohl nicht dem Kontrollmaßstab der §§ 305 ff. BGB. Die Frage der Zulässigkeit eines Eingriffs in die Rechte des Erwerbers aus dem Bauträgervertrag stellt sich auf einer anderen Ebene, nämlich der schuldrechtlichen Beziehung zwischen Bauträger und Erwerber, die nicht der Kontrolle des Grundbuchamts unterliegt. Aber selbst wenn man dies anders sieht, ist zwischen der **grundbuchrechtlichen** und der **materiell-rechtlichen Wirksamkeit** solcher Vollmachten zu differenzieren.[511] Grundbuchrechtlich ist eine solche Änderungsvollmacht nur dann unwirksam, wenn sich die Unwirksamkeit ohne weitere Ermittlungen aus den eingereichten Unterlagen ergibt. Eine im Außenverhältnis beschränkte Vollmacht darf daher vom Grundbuchamt im Bereich der (möglichen) Beschränkung

---

[503] BayObLG DNotZ 1997, 473.
[504] BayObLG MittBayNot 1998, 180.
[505] OLG München MietRB 2007, 317.
[506] BayObLG DNotZ 1995, 612 mAnm *Röll.*
[507] BGH ZWE 2017, 169 Rn. 14; NJW 2012, 676.
[508] *Hügel/Elzer* WEG § 10 Rn. 89.
[509] BGH NJW 2012, 676.
[510] BGH NJW 2012, 676.
[511] *Armbrüster* ZMR 2005, 250.

nicht akzeptiert werden, wohingegen eine in (beschränkten) Innen- und (unbeschränkten) Außenverhältnis unterteilte Vollmacht nicht vom Grundbuchamt wegen eines offensichtlichen Verstoßes gegen § 308 Nr. 4 BGB zurückgewiesen werden kann.[512]

Im entschiedenen Fall sah der BGH in einer solchen Vollmacht keinen Fall einer evidenten Unwirksamkeit (Rn. 34 ff.).

> **Achtung:**
> Der BGH hat damit für solche Änderungsvollmachten keine generelle Freigabe erteilt!

Lediglich der das Grundbuchverfahren beherrschende **Legalitätsgrundsatz** bildet eine Grenze: Sofern das Grundbuchamt positiv weiß, dass eine Eintragung zu einer Unrichtigkeit des Grundbuchs führt, muss das Grundbuchamt die beantragte Eintragung ablehnen. Ein solcher Fall liegt aber nicht vor, wenn es für das Grundbuchamt erkennbar ist, dass dem Vollmachtgeber durch eine Erklärung des Bevollmächtigten ein Vermögensschaden entsteht.[513] Die Grenze ist erst erreicht, wenn für das Grundbuchamt ohne weitere Ermittlungen und ohne nähere Kenntnis weiterer Umstände aus den vorgelegten Eintragungsunterlagen die Unwirksamkeit erkennbar ist.[514] Das Grundbuchamt hat nämlich im Rahmen des formellen Konsensprinzips (§ 19 GBO) die Wirksamkeit der einer Eintragung zugrunde liegenden schuldrechtlichen oder sachenrechtlichen Vereinbarung grundsätzlich nicht zu prüfen.[515]

Für die Gestaltungspraxis erfreulicherweise bestätigt der BGH auch diese Grundsätze unter Rn. 28 ff. der Entscheidung.

Völlig unbeschränkte Änderungsvollmachten können allerdings materiell-rechtlich nicht in Übereinstimmung mit den §§ 305 ff. BGB gebracht werden. Der Käufer hat sich für eine bestimmte Einheit entschieden. Die Veränderung der zum erworbenen Sondereigentum gehörender Räume oder die Verringerung der zum gemeinschaftlichen Eigentum zählenden Flächen durch nachträgliche Begründung von Sondernutzungsrechten bedeutet in aller Regel eine Veränderung der versprochene Leistung nach § 308 Nr. 4 BGB. Zwar handelt es sich bei der Vollmacht als solcher nicht um einen Änderungsvorbehalt im Sinne dieser Vorschrift, jedoch versetzt die Vollmacht den Bauträger in die Lage, den Kaufgegenstand zu verändern, so dass § 308 Nr. 4 BGB als Kontrollmaßstab heranzuziehen ist.[516] Unzulässig sind nach dieser Vorschrift **Änderungen,** die für den Erwerber **unzumutbar** sind.

In der Kautelarpraxis[517] erfolgt die Lösung dergestalt, dass dem Bauträger eine im **Außenverhältnis unbeschränkt wirkende Vollmacht** erteilt wird und der Erwerber dadurch geschützt wird, dass der Bauträger im **Innenverhältnis** sachgerechten **Beschränkungen** unterworfen wird. Diese müssen den Bauträger verpflichten, Lage, Größe und Umfang des Sondereigentums und etwaiger Sondernutzungsrechte nicht zu verändern sowie den Mitgebrauch des gemeinschaftlichen Eigentums des betreffenden Erwerbers bei Änderungen nicht unzumutbar zu beeinträchtigen. Ob darüber hinausgehende zusätzliche Beschränkungen erforderlich sind, ist vom Einzelfall, insbesondere vom wirtschaftlichen Hintergrund möglicher Änderungen, abhängig. Die potentiellen Änderungen sollten, soweit möglich, für den Einzelfall **konkretisiert** werden,[518] da solche Vollmachten dem ma-

[512] BayObLG NZM 2002, 958; ZWE 2003, 381 mAnm *Schmidt.*
[513] So aber OLG München DNotZ 2007, 41; zweifelnd OLG München RNotZ 2009, 329.
[514] OLG München RNotZ 2009, 329; *Basty* MittBayNot 2010, 131; *Müller,* Änderung des sachenrechtlichen Grundverhältnisses, S. 272.
[515] *Böttcher* ZNotP 2007, 301; *Holzer* NotBZ 2007, 29; vgl. auch *Wilsch* NZM 2007, 910.
[516] *Armbrüster* ZMR 2005, 250.
[517] Ausführlich hierzu *Müller,* Änderung des sachenrechtlichen Grundverhältnisses, S. 174 ff.
[518] ZMR 2008, 272; *Basty* NotBZ 1999, 237.

teriell-rechtlichen Bestimmtheitsgebot genügen müssen.[519] Enthält eine Vollmacht im Innenverhältnis zwischen Vollmachtgeber und Bevollmächtigten konkrete Regelungen, unter welchen Voraussetzungen und in welchem Umfang Änderungen für den Erwerber zumutbar sind, wird sie in aller Regel nicht gegen § 308 Nr. 4 BGB verstoßen.[520] Die konkrete Ausübung der Vollmacht unterliegt dann der Billigkeitskontrolle des § 315 Abs. 3 BGB. Wird diese Vollmacht noch auf den die Teilungserklärung beurkundenden Notar beschränkt, obliegt diesem auch eine Überwachungspflicht hinsichtlich der im Innenverhältnis zu beachtenden Beschränkungen. Da der Notar häufig nicht in der Lage sein wird, eine notwendige inhaltliche Prüfung vorzunehmen,[521] sollte er alternativ berechtigt sein, in Zweifelsfragen vorher die Zustimmung eventuell betroffener Erwerber einzuholen.

(Rn. 29): „Für einen Änderungsvorbehalt ist erforderlich, dass für die Änderung ein triftiger Grund vorliegt. Die Klausel muss die triftigen Gründe benennen und in ihren Voraussetzungen erkennbar die Interessen des Vertragspartners angemessen berücksichtigen."[522]

Zu betonen ist, dass solche Vollmachten zur Änderung der Teilungserklärung nebst Gemeinschaftsordnung den Bauträger nur in die Lage versetzen, die Aufteilungsurkunde nach § 8 WEG zu verändern. Eine Befugnis zur einseitigen Änderung der bauträgervertraglich geschuldeten Leistung ist damit aber noch nicht erteilt. Ändert der Bauträger somit mittels einer solchen Vollmacht die Teilungserklärung, muss er Ansprüche des Erwerbers wegen vertraglicher Pflichtverletzung befürchten. Sinnvollerweise erstreckt sich die Vollmacht daher auch auf eine Anpassung des Bauträgervertrags, wobei hierbei die Vorgaben des § 308 Nr. 4 BGB zu beachten sind. Hierzu gelten die vorstehenden Ausführungen entsprechend. Die Vereinbarung der Änderung oder Abweichung muss unter Berücksichtigung der Interessen des Verwenders für den anderen Vertragsteil zumutbar sein.[523] Dieser Gesichtspunkt verbietet es, mittels einer Vollmacht dem Bauträger eine einseitige Änderungsmöglichkeit hinsichtlich Lage, Größe und Umfang des vertragsgegenständlichen Sondereigentums zu eröffnen. Gegebenenfalls sind vor einer Änderung die Zustimmungserklärungen der betroffenen Erwerber einzuholen.

3. Zustimmung von Grundpfandrechtsgläubigern

Solange die Teilungserklärung noch nicht vollzogen ist und deshalb bestellte Grundpfandrechte noch nicht im Grundbuch eingetragen sind, ist eine Gläubigerzustimmung zu nachträglichen Veränderungen der Aufteilung nicht erforderlich, da diesen ein Pfandrecht noch nicht zusteht. Sobald Grundpfandrechtsbestellungen jedoch dem Grundbuchamt vorgelegt worden sind, sind ab diesem Zeitpunkt die Zustimmungen der dinglich Berechtigten notwendig, soweit sie in ihren Rechten rechtlich nachteilig betroffen sind und eine Zustimmung nicht nach § 5 Abs. 4 S. 2 und S. 3 WEG entbehrlich ist. Eine im Bauträgerkaufvertrag enthaltene Änderungsvollmacht für den Bauträger macht eine Gläubigerzustimmung nicht entbehrlich.[524] Etwas anderes gilt nur für den Fall der nachträglichen Zuordnung von Sondernutzungsrechten, wenn in der Begründungsurkunde die Wohnungseigentümer bereits vom Mitgebrauch ausgeschlossen wurden (sog. „negative Komponente") und nur die Zuweisung zu einer Sondereigentumseinheit nachträglich erfolgt (sog. „positive Komponente"). Bei unwesentlichen, aber zustimmungspflichtigen nachträglichen Veränderungen

---

[519] *Armbrüster* ZMR 2005, 250.
[520] *Kolb* MittRhNotK 1996, 258; *Basty* MittBayNot 2010, 132; aA LG Nürnberg-Fürth MittBayNot 2010, 132.
[521] *Krause* NotBZ 2002, 14.
[522] BGH Beschl. v. 19.9.2019 – V ZB 119/18, Rn. 29.
[523] *Basty*, Der Bauträgervertrag, 9. Aufl. 2017, Rn. 164.
[524] BayObLG DNotZ 1996, 297; MittBayNot 1998, 180.

kann in vielen Fällen ein **Unschädlichkeitszeugnis** die Gläubigerzustimmung entbehrlich machen.[525]

Formulierungsbeispiel: Änderungsvollmacht[526]

Der Veräußerer weist den Erwerber darauf hin, dass die derzeitige Teilungserklärung nebst Gemeinschaftsordnung möglicherweise noch geändert werden muss. Die Notwendigkeit einer Anpassung kann sich insbesondere durch Änderungswünsche späterer Erwerber, Auflagen der Bauaufsichtsbehörde oder bautechnische Notwendigkeiten ergeben. Dementsprechend erteilt der Erwerber dem Veräußerer unwiderrufliche Vollmacht zur Änderung der Teilungserklärung samt Gemeinschaftsordnung in der jeweils geltenden Fassung sowie zur Abgabe und Entgegennahme sämtlicher in diesem Zusammenhang stehenden Erklärungen.

Diese Vollmacht gilt gegenüber Dritten, insbesondere dem Grundbuchamt, unbeschränkt und über den Tod des Erwerbers hinaus. Der Bevollmächtigte ist von den Beschränkungen des § 181 BGB befreit und berechtigt, Untervollmacht zu erteilen.

Der Veräußerer ist jedoch gegenüber dem Erwerber bei Ausübung der Vollmacht dergestalt beschränkt, dass ohne Zustimmung des Erwerbers Lage, Größe, Grundriss und Umfang des gekauften Sondereigentums und etwaiger Sondernutzungsrechte nicht geändert werden dürfen, sowie der Mitgebrauch des gemeinschaftlichen Eigentums des betreffenden Erwerbers bei wirtschaftlicher Betrachtung nicht unzumutbar beeinträchtigt werden darf. Dem Erwerber zumutbare Veränderungen der ursprünglichen Aufteilung stellen insbesondere die nachträgliche Umwandlung von Sonder- zu Gemeinschaftseigentum und umgekehrt im Rahmen der Unterteilung oder Vereinigung von Sondereigentumseinheiten dar.

*(**Einfügen:** Individuelle voraussehbare Änderungen im konkreten Fall.)*

Sämtliche Kosten eventueller Änderungen, insbesondere eventuell notwendiger Zustimmungserklärungen von Grundpfandrechtsgläubigern, hat der Veräußerer zu tragen. Diese Vollmacht kann nur vor dem amtierenden Notar, seinem Vertreter oder Nachfolger ausgeübt werden. Kann dieser die Einhaltung der Vollmachtsbeschränkung selbst nicht überprüfen, ist er berechtigt, zuvor die Zustimmung des Erwerbers zur beabsichtigten Änderung einzuholen. Der Erwerber ist verpflichtet, im Fall der Rechtsnachfolge dafür Sorge zu tragen, dass sein Rechtsnachfolger dem Veräußerer eine inhaltsgleiche Vollmacht erteilt mit der Verpflichtung, einen eventuellen weiteren Rechtsnachfolger entsprechend zu verpflichten. Die Vollmacht und die vorstehenden Verpflichtungen erlöschen, wenn das Eigentum an sämtlichen Wohnungs- und Teileigentumseinheiten des vertragsgegenständlichen Gebäudes auf einen Erwerber umgeschrieben ist.

[525] BayObLG MittBayNot 2004, 43; MittBayNot 2004, 45.
[526] *Hügel/Scheel,* Rechtshandbuch Wohnungseigentum, 2018, § 18 Rn. 4.

II. Keine Abnahme vor Besitzübergabe?

1. Ausgangssituation

a) Folgen eines unzulässigen Ratenplans

Beim Bauträgervertrag als einem Werkvertrag[527] tritt Fälligkeit des Vergütungsanspruchs grundsätzlich erst bei Abnahme des Werks ein, also nach vertragsgemäße Herstellung (§ 641 Abs. 1 S. 1 iVm § 640 BGB). Dem Bauträger ist es jedoch gestattet, nach Maßgabe von § 3 Abs. 2 MaBV Ratenzahlungen nach Baufortschritt in bis zu sieben Zahlungsraten entgegenzunehmen. Für die sog. Bezugsfertigkeitsrate ist eine Quote von 8,4% vorgesehen.[528] Weicht die Fälligkeitsregelung im Bauträgervertrag zum Nachteil des Erwerbers von den Regelungen in § 3 Abs. 2 MaBV ab, führt dies gemäß § 12 MaBV iVm § 134 BGB zur Unwirksamkeit des gesamten Ratenplans. An dessen Stelle tritt die gesetzliche Regelung des § 641 Abs. 1 S. 1 BGB. Die Gegenleistung wird damit erst **mit Abnahme (end-)fällig.**[529]

b) Vermeidung von Vorleistungen

Dem Ratenplan nach § 3 Abs. 2 MaBV liegt der Gedanke zu Grunde, dass der Erwerber anteilige Zahlungen immer erst leisten soll, wenn deren Gegenwert in der Natur bereits vorhanden ist. Vorleistungen des Erwerbers sollen dadurch vermieden werden.[530] Dieser Gedanke findet sich ausdrücklich in der Bezugsfertigkeitsrate des § 3 Abs. 2 MaBV. Diese ist erst **nach Bezugsfertigkeit und Zug um Zug gegen Besitzübergabe** fällig.

2. OLG München Urt. v. 25.10.2016 – 9 U 34/16

Die beiden vorgenannten Themenkomplexe stehen im Zentrum der Entscheidung eines Urteils des OLG München vom 25.10.2016,[531] das erst im Jahr 2019 in der (Notar-)Literatur rezipiert wurde und daher wegen seiner Relevanz hier behandelt werden soll.

OLG München Urt. v. 25.10.2016 – 9 U 34/16

Sachverhalt (vereinfacht): Kläger und Beklagter haben am 5.2.2010 einen notariell beurkundeten Bauträgervertrag über zwei Wohnungen nebst Tiefgaragenstellplätzen geschlossen. Der Ratenplan im Bauträgervertrag entspricht grundsätzlich § 3 Abs. 2 MaBV, insbesondere die 6. Rate („nach Bezugsfertigkeit und Zug um Zug gegen Besitzübergabe"). Ferner sind eine 7. Rate (in Höhe von wohl 5%), die fällig wird, „sobald das Werk ohne wesentliche Mängel, das heißt abnahmefähig, hergestellt ist und soweit dies rechtzeitig erfolgt ist.", sowie eine 8. Rate, die wohl mit vollständiger Fertigstellung fällig wird, vorgesehen.

Der Bauträgervertrag enthält zudem unter der Zwischenüberschrift Besitzübergabe noch folgende Regelung: „Nach der Abnahme des Sondereigentums erfolgt unverzüglich gegen Zahlung der entsprechenden Kaufpreisrate die Besitzübergabe. Lasten sowie die mit dem Vertragsobjekt verbundene Haftung und Verantwortung gehen bereits mit der Abnahme des Sondereigentums auf den Erwerber über. Die Gefahr des zufälligen Untergangs und

---

[527] Andere Ansicht – nicht müde werdend (und wie stets mit einem Funken Berechtigung) – *Kesseler.*

[528] Vgl. näher BeckNotar-HdB/*Esbjörnsson* § 2 Rn. 155ff.

[529] Ständige Rechtsprechung, vgl. BGH DNotZ 2007, 925.

[530] Ausstehend ist freilich stets noch die Eigentumsverschaffung, die jedoch durch Vormerkung abgesichert ist.

[531] OLG München IBR 2018, 318 *(Bolz)* = IBR 2018, 265f. *(Karczweski)* = MittBayNot 2019, 137 mAnm *Sagmeister.* Hierzu MVHdB V BürgerlR I/*Hertel* Form. I. 30 Anm. 52 sowie *Cramer* ZNotP 2020, 48ff.

der zufälligen Verschlechterung geht für abgenommene Teile des Vertragsobjektes jeweils mit der Abnahme über."

Der Bauträger (Kläger) begehrt Abnahme jedenfalls des Gemeinschaftseigentums und Zahlung der Bezugsfertigkeitsrate. Der Käufer (Beklagte) verweigert dies unter Hinweis auf zahlreiche, nicht nur unerhebliche Baumängel. Insoweit sind Mängel mit einem Beseitigungswert von 30.800,00 EUR unstreitig. Darüber hinaus werden schlüssig und substantiiert Mängel am Gemeinschaftseigentum mit zu erwartenden Mängelbeseitigungskosten von insgesamt 288.890,33 EUR behauptet.

Entscheidung: Ebenso wie die Vorinstanz verneinte das OLG München sowohl einen Anspruch auf Abnahme des Gemeinschaftseigentums als auch ein Anspruch auf Zahlung der Bezugsfertigkeitsrate.

a) Wesentlichkeit der Mängel trotz Gebrauchstauglichkeit

Ein Anspruch auf Abnahme seitens des Bauträgers bestehe schon mit Blick auf die unstreitig vorliegenden Mängel am Gemeinschaftseigentum mit einem Beseitigungswert von über 30.000,00 EUR nicht. Hierbei handele es sich nicht um nur unwesentliche Mängel. Das im Vertrag erwähnte **Kriterium der Gebrauchstauglichkeit** sei für die Frage der Abnahmefähigkeit der Immobilie im Sinne von § 640 Abs. 1 BGB **unerheblich.** Diese Norm stelle allein auf die vertragsmäßige Herstellung des Werks ab.

b) Unwirksamkeit des Ratenplans

Ebenso wenig bestehe ein Anspruch des Bauträgers auf Zahlung der 6. Rate. Dies folge schon daraus, dass der Ratenplan gegen § 3 Abs. 2 MaBV verstoße und somit gemäß § 12 MaBV iVm § 134 BGB nichtig sei. Zudem sei das Vertragsobjekt auch nicht abnahmereif. Sodann wird die Argumentation des OLG München aber interessant:

(Rn. 19): „Gemäß § 3 Abs. 2 MaBV kann der Bauträger Zahlung einer Rate „nach Bezugsfertigkeit und Zug um Zug gegen Besitzübergabe" verlangen; er kann diese Rate mithin nur fordern, wenn das Objekt bezugsfertig ist und wenn er gleichzeitig den Besitz einräumt. Bezugsfertigkeit liegt im Bauwesen nach allgemeiner Meinung vor, wenn ein Bauobjekt ohne Gefahr für die Sicherheit und Gesundheit ihrer Bewohner auf Dauer bewohnt werden kann. Sie ist nicht gleichzusetzen mit Abnahmereife."[532]

aa) MaBV-Widrigkeit der 6. Rate

Zwar sehe der Bauträgervertrag eine Fälligkeit der Rate 6 „nach Bezugsfertigkeit unverzüglich nach Besitzübergabe und Fertigstellung der Fassadenarbeiten", somit nach dem Wortlaut im Einklang mit § 3 Abs. 2 MaBV vor. Jedoch werde der Begriff der Besitzübergabe später im Vertrag nochmals wie folgt aufgegriffen:

„Nach der Abnahme des Sondereigentums erfolgt unverzüglich gegen Zahlung der entsprechenden Kaufpreisrate die Besitzübergabe. Lasten sowie die mit dem Vertragsobjekt verbundene Haftung und Verantwortung gehen bereits mit der Abnahme des Sondereigentums auf den Erwerber über. Die Gefahr des zufälligen Untergangs und der zufälligen Verschlechterung geht für abgenommene Teile des Vertragsobjektes jeweils mit der Abnahme über."[533]

Diese Regelung bestimme somit, „dass die Abnahme des Sondereigentums Voraussetzung für die Besitzübergabe ist. Eine Abnahme sei ein Mehr gegenüber der bloßen Besitzübertragung, da sie ‚die körperliche Entgegennahme im Rahmen der Besitzübertragung,

---

[532] OLG München MittBayNot 2019, 137 Rn. 19.
[533] OLG München MittBayNot 2019, 137 Rn. 21.

verbunden mit der Anerkennung des Werks als in der Hauptsache vertragsgemäß' beinhaltet."[534] Danach sei unklar, in welchem Verhältnis die beiden vorstehenden, kursiv gesetzten Regelungen des Bauträgervertrags zueinanderstehen.

(Rn. 22): „Eine Interpretation dahin gehend, dass die Fälligkeit der Rate 6, der sog. Bezugsfertigkeitsrate, über die Vorgaben des § 3 Abs. 2 MaBV hinaus nicht nur an die Zug um Zug zu erfolgende Besitzübergabe, sondern zusätzlich an die von dem Erwerber vorab zu erklärende Anerkennung des Sondereigentums als in der Hauptsache vertragsgemäß geknüpft ist, liegt damit überaus nahe. Damit ginge gegenüber § 3 Abs. 2 MaBV eine Verschärfung der Fälligkeitsvoraussetzungen und eine gewichtige Beschränkung der Bauträgerpflicht im Sinn von § 12 MaBV einher, denn dem Erwerber wird zugemutet das Sondereigentum abzunehmen [...], bevor er noch den Besitz daran erlangen kann. Im Zusammenhang mit der Rate 6 soll eine vorherige Abnahme des Sondereigentums erzwungen werden, da es andernfalls keine Besitzübergabe gibt."[535]

bb) MaBV-Widrigkeit auch der 7. Rate

Die 7. Rate sei wegen Verstoßes gegen die Vorgaben der MaBV ebenfalls unwirksam. Denn diese sehe eine Rate mit Fälligkeit, „sobald das Werk ohne wesentliche Mängel, das heißt abnahmefähig, hergestellt ist und soweit dies rechtzeitig erfolgt ist", vor.

(Rn. 24): „Eine solche Rate ist in § 3 Abs. 2 MaBV nicht vorgesehen und schon deshalb unzulässig. Die MaBV erlaubt dem Bauträger nirgends, eine vorletzte Rate zu vereinbaren, die an das Merkmal der „rechtzeitigen Abnahmefähigkeit" geknüpft ist. Deshalb kann auch offen bleiben, wie die offensichtlich unklare und auslegungsbedürftige Rate im Einzelnen zu verstehen ist und ob sie einer sinnvollen Auslegung überhaupt zugänglich ist."[536]

Aufgrund der Unwirksamkeit jedenfalls der 6. und 7. Rate, bei denen der Bauträgervertrag zuungunsten des Erwerbers von den Vorgaben des § 3 Abs. 2 MaBV abweiche, sei der gesamte Ratenplan unwirksam, so dass der Werklohn gemäß § 641 Abs. 1 S. 1 BGB erst bei Abnahme fällig werde.

3. Stellungnahme

Bei erster Betrachtung erscheint die Argumentation des OLG München folgerichtig und man ist geneigt zu fragen, weshalb der Bauträger überhaupt die Berufungsinstanz bemüht hat. Bei näherer Betrachtung ergibt sich allerdings ein etwas differenzierteres Bild.

a) Abnahmefähigkeit iSv § 640 Abs. 1 BGB

Entgegen der Ausführungen des OLG München kann die fehlende Abnahmefähigkeit eines Werks nicht pauschal mit einem bestimmten Betrag der erforderlichen Mängelbeseitigungskosten abstrakt generell gerechtfertigt werden. Nach der gesetzlichen Regelung des § 640 Abs. 1 BGB ist ein Werk abnahmefähig, wenn es vertragsgemäß hergestellt ist und lediglich unwesentliche Mängel aufweist. Nach ständiger Rechtsprechung des BGH bedarf es für die Beurteilung der Unwesentlichkeit stets einer **einzelfallbezogenen Abwägung der beiderseitigen Interessen unter Berücksichtigung der gesamten Einzelfallumstände** (unter anderem Art, Umfang und Auswirkungen des Mangels). Dabei ist zu prüfen, ob der geltend gemachte Mangel „so weit an Bedeutung zurücktritt, dass es für den Besteller zumutbar ist, die zügige Abwicklung des Vertragsverhältnisses nicht länger aufzu-

[534] OLG München MittBayNot 2019, 137 Rn. 21.
[535] OLG München MittBayNot 2019, 137 Rn. 22.
[536] OLG München MittBayNot 2019, 137 Rn. 24.

halten.“[537] Mit vorstehenden Grundsätzen ist es unvereinbar, einen absoluten Betrag von Mängelbeseitigungskosten festzusetzen, ab dem die Grenze der Unwesentlichkeit iSv § 640 Abs. 1 S. 2 BGB überschritten ist.[538]

b) Abweichungen von § 3 Abs. 2 MaBV

aa) 6. Rate

Auch die Ausführungen des OLG München zur Unzulässigkeit des Ratenplans bedürfen der Präzisierung. Mit der Begründung des Senats zur Unzulässigkeit der 6. Rate lässt sich dessen Unwirksamkeit jedenfalls nicht begründen. Die 6. Rate ist dem Wortlaut nach im Einklang mit § 3 Abs. 2 MaBV formuliert. Selbst wenn man der Argumentation des Senats folgen möchte und aufgrund der weiteren Regelung zur Besitzübergabe davon ausgehen sollte, dass die Fälligkeit der 6. Rate aufgrund des Anknüpfens an die Besitzübergabe die vorherige Abnahme des Sondereigentums durch den Käufer voraussetze, führte dies nicht zu einer Regelung, durch die der Bauträger seine Verpflichtungen nach der MaBV in Widerspruch zu § 12 MaBV ausschließen oder beschränken würde.

§ 12 MaBV: Unzulässigkeit abweichender Vereinbarungen
Der Gewerbetreibende darf **seine [!]** Verpflichtungen nach den §§ 2 bis 8 sowie die nach § 2 Abs. 1 zu sichernden Schadensersatzansprüche des Auftraggebers durch vertragliche Vereinbarung weder ausschließen noch beschränken.

Legt man das Verständnis des Gerichts zugrunde, wurde mit der Abnahme eine zusätzliche Voraussetzung für die Fälligkeit der 6. Rate vereinbart, wodurch diese unter Umständen später als nach § 3 Abs. 2 MaBV gestattet fällig wird, in keinem Fall aber früher. Die Vereinbarung einer späteren Fälligkeit ist schon nach dem Wortlaut des § 12 MaBV, insbesondere aber nach dem Normzweck des Ratenplans der MaBV, der auf den Schutz des Bestellers abzielt, ohne weiteres zulässig.[539] Denn selbstverständlich steht es dem Bauträger frei zu vereinbaren, dass Raten später als nach § 3 Abs. 2 MaBV möglich fällig werden. In **§ 3 Abs. 2 MaBV** ist lediglich der **frühestmögliche Zeitpunkt der Fälligkeit** der jeweiligen Rate zum Schutz des Erwerbers niedergelegt.

bb) 7. Rate

Die 7. Rate scheint indes gegen die Vorgaben von § 3 Abs. 2 MaBV zu verstoßen, da diese nicht an die vorgegebene „vollständige Fertigstellung“, sondern an die „rechtzeitige Abnahmefähigkeit“ anknüpft. Während die Abnahmefähigkeit – wie bereits erörtert – lediglich voraussetzt, dass das Bauwerk im Wesentlichen vertragsgemäß errichtet wurde, wird unter vollständiger Fertigstellung verstanden, dass neben der Abnahmereife auch die bei der Abnahmeverhandlung aufgenommenen Protokollmängel beseitigt wurden.[540] Daher weicht die 7. Rate, sofern es sich hierbei um die Schlussrate handelt, zulasten des Erwerbers von den Vorgaben von § 3 Abs. 2 MaBV ab. Die Erwähnung einer **8. Rate** in den Entscheidungsgründen ebenso wie die Voraussetzungen, nach denen die 7. Rate fällig wird, deuten indes darauf hin, dass die **„7. Rate“** keine solche nach § 3 Abs. 2 MaBV ist, sondern lediglich ausdrücken soll, dass die **Sicherheit iSv § 650m Abs. 2 BGB nach Wegfall des Sicherungszwecks zurück zu gewähren** ist. War der Ratenplan in diesem Sinne gestaltet (Raten 1–6 und Rate 8 in Übereinstimmung mit § 3 Abs. 2 MaBV und „Rate 7“ als Rückzahlung des gesetzlichen Einbehalts), bestehen gewisse Zweifel an der Nichtigkeit des Zahlungsplans gemäß § 12 MaBV iVm § 134 BGB aufgrund Verstoßes

537 BGH NJW 1981, 1448 (1449). Vgl. Palandt/*Sprau* BGB § 640 Rn. 12.
538 *Bolz* IBR 2018, 318; *Sagmeister* MittBayNot 2019, 140. Vgl. BGH NJW 2000, 2818 (2819).
539 Ebenso *Cramer* NotBZ 2020, 48 (55); MVHdB V BürgerlR I/*Hertel* Form. I. 30 Anm. 52 (2); *Karczewski* IBR 2018, 265; *Sagmeister* MittBayNot 2019, 140 (141 f.).
540 Vgl. DNotI-Report 1995, 3.

gegen die Vorgaben von § 3 Abs. 2 MaBV.[541] Die Unwirksamkeit des Zahlungsplans könnte sich jedoch unter Umständen mit einem Verstoß gegen das **Transparenzgebot des § 307 Abs. 1 S. 2 BGB** begründen lassen, sofern der Ratenplan nicht hinreichend deutlich zum Ausdruck bringt, dass es sich bei der 7. Rate nicht um eine solche nach § 3 Abs. 2 MaBV, sondern schlicht um die gesetzliche Voraussetzung für die Fälligkeit der Rückzahlung des Einbehalts nach § 650m Abs. 2 BGB handelt[542] (welche im Vertrag freilich lediglich klarstellend aufgeführt ist).

> **Hinweis:**
> Ungeachtet dessen, ob eine derart strenge Anwendung des Transparenzgebots sachgerecht ist, lässt sich für die Praxis festhalten, dass man darauf **verzichten** sollte, die **Rückzahlung der Sicherheit gemäß § 650m Abs. 2 BGB in den Ratenplan zu integrieren,** und sich im Übrigen bei der Formulierung des Ratenplans sklavische am Wortlaut von § 3 Abs. 2 MaBV orientieren sollte, sofern die Abweichung nicht allein zu Gunsten des Erwerbers wirkt.

c) Unzulässigkeit der „Abnahme" als Vorleistung?

Wie bereits erörtert, setzt die Bezugsfertigkeitsrate voraus, dass deren Zahlung Zug um Zug gegen Besitzübergabe erfolgt. Wie es sich in diesem Zusammenhang mit der Abnahme des Werks iSv § 640 BGB verhält, wurde bislang – soweit ersichtlich – nicht näher erörtert.

aa) Regelmäßiger Ablauf

Rein faktisch dürfte in aller Regel die Besichtigung des Bauwerks durch den Erwerber, zur Feststellung etwaiger Mängel und die Unterzeichnung des Abnahmeprotokolls der Zahlung der Bezugsfertigkeitsrate und der Schlüsselübergabe vorausgehen.

1. Besichtigung des Werks/Unterzeichnung des Abnahmeprotokolls
2. Zahlung der Bezugsfertigkeitsrate
3. Übergabe der Schlüssel

Allerdings setzt die Abnahme iSv § 640 BGB rechtsdogmatisch neben der Billigung des Werkes als im Wesentlichen vertragsgemäß auch die Entgegennahme des Werks (also die Besitzübergabe) voraus.[543] Somit tritt die wesentliche Rechtsfolge der Abnahme, der Anlauf der Verjährungsfrist (§ 634a Abs. 2 BGB), jedenfalls erst mit Besitzübergabe ein.

bb) Kontrollmaßstab für vertragliche Regelung

Ob der vorstehende Ablauf mit den gesetzlichen Vorgaben, insbesondere mit § 307 BGB, in Einklang steht, ist allerdings unklar. Einer vertraglichen Regelung, wonach die Zahlung der Bezugsfertigkeitsrate vor Besitzübergabe zu erfolgen hat, ist schon mit § 3 Abs. 2 MaBV unvereinbar, mit den oben geschilderten Konsequenzen (Gesamtunwirksamkeit des Ratenplans). Möglicherweise stellt das vertraglich vereinbarte **Erfordernis einer Abnahme vor Besitzübergabe** allerdings eine **unangemessene Benachteiligung** des Erwerbers **iSv § 307 Abs. 1 BGB** dar.

---

[541] Zutreffend *Cramer* NotBZ 2020, 48 (50 f., 55).
[542] So *Basty,* Der Bauträgervertrag, 9. Aufl. 2017, Rn. 483; *Cramer* NotBZ 2020, 48 (55).
[543] Palandt/*Sprau* BGB § 640 Rn. 3.

(1) **Besitzübergabe → Abnahme**
Teilweise wird vertreten, eine wirksame Abnahme setze die vorherige Besitzübergabe voraus, damit sich der Erwerber von der Vertragsgemäßheit des Werkes überzeugen könne.[544] Eine derartige Sichtweise erscheint indes **zu einseitig** und ist im Gesetz auch nicht angelegt.[545] Selbstverständlich wird man vom Käufer nicht verlangen können, das Werk als im Wesentlichen vertragsgemäß zu billigen, ohne hinreichend Gelegenheit zu einer Besichtigung und Kontrolle gehabt zu haben.[546] Ob hierfür indes eine vorherige Besitzeinräumung erforderlich ist, erscheint mit Blick auf die **berechtigten Interessen des Bauträgers** zweifelhaft. Auf diese Weise würde der Bauträger zu einer Vorleistung gezwungen, hätte das Durchsetzungsrisiko seines Anspruchs auf Abnahme des Werks zu tragen und sähe sich möglicherweise Darlegungs- und Beweisschwierigkeiten ausgesetzt, wenn der Käufer zwischen Besitzübergabe und Abnahme selbst Mängel am Werk verursacht, deren Beseitigung er später vom Bauträger verlangt.

(2) **Besitzübergabe Zug um Zug gegen Abnahme**
Vor diesem Hintergrund erscheint eine vertragliche Regelung zweckmäßig und dürfte sich nicht dem Risiko der Unwirksamkeit nach § 307 Abs. 1 BGB aussetzen, wonach die Besitzübergabe Zug um Zug gegen Abnahme des Werks zu erfolgen hat,[547] sofern im Vertrag überhaupt eine zeitliche Beziehung zwischen Besitzübergabe und Abnahme hergestellt wird. Unter Umständen hält auch eine Regelung, wonach die Besitzübergabe im unmittelbaren Anschluss an die Abnahme des Werks rechtsgeschäftliche zu erfolgen habe, den Vorgaben der AGB Kontrolle der Inhaltskontrolle nach § 307 BGB stand.[548]
In der praktischen Handhabung wird sich trotz der vorgenannten vertraglichen Regelung einer Zug-um-Zug-Leistung vermutlich wenig an der praktischen Handhabung ändern. Völlig ausgeschlossen erscheint eine echte Zug-um-Zug-Leistung indes trotz mancher Unkenrufe[549] nicht, da der Bauträger die Schlüssel im Moment der Unterzeichnung des Abnahmeprotokolls durch den Erwerber aushändigen kann.

Vgl. für ein Formulierungsbeispiel *Hertel* in: Münchener Vertragshandbuch Band 5: Bürgerliches Recht I, 8. Aufl. 2020, Form. I. 30.

III. Vertraglich vereinbarte vorzeitige Besitzübergabe gegen optionale Zahlung vor Abnahme MaBV-widrig

1. Anwendbarkeit der MaBV

Die MaBV ist nach § 1 S. 1 MaBV iVm § 34c Abs. 1 Nr. 4 lit. a GewO auf Gewerbetreibende anwendbar, die Bauvorhaben als Bauherr im eigenen Namen vorbereiten oder durchführen und dazu Vermögenswerte von Erwerbern entgegennehmen. Demgegenüber findet die MaBV nach ganz hM keine Anwendung, wenn das **Bauvorhaben zum Zeitpunkt des Vertragsschlusses bereits vollständig fertiggestellt** ist. Unter diesen Voraussetzungen erhält der Unternehmer die Vermögenswerte nicht als Bauherr zur Durchführung des Bauvorhabens iSv § 1 S. 1 MaBV iVm § 34c Abs. 1 Nr. 4 lit. a GewO. Zudem fehlt es an der bauträgerspezifischen Gefahrenlage für den Erwerber. Ist das Bau-

[544] LG München I MittBayNot 2017, 371 mAnm *Blank*. Tendenziell wohl auch OLG München MittBayNot 2019, 137 Rn. 22.
[545] Ebenso MVHdB V BürgerlR I/*Hertel* Form. I. 30 Anm. 52 (2); *Sagmeister* MittBayNot 2019, 140 (141 f.).
[546] *Sagmeister* MittBayNot 2019, 140 (142 f.).
[547] Ebenso *Cramer* NotBZ 2020, 48 (55) Fn. 68.
[548] So wohl MVHdB V BürgerlR I/*Hertel* Form. I. 30 Anm. 52 (2).
[549] MVHdB V BürgerlR I/*Hertel* Form. I. 30 Anm. 52 (2): „Klarer wird es damit für die Beteiligten nicht. Denn eine echte gleichzeitige Zug-um-Zug Leistung dürfte es in der Praxis aber kaum je geben, sondern in aller Regel kurz hintereinander getaktete Schritt-für-Schritt-Leistungen."

vorhaben zum Zeitpunkt des Vertragsschlusses hingegen noch nicht vollständig fertig gestellt, ist die MaBV nach ihrem Schutzzweck einschlägig. Man könnte indes erwägen, ein Schutzbedürfnis des Erwerbers zu verneinen, wenn eine **Fälligkeitsregelung** dergestalt getroffen wird, dass der Käufer den gesamten Werklohn **erst nach vollständiger Fertigstellung des Bauwerks** zu zahlen hat. Unbeschadet einer derartigen Fälligkeitsregelung ist es dem Bauträger öffentlich-rechtlich untersagt ist, vom Käufer freiwillig geleistete Vermögenswerte zur Durchführung des Bauvorhabens entgegenzunehmen, wenn die Voraussetzungen von § 3 MaBV bzw. § 7 MaBV nicht vorliegen. In diesem Spannungsfeld spielt der Sachverhalt, welcher der Entscheidung des OLG Schleswig vom 2. 10. 2019[550] zugrunde lag.

2. OLG Schleswig Urt. v. 2.10. 2019 – 12 U 10/18

OLG Schleswig Urt. v. 2.10. 2019 – 12 U 10/18

Sachverhalt: Ein Bauträgervertrag enthielt folgende Fälligkeitsregelung:

„1. Der Kaufpreis ist ein Festpreis. Er beträgt 504.000,– EUR einschließlich des Sondernutzungsrechts. Der Kaufpreis ist zahlbar binnen 10 Tagen nach Abnahme des Kaufgegenstandes.

[...]

5. Der Käufer ist **berechtigt**, die Übergabe der Wohnung zu verlangen, auch wenn die Fälligkeitsvoraussetzungen im Übrigen, zB Abnahme des Gemeinschaftseigentums noch nicht erfolgt ist. Es wird der Verkäufer diesem Verlangen entsprechen und die Übergabe der Wohnung dann vollziehen, wenn der Kaufpreis einschließlich der eventuellen weiteren Kosten für die Sonderwünsche bezahlt ist."

Entscheidung: Im Gegensatz zur Vorinstanz bejahte das OLG einen **Verstoß der Fälligkeitsregelung gegen die zwingenden Vorgaben von § 3 Abs. 2 MaBV** mit der Folge der Gesamtunwirksamkeit des Ratenplans gemäß § 12 MaBV iVm § 134 BGB und somit der Endfälligkeit des Zahlungsanspruchs (§ 641 Abs. 1 S. 1 BGB).

Zwar handele es sich bei der Regelung unter Ziff. 5 lediglich um eine Option des Erwerbers, gegen Zahlung des Kaufpreises bereits vor der Abnahme die erworbene Wohnung übergeben zu erhalten. Eine derartige Sichtweise greife jedoch zu kurz:

(Rn. 50–51): „Dieses Abstellen auf eine Art „freiwillige" Regelung, die auch die Beklagte betont, überzeugt nicht. In der Rechtsprechung ist diese Frage – soweit ersichtlich – noch nicht behandelt worden. Ein Gutachten des Deutschen Notarinstituts (DNotI-Report 2011, 134) führt zu dieser Frage folgendes aus:

‚Auf den ersten Blick könnte man bei einer entsprechenden Fälligkeitsregelung ein Schutzbedürfnis des Käufers verneinen, der es ... selbst in Hand hat, eine ungesicherte Vorleistung zu vermeiden. Würde man allein auf die vertragliche (zivilrechtliche) Fälligkeitsregelung abstellen, wäre der mit der MaBV bezweckte (öffentlich-rechtliche) Käuferschutz allerdings nicht gewährleistet. Dem Bauträger ist es untersagt, Vermögenswerte des Käufers zur Durchführung des Bauvorhabens entgegenzunehmen, wenn die Voraussetzungen von § 3 bzw. § 7 MaBV nicht vorliegen .... (Hierbei) wird der Erwerber darüber hinausgehend (auch) vor sich selbst geschützt, indem der Bauträger ungeachtet des grundsätzlich bestehenden Leistungsrechts des Erwerbers nach § 271 Abs. 2 BGB zur Zurückweisung von Zahlungen entgegen § 3 bzw. § 7 MaBV verpflichtet ist .... (Ist das vertragsgegenständliche Bauwerk zum Zeitpunkt des Vertragsschlusses noch nicht vollständig fertiggestellt), greift das öffentlich-rechtliche Verbot der MaBV zur Entgegennahme von Vermögenswerten unabhängig von der vertraglichen Fälligkeitsregelung ein, dh der Bauträger darf auch frei-

[550] OLG Schleswig BeckRS 2019, 29194 = IBR 2020, 22 *(König)*.

willige Zahlungen des Erwerbers nicht annehmen, wenn die Voraussetzungen von § 3 bzw. § 7 MaBV nicht vorliegen.‘“[551]

Ungeachtet dessen, dass der vom Deutschen Notarinstitut behandelte Sachverhalt noch etwas anders gelagert war (Motivation des Erwerbers zu möglichst frühzeitigen Zahlung durch Gewährung eines nicht unerheblichen, im Laufe der Zeit abschmelzenden Rabatts auf den Werklohn), sieht der Senat auch in der vorliegenden, auf den ersten Blick harmlos klingenden vertraglichen Regelung einen Verstoß gegen die zwingenden Vorgaben der MaBV.

(Rn. 52): „Das zwingende gesetzliche Verbot, das die Vorschriften der §§ 3 Abs. 2, 7 MaBV enthalten, darf nicht durch eine solche Regelung, wie sie § 8 Ziff. 5 des Kaufvertrags vorsieht, umgangen werden. Könnte der Bauträger auf die dort vorgesehene Art und Weise durch eine „freiwillige“ Zahlung das Interesse des Käufers an einer möglichst frühzeitigen Übergabe seiner Wohnung ausnutzen, wäre der von der MaBV beabsichtigte Schutz des Käufers ausgehöhlt, denn diesem würden die gesetzlich vorgesehenen Sicherungseinbehalte verloren gehen mit der Folge, dass ihm dann auch kein Druckmittel mehr gegenüber dem Bauträger zur Verfügung stünde, den Bau ordnungsgemäß zu vollenden.“[552]

Aufgrund dieses Verstoßes gegen §§ 3 Abs. 2, 7 MaBV sei der gesamte Ratenplan nach § 12 MaBV iVm § 134 BGB nichtig.

3. Fazit

Möglicherweise war die vorliegende Formulierung der Fälligkeitsregelung Folge eines Wunsches eines Erwerbers, eine möglichst frühzeitige Besitzübergabe herbeiführen zu können (etwa wegen Kündigung der bis dahin gemieteten Wohnung, Umzugs etc). Dies ändert aber nichts an den öffentlich-rechtlichen Verpflichtungen des Bauträgers, der derartige Zahlung nicht entgegen nehmen darf. Bei gesetzeskonformem Verhalten kommt eine Inanspruchnahme dieser Option somit nicht in Betracht bzw. ist der Bauträger verpflichtet, die empfangenen Vermögenswerte zurück zu gewähren.

Hinweis:
Etwaigen Wünschen der Erwerber nach einer frühzeitigeren Zahlungsoption entgegen den Vorgaben von § 3 MaBV bzw. § 7 MaBV sollten Bauträger und Notar keinesfalls nachkommen, wie die vorliegende Entscheidung illustriert. Selbst eine gut gemeinte optionale Fälligkeitsregelung dürfte – schon mit Blick darauf, dass Allgemeine Geschäftsbedingungen im Zweifel zulasten des Verwenders auszulegen sind (§ 305c Abs. 2 BGB) – zur Unwirksamkeit der gesamten Fälligkeitsregelung führen.

Kommt es zum Streit zwischen Bauträger und Erwerber, erhält Ersterer seinen Werklohn (wohl) erst nach vollständiger Fertigstellung. Es ist nicht auszuschließen, dass dieser anschließend versucht, den Notar für die verzögerte Fälligkeit des Werklohns aufgrund der nunmehr geltenden Endfälligkeitsregelung (§ 641 Abs. 1 S. 1 BGB) in Anspruch zu nehmen. In der vorliegenden Konstellation besteht dieses Risiko freilich nicht, da die verpflichtende Fälligkeitsregelung ohnehin Endfälligkeit vorsah und es daher jedenfalls an der Kausalität einer etwaigen Pflichtverletzung für die späte Zahlung des Erwerbers fehlt.

Eine ganz andere Frage ist, ob Bauträger und Erwerber sich zu einem späteren Zeitpunkt darauf verständigen (sollten), dass die Besitzübergabe ungeachtet der hiervon abweichenden vertraglichen Regelung Zug um Zug gegen Zahlung des kompletten Werklohns

[551] OLG Schleswig BeckRS 2019, 29194 Rn. 50–51.
[552] OLG Schleswig BeckRS 2019, 29194 Rn. 52.

bereits vor vollständiger Fertigstellung des Bauwerks erfolgt. Selbst wenn dies allein auf Veranlassung des Käufers geschieht, verletzt der Bauträger freilich seine öffentlich-rechtlichen Pflichten nach der MaBV, sodass hiervon ebenfalls Abstand genommen werden sollte.

Vgl. zu diesem Problemkomplex ausführlich Gutachten DNotI-Report 2011, 133 ff. (optionaler Vorauszahlungsrabatt).

IV. BGH Urt. v. 19. 7. 2019 – V ZR 75/18: Pflichten des „Bauträgerverwalters"

In dem der Entscheidung des BGH vom 19. 7. 2019 (V ZR 75/18)[553] zugrunde liegenden Sachverhalt hatte sich der noch vom Bauträger installierte erste Verwalter, der gleichzeitig Geschäftsführer des Bauträgers war, nicht bemüßigt gesehen, etwaigen, zu Gewährleistungsansprüchen gegen den Bauträger führenden Mängeln hinreichend nachzugehen und auf die Geltendmachung der Ansprüche gegen den Bauträger vor Ablauf der Verjährungsfrist hinzuwirken. Obwohl ein hinzugezogener Sachverständiger dringend weiterführende Untersuchungen zur Frage empfahl, ob die Ursache von aufgetretener Feuchtigkeit erfolgreich beseitigt worden war, verließ sich der Verwalter auf die Aussage einer vom Bauträger hinzugezogenen Fachfirma. In der ersten Instanz hatte ihm das Landgericht **aufgrund des offensichtlichen Interessenkonflikts,** in dem er sich befand und der den Eigentümern erkennbar war, noch geringere Pflichten zugemutet als einem neutralen Verwalter. Der BGH hat diesen Gedanken – völlig zurecht – mit klaren Worten zurückgewiesen.

Leitsätze der Entscheidung:

1. […]
2. Den mit dem Bauträger identischen, von ihm eingesetzten, mit ihm verbundenen oder von ihm abhängigen Verwalter (sog. Bauträger-Verwalter) treffen die gleichen Pflichten hinsichtlich der Vorbereitung einer sachgerechten Beschlussfassung der Wohnungseigentümer über Maßnahmen der Instandhaltung und Instandsetzung des Gemeinschaftseigentums wie jeden anderen Verwalter; er muss somit auch auf Gewährleistungsansprüche „gegen sich selbst" und eine drohende Verjährung dieser Ansprüche hinweisen.
3. Hat der Verwalter Anhaltspunkte dafür, dass ein Mangel am Gemeinschaftseigentum entgegen einer Erklärung des Bauträgers nicht beseitigt ist, muss er die Wohnungseigentümer hierüber unterrichten und auf einen sachgerechten Beschluss über das weitere Vorgehen hinwirken.

Die vorliegende Entscheidung illustriert, dass trotz der höchstzulässigen Bestellung des ersten Verwalters der Wohnungseigentümer auf drei Jahre (vgl. § 26 Abs. 1 S. 2 WEG) ein vom Bauträger installierter Verwalter, der auch nach Ablauf dieser Periode im Amt bleibt, sich nicht selten weiterhin dem Bauträger verbunden fühlen wird. Durch die Entscheidung ist nun aber klargestellt, dass er dies **auf eigenes Risiko und zulasten der eigenen Haftung** tut. Interessant ist in diesem Zusammenhang auch die vom BGH angenommene Pflicht des Verwalters, die Eigentümer auf die mögliche Verjährung der Gewährleistungsrechte gegenüber dem Bauträger hinzuweisen. Handelt es sich beim Bauträger und dem Verwalter um wirtschaftlich verflochtene Unternehmen, führt die Enthaftung des ersten zur Begründung der Haftung des zweiten und damit nur zu einer konzerninternen Verlagerung von Haftungsrisiken bei deutlich hinausgeschobenem Eintritt der Verjährung.[554]

[553] BGH DNotZ 2020, 190 = IMR 2020, 24 *(Elzer)* = IMR 2020, 25 *(Elzer)* = IMR 2020, 26 *(Elzer)* = ZfIR 2020, 104 mAnm *Häublein*. Vgl. hierzu *Letzner* ZWE 2020, 69.

[554] *Häublein* ZfIR 2020, 110 (111).

D. Überlassungsvertrag

I. Rückforderung bzw. Widerruf einer Schenkung

1. Schwäche des unentgeltlichen Erwerbs

Der Empfänger einer unentgeltlichen Leistung wird in seinem Bestandsinteresse weniger geschützt als der Empfänger einer entgeltlichen Leistung (vgl. unter anderem §§ 816 Abs. 1 S. 2, 988 BGB). Im Recht der Schenkung muss der Beschenkte – neben der weniger Praxis relevanten Schenkung unter Auflage iSv § 525 BGB (Herausgabeanspruch bei Nichtvollziehung der Auflage gemäß § 527 BGB) – mit einer Rückforderung wegen Verarmung des Schenkers gemäß § 528 BGB innerhalb von zehn Jahren seit Leistung des geschenkten Gegenstands (§ 529 Abs. 1 Var. 2 BGB) sowie – ohne zeitliche Befristung (vgl. aber § 532 S. 1 Var. 2 BGB) – mit einem Widerruf der Schenkung wegen groben Undanks gemäß § 530 BGB rechnen. Während der Anspruch nach § 528 BGB in aller Regel nach Überleitung vom Träger der Sozialhilfe geltend gemacht wird,[555] erfolgt die Ausübung des Widerrufsrechts wegen groben Undanks nach § 530 BGB typischerweise durch den Schenker selbst.

2. Notbedarfseinrede des Beschenkten gegenüber dem Sozialhilfeträger

a) Schenkungsrückforderungen wegen Verarmung und deren Grenzen

§ 528 Abs. 1 BGB gewährt dem Schenkenden einen Anspruch auf Rückforderung des Geschenks, soweit er nach Vollziehung der Schenkung außerstande ist, seinen angemessenen Unterhalt zu bestreiten bzw. bestimmte Unterhaltspflichten zu erfüllen.

In drei Konstellationen ist der Anspruch auf Herausgabe der Schenkung indes kraft Gesetzes ausgeschlossen:

- Der Schenker hat seine Bedürftigkeit vorsätzlich oder grob fahrlässig herbeigeführt (§ 529 Abs. 1 Var. 1 BGB).
- Seit Leistung des geschenkten Gegenstands sind zehn Jahre verstrichen (§ 529 Abs. 1 Var. 2 BGB).
- Der Beschenkte ist bei Berücksichtigung seiner sonstigen Verpflichtungen außerstande, das Geschenk herauszugeben, ohne seinen standesgemäßen Unterhalt oder die Erfüllung der ihm gesetzlich obliegenden Unterhaltspflichten zu gefährden (§ 529 Abs. 2 BGB).

b) Schenkungen zulasten des Sozialhilfeträgers

Der Herausgabeanspruch nach § 528 BGB dient nicht nur unmittelbar dem Schenkenden, sondern über die sozialrechtliche Überleitungsmöglichkeit auch dem Träger der Sozialhilfe. Dadurch wird verhindert, dass sich der später Bedürftige selbst „arm schenkt“ und sodann öffentliche Leistungen in Anspruch nimmt. In seiner Entscheidung vom 20.11.2018 hatte sich der X. Zivilsenat des BGH mit einem Sachverhalt zu befassen, in dem der Schenkende unmittelbar nach der Schenkung öffentliche Leistungen beantragte, was alle an der Schenkung Beteiligten (wohl) auch wussten.

Rechtsgeschäfte zu Lasten der öffentlichen Hand werden vom BGH in unterschiedlichem Kontext gänzlich unterschiedlich gehandhabt. Während der XII. Zivilsenat des BGH **Unterhaltsverzichte in Scheidungsvereinbarungen,** die in vorhersehbarer Weise zur

[555] Vgl. insoweit BGH NJW 2018, 3775 (zur Behandlung aufgegebener Nutzungsrechte im Rahmen von § 518 BGB); hierzu ausführlich Herrler/Hertel/Kesseler/*Herrler* ImmobilienR 2019 S. 115 ff.

Sozialhilfebedürftigkeit des Verzichtenden führen, für sittenwidrig erachtet,[556] werden **Pflichtteilsverzichte im Rahmen von sog. Behindertentestamenten,** die ebenfalls darauf abzielen bzw. jedenfalls vorhersehbar zur Folge haben, Vermögen dem Zugriff des Sozialhilfeträgers zu entziehen, vom IV. Zivilsenat und jüngst auch vom XII. Senat des BGH akzeptiert.[557] Die auf den ersten Blick überraschende, mitunter kritisierte „Ungleichbehandlung"[558] lässt sich mE damit rechtfertigen, dass im ersten Fall ein aktuell bestehender Unterhaltsanspruch „verschenkt" wurde, was sich unmittelbar zu Lasten des Sozialhilfeträgers ohne erkennbaren Vorteil für den grundsätzlich Unterhaltspflichtigen auswirkt, während im zweiten Fall eine bloße Exspektanz (im Unterschied zu einem Anspruch) auf einen späteren, lediglich in gewissem Umfang (Pflichtteilsrecht) überhaupt rechtlich gesicherten Erwerb von Todes wegen bestand.

c) BGH Urt. v. 20.11.2018 – X ZR 115/16

Der vom X. Zivilsenat mit Urteil vom 20.11.2018 (X ZR 115/16)[559] zu entscheidende Fall liegt näher an der erstgenannten Konstellation (Verzicht auf nachehelichen Unterhalt zulasten des Sozialhilfeträgers), da der Schenker durch die Schenkung seine Bedürftigkeit unmittelbar herbeiführte.

BGH Urt. v. 20.11.2018 – X ZR 115/16

Sachverhalt (vereinfacht):

- Mit notariell beurkundetem Vertrag vom 27.1.2014 schenkten die Eltern ihrer Tochter (Beklagte) eine Eigentumswohnung (Wert 70.000,00 Euro).
- Am 25.2.2014 beantragten die Eltern bei der Klägerin Sozialhilfe, die die Klägerin den Eltern mit Wirkung ab dem 1.2.2014 gewährte.
- Bislang wurden Sozialhilfezahlungen in Höhe von 32.905,13 Euro geleistet.
- Der klagende Sozialhilfeträger macht gegen die Beklagte aus übergegangenem Recht Ansprüche auf Herausgabe einer Schenkung wegen Verarmung geltend, in Höhe des bisher Geleisteten sowie auf Zahlung der zukünftig anfallenden Aufwendungen bis zu einer Gesamthöhe von 70.000,00 Euro.
- Die Beklagte macht geltend, dass ihr aus ihren Einkünften kein angemessener Selbstbehalt iHv 1.800,00 Euro mehr verbliebe, wenn sie die geltend gemachte Schenkungsrückforderung erfüllen müsste.

Entscheidung: Während das Berufungsgericht der Klage stattgegeben und der Beklagten eine Berufung auf § 529 Abs. 2 BGB versagt hatte, nimmt der BGH einen differenzierteren Standpunkt ein.

aa) Notbedarfseinrede auch nach Überleitung des Anspruchs

Insbesondere könne der Beklagten die Notbedarfseinrede nicht mit der Begründung versagt werden, dass die Klägerin als der für den Wohnsitz der Beklagten zuständige Sozialhilfeträger dieser Sozialhilfe zu gewähren hätte, wenn sie infolge der Rückgabe des Geschenks nicht mehr in der Lage wäre, ihren Unterhalt zu bestreiten. Hierfür waren die folgenden drei Erwägungen maßgeblich:

(1) Normzweck von § 529 Abs. 2 BGB. Die Eröffnung der Notbedarfseinrede nach § 529 Abs. 2 BGB beruhe auf der Erwägung,

[556] BGH NJW 2009, 842.
[557] Zuletzt BGH NJW 2020, 58 = FamRZ 2020, 128 mAnm *Kornexl*.
[558] Kritisch etwa MüKoBGB/*Armbrüster* BGB § 138 Rn. 45.
[559] BGHZ 220, 226 = DNotZ 2019, 525; hierzu *Armbrüster* LMK 2019, 417908.

„dass die Rechtsordnung kein Interesse daran haben kann, dass der Beschenkte durch die Rückgabe des Geschenks in eine Notlage gestürzt wird, nur um den Schenker einer solchen Lage zu entreißen […]. Soweit nach der Schenkung auch bei einer Rückgabe des Geschenks für einen der daran Beteiligten ein Notbedarf nicht zu vermeiden ist, soll es bei der mit der Schenkung gewollten Vermögensverschiebung verbleiben."[560]

(2) Ggf. unterschiedliche Bemessungsgrundlagen. Die Bemessungsgrundlage für den Empfang von Sozialhilfeleistungen stimme nicht zwangsläufig mit derjenigen überein, die für die Erhebung der Notbedarfseinrede nach § 529 Abs. 2 BGB durch den Beschenkten gilt.[561]

(3) Keine Verschlechterung der Position des Beschenkten wegen Anspruchsüberleitung. Schließlich sei zu berücksichtigen, dass es sich um einen (übergeleiteten) Anspruch des Schenkers handele und somit die Rechtsstellung des Beschenkten hierdurch grundsätzlich nicht verschlechtert werden dürfe. Auch der Sozialhilfeträger müsse sich daher grundsätzlich die Notbedarfseinrede entgegen halten lassen (§§ 412, 404 BGB analog).

bb) Grenze: treuwidrige Herbeiführung der Bedürftigkeit

Für das weitere Verfahren wies der BGH jedoch darauf hin, dass es dem Beschenkten im Einzelfall nach Treu und Glauben (§ 242 BGB) verwehrt sein kann, sich auf die Notbedarfseinrede zu berufen, wenn der Beschenkte „bei Vollzug des Schenkungsvertrags wusste oder sich grob fahrlässig der Erkenntnis verschlossen hat, dass die Schenker infolge der Vollziehung der Schenkung für ihren Unterhalt nicht mehr würden aufkommen können und auf Leistungen des Sozialhilfeträgers angewiesen sein würden."[562] Unter Hinweis auf die **§ 519 Abs. 1 BGB** zu Grunde liegende Wertung und die dem Verschenken eines zur Deckung des eigenen Unterhaltsbedarfs benötigten Vermögensgegenstands vergleichbare Situation des Abschlusses einer **Unterhaltsvereinbarung,** mit welcher die Ehegatten die auf der Ehe beruhenden Familienlasten **wissentlich zum Nachteil des Sozialleistungsträgers** regeln und die daher als sittenwidrig angesehen wird, erachtete der BGH eine Schenkung, mit welcher „der Schenker und der Beschenkte […] bewusst oder zumindest grob fahrlässig den Bezug von Sozialhilfeleistungen [des Schenkers] herbeiführen und [aufgrund derer] der Sozialhilfeträger den geschenkten Gegenstand nicht im Wege des Rückgriffs verwerten kann, für sittenwidrig.[563]

Auf den ersten Blick etwas überraschend folgert der BGH aus einem solchen Sittenverstoß **nicht** die **Nichtigkeit des Schenkungsvertrags,** sondern will dem Beschenkten **lediglich** die Berufung auf die **Notbedarfseinrede verwehren.** Der Verstoß gegen die guten Sitten ergebe sich nicht bereits aus der Schenkung als solcher, da keine Verpflichtung des Schenkers zur Vorsorge für das Alter bestehe und das Gesetz den Fall des Notbedarfs in § 528 Abs. 1 BGB gesondert regele, um eine Belastung des Sozialhilfeträgers zu vermeiden, sondern erst aus der Erhebung der Notbedarfseinrede iSv § 529 Abs. 2 BGB. Mit Blick darauf, dass es sich um eine gesetzliche Einrede handele, unterliege diese nicht der Nichtigkeitsfolge des § 138 Abs. 1 BGB, sondern lediglich einer „Ausübungskontrolle" nach Treu und Glauben (§ 242 BGB).[564]

Abschließend weist der X. Zivilsenat darauf hin, dass sich der Beschenkte nicht analog §§ 412, 404 BGB darauf berufen könne, ein solcher Ausschluss der Notbedarfseinrede die-

[560] BGH DNotZ 2019, 525 Rn. 12.
[561] Näher BGH DNotZ 2019, 525 Rn. 13. Maßstab des § 529 Abs. 2 BGB ist der „angemessene" Unterhaltsbedarf; „standesgemäß" ist Redaktionsversehen, vgl. Palandt/*Weidenkaff* BGB § 529 Rn. 3.
[562] BGH DNotZ 2019, 525 Rn. 17.
[563] BGH DNotZ 2019, 525 Rn. 18–20.
[564] BGH DNotZ 2019, 525 Rn. 21–24.

ne niemals dem Schenker, sondern stets dem den Rückforderungsanspruch auf sich übergeleiteten Sozialhilfeträger.

(Rn. 25): „Denn der Verstoß gegen die guten Sitten liegt in der in Rede stehenden Konstellation gerade darin, dass dem Sozialhilfeträger der Rückforderungsanspruch, den dieser auf sich überleiten kann, faktisch abgeschnitten wird, weil die Vertragsparteien entweder wissen, dass eine Rückgabe des Geschenks den angemessenen Unterhalt des Beschenkten gefährdete, oder der Beschenkte zumindest keinen Anlass zu der Annahme hat, er werde einen Rückforderungsanspruch des Sozialhilfeträgers ohne Gefährdung seines eigenen angemessenen Unterhalts erfüllen können. Dies rechtfertigt es, dem Sozialhilfeträger als neuem Gläubiger – entgegen § 404 BGB – gestützt auf den Grundsatz von Treu und Glauben (§ 242 BGB) eine rechtliche Stellung einzuräumen, die dem Schenker vor dem Anspruchsübergang nicht zustand.“[565]

d) Stellungnahme

Bei unbefangener Lektüre des Sachverhalts – es springt einem ja geradezu ins Auge, dass die Beteiligten durch die Schenkung vorliegend bewusst die Hilfebedürftigkeit des Schenkers herbeigeführt haben – ist man erstaunt, weshalb der BGH sich erkennbar schwer damit tut, dem Beschenkten die Notbedarfseinrede aus § 529 Abs. 2 BGB zu verwehren.

> **Hinweis:**
>
> Zunächst mag man sich fragen, weshalb hier überhaupt eine Übertragung von einem Bedürftigen auf einen anderen Bedürftigen erfolgte. Ohne dass dem Sachverhalt Näheres zu entnehmen ist, liegt es mE nicht fern, dass seitens der Eltern ohnehin eine Bedürftigkeit drohte und sie angesichts ihres fortgeschrittenen Alters vermeiden wollten, dass die übertragene Immobilie, die vermutlich derzeit Schonvermögen iSv § 90 Abs. 2 Nr. 8 SGB XII darstellte, nach ihrem Tod der Erbenhaftung nach § 102 SGB XII unterfällt. Wirtschaftlich fällt die Schonvermögenseigenschaft nämlich durch die (auf den Nachlass beschränkte) Erbenhaftung gemäß § 102 SGB XII weg.

In der Sache ist dem BGH gleichwohl zuzustimmen, dass auch bei zeitnah nach der Zuwendung eintretender Bedürftigkeit des Schenkers aus den vorgenannten Gründen nicht undifferenziert auf den Vorwurf der Sittenwidrigkeit rekurriert werden darf, sondern einzelfallbezogen zu prüfen ist, ob es aufgrund der besonderen Umstände des Einzelfalls gerechtfertigt ist, dem Beschenkten seine im Verhältnis zum Schenker grundsätzlich bestehende Einrede des Notbedarfs zu entziehen.

Nicht ganz zu überzeugen vermag indes die **generelle Verneinung der Sittenwidrigkeit** der Schenkung selbst, sofern diese – wie wohl vorliegend – unmittelbar auf die Herbeiführung der Hilfebedürftigkeit zulasten des Sozialhilfeträgers und damit auf dessen Schädigung (und sei es nur durch Umgehung der Erbenhaftung gemäß § 102 SGB XII) abzielte. Sofern die Hilfebedürftigkeit zwar absehbar ist, aber erst mit gewisser zeitlicher Verzögerung herbeigeführt wird, mag man es noch lediglich bei einer Beschränkung der Notbedarfseinrede belassen, da nicht gewiss ist, ob es überhaupt zur Inanspruchnahme von öffentlichen Leistungen kommt. Sofern die Hilfebedürftigkeit aber unmittelbare Folge der Schenkung selbst ist, wäre es überzeugender, sowohl das Kausal- als auch das Verfügungsgeschäft gemäß § 138 Abs. 1 BGB als unwirksam anzusehen.[566]

Aus Notarsicht ist die **Position des X. Zivilsenats** freilich **komfortabel.** Nichtige Rechtsgeschäfte dürfen nicht beurkundet werden und auch bei bloßen Zweifeln an der Wirksamkeit müsste gemäß § 17 Abs. 2 S. 2 BeurkG ein Zweifelsvermerk in die Niederschrift aufgenommen werden. Steht allenfalls die Verwehrung der Notbedarfseinrede im

[565] BGH DNotZ 2019, 525 Rn. 25.
[566] Noch strenger *Armbrüster* LMK 2019, 417908.

Raum, ist nichts dergleichen veranlasst. Unter Umständen mag man die Beteiligten – sofern die wirtschaftlichen Rahmenbedingungen bekannt sind, – auf das Risiko der nicht zur Verfügung stehenden Notbedarfseinrede hinweisen.

3. Anforderungen an Schenkungswiderruf wegen groben Undanks

a) Widerruf wegen groben Undanks (§ 530 BGB)

Eine Schenkung kann gemäß § 530 Abs. 1 BGB widerrufen und das Geschenkte in der Folge zurück gefordert werden, wenn sich der Beschenkte durch eine schwere Verfehlung gegen den Schenker oder einen nahen Angehörigen des Schenkers groben Undanks schuldig gemacht hat. Die von der Rechtsprechung angelegten Anforderungen an ein Widerruf der Schenkung wegen groben Undanks sind hoch. Die hiernach erforderliche „schwere Verfehlung" setzt
(a) objektiv eine Verfehlung des Beschenkten von gewisser Schwere und
(b) in subjektiver Hinsicht voraus, dass diese Ausdruck einer Gesinnung des Beschenkten ist, die in erheblichem Maße die Dankbarkeit vermissen lässt, die der Schenker erwarten kann.[567]

Liegt eine schwere Verfehlung in diesem Sinne vor, indiziert dies in aller Regel den groben Undank gegenüber dem Schenker.[568] Die Beurteilung hat aufgrund einer **Gesamtwürdigung** aller relevanten Umstände des Einzelfalls zu erfolgen.[569] Insoweit ist nach Ansicht des BGH zu untersuchen, „ob und inwieweit erkennbar wird, dass der Beschenkte dem Schenker nicht die durch Rücksichtnahme geprägte Dankbarkeit entgegenbringt, die der Schenker erwarten darf."[570] Für die Frage, was der Schenker an Dankbarkeit erwarten kann, sind unter anderem die folgenden Umstände relevant:[571]
- der Gegenstand und die Bedeutung der Schenkung;
- die näheren Umstände, die zu der Schenkung geführt und deren Durchführung bestimmt haben;
- die persönliche Beziehung zwischen Schenker und Beschenktem, vor allem wenn diese von einer besonderen Verantwortlichkeit des Beschenkten gegenüber dem Schenker geprägt ist.

Die Prüfung des subjektiven Tatbestands setzt dabei „auch eine **Auseinandersetzung mit den emotionalen Aspekten des dem Widerruf zugrunde liegenden Geschehens** voraus." Hierbei könne von Bedeutung sein, ob der Beschenkte im Affekt gehandelt habe oder ob sich sein Verhalten als geplantes, wiederholt auftretendes, von einer grundlegenden Antipathie geprägtes Vorgehen darstelle.[572] Insbesondere (jedenfalls im Ansatz) verständliche Affekthandlungen, die ein gewisses Maß der Schwere nicht überschreiten, erfüllen die tatbestandlichen Voraussetzungen regelmäßig nicht.

b) BGH Urt. v. 22.10.2019 – X ZR 48/17

Die Entscheidung des BGH vom 22.10.2019 (X ZR 48/17)[573] illustriert, dass der subjektive Tatbestand des groben Undanks nicht vorschnell angenommen werden darf.

---

[567] Vielfach wird das angeführte subjektive Element fälschlich dem Tatbestandsmerkmal „grober Undank" zugeordnet. Richtigerweise ist es aber bereits für die Annahme einer „schweren Verfehlung" von Relevanz (BeckOGK/*Harke,* 1.4.2020, BGB § 530 Rn. 7).
[568] Näher Staudinger/*Chiusi* (2013) BGB § 530 Rn. 3.
[569] BGH NJW 2014, 3021; Palandt/*Weidenkaff* BGB § 530 Rn. 5 mwN.
[570] BGH BeckRS 2019, 30820 Rn. 30.
[571] BGH BeckRS 2019, 30820 Rn. 31.
[572] BGH BeckRS 2019, 30820 Rn. 32.
[573] BGH BeckRS 2019, 30820 = FamRZ 2020, 203 mAnm *Wever* = JZ 2020, 419 mAnm *Koch/Holle.*

BGH Urt. v. 22.10.2019 – X ZR 48/17

Sachverhalt:
- Die Kläger übertrugen ihrem Sohn (Beklagter) im Jahre 1994 mehrere Grundstücke und Grundstücksanteile, unter anderem an dem von den Klägern selbst bewohnten Hofgrundstück.
- An diesem behielten sie sich ein lebenslanges Wohnungsrecht an einer Wohnung im zweiten Stock vor.
- Der Beklagte verpflichtete sich zu Ausgleichszahlungen an seine Geschwister in Höhe von insgesamt 400.000,00 DM, die einige Zeit nach dem Tod des Längstlebenden der Kläger fällig werden sollten.
- Im Jahr 2006 kam es zu Streitigkeiten zwischen den Klägern und dem Beklagten zunächst verbaler Art, die schließlich in körperliche Auseinandersetzungen mündeten. Unter anderem stieß der Beklagte den Kläger zu 2 unvermittelt vor die Brust, so dass dieser umfiel. Anschließend nahm er ihn in den Schwitzkasten.
- Ob der Kläger zu 2 durch sein eigenes, ggf. provozierendes und uneinsichtiges Verhalten zur Eskalation beigetragen habe, wurde nicht abschließend aufgeklärt.
- Gut eine Woche später erklärten die Kläger wegen dieser und weiterer Ereignisse den Widerruf der Schenkung wegen groben Undanks.

Entscheidung: Die Klage auf Rückübertragung der Grundstücke blieb in erster Instanz erfolglos. Das Berufungsgericht verurteilte den Beklagten hingegen antragsgemäß. Die Revision hatte Erfolg. Nach Ansicht des BGH können die tatbestandlichen Voraussetzungen von § 530 Abs. 1 BGB auf Grundlage des festgestellten Sachverhalts nicht bejaht werden.

aa) Schenkungsvertrag

Zunächst bestätigt der BGH die Qualifizierung der zwischen den Parteien geschlossenen Verträge als Schenkungsverträge durch das Berufungsgericht.

(Rn. 12): „Eine (gemischte) Schenkung liegt vor, wenn die Leistung des Schenkers den Wert etwa versprochener Gegenleistungen objektiv überwiegt und die Parteien sich darüber einigen, dass die Wertdifferenz unentgeltlich zugewendet werden soll. Besteht zwischen dem Wert der Zuwendung und dem Wert der Gegenleistung eine auffallende, über ein geringes Maß deutlich hinausgehende Diskrepanz, dann begründet dies im Einklang mit der Lebenserfahrung die tatsächliche, widerlegbare Vermutung für einen Schenkungswillen der Vertragsparteien.“[574]

Diese Voraussetzungen sind vorliegend erfüllt.

bb) Anspruch auf Rückgabe vs. bloßer Wertersatz

Da eine gemischte Schenkung vorlag, galt es zu klären, ob der Anspruch aus § 531 Abs. 2 BGB zu Recht auf Rückgabe des Schenkungsgegenstands gerichtet war oder ob nicht allenfalls Wertersatz in Höhe der Differenz zwischen Leistung und Gegenleistung geschuldet war. Im Fall des **Widerrufs einer gemischten Schenkung** sei der Anspruch gemäß § 531 Abs. 2 BGB nach ständiger Rechtsprechung des BGH grundsätzlich **nur dann** auf **Rückübertragung** des überlassenen Gegenstandes gerichtet, wenn der **Wert der Gegenleistung weniger als die Hälfte des effektiven Wertes des Geschenkes** betrage.[575] Auch diese Voraussetzung war vorliegend erfüllt.

[574] BGH BeckRS 2019, 30820 Rn. 12.
[575] BGH BeckRS 2019, 30820 Rn. 20.

cc) Geringe formale Anforderungen an Widerrufserklärung

Eine formgerechte Widerrufserklärung iSv § 531 Abs. 1 BGB muss das Begehren hinreichend deutlich zum Ausdruck bringen, also den Grund des Widerrufs zum Ausdruck bringen,[576] und dabei „den zugrundeliegenden Sachverhalt allenfalls so weit darstellen, dass der Beschenkte ihn von anderen Geschehnissen unterscheiden, die Einhaltung der in § 532 BGB vorgesehenen Jahresfrist beurteilen und im Umkehrschluss erkennen kann, welche gegebenenfalls anderen Vorfälle der Schenker nicht zum Anlass für die Erklärung des Widerrufs genommen hat."[577] Eine umfassende rechtliche Begründung des Widerrufs sei nicht erforderlich.

dd) Gesamtwürdigung der Einzelfallumstände

Die vom Berufungsgericht vorgenommene Würdigung der Umstände des Einzelfalls wird indes den gesetzlichen Anforderungen nicht gerecht. Zwar könne in den vom Beklagten begangenen Tätlichkeiten objektiv eine schwere Verfehlung zu sehen sein. Ob sich hieraus allerdings schließen lasse, dass der Beschenkte dem Schenker nicht die durch Rücksichtnahme geprägte Dankbarkeit entgegenbringt, die der Schenker erwarten darf, sei allerdings nicht unter Berücksichtigung sämtlicher Umstände des Einzelfalls festgestellt. Insbesondere sei vorliegend zu berücksichtigen, dass die Parteien infolge der geschlossenen Übergabeverträge **auf demselben Grundstück zusammenwohnen,** was die Notwendigkeit begründe, durch beiderseitige Rücksichtnahme ein gedeihliches Zusammenleben zu ermöglichen. Mit Blick darauf unterliegen Schenker und Beschenkter in gewissem Umfang einer **Pflicht zur Rücksichtnahme,** welche sowohl für die Prüfung einer objektiven Verfehlung als auch der subjektiven Gesinnung relevant sei. Ferner habe das Berufungsgericht das möglicherweise zur Eskalation beitragende provozierende und uneinsichtige Verhalten der Kläger nicht in der gebotenen Weise in die Abwägung eingestellt.

(Rn. 40): „Das Berufungsgericht hat insoweit zwar zutreffend angenommen, dass der Beklagte auch gegenüber Provokationen in gewissem Umfang Zurückhaltung und Nachsicht üben muss. Es hat sich aber nicht mit der Frage befasst, ob ein objektiv unangemessenes Verhalten auch dann als Ausdruck einer subjektiv undankbaren Haltung angesehen werden kann, wenn es sich als **spontane, im Wesentlichen affektgesteuerte Reaktion in einer eskalierenden Auseinandersetzung** darstellt, bei der der Schenker in vergleichbarer Weise zur Eskalation beigetragen hat."[578]

(Rn. 41): „Auch in diesem Zusammenhang hätte das Berufungsgericht bei seiner Würdigung insbesondere in Erwägung ziehen müssen, **inwieweit die Kläger ihrerseits die** für das gemeinsame Zusammenleben auf dem Hofgrundstück erforderliche und **gebotene Rücksichtnahme haben vermissen lassen.**"[579]

c) Fazit

Die vorliegende Entscheidung illustriert, dass gerade in Konstellationen, in denen Schenker und Beschenkter (zB aufgrund vorbehaltenen teilweisen Wohnungsrechts) auf demselben Grundstück zusammenwohnen, die Hürden für die Feststellung groben Undanks tendenziell hoch sind. Denn in aller Regel dürften die angeführten Verfehlungen nicht allein einer Seite zuzuordnen, sondern lediglich Ausschnitt einer sich hochschaukelnden Spirale von wechselseitigen psychischen und physischen Provokationen und Ag-

[576] Vgl. *Koch/Holle* JZ 2020, 422 (423).
[577] BGH BeckRS 2019, 30820 Rn. 25.
[578] BGH BeckRS 2019, 30820 Rn. 40.
[579] BGH BeckRS 2019, 30820 Rn. 41.

gressionen sein.[580] Unabhängig davon sind aber stets die Begleitumständen und die Beweggründe zu ermitteln und zu würdigen. Eine körperliche Misshandlung des Schenkers begründet nicht stets groben Undank iSv § 530 BGB.[581] Im vorliegenden Fall wird es bei der weiteren Sachverhaltsaufklärung darauf ankommen, ob der Vater (und/oder die Mutter) in vorwerfbarer Weise maßgeblich zur Eskalation beigetragen haben.[582]

Zur Absicherung weitreichender Wohlverhaltenserwartungen des Übergebers ist die Widerrufsmöglichkeit wegen groben Undanks nach §§ 530f. BGB daher nur sehr beschränkt tauglich. Umso wichtiger sind daher vertragliche Rückforderungsrechte. Der in der Praxis übliche Kanon an Rückforderungsgründen bildet freilich mögliche Auseinandersetzungen zwischen Übergeber und Erwerber nicht ab. Gerade bei schwer justitiablen Erwartungen des Übergebers hilft aus Gründen der Rechtssicherheit meist nur ein **freies Rückforderungsrecht,** das allerdings den Beschenkten in weitem Maße der Willkür des Übergebers aussetzt und daher nur sehr bewusst bzw. auf ausdrücklichen Wunsch der Beteiligten eingesetzt werden sollte.

II. Gemeinsamer Hauskauf durch Ehegatten

1. Ausgangssituation

Einleitendes Beispiel:

Die jeweils in zweiter Ehe verheirateten Ehegatten M und F erwerben kurz nach Eheschließung vor 17 Jahren eine Gründerzeitvilla in Würzburg-Frauenland zum Kaufpreis von 1.000.000,00 EUR als Miteigentümer zu je 1/2.

Da F sich um ihre beiden minderjährigen Söhne aus erster Ehe kümmert, ist sie nicht erwerbstätig. Die Tochter (T) aus der ersten Ehe des M ist bereits erwachsen.

Mangels eigener Einkünfte der F zahlt M den für den Immobilienkauf aufgenommenen Kredit in Höhe von 900.000,00 EUR samt Zinsen allein aus seinen Einkünften zurück. Auch das Eigenkapital von 100.000,00 EUR stammt aus seinem Vermögen.

Die beiden Ehegatten haben ein Berliner Testament errichtet. Ihr Vermögen besteht im Wesentlichen aus der Gründerzeitvilla.

Da das Verhältnis zu T zerrüttet ist, rechnen sie mit der Geltendmachung von Pflichtteilsansprüchen.

Erstreckt sich das Pflichtteilsrecht der T auch auf den 1/2-Miteigentumsanteil der F?

a) Behandlung unbenannter Zuwendung im Pflichtteilsrecht

Bei einer lebzeitigen Zuwendung handelt es sich um eine ergänzungspflichtige **Schenkung iSv § 2325 Abs. 1 BGB,** wenn der Bedachte **(objektiv)** aus dem Vermögen des Erblassers bereichert wurde und **(subjektiv)** Einigkeit über die Unentgeltlichkeit der Zuwendung bestand. In subjektiver Hinsicht besteht allerdings keine völlige Bewertungsfreiheit der Beteiligten. Jedenfalls bei einem auffallenden Missverhältnis zwischen dem wirklichen Wert von Leistung und Gegenleistung wird das Vorliegen des subjektiven Elements vermutet.[583]

[580] Im Einzelfall mag sich ein von besonderem Vertrauen und Innigkeit geprägtes Zusammenleben auch zulasten des Beschenkten auswirken und dazu führen, dass bereits eine geringere Verfehlung den Tatbestand des § 530 Abs. 1 BGB erfüllt (*Koch/Holle* JZ 2020, 422 (424)).
[581] *Koch/Holle* JZ 2020, 422 (424).
[582] Vgl. *Wever* FamRZ 2020, 206 (207), auch zum Spezialfall des Schenkungswiderrufs unter Ehegatten.
[583] BGH ZEV 2006, 36; BGHZ 59, 132 = NJW 1972, 1709.

Prima facie unentgeltlichen Zuwendungen unter Ehegatten stellen allerdings in aller Regel keine Schenkungen iSv § 516 BGB dar, sondern sog. **ehebedingte Zuwendungen.** Auch diese unterfallen indes im Interesse eines effektiven Schutzes des Pflichtteilsrechts über den Schenkungsbegriff des § 516 Abs. 1 BGB hinausgehend – wie stets im Falle der Drittbetroffenheit (vgl. § 4 AnfG, § 134 InsO, § 7 Abs. 1 Nr. 1 ErbStG) – als regelmäßig unentgeltliche Rechtsgeschäfte nach ständiger, jüngst bestätigter höchstrichterlicher Rechtsprechung **grundsätzlich** der Pflichtteilsergänzung gemäß § 2325 Abs. 1 BGB.[584] Anders als bei Zuwendungen des späteren Erblassers an andere Personen stellt der BGH die unbenannte Zuwendung unter Ehegatten einer **Schenkung iSv § 2325 Abs. 1 BGB** unabhängig von einer Einigung über ihre Unentgeltlichkeit gleich. Eine ergänzungspflichtige Schenkung sei danach anzunehmen, „wenn der ohne wirtschaftlichen Gegenwert erfolgte Vermögensabfluss beim Erblasser zu einer materiell-rechtlichen, dauerhaften und nicht nur vorübergehenden oder formalen Vermögensmehrung des Empfängers geführt hat."[585] In seinem Urteil vom 14.3.2018 (IV ZR 170/16) hat der BGH jedoch jüngst darauf hingewiesen, dass die **Unentgeltlichkeit für jede Zuwendung bzw. Zahlung im Einzelfall geprüft** werden müsse.

In den folgenden Fallgruppen kann die Unentgeltlichkeit zu verneinen sein:

- **Unterhaltsrechtlicher Anspruch (§§ 1360, 1360a BGB)**
  An der Unentgeltlichkeit kann es beispielsweise bei Zinszahlungen auf einen Kredit zur Finanzierung der gemeinsamen Familienimmobilie anstelle von laufenden Mietzahlungen fehlen, wenn diese **unterhaltsrechtlich (§§ 1360, 1360a BGB) geschuldet** waren.[586]
- **Angemessene Alterssicherung**
  Gleiches gilt für „eine unbenannte oder sogar ausdrücklich zur Alterssicherung bestimmte Zuwendung unter Ehegatten entgeltlich, wenn sie sich im Rahmen einer **nach konkreten Verhältnissen angemessenen Alterssicherung** hält."[587]
- **Vergütung langjähriger Dienste**
  Schließlich können auch Zuwendungen, „durch die langjährige Dienste nachträglich vergütet werden, die ein Ehegatte dem anderen vor und nach der Eheschließung geleistet hat", und die sich **im Rahmen des objektiv Angemessenen** halten, als entgeltliches Rechtsgeschäft zu qualifizieren sein.[588]

b) Kein „fiktiver Zugewinnausgleichsanspruch"

Nach teilweise vertretener Ansicht sollen Zuwendungen bis zur Höhe eines fiktiven Zugewinnausgleichsanspruchs (Halbteilungsgrundsatz) stets als entgeltlich einzustufen sein.[589] Einen derartigen „fiktiven" Zugewinnausgleich, der im Gegensatz zur Erfüllung eines durch Güterstandswechsel begründeten Zugewinnausgleichsanspruchs **schenkungsteuerlich nicht anerkannt** wird, ziehen auch die Obergerichte nicht in Betracht.[590] Aus rechtsdogmatischen Gründen steht dem entgegen, dass die Entgeltlichkeit einen korrespondierenden Anspruch voraussetzt, der, wenn auch nicht fällig, so doch jedenfalls erfüllbar sein müsste. Hier existiert der Zugewinnausgleichsanspruch allenfalls latent. Aus rechtspraktischen Gründen spricht gegen eine derartige Sichtweise, dass nur bei tatsächlicher Beendigung des Güterstands und Ausgleich des dann bestehenden Zugewinnüberschusses

---

[584] BGH NJW 1992, 564; grds. bestätigt durch BGH NJW 2018, 1475.
[585] BGH NJW 2018, 1475 Rn. 14 mwN.
[586] BGH NJW 2018, 1475 Rn. 23 f. mwN.
[587] BGH NJW 2018, 1475 Rn. 22. Näher hierzu *Herrler* MittBayNot 2011, 150 ff.
[588] BGH NJW 2018, 1475 Rn. 22.
[589] So unter anderem *Weidlich* ZEV 2014, 345; Palandt/*Weidlich* BGB § 2325 Rn. 10; *Worm* RNotZ 2003, 535; *Löhnig* NJW 2018, 1435.
[590] OLG Schleswig ZEV 2014, 260 und nunmehr bestätigt vom BGH (NJW 2018, 1475).

– schon aus steuerlichen Gründen – eine konkrete, regelmäßig beweiskräftige Vermögensaufstellung durchgeführt wird.

Hinweis:
Will man die Entgeltlichkeit einer Zuwendung unter Ehegatten zuverlässig vermeiden, bedarf es hierfür der Begründung des Anspruchs durch ehevertragliche Beendigung des Güterstands.[591]

2. BGH Urt. v. 14. 3. 2018 – IV ZR 170/16

Der Erbrechtssenat hatte im Urteil v. 14. 3. 2018 (IV ZR 170/16)[592] einen derartigen Fall der unentgeltlichen Zuwendung eines selbstgenutzten Familienheims im Hinblick auf etwaige Pflichtteilsergänzungsansprüche zu entscheiden.

BGH Urt. v. 14. 3. 2018 – IV ZR 170/16

Sachverhalt (vereinfacht):
- Der Ehemann (M) errichtete auf einem ihm von seinem Vater überlassenen Grundstück ein Einfamilienhaus.
- Zur Finanzierung der Baukosten nahmen er und seine Ehefrau (F) ein Bankdarlehen iHv 250.000,00 DM auf.
- M übertrug einen hälftigen Miteigentumsanteil an diesem Grundstück auf F.
- Im Zeitpunkt des Todes von M, welcher die F zu seiner Alleinerbin eingesetzt hatte, valutierte das Darlehen noch mit 108.122,30 EUR.
- Sämtliche Zins- (112.666,12 EUR) und Tilgungszahlungen (19.699,70 EUR) hatte allein der M getragen.
- Die beiden Söhne des M aus erster Ehe machen wegen der Übertragung des Miteigentumsanteils und wegen der hälftig getragenen Darlehensraten Pflichtteilsergänzungsansprüche geltend.

Bei der Übertragung des hälftigen Miteigentumsanteils am Grundstück und bei der hälftigen Tragung der Darlehensraten durch M handelt es sich nicht um eine Schenkung, sondern im Zweifel um eine **unbenannte (ehebedingte) Zuwendung.** Diese löst grundsätzlich ein Pflichtteilsergänzungsanspruch nach § 2325 Abs. 1 BGB aus. Zu differenzieren ist insoweit indes nach der **Eigenkapitalausstattung** und bei den laufenden Zahlungen nach deren **Tilgungs- und Zinsanteil.**

[591] Mitunter wird jedenfalls im Falle der Güterstandsschaukel, dh der zeitnahe Rückkehr in den gesetzlichen Güterstand, die Entgeltlichkeit der Erfüllung des durch den ersten Güterstandswechsel hin zur Gütertrennung begründeten Zugewinnausgleichsanspruchs bezweifelt, wenn keine legitimen Interessen der Ehegatten für den Ehevertrag vorliegen (so jüngst *Griesel,* Aktuelle Probleme der Pflichtteilsergänzung, 2018, S. 149 ff.). Richtigerweise sollte aber im Grundsatz davon ausgegangen werden, dass die Ehegatten durch Ausübung ihrer Ehevertragsfreiheit legitime Interessen verfolgen, da der Zugewinnausgleichsanspruch latent bestand, durch dessen Erfüllung typischerweise einem berechtigten Interesse des ausgleichsberechtigten Ehegatten Rechnung getragen werde (zB unmittelbare Vermögensteilhabe wegen beruflicher Nachteile aufgrund der Kindererziehung, Schutz vor Vermögensverlusten auf Seiten des verpflichteten Ehegatten), und die Rückkehr in den Güterstand der Zugewinngemeinschaft dem Teilhabeinteresse des voraussichtlich erneut ausgleichsberechtigten Ehegatten dient, welches schon mit Blick auf den gesetzlichen „Normalfall" (§§ 1371 ff. BGB) als berechtigt zu qualifizieren ist.

[592] BGH DNotZ 2018, 633 = MittBayNot 2019, 55 mAnm *Everts* = NJW 2018, 1475 = NotBZ 2019, 89 *(Reich)* = ZEV 2018, 274 mAnm *Horn;* hierzu *Horn* NZFam 2019, 947; *Keim* ZNotP 2019, 221; *Löhnig* NJW 2018, 1435; *Siebert* NJW 2018, 2931; *Weber* FamRZ 2018, 777.

a) Eigenkapitalausstattung und Tilgungsleistungen

In Höhe des anfänglichen Eigenkapitals (vom Vater geschenktes Grundstück) und der laufenden Tilgungsleistungen, welche dem Vermögen des M entstammen, liegen **ohne weiteres ergänzungspflichtige Schenkungen** iSv § 2325 Abs. 1 BGB vor. Ein Rückgriff auf das **Unterhaltsrecht** (§§ 1360, 1360a BGB) vermag eine vermögensmäßige Beteiligung des anderen Ehegatten an der Immobilie – wie der IV. Zivilsenat klargestellt hat – nicht zu rechtfertigen, da unterhaltsrechtlich gerade **keine Vermögensbildung,** sondern allenfalls die Befriedigung des Wohnbedarfs der Ehefrau geschuldet ist.[593] Eine **unterhaltsrechtliche Verpflichtung** zur Finanzierung des Miteigentumsanteils besteht daher jedenfalls im Hinblick auf die Eigenkapitalausstattung und die Tilgungsleistungen nicht. Ebenso wenig hält sich die (mittelbare) Zuwendung eines derart werthaltigen Immobilienbesitzes im Rahmen der nach den konkreten Verhältnissen **angemessenen Altersvorsorge.** Schließlich bestehen auch für eine **nachträgliche Vergütung langjähriger Dienste** keine Anhaltspunkte. Zwar werde teilweise geltend gemacht, die „je hälftige Eigentumszuordnung am Familienheim" müsse gegen Ansprüche aus § 2325 BGB Bestand haben, da der **finanziell höhere Beitrag des einen Ehegatten anderweitig kompensiert** werde (zB durch Haushaltsführung, Kinderbetreuung).[594] Dem sei jedoch entgegen zu halten, dass den berechtigten Interessen des anderen Ehegatten durch den gesetzlichen Güterstand und die dort vorgesehenen Ausgleichsmechanismen (erb- und güterrechtlicher Zugewinnausgleich) angemessen Rechnung getragen werde.[595]

Gewisse **praktische Bedenken** gegen die Annahme einer ergänzungspflichtigen Schenkung iSv § 2325 Abs. 1 BGB ergeben sich daraus, dass bei einer typischerweise über einen langen Zeitraum erfolgten Abzahlung des Immobiliarkredits und alternierender Höhe der Einkünfte in einer Doppelverdienerehe im Nachhinein nur mit großer Mühe feststellbar sein dürfte, welche Tilgungsleistungen welchem Ehegatten zuzurechnen sind, zumal wenn eine Verrechnung höherer Tilgungsleistungen mit anderen Ausgaben (zB Urlaubsreisen, Anschaffungskosten) erfolgte. Gleichwohl ist eine (extra legale) **„Bereichsausnahme" für das Familienheim** mit der Systematik des Pflichtteilsrechts nicht zu vereinbaren, was nach dem OLG Schleswig[596] nunmehr auch der BGH bestätigt hat.[597]

Exkurs: Konkrete Berechnung des Ergänzungspflichtteils

Die **Tilgungsleistungen** dürfen freilich **nur einmal** im Rahmen von § 2325 BGB Berücksichtigung finden, entweder unmittelbar in Höhe der geleisteten Zahlungen oder mittelbar durch die dadurch bewirkte Erhöhung des Nettowerts der Immobilie aufgrund geringerer Valutierung des Grundpfandrechts.[598] Der BGH scheint dazu zu neigen, die Tilgungsleistungen bei der Ermittlung des Nettowerts der Immobilie aufgrund der reduzierten Valutierung des Grundpfandrechts **zu berücksichtigen.**[599] Diese Methode führt allerdings aufgrund des Niederstwertprinzips zu eher zufälligen Ergebnissen, je nachdem, ob Immobilien in der konkreten Lage inflationsbereinigt im Wert steigen oder nicht. Es ist daher überzeugender, die **jeweiligen Tilgungsleistungen** als eigenständige Schenkungen nach Maßgabe von § 2325 Abs. 1 BGB **jeweils gesondert pflichtteilsrechtlich zu ergänzen** und sie bei der Ermittlung des Nettowerts der Immobilie zu neutralisieren, dh fiktiv eine entsprechend höhere Valutierung der Grundschuld in Ansatz zu bringen.[600]

---

[593] BGH NJW 2018, 1475; OLG Schleswig Urt. v. 10.12.2013 – 3 U 29/13, juris Rn. 41 = ZEV 2014, 219 (nur Ls.).
[594] *Langenfeld* ZEV 1994, 129 (133).
[595] OLG Schleswig Urt. v. 10.12.2013 – 3 U 29/13, juris Rn. 41 = ZEV 2014, 219 (nur Ls.)
[596] OLG Schleswig Urt. v. 10.12.2013 – 3 U 29/13, ZEV 2014, 219 (nur Ls.).
[597] BGH NJW 2018, 1475.
[598] Vgl. BGH NJW 2018, 1475, insbes. Rn. 12.
[599] BGH NJW 2018, 1475, insbes. Rn. 11 f.
[600] So *Everts* MittBayNot 2019, 57 (58).

b) Ergänzungspflicht von Zinszahlungen

Bei den Zahlungen betreffend den Zinsanteil der monatlichen Kreditraten ist die Lage weniger eindeutig. Anders als die Tilgungsleistungen spiegeln sie sich nicht im Nettowert des Grundstücks wieder, da sie nicht zu einer Reduzierung der Valutierung der Grundpfandrechte führen **(keine Substanzwerterhöhung).** Gleichwohl wird der nicht zahlende Ehegatte, den aufgrund der gesamtschuldnerischen Haftung nach §§ 421, 427 BGB eine eigenständige Zahlungspflicht trifft, durch die Zahlung des Zinsanteils von einer Verbindlichkeit befreit, mit der Folge, dass grundsätzlich ein **Ausgleichsanspruch nach § 426 Abs. 1 S. 1 BGB im Innenverhältnis** begründet wird. Eine hiervon abweichende Abrede der Ehegatte hat eine Entreicherung des Zahlenden und eine korrespondierende Bereicherung des anderen Ehegatten zur Folge. Da der gesetzliche Gesamtschuldnerausgleich durch die Ehe, insbesondere durch die güterrechtlichen Vorschriften der Zugewinngemeinschaft nicht verdrängt wird,[601] stellt sich ein **Verzicht auf den Ausgleichsanspruch grundsätzlich** als **ergänzungspflichtige unbenannte Zuwendung** dar.

Nach ständiger höchstrichterlicher Rechtsprechung sind unbenannte Zuwendungen unter Ehegatten in der Regel als objektiv unentgeltlich anzusehen. Der Erwerb eines zugewendeten Gegenstands ohne hierauf gerichteten Rechtsanspruch ist unentgeltlich, wenn er von einer den Erwerb ausgleichenden Gegenleistung des Erwerbers nicht rechtlich abhängig ist. Als **rechtliche Abhängigkeit, welche die Unentgeltlichkeit ausschließt und Entgeltlichkeit begründet,** kommen nach dem IV. Zivilsenat des BGH Verknüpfungen sowohl nach Art eines gegenseitigen Vertrags als auch durch Setzung einer Bedingung oder eines entsprechenden Rechtszwecks in Betracht.[602] Im Hinblick auf den Zinsanteil ist somit durch das Berufungsgericht zu prüfen, ob sich dieser im Rahmen einer **nach konkreten Verhältnissen angemessenen Alterssicherung** hält, durch ihn **langjährige Dienste nachträglich im Rahmen des objektiv angemessen vergütet werden,** und/oder hierauf ein unterhaltsrechtlicher Anspruch (§§ 1360, 1360a BGB) bestand.

> Hinweis:
>
> Bei einer **Alleinverdiener-Ehe** dürfte der Zinsanteil ohne weiteres unterhaltsrechtlich geschuldet und daher **nicht ergänzungspflichtig** sein, da es sich hierbei um den nach §§ 1360, 1360a BGB erforderlichen Beitrag zu den gemeinsamen Wohnkosten (anstelle von Mietzahlungen) handelt.
>
> Außerhalb dieser Sonderkonstellation dürfte die Ergänzungspflichtigkeit des Zinsanteils **einzelfallabhängig anhand der jeweiligen finanziellen Verhältnisse der Ehegatten** (einschließlich der jeweiligen Altersvorsorgesituation) zu beurteilen sein,[603] wobei die Ergebnisse zu einzelnen Zeitpunkten während der Kreditlaufzeit durchaus unterschiedlich ausfallen können (Arbeitszeitreduzierung zur Kindererziehung; vorübergehende Arbeitslosigkeit/reduzierter Arbeitslohn – zB Kurzarbeit etc).

c) Ergebnis

Nach den vorstehenden Grundsätzen führt danach die Finanzierung des 1/2-Miteigentumsanteils der F durch M zur Entstehung eines **Pflichtteilsergänzungsanspruchs** der im Erbfall übergangenen Kinder des M, jedenfalls im Hinblick auf den hälftigen Eigenkapitalanteil und die hälftigen Tilgungsleistungen. Eine Ergänzungspflicht betreffend den Zinsanteil dürfte in der vorliegenden Konstellation (Alleinverdienerehe) aufgrund des An-

[601] BGH NJW 2018, 1475 Rn. 20 mwN.
[602] BGH NJW 2018, 1475 Rn. 22.
[603] *Everts* MittBayNot 2019, 57 (58); *Horn* ZEV 2018, 277 (278); *Keim* ZNotP 2018, 221 ff.; *Weber* FamRZ 2018, 777.

spruchs der F nach §§ 1360, 1360a BGB ausscheiden. Der Ergänzungsanspruch nach § 2325 Abs. 1 BGB ist ungeachtet der seit der Zuwendung vergangenen Zeit nicht erloschen (vgl. § 2325 Abs. 3 S. 3 BGB).

3. Reaktionsmöglichkeiten der Ehegatten

Hätte M die Immobilie zu Alleineigentum erworben und anschließend der F in Erfüllung einer durch Güterstandswechsel begründeten Zugewinnausgleichsforderung einen 1/2-Miteigentumsanteil übertragen, wäre dies als entgeltlicher Vorgang zu qualifizieren gewesen und pflichtteilsrechtlich ohne Folgen geblieben. Berücksichtigt man weiter, dass der BGH die nachträgliche Vereinbarung eines Entgelts für zulässig erachtet hat,[604] wäre es denkbar, dass M und F nachträglich einen Ankauf des 1/2-Miteigentumsanteils durch F vereinbaren. Nach Zahlung des Kaufpreises schließen M und F einen Ehevertrag (Gütertrennung) und sorgen so im Wesentlichen für eine pflichtteilsneutrale Rückführung des Kaufpreises. Hierdurch wird lediglich die gesetzlich vorgesehene Teilhabe des Ehegatten bei gesetzlichem Güterstand realisiert, sodass ein etwaiger Vorwurf missbräuchlicher Gestaltung zulasten des Pflichtteilsberechtigten nicht begründet wäre. Aus ex-ante Perspektive hätte sich ein pflichtteilsneutraler Erwerb eines 1/2-Miteigentumsanteils durch die Ehefrau dadurch darstellen lassen, dass der Ehemann der Ehefrau ein Darlehen zu Finanzierung ihres Anteils gewährt und man später im Rahmen eines Güterstandswechsels eine Verrechnung von offener Darlehensforderung und Zugewinnausgleichsforderung vorgenommen hätte.[605]

III. Veräußerung gegen personenbezogene Sachleistungen und früher Tod des Berechtigten

1. Risikogeschäft bei auf Lebenszeit begrenzten Rechten

Besteht bei einem grundsätzlich als entgeltlich beabsichtigten Austauschgeschäft die Leistung einer Vertragspartei in der Einräumung eines auf Lebenszeit des anderen (oder eines Dritten) begrenzten Rechts, etwa eines Nießbrauchs oder eines Wohnungsrechts, bzw. sind die übernommenen Verpflichtungen kraft Natur der Sache auf die Lebenszeit eines anderen begrenzt (zB Pflegeverpflichtung), handelt es sich hierbei um ein **Risikogeschäft für beide Vertragsteile.** Die mit dem Abschluss eines derartigen Vertrags einhergehenden Chancen bzw. Risiken sind beiden Vertragsteilen bewusst. Wollen sie diese nicht eingehen bzw. begrenzen, sind im Vertrag entsprechende Vorkehrungen zu treffen, etwa eine **Nachzahlungsverpflichtung** im Falle des frühzeitigen Wegfalls der Naturalleistungspflichten bzw. eine (Höchst-)Befristung derselben für den Fall eines langen Lebens des Berechtigten. Insbesondere bei Rechtsgeschäften unter Familienangehörigen sind in aller Regel alle Beteiligten daran interessiert, die gegenseitigen Rechte und Pflichten **abschließend zu regeln, ohne in der Zukunft für den Fall unerwarteter Entwicklungen Nachzahlungen leisten** bzw. eine Reduzierung der Naturalleistungspflichten hinnehmen **zu müssen.** Vielmehr werden die Chancen und Risiken bei der Bemessung von Leistung und Gegenleistung und im Fall von weichenden Geschwistern bei der Bemessung der Gleichstellungsgelder **eingepreist.**[606]

---

604 BGH ZEV 2007, 326 mAnm *Kornexl.*

605 Vgl. *Everts* MittBayNot 2019, 57 (58) und ausführlich *Everts* MittBayNot 2012, 258 ff.; MittBayNot 2012, 337 ff.

606 Zutreffend *Trömer* notar 2019, 349 (350).

2. OLG Frankfurt a. M. Beschl. v. 6.5.2019 – 8 W 13/19

Das OLG Frankfurt a. M. hatte sich in seiner Entscheidung vom 6.5.2019 (8 W 13/19)[607] mit einem Sachverhalt auseinanderzusetzen, in dem ein relativ gesehen hoher Betrag für die natural zu erbringenden Leistungspflichten angesetzt wurde und der Berechtigte kurz nach Abschluss des Vertrags verstarb.

OLG Frankfurt a. M. Beschl. v. 6.5.2019 – 8 W 13/19

Sachverhalt:

- Der spätere Erblasser und 74-jährige Eigentümer eines Hofes und Ackergrundstücks schloss mit seiner Nichte hierüber einen Kaufvertrag zu einem Kaufpreis von insgesamt 86.000,00 EUR.
- Neben einer Zahlung in Höhe von 10.000,00 EUR übernahm die Nichte ein im Grundbuch eingetragenes Nutzungsrecht einer Tante (kapitalisiert 32.317,00 EUR), verpflichtete sich zur Übernahme von Pflegeleistungen (kapitalisiert 20.563,00 EUR) und räumte dem Eigentümer ein lebenslanges Wohnungsrecht (kapitalisiert 21.666,00 EUR) ein.
- Drei Wochen nach Abschluss des Kaufvertrags verstarb der Veräußerer.
- Eine Schwester des Erblassers begehrt als Miterbin von der Nichte Zahlung in Höhe des kapitalisierten Wertes des Wohnungsrechts und der nicht erbrachten Pflegeleistungen in Höhe von insgesamt 42.229,00 EUR an die Erbengemeinschaft.

Entscheidung: Ebenso wie die Vorinstanz verneinte das OLG Frankfurt a. M. zu Recht einen derartigen Anspruch.

a) Kein Raum für eine ergänzende Vertragsauslegung

Ein Anspruch der Schwester könnte sich aus ergänzender Vertragsauslegung ergeben. Voraussetzung hierfür sei, dass „der Vertrag unter Zugrundelegung des Regelungskonzepts der Parteien eine Lücke aufweist, die geschlossen werden muss, um den Regelungsplan der Parteien zu verwirklichen."[608] Eine freie richterliche Vertragsgestaltung werde durch das Institut der ergänzenden Vertragsauslegung nicht ermöglicht. Nach diesen Maßstäben könne hier bereits **keine Rede von einer zu schließenden Lücke im Vertrag** sein, die zur Verwirklichung des Regelungsplans der Parteien geschlossen werden müsse. Denn bei Abschluss des Vertrags befanden sich beide Seiten (für jedermann erkennbar) im Ungewissen darüber, wie lange der Verkäufer leben und ob er zu Lebzeiten pflegebedürftig werden würde. Die Erwerberin ging somit das Risiko ein, dass sie unter Umständen **über einen sehr langen Zeitraum** den übernommenen Verpflichtungen nachkommen muss. Umgekehrt ging der Erblasser das Risiko ein, dass er im Falle seines **frühen Todes** sein Grundstück ohne die Erbringung relevanter Pflegeleistungen und einem nur kurze Zeit bestehenden Wohnungsrechts überlassen hat. Es sei nicht ersichtlich, warum im Wege der ergänzenden Vertragsauslegung deswegen eingegriffen werden sollte, weil sich hier das beschriebene Risiko des Erblassers zu einem sehr frühen Zeitpunkt verwirklicht habe.[609] Das OLG wies darauf hin, dass

> „auch im umgekehrten Fall – wenn also die Ag. die sich für sie aus den § 7 und § 8 ergebenden Verpflichtungen für einen Zeitraum von beispielsweise 20 Jahren hätte erfüllen müssen – kein Anlass für eine ergänzende Vertragsauslegung bestanden hätte."[610]

[607] OLG Frankfurt a. M. IMR 2019, 341 *(Grziwotz)* = NZFam 2019, 686 mAnm *Jeep* = NJW-RR 2019, 1417 = notar 2019, 349 mAnm *Trömer.*
[608] OLG Frankfurt a. M. NJW-RR 2019, 1417 Rn. 31.
[609] OLG Frankfurt a. M. NJW-RR 2019, 1417 Rn. 32.
[610] OLG Frankfurt a. M. NJW-RR 2019, 1417 Rn. 32.

b) Kein Wegfall der Geschäftsgrundlage

Ebenso wenig komme eine Anpassung des Vertrags aufgrund Wegfalls der Geschäftsgrundlage iSv § 313 BGB in Betracht. Denn jeder Vertragsteil müsse bei Vereinbarung von auf Lebenszeit begrenzten Recht **damit rechnen,** dass ein derartiges Recht früher als statistisch zu erwarten erlischt. Dieses Risiko habe der Berechtigt (und damit auch seine Erben), ebenso wie der andere Vertragsteil das Risiko eines besonderen besonders langen Lebens des Berechtigten, aufgrund der vertraglichen Chancenverteilung zu tragen. Aus diesem Grund hat es der BGH beispielsweise in der Vergangenheit verneint, den Umzug des Wohnungsberechtigten ins Pflegeheim als Anknüpfungspunkt für eine Anpassung des diesbezüglichen Überlassungsvertrags anzusehen.[611]

3. Stellungnahme

Den in jeder Hinsicht zutreffenden Ausführungen des OLG Frankfurt a. M. ist nichts hinzuzufügen. Es hat bei der von den Parteien vorgenommenen Bewertung aus ex-ante Sicht ohne die Möglichkeit einer ex-post Korrektur bei unerwartetem Geschehensablauf zu verbleiben. Mitunter wird erwogen, den Vertragsteilen die vorstehend geschilderten Chancen bzw. Risiken noch einmal ausdrücklich im Vertrag vor Augen zu führen.[612] Das dient sicherlich der Klarstellung, ist aber mE nicht geboten. Ein durchschnittlich verständiger Beteiligter ist auch ohne einen derartigen **ausdrücklichen Hinweis** durchaus in der Lage zu realisieren, dass die Bestellung von auf Lebenszeit begrenzten Rechten bzw. die Begründung entsprechender Pflichten aufgrund der Natur der Sache mit Chancen bzw. Risiken für alle Beteiligten verbunden ist.

IV. Wegfall der Steuerbefreiung für ein Familienheim bei Aufgabe des Eigentums

1. Restriktive Handhabung von § 13 Abs. 1 Nr. 4b ErbStG

Wird das **zu eigenen Wohnzwecken genutzte Grundstück (Familienheim)** lebzeitig unentgeltlich übertragen, ist diese Zuwendung gemäß § 13 Abs. 1 Nr. 4a ErbStG steuerfrei. Gleiches gilt für den **Erwerb von Todes wegen** durch den überlebenden Ehegatten nur unter den in § 13 Abs. 1 Nr. 4b ErbStG geregelten weiteren Voraussetzungen:

§ 13 ErbStG: Steuerbefreiungen

(1) Steuerfrei bleiben

[...]

4b. der Erwerb von Todes wegen des Eigentums oder Miteigentums an einem [...] bebauten Grundstück im Sinne des § 181 Abs. 1 Nr. 1 bis 5 des Bewertungsgesetzes **durch den überlebenden Ehegatten** oder den überlebenden Lebenspartner, soweit der Erblasser darin bis zum Erbfall eine Wohnung zu eigenen Wohnzwecken genutzt hat oder bei der er aus zwingenden Gründen an einer Selbstnutzung zu eigenen Wohnzwecken gehindert war und die beim Erwerber unverzüglich zur Selbstnutzung zu eigenen Wohnzwecken bestimmt ist **(Familienheim).** [...] 5Die Steuerbefreiung fällt mit Wirkung für die Vergangenheit weg, wenn der Erwerber das Familienheim **innerhalb von zehn Jahren nach dem Erwerb nicht mehr zu Wohnzwecken selbst nutzt,** es sei denn, er ist aus zwingenden Gründen an einer Selbstnutzung zu eigenen Wohnzwecken gehindert;

[611] Vgl. BGH NJW 2009, 1348.
[612] So *Jeep* NZFam 2019, 689 mit Formulierungsvorschlag.

Diese Vorschrift wird vom BFH in ständiger Rechtsprechung **sehr restriktiv ausgelegt:**

(1) So hat der BFH mit Urteil vom 29.11.2017 (II R 14/16)[613] entschieden, dass der von Todes wegen erfolgte Erwerb eines **durch eine Auflassungsvormerkung gesicherten Anspruchs** auf Verschaffung des Eigentums an einem Familienheim durch den überlebenden Ehegatten **nicht** von der Erbschaftsteuer befreit ist. Denn die Steuerbefreiung nach § 13 Abs. 1 Nr. 4b S. 1 ErbStG setze voraus, dass der verstorbene Ehegatte zivilrechtlicher Eigentümer oder Miteigentümer des Familienheims war und der überlebende Ehegatte das zivilrechtliche Eigentum oder Miteigentum an dem Familienheim von Todes wegen erwirbt.

(2) Mit Urteil vom 3.6.2014 (II R 45/12)[614] hatte der BFH bereits festgehalten, dass die von Todes wegen erfolgte **Zuwendung eines dinglichen Wohnungsrechts am Familienheim** die Voraussetzungen des § 13 Abs. 1 Nr. 4b S. 1 ErbStG **nicht** erfülle, da die darin niedergelegte steuerliche Privilegierung voraussetze, dass der länger lebende Ehegatte von Todes wegen endgültig zivilrechtlich Eigentum oder Miteigentum an einer als Familienheim begünstigten Immobilie des vorverstorbenen Ehegatten erwirbt und diese zu eigenen Wohnzwecken selbst nutzt.

2. BFH Urt. v. 11.7.2019 – II R 38/16

Mit Blick auf die vorstehenden Entscheidungen ist es nicht überraschend, dass der BFH den **Nachsteuertatbestand des § 13 Abs. 1 Nr. 4b S. 5 ErbStG** in seiner Entscheidung vom 11.7.2019 (II R 38/16)[615] **weit ausgelegt hat.**

BFH Urt. v. 11.7.2019 – II R 38/16

Sachverhalt:

- Die Klägerin ist Alleinerbin ihres am 3.5.2013 verstorbenen Ehemannes (E).
- Zum Nachlass gehört unter anderem ein hälftiger Miteigentumsanteil an einem Einfamilienhaus, das E bis zu seinem Tod zusammen mit der Klägerin bewohnt hat. Seither wohnt die Klägerin dort allein.
- Der Klägerin wurde vom Finanzamt (FA) mit Bescheid vom 28.4.2014 Steuerbefreiung nach § 13 Abs. 1 Nr. 4b S. 1 ErbStG für den Erwerb des Miteigentumsanteils am Einfamilienhaus gewährt.
- Mit notariell beurkundetem Vertrag vom 15.10.2014 übertrug die Klägerin das Einfamilienhaus unentgeltlich unter Vorbehalt eines lebenslangen Nießbrauchs auf ihre Tochter (T) und blieb weiterhin in dem Einfamilienhaus wohnen.
- Das FA erließ am 4.11.2014 einen Änderungsbescheid und setzte die Erbschaftsteuer herauf. Zur Begründung führte das FA aus, durch die schenkweise Übertragung des Einfamilienhauses auf T sei die Steuerbefreiung für den Erwerb des Miteigentumsanteils von E durch die Klägerin rückwirkend entfallen.

Entscheidung: Einspruch, Klage und Revision waren erfolglos.

Der Nachversteuerungstatbestand greift nach Ansicht des BFH auch in Fällen, in denen der Erwerber das Familienheim zwar weiterhin bewohnt, das Eigentum daran aber innerhalb der genannten Frist auf einen Dritten übertragen hat.

Der BFH beruft sich zunächst auf den **Wortlaut** von § 13 Abs. 1 Nr. 4b ErbStG, räumt aber selbst ein, dass dieser nicht eindeutig sei.[616] Teleologische, historische und systemati-

---

[613] BFH NJW 2018, 1422.

[614] BFH DNotZ 2014, 691.

[615] BFH NJW 2019, 3805 = DStR 2019, 2520 = MittBayNot 2020, 285 mAnm *Loose* = ZEV 2020, 57 mAnm *Geck*. Vgl. hierzu *Wachter* ErbR 2020, 225 ff.; *Wachter* ZNotP 2020, 103 ff.

[616] BFH NJW 2019, 3805 Rn. 13 ff.

sche Auslegung sprächen dafür, dass die Steuerbefreiung für das Familienheim wegfällt, wenn der überlebende Ehegatte oder Lebenspartner innerhalb von zehn Jahren nach dem Erwerb zwar die Selbstnutzung zu Wohnzwecken fortsetzt, das Eigentum oder Miteigentum am Familienheim jedoch aufgibt.[617] Bezweckt sei der **Schutz des Familiengebrauchsvermögens.**

(Rn. 20): „Nach der Vorstellung des Gesetzgebers soll § 13 Abs. 1 Nr. 4b ErbStG die Substanz des begünstigten Immobilienvermögens innerhalb der ehelichen oder partnerschaftlichen Lebensgemeinschaft erhalten [...]. Gemäß den Gesetzesmaterialien (Bericht des Finanzausschusses, BT-Drs. 16/11107, 8) dient „die Regelung zur Steuerfreistellung von Wohneigentum für Ehegatten und Lebenspartner [...] neben dem Schutz des gemeinsamen familiären Lebensraums dem Ziel der Lenkung in Grundvermögen schon zu Lebzeiten des Erblassers. Insbesondere vor dem Hintergrund der Finanzmarktentwicklung des Jahres 2008" soll das „besonders geschützte Familiengebrauchsvermögen" in Gestalt des Familienheims von Ehegatten und Lebenspartnern „krisenfest [...] erhalten" werden. Schutzgut der Befreiungsnorm ist danach nicht nur der gemeinsame familiäre Lebensraum. Die Steuerbefreiung soll vielmehr auch dazu beitragen, dass Grundvermögen als Teil der ehelichen oder partnerschaftlichen Lebens- und Wirtschaftsgemeinschaft erhalten werden kann. Die Bildung von Wohneigentum durch die Familie soll gefördert werden, indem der Eigentumsübergang innerhalb der Familie nicht der Erbschaftsteuer unterworfen wird. Der Gesetzgeber wertete dementsprechend den Verkauf des Familienheims durch den Erwerber als „schädlich" (Bericht des Finanzausschusses, BT-Drs. 16/11107, 8)."[618]

Begünstigt sei danach **nur das familiäre Wohnen als Eigentümer oder Miteigentümer** des Familienheims, nicht hingegen als Mieter oder Nießbraucher. Dies folge auch daraus, dass die ursprüngliche Gewährung der Steuerbefreiung streng an den Erwerb des (Mit-)Eigentums anknüpfe, weshalb ein Verlust des (Mit-)Eigentums innerhalb des Zehnjahreszeitraums ein Wegfall der Steuerbefreiung zur Folge haben müsse. Aus der Regelung über die Steuerbefreiung lebzeitiger Zuwendungen des Familienheims lasse sich nichts Gegenteiliges ableiten.

Sodann stellt der BFH klar, dass es **für den Wegfall der Steuerbefreiung** aufgrund Aufgabe des Eigentums oder Miteigentums an dem Familienheim innerhalb von zehn Jahren nach dem Erwerb **nicht darauf ankomme, ob der überlebende Ehegatte oder Lebenspartner die Immobilie entgeltlich oder unentgeltlich überträgt oder wer nach dem überlebenden Ehegatten oder Lebenspartner neuer Eigentümer des Familienheims wird.**[619]

(Rn. 31): „Die Steuerbefreiung entfällt auch dann, wenn die Übertragung auf Kinder erfolgt, die selbst von Todes wegen nach § 13 Abs. 1 Nr. 4c ErbStG begünstigt hätten erwerben können [...]. Der Erwerb durch Ehegatten oder Lebenspartner auf der einen und Kinder auf der anderen Seite ist unter unterschiedlichen Voraussetzungen begünstigt. Gemäß § 13 Abs. 1 Nr. 4c S. 1 ErbStG wird Kindern iSd Vorschrift die Steuerbefreiung für den Erwerb eines Familienheims nur gewährt, soweit die Wohnfläche 200 Quadratmeter nicht übersteigt. Demgegenüber enthält § 13 Abs. 1 Nr. 4b S. 1 ErbStG für den Erwerb durch Ehegatten oder Lebenspartner keine Begrenzung der Fläche. Eine Gesamtbetrachtung der Tatbestände des § 13 Abs. 1 Nr. 4b und Nr. 4c ErbStG scheidet aus. Hinzu kommt, dass auch ein Kind nur dann begünstigt erwerben kann, wenn es das Familienheim tatsächlich selbst zu eigenen Wohnzwecken nutzt. Schließlich ist gerade eine Zuwendung an Kinder unter Lebenden – wie im Streitfall – nicht begünstigt. § 13 Abs. 1 Nr. 4a ErbStG, der die Schenkung des Familienheims unter Ehegatten oder Lebenspartnern privilegiert, hat für Kinder keine Entsprechung."[620]

---

[617] BFH NJW 2019, 3805 Rn. 19.
[618] BFH NJW 2019, 3805 Rn. 20.
[619] BFH DStR 2019, 2520 Rn. 28.
[620] BFH DStR 2019, 2520 Rn. 31.

3. Folgerungen

Man mag die Ausführungen des BFH nicht teilen, da weder der Wortlaut eine Anknüpfung an das zivilrechtliche Eigentum nahelegt und nicht recht einleuchten will, weshalb bei Übertragung auf die Kinder als Zweiterwerber nicht unter teleologischen Gesichtspunkten eine kumulierte Anwendung von § 13 Abs. 1 Nr. 4b und Nr. 4c ErbStG im Wege einer Gesamtbetrachtung möglich sein sollte.[621] Mit der Entscheidung steht freilich fest, dass der Befreiungstatbestand des § 13 Abs. 1 Nr. 4b ErbStG beim Erwerb des (Mit-) Eigentums am Familienheims von Todes wegen nur erfolgreich in Anspruch genommen werden kann, wenn der Zuwendungsgegenstand während des zehnjährigen Nachsteuerzeitraum im Eigentum gehalten und zu eigenen Wohnzwecken genutzt wird. Sofern Anhaltspunkte dafür bestehen, dass es sich bei einer Überlassung um das selbstgenutzte Familienheim handelt und innerhalb der letzten zehn Jahre seitens des Übergebers ein Erwerb von Todes wegen vom vorverstorbenen Ehegatten stattgefunden hat, empfiehlt es sich, die Parteien auf den hierdurch möglicherweise herbeigeführten Wegfall der Steuerbefreiung des § 13 Abs. 1 Nr. 4b ErbStG hinzuweisen. Es dürfte daher zu erwägen sein, jedenfalls **im Überlassungsvertrag als „Stoppstelle"** einen Hinweis bzw. eine **Erklärung der Parteien** aufzunehmen, dass es sich beim Vertragsgegenstand **nicht** um das **von Todes wegen erworbene selbstgenutzte Familienheim iSv § 13 Abs. 1 Nr. 4b ErbStG** handelt.

Formulierungsbeispiel:

Nach Angabe der Beteiligten handelt es sich beim heutigen Vertragsgegenstand nicht um ein innerhalb der letzten zehn Jahre von Todes wegen erworbenes Familienheim iSv § 13 Abs. 1 Nr. 4b EStG.

Was die Zehnjahresfrist angeht, scheint der BFH an den Erwerb des zivilrechtlichen Eigentums anzuknüpfen, welcher bei einem Erwerb aufgrund eines Vermächtnisses nicht mit dem Erbfall zusammenfällt. Umgekehrt wird der Nachsteuertatbestand auch erst durch den Verlust des zivilrechtlichen Eigentums ausgelöst, sodass ggf. eine „Reparatur" nach Abschluss des schuldrechtlichen Vertrags möglich ist.[622]

Der Nachversteuerungstatbestand des § 13 Abs. 1 Nr. 4b S. 5 ErbStG kann zwar ebenso durch Abschluss eines herkömmlichen Kaufvertrags ausgelöst werden. Sofern der Notar Anhaltspunkte dafür hat, dass durch den Vollzug des Kaufvertrags der Nachversteuerungstatbestand ausgelöst wird, empfiehlt sich selbstredend ein entsprechender Hinweis. Standardmäßig dürfte die Aufnahme eines entsprechenden Hinweises bzw. einer entsprechenden Erklärung aber zu weit gehen, da ein Veräußerer, der den Befreiungstatbestand des § 13 Abs. 1 Nr. 4b ErbStG in Anspruch genommen hat, sowieso für den Nachversteuerungstatbestand sensibilisiert sein dürfte. Anders könnte es allenfalls in einem „Eat your brick"-Fall unter Vorbehalt eines Nutzungsrechts sein, der insoweit Parallelen zum Überlassungsvertrag aufweist.

---

[621] Zutreffend *Geck* ZEV 2020, 61; *Wachter* ErbR 2020, 225 (229 ff.).

[622] Näher *Wachter* ErbR 2020, 225 (232).

E. Wohnungseigentum und Erbbaurecht

I. Anspruch auf Änderung der Gemeinschaftsordnung

Die Gemeinschaftsordnung einer WEG anzupassen ist kein einfaches Unterfangen. Als Gegenstand der Vereinbarung der Wohnungseigentümer iSd § 10 Abs. 2 S. 2 WEG setzt die Änderung der Gemeinschaftsordnung grundsätzlich eine Willensübereinstimmung aller Gemeinschaftsmitglieder voraus. Dass eine solche schwierig zu erreichen ist, liegt auf der Hand.

Entsprechend hat der Gesetzgeber über den als letztes Mittel in Betracht kommenden § 242 BGB hinaus gesetzliche Möglichkeiten vorgesehen, die Gemeinschaftsordnung zu ändern:

- § 12 Abs. 4 WEG: Abschaffung der Verwalterzustimmung.
- § 16 Abs. 3 WEG: Änderung des Kostenverteilungsmaßstabs für Betriebs- und Verwaltungskosten.
- § 16 Abs. 4 WEG: Änderung des Kostenverteilungsmaßstabs für Instandhaltung oder Instandsetzung iSd § 21 Abs. 5 Nr. 2 WEG oder zu baulichen Veränderungen oder Aufwendungen iSd § 22 Abs. 1 und Abs. 2 WEG.
- § 23 Abs. 1 WEG: Bestehen einer Öffnungsklausel für Beschlüsse.

Ganz allgemein findet sich darüber hinaus in § 10 Abs. 2 S. 3 WEG der Anspruch des einzelnen Wohnungseigentümers, die Gemeinschaftsordnung zu ändern:

§ 10 WEG: Allgemeine Grundsätze

(1) […]

(2) […] [3]Jeder Wohnungseigentümer kann eine vom Gesetz abweichende Vereinbarung oder die Anpassung einer Vereinbarung verlangen, soweit ein Festhalten an der geltenden Regelung aus schwerwiegenden Gründen unter Berücksichtigung aller Umstände des Einzelfalles, insbesondere der Rechte und Interessen der anderen Wohnungseigentümer, unbillig erscheint.

Zwei Entscheidungen aus dem vergangenen Jahr hatten genau diese Frage zum Gegenstand.

1. Stimmrechtsentziehung für „Geisterwohnung" (BGH Urt. v. 18.1.2019 – V ZR 72/18)

a) Sachverhalt

BGH Urt. v. 18.1.2019 – V ZR 72/18[623]

Ein Grundstück wurde in Wohnungseigentumseinheiten aufgeteilt. Entstehen sollten vier Wohnblöcke, die Miteigentumsanteile wurden entsprechend gebildet und zugewiesen. Die Gemeinschaftsordnung sah die weitgehend eigenständige Verwaltung der einzelnen Blöcke durch sogenannte Untergemeinschaften vor. Tatsächlich gebaut wurden aber nur zwei der vier Blöcke, die anderen beiden waren nach über 20 Jahren noch nicht errichtet.

Gleichwohl besaß der Inhaber der den beiden nicht errichten Blöcken zugeordneten Miteigentumsanteile in der Gemeinschaft eine Stimmberechtigung von knapp 48 %, sodass er wesentliche Fragen der Gesamtgemeinschaft faktisch mit eigener Mehrheit entscheiden konnte. In der Gemeinschaftsordnung war eine Öffnungsklausel für deren Änderung aus sachlichem Grund durch Mehrheitsbeschluss enthalten.

---

[623] ZWE 2019, 403 mAnm *Müller* = IMR 2019, 283 *(Elzer)* = ZfIR 2019, 447 mAnm *Brändle.*

Ein Miteigentümer stellte zunächst den Antrag auf Beschlussfassung über die Reduzierung des Stimmgewichts des Miteigentümers mit den „Geisterwohnungen", der angesichts der klaren Stimmverhältnisse scheiterte. Alsdann erhob der Miteigentümer Anfechtungsklage gegen den Negativbeschluss. Amtsgericht und Landgericht wiesen zwar die Beschlussanfechtungsklage zurück, regelten aber unter Bezugnahme auf § 21 Abs. 8 WEG die Stimmengewichte dergestalt neu, dass im Ergebnis das Stimmengewicht der noch ohne reales Sondereigentum bestehenden Miteigentumsanteile um 1/4 gegenüber dem der tatsächlich vorhandenen Einheiten reduziert wurde. Der beklagte Inhaber der „Geisterwohnungen" behielt so die Sperrminorität im Hinblick auf die Öffnungsklausel.

Entscheidung: Der BGH bestätigte die Untergerichte.

b) Der Miteigentumsanteil ohne Sondereigentum

Die erste Problematik des Falles spielt nicht auf Ebene der Vereinbarung der Miteigentümer, sondern auf der Ebene des sachenrechtlichen Grundverhältnisses.

> Frage:
>
> Was hat der Inhaber der Miteigentumsanteile, bei denen (bislang) kein Sondereigentum errichtet wurde, in der Hand?

Der isolierte Miteigentumsanteil ohne Sondereigentum verwirrt zunächst. Was soll ein Wohnungseigentum ohne Wohnung sein?

Bei näherer Betrachtung zeigt sich aber schnell, dass dieser Zustand im Grundsatz kein Problem der sachenrechtlichen Ebene sein kann. Wohnungseigentum kann, wie das Gesetz in den §§ 3 Abs. 1 und 8 Abs. 1 WEG ausdrücklich bestimmt, auch hinsichtlich noch zu erstellender Gebäude gebildet werden, es kann grundbuchlich belastet und Gegenstand von Veräußerungsvorgängen sein.

Das Wohnungseigentumsrecht ist also da. Was aber bedeutet dies für die Entstehung von Sondereigentum? § 1 Abs. 2 WEG definiert das Wohnungseigentum wie folgt:

§ 1 WEG: Begriffsbestimmungen

(1) [...]

(2) Wohnungseigentum ist das Sondereigentum an einer Wohnung in Verbindung mit dem Miteigentumsanteil an dem gemeinschaftlichen Eigentum, zu dem es gehört.

Die Literatur diskutiert nun heftig, wie der so entstandene Rechtszustand in Bezug auf das Sondereigentum einzuordnen ist. Im Kern geht es dabei um Begrifflichkeiten, denn ob mit dem Miteigentumsanteil nun eine Anwartschaft auf die Herstellung der Substanz des Sondereigentums verbunden ist,[624] es als Scheinbestandteil des Grundstücks anzusehen ist[625] oder als zunächst substanzloses Sondereigentum existiert,[626] spielt für seine praktische Handhabung keine echte Rolle. Entsprechend hat der BGH bislang auch noch keinen Anlass gehabt, sich mit der rechtsdogmatischen Einordnung auseinanderzusetzen.[627]

Entscheidend ist, dass der Miteigentumsanteil als Wohnungseigentum existiert.

---

[624] Bärmann/*Armbrüster* WEG § 3 Rn. 35; Weitnauer/*Briesemeister* WEG § 3 Rn. 67; MüKoBGB/*Commichau* WEG vor § 1 Rn. 51; Bamberger/Roth/*Hügel* WEG § 3 Rn. 11; *Hügel/Scheel* § 3 Rn. 84; Erman/*Grziwotz* WEG § 3 Rn. 3.

[625] Staudinger/*Rapp* (2018) WEG § 3 Rn. 37.

[626] BeckOGK/*Müller* WEG § 2 Rn. 31ff.; *Hügel* ZMR 2004, 549; BeckOK BGB/*Hügel* WEG § 3 Rn. 17; BeckOK WEG/*Gerono* WEG § 3 Rn. 15.

[627] BGH NJW 2008, 2982; NJW 1990, 1111.

c) Welche Rechte vermittelt der Miteigentumsanteil an der Geisterwohnung?

Eindeutig ist die Entscheidung des BGH dahin, dass sich aus der Existenz des Miteigentumsanteils ohne real gebildetes Sondereigentum jedenfalls keine Rechtlosstellung des Inhabers ableitet. Unter Rn. 22 führt das Gericht dazu aus:

„Das Wohnungseigentum bleibt nämlich – der Substanz nach als Miteigentumsanteil – auf Dauer wirksam, wenn das geplante Gebäude – gleich aus welchen Gründen – nicht errichtet wird und das Sondereigentum daher nicht entsteht."

Steht dem Inhaber des isolierten Anteils danach das Stimmrecht in der Gemeinschaft zu und muss sich dieser an den Lasten und Kosten beteiligen, besteht auch wenn er selbst keine reale Nutzungsmöglichkeit innehat, seine miteigentumsrechtliche Stellung innerhalb der Gemeinschaft.[628]

Der BGH hält dies offenbar für so selbstverständlich, dass er darauf im Detail nicht mehr eingeht.

d) Anspruch auf Aufhebung?

Direkt ins Auge springt die vom BGH nicht zu beantwortende Frage, weshalb die Miteigentümer denn nur gegen die Stimmrechtszuordnung vorgegangen sind. Viel näher liegt es doch, nach 20 Jahren der Untätigkeit davon auszugehen, dass die Einheiten überhaupt nicht mehr entstehen werden.

Ob der Inhaber der Miteigentumsanteile tatsächlich jede Absicht, diese noch als Sondereigentum entstehen zu lassen, aufgegeben hat, ist nicht festgestellt. Nach 20 Jahren aber liegt dies wohl nahe.

Was wäre die Konsequenz? Die Frage beantwortet das WEG an keiner Stelle, weshalb dazu nur auf allgemeine Rechtsregeln zurückgegriffen werden kann. Einigkeit besteht jedenfalls insoweit, als dass diese nicht nach § 738 BGB den anderen Eigentümern anwachsen. Es fehlt insoweit an der gesamthänderischen Bindung im Sinne der Gesellschaft.[629]

Sollte tatsächlich die Ausführung des Sondereigentums aufgegeben sein, bestünde nach der insoweit herrschenden Auffassung ein Anspruch der anderen Miteigentümer darauf, dass der Inhaber des dauerhaft sondereigentumslosen Anteils diese Anteile auf die anderen Miteigentümer überträgt[630] und dafür ggfls. eine Entschädigung erhält.[631] Im Detail sind diese Fragen allerdings weitgehend ungeklärt – es gibt noch zu wenige Fälle dazu.

Wann es tatsächlich einen solchen Anspruch gibt, ist jedenfalls in den Fällen, in denen die Ausführung einer baulichen Anlage noch möglich und ohne wesentliche Veränderungen an der bestehenden Situation der anderen Miteigentümer machbar ist, unklar. Die hier vorliegenden 20 Jahre der Untätigkeit scheinen diesen jedenfalls noch nicht zu begründen.

e) Woraus ergibt sich der Anspruch auf Anpassung?

Der BGH stützt den Anspruch der anderen Miteigentümer auf Änderung der Gemeinschaftsordnung hinsichtlich der Stimmrechte auf § 10 Abs. 2 S. 3 WEG. Amts- und Landgericht hatten einen im Sinne des Gesetzes „schwerwiegenden Grund" für die Geltend-

---

[628] BGH NJW 1990, 1111; NJW 2011, 3237; *Hügel* ZMR 2004, 549; *Weitnauer* MittBayNot 1991, 143; *Hügel/Elzer* WEG § 3 Rn. 99.

[629] BGHZ 130, 170; BGHZ 109, 179; Staudinger/*Rapp* (2018) WEG § 3 Rn. 70; *Röll* FS Seuß 1987, 236; BeckOK WEG/*Gerono* WEG § 3 Rn. 22; *Weitnauer* MittBayNot 1991, 143; MüKoBGB/*Commichau* WEG § 6 Rn. 13; NK-BGB/*Heinemann* WEG § 3 Rn. 4; *Hügel/Scheel* § 3 Rn. 109; *Boehringer* MittBayNot 1990, 16.

[630] BGHZ 109, 179 (185); Staudinger/*Rapp* (2018) WEG § 3 Rn. 72; BeckOK WEG/*Gerono* WEG § 3 Rn. 22; *Dreyer* DNotZ 2007, 594 (612).

[631] BGH NZM 2004, 103.

machung des Änderungsverlangen darin erkannt, dass das Stimmgewicht des sondereigentumslosen Miteigentümers für diesen zu einer faktischen Beherrschung der Gemeinschaft führte, die seiner Rolle in der Gemeinschaft so lange, wie das Sondereigentum tatsächlich nicht existiert, nicht gerecht wurde.

Müller kritisiert an der Anwendung des § 10 Abs. 2 S. 3 WEG nicht ganz zu Unrecht, dass dadurch, dass der BGH feststellt, die Eigentümer hätten bei Verfassung der Gemeinschaftsordnung offenbar nicht an eine Bauunterbrechung von mehreren Jahren gedacht, auch die Annahme einer Regelungslücke der Gemeinschaftsordnung mit der entsprechenden Möglichkeit der ergänzende Auslegung in Betracht gekommen sei.[632]

Tatsächlich aber scheint die Anwendung des Änderungsanspruchs hier sachgerecht, weil dieser eine klare gesetzliche Grundlage für die Anpassung liefert. Der substanzlose Miteigentümer entscheidet, auch wenn die meisten Angelegenheiten der Gemeinschaft über die Untergemeinschaften geregelt wurden, über wesentliche Teile der Gesamtverwaltung, insbesondere auch die Person des Verwalters mit.

Wie die Anpassung zu erfolgen hat, dürfte dem Tatrichter überlassen sein. Der BGH hat in der Entscheidung sein klares Missfallen mit den Überlegungen des Amts- und Landgerichts zum Ausdruck gebracht, die keine an einem nachvollziehbaren Faktor (bspw. halbes oder zweidrittel Stimmrecht), sondern eines angelehnt an ebenfalls recht willkürlich zugeordnete Miteigentumsanteile angenommen hatten, was hier wohl nur zufällig passte. Gleichwohl sah der Senat keinen Anlass, die entsprechende Würdigung zu kassieren, da sie ein sachgerechtes Ergebnis lieferte. Eine offenbare Hürde hat das Gericht allerdings erwähnt: Die einem (auch substanzlosen) Miteigentümer zustehende Sperrminorität gegen kraft Öffnungsklausel erfolgende Änderungen der Gemeinschaftsordnung war hier erhalten geblieben.

f) Ab wann greift der Anpassungsanspruch?

Ab wann der Anspruch eingreift, ist ebenfalls weiter unklar. Gerade bei geplanter bauabschnittsweiser Errichtung der einzelnen Gebäude kann eine Anpassung nach § 10 Abs. 2 S. 3 WEG kaum verlangt werden, solange sich die Errichtung noch in dem geplanten Zeitkorridor bewegt. Erst bei Bauunterbrechungen von erheblicher Dauer und einer deshalb erkennbaren Abweichung von den Erwartungen der Beteiligten dürfte der Anspruch anzuerkennen sein (so auch der BGH unter Rn. 20).

g) Prozessuales

Der BGH hat den von den Untergerichten beschrittenen Weg, gestützt auf § 21 Abs. 8 WEG auch eine Vereinbarungsänderung nach § 10 Abs. 2 S. 3 WEG vorzunehmen, gebilligt.[633] Wenn bei der inhaltlichen Ausgestaltung Spielraum bestehe könne es dem Gericht überlassen werden, den genauen Inhalt zu bestimmen, auch wenn es sich nicht um einen Beschluss, sondern um eine Vereinbarungsänderung handele. Dies gelte nur dann nicht, wenn die Vereinbarung einen „feststehenden“ Inhalt haben müsse.[634]

Dieser Überlegung kann man sicherlich mit dem guten Argument entgegentreten, in § 21 Abs. 8 WEG gehe es nun einmal um durch Beschluss zu fassende Regelung der Verwaltung.[635] Soll die Klage nach § 10 Abs. 2 S. 3 WEG aber sinnvoll geführt werden können, muss dem Gericht auch bei dieser ein Gestaltungspielraum zur Entscheidung eingeräumt und kein feststehender Änderungsinhalt Klagegenstand werden müssen. Inhaltlich dürfte sich damit auch ein nur auf § 10 Abs. 2 S. 3 WEG gestützter Antrag auf gerichtliche

---

[632] *Müller* ZWE 2019, 403 (408).
[633] Siehe dazu auch schon BGH NZM 2017, 447; NJW 2017, 64.
[634] BGH NJW 2017, 64.
[635] Siehe dazu BeckOK WEG/*Elzer* WEG § 21 Rn. 407b.

Korrektur im Rahmen des § 21 Abs. 8 WEG bewegen. Weshalb aber sollte der BGH dann nicht auf die bestehende Norm zurückgreifen?

h) Auswirkungen auf die Gestaltungspraxis

Welche Auswirkungen hat das Urteil auf unsere Gestaltungspraxis? Beim Lesen der Entscheidung stellt sich fast unweigerlich die Frage, weshalb erst die Gerichte das Problem der Stimmrechte (noch) nicht realisierter Sondereigentumseinheiten klären mussten.

Bei der Errichtung von sukzessive entstehenden Mehrhausanlagen ist es absehbar, dass bereits einige Wohnungen übergeben sind, die Wohnungseigentümergemeinschaft entstanden ist und einige der Miteigentumsanteile sich in der Hand des Bauträgers befinden, ohne dass mit den weiteren Gebäuden auch nur begonnen wurde.

Diese sukzessiven Entstehungen der Gesamtanlage sind praktisch schwierig zu handhaben und rechtlich ein Graus. Gerade im Hinblick auf die an dieser Stelle schon mehrfach besprochenen Probleme der noch nicht durch die Rechtsprechung eingegrenzten „plankonformen Herstellung des Gemeinschaftseigentums“[636] stellen sie auch die Miteigentümer an bestehenden Gebäudekomplexen vor nicht unerhebliche Risiken.

aa) Praktische Umsetzung der Gestaltung

In der Praxis haben sich für Mehrhausanlagen zwei Wege der Umsetzung etabliert:
– Die hier vorgenommene Vollaufteilung von Beginn an mit ausgesetztem Baubeginn.[637]
– Die Bildung eines „überdimensionalen Miteigentumsanteils“ verbunden mit dem Recht des Inhabers, dieses mit in später zu erstellendem Gemeinschaftseigentum gelegenen Sondereigentum zu verbinden.[638]

Während die erste Variante den Nachteil in sich trägt, den Bauträger zu einer Festlegung der Bebauung zu zwingen, hat die zweite den Nachteil, auf die Änderungsvollmacht in den Bauträgerverträgen vertrauen zu müssen. Auch wenn der Weg über den überdimensionalen Miteigentumsanteil derzeit wohl die präferierte Methode ist, kann ich selbst keinen Vorzug der einen über die andere Methode erkennen. Auf Änderungsvollmachten bauen beide auf. Ob sich die Ansprüche durch Vormerkungen sichern lassen, ist umstritten. Ermächtigungen in der Gemeinschaftsordnung funktionieren jedenfalls nicht. Die Idee, die Mitwirkung von Sonderrechtsnachfolgern in das Wohnungseigentum durch eine entsprechende Ausgestaltung der Verwalterzustimmung zu regeln,[639] ist kreativ, aber leider derzeit rechtlich nicht gesichert. Ob die Verfolgung der Zwecke des Bauträgers tatsächlich ein legitimer Verweigerungsgrund für die Verwalterzustimmung ist, erscheint durchaus nicht zweifelsfrei.[640]

Wo die Grundstücke geteilt werden können, sollte zu diesem Mittel gegriffen werden.

bb) Stimmrechte

Was der Notar in jedem Fall aber empfehlen kann, ist in solchen Fällen Regelungen in die Gemeinschaftsordnung aufzunehmen, die den Zeitraum der noch nicht errichteten Gesamtanlage betreffen.

---

[636] Siehe dazu Herrler/Hertel/Kesseler/*Kesseler* ImmobilienR 2018/2019 S. 189ff.; Herrler/Hertel/Kesseler/*Kesseler* ImmobilienR 2017/2018 S. 214ff.; Herrler/Hertel/Kesseler/*Kesseler* ImmobilienR 2015/2016 S. 157f.

[637] Siehe dazu BeckOGK/*Schultzky* WEG § 8 Rn. 17.1.

[638] *Hügel/Elzer* WEG § 8 Rn. 41; BeckOGK/*Schultzky* WEG § 8 Rn. 17.3.

[639] *Hügel* DNotZ 2003, 517; *Hügel/Elzer* WEG § 8 Rn. 43; BeckNotar-HdB/*Rapp* § 3 Rn. 39; *Elzer* MietRB 2007, 81; *Müller,* Praktische Fragen des Wohnungseigentums, S. 21; *Böttcher* Rpfleger 2005, 654; *Boeckh,* Wohnungseigentumsrecht, § 2 Rn. 27; **ablehnend** *Moosheimer* ZMR 2014, 603; *Armbrüster* ZMR 2005, 249; Staudinger/*Kreuzer* WEG § 12 Rn. 64.

[640] Staudinger/*Kreuzer* WEG § 12 Rn. 64.

So hätte im konkreten Fall eine Vereinbarung in der Gemeinschaftsordnung geholfen, wie sich die Stimmrechte während der Zeitdauer des Übergangs bis zur Vollendung des Bauvorhabens darstellt. Ggf. könnte auch an eine zeitliche Begrenzung der Übergangszeit gedacht werden – mit der Konsequenz des Entstehens des Änderungsanspruchs.

2. Anspruch auf Änderung der Gemeinschaftsordnung auch bei „Geburtsfehlern" möglich (BGH Urt. v. 22.3.2019 – V ZR 298/16)

Während die Frage der Behandlung eines zwar geplanten, dauerhaft aber baulich nicht realisierten Sondereigentums noch leicht nachvollziehbar ist, hatte der BGH in der zweiten Entscheidung zu § 10 Abs. 2 S. 3 WEG einen etwas eigenartig anmutenden Sachverhalt zu beurteilen.

a) Sachverhalt

BGH Urt. v. 22.3.2019 – V ZR 298/16[641]

Ausweislich des aus 1984/1985 stammenden Teilungsvertrages und der Grundbucheintragung war der klagende Miteigentümer Inhaber des Miteigentumsanteils von 15013,730/100000 verbunden mit dem Sondereigentum an der Garage G30. Dieser Teileigentumseinheit war das Sondernutzungsrecht an den Abstellräumen I, II und III sowie der Wasch- und Trockenräume A und B zugeordnet.

Tatsächlich befanden sich in den Räumlichkeiten 18 vermietete Wohneinheiten.

Der zugeordnete und sowohl für die Kosten- und Lastentragung wie auch für das Stimmrecht relevante Miteigentumsanteil war der mit Abstand größte in der Gemeinschaft und entsprach wirtschaftlich der tatsächlich vorgenommenen Nutzung der Räume, nicht deren grundbuchlichem Beschrieb.

Im Jahr 2004 hatten die übrigen damaligen Wohnungseigentümer mit notariellen Urkunden die Teilung des Miteigentumsanteils des Kl. in 18 Anteile mit der jeweiligen Begründung von Sondereigentum an den (durch behördliche Abgeschlossenheitsbescheinigung bescheinigten) Wohnungen genehmigt. Zu dem grundbuchrechtlichen Vollzug kam es nicht, weil dem Kl. kein Sondereigentum, sondern nur ein Sondernutzungsrecht an den Räumen zusteht.

Im Jahr 2015 hatte ein Miteigentümer rechtskräftig feststellen lassen, dass die dem Sondernutzungsrecht unterliegenden Räume nur in der beschriebenen Form genutzt werden dürfen. Der Eigentümer der Einheit G30 war in einem zweiten Verfahren dazu verurteilt worden, die Wohnnutzung der Räume zu unterlassen.

Im aktuellen Verfahren geht es nun darum, ob der Inhaber der Einheit G30 einen Anspruch auf Änderung der Gemeinschaftsordnung nach § 10 Abs. 2 S. 3 WEG gegen seine Miteigentümer dahingehend hat, dass die Sondernutzung künftig dergestalt vereinbart ist, dass diese an den ~~Abstell~~Räumen I, II und III sowie der ~~Wasch- und Trocken~~Räume A und B besteht.

b) Zulässigkeit des Verfahrens

Der BGH sah – anders als das Amtsgericht – das Verfahren als nicht durch die Rechtskraft der Vorentscheidungen aus dem Jahr 2015 unzulässig an. In den Vorverfahren war es um

[641] DNotZ 2019, 927 = ZWE 2019, 318 mAnm *Häublein* = IMR 2019, 243 *(Elzer)* = ZfIR 2019, 405 mAnm *Elzer*.

die Feststellung des status quo gegangen. Jetzt begehrte der Eigentümer gerade die Änderung dieses status quo.

c) Die Zweckbestimmung in der Teilungserklärung

Anders als das Landgericht erkannte der BGH zutreffend, dass es sich nicht um die Änderung der sachenrechtlichen Grundlagen der Gemeinschaft handelt – es ging nicht um die Grenzen und die Qualität von Sondereigentum, sondern um die Nutzungsmöglichkeiten eines Sondernutzungsrechts.

Für die Besprechung kann also tief durchgeatmet werden: Die von *Hertel*[642] noch im vergangenen Jahr zu meisternden Untiefen der sachenrechtlich wohl irgendwie relevanten „Zweckbestimmung mit Vereinbarungscharakter" des Wohnungs- bzw. Teileigentums bleiben uns hier erspart.

Den – nimmt man die systematische Stellung des § 1 WEG ernst – Unterschied zwischen Wohnungs- und Teileigentum auf sachenrechtlicher Ebene habe ich noch immer nicht zu begreifen verstanden.

d) Die Überlegungen des BGH

Zwei wesentliche Überlegungen prägen die Entscheidung – die Abgrenzung von Auslegung und Anpassung auf der einen Seite und die Voraussetzungen der Anpassung auf der anderen.

aa) Auslegung

Im Grunde schon durch die Entscheidungen aus 2015 präkludiert war die Frage, ob sich die vom Kläger gewünschte Änderung der Gemeinschaftsordnung nicht schon durch die gegenüber § 10 Abs. 2 S. 3 WEG selbstverständlich vorrangige[643] Auslegung der bestehenden Vereinbarungen erreichen lässt.

Gleichwohl hält der BGH fest, dass die in der Gemeinschaftsordnung vorgenommene Beschreibung der dem Sondernutzungsrecht unterliegenden Räume als Abstellräume bzw. Wasch- und Trockenräume nicht eine bloße räumliche Zuordnung, sondern eine Zweckbestimmung des Nutzungsinhalts sei. Die räumliche Zuordnung sei bereits über den in der Gemeinschaftsordnung enthaltenen Verweis auf die Pläne gegeben gewesen.

Für die Auslegung der vom BGH erkannten „Zweckbestimmung" der Räume darf der bauliche Zustand derselben bei Begründung der Gemeinschaft nicht herangezogen werden.

(Rn. 9): „Dass die 18 Wohnungen in den Räumlichkeiten bereits vor dem Abschluss des Teilungsvertrags entstanden sein sollen, wie der Kl. vorträgt, ist nicht für jedermann erkennbar und daher bei der Auslegung des Teilungsvertrags nicht berücksichtigungsfähig."

bb) Änderungsanspruch

Was der BGH hier aber auf Grundlage des Klägervortrags sieht, ist ein Anspruch auf Änderung der Gemeinschaftsordnung. Da es um die Nutzungsmöglichkeiten eines eigeräumten Sondernutzungsrechts geht, ist die Vereinbarung der Wohnungs- und Teileigentümer betroffen, nicht die Änderung der sachenrechtlichen Grundordnung.

Erste Hürde auf dem Weg zu einem Änderungsanspruch nach § 10 Abs. 2 S. 3 WEG war, dass der BGH ausdrücklich auch die **Korrektur von „Geburtsfehlern"** der Gemeinschaftsordnung zulässt. Denkbar wäre es durchaus gewesen, einen Änderungsanspruch

[642] Herrler/Hertel/Kesseler/*Hertel* ImmobilienR 2018/2019 S. 160ff.
[643] BGH NZM 2016, 727 mAnm *Jennißen*.

nur bei Vorliegen geänderter realer Umstände (bspw. eben die Aufgabe der Bebauungsidee, siehe oben) zuzulassen. Der BGH hält fest:

(Rn. 14): „Ein Anspruch auf Änderung der Gemeinschaftsordnung nach § 10 II 3 WEG setzt nicht voraus, dass sich tatsächliche oder rechtliche Umstände nachträglich verändert haben; er kommt auch in Betracht, wenn Regelungen der Gemeinschaftsordnung von Anfang an verfehlt oder sonst unbillig waren (sog. Geburtsfehler). Denn der Gesetzgeber wollte mit dieser Vorschrift auch Fälle erfassen, in denen eine verfehlte Regelung in der Gemeinschaftsordnung von Anfang an bestand und erkennbar war oder sogar erkannt worden ist (vgl. BT-Drs. 16/887, 19)."

Die **Voraussetzungen** für die Änderung führt der BGH alsdann lehrbuchartig auf:

- Die bauliche Ausstattung der betreffenden Räume entsprach von Beginn an oder jedenfalls zeitnah zur Begründung der Gemeinschaft der beanspruchten Änderung – jedenfalls ist der Umbau nicht „eigenmächtig" durchgeführt worden.
- Es müssen objektive Umstände vorliegen, die die vereinbarte Regelung als nicht den tatsächlichen Verhältnissen angepasst erscheinen lassen (hier bspw. unzutreffender Kostenanteil im Verhältnis zur vereinbarten Nutzungsmöglichkeit).
- Die zur Änderung gestellte Nutzung muss öffentlich-rechtlich zulässig sein.
- Die Belastung des Miteigentümers durch die anzupassende Bestimmung muss schwerwiegend sein.

Auf Grundlage des Vortrags des Klägers sieht der BGH, der die Sache mangels ausreichender Sachverhaltsermittlung des Landgerichts selbst nicht entscheiden konnte, diese Voraussetzungen als erfüllt an.

- Die Wohnungen waren als solche schon bei Begründung der Gemeinschaft vorhanden und genutzt.
- Der zugewiesene Miteigentumsanteil weist auf eine andere gelebte als die in der Gemeinschaftsordnung beschriebene Nutzung hin. Diese Regelung wäre bei einem Wasch- und Trockenraum verfehlt.
- Die bei Begründung möglicherweise baurechtlich unzulässige Nutzung könnte mittlerweile ausweislich der schon 2004 erwirkten Abgeschlossenheitsbescheinigung zulässig sein.
- Die wirtschaftliche Verwertung der Einheit durch den Kläger ist durch die bestehende Vereinbarung erheblich eingeschränkt.

Schließlich sieht der BGH auch die Interessenabwägung zu Gunsten des Klägers als gegeben an, da die Räume wohl tatsächlich schon die vergangenen 30 Jahre so genutzt wurden, wie dies nun durch die Änderung auch vereinbart werden soll. Im Übrigen hatte es 2004 schon einmal eine Allzustimmung gegeben.

e) Bewertung

Es hat den Anschein, als wäre bei Begründung der Gemeinschaft eine Nutzung der offenbar im Dachgeschoss liegenden Räume als Wohnungen baurechtlich nicht zulässig gewesen. Wir scheinen es mit einem misslungenen sogenannten „Münchener Modell" zu tun zu haben, also einer Spielart der Verbindung einer teileigentumsfähigen Raumeinheit (Klassisch Keller) mit nicht sondereigentumsfähigen Raumeinheiten als Sondernutzungsrecht. Der „Kellerraum mit Sondernutzungsrecht an der Penthousewohnung".

Im Ergebnis dürfte der BGH richtig liegen. Das, was die Beteiligten vereinbart hatten, entsprach nicht dem gelebten Modell. Dass man sich 2004 schon einmal einig war, sogar die Teilungserklärung zu ändern, spricht eine ebenso klare Sprache wie die Zuordnung des weit überdimensionierten Miteigentumsanteils.

Häublein[644] wendet ein, dass ein logischer Bruch darin bestehe, die ursprüngliche Nutzung deshalb nicht als für die Auslegung der Gemeinschaftsordnung relevant anzusehen,

[644] *Häublein* ZWE 2019, 318 (321).

weil diese für die später hinzutretenden Miteigentümer nicht erkennbar sei, diese aber dennoch als Voraussetzung für den Anpassungsanspruch zu nehmen. Damit wirkt sie trotz mangelnder Kenntnis der Miteigentümer doch wieder gegen diese. Der Unterschied besteht allerdings darin, dass die Auslegung der Gemeinschaftsordnung keine zusätzlichen Voraussetzungen in Form der schwerwiegenden Belastung des einen und der mangelnden bzw. geringen Belastung der anderen wie § 10 Abs. 2 S. 3 WEG diese voraussetzt, kennt.

Worüber man nur nachdenken sollte, ist, die Regelung auch auf die Fälle zu erweitern, in denen die tatsächlich geübte Nutzung zwar nicht von Beginn an, aber später im Konsens aller Miteigentümer aufgenommen wurde.

f) Was kann man besser machen?

Der Fehler, der bei Begründung der Gemeinschaft gemacht worden ist, lag darin, die Regeln der Gemeinschaftsordnung nicht explizit dahin zu fassen, dass die geplante und tatsächlich vorgenommene Nutzung wenn schon nicht baurechtlich zulässig, so doch als zwischen den Miteigentümern vereinbarte Möglichkeit der Nutzung definiert wurde. Es hätte für das Verhältnis der Miteigentümer gereicht, in der Gemeinschaftsordnung zu dem Sondernutzungsrecht festzuhalten, dass dem betreffenden Eigentümer die Nutzung nicht nur in dem ausdrücklich beschriebenen, sondern in jeder Weise gestattet ist, wobei die öffentlich-rechtliche Zulässigkeit in dessen Verantwortung verbleibt.

II. BGH Urt. v. 26.10.2018 – V ZR 279/17: Keine Haftung für Sozialverbindlichkeiten

Kerngehalt der Entscheidung:

Keine unmittelbare Haftung des Wohnungseigentümers für sog. Sozialverbindlichkeiten (= für Ansprüche anderer Wohnungseigentümer aus dem Gemeinschaftsverhältnis).

Leitsatz der Entscheidung:

Eine Haftung des Wohnungseigentümers gemäß § 10 Abs. 8 Satz 1 WEG für Verbindlichkeiten des Verbands scheidet aus, wenn es sich um Ansprüche anderer Wohnungseigentümer handelt, die aus dem Gemeinschaftsverhältnis herrühren (sog. Sozialverbindlichkeiten). Hierzu gehören Aufwendungsersatzansprüche, die einem Wohnungseigentümer wegen der Tilgung einer Verbindlichkeit des Verbands zustehen, und zwar auch dann, wenn die Tilgung eine Notgeschäftsführungsmaßnahme iSd § 21 Abs. 2 WEG ist; dies gilt unabhängig davon, ob eine Befriedigung aus dem Gemeinschaftsvermögen zu erwarten ist oder nicht.

1. Wohnungseigentümer erbringt Aufwendungen für die Gemeinschaft

BGH Urt. v. 26.10.2018 – V ZR 279/17[645]

Sachverhalt: Eine Wohnungseigentümergemeinschaft bestand nur aus zwei Wohnungs- und Teileigentümern:
- Der Klägerin gehörte eine Dachgeschoßwohnung mit 8/100 Miteigentumsanteil.
- Alle anderen Einheiten gehörten der Beklagten, einer GbR.

Die Gemeinschaft hatte kein eigenes Konto. Zahlungen wurden idR über das Geschäftskonto der GbR abgewickelt. Im Jahr 2010 erbrachte die Klägerin aber zwei Zahlungen für die Wohnungseigentümergemeinschaft:
- Zum einen 3.703,92 EUR für die Haus- und Gebäudeversicherung. Diese war zuvor fristlos gekündigt worden, nachdem sie trotz Mahnung nicht gezahlt wurde. Durch die Zahlung lebte die Versicherung wieder auf.
- Zum anderen zahlte die Klägerin auch 177,36 EUR für die Gebäudehaftpflichtversicherung.

92 % dieser Beträge wollte die Klägerin jetzt von der anderen Wohnungseigentümerin ersetzt erhalten.

Ich denke, wir sind uns alle einig: Die Klägerin muss ihr für die Gemeinschaft verauslagtes Geld wiedererhalten. Dennoch scheiterte die Klage in allen drei Instanzen. Denn die Wohnungseigentümerin hat die falsche verklagt: Sie hätte die Wohnungseigentümergemeinschaft verklagen müssen, nicht die andere Wohnungseigentümerin.

2. Aufwendungsersatzanspruch gegen die Gemeinschaft

Zunächst stellt der BGH fest, dass der Wohnungseigentümer, der Aufwendungen für die Gemeinschaft erbringt, natürlich einen **Ersatzanspruch gegen die Gemeinschaft** hat (wobei der BGH offen lässt, was genau die Anspruchsgrundlage dafür ist; es dürfte aber wohl GoA – Geschäftsführung ohne Auftrag – sein).

[645] NZM 2019, 415 = ZfIR 2019, 415 mAnm *W. Lang;* dazu Anm. *Zschieschack* IMR 2019, 200.

„1. Tilgt ein Wohnungseigentümer – wie hier der Kläger – Verbindlichkeiten der Wohnungseigentümergemeinschaft, steht im Ausgangspunkt außer Streit, dass er **von der Wohnungseigentümergemeinschaft Ersatz seiner Aufwendungen verlangen** kann. Meinungsunterschiede bestehen nur hinsichtlich der Frage, woraus sich dieser Ersatzanspruch ergibt. Während zum Teil auf die Grundsätze der berechtigten Geschäftsführung ohne Auftrag (§§ 683, 670 BGB) und bei Notgeschäftsführungsmaßnahmen auf § 21 Abs. 2 WEG iVm § 670 BGB abgestellt wird (vgl. OLG München, NJW-RR 2008, 534, 535; LG Frankfurt, NJW 2015, 2592; AG Charlottenburg, ZWE 2011, 468; ...), sehen andere in der analogen Anwendung des § 110 HGB die zutreffende Grundlage des Erstattungsanspruchs (vgl. ...). Schließlich soll nach einer weiteren Auffassung mit der Zahlung eines Wohnungseigentümers – flankierend zu einem originären Anspruch – die Forderung gegen die Wohnungseigentümergemeinschaft entsprechend § 774 Abs. 1 BGB auf den Wohnungseigentümer übergehen (vgl. [...]).“[646]

3. Kein Anspruch eines Wohnungseigentümers gegen andere Wohnungseigentümer wegen „Sozialaufwendungen“ (= Ansprüche aus dem Gemeinschaftsverhältnis)

Die entscheidende Frage ist aber, ob auch der andere Wohnungseigentümer für diese Schuld der Wohnungseigentümergemeinschaft haftet. Als Anspruchsgrund kommt nur **§ 10 Abs. 8 WEG** in Betracht, wonach den Gläubigern der Wohnungseigentümergemeinschaft pro rata seines Miteigentumsanteils haftet.

Die Frage ist aber, ob dies auch gilt, wenn der Gläubiger selbst Wohnungseigentümer ist.

- Eine Auffassung bejaht dies ohne weiteres: Auch jeder Wohnungseigentümer könne sich seine Forderungen gegen die Gemeinschaft pro rata von den anderen Wohnungseigentümern holen – ohne Umweg über die Gemeinschaft.
- Eine andere Auffassung verneint dies grundsätzlich. § 10 Abs. 8 WEG gelte nur für Drittgläubiger, nicht für Wohnungseigentümer als Gläubiger.
- Eine dritte Auffassung differenziert: Sogenannte Sozialverbindlichkeiten, also aus dem Gemeinschaftsverhältnis entspringende Ansprüche (wie hier auf Aufwendungsersatz) könne ein Wohnungseigentümer nicht nach § 10 Abs. 8 WEG von den anderen Wohnungseigentümern fordern. Für andere Forderungen sei der Wohnungseigentümer aber nicht schlechter gestellt als jeder Drittgläubiger. Das heißt der Malermeister-Wohnungseigentümer kann die Rechnung für seinen Anstrich des Gemeinschaftseigentums auch pro rata unmittelbar von den anderen Wohnungseigentümern fordern, ebenso der Rechtsanwalt-Wohnungseigentümer sein Anwaltshonorar für die Vertretung der Wohnungseigentümergemeinschaft.
  Teilweise wird innerhalb dieser Auffassung nochmals differenziert: Ansprüche wegen Notgeschäftsführung könne jeder Wohnungseigentümer nach § 10 Abs. 8 WEG unmittelbar gegen die anderen Wohnungseigentümer geltend machen.

Der BGH schloss sich der vermittelnden Meinung an: Sozialverbindlichkeiten sind von § 10 Abs. 8 WEG ausgenommen. Andere Forderungen kann hingegen auch ein Wohnungseigentümer wie ein Drittgläubiger durchsetzen.

„bb) Der Senat entscheidet die Streitfrage wie folgt: Eine Haftung des Wohnungseigentümers gemäß § 10 Abs. 8 Satz 1 WEG für Verbindlichkeiten des Verbands scheidet aus, wenn es sich um Ansprüche anderer Wohnungseigentümer handelt, die aus dem Gemeinschaftsverhältnis herrühren (sog. Sozialverbindlichkeiten). Hierzu gehören Aufwendungsersatzansprüche, die einem Wohnungseigentümer wegen der Tilgung einer Verbindlichkeit des Verbands zustehen, und zwar auch dann, wenn die Tilgung eine Notgeschäftsführungsmaßnahme iSd § 21 Abs. 2 WEG ist; dies gilt

[646] BGH Urt. v. 26. 10. 2018 – V ZR 279/17, Rn. 5.

unabhängig davon, ob eine Befriedigung aus dem Gemeinschaftsvermögen zu erwarten ist oder nicht. Ob bei Zweier-Wohnungseigentümergemeinschaften eine Ausnahme gilt, bedarf hier keiner Entscheidung."[647]

Der BGH begründet dies zum mit der **Gesetzesentstehung:** Es sollte lediglich die Stellung der Drittgläubiger gestärkt werden, nicht aber in das Innenverhältnis zwischen den einzelnen Wohnungseigentümern eingegriffen werden.

Zum anderen würden die **verbandsinternen Beschlussmechanismen ausgehebelt:** Die Gemeinschaft müsse selbst entscheiden können, mit welchen Mitteln sie die Sozialverbindlichkeiten zahle:

„[...] Wäre demgegenüber bei Sozialverbindlichkeiten gemäß § 10 Abs. 8 WEG ein direkter Zugriff des Wohnungseigentümers auf die anderen Eigentümer möglich, würden die im Wohnungseigentumsgesetz für das Innenverhältnis der Wohnungseigentümer getroffenen Regelungen und das im Gesetz vorgesehene Finanzsystem der Wohnungseigentümergemeinschaft unterlaufen. Der einzelne Wohnungseigentümer muss grundsätzlich nicht damit rechnen, von einem anderen Wohnungseigentümer im Hinblick auf Verbindlichkeiten des Verbands unmittelbar in Anspruch genommen zu werden. Die Willensbildung der Gemeinschaft über die Finanzausstattung und die Deckung von Finanzierungslücken würde gestört, könnte ein Wohnungseigentümer die anderen wegen seiner im Gemeinschaftsverhältnis wurzelnden Ansprüche ohne Einhaltung des im Wohnungseigentumsgesetz vorgesehenen Verfahrens unmittelbar (insbesondere ohne Beschlussfassung über einen Wirtschaftsplan und eine Jahresabrechnung gemäß § 28 Abs. 1, 2 und 5 WEG) – wenn auch anteilig – in Anspruch nehmen (vgl. [...]). Wie sich aus den §§ 16, 28 WEG ergibt, soll der Gemeinschaft auch die Entscheidung überlassen bleiben, ob zur Tilgung entstandener Verwaltungsschulden Sonderumlagen erhoben oder Darlehen aufgenommen werden oder auf vorhandene Rücklagen zurückgegriffen wird. Es steht der Gemeinschaft zudem frei, intern einen abweichenden Umlagemaßstab nach § 16 Abs. 3, Abs. 4 WEG zu beschließen."[648]

Aber hier gibt es doch **nur zwei Wohnungseigentümer.** Ist nicht wenigstens dann ein unmittelbarer Durchgriff möglich? Die bloße Vereinfachung der Zahlungsflüsse in der Zwei-Personen-WEG rechtfertigt für den BGH also noch nicht um die unmittelbare Zahlung. Der BGH erwägt dies nur für den Fall, dass in einer Zweier-Wohnungseigentümergemeinschaft wegen Stimmengleichheit Beschlussunfähigkeit droht. Wenn aber einer über 90% der Stimmrechte hat, gebe es ja jedenfalls Beschlüsse (die der andere notfalls anfechten kann).

„(5) Ob im Fall einer (zerstrittenen) Zweier-Wohnungseigentümergemeinschaft, in der ein Verwalter nicht bestellt ist und wegen des Kopfstimmrechts (§ 25 Abs. 2 WEG) keine Mehrheitsbeschlüsse möglich sind, etwas anderes gilt, wie dies in Rechtsprechung und Literatur teilweise vertreten wird (vgl. BayObLG, NZM 2002, 609 f.; OLG Karlsruhe, ZMR 2007, 138; LG München, NJW-RR 2009, 1166; LG Dortmund, ZWE 2017, 182; ...; aA AG Bremen, NJW-RR 2010, 884; LG Frankfurt, NJOZ 2018, 1975, 1976; ...), bedarf keiner Entscheidung, weil nach den Feststellungen des Berufungsgerichts das Stimmrecht hier abweichend von § 25 Abs. 2 WEG geregelt ist und es zu einer **"Pattsituation" wegen Stimmengleichheit** nicht kommen kann."[649]

[647] BGH Urt. v. 26.10.2018 – V ZR 279/17, Rn. 15.
[648] BGH Urt. v. 26.10.2018 – V ZR 279/17, Rn. 19.
[649] BGH Urt. v. 26.10.2018 – V ZR 279/17, Rn. 22.

III. BGH Beschl. v. 6.12.2018 – V ZB 134/17: Verwalterzustimmung wird mit Wirksamwerden des schuldrechtlichen Vertrages unwiderruflich

Leitsatz der Entscheidung:

Ist als Inhalt des Sondereigentums vereinbart, dass der Wohnungseigentümer zur Veräußerung des Wohnungseigentums der Zustimmung anderer Wohnungseigentümer oder eines Dritten bedarf, wird die erteilte Zustimmung unwiderruflich, sobald die schuldrechtliche Vereinbarung über die Veräußerung wirksam geworden ist.

Ebenso die Parallelentscheidung BGH Beschl. v. 6. 12. 2018 – V ZB 139/17.[650]

1. WEG-Verwalter widerruft Verwalterzustimmung

BGH Beschl. v. 6.12.2018 – V ZB 134/17[651]

Sachverhalt: Ehegatten verkauften vier Eigentumswohnungen. Nach der Teilungserklärung war zur Veräußerung die Zustimmung des Verwalters erforderlich. Der WEG-Verwalter erteilte zunächst seine Zustimmung zu unterschriftsbeglaubigter Urkunde des Notars, der auch den Kaufvertrag beurkundet hatte.

Später widerrief der Verwalter seine Zustimmung.

Der Notar hatte zwischenzeitlich den Kaufpreis bereits fällig gestellt. Nach Eingang der Zahlungsbestätigung legte der Notar den Kaufvertrag dem Grundbuchamt zur Eigentumsumschreibung vor.

Das Grundbuchamt verlangte mit Zwischenverfügung die Vorlage der Verwalterzustimmung als Voraussetzung der Eigentumsumschreibung. Dagegen legte die Verkäuferin Beschwerde ein. Das OLG wies die Beschwerde zurück.

(Der Ehemann der Verkäuferin war nach Einlegung der Beschwerde verstorben. Die Ehefrau war aber Alleinerbin. Daher trat sie auch verfahrensrechtlich in die Position ihres verstorbenen Ehemannes ein.)

Entscheidung: Nach BGH ist die **Verwalterzustimmung unwiderruflich,** wenn der schuldrechtliche (Kauf-)Vertrag erst einmal wirksam geworden ist.

2. BGH Beschl. v. 29. 6. 2017 – V ZB 144/16

Die jetzige Entscheidung des BGH ist wenig überraschend, weil der BGH erst anderthalb Jahre zuvor zur parallelen Frage des § 5 Abs. 1 ErbbauRG, wann zur Veräußerung des Erbbaurechts die Zustimmung des Grundstückseigentümers erforderlich ist, ebenso entschieden hatte.

Kerngehalt der Entscheidung:[652]

Die Zustimmung des Grundstückseigentümers zur Erbbaurechtsveräußerung ist nach Wirksamwerden des Kaufvertrages unwiderruflich.

[650] ZMR 2019, 416.

[651] DNotZ 2019, 844 mAnm *W. Kössinger;* dazu Anm. *Briesemeister* IMR 2019, 252; *W. Lang* ZfIR 2019, 419; *v. Türckheim* notar 2019, 308; *Zschieschack* IMR 2019, 200.

[652] DNotZ 2018, 440 mAnm *Rapp* DNotZ 2018, 413 = MittBayNot 2018, 244 mAnm *W. Kössinger* = NotBZ 2018, 46 mAnm *Maaß* = ZfIR 2017, 782 mAnm *Heinemann;* dazu *Bub/Bernhard* FD-MietR 2017, 392418; *Weber* ZWE 2017, 341.

Leitsatz der Entscheidung:
Ist als Inhalt des Erbbaurechts vereinbart, dass der Erbbauberechtigte zur Veräußerung des Erbbaurechts der Zustimmung des Grundstückseigentümers bedarf, wird die erteilte Zustimmung unwiderruflich, sobald die schuldrechtliche Vereinbarung über die Veräußerung wirksam geworden ist.

Kesseler hatte Ihnen diese Entscheidung seinerzeit vorgestellt.[653]

3. BGH Beschl. v. 6.12.2018 – V ZB 134/17

Kerngehalt der Entscheidung:
Die Verwalterzustimmung wird mit Wirksamwerden des schuldrechtlichen Vertrages unwiderruflich.

Der BGH musste jetzt die Begründung seiner Entscheidung von vor anderthalb Jahren eigentlich nur abschreiben, dabei § 5 ErbbauRG durch § 12 WEG ersetzen und sonst ein paar wohnungseigentumsrechtliche Spezifika ergänzen. Wie in der Entscheidung zum Erbbaurecht ist die Antwort für das schuldrechtliche Rechtsgeschäft einfach. Nach § 183 BGB ist nur die vorherige Zustimmung **(Einwilligung) widerruflich,** nicht die nachträgliche Zustimmung (Genehmigung).

„a) Die Zustimmung zu der Veräußerung des Wohnungseigentums ist eine einseitige empfangsbedürftige Willenserklärung, deren Voraussetzungen und Wirksamkeit nach den §§ 182 ff. BGB zu beurteilen sind (vgl. […]). Nach § 183 Satz 1 BGB ist die vorherige Zustimmung (Einwilligung) bis zu der Vornahme des Rechtsgeschäfts widerruflich, soweit nicht aus dem ihrer Erteilung zugrunde liegenden Rechtsverhältnis sich ein anderes ergibt. Folglich ist die Einwilligung des Zustimmungsverpflichteten zu dem Vertrag, mit dem sich der Wohnungseigentümer zu einer Übertragung des Wohnungseigentums auf den Erwerber verpflichtet, bis zu dem Vertragsschluss widerruflich, die nach Vertragsschluss erteilte Zustimmung (Genehmigung) hingegen in Bezug auf das Verpflichtungsgeschäft unwiderruflich."[654]

Nun erfordert § 12 WEG – ebenso wie § 5 Abs. 1 ErbbauRG – aber sowohl eine Zustimmung zum schuldrechtlichen wie zum dinglichen Veräußerungsgeschäft. In beiden Entscheidungen stellt sich daher der BGH die Frage, ob die Zustimmung zum dinglichen Veräußerungsgeschäft noch widerrufen werden kann, wenn die Zustimmung zum schuldrechtlichen Rechtsgeschäft schon unwiderruflich geworden ist. In beiden Fällen verneint er die Frage.

Zu meiner Erleichterung stellt der BGH dabei nicht auf irgendwelche Theorien ab (die ich sowieso nicht verstehe, ob § 12 WEG eine Inhalts-/Verfügungsbeschränkung oder Fungibilitätskontrolle sei), sondern ob eine Trennung beider Fragen Sinn macht. Dies verneint der BGH: Das **Zustimmungserfordernis zur Veräußerung** sei als **Einheit** zu sehen, egal ob es den schuldrechtlichen oder den dinglichen Teil des Rechtsgeschäfts betreffe. Ist die Zustimmung für einen Teil einmal wirksam geworden, kann sie auch für den anderen Teil nicht mehr widerrufen werden.

„[…] Dabei kommt es auf die Frage nach der dogmatischen Einordnung des Zustimmungserfordernisses nicht entscheidend an. Bis zu welchem Zeitpunkt die Zustimmung widerrufen werden kann, lässt sich nur nach Entstehungsgeschichte, Systematik sowie Sinn und Zweck der Zulassung des Zustimmungsvorbehalts in § 12 WEG beantworten. Sie ergeben, dass die Zustimmung zu der Veräußerung des Wohnungseigentums nur einheitlich erteilt und nicht mehr widerrufen werden

[653] Herrler/Hertel/Kesseler/*Kesseler* ImmobilienR 2017/2018 S. 230.
[654] BGH Beschl. v. 6.12.2018 – V ZB 134/17, Rn. 9.

kann, nachdem das schuldrechtliche Verpflichtungsgeschäft wirksam geworden ist. Bei diesen unterschiedlichen Sachanliegen geht es aber stets um die Beurteilung des Erwerbs des Wohnungseigentums als eines Gesamtvorgangs. Für dessen Beurteilung kommt es entscheidend auf die meist eher personellen Auswirkungen des Erwerbsvorgangs oder auf seine Auswirkungen auf das geschützte wirtschaftliche oder auch öffentliche Anliegen an. Die technischen Einzelheiten, die für den Vollzug des Erwerbs erforderlich sind, spielen bei der Entscheidung über die Erteilung oder die Versagung der Zustimmung zu dem in diesem Sinne verstandenen Erwerb keine Rolle. Der Gesetzgeber ist davon ausgegangen, dass die **Veräußerung** einen **Gesamtvorgang** darstellt, dem der Wohnungseigentümer oder der Dritte nur einheitlich entweder zustimmen oder die Zustimmung versagen kann. Das kommt auch im Text der Vorschrift zum Ausdruck. Anknüpfungspunkt ist nach § 12 Abs. 1 WEG ebenso wie in dem legislativen Vorbild dieser Regelung (§ 5 Abs. 1 ErbbauRG) eine Vereinbarung über die Zustimmungspflichtigkeit „der Veräußerung". Der Gesetzgeber präzisiert dann in § 12 Abs. 3 Satz 1 WEG, dass nicht nur die in § 12 Abs. 3 Satz 1 WEG als Übertragung des Wohnungseigentums im Sinne von § 873 Abs. 1, § 925 BGB definierte Veräußerung, sondern auch die Verpflichtung zu dieser Veräußerung von dem Zustimmungsvorbehalt erfasst wird."[655]

Dabei führt der BGH als Argument auch an, dass bei einem getrennten Widerruf der Zustimmung zum dinglichen Rechtsgeschäft keine sinnvolle sichere Vertragsgestaltung mehr möglich wäre.[656] Insgesamt also eine wenig überraschende und inhaltlich erfreuliche Entscheidung.

[655] BGH Beschl. v. 6.12.2018 – V ZB 134/17, Rn. 20 (Hervorhebung von mir).
[656] BGH Beschl. v. 6.12.2018 – V ZB 134/17, Rn. 21.

IV. Instandhaltung und Kostentragung

Probleme der Kostentragung bei Instandhaltung und Instandsetzung begleiten uns auch schon seit Jahren auf dieser Veranstaltung. Das liegt nicht nur an der durch die Rechtsprechung als Notnagel gefundenen Regelung des § 21 Abs. 5 WEG als Grundlage der Herstellungspflicht für das Gemeinschaftseigentum.

Diese Themen werden in der Regel erst Jahre nach Begründung der Gemeinschaft gerichtlich relevant – bei der Erstellung der Gemeinschaftsordnungen können sie aber schon berücksichtigt werden.

1. Kostentragungsregelung für Mehrfachparker

Im ersten Fall ging es um die Behandlung der Kosten der Instandhaltung eines Mehrfachparkers.

a) Sachverhalt

BGH Urt. v. 22.3.2019 – V ZR 145/18[657]

In einer Wohnungseigentümergemeinschaft finden sich in der Tiefgarage Einzelplätze, Doppel- und Vierfachparker. Die Klägerin ist Sondernutzungsberechtigte der oberen beiden Plätze eines solchen Vierfachparkers. In der Gemeinschaftsordnung (GO) ist folgendes geregelt:

„§ 7 Instandhaltungspflichten

(2) […] [2]Die jeweiligen Sondernutzungsberechtigten sind verpflichtet, die dem Sondernutzungsrecht unterliegenden Räumlichkeiten bzw. Flächen auf eigene Kosten zu unterhalten und instandzuhalten.

§ 13 Zahlungsverpflichtung des Wohnungseigentümers

1. [1]Jeder Wohnungseigentümer ist verpflichtet, nach Maßgabe der nachfolgenden Bestimmungen Beiträge zur Deckung der laufenden Bewirtschaftungskosten zu leisten:

[2]Die Bewirtschaftungskosten bestehen aus: […]

c) den Kosten für die Instandhaltung und Instandsetzung, soweit diese gemäß § 7 der Teilungserklärung den Sondereigentümern gemeinschaftlich obliegen, einschließlich des Betrages für die Bildung einer angemessenen Instandsetzungsrücklage.

2. [1]Die auf die Sondereigentümer entfallenden Anteile an den vorbezeichneten Kosten werden nach den Verhältniswerten der Miteigentumsanteile ermittelt, soweit nicht ausdrücklich etwas anderes bestimmt ist. […]

[4]Die Kosten der Unterhaltung der einzelnen Doppel- bzw. Vierfachparker in der Tiefgarage werden von den jeweiligen Eigentümern eines Doppel- bzw. Vierfachparkers getragen.

[5]Die gesamten Kosten der Tiefgarage sind auf die Sondernutzungsberechtigten zu gleichen Teilen umzulegen."

Im Jahr 2016 wurden an dem Vierfachparker des Klägers vom Verwalter beauftragt Arbeiten durchgeführt. Die Kosten der Arbeiten wurden vom Verwalter den vier Plätzen zu gleichen Teilen zugeordnet und entsprechend abgerechnet.

Gegen den entsprechenden Beschluss der Gemeinschaft in der Jahresabrechnung wandte sich der Kläger mittels der Anfechtungsklage.

[657] ZNotP 2020, 33 = IMR 2019, 282 *(Müller)* = ZWE 2019, 311 *(Letzner)*.

b) Entscheidung

Das Berufungsgericht hatte der Klage noch stattgegeben mit dem Argument, der Verwalter müsse hinsichtlich der Kosten der konkreten Stellflächen auf dem Vierfachparker eine direkte Zuordnung zu den jeweiligen Berechtigten, für die konstruktiven Teile des Mechanismus im Übrigen eine Aufteilung nach Köpfen vornehmen. Dies ergebe sich aus dem § 7 Abs. 2 der GO. Der BGH weist die Anfechtungsklage dagegen vollständig ab.

Letztlich geht es um eine Frage der Auslegung der Bestimmungen der GO. Dazu führt der BGH an, die Regelung in § 7 der GO zu den besonderen Instandhaltungspflichten der Sondernutzungsberechtigten beziehe sich überhaupt nicht auf die Vierfachparker. Seine Auslegung der GO ergibt, dass die dort geregelte Instandhaltungs- und ihr folgend auch Kostentragungspflicht nur für solche Sondernutzungsrechte gelte, die von einem Berechtigten allein auszuüben sind, wie bspw. Gartenflächen und Terrassen. Zwar könne man den Wortsinn auch anders verstehen, bei Mehrfachparkern mache es aber schlicht keinen Sinn, von der gesetzlichen gemeinsamen Instandhaltungspflicht abzusehen, da diese nicht sinnvoll getrennt vorgenommen werden können. Nähme jeder Eigentümer für die allein ihm zustehenden Teile eigene Maßnahmen vor, wäre der Mechanismus wohl schnell unbrauchbar. Vielmehr sei hier allein § 13 der GO über die Kostentragung anzuwenden.

Was der BGH also klar unterscheidet ist
- die Pflicht, eigenständig die Instandhaltung vorzunehmen (hier § 7 GO),
- die Pflicht, die Kosten einer Maßnahme zu tragen (hier § 13 GO).

c) Lehren für die Gestaltungspraxis

Die Entscheidung zeigt, wie wichtig es ist, die Regelungen zu den Instandhaltungspflichten und den Kosten dieser Maßnahmen zu trennen. Ausgehend von dem früher oft zu findenden Versuch, das Verantwortungsthema insgesamt über die Zuweisung zu Gemeinschafts- bzw. Sondereigentum zu regeln, differenzieren sich heute die GO regelmäßig danach, wem welche Verantwortung zugeordnet wird.

Wie der BGH aufzeigt, macht es dabei wenig Sinn, Instandhaltungspflichten abweichend von § 21 Abs. 5 WEG einzelnen Miteigentümer allein zuzuweisen, wenn der der Sondernutzung unterliegende Gegenstand einer gemeinsamen Nutzung zumindest teilweise unterliegt. Die tatsächliche **Vornahmeverantwortung** sollte also nur bei wirklich allein genutzten Teilen des Gemeinschaftseigentums dem Nutzer zugewiesen werden, bspw. also bei den vom BGH genannten Terrassen und Gartenflächen.

Etwas anderes ist die **Finanzierungsverantwortung:** Hier kann die GO weitaus differenziertere Zuordnungen vorsehen. Auch wenn also die Instandhaltung eines Mehrfachparkers damit grundsätzlich der gemeinsamen Verwaltung zugewiesen ist, können die Kosten der Vornahme solcher Maßnahmen den einzelnen Berechtigten zugerechnet werden. Das macht der Sache nach auch Sinn.

Unter die Kostenverantwortung gehören damit ebenso wie die Mehrfachparker sicher auch die Fenster und Türen, im Zweifel aber auch die Außenstellplätze die sonstigen sichtbaren Freiflächen.

2. Wohnungseigentümer hat keinen Ersatzanspruch, wenn er eigenmächtig Gemeinschaftseigentum instandhält

Instandhaltung ist nicht nur wegen der Kosten ein leidiges Thema. Auch die Frage, wann diese denn erforderlich wird, kann durchaus unterschiedlich beantwortet werden. Was dem einen noch lieb und teuer ist, möchte der andere schon ausgetauscht sehen. Unglücklich werden die Konsequenzen dann, wenn wie im vorliegenden Fall ein Miteigentümer gutgläubig eine Maßnahme vornimmt, die eigentlich der Gemeinschaftsverantwortung unterlegen hätte.

a) Sachverhalt

BGH Urt. v. 14.6.2019 – V ZR 254/17[658]

In einer aus 212 Einheiten bestehenden Wohnungseigentümergemeinschaft findet sich folgende Regelung in der GO:

„§ 4. (1) Jeder Wohnungseigentümer ist zur ordnungsgemäßen Instandhaltung und Instandsetzung seiner Wohnung sowie der dem Sondereigentum zugeordneten Sondernutzungsbereiche und der darin befindlichen Anlagen und Ausstattung, auch soweit sich diese im gemeinschaftlichen Eigentum befinden und unbeschadet eines eventuellen Mitbenutzungsrechts der anderen Wohnungseigentümer bzw. Bewohner verpflichtet. […] Er hat hierfür die Kosten einschließlich etwaiger Betriebskosten zu tragen. Die Verpflichtung umfasst insbesondere: […] b) die Fenster einschließlich der Rahmen, der Verglasung und der Beschläge, jedoch ausschließlich des Farbanstrichs der Außenseite der Fenster und Wohnungsabschlusstüren."

Der Kläger tauscht 2005 wie viele der anderen Eigentümer selbständig seine alt gewordenen Fenster aus, wobei er davon ausging, aufgrund der Regelung der GO selbst dafür verantwortlich und kostenbelastet zu sein.

Nach Kenntnis von der Rechtsprechung des BGH zur Instandsetzungspflicht bei dieser Klausel[659] stellt er der Gemeinschaft die verauslagten Kosten in Rechnung.

Entscheidung: Klage, Berufung und Revision blieben erfolglos.

b) Die Fallfragen

Da der BGH die Auslegung der entsprechenden Klausel in einer GO schon geklärt hatte, stand fest, dass es nicht der einzelne Eigentümer, sondern die Gemeinschaft war, die die Austauschverantwortung bei den Fenstern hatte. Ob diese Gerichtsentscheidung[660] tatsächlich richtig und zutreffend die Regeln der GO auslegt, bleibt zweifelbehaftet. Da wahrscheinlich die überwiegende Mehrheit aller Miteigentümer aufgrund dieser Klausel selbst den Fensteraustausch vorgenommen hatten, ist es durchaus zweifelhaft, ob die gegenteilige Auslegung allein der Weisheit der Gerichte hätte entspringen dürfen.

Offen war damit nur noch, wie mit den vom Kläger verauslagten Kosten umzugehen war. Der BGH hatte 2015 dazu noch entschieden, dass jedenfalls dann, wenn die vom Miteigentümer vorgenommene Maßnahme (allerdings außerhalb des Anwendungsbereichs des § 21 Abs. 2 WEG!) ohnehin von der Gemeinschaft hätte vorgenommen müssen, ein Ersatzanspruch im Umfang der Bereicherung bestehe. Davon wendet sich der BGH jetzt ab.

Diese Folge gilt selbst dann, wenn der Eigentümer irrig der Annahme war, es handele sich gar nicht um eine der Gemeinschaft zuzurechnende Maßnahme.

Amtliche Leitsätze:

a) Dem Wohnungseigentümer, der eigenmächtig Instandsetzungs- und Instandhaltungsarbeiten am Gemeinschaftseigentum durchführt, steht kein Ersatzanspruch aus Geschäfts-

---

[658] NJW 2019, 3780 = ZWE 2019, 488 mAnm *Gsell* = IMR 2019, 325 *(Elzer)* – ZfIR 2019, 721 mAnm *Dötsch*. Entscheidungsbesprechungen: *Omlor* JuS 2019, 1111; *Zühlsdorff* LMK 2019, 421239; *Schnellbacher* ZWE 2019, 484; FD-MietR 2019, 420749 *(Pramataroff, Bub)*.

[659] BGH NJW 2012, 1722.

[660] BGH Urt. v. 2.3.2012 – V ZR 174/11, NJW 2012, 1722.

führung ohne Auftrag oder Bereicherungsrecht zu. Das gilt auch dann, wenn die von dem Wohnungseigentümer durchgeführte Maßnahme ohnehin hätte vorgenommen werden müssen (insoweit Aufgabe von Senat, Urteil vom 25.9.2015 – V ZR 246/14, BGHZ 207, 40 Rn. 12 f.).

b) Auch wenn der Wohnungseigentümer eine Maßnahme zur Instandsetzung oder Instandhaltung des Gemeinschaftseigentums in der irrigen Annahme durchführt, er habe diese als Sondereigentümer auf eigene Kosten vorzunehmen (hier: Fenstererneuerung), besteht ein solcher Anspruch nicht.

c) Bewertung

Die im Bereicherungsrecht und dem der GoA spielenden Teile der Entscheidung sollen für unsere Betrachtung ausgeblendet werden. Entscheidend ist allein, dass der BGH nun eine klare Linie für eigenmächtige Instandhaltungs- und Instandsetzungsmaßnahmen gezogen hat:

An der Beschlussfassung der Eigentümerversammlung führt (ausgenommen die Abwendung des unmittelbar drohenden Schadens nach § 21 Abs. 2 WEG) kein Weg vorbei, will der Eigentümer nicht auf den Kosten sitzen bleiben. Dies gilt selbst dann, wenn der Eigentümer irrig der Auffassung ist, gar keinen Beschluss herbeiführen zu müssen, weil er sich fälschlich selbst in der Pflicht sieht.

Eines bringt die Entscheidung in jedem Fall: Rechtsklarheit. Der Preis ist wie immer die Einzelfallgerechtigkeit. Ich persönlich würde insoweit diese gerade angesichts der vielfältigen Unklarheiten in einer Gemeinschaft aber wie der BGH opfern.

d) Gestaltung

Dass die sachgerechte Formulierung der GO hier Unklarheiten hätte vermeiden helfen, ist keine Erkenntnis, die hier besondere Beachtung verdiente.

V. Schadensersatzpflicht wegen pflichtwidrig abgelehnter Beschlussfassung zur Sanierung von Gemeinschaftseigentum oder wegen mangelhafter Umsetzung der Beschlüsse

In einer Entscheidung aus dem Februar 2018 erkannte der BGH auf Schadensersatz, wenn die Wohnungseigentümer zur Durchführung einer baulichen Maßnahme am Gemeinschaftseigentum verpflichtet gewesen wären, diese aber entweder pflichtwidrig ablehnten oder pflichtwidrig überhaupt keine Beschluss trafen.

Die Umsetzung solcher Beschlüsse ist aber allein Sache des WEG-Verwalters. Werden Beschlüsse nicht oder nicht richtig umgesetzt, so haftet allenfalls der WEG-Verwalter, nicht die Wohnungseigentümergemeinschaft. Dies entschied der BGH im Juni 2018 (und nochmals im November 2018).

1. BGH Urt. v. 23.2.2018 – V ZR 101/16

Kerngehalt der Entscheidung:

Gesamtschuldnerische Haftung der Wohnungseigentümer bei pflichtwidriger Ablehnung einer erforderlichen baulichen Sanierungsmaßnahme.

Leitsätze der Entscheidung:

1. Lehnen die Wohnungseigentümer es durch Beschluss ab, eine Maßnahme am gemeinschaftlichen Eigentum durchzuführen, die ein Wohnungseigentümer zur Behebung von Schäden an seinem Sondereigentum verlangt, und erhebt der Wohnungseigentümer Anfechtungsklage und zugleich eine auf die begehrte Maßnahme bezogene Beschlussersetzungsklage, so werden Schadensersatzansprüche wegen einer verzögerten Sanierung des gemeinschaftlichen Eigentums nicht dadurch ausgeschlossen, dass er nachfolgende Vertagungsbeschlüsse nicht anficht (Abgrenzung zu Senat, Urteil vom 13.7.2012 – V ZR 94/11, NJW 2012, 2955 Rn. 11).

2a. Trifft die Wohnungseigentümer ausnahmsweise eine Mitwirkungspflicht, ihr Stimmrecht dergestalt auszuüben, dass die erforderlichen Maßnahmen der Instandsetzung des Gemeinschaftseigentums beschlossen werden, haften sie bei deren Verletzung nach § 280 Abs. 1 BGB (Klarstellung zu Senat, Urteil vom 17.10.2014 – V ZR 9/14, BGHZ 202, 375 Rn. 24 und Urteil vom 13.7.2012 – V ZR 94/11, NJW 2012, 2955 Rn. 6). Die pflichtwidrig handelnden Wohnungseigentümer haften als Gesamtschuldner.

2b. Die Wohnungseigentümer haben ein pflichtwidriges Abstimmungsverhalten grundsätzlich nur dann zu vertreten, wenn sie mit der Einberufung der Eigentümerversammlung in hinreichend deutlicher Weise über den Instandsetzungsbedarf des Gemeinschaftseigentums und den von seinem bestehenden Zustand ausgehenden Auswirkungen auf das Sondereigentum betroffener Wohnungseigentümer in Kenntnis gesetzt worden sind. Etwas anderes gilt dann, wenn ihnen die Umstände, die die Stimmpflicht begründen, bereits bekannt waren oder sie während der Teilnahme an der Eigentümerversammlung über diese unterrichtet wurden.

2c. Ändert ein Wohnungseigentümer sein Abstimmungsverhalten und kommt er seiner Mitwirkungspflicht nach, ist er für den Schaden, der durch einen gleichwohl nicht zustande gekommenen Beschluss über die Instandsetzung des Gemeinschaftseigentums entsteht, nicht verantwortlich. Für die Erfüllung der Mitwirkungspflicht ist der Wohnungseigentümer darlegungs- und beweisbelastet, der zunächst pflichtwidrig gehandelt hat.

3. Nach einer erfolgreichen Beschlussanfechtungsklage steht – sofern der Beschluss nicht wegen formeller Fehler für unwirksam erklärt worden ist – unter den Wohnungseigentümern als Folge der Rechtskraft fest, dass der Beschluss nicht ordnungsmäßiger Verwaltung entsprach. Wurde ein Negativbeschluss angefochten, steht zugleich rechtskräftig fest, dass eine Handlungspflicht der Wohnungseigentümer besteht.
4. Aus der Aufgabe des Verwaltungsbeirats, den Verwalter bei der Durchführung seiner Aufgaben zu unterstützen, ergibt sich keine Pflicht der Beiratsmitglieder, den Verwalter anzuhalten, seinen Pflichten nachzukommen.

a) Beschluss über Ablehnung der Sanierungsmaßnahme rechtskräftig aufgehoben – damit war Zustimmungspflicht rechtskräftig festgestellt

BGH Urt. v. 23.2.2018 – V ZR 101/16[661]

Sachverhalt: In einer Souterrainwohnung trat Schimmel auf. Die Eigentümerin führte dies auf eine mangelhafte Abdichtung zurück. Auf ihren Wunsch berief die damalige Hausverwaltung im November 2010 eine außerordentliche Eigentümerversammlung ein. Dort wurde der Antrag auf Beauftragung eines Sachverständigen aber mehrheitlich abgelehnt.

Die Eigentümerin klagte dagegen. Während die Klage durch die Instanzen lief, versuchte sie noch mehrmals auf späteren Eigentümerversammlungen eine Sanierung beschließen zu lassen und scheiterte immer.

Die Klage gegen den ursprünglichen Beschluss der Wohnungseigentümergemeinschaft erhobene Klage scheiterte zwar vor dem Amtsgericht. In der Berufung hob hingegen das Landgericht im September 2013 den ablehnenden Eigentümerbeschluss auf. Dieser Beschluss wurde rechtskräftig. Darauf wurde die Sanierung durchgeführt.

Nun klagte die Wohnungseigentümerin auf Ersatz des ihr durch die verzögerte Sanierung entstandenen **Mietausfalls.** Verklagt wurden sowohl die anderen Wohnungseigentümer wie der WEG-Verwalter.

Entscheidung: Wir sind also schon im **Zweitprozess um Schadensersatz.** Die Frage, dass die Ablehnung der Sanierung rechtswidrig war, ist schon rechtskräftig gegen die anderen Wohnungseigentümer entschieden. Davon musste auch der BGH bei seiner Entscheidung über mögliche Schadensersatzansprüche ausgehen.

Dennoch führt der BGH aus, wann **ausnahmsweise eine Zustimmungspflicht** zu Sanierungsmaßnahmen besteht, nämlich „wenn nur die **sofortige Vornahme** einer bestimmten Maßnahme **ordnungsmäßiger Verwaltung** entspricht".

„1) Allerdings sind die Wohnungseigentümer im Grundsatz weder zur Teilnahme an der Eigentümerversammlung noch zur Mitwirkung an der Willensbildung verpflichtet. Auch können sie – ebenso wie ein Alleineigentümer – selbst zwingend gebotene und unaufschiebbare Maßnahmen in den Grenzen von § 903 BGB unterlassen, solange und soweit sie hierüber einig sind. Anders liegt es aber jedenfalls dann, wenn nur die sofortige Vornahme einer bestimmten Maßnahme ordnungsmäßiger Verwaltung entspricht und dies von einem Wohnungseigentümer gemäß § 21 Abs. 4 WEG verlangt wird, der andernfalls Schäden an seinem Sondereigentum erleidet; hier ergibt sich eine Mitwirkungspflicht der übrigen Wohnungseigentümer schon aus der gegenseitigen Treuepflicht (Senat, Urteil vom 17.10.2014 – V ZR 9/14, BGHZ 202, 375 Rn. 24; Urteil vom 13.7.2012 – V ZR 94/11, NJW 2012, 2955 Rn. 8 jeweils mwN)."[662]

Hier hatte der BGH nicht mehr zu entscheiden, ob diese Voraussetzungen vorlagen. Denn der **Ablehnungsbeschluss war rechtskräftig aufgehoben** – und zwar aus mate-

[661] NJW 2018, 2550.
[662] BGH Urt. v. 23.2.2018 – V ZR 101/16, Rn. 24.

riellen, nicht aus formellen Gründen. Damit stand rechtskräftig fest, dass die anderen Wohnungseigentümer dem Beschluss hätten zustimmen müssen.

„Nach einer erfolgreichen Beschlussanfechtungsklage steht – sofern der Beschluss nicht wegen formeller Fehler für unwirksam erklärt worden ist – unter den Wohnungseigentümern als Folge der Rechtskraft fest, dass der Beschluss nicht ordnungsmäßiger Verwaltung entsprach (Senat, Urteil vom 13.5.2011 – V ZR 202/10, NJW 2011, 2660 Rn. 16). Wurde ein Negativbeschluss angefochten, steht zugleich rechtskräftig fest, dass eine Handlungspflicht der Wohnungseigentümer besteht. Denn die Ablehnung einer beantragten Maßnahme kann nur dann ordnungsmäßiger Verwaltung widersprechen, wenn eine Pflicht zum Handeln besteht."[663]

Aufgrund des rechtskräftigen Urteils musste der BGH auch davon ausgehen, dass tatsächlich Mängel am Gemeinschaftseigentum ursächlich bzw. mitursächlich für die Durchfeuchtung und Schimmelbildung in der Wohnung der Klägerin waren.[664]

b) Gesamtschuldnerische Haftung der Wohnungseigentümer bei schuldhafter Ablehnung einer erforderlichen Sanierungsmaßnahme

Es stand also fest, dass die Wohnungseigentümer, die die Sanierung des Gemeinschaftseigentums abgelehnt hatten bzw. gar nicht abgestimmt hatten, gegen ihre Verpflichtung aus dem Gemeinschaftsverhältnis verstoßen hatten. Sie haften daher nach **§ 280 Abs. 1 BGB.**

Es geht nicht um eine Verzugshaftung. Eine Mahnung oder Ähnliches war nicht erforderlich, da die Abstimmung der Frage ja auf der Tagesordnung der Eigentümerversammlung stand.

„(3) Entspricht nur die sofortige Vornahme einer bestimmten Maßnahme ordnungsmäßiger Verwaltung und wird diese von einem Wohnungseigentümer gemäß § 21 Abs. 4 WEG verlangt, der andernfalls Schäden an seinem Sondereigentum erleidet, folgt aus der gegenseitigen Treuepflicht ausnahmsweise eine Mitwirkungspflicht der übrigen Wohnungseigentümer. Sie haben in einem solchen Fall ihr Stimmrecht dergestalt auszuüben, dass die erforderlichen Maßnahmen zur Instandsetzung des Gemeinschaftseigentums beschlossen werden. Nach § 280 Abs. 1 BGB sind daher diejenigen Wohnungseigentümer zum Schadensersatz verpflichtet, die sich mit ihrem Abstimmungsverhalten nicht auf die Seite des Anspruchstellers gestellt haben, also schuldhaft entweder untätig geblieben sind oder gegen die erforderliche Maßnahme gestimmt bzw. sich enthalten haben. Bei der Mitwirkungspflicht handelt es sich entgegen einer in der Literatur vertretenen Auffassung [...] nicht um eine leistungsbezogene Pflicht im Sinne des § 280 Abs. 2 BGB. Die Wohnungseigentümer sind nicht selbst zur Instandsetzung des Gemeinschaftseigentums verpflichtet. Von ihnen geschuldet ist vielmehr ausnahmsweise ein Abstimmungsverhalten, das die Grundlage für die Instandsetzung des Gemeinschaftseigentums schafft. Kommen sie dem nicht nach, verletzen sie eine Nebenpflicht (§ 241 Abs. 2 BGB) aus dem gesetzlichen Schuldverhältnis, dass die Wohnungseigentümer untereinander verbindet. Trifft die Wohnungseigentümer ausnahmsweise eine Mitwirkungspflicht, ihr Stimmrecht dergestalt auszuüben, dass die erforderlichen Maßnahmen der Instandsetzung des Gemeinschaftseigentums beschlossen werden, haften sie bei deren Verletzung nach **§ 280 Abs. 1 BGB** [...]. Soweit der Senat als Grundlage der Haftung der übrigen Wohnungseigentümer demgegenüber § 280 Abs. 1 und 2, § 286 BGB angeführt hat (Senat, Urteil vom 17.10.2014 – V ZR 9/14, BGHZ 202, 375 Rn. 24; Urteil vom 13.7.2012 – V ZR 94/11, NJW 2012, 2955 Rn. 6), hält er daran nicht fest."[665]

Alle Wohnungseigentümer, die nicht der Sanierung zugestimmt haben, haften gesamtschuldnerisch.[666]

---

[663] BGH Urt. v. 23.2.2018 – V ZR 101/16, Rn. 29.
[664] BGH Urt. v. 23.2.2018 – V ZR 101/16, Rn. 31–32.
[665] BGH Urt. v. 23.2.2018 – V ZR 101/16, Rn. 36.
[666] BGH Urt. v. 23.2.2018 – V ZR 101/16, Rn. 100.

c) Verschulden

Schadensersatz setzt Verschulden voraus. Genauer: Der Schuldner kann sich entlasten, wenn er nachweist, dass er die Pflichtverletzung nicht zu vertreten hat (§ 280 Abs. 1 S. 2 BGB).

Dass ein Wohnungseigentümer seine Rechtspflicht nicht erkannt hat, entlastet ihn aber nicht. Allenfalls könnte ihn entlasten, wenn ihm die tatsächlichen Grundlagen nicht bekannt waren – etwa weil der betroffene Wohnungseigentümer bzw. der WEG-Verwalter den Instandsetzungsbedarf nicht hinreichend deutlich dargestellt hätten. Der Entlastungsbeweis wird daher nur selten gelingen – jedenfalls wenn auch ein Antrag auf Prüfung durch einen Sachverständigen gestellt wurde.

„bb) Ohne Erfolg wenden sich die Anschlussrevisionen gegen die Annahme des Berufungsgerichts, dass sie den ihnen nach § 280 Abs. 1 Satz 2 BGB obliegenden Entlastungsbeweis in Bezug auf ein Vertretenmüssen nicht geführt haben.

(1) Allerdings haben die Wohnungseigentümer ein pflichtwidriges Abstimmungsverhalten grundsätzlich nur dann zu vertreten, wenn sie mit der Einberufung der Eigentümerversammlung in hinreichend deutlicher Weise über den Instandsetzungsbedarf des Gemeinschaftseigentums und den von seinem bestehenden Zustand ausgehenden Auswirkungen auf das Sondereigentum betroffener Wohnungseigentümer in Kenntnis gesetzt worden sind. Der Verwalter ist nach § 27 Abs. 1 Nr. 2 WEG verpflichtet, die für die ordnungsmäßige Instandhaltung und Instandsetzung des gemeinschaftlichen Eigentums erforderlichen Maßnahmen zu treffen. Ihm obliegt eine Kontrollpflicht hinsichtlich des Zustandes des Gemeinschaftseigentums und eine Pflicht zur Unterrichtung der Wohnungseigentümer sowie zur Herbeiführung einer sachgerechten Beschlussfassung [...]. Von dem vermuteten Verschulden können sich die Wohnungseigentümer daher dadurch entlasten, dass sie auf eine diese Anforderungen nicht genügende Unterrichtung in der Einberufung einer Eigentümerversammlung verweisen. Etwas anderes gilt dann, wenn ihnen die Umstände, die die Stimmpflicht begründen, bereits bekannt waren oder sie während der Teilnahme an der Eigentümerversammlung über diese unterrichtet wurden.“[667]

d) Kein Schadensersatzanspruch ohne Beschlussanfechtung

Der BGH hatte zwar früher entschieden, dass ein Wohnungseigentümer keinen Schadensersatz wegen verzögerter Beschlussfassung über notwendige Instandsetzungsmaßnahmen geltend machen kann, wenn er **Beschlüsse über die Zurückstellung der Instandsetzung nicht angefochten** hat.[668] Nachdem die Literatur daran teilweise heftige Kritik geübt hatte, ließ der BGH offen, ob er daran festhalten würde.

Hier hatte die betroffene Wohnungseigentümerin aber den ursprünglichen ablehnenden Beschluss angefochten. Sie hatte lediglich spätere neue Beschlüsse nicht erneut angefochten. Dies schadet nicht, wie der BGH zu recht feststellte.[669]

Meines Erachtens muss das Prinzip „Kein Schadensersatzanspruch ohne Beschlussanfechtung“ aber weitergelten. Wenn das Gesetz einen Weg für Entscheidungen der Wohnungseigentümergemeinschaft vorgesehen hat, soll diesen der Wohnungseigentümer bitte auch gehen und nicht freischwebend direkt auf Schadensersatz klagen.

e) Keine weitergehende Verpflichtung der Verwaltungsbeiräte

Streitgegenstand war unter anderem auch die Frage, ob der WEG-Verwalter einen Antrag auf Durchführung von Sanierungsmaßnahmen auf die Tagesordnung der Wohnungseigen-

[667] BGH Urt. v. 23.2.2018 – V ZR 101/16, Rn. 76–77.
[668] BGH Urt. v. 13.5.2011 – V ZR 202/10, NJW 2011, 2660; Urt. v. 13.6.2012 – V ZR 94/11, NJW 2012, 2955.
[669] BGH Urt. v. 23.2.2018 – V ZR 101/16, Rn. 45.

tümerversammlung hätte setzen müssen. Die Klägerin meinte, auch der Verwaltungsbeirat (von Beruf Rechtsanwalt) hafte dafür. Denn als Verwaltungsbeirat hätte er den WEG-Verwalter dazu anhalten müssen, den Punkt auf die Tagesordnung aufzunehmen.

Der BGH verneinte eine derartige Pflicht des Verwaltungsbeirates. Dieser sei zur Unterstützung des Verwalters da. Er könne dem Verwalter aber keine Weisung erteilen.

„bb) Aus der in § 29 Abs. 2 WEG enthaltenen Aufgabe des Verwaltungsbeirats, den Verwalter bei der Durchführung seiner Aufgaben zu unterstützen, ergibt sich keine Pflicht der Beiratsmitglieder, den Verwalter anzuhalten, seinen Pflichten nachzukommen. Nach dem Gesetz stehen dem Verwaltungsbeirat keine eigenen Entscheidungsbefugnisse zu. Er ist vielmehr ein Organ zur Unterstützung des Verwalters (§ 29 Abs. 2 WEG) und zur Vorbereitung der Eigentümerversammlung, in der über den Wirtschaftsplan, die Abrechnung, Rechnungslegungen und Kostenanschläge beschlossen werden soll (§ 29 Abs. 3 WEG). Eine allgemeine Überwachungspflicht oder eine Weisungsbefugnis gegenüber dem Verwalter sieht § 29 Abs. 2 WEG nicht vor ([...]; vgl. auch BayObLG, NJW 1972, 1377, 1378; OLG München, NJOZ 2008, 463, 466). [...]“[670]

Auch hierin ist dem BGH zuzustimmen. Wollte man die Verwaltungsbeiräte einer erhöhten Haftung unterwerfen, würde es noch schwieriger, geeignete Wohnungseigentümer zu bewegen, das Amt als Beirat zu übernehmen.

2. BGH Urt. v. 8.6.2018 – V ZR 125/17

Zur Abgrenzung das zweite, in BGHZ 219, 60, veröffentlichte Urteil: Liegt der Fehler nicht in der Beschlussfassung, sondern in der Umsetzung des Beschlusses, so haftet nur der WEG-Verwalter (und ggf. natürlich die beauftragten Bauhandwerker, Architekt etc), aber nicht die Wohnungseigentümergemeinschaft.

Kerngehalt der Entscheidung:

Bei fehlerhafter Beschlussumsetzung nur Schadensersatzanspruch gegen WEG-Verwalter, nicht gegen Wohnungseigentümergemeinschaft.

Leitsätze der Entscheidung:

1. Die Pflicht zur Durchführung von Beschlüssen der Wohnungseigentümer trifft den Verwalter und nicht die Wohnungseigentümergemeinschaft; daher begründen Pflichtverletzungen des Verwalters, die sich auf die Durchführung von Beschlüssen beziehen, keine Schadensersatzansprüche einzelner Wohnungseigentümer gegen die Wohnungseigentümergemeinschaft (insoweit Aufgabe von Senat, Urteil vom 13.7.2012, V ZR 94/11, NJW 2012, 2955 Rn. 17 ff.; Urteil vom 25.9.2015, V ZR 246/14, BGHZ 207, 40 Rn. 15).
2. Ein Wohnungseigentümer kann von dem Verwalter verlangen, dass er seine gesetzliche Pflicht zur Durchführung von Beschlüssen gemäß § 27 Abs. 1 Nr. 1 WEG erfüllt; dieser Anspruch kann ggf. im Klageweg durchgesetzt werden.
3. Handwerker, Bauleiter oder Architekten, die der Verwalter zur Durchführung einer beschlossenen Sanierung im Namen der Wohnungseigentümergemeinschaft beauftragt, sind im Verhältnis zu den einzelnen Wohnungseigentümern nicht Erfüllungsgehilfen des Verbands im Sinne von § 278 Abs. 1 BGB; für Schäden, die solche Auftragnehmer schuldhaft am Sondereigentum verursachen, haftet regelmäßig nicht die Wohnungseigentümergemeinschaft, sondern der Schädiger aufgrund der Verletzung von Pflichten aus einem Vertrag mit Schutzwirkung zugunsten Dritter (Abgrenzung zu dem Senatsbeschluss vom 22.4.1999, V ZB 28/98, BGHZ 141, 224 ff.).

[670] BGH Urt. v. 23.2.2018 – V ZR 101/16, Rn. 66.

a) WEG-Verwalter setzt Beschluss nicht um

BGH Urt. v. 8.6.2018 – V ZR 125/17[671]

In dem zugrundeliegenden **Sachverhalt** hatte eine Wohnungseigentümergemeinschaft Sanierungsarbeiten gegen Feuchtigkeit der Erdgeschoßwohnung beschlossen. Vor deren Durchführung gab es auch noch einen Brandschaden. Die vom WEG-Verwalter für die Beseitigung des Brandschadens und der Feuchtigkeit beauftragte Firma beseitigte nur den Brandschaden. Auf die Feuchtigkeitsschäden hingewiesen, meinte die Firma, darüber müsse erst die WEG-Verwalterin entscheiden. Die tat jedoch nichts. Erst zwei Jahre später entschied die Wohnungseigentümergemeinschaft nochmals über die Beseitigung der Feuchtigkeitsschäden.

Die Wohnungseigentümerin verklagte daraufhin die Wohnungseigentümergemeinschaft wegen ihres Mietausfalls und der Kosten für einen Privatgutachter.

b) Für fehlerhafte Beschlüsse haften die einzelnen Wohnungseigentümer ggf. gesamtschuldnerisch, nicht die Wohnungseigentümergemeinschaft

Zunächst wiederholte der BGH zusammenfassend seine bisherige Rechtsprechung: Für fehlerhafte Beschlüsse haftet nicht die Wohnungseigentümergemeinschaft, sondern die falsch oder nicht abstimmenden Wohnungseigentümer:

„a) Entschieden hat der Senat bislang, wann eine Haftung des Verbands gegenüber einem einzelnen Wohnungseigentümer nicht in Betracht kommt, nämlich dann, wenn eine Beschlussfassung über eine Sanierung des gemeinschaftlichen Eigentums unterblieben ist (vgl. Senat, Urteil vom 17.10.2014 – V ZR 9/14, BGHZ 202, 375 Rn. 21 ff.). Hat ein einzelner Wohnungseigentümer hierdurch Schäden an seinem Sondereigentum erlitten, können nur die übrigen Wohnungseigentümer zum Schadensersatz verpflichtet sein; aus der gegenseitigen Treuepflicht ergibt sich jedenfalls dann eine Pflicht der übrigen Wohnungseigentümer zur Mitwirkung an der Willensbildung, wenn nur die sofortige Vornahme einer bestimmten Maßnahme ordnungsmäßiger Verwaltung entspricht und diese von einem Wohnungseigentümer gemäß § 21 Abs. 4 WEG verlangt wird, der andernfalls Schäden an seinem Sondereigentum erleidet (vgl. Senat, Urteil vom 17.10.2014 – V ZR 9/14, BGHZ 202, 375 Rn. 24; Urteil vom 25.9.2015 – V ZR 246/14, BGHZ 207, 40 Rn. 15). Diese Haftung ergibt sich, wie der Senat vor kurzem präzisiert hat, aus § 280 Abs. 1 BGB (näher Senat, Urteil vom 23.2.2018 – V ZR 101/16, juris Rn. 36). Zur Begründung hat der Senat ausgeführt, dass die interne Willensbildung des Verbands gemäß § 20 Abs. 1, § 21 Abs. 1 WEG den Wohnungseigentümern obliegt. Eine etwaige Mitwirkungspflicht der Wohnungseigentümer ist individuell und nicht gemeinschaftlich zu erfüllen; den Pflichten des Verbands ist sie vorgelagert (vgl. Senat, Urteil vom 17.10.2014 – V ZR 9/14, BGHZ 202, 375 Rn. 22). [...]“[672]

c) Für fehlerhafte Beschlussumsetzung haftet nur der WEG-Verwalter, nicht die Wohnungseigentümergemeinschaft

Unmittelbar daran anschließend entscheidet der BGH, dass für eine fehlerhafte Beschlussumsetzung nur der WEG-Verwalter haftet, nicht die Wohnungseigentümergemeinschaft.

„[...] Ist die Willensbildung dagegen erfolgt und ein Beschluss gefasst worden, der jedoch gar nicht oder – wie hier – nur unvollständig durchgeführt wird, scheidet eine Haftung der übrigen Wohnungseigentümer aus. Insoweit kann sich eine Ersatzpflicht des Verwalters ergeben, der gemäß § 27 Abs. 1 Nr. 1 WEG „gegenüber den Wohnungseigentümern und gegenüber der Ge-

[671] BGHZ 219, 60 = NJW 2018, 3305 = ZfIR 2018, 666 mAnm *Häublein.*
[672] BGH Urt. v. 8.6.2018 – V ZR 125/17, Rn. 9.

meinschaft der Wohnungseigentümer berechtigt und verpflichtet ist, Beschlüsse der Wohnungseigentümer durchzuführen".[673]

Dies entspricht der herrschenden Literaturmeinung. Eine Mindermeinung nahm hingegen eine Haftung der Wohnungseigentümergemeinschaft an, insbesondere gestützt auf § 31 BGB. Auch der BGH hatte in früheren Entscheidungen eine Durchführungspflicht des Verbandes bzw. eine Haftung entsprechend § 31 BGB erwogen. Dies verneint er nun. **Nach außen** haftet die Wohnungseigentümergemeinschaft als Verband für schuldhaft pflichtwidriges organschaftliches Verhalten des Verwalters gegenüber Dritten nach §§ 31, 89 BGB. Hier geht es aber um die Haftung im **Innenverhältnis.** Hier betrachtet der BGH zunächst die Abgrenzung zwischen den Aufgaben der Wohnungseigentümergemeinschaft als Verbandes, des Verwalters und der einzelnen Wohnungseigentümer. Denn nur, wenn die **Beschlussumsetzung** eine **Aufgabe** der Wohnungseigentümer als Verbandes wäre, könne der Verband auch dafür haften.

„a) Bereits im Ausgangspunkt ist eine entscheidende Frage zu beantworten, ob nämlich die Wohnungseigentümergemeinschaft im Verhältnis zu einzelnen Wohnungseigentümern selbst zur Durchführung von Beschlüssen verpflichtet ist. Von dem Bestehen einer solchen Pflicht ist der Senat verschiedentlich ausgegangen (vgl. Urteil vom 13.7.2012 – V ZR 94/11, NJW 2012, 2955 Rn. 19; Urteil vom 25.9.2015 – V ZR 246/14, BGHZ 207, 40 Rn. 15). Nur wenn diese Annahme richtig ist, können Schadensersatzansprüche des Wohnungseigentümers gemäß § 280 Abs. 1 oder 2 BGB gegen den Verband entstehen. Dann nämlich erfüllte der Verwalter, indem er Beschlüsse durchführt, nicht nur seine eigene, in § 27 Abs. 1 Nr. 1 WEG verankerte Pflicht, sondern zugleich eine Pflicht der Wohnungseigentümergemeinschaft. Die Wohnungseigentümergemeinschaft wäre entweder selbst verpflichtet, den Verwalter zur Erfüllung seiner Pflicht anzuhalten, und haftete, wenn sie dem nicht nachkäme (so Senat, Urteil vom 13.7.2012 – V ZR 94/11, NJW 2012, 2955 Rn. 19), oder ihr wäre das Verhalten des Verwalters in analoger Anwendung von § 31 BGB zuzurechnen (so Senat, Urteil vom 17.10.2014 – V ZR 9/14, BGHZ 202, 375 Rn. 25). Da auch § 31 BGB nur die Zurechnung eines Verhaltens, nicht aber von Pflichten erlaubt (vgl. […]), setzen beide Begründungswege eine „Durchführungspflicht" des Verbands hinsichtlich gefasster Beschlüsse voraus."[674]

Der BGH argumentiert: Mit der Teilrechtsfähigkeit der Wohnungseigentümergemeinschaft sollte dem Verband zwar die Möglichkeit gegeben werden, im Außenverhältnis als Vertragspartner aufzutreten. Im Innenverhältnis spielt der Verband bei der Beschlussumsetzung aber keine Rolle:
- Die Beschluss<u>fassung</u> obliegt den Wohnungseigentümern in der Wohnungseigentümerversammlung (§ 20 Abs. 1 WEG).
- Die Beschluss<u>umsetzung</u> obliegt hingegen dem Verwalter (§ 27 Abs. 1 WEG).
- Für die Wohnungseigentümergemeinschaft als Verband verbleibt bei der Beschlussumsetzung keine Rolle – ich wiederhole keine Rolle.

Wenn die Wohnungseigentümergemeinschaft aber nicht zur Beschlussumsetzung verpflichtet ist, kann sie auch nicht für die fehlerhafte Beschlussumsetzung haften.

„aa) Infolge ihrer in § 10 Abs. 6 Satz 1 WEG normierten Teilrechtsfähigkeit schließt die Wohnungseigentümergemeinschaft zwar – vertreten durch den Verwalter – im Außenverhältnis die zur Durchführung von Beschlüssen erforderlichen Verträge im eigenen Namen ab. Aber im Innenverhältnis ist der Verband in die ordnungsmäßige Verwaltung des Gemeinschaftseigentums nicht eingebunden. Die Verwaltung des gemeinschaftlichen Eigentums obliegt gemäß § 20 Abs. 1 WEG vielmehr den Wohnungseigentümern, dem Verwalter und im Falle der Bestellung eines Verwaltungsbeirats auch diesem. Die Wohnungseigentümer sind entscheidungs- und weisungsbefugt; ihnen obliegt die Willensbildung in der Eigentümerversammlung. Der Verwalter ist gemäß § 27

[673] BGH Urt. v. 8.6.2018 – V ZR 125/17, Rn. 9.
[674] BGH Urt. v. 8.6.2018 – V ZR 125/17, Rn. 14.

Abs. 1 Nr. 1 WEG als Vollzugsorgan (vgl. Senat, Beschluss vom 15.12.1988 – V ZB 9/88, BGHZ 106, 222, 226) verpflichtet, Beschlüsse der Wohnungseigentümer durchzuführen. Da diese Pflicht „gegenüber der Gemeinschaft der Wohnungseigentümer" besteht, trifft sie ihn im Innenverhältnis nicht als Organ der Gemeinschaft oder als Vertreter des Verbands. Vielmehr stellt sie eine eigene originäre Pflicht dar, die dem Verwalter gemäß § 27 Abs. 4 WEG auch nicht entzogen werden darf. Unterstützt wird der Verwalter ggf. gemäß § 29 Abs. 2 WEG durch einen Beirat, der seinerseits weder eigene Entscheidungskompetenzen noch Durchführungspflichten hat (vgl. Senat, Urteil vom 23.2.2018 – V ZR 101/16, juris Rn. 66). Eine eigene Pflicht des Verbands, bei der Verwaltung des gemeinschaftlichen Eigentums mitzuwirken, ist in den §§ 20 ff. WEG nicht vorgesehen. Aus § 10 Abs. 6 Satz 3 WEG folgt nichts anderes (vgl. auch Senat, Urteil vom 17.10.2014 – V ZR 9/14, BGHZ 202, 375 Rn. 22)."[675]

Hinzu kommt: Die Wohnungseigentümergemeinschaft als Verband kann auch gar nicht anders als **durch den Verwalter handeln.** Sie könnte also den Verwalter gar nicht an der fehlerhaften Umsetzung von Beschlüssen hindern.[676]

Diese beschränkte Rolle der Wohnungseigentümergemeinschaft untermauert der BGH aus der Gesetzgebungsgeschichte der WEG-Reform.[677]

d) Anspruch jedes Wohnungseigentümers gegen den Verwalter auf Beschlussumsetzung

Der Verwalter ist nicht nur zur Umsetzung der Beschlüsse verpflichtet. Der einzelne Wohnungseigentümer kann ihn dazu auch über den Beirat bzw. die Wohnungseigentümerversammlung **anhalten** lassen. Vor allem hat jeder einzelne Wohnungseigentümer auch einen **Anspruch** auf Beschlussumsetzung gegen den WEG-Verwalter – und kann diesen Anspruch ggf. auch im Klageweg geltend machen.

„(1) Der einzelne Wohnungseigentümer kann und muss sich insoweit an den Verwalter als das gemäß § 27 Abs. 1 Nr. 1 WEG zuständige Vollzugsorgan halten. Bleibt der Verwalter untätig oder setzt er die Beschlüsse unvollständig oder fehlerhaft um, kann der **Beirat** eingeschaltet werden; wenngleich diesem keine Weisungsrechte zustehen, muss er jedenfalls auf den Verwalter einwirken. Ferner kann die **Eigentümerversammlung** mit dem Ziel einer Anweisung an den Verwalter oder sogar der Abmahnung oder Abberufung angerufen werden. In dringenden Fällen kann ein Notverwalter im Wege der einstweiligen Verfügung eingesetzt werden (vgl. Senat, Urteil vom 10.6.2011 – V ZR 146/10, NJW 2011, 3025 Rn. 11).

(2) Zudem kann jeder Wohnungseigentümer von dem Verwalter verlangen, dass er seine gesetzliche Pflicht zur Durchführung von Beschlüssen gemäß § 27 Abs. 1 Nr. 1 WEG erfüllt; ggf. kann dieser Anspruch im **Klageweg** durchgesetzt werden."[678]

Ein Individualanspruch des einzelnen Wohnungseigentümers ist keinesfalls selbstverständlich. Denn einen der Wohnungseigentümergemeinschaft zustehenden (vertraglichen) Anspruch gegen den Verwalter kann der einzelne Wohnungseigentümer nicht ohne einen dahingehenden Beschluss der Gemeinschaft gerichtlich geltend machen.[679]

3. BGH Urt. v. 16.11.2018 – V ZR 171/17

Diese Feststellung bekräftigte der BGH im November 2018 nochmals.

[675] BGH Urt. v. 8.6.2018 – V ZR 125/17, Rn. 16.
[676] BGH Urt. v. 8.6.2018 – V ZR 125/17, Rn. 17.
[677] BGH Urt. v. 8.6.2018 – V ZR 125/17, Rn. 19–20.
[678] BGH Urt. v. 8.6.2018 – V ZR 125/17, Rn. 23–24.
[679] BGH Beschl. v. 15.12.1988 – V ZB 9/88, BGHZ 106, 222 = NJW 1989, 1091.

Kerngehalt der Entscheidung:[680]

Bestätigung: Bei mangelhafter Beschlussumsetzung nur Schadensersatzanspruch gegen Verwalter, nicht gegen Wohnungseigentümergemeinschaft als Verband.

In den Entscheidungsgründen referiert der V. Zivilsenat seine neue Linie nochmals kurz zusammenfassend:

„aa) Hat ein einzelner Wohnungseigentümer Schäden an seinem Sondereigentum erlitten, weil eine Beschlussfassung über eine Sanierung des gemeinschaftlichen Eigentums unterblieben ist, können nur die übrigen Wohnungseigentümer zum Schadensersatz verpflichtet sein, nicht der Verband (vgl. Senat, Urteil vom 8.6.2018 – V ZR 125/17, ZfIR 2018, 666 Rn. 9, zur Veröffentlichung in BGHZ bestimmt; Urteil vom 17.10.2014 – V ZR 9/14, BGHZ 202, 375 Rn. 21 ff.).

bb) Ist die Willensbildung dagegen erfolgt und ein Beschluss gefasst worden, der jedoch nicht oder nur unvollständig durchgeführt wird, so scheidet, wie der Senat inzwischen, allerdings nach Erlass des Berufungsurteils, unter Aufgabe seiner bisherigen Rechtsprechung, entschieden hat, sowohl eine Haftung der übrigen Wohnungseigentümer als auch eine Haftung des Verbandes aus. Insoweit kann sich nur eine Ersatzpflicht des Verwalters ergeben, der gemäß § 27 Abs. 1 Nr. 1 WEG gegenüber den Wohnungseigentümern und gegenüber der Gemeinschaft der Wohnungseigentümer berechtigt und verpflichtet ist, Beschlüsse der Wohnungseigentümer durchzuführen. Da eine entsprechende „Durchführungspflicht" des Verbands für gefasste Beschlüsse nicht besteht, haftet dieser selbst dann nicht, wenn der Verwalter bei der Durchführung eines solchen Beschlusses pflichtwidrig handelt (vgl. Senat, Urteil vom 8.6.2018 – V ZR 125/17, ZfIR 2018, 666 Rn. 13 ff., zur Veröffentlichung in BGHZ bestimmt)."[681]

4. Regierungsentwurf zum WEG: Für bauliche Veränderungen genügt Mehrheitsbeschluss, ggf. besteht Zustimmungsanspruch

Die vorgestellten BGH-Entscheidungen betrafen Fälle, in denen die Wohnungseigentümer bereits nach bisherigem Recht zur Zustimmung verpflichtet waren. Künftig werden voraussichtlich weitergehende Zustimmungspflichten auch für bauliche Veränderungen eingeführt. Denn nach dem Regierungsentwurf des BMJV („Entwurf eines Gesetzes zur Förderung der Elektromobilität und zur Modernisierung des Wohnungseigentumsgesetzes und zur Änderung von kosten- und grundbuchrechtlichen Vorschriften (Wohnungseigentumsmodernisierungsgesetz – WEMoG)"[682] sollen bauliche Veränderungen am Gemeinschaftseigentum erleichtert und für bestimmte Fälle eine Zustimmungspflicht begründet werden.

Nach geltendem Recht bedürfen bauliche Änderungen grundsätzlich der Zustimmung aller Wohnungseigentümer, deren „Rechte durch die Maßnahmen über das in § 14 Nr. 1 bestimmte Maß hinaus beeinträchtigt werden" (§ 22 Abs. 1 WEG). Das geltende Recht lässt zwar für bestimmte Maßnahmen (Modernisierung entsprechend § 555b Nr. 1–5 BGB oder Anpassung des gemeinschaftlichen Eigentums an den Stand der Technik) einen bloßen Beschluss genügen. Aber hierfür ist nach geltendem Recht noch ein doppeltes Quorum von drei Viertel aller stimmberechtigten Wohnungseigentümer iSd § 25 Abs. 2 WEG (= 3/4 der Köpfe) und mehr als der Hälfte aller Miteigentumsanteile erforderlich.

Der Regierungsentwurf schlägt folgende Neuregelung vor:

[680] ZMR 2019, 517 = NJW-Spezial 2019, 258.
[681] BGH Urt. v. 16.11.2018 – V ZR 171/17, Rn. 9–10.
[682] BT-Drs. 19/18791 v. 27.4.2020.

§ 20 WEG-E: Bauliche Veränderungen

(1) Maßnahmen, die über die ordnungsmäßige Erhaltung des gemeinschaftlichen Eigentums hinausgehen (bauliche Veränderungen), können beschlossen oder einem Wohnungseigentümer durch Beschluss gestattet werden.

(2) Jeder Wohnungseigentümer kann angemessene bauliche Veränderungen verlangen, die
1. dem Gebrauch durch Menschen mit Behinderung,
2. dem Laden elektrisch betriebener Fahrzeuge und
3. dem Einbruchsschutz
4. dem Anschluss an ein Telekommunikationsnetz mit sehr hoher Kapazität

dienen. Über die Durchführung ist im Rahmen ordnungsmäßiger Verwaltung zu beschließen.

(3) Unbeschadet des Absatzes 2 kann jeder Wohnungseigentümer verlangen, dass ihm eine bauliche Veränderung gestattet wird, wenn alle Wohnungseigentümer, deren Rechte durch die bauliche Veränderung über das bei einem geordneten Zusammenleben unvermeidliche Maß hinaus beeinträchtigt werden, einverstanden sind.

(4) Bauliche Veränderungen, die die Wohnanlage grundlegend umgestalten oder einen Wohnungseigentümer ohne sein Einverständnis gegenüber anderen unbillig benachteiligen, dürfen nicht beschlossen und gestattet werden; sie können auch nicht verlangt werden.

In der **Begründung** des Regierungsentwurfs heißt es dazu:

„Regelungstechnisch liegt § 20 folgendes Konzept zugrunde:

Absatz 1 sieht vor, dass die Gemeinschaft der Wohnungseigentümer sowohl selbst bauliche Veränderungen ausführen, als auch einzelnen Wohnungseigentümern die Ausführung baulicher Veränderungen gestatten kann.

Die Absätze 2 und 3 begründen jeweils einen Individualanspruch des einzelnen Wohnungs-eigentümers auf Fassung eines Beschlusses nach Absatz 1. Absatz 2 gilt dabei für bestimmte privilegierte Maßnahmen (Gebrauch durch Menschen mit Behinderung, Laden elektrisch betriebener Fahrzeuge, Einbruchsschutz); Absatz 3 bezieht sich auf Maßnahmen ohne relevante Beeinträchtigung anderer Wohnungseigentümer.

Schließlich enthält Absatz 4 zwei allgemeine Veränderungssperren, die einer ordnungsmäßigen Beschlussfassung in jedem Fall entgegenstehen: das Verbot, die Anlage grundlegend umzugestalten, und das Verbot, einen Wohnungseigentümer ohne sein Einverständnis gegenüber anderen unbillig zu benachteiligen."[683]

683 Regierungsentwurf WEMoG, S. 62.

VI. Betreutes Wohnen: Grenzen eines Kontrahierungszwangs in der Gemeinschaftsordnung

1. Kontext

Konzepte sog. „betreuten Wohnens" sind dadurch gekennzeichnet, dass unterstützungsbedürftige Menschen im Grundsatz weiterhin weitgehend selbstständig und selbstbestimmt leben, bei Bedarf jedoch verhältnismäßig flexibel ständig vorgehaltene Hilfeleistungen in Anspruch nehmen können. Üblicherweise gehören hierzu gastronomische Dienstleistungen, tägliche Kontrollen des Wohlbefindens, Vermittlung von Pflegehilfsmitteln, Hausbesuche durch Pflegepersonal, Beratung in sozialen Angelegenheiten, Vermittlung von Handwerkern etc.[684] Um die Kosten für den einzelnen in einem überschaubaren Rahmen zu halten und die Amortisation der Investitionen des Dienstleisters in die zu schaffende Infrastruktur zu gewährleisten, soll möglichst langfristig sichergestellt werden, dass idealiter sämtliche Bewohner jedenfalls eine gewisse Grundversorgung in Anspruch nehmen (müssen) und weitere Leistungen bei Bedarf vom Anbieter hinzubuchen können. Diesem Interesse primär des Dienstleisters, mittelbar aber auch der Bewohner, die nur auf diese Weise, dh durch eine langfristige Verteilung des Aufwands auf möglichst viele Personen, die Leistungen zu verhältnismäßig moderaten Kosten in Anspruch nehmen können, steht das ebenfalls berechtigte Interesse des einzelnen gegenüber, sich bei Unzufriedenheit mit den Dienstleistungen des derzeitigen Anbieters von diesen zu trennen.[685]

a) Rechtlich gesicherte Bewohnerstruktur

Das Risiko, dass nur noch wenige Bewohner die angebotenen Dienstleistungen in Anspruch nehmen, lässt sich seitens der Initiatoren derartiger in Wohnungs- und Teileigentum aufgeteilter bzw. aufzuteilender Anlagen für betreutes Wohnen dadurch reduzieren, dass die Benutzung des Sondereigentums und des Gemeinschaftseigentums im Wege einer Vereinbarung nach § 15 Abs. 1 WEG (Gebrauchsregelung) erst Personen ab einem bestimmten Alter oder einer bestimmten Betreuungsbedürftigkeit gestattet wird.[686] Auf diese Weise lässt sich eine verhältnismäßig homogene Bewohnerstruktur sicherstellen.

b) Langfristige Abnahme von Betreuungs- und Pflegeleistungen

Zudem wird vielfach ein möglichst langfristiger Abschluss von Betreuungs- und Pflegeleistungsverträgen angestrebt. In der Praxis schließt vielfach bereits der Bauträger den Betreuungsvertrag, der sodann (zB im Wege der Vertragsübernahme) auf die einzelnen Erwerber bzw. die Wohnungseigentümergemeinschaft übergeleitet wird. Langfristige Bindungen unterliegen allerdings einer Inhaltskontrolle, um eine übermäßige Einschränkung der Dispositionsfreiheit der Betreuten bzw. ihrer Eigentümergemeinschaft zu verhindern.[687] Dogmatisch knüpfen die in diesem Kontext bisher ergangenen Entscheidungen des V. Zivilsenats des BGH an § 309 Nr. 9a BGB bzw. § 242 BGB an, wonach **Betreuungsverträge mit einer zeitlichen Bindung von mehr als zwei Jahren unwirksam** sind und eine derartige **längerfristige Bindung auch nicht mithilfe der Ausübung des Anspruchs aus einer Unterlassungsdienstbarkeit** (§ 1018 Var. 2 BGB) herbeigeführt werden darf.

---

[684] BeckNotar-HdB/*Rapp* § 3 Rn. 47b.
[685] Vgl. *Bomhard* MittBayNot 2020, 35.
[686] BeckNotar-HdB/*Rapp* § 3 Rn. 47b f.
[687] Vgl. BeckNotar-HdB/*Rapp* § 3 Rn. 47i ff.

Leitsätze der Entscheidung BGH Urt. v. 13.10.2006 – V ZR 289/05[688]

1. Es steht dem teilenden Eigentümer frei, in der Teilungserklärung eine Gebrauchsregelung vorzugeben, wonach Wohnungen nur im Sinne betreuten Wohnens genutzt werden dürfen.
2. Eine in der Teilungserklärung enthaltene Verpflichtung der Wohnungseigentümer, einen Betreuungsvertrag mit einer zeitlichen Bindung von mehr als zwei Jahren abzuschließen, ist unwirksam.

Leitsätze der Entscheidung BGH Urt. v. 21.12.2012 – V ZR 221/11[689]

1. Eine als Wohnungsbesetzungsrecht eingetragene beschränkte persönliche Dienstbarkeit ist als dingliches Recht auch dann wirksam, wenn mit ihr auf den Eigentümer des belasteten Grundstücks Druck zum Abschluss eines bestimmten Vertrags ausgeübt wird (Fortführung von Senat, NJW 1985, 2474 [2475]).
2. Die Ausübung des Unterlassungsanspruchs aus einer Dienstbarkeit stellt sich jedoch als eine mit dem Gebot von Treu und Glauben unvereinbare unzulässige Rechtsausübung dar, wenn der Berechtigte seine dingliche Rechtsstellung zur Durchsetzung inhaltlich unzulässiger Vereinbarungen nutzt.

2. BGH Urt. v. 10.1.2019 – III ZR 37/18

Jüngst war zum ersten Mal der III. Zivilsenat des BGH mit einem derartigen Konzept zum betreuten Wohnen befasst, bei welchem in der Teilungserklärung ein Kontrahierungszwang betreffend die Betreuerleistungen enthalten war. Er hat die Linie des V. Zivilsenats in seiner Entscheidung vom 10.1.2019 (III ZR 37/18)[690] im Grundsatz bestätigt und fortentwickelt.

BGH Urt. v. 10.1.2019 – III ZR 37/18

Sachverhalt: Die **Teilungserklärung** einer Anlage zum betreuten Wohnen enthielt unter anderem folgende Regelung:

„Zur weiteren Regelung des Gebrauchs des Wohnungseigentums sowie zur weiteren Regelung von Gebrauch, Lastentragung und Verwaltung des gemeinschaftlichen Eigentums sind alle Wohnungseigentümer verpflichtet, mit der W. H. Betriebs-GmbH [Beklagte] […] als Betreuer einen Vertrag über Betreuerleistungen für die Bewohner der altengerechten Wohnanlage abzuschließen, soweit sie die in ihrem Eigentum stehende Wohnung selbst nutzen […]. Die Verpflichtung zum Abschluss eines Betreuungsvertrages entfällt, solange die Wohnung nicht benutzt wird oder vermietet ist […].“

Der Kläger (Wohnungseigentümer) schloss mit der Beklagten einen formularmäßigen **Betreuervertrag** ab, der für „Betreuung und Organisation“ einen monatlichen Grundbetrag von 250,00 Euro sowie für „Betreuung PLUS“ monatlich weitere 100,00 Euro vorsah. Zur Dauer des Vertragsverhältnisses war folgendes geregelt:

„Dieser Vertrag wird auf unbestimmte Zeit geschlossen.

Der Bewohner/die Bewohnerin kann den Betreuervertrag während der ersten zwei Jahre ab Abschluss des Betreuervertrages nur bei Vorliegen eines wichtigen Grundes schriftlich und unter Angabe des Grundes kündigen, wenn:

[688] BGH NJW 2007, 213.
[689] BGH NJW 2013, 1963.
[690] DNotZ 2019, 436 = IMR 2019, 150 *(Elzer)* = MittBayNot 2020, 32 mAnm *Bomhard* = NJW 2019, 1280 = ZfIR 2019, 280 mAnm *Heinemann* = ZWE 2019, 171 mAnm *Hogenschurz;* hierzu *Elzer* ZNotP 2019, 110; *Drasdo* LMK 2019, 414481.

- [...]
- der Bewohner/die Bewohnerin als Eigentümer der Wohnung deren Selbstnutzung dauerhaft aufgibt; in diesem Fall kann die Kündigung zum 15. eines Monats zum Monatsende ausgesprochen werden;
- wenn ein sonstiger wichtiger Grund im Sinne des § 314 BGB vorliegt.
- Nach Ablauf der Zwei-Jahres-Frist kann der Bewohner/die Bewohnerin den Vertrag mit gesetzlicher Frist kündigen."

Da der Kläger für einen Zeitraum von ca. drei Monaten innerhalb der ersten zwei Vertragsjahre schwer pflegebedürftig wurde, erfolgte seine Verlegung in eine voll stationäre Pflegeeinrichtungen. Aus diesem Grund kündigte er kurz nach seiner Verlegung den Betreuervertrag mit sofortiger Wirkung. Gleichwohl erfolgten weiterhin die Abbuchungen jedenfalls des Grundbetrags. Mit seiner Klage begehrt der Kläger Rückzahlung der im Zeitpunkt seiner Abwesenheit (nach Ablauf der ordentlichen Kündigungsfrist) geleisteten Zahlungen an den Beklagten.

Entscheidung: Ebenso wie die Vorinstanzen bejahte der III. Zivilsenat des BGH einen Anspruch auf Rückzahlung der im Zeitraum nach Erklärung der außerordentlichen Kündigung abgebuchten Beträge aus § 812 Abs. 1 S. 1 Var. 1 BGB.

a) Ordentliche Kündbarkeit des Betreuungsvertrags

Der Betreuervertrag, bei dem es sich um einen typengemischten Vertrag handelt, dessen Schwerpunkt im Bereich des Dienstvertrages liegt, sei durch die Kündigungserklärung jedenfalls gemäß §§ 620 Abs. 2, 621 Nr. 3 BGB mit Ablauf des Folgemonats wirksam beendet worden. Mangels kalendermäßig bestimmter Vertragsdauer handele es sich vorliegend um ein Vertragsverhältnis auf unbestimmte Zeit. Ein formularmäßiger Ausschluss der Kündigungsmöglichkeit würde einer Inhaltskontrolle nach § 309 Nr. 9a BGB nicht standhalten.

(Rn. 21): „Dieses Klauselverbot (ohne Wertungsmöglichkeit) erfasst nach seinem Sinn und Zweck nicht nur kalendarische Befristungen für mehr als zwei Jahre, sondern auch Verträge, deren Beendigung von einem bestimmten Ereignis abhängt (zum Beispiel Wegfall des Vertragspartners als Wohnungseigentümer oder Aufgabe der Selbstnutzung durch den Wohnungseigentümer), sofern die Parteien nicht den Eintritt dieses Ereignisses innerhalb von zwei Jahren als sicher vorausgesetzt haben [...]. Dafür, dass die Parteien im vorliegenden Fall bei Vertragsschluss von der Aufgabe der Eigentümerstellung bzw. der Selbstnutzung durch den Eigentümer innerhalb von zwei Jahren ausgegangen sind, ist nichts ersichtlich. Die Vorstellung der Parteien war vielmehr – wie das Berufungsgericht zutreffend angenommen hat – von der Vorstellung geprägt, dass das Betreuungsverhältnis während der gesamten mehrjährigen Wohnungsnutzung durch den Eigentümer aufrechterhalten werden sollte."[691]

b) Kein entgegenstehender Kontrahierungszwang

Die Kündigung erweise sich auch nicht deshalb als treuwidrig und damit gemäß § 242 BGB unbeachtlich, weil der Gekündigte bei Beendigung des Vertrages einen **Anspruch auf Neuabschluss** hätte. Denn in der Teilungserklärung sei ausdrücklich geregelt, dass der Eigentümer, der seine Wohnung nicht selbst nutzt, keinem Kontrahierungszwang unterliegt.

Ergänzend wies der BGH darauf hin, dass auch ein vom aufteilenden Eigentümer in der Teilungserklärung etwa niedergelegter **Kontrahierungszwang** der Wohnungseigentümer zum Abschluss eines Betreuungsvertrags mit einer **Laufzeit von mehr als zwei Jahren** nicht wirksam angeordnet werden könnte. Denn nach **§ 309 Nr. 9a BGB** könne der

[691] BGH NJW 2019, 1280 Rn. 21.

Dienstberechtigte durch vorformulierte Verträge höchstens für zwei Jahre gebunden werden. Daraus ergebe sich eine **zeitliche Höchstdauer für die in einer Teilungserklärung begründeten Gebrauchsregelungen nach § 10 Abs. 2 S. 2 WEG,** mit denen eine Verpflichtung sämtlicher Wohnungseigentümer festgeschrieben wird, einen Betreuungsvertrag abzuschließen.

(Rn. 26): „Die einseitige Vorgabe einer dauerhaften, mehr als zweijährigen Bindung an ein bestimmtes Betreuungsunternehmen ohne die Möglichkeit, Einzelheiten auszuhandeln, beschneide in nicht hinnehmbarer Weise die rechtliche Stellung der Wohnungseigentümer sowie ihre Entscheidungsfreiheit und stelle eine unangemessene Benachteiligung dar [...]. Dies gelte auch dann, wenn die Wohnungen in der Anlage nur zum Zweck des betreuten Wohnens genutzt werden dürften. Da das Gesetz für den Bereich des betreuten Wohnens keine Sonderregelung enthalte, sei das zeitliche Höchstmaß jedenfalls für vorformulierte, von den Wohnungseigentümern abzuschließende Betreuungsverträge nach der für Dienstverträge geltenden Vorschrift in § 309 Nr. 9a BGB zu bestimmen [...]. Dabei könne offenbleiben, ob von dem teilenden Eigentümer einseitig gesetzte Bestimmungen in der Teilungserklärung der Inhaltskontrolle in entsprechender Anwendung der §§ 307 ff. BGB oder – unter Berücksichtigung der Besonderheiten des Einzelfalls – anhand des Maßstabs von Treu und Glauben (§ 242 BGB) unterlägen. Beide Standpunkte führten regelmäßig zu demselben Ergebnis [...].“[692]

Der III. Zivilsenat schließt sich der vorstehenden Position des V. Zivilsenats an. Ein Kontrahierungszwang, durch den die Wohnungseigentümer – wie hier – zum Abschluss von Betreuungsverträgen mit einer Bindung von mehr als zwei Jahren verpflichtet werden sollen, wenn sie die Wohnung selbst nutzen, und der den einzelnen Wohnungseigentümern bzw. der Wohnungseigentümergemeinschaft keine angemessenen Spielräume für eine interessengerechte Ausgestaltung der Verträge einräumt, halte einer Inhaltskontrolle weder am Maßstab des § 309 Nr. 9a BGB noch unter dem Gesichtspunkt von Treu und Glauben (§ 242 BGB) stand.“[693]

(Rn. 29): „Könnte der teilende Eigentümer (Bauträger) diejenigen Wohnungseigentümer, die die Wohnung selbst nutzen, über viele Jahre hinweg an ein bestimmtes Betreuungsunternehmen binden, wäre dies eine unangemessene Benachteiligung, die der **einzelne Eigentümer** auch nach den Grundsätzen von Treu und Glauben (§ 242 BGB) nicht hinnehmen muss. Hierin läge eine erhebliche Verschlechterung seiner Rechtsstellung. Der einzelne Eigentümer **könnte sich von dem Betreuungsvertrag durch ordentliche Kündigung nur bei Veräußerung seines Eigentums oder wenigstens Aufgabe der Selbstnutzung der Wohnung lösen.** Im Übrigen stünde ihm nur die Kündigung aus wichtigem Grund (§§ 314, 626 BGB) zur Verfügung. Diese ist jedoch von besonderen Voraussetzungen abhängig und erfordert, dass dem Kündigenden die Fortsetzung des Vertragsverhältnisses unter Berücksichtigung aller Umstände des Einzelfalls und unter Abwägung der beiderseitigen Interessen nicht zugemutet werden kann (§§ 314 I 2, 626 I BGB).“[694]

Nach Ansicht des BGH stünden diesen erheblichen Beeinträchtigungen der Belange des Dienstberechtigten **seitens des Pflegeunternehmens von vornherein kalkulierbare Risiken gegenüber.** Dem anerkennenswerten Interesse, eine stetige Grundbetreuung und angemessene Finanzierbarkeit des Gesamtkonzepts zu gewährleisten, werde durch eine zweijährige Vertragsbindung unter Ausschluss des Rechts zur ordentlichen Kündigung hinreichend Rechnung getragen. Damit werde für neu abgeschlossene Betreuungsverträge eine gewisse Kontinuität sichergestellt. Finanzielle Risiken, die sich durch Kündigungen und damit einhergehende Leerstände ergeben, könnten bei der Berechnung der Betreu-

[692] BGH NJW 2019, 1280 Rn. 26.
[693] BGH NJW 2019, 1280 Rn. 27.
[694] BGH NJW 2019, 1280 Rn. 29.

ungsentgelte von vornherein kalkulatorisch berücksichtigt werden. Es verbleibe auch die Möglichkeit der Anpassung der Betreuungspauschalen.[695]

3. Folgerungen

Auch der III. Zivilsenat des BGH setzt den Versuchen einer möglichst langfristigen Bindung der Eigentümer einer Anlage des betreuten Wohnens klare Grenzen. Der Gebrauch des Sondereigentums kann in dinglicher Weise (**Gebrauchsregelung** in der Gemeinschaftsordnung) im Sinne des betreuten Wohnens festgeschrieben werden. Flankierend mag man an eine **Veräußerungsbeschränkung iSv § 12 WEG** denken.[696] Allerdings greifen, wie bereits dargelegt, die beschriebenen zeitlichen Grenzen (maximal zweijährige Bindungsdauer) im Falle einer dinglichen Absicherung des Nutzungszwecks ebenfalls, sodass auf diese Weise keine längere Bindung hergestellt werden kann. Die Interessenabwägung des BGH ist überzeugend.

Regelmäßig dürfte es im Interesse einer nur einheitlichen Kündbarkeit des **Betreuungsvertrags** vorzugswürdig sein, dass dieser nicht von den einzelnen Eigentümern, sondern **von der Wohnungseigentümergemeinschaft selbst abgeschlossen** wird. Im Bauträgervertrag wären die einzelnen Erwerber dazu zu verpflichten, nach Entstehung der (werdenden) Eigentümergemeinschaft durch dahingehende Ausübung ihres Stimmrechts in der Eigentümerversammlung darauf hinzuwirken, dass die Wohnungseigentümergemeinschaft den Betreuungsvertrag abschließt. Da die **Wohnungseigentümergemeinschaft** in der vorliegenden Konstellation stets als **Verbraucher** anzusehen ist,[697] findet auf den Betreuungsvertrag wiederum **§ 309 Nr. 9a BGB** Anwendung, dh eine längere Bindungsdauer als zwei Jahre ist unzulässig. Gleiches gilt für dem widersprechende Verpflichtungen der Erwerber im Bauträgervertrag.

Vgl. näher (mit Formulierungsvorschlägen) *Rapp* in Beck'sches Notarhandbuch, 7. Aufl. 2019, § 3 Rn. 47b ff.

[695] BGH NJW 2019, 1280 Rn. 29.
[696] Vgl. *Bomhard* MittBayNot 2020, 35 (38).
[697] BGH DNotZ 2016, 32 Rn. 38 f.

VII. Allgemeine Öffnungsklausel genügt nicht für Beschluss über Verbot kurzfristiger Vermietung

Das Gesetz lässt die Vereinbarung der Miteigentümer zu, wonach Vereinbarungsinhalte nicht durch eine neue Vereinbarung, sondern durch Beschluss geändert werden können, § 10 Abs. 4 WEG und § 23 Abs. 1 WEG. Im Grunde können solche Beschlüsse umfassend getroffen werden – der Gesetzgeber hat keine Einschränkungen der formellen Kompetenz vorgesehen.

Im konkreten Fall nun ging es darum, durch einen Beschluss die bislang auf Ebene der Zweckbestimmung erlaubte kurzfristige Vermietung der Wohnungseigentumseinheiten auszuschließen.

1. Sachverhalt

BGH Urt. v. 12.4.2019 – V ZR 112/18[698]

Eine Eigentümergemeinschaft fasst den Beschluss, abweichend von der bisherigen Zweckbestimmung der Einheiten folgende Regelung zu treffen:

„Die Wohnungen dürfen grundsätzlich nur zu Wohnzwecken genutzt oder zu Wohnzwecken vermietet werden. Die Überlassung an täglich oder wöchentlich wechselnde Feriengäste, vor Ort befristet Tätige oder andere Mieter mit Unterkunftsbedürfnissen von kurzer Dauer ist nicht zulässig. Ausgeschlossen ist ebenfalls eine Nutzung zur Beherbergung von Personen oder als Unterkunft für Beschäftigte gemäß Runderlass des Niedersächsischen Ministeriums des Inneren vom 17.12.2013 (‚Werkswohnungen'). Die Überlassung einer Wohnung an Dritte ist der Hausverwaltung anzuzeigen."

Die Gemeinschaftsordnung sah vor, dass die Vereinbarungen durch Mehrheitsbeschluss von 75 % geändert werden können (allgemeine Öffnungsklausel).

Der Kläger war mit der Beschlussfassung dennoch nicht einverstanden und erhob die Beschlussmängelklage.

Entscheidung: Amtsgericht, Landgericht und schließlich auch der BGH gaben der Klage statt.

2. Begründung

a) Abgrenzung von § 15 Abs. 1 zu Abs. 2 WEG

Bei der Änderung der Vermietungsmöglichkeiten einer Wohnung geht es nicht um eine Beschlussfassung über einen ordnungsgemäßen Gebrauch des Sondereigentums iSd § 15 Abs. 2 WEG, sondern eine Regelung des Gebrauchs des Sondereigentums nach § 15 Abs. 1 WEG. Dies dürfte ganz allgemein gelten, traf hier aber besonders deshalb zu, weil die GO bislang ausdrücklich die Vermietung zu kurzfristigen Zwecken erlaubte.

b) Formelle Zulässigkeit der Beschlussfassung

Da in der GO eine allgemeine Öffnungsklausel enthalten war, war grundsätzlich die Beschlussfassung als solche möglich.

Wozu eine solche Öffnungsklausel allerdings alsdann legitimiert, ist weiterhin streitig: Der BGH sieht die Funktion der Öffnungsklausel darin, Mehrheitsentscheidungen über-

[698] NJW 2019, 2083 = NZM 2019, 476 mAnm *Berkenharn* = IMR 2019, 242 *(Elzer)*.

haupt als solche im Bereich der Vereinbarungsänderungen zu legitimieren. Sie sind aber nicht Grundlage einer materiellen Rechtfertigung.

(Rn. 7): „Nach der Rechtsprechung des Senats hat eine Öffnungsklausel lediglich die Funktion, zukünftige Mehrheitsentscheidungen formell zu legitimieren, ohne sie materiell zu rechtfertigen. Deshalb ist ein Änderungsbeschluss auf der Grundlage einer Öffnungsklausel nicht schon dann rechtmäßig, wenn er die Anforderungen der Ermächtigungsgrundlage erfüllt. Vielmehr sind insbesondere zum Schutz der Minderheit bestimmte fundamentale inhaltliche Schranken zu beachten. Fundamentale Schranken ergeben sich aus den gesetzlichen Bestimmungen der §§ 134, 138, 242 BGB und den zum Kernbereich des Wohnungseigentumsrechts zählenden Vorschriften, wozu ua unentziehbare und unverzichtbare Individualrechte gehören. Denn was selbst durch Vereinbarung nicht geregelt werden könnte, entzieht sich auch einer Regelung im Beschlussweg aufgrund einer Öffnungsklausel; ein gleichwohl gefasster Beschluss ist nichtig (vgl. zum Ganzen Senat, BGHZ 202, 346 = NJW 2015, 549 Rn. 14 f. mwN), und zwar – trotz bestehender Beschlusskompetenz – aus materiellen Gründen."

Nach einer wesentlich von *Elzer*[699] vertretenen Gegenauffassung soll die allgemeine Öffnungsklausel bereits in sich die Berechtigung tragen, über alle denkbaren Angelegenheiten, die Vereinbarungscharakter haben, auch materiell wirksam beschließen zu können. Diese Auffassung ist aber letztlich vereinzelt geblieben.[700]

c) Grundlage der materiellen Kontrolle

Ist die Beschlussfassung über einen Vereinbarungsgegenstand zulässig, stellt sich die Frage, wie die materielle Kontrolle der Beschlüsse aussieht. Der erste Leitsatz des Urteils gibt hier den Rahmen vor:

Leitsatz der Entscheidung:

1. Beschlüsse, die auf der Grundlage einer allgemeinen Öffnungsklausel mit der erforderlichen Mehrheit gefasst werden, sind im Allgemeinen nur insoweit materiell überprüfbar, als das „Ob" und das „Wie" der Änderung nicht willkürlich sein dürfen; einer weiterreichenden Kontrolle unterliegen dagegen Beschlussgegenstände, die unverzichtbare oder unentziehbare, aber verzichtbare („mehrheitsfeste") Rechte der Sondereigentümer betreffen.

Materielle Inhaltskontrolle findet also immer dann statt, wenn in unentziehbare Mitgliedschaftsrechte eingegriffen wird, auf die ein Miteigentümer nur selbst verzichten kann.

d) Einordnung der Kurzzeitvermietung

Es war bislang streitig, wo das Verbot der Kurzzeitvermietung auf dieser Skala anzuordnen ist. Handelt es sich tatsächlich um ein unentziehbares Recht des Wohnungseigentümers. Der BGH stellt die verschiedenen Meinungen dazu unter Rn. 11 und Rn. 12 dar.

Glücklicherweise vermeidet es der BGH, hier jedes Detail einer möglichen Belastung abzuwägen. Der zweite Leitsatz formuliert dazu ganz allgemein:

Leitsatz der Entscheidung:

2. Zu den unentziehbaren, aber verzichtbaren („mehrheitsfesten") Rechten eines Sondereigentümers gehört die Zweckbestimmung seines Wohnungs- oder Teileigentums; sie darf durch einen auf der Grundlage einer allgemeinen Öffnungsklausel gefassten Mehrheits-

---

[699] *Hügel/Elzer* WEG § 10 Rn. 151; *Elzer* ZfIR 2016, 722 (723); tendenziell auch BeckOGK/*Falkner,* 1.12. 2018, WEG § 10 Rn. 174.

[700] Siehe dazu auch *Lieder* notar 2016, 283 (294); vgl. auch *Ott* ZWE 2001, 466 (467 f.); *Armbrüster/Böttger* ZfIR 2015, 70.

beschluss nur mit Zustimmung des Sondereigentümers geändert oder eingeschränkt werden (Fortführung von Senat, BGHZ 202, 346).

Der Rahmen der Zweckbestimmung eines Wohnungseigentums definiert dessen Nutzbarkeit und damit seinen wirtschaftlichen Wert. In solche Rechte darf nur mit Zustimmung des Betroffenen eingegriffen werden. So einfach ist die Argumentation.

Auch wenn dies eine Unflexibilität und eine starke Einschränkung der Nutzbarkeit der Öffnungsklausel mit sich bringt, besteht nach dem Urteil zumindest Klarheit.

3. Am Rande

Ohne dass dies Entscheidungsrelevanz besessen hätte, kündigt der BGH eine künftige Änderung seiner Rechtsprechung zur schwebenden Unwirksamkeit von ohne Zustimmung des zustimmungspflichtigen Miteigentümers gefassten Beschlüssen an. Es ist damit zu rechnen, dass diese künftig als nichtig und nicht als nur schwebend unwirksam behandelt werden.

(Rn. 25): „Bislang ist der Senat bei Eingriffen in unentziehbare, aber verzichtbare („mehrheitsfeste“) Rechte davon ausgegangen, dass die fehlende Zustimmung nachteilig betroffener Sondereigentümer die schwebende Unwirksamkeit eines gleichwohl gefassten Beschlusses zur Folge hat (vgl. Senat, BGHZ 157, 322 [335] = NJW 2004, 937; BGHZ 202, 346 = NJW 2015, 549 Rn. 15, 20). Ob daran festgehalten werden kann, erscheint dem Senat angesichts der darauf bezogenen Kritik zweifelhaft (vgl. BeckOGK/Falkner, § 10 WEG Rn. 173; Schultzky in Jennißen, § 23 Rn. 183; ders., MietRB 2015, 60 [62]; Abramenko, MietRB 2011, 96 [99 f.]; s. auch OLG Frankfurt a. M., NJOZ 2011, 1841 = ZWE 2011, 363 [364]; Staudinger/Häublein, BGB, Neubearb. 2017, § 23 WEG Rn. 274), denn § 23 IV WEG sieht schwebend unwirksame Beschlüsse nicht vor und es ergeben sich – ebenso wie bei unter eine Bedingung gestellten Beschlüssen (vgl. Senat, NZM 2019, 94 = WuM 2018, 803 Rn. 16) – Bedenken im Hinblick auf das Gebot der Rechtssicherheit.

VIII. WEG-Reform

1. Überblick

Im Frühjahr 2018 hatten die Landesjustizminister eine Bund-Länder-Arbeitsgruppe zur Reform des WEG eingesetzt, die 2019 ihren Abschlussbericht vorlegte.[701] Im Januar 2020 legte das Bundesjustizministerium einen Referentenentwurf eines „Gesetzes zur Förderung der Elektromobilität und zur Modernisierung des Wohnungseigentumsgesetzes (Wohnungseigentumsmodernisierungsgesetz – WEModG)“[702] vor. Mittlerweile ist daraus ein weitgehend inhaltsgleicher Regierungsentwurf geworden.[703] Was davon letztlich Gesetz wird, ist noch offen. Ich will Ihnen aber ein paar mögliche Konsequenzen für die notarielle Praxis vorstellen, nämlich:
- die Sondereigentumsfähigkeit oberirdischer Stellplätze und Freiflächen (§§ 3, 5 WEG-E),
- Wegfall der Zustimmungsfreiheit bei gleichzeitiger Begründung von Sondernutzungsrechten (§ 5 Abs. 4 S. 3 WEG-E),
- Grundbucheintragung von Haftungsregelungen (§ 7 Abs. 2 WEG-E) sowie von Beschlüssen aufgrund einer Öffnungsklausel (§ 10 Abs. 3 WEG-E),
- bauliche Änderungen (§§ 20, 21 WEG-E) habe ich bereits in Abschnitt E. V. 4. behandelt.[704]

Der Regierungsentwurf enthält noch vielfältige andere Regelungen, die ich heute nicht behandle, insbesondere:
- die erstmalige gesetzliche Regelung der werdenden Wohnungseigentümergemeinschaft (insbesondere § 8 Abs. 3 WEG-E), einschließlich der Ein-Personen-Wohnungseigentümergemeinschaft (§ 9a WEG-E),
- Neuregelung der teilrechtsfähigen Wohnungseigentümergemeinschaft (§§ 9a, 9b WEG-E),
- Neufassung der §§ 13–16 WEG,
- Neuregelung des Verhältnisses von Wohnungseigentümerversammlung (§§ 18–22 WEG), Wohnungseigentumsverwalter (§ 27 WEG) und Beirat (§ 29 WEG),
- Formerleichterung für Ladung und Beschlussfassung der Wohnungseigentümerversammlung (bis zur Online-Versammlung, § 23 Abs. 1 WEG-E).

2. Oberirdische Stellplätze und Freiflächen sondereigentumsfähig

a) Textänderungen in §§ 3 und 5 WEG

Nach dem Regierungsentwurf sollen künftig auch oberirdische Stellplätze und Freiflächen sondereigentumsfähig sein.

„12. Sondereigentumsfähigkeit von Freiflächen

Nach geltendem Recht ist es nicht möglich, das Sondereigentum auf außerhalb des Gebäudes liegende Teile des Grundstücks zu erstrecken, etwa auf Terrassen, Gartenflächen oder Stellplätze für Fahrzeuge im Freien. Soll einzelnen Wohnungseigentümerinnen oder Wohnungseigentümern ein ausschließliches Nutzungsrecht an diesen Flächen zugewiesen werden, werden in der Praxis sogenannte Sondernutzungsrechte begründet. Diese sind gesetzlich indes nicht näher geregelt, weshalb sie im Detail eine Reihe schwieriger, teilweise noch nicht abschließend geklärter Rechtsfragen aufwerfen. Die damit zusammenhängende Rechtsunsicherheit ist für Wohnungseigentümer

---

[701] Abschlussbericht der Bund-Länder-Arbeitsgruppe WEG-Reform, ZWE 2019, 430.
[702] www.bmjv.de/SharedDocs/Gesetzgebungsverfahren/DE/WEModG.html.
[703] BT-Drs. 19/18791 v. 27.4.2020.
[704] Siehe oben S. 244.

auch deshalb belastend, weil der wirtschaftliche Wert etwa von Terrassen, Gartenflächen und Stellplätze im Freien parallel zu den allgemeinen Immobilienpreisen steigt.

Der Entwurf beseitigt diese Rechtsunsicherheit, indem Sondereigentum auch auf Freiflächen erstreckt werden können soll (§ 3 Absatz 1 Satz 2, Absatz 2 WEG-E). Eine „Flucht in das Sondernutzungsrecht" wird damit in den meisten Fällen entbehrlich."[705]

bisheriger Gesetzestext	Regierungsentwurf WEModG
§ 3 WEG: Vertragliche Einräumung von Sondereigentum	**§ 3 WEG-E: Vertragliche Einräumung von Sondereigentum**
(1) [1]Das Miteigentum (§ 1008 des Bürgerlichen Gesetzbuchs) an einem Grundstück kann durch Vertrag der Miteigentümer in der Weise beschränkt werden, daß jedem der Miteigentümer abweichend von § 93 des Bürgerlichen Gesetzbuchs das Sondereigentum an einer bestimmten Wohnung oder an nicht zu Wohnzwecken dienenden bestimmten Räumen in einem auf dem Grundstück errichteten oder zu errichtenden Gebäude eingeräumt wird.	(1) [1]Das Miteigentum (§ 1008 des Bürgerlichen Gesetzbuchs) an einem Grundstück kann durch Vertrag der Miteigentümer in der Weise beschränkt werden, daß jedem der Miteigentümer abweichend von § 93 des Bürgerlichen Gesetzbuchs das ~~Sondere~~Eigentum an einer bestimmten Wohnung oder an nicht zu Wohnzwecken dienenden bestimmten Räumen in einem auf dem Grundstück errichteten oder zu errichtenden Gebäude (Sondereigentum) eingeräumt wird. [2]Stellplätze gelten als Räume im Sinne des Satzes 1.
	(2) Das Sondereigentum kann auf einen außerhalb des Gebäudes liegenden Teil des Grundstücks erstreckt werden, es sei denn, die Wohnung oder die nicht zu Wohnzwecken dienenden Räume bleiben dadurch wirtschaftlich nicht die Hauptsache.
(2) [1]Sondereigentum soll nur eingeräumt werden, wenn die Wohnungen oder sonstigen Räume in sich abgeschlossen sind. [2]Garagenstellplätze gelten als abgeschlossene Räume, wenn ihre Flächen durch dauerhafte Markierungen ersichtlich sind.	(3) Sondereigentum soll nur eingeräumt werden, wenn die Wohnungen oder sonstigen Räume in sich abgeschlossen sind und Stellplätze sowie außerhalb des Gebäudes liegende Teile des Grundstücks durch Maßangaben im Aufteilungsplan bestimmt sind. ~~[2]Garagenstellplätze gelten als abgeschlossene Räume, wenn ihre Flächen durch dauerhafte Markierungen ersichtlich sind.~~
§ 5 WEG: Gegenstand und Inhalt des Sondereigentums	**§ 5 WEG-E: Gegenstand und Inhalt des Sondereigentums**
(1) Gegenstand des Sondereigentums sind die gemäß § 3 Abs. 1 bestimmten Räume sowie die zu diesen Räumen gehörenden Bestandteile des Gebäudes, die verändert, beseitigt oder eingefügt werden können, ohne daß dadurch das gemeinschaftliche Eigentum oder ein auf Sondereigentum beruhendes Recht eines anderen Wohnungseigentümers über das nach § 14 zulässige Maß hinaus beeinträchtigt oder die äußere Gestaltung des Gebäudes verändert wird.	(1) [1]Gegenstand des Sondereigentums sind die gemäß § 3 Absatz 1 Satz 1 bestimmten Räume sowie die zu diesen Räumen gehörenden Bestandteile des Gebäudes, die verändert, beseitigt oder eingefügt werden können, ohne daß dadurch das gemeinschaftliche Eigentum oder ein auf Sondereigentum beruhendes Recht eines anderen Wohnungseigentümers über das bei einem geordneten Zusammenleben unvermeidliche ~~nach § 14 zulässige~~ Maß hinaus beeinträchtigt oder die äußere Gestaltung des Gebäudes verändert wird. [2]Soweit sich das Sonder-

[705] Regierungsentwurf WEMoG, S. 30 f.

	eigentum auf außerhalb des Gebäudes liegende Teile des Grundstücks erstreckt, gilt § 94 Absatz 1 des Bürgerlichen Gesetzbuchs entsprechend.
(2) Teile des Gebäudes, die für dessen Bestand oder Sicherheit erforderlich sind, sowie Anlagen und Einrichtungen, die dem gemeinschaftlichen Gebrauch der Wohnungseigentümer dienen, sind nicht Gegenstand des Sondereigentums, selbst wenn sie sich im Bereich der im Sondereigentum stehenden Räume befinden.	(2) Teile des Gebäudes, die für dessen Bestand oder Sicherheit erforderlich sind, sowie Anlagen und Einrichtungen, die dem gemeinschaftlichen Gebrauch der Wohnungseigentümer dienen, sind nicht Gegenstand des Sondereigentums, selbst wenn sie sich im Bereich der im Sondereigentum stehenden Räume oder Teile des Grundstücks befinden.
(3) Die Wohnungseigentümer können vereinbaren, daß Bestandteile des Gebäudes, die Gegenstand des Sondereigentums sein können, zum gemeinschaftlichen Eigentum gehören.	(3) Die Wohnungseigentümer können vereinbaren, daß Bestandteile des Gebäudes, die Gegenstand des Sondereigentums sein können, zum gemeinschaftlichen Eigentum gehören.
(4) [1]Vereinbarungen über das Verhältnis der Wohnungseigentümer untereinander können nach den Vorschriften des 2. und 3. Abschnitts zum Inhalt des Sondereigentums gemacht werden. [2]Ist das Wohnungseigentum mit der Hypothek, Grund- oder Rentenschuld oder der Reallast eines Dritten belastet, so ist dessen nach anderen Rechtsvorschriften notwendige Zustimmung zu der Vereinbarung nur erforderlich, wenn ein Sondernutzungsrecht begründet oder ein mit dem Wohnungseigentum verbundenes Sondernutzungsrecht aufgehoben, geändert oder übertragen wird. [3]Bei der Begründung eines Sondernutzungsrechts ist die Zustimmung des Dritten nicht erforderlich, wenn durch die Vereinbarung gleichzeitig das zu seinen Gunsten belastete Wohnungseigentum mit einem Sondernutzungsrecht verbunden wird.	(4) [1]Vereinbarungen über das Verhältnis der Wohnungseigentümer untereinander und Beschlüsse aufgrund einer solchen Vereinbarung können nach den Vorschriften des ~~2. und 3.~~ Abschnitts 3 zum Inhalt des Sondereigentums gemacht werden. [2]Ist das Wohnungseigentum mit der Hypothek, Grund- oder Rentenschuld oder der Reallast eines Dritten belastet, so ist dessen nach anderen Rechtsvorschriften notwendige Zustimmung ~~zu der Vereinbarung~~ nur erforderlich, wenn ein Sondernutzungsrecht begründet oder ein mit dem Wohnungseigentum verbundenes Sondernutzungsrecht aufgehoben, geändert oder übertragen wird. ~~[3]Bei der Begründung eines Sondernutzungsrechts ist die Zustimmung des Dritten nicht erforderlich, wenn durch die Vereinbarung gleichzeitig das zu seinen Gunsten belastete Wohnungseigentum mit einem Sondernutzungsrecht verbunden wird.~~

b) Eigenes Teileigentum für Stellplatz im Freien oder in Doppelparker möglich

Nach dem Regierungsentwurf sind Stellplätze auch dann sondereigentumsfähig, wenn sie im **Freien** liegen oder wenn sie Teil eines **Doppel- oder Quadruplexparkers** sind. Denn § 3 Abs. 1 S. 2 WEG-E fingiert die Raumeigenschaft (während § 3 Abs. 2 S. 2 WEG bisher nur die Abgeschlossenheit fingiert – und indirekt auch die Raumeigenschaft hinsichtlich der seitlichen Begrenzungen).

Dann ist auch eine **eigene Teileigentumseinheit** möglich, also zB „1/1.000 Miteigentumsanteil am Grundstück, verbunden mit dem Sondereigentum an dem Stellplatz im Freien, im Aufteilungsplan mit B bezeichnet" oder „verbunden mit dem (von der Einfahrt her gesehen) rechts oben befindlichen Stellplatz des Quadruplexparkers, im Aufteilungsplan mit ST 14 bezeichnet". Denn auch der Stellplatz im Freien oder in einem Mehrfachparker wird wie der Tiefgaragenstellplatz behandelt. Der Stellplatz im Freien kann also künftig auch an einen Nicht-Wohnungseigentümer veräußert werden.

„Der neue § 3 Absatz 1 Satz 2 ordnet an, dass **Stellplätze als Räume** in einem Gebäude **gelten.** Diese Fiktion tritt inhaltlich an die Stelle des geltenden § 3 Absatz 2 Satz 2. Sie bezieht sich aber nur noch auf die Raumeigenschaft. Denn auf die Abgeschlossenheit kommt es bei Stellplätzen aufgrund des neuen § 3 Absatz 3 nicht mehr an; diese Vorschrift stellt bei Stellplätzen anstelle der Abgeschlossenheit auf die Maßangaben im Aufteilungsplan ab.

§ 3 Absatz 1 Satz 2 gilt für alle Arten von Stellplätzen, unabhängig davon, ob es sich um Stellplätze in einem Gebäude oder **im Freien** handelt. Daher sind auch Stellplätze auf oder unter einem Gebäude sowie einzelne Stellplätze in einer **Mehrfachparkanlage** (sogenannte Duplex- oder Quadruplexparker) erfasst.

Aufgrund ihrer besonderen wirtschaftlichen Bedeutung können Stellplätze – anders als andere Freiflächen (vergleiche die Begründung zum neuen § 3 Absatz 2) – alleiniger Gegenstand des Sondereigentums sein.“[706]

Wie sind diese Änderungen zu **bewerten?** Die erweiterte Verkehrsfähigkeit oberirdischer Stellplätzen entspricht ihrer **wachsenden wirtschaftlichen Bedeutung.** Sie kann aber in **Konflikt mit baurechtlichen Erfordernissen** treten.

- Denn typischerweise erstellt der Bauträger nur so viele oberirdische Stellplätze, wie **baurechtlich erforderlich** sind. Bisher fielen die nach Abverkauf aller Wohnungs- und Teileigentumseinheiten verbliebenen und nicht verkauften oberirdischen Stellplätze typischerweise an die Wohnungseigentümergemeinschaft (als Besucherstellplätze).
- Künftig sind die oberirdischen Stellplätze **eigenständig verwertbar.** Wenn ein entsprechender Parkplatzbedarf vorhanden ist (und dass dürfte in den meisten Verdichtungsräumen der Fall sein), kann der Bauträger versucht sein, die verbliebenen Stellplätze an Drittkäufer zu verkaufen.
- Der **Notar** kann nur auf mögliche entgegenstehende baurechtliche Auflagen hinweisen, diese aber nicht überprüfen, schon weil ihm die Baugenehmigung nicht bekannt ist.
- Bei einer unzulässigen Abveräußerung könnte die **Bauaufsicht** einschreiten – bis hin zur **Nutzungsuntersagung** der Einheit, für die die erforderlichen Stellplätze fehlen. Eine derartige Androhung hatte ich in meiner Praxis einmal, nachdem ein Teileigentümer sein Teileigentum (ein kleines Büro) und den zugehörigen Tiefgaragenstellplatz getrennt veräußert hatte. (Der Käufer des Büros kaufte dann auch noch den Tiefgaragenstellplatz von dessen Käufer dazu.) Derartige Konflikte könnten mit der Verkehrsfähigkeit der oberirdischen Stellplätze zunehmen.
- Möglicherweise reagiert die Bauaufsicht, indem sie zunehmend durch **(Unterlassungs-)Dienstbarkeiten** die Nutzung der Stellplätze (sowohl der Tiefgaragenstellplätze wie der oberirdischen Stellplätze) an die Nutzung der Wohnungs- und Teileigentumseinheiten koppelt.
- Dass jeder Stellplatz eines **Doppel- oder Quadruplexparkers** für sich Sondereigentum sein kann, vereinfacht die Veräußerung und die Grundbucheintragung. Dann muss man aber regeln, was mit der gemeinschaftlichen Hebeanlage ist.
- Solange alle Stellplätze eines Mehrfachparkers ein einheitliches Teileigentum bilden, ist die Hebeanlage Sondereigentum dieser Einheit.
- Gehören der obere und der untere Stellplatz zu unterschiedlichen Teileigentumseinheit, so ist die Hebeanlage zwingend Gemeinschaftseigentum. (Denn ein gemeinschaftliches Sondereigentum mehrerer Einheiten gibt es nicht.)
- In Konsequenz obläge die **Unterhaltung und Instandhaltung** allen Wohnungs- und Teileigentümern – ebenso die Beschlussfassung darüber. Dies dürfte idR nicht gewollt sein. Am einfachsten löst man es über ein **gemeinschaftliches Sondernutzungsrecht** der an der jeweiligen Hebeanlage beteiligten Einheiten.

[706] Regierungsentwurf WEMoG, S. 38f. (Hervorhebungen von mir).

c) Keine dauerhafte Markierung mehr für Stellplätze erforderlich

Wohl jeder von Ihnen kennt aus eigener Praxis eine Beanstandung des Grundbuchamtes, dass im Aufteilungsplan nicht vermerkt sei, dass die Grenzen zwischen den Tiefgaragenstellplätzen „durch dauerhafte Markierung" ersichtlich sind. Diese „dauerhafte Markierung" ersetzt nach der Gesetzesfiktion des § 3 Abs. 2 S. 2 WEG gewissermaßen die Seitenwände und das Eingangstor des einzelnen Tiefgaragenstellplatzes.

Nach dem Regierungsentwurf soll künftig **keine dauerhafte Markierung mehr** erforderlich sein. Es genügt die Eintragung im Aufteilungsplan „mit Maßangaben".

- Dass keine dauerhafte Markierung mehr erforderlich ist, ist **zu begrüßen.** Nach ständiger Rechtsprechung des BGH kommt es für die Abgrenzung des jeweiligen Sondereigentums nur auf den Aufteilungsplan an, nicht auf die tatsächliche Bauausführung.
- Allerdings verlangt der Regierungsentwurf **„Maßangaben"** im Aufteilungsplan. Damit ist eine Zahlenangabe im Plan gemeint (2,5 m breit, 5 m lang). Auch muss die Lage etwa durch den Abstand zur Grundstücksgrenze oder zum Gebäude oder Ähnlichem ersichtlich sein.

„Nach § 3 Absatz 3 WEG-E sind Stellplätze, an denen Sondereigentum begründet werden soll, und außerhalb des Gebäudes liegende Teile des Grundstücks, auf die sich Sondereigentum erstrecken soll, durch Maßangaben im Aufteilungsplan zu bestimmen. Diese Maßangaben treten an die Stelle des Abgeschlossenheitserfordernisses, das für Räume gilt. Die Maßangaben müssen – ungeachtet des ohnehin bestehenden sachenrechtlichen Bestimmtheitserfordernisses – so genau sein, dass sie es im Streitfall ermöglichen, den räumlichen Bereich des Sondereigentums eindeutig zu bestimmen. Dafür muss sich aus dem Plan in der Regel die **Länge und Breite der Fläche sowie ihr Abstand zu den Grundstücksgrenzen** ergeben.

Eine Markierungspflicht auf dem Grundstück ist dagegen – anders als nach dem geltenden § 3 Absatz 2 Satz 2 – nicht mehr vorgesehen, auch nicht für Stellplätze. Denn eine Markierung auf dem Grundstück führt nicht dazu, dass der räumliche Umfang des Sondereigentums genauer bestimmt wird, als dies bereits durch die Maßangaben im Aufteilungsplan der Fall ist. Selbstverständlich bleibt es den Wohnungseigentümern unbenommen, die Sondereigentumsbereiche dennoch auf dem Grundstück zu markieren; auf den Umfang des Sondereigentums wirkt sich dies aber nicht aus."[707]

In den fehlenden Maßangaben dürfte eine neue Beanstandungsfalle liegen, wenn sich Länge und Breite zwar zeichnerisch aus dem Aufteilungsplan entnehmen lassen, aber nicht ausdrücklich durch ziffernmäßige Maßangaben angegeben sind.

- Liegen Stellplätze nebeneinander und sind sie gleich lang, wird wohl auch genügen, wenn nur bei einem der nebeneinander liegenden Stellplätze die Länge angegeben ist.
- Verständlich ist der Wunsch des Gesetzgebers nach einer Maßangabe, weil man durch Nachmessen bei Maßstab 1:100 nicht unbedingt feststellen kann, ob der Stellplatz nun 2,4 m oder 2,5 m breit ist, dies für das Aussteigen aber durchaus einen Unterschied macht.
- Noch wichtiger sind die Maßangaben für den Außenbereich. Denn die bloße Einzeichnung im Lageplan mit dem Maßstab 1:1000 ist ungenau, wenn sie nicht auf bauliche Grenzen oder andere fest definierte Punkte abstellt.

d) Garten nur als Teil des Wohnungseigentums sondereigentumsfähig

Eine Sondereigentumseinheit Garten wird es auch künftig nicht geben. Zwar kann das Sondereigentum nach § 3 Abs. 2 WEG-E auch auf außerhalb des Gebäudes liegende Außenflächen erstreckt werden. Voraussetzung ist aber, dass die Räume die Hauptsache blei-

[707] Regierungsentwurf WEMoG, S. 39.

ben. Damit kann auch bei einer Sondereigentumseinheit Gartenlaube (Teileigentum) der umgrenzende Garten nur als Sondernutzungsrecht ausgewiesen werden.

Hierzu heißt es in der Begründung des **Regierungsentwurfs:**

„Nach geltendem Recht ist es nicht möglich, das Sondereigentum auf außerhalb des Gebäudes liegende Teile des Grundstücks zu erstrecken, etwa auf Terrassen und Gartenflächen. In der Praxis werden an solchen Flächen daher häufig sogenannte Sondernutzungsrechte begründet, die allerdings gesetzlich nicht geregelt und deshalb streitanfällig sind.

Der neue § 3 Absatz 2 sieht vor, dass **Sondereigentum auch an Freiflächen** begründet werden kann. Auf diese Weise können Freiflächen einzelnen Wohnungseigentümern wirtschaftlich zugeordnet werden, ohne dass damit die mit der Zuweisung von Sondernutzungsrechten verbundene Rechtsunsicherheit in Kauf genommen werden muss. Die Vorschrift beschränkt die Möglichkeit, Sondereigentum an einer Wohnung oder an nicht zu Wohnzwecken dienenden Räumen auf Freiflächen zu erstrecken, jedoch in Anlehnung an die Vorschriften für das Erbbaurecht (vergleiche § 1 Absatz 2 des Erbbaurechtsgesetzes) und das Dauerwohnrecht (vergleiche § 31 Absatz 1 Satz 2 WEG) in zweifacher Hinsicht:

Zunächst können außerhalb des Gebäudes liegende Teile des Grundstücks grundsätzlich nicht alleiniger Gegenstand des Sondereigentums sein. Es ist daher nicht möglich, einen Miteigentumsanteil ausschließlich mit dem Sondereigentum an einem außerhalb des Gebäudes liegenden Teil des Grundstücks zu verbinden. Eine Ausnahme ist lediglich für Stellplätze vorgesehen (vergleiche § 3 Absatz 1 Satz 2 WEG-E).

Darüber hinaus müssen die Räume wirtschaftlich die Hauptsache des Sondereigentums bleiben. Der Begriff der wirtschaftlichen Hauptsache ist wie in § 1 Absatz 2 des Erbbaurechtsgesetzes und § 31 Absatz 1 Satz 2 WEG zu verstehen. Insbesondere Terrassen und Gartenflächen sind demnach in aller Regel nicht als wirtschaftliche Hauptsache anzusehen. Wie sich aus der negativen Formulierung ergibt, wird vermutet, dass die Räume wirtschaftlich die Hauptsache bleiben. Es bedarf deshalb im Grundbuchverfahren einer Prüfung nur dann, wenn konkrete Anhaltspunkte für das Gegenteil bestehen.

Hinsichtlich der Reichweite des Sondereigentums gilt § 5 Absatz 2 WEG-E (vergleiche auch die dortige Begründung)."[708]

Zuerst ist dies eine technische Änderung: Wenn es Eigentum ist, gehört es auch in den **Aufteilungsplan** – und muss bereits vom Landratsamt geprüft werden.

- Das macht die Eintragung zumindest genauer, als wenn der Notar erst im Termin die Buntstifte zücken und von den Beteiligten die Abgrenzung der Sondernutzungsrechte erfragen muss.
- Anderseits kann der Notar dann bei Beurkundung auch nicht mehr eingreifen, wenn die Beteiligten das Eigentumsrecht an den Freiflächen ungünstig eingezeichnet haben – oder nur, indem er die Beurkundung abbricht oder mit einem vorläufigen Aufteilungsplan beurkundet.

Was aber inhaltlich mit dem Eigentum an sonstigen Freiflächen (außer Stellplätzen) erreicht werden soll, ist mir unklar.

- „Eigentum" **klingt besser** als „Sondernutzungsrecht". Es ist auch das, was die Beteiligten laienhaft erwarten: Ihnen soll der Garten gehören.
- Aber so ganz Eigentum ist es doch nicht. Die eigentumsrechtlichen Vorschriften sind teilweise durch das Wohnungseigentum überlagert. Anders geht es gar nicht.

Ein paar Fragen **regelt das Gesetz:**

- Nach § 5 Abs. 1 S. 2 WEG-E iVm **§ 94 Abs. 1 BGB** gehört die auf der Eigentumsfläche errichtete Gartenhütte dem Garteneigentümer als **Bestandteil** seiner Eigentumsfläche.

[708] Regierungsentwurf WEMoG, S. 39.

- Für den Bau der Gartenhütte auf der Eigentumsfläche oder für deren **bauliche Veränderung,** bedarf es aber der Gestattung der Wohnungseigentümergemeinschaft (§ 13 Abs. 2 WEG-E), wofür künftig ein Mehrheitsbeschluss genügen soll.

  „§ 5 Absatz 1 regelt als Sondervorschrift zu § 94 BGB, welche Bestandteile zum Sondereigentum gehören. Diese Vorschrift bezieht sich bislang nur auf das Sondereigentum an Räumen, denn nach dem geltenden § 3 Absatz 1 sind nur Räume sondereigentumsfähig. Sie bedarf der Anpassung, weil § 3 Absatz 1 Satz 2 WEG-E die Raumeigenschaft von Stellplätzen fingiert, auch wenn sie sich außerhalb des Gebäudes befinden. Zudem erlaubt es § 3 Absatz 2 WEG-E, das Sondereigentum auf außerhalb des Gebäudes liegende Teile des Grundstücks zu erstrecken.

  Die Bezugnahme in § 5 Absatz 1 Satz 1 WEG-E auf § 3 Absatz 1 Satz 1 macht deutlich, dass § 5 Absatz 1 Satz 1 WEG-E nur noch gilt, soweit das Sondereigentum an Räumen betroffen ist. Für die außerhalb des Gebäudes liegenden Teile des Grundstücks gilt dagegen nach § 5 Absatz 1 Satz 2 WEG-E die allgemeine Vorschrift des § 94 BGB entsprechend; auf § 95 BGB wird nicht ausdrücklich Bezug genommen, weil dessen Anwendbarkeit durch § 5 ohnehin nicht berührt wird [...]. Dies gilt sowohl für außerhalb des Gebäudes befindliche Teile des Grundstücks, auf die sich das Sondereigentum nach § 3 Absatz 2 WEG-E erstreckt, als auch für außerhalb des Gebäudes liegende Stellplätze, für die nach § 3 Absatz 1 Satz 2 WEG-E die Raumeigenschaft fingiert wird. Damit sind auch die Sachen Gegenstand des Sondereigentums, die mit dem Teil des Grundstücks fest verbunden sind, auf den sich das Sondereigentum erstreckt. Das gilt insbesondere für Gebäude, die auf diesen Flächen errichtet werden; § 5 Absatz 2 gilt für diese Gebäude nicht.

  § 5 Absatz 1 Satz 2 WEG-E betrifft jedoch nur die sachenrechtliche Zuordnung. Die davon losgelöste Frage, ob ein Wohnungseigentümer berechtigt ist, bauliche Veränderungen auf einem außerhalb des Gebäudes liegenden Teils des Grundstücks vorzunehmen, auf die sich sein Sondereigentum erstreckt, bemisst sich nach § 13 Absatz 2 WEG-E.“[709]
- Andererseits bleiben nach § 5 Abs. 2 WEG die durch die Eigentumsfläche verlaufenden gemeinschaftlichen **Ver- und Entsorgungsleitungen** im Gemeinschaftseigentum der Wohnungseigentümergemeinschaft.

„Es handelt sich um eine Folgeänderung zu § 3 Absatz 1 Satz 2, Absatz 2 WEG-E. Denn der geltende § 5 Absatz 2 sieht unter anderem vor, dass Anlagen und Einrichtungen, die dem gemeinschaftlichen Gebrauch der Wohnungseigentümer dienen, nicht Gegenstand des Sondereigentums sind, selbst wenn sie sich im Bereich der im Sondereigentum stehenden Räume befinden. Diese Vorschrift wird auf die Teile des Grundstücks erstreckt, die nach § 3 Absatz 1 Satz 2 oder Absatz 2 WEG-E zum Sondereigentum gehören. Deshalb sind etwa Versorgungsleitungen im Boden, die dem gemeinschaftlichen Gebrauch der Wohnungseigentümer dienen, stets gemeinschaftliches Eigentum, auch wenn sie in Bereichen verlegt sind, die im Sondereigentum stehen. Insoweit besteht kein Unterschied zu entsprechenden Leitungen, die in Wänden verlegt sind, die sich im Bereich des Sondereigentums befinden. Für Erhaltungsmaßnahmen gilt § 14 Absatz 1 Nummer 2 WEG-E. Demnach besteht die Pflicht jedes Wohnungseigentümers, Einwirkungen auf das Sondereigentum, insbesondere das Betreten, zu dulden.“[710]

Es bleiben aber genug Fragen, deren Lösung ich bisher dem Entwurf nicht entnehmen konnte:

- Gilt im Übrigen dann künftig Nachbarrecht zwischen dem „Eigentümer“ des Gartens im Erdgeschoß – und können die anderen Wohnungseigentümer nichts mehr darüber beschließen?
- Wie ist der Konflikt zwischen Flächeneigentum und Miteigentum in dem (zugegebenermaßen erst in fernerer Zukunft anstehenden) Fall einer Zerstörung oder des Abrisses des Gebäudes und der Grundstücksveräußerung zu lösen?

---

[709] Regierungsentwurf WEMoG, S. 40.
[710] Regierungsentwurf WEMoG, S. 40.

Oder allgemein formuliert: **Wo gilt Eigentumsrecht, wo gilt Wohnungseigentumsrecht?** Wenn die Gesetzesbegründung verspricht, die Probleme des Sondernutzungsrechts durch die Umetikettierung in Flächeneigentum zu lösen, bin ich sehr skeptisch. Mir scheint, dass man damit nur bekannte – und lösbare – Probleme gegen unbekannte Probleme eintauscht, von denen man noch nicht weiß, ob und wie man sie lösen soll.

Wenn die Neuregelung daher tatsächlich so kommt – und ich bis zu ihrem Inkrafttreten nicht schlauer geworden bin, werde ich zunächst von mir aus kein Flächeneigentum an einem Gartenteil des WEG-Grundstücks vorschlagen – und den Beteiligten derartige Ideen auszureden versuchen, und statt dessen wie bisher weiter ein Sondernutzungsrecht als vertraute und bewährte Lösung vorschlagen.

Ausgenommen sind **Doppelhaushälften oder Reihenhäuser** in der Rechtsform des Wohnungseigentums, wo man bisher ein einer Realteilung angenähertes Sondernutzungsrecht verwendet.

- Hier passt das Flächeneigentum, weil es das ist, was man bisher wirtschaftlich bereits durch ein umfassendes Sondernutzungsrecht schafft.
- Hier passt das Flächeneigentum auch für den Fall einer späteren Realteilung des Grundstücks oder bei Veräußerung nach Zerstörung des Gebäudes.
- Ganz ohne zusätzliche Regelungen wird man aber auch bei der Ausweisung als Flächeneigentum nicht auskommen (ebenso wenig wie bisher beim einer Realteilung angenäherten Sondernutzungsrecht). So wird man etwa ggf. das Zustimmungserfordernis der anderen Wohnungseigentümer für bauliche Veränderungen (§ 13 Abs. 2 WEG) auf die Fälle beschränken, bei denen auch bei real geteilten Flächen eine Nachbarzustimmung erforderlich wäre.

3. Zustimmungserfordernis Dritter auch bei gleichzeitiger Begründung von Sondernutzungsrechten für die belastete Einheit (Streichung von § 5 Abs. 4 S. 3 WEG)

Natürlich steht als Gestaltungsalternative anstelle des Flächeneigentums weiterhin die Begründung eines Sondernutzungsrechtes zur Wahl. Hier soll **§ 5 Abs. 4 S. 3 WEG ersatzlos gestrichen** werden (wonach die Zustimmung von Gläubigern am Wohnungseigentum bei der Begründung von Sondernutzungsrechten nicht erforderlich ist, wenn gleichzeitig auch zugunsten der belasteten Einheit ein Sondernutzungsrecht bestellt wurde). Diese erst bei der letzten WEG-Reform im Jahr 2007[711] eingeführte Sonderregelung erscheint dem Regierungsentwurf jetzt doch nicht mehr als gute Idee, da die Vorschrift **keine wirtschaftliche Gleichwertigkeit** der Belastungen garantieren kann.

„Dem liegt der Gedanke zugrunde, dass der Dritte durch eine solche Maßnahme zumindest wirtschaftlich nicht beeinträchtigt wird. Das erscheint aber zweifelhaft, weil es nach dem Wortlaut der Vorschrift nicht auf die Art oder die wirtschaftliche Bedeutung der Sondernutzungsrechte ankommt. Eine Beeinträchtigung des Dritten ist wirtschaftlich aber nur ausgeschlossen, soweit der Wert des aufgehobenen Sondernutzungsrechts mit dem Wert des neu begründeten Sondernutzungsrechts übereinstimmt. Das Wertverhältnis als weitere Voraussetzungen in die Vorschrift aufzunehmen scheidet aber aus, weil eine Prüfung des Wertverhältnisses im Rahmen des Grundbuchverfahrens nicht erfolgen kann.“[712]

Bestehen bleiben soll hingegen der ebenfalls durch die WEG-Reform eingeführt § 5 Abs. 4 S. 2 WEG, wonach die Zustimmung von Grundpfandrechtsgläubigern (und von Gläubigern von Rentenschulden oder Reallasten) zu einer Änderung der Gemeinschafts-

---

[711] Gesetz zur Änderung des Wohnungseigentumsgesetzes und anderer Gesetze v. 26.3.2007, BGBl. 2007 I 370, in Kraft seit 1.7.2007.
[712] Regierungsentwurf WEMoG, S. 41.

ordnung nur erforderlich ist, „wenn ein Sondernutzungsrecht begründet oder ein mit dem Wohnungseigentum verbundenes Sondernutzungsrecht aufgehoben, geändert oder übertragen wird".

4. Grundbucheintragung von Haftungsregelungen und Beschlüssen aufgrund von Öffnungsklauseln

a) Eintragungspflicht von Haftungsregelungen (§ 7 Abs. 3 S. 2 WEG-E)

Von den Regelungen der Gemeinschaftsordnung wurde bisher nur das Zustimmungserfordernis nach § 12 WEG ausdrücklich im Grundbuch eingetragen. Dies war jedoch nicht im WEG angeordnet, sondern nur in § 3 Abs. 2 der Wohnungsgrundbuchverfügung.

Nach dem Regierungsentwurf sind künftig unmittelbar im Grundbuch einzutragen:
- die Veräußerungsbeschränkung (Zustimmungserfordernis) nach **§ 12 WEG** und
- eine **Haftungsregelung** (zB eine Haftung des Erwerbers für Wohngeldrückstände des Veräußerers).

Dies soll in § 7 Abs. 2 WEG-E geregelt werden. Der bisherige § 7 Abs. 3 wird in den derzeit unbesetzten Absatz 2 vorgezogen und ergänzt:

§ 7 Abs. 3 WEG-E (bisher § 7 Abs. 2 WEG)

[1]Zur näheren Bezeichnung des Gegenstands und des Inhalts des Sondereigentums kann auf die Eintragungsbewilligung Bezug genommen werden. [2]Veräußerungsbeschränkungen (§ 12) und die Haftung von Sondernachfolgern für Geldschulden sind jedoch ausdrücklich einzutragen.

Vielleicht erinnern Sie sich: In der letztjährigen Veranstaltung hatte *Kesseler* eine **Haftung des Erwerbers für Wohngeldrückstände des Veräußerers** in der Gemeinschaftsordnung vorgeschlagen – mitsamt Folgeregelungen für den Grundstückskaufvertrag.[713] *Herrler* und ich hatten Bedenken, dass der Erwerber und der Beurkundungsnotar von einer solchen Haftung in der Gemeinschaftsordnung keine Kenntnis erhalten und deshalb eine Regelung im Kaufvertrag fehlt.

Nun bin ich nicht so eitel, zu erwarten, dass der Gesetzgeber in unserer Veranstaltung saß und daraus gesetzlichen Regelungsbedarf abgeleitet hätte. Aber in der Bund-Länder-Arbeitsgruppe dürfte eine ähnliche Diskussion abgelaufen sein. Mit der Regelung in § 7 Abs. 2 S. 2 WEG-E ist das Problem gelöst. Wenn die Regelung nur dann dinglich wirkt, wenn sie im Grundbuch eintragen ist, sieht sie der beurkundende Notar und muss dafür eine Regelung in den Kaufvertrag aufnehmen.

b) Beschlüsse aufgrund einer Öffnungsklausel

Auch Beschlüsse, die aufgrund einer Öffnungsklausel zur Änderung der Gemeinschaftsordnung gefasst werden, müssen nach dem Regierungsentwurf im Grundbuch eingetragen werden. Dazu sei zunächst nochmals die geplante Änderung von § 5 Abs. 4 WEG und dann von § 10 Abs. 3 WEG abgedruckt.

Auch hiermit würde der Gesetzgeber eine Entscheidung der WEG-Reform von 2007[714] revidieren. Damals hatte er durch die Einführung des § 10 Abs. 4 WEG auch vereinbarungsändernde Beschlüsse ausdrücklich vom Eintragungserfordernis ausgenommen. Die Idee war, dass alle Beschlüsse in der Beschlusssammlung aufgenommen werden müssten und sich der Erwerber durch Einsichtnahme in die Beschlusssammlung informieren könne. Gute Idee, sagt die Begründung zum Regierungsentwurf, funktioniert aber leider nicht:

---

[713] Herrler/Hertel/Kesseler/*Kesseler* ImmobilienR 2019 S. 32.

[714] Gesetz zur Änderung des Wohnungseigentumsgesetzes und anderer Gesetze v. 26.3.2007, BGBl. 2007 I 370, in Kraft seit 1.7.2007.

- Die Beschlusssammlungen werden dick und dicker. Man sieht den Wald vor lauter Bäumen nicht mehr.
- Und es schaut ohnehin niemand in die Beschlusssammlungen rein. Der Notar nicht, weil er nicht muss (sondern dies überwiegend wirtschaftliche Fragen der zu erwerbenden Wohnung betrifft). Und der Erwerber nicht, weil er sich denkt, dass er das Wichtigste ja aus den Protokollen der letzten zwei bis drei Jahre entnehmen konnte.

bisheriger Gesetzestext	Regierungsentwurf WEModG
§ 5 WEG: Gegenstand und Inhalt des Sondereigentums	**§ 5 WEG-E: Gegenstand und Inhalt des Sondereigentums**
(1) [...]	(1) [...]
(4) [1]Vereinbarungen über das Verhältnis der Wohnungseigentümer untereinander können nach den Vorschriften des 2. und 3. Abschnitts zum Inhalt des Sondereigentums gemacht werden. [2]Ist das Wohnungseigentum mit der Hypothek, Grund- oder Rentenschuld oder der Reallast eines Dritten belastet, so ist dessen nach anderen Rechtsvorschriften notwendige Zustimmung zu der Vereinbarung nur erforderlich, wenn ein Sondernutzungsrecht begründet oder ein mit dem Wohnungseigentum verbundenes Sondernutzungsrecht aufgehoben, geändert oder übertragen wird. [3]Bei der Begründung eines Sondernutzungsrechts ist die Zustimmung des Dritten nicht erforderlich, wenn durch die Vereinbarung gleichzeitig das zu seinen Gunsten belastete Wohnungseigentum mit einem Sondernutzungsrecht verbunden wird.	(4) [1]Vereinbarungen über das Verhältnis der Wohnungseigentümer untereinander und Beschlüsse aufgrund einer solchen Vereinbarung können nach den Vorschriften des 2. und 3. Abschnitts 3 zum Inhalt des Sondereigentums gemacht werden. [2]Ist das Wohnungseigentum mit der Hypothek, Grund- oder Rentenschuld oder der Reallast eines Dritten belastet, so ist dessen nach anderen Rechtsvorschriften notwendige Zustimmung zu der Vereinbarung nur erforderlich, wenn ein Sondernutzungsrecht begründet oder ein mit dem Wohnungseigentum verbundenes Sondernutzungsrecht aufgehoben, geändert oder übertragen wird. [3]Bei der Begründung eines Sondernutzungsrechts ist die Zustimmung des Dritten nicht erforderlich, wenn durch die Vereinbarung gleichzeitig das zu seinen Gunsten belastete Wohnungseigentum mit einem Sondernutzungsrecht verbunden wird.
§ 10 WEG: Allgemeine Grundsätze	**§ 10 WEG-E: Allgemeine Grundsätze**
(1) [...]	(1) [...]
(3) Vereinbarungen, durch die die Wohnungseigentümer ihr Verhältnis untereinander in Ergänzung oder Abweichung von Vorschriften dieses Gesetzes regeln, sowie die Abänderung oder Aufhebung solcher Vereinbarungen wirken gegen den Sondernachfolger eines Wohnungseigentümers nur, wenn sie als Inhalt des Sondereigentums im Grundbuch eingetragen sind.	(3) [1]Vereinbarungen, durch die die Wohnungseigentümer ihr Verhältnis untereinander in Ergänzung oder Abweichung von Vorschriften dieses Gesetzes regeln, sowie die Abänderung oder Aufhebung solcher Vereinbarungen sowie Beschlüsse, die aufgrund einer Vereinbarung gefasst werden, wirken gegen den Sondernachfolger eines Wohnungseigentümers nur, wenn sie als Inhalt des Sondereigentums im Grundbuch eingetragen sind. [2]Im Übrigen bedürfen Beschlüsse zu ihrer Wirksamkeit gegen den Sondernachfolger eines Wohnungseigentümers nicht der Eintragung in das Grundbuch.
(4) Beschlüsse der Wohnungseigentümer gemäß § 23 und gerichtliche Entscheidungen in einem Rechtsstreit gemäß § 43 bedürfen zu ihrer Wirksamkeit gegen den Sondernachfolger eines Wohnungseigentümers nicht der Eintragung in das Grundbuch. Dies gilt auch für die gemäß § 23 Abs. 1 aufgrund einer Vereinba-	(4) Beschlüsse der Wohnungseigentümer gemäß § 23 und gerichtliche Entscheidungen in einem Rechtsstreit gemäß § 43 bedürfen zu ihrer Wirksamkeit gegen den Sondernachfolger eines Wohnungseigentümers nicht der Eintragung in das Grundbuch. Dies gilt auch für die gemäß § 23 Abs. 1 aufgrund einer Vereinba-

rung gefassten Beschlüsse, die vom Gesetz abweichen oder eine Vereinbarung ändern.	rung gefassten Beschlüsse, die vom Gesetz abweichen oder eine Vereinbarung ändern.

„Die Änderung von § 5 Absatz 4 Satz 1 bewirkt im Zusammenspiel mit § 10 Absatz 3 Satz 1 WEG-E, dass Beschlüsse, die aufgrund einer vereinbarten Öffnungsklausel gefasst werden, in das Grundbuch eingetragen werden müssen, um gegen Sondernachfolger zu wirken. Dies dient dem Schutz der Erwerber vor unbekannten, aber womöglich besonders belastenden Beschlüssen.

Nach dem **geltendem § 10 Absatz 4 Satz 2** müssen vereinbarungsändernde Beschlüsse nicht in das Grundbuch eingetragen werden, um gegen Sondernachfolger zu wirken. Dem liegt die Vorstellung zugrunde, dass der notwendige Schutz der Erwerber nicht über die Eintragung im Grundbuch, sondern über die im geltenden § 24 Absatz 7 vorgesehene Beschlusssammlung gewährleistet wird. Diese Konzeption hat sich in der Praxis nicht bewährt. Während bei der Veräußerung von Wohnungseigentum in der Regel Einsicht in das Grundbuch genommen wird (vergleiche § 21 Absatz 1 Satz 1 des Beurkundungsgesetzes), sehen Erwerber vergleichsweise selten die Beschlusssammlung ein. Hinzu kommt, dass viele Beschlusssammlungen zwischenzeitlich bereits einen so großen Umfang angenommen haben, dass die Gefahr besteht, dass bedeutsame Beschlüsse auch bei einer Einsichtnahme übersehen werden. Diese Gefahr steigt kontinuierlich mit der wachsenden Zahl von Beschlüssen, die in die Beschlusssammlung aufzunehmen sind.“[715]

Maßgebliches Kriterium ist allein, ob der Beschluss aufgrund einer Öffnungsklausel in der Gemeinschaftsordnung gefasst wurde.

- Beschlüsse aufgrund einer **gesetzlichen Öffnungsklausel** oder aufgrund einer eine gesetzliche Öffnungsklausel nur wiederholenden Klausel (zB „Unberührt bleibt die Befugnis der Wohnungseigentümer, nach § 16 Abs. 3–4 WEG eine abweichende Kostenverteilung zu beschließen.“) sind nicht eintragungsfähig.
- Ob der Beschluss tatsächlich **vereinbarungsändernd** ist, ist **nicht zu prüfen.** Aber natürlich macht die Eintragung nur bei vereinbarungsändernden Beschlüsse Sinn.
- Ist ein eintragungspflichtiger Beschluss nicht eingetragen, ist er zwar wirksam, wirkt aber nicht gegen Sonderrechtsnachfolger (§ 10 Abs. 3 S. 1 WEG-E).

„Es ist deshalb vorzugswürdig, vereinbarungsändernde Beschlüsse in das Grundbuch einzutragen. Um das Grundbuch gleichzeitig nicht zu überfrachten und seine Informationsfunktion nicht zu beeinträchtigen, soll dies aber **nur für Beschlüsse** gelten, die **aufgrund einer vereinbarten Öffnungsklausel gefasst** werden. Beschlüsse, die aufgrund einer gesetzlichen Öffnungsklausel gefasst werden, wirken dagegen auch ohne Grundbucheintragung gegen Sondernachfolger (vergleiche § 10 Absatz 3 Satz 2 WEG-E). Diese Differenzierung rechtfertigt sich dadurch, dass gesetzliche Öffnungsklauseln für jeden Erwerber unmittelbar aus dem Gesetz ersichtlich sind und vom Gesetzgeber gebilligte Zwecke verfolgen. Der Anwendungsbereich der gesetzlichen Öffnungsklauseln ist zudem auf konkrete Beschlussgegenstände beschränkt. Ein Erwerber kann daher dem Gesetz entnehmen, in welchen Bereichen er mit einer Änderung der Vereinbarung durch einen Beschluss rechnen muss. Für vereinbarte Öffnungsklauseln gilt dies nicht in gleichem Maße, weil der Bundesgerichtshof (BGH) die formelle Kompetenz zur Änderung der Vereinbarung auch einer allgemein gehaltenen Öffnungsklausel entnimmt (Urteil vom 10.10.2014 – V ZR 315/13).

§ 5 Absatz 4 Satz 1 WEG-E stellt allein darauf ab, ob ein Beschluss aufgrund einer Vereinbarung gefasst wurde. Um unnötige Auslegungsschwierigkeiten zu vermeiden, knüpft der Entwurf allein an dieses formale Merkmal an. Er verzichtet damit auf eine Beschränkung des Kreises der eintragungsfähigen Beschlüsse durch inhaltliche Kriterien (zum Beispiel auf **vereinbarungsändernde** Beschlüsse). Eine solche Beschränkung ist auch aus praktischer Sicht entbehrlich, weil anzunehmen ist, dass die Wohnungseigentümer nur solche Beschlüsse eintragen lassen werden, die aufgrund ihrer Bedeutung auch für Sondernachfolger gelten sollen.

[715] Regierungsentwurf WEMoG, S. 40f.

Ob ein Beschluss nach § 5 Absatz 4 Satz 1 WEG-E eintragungsfähig ist, ist **rein objektiv** zu bestimmen. Entscheidend ist, dass sich die notwendige Beschlusskompetenz nicht bereits aus einer gesetzlichen Öffnungsklausel ergibt. Nicht eintragungsfähig sind deshalb Beschlüsse aufgrund einer vereinbarten Öffnungsklausel, die eine gesetzliche Öffnungsklausel wiederholt oder sich mit dieser inhaltlich deckt. Unerheblich ist auch, worauf die Wohnungseigentümer den Beschluss subjektiv stützen."[716]

c) Grundbuchverfahrensrechtlicher Nachweis des Beschlusses (§ 7 Abs. 4 WEG-E)

Zur Eintragung von Beschlüssen aufgrund der Änderungsklausel genügt nach § 7 Abs. 2 WEG-E

- ein **Versammlungsprotokoll** mit Unterschriftsbeglaubigung, wie wir es auch für den Nachweis der Verwalterbestellung kennen, und
- eine **Erklärung** der in § 24 Abs. 6 WEG bezeichneten Personen, dass die Anfechtungsfrist des § 45 Abs. 1 WEG abgelaufen ist und **keine Beschlussanfechtung** (Verfahren über den Beschluss nach § 44 Abs. 1 WEG) anhängig ist. Auch diese Erklärung muss nach § 29 GBO durch öffentlich beglaubigte Urkunde nachgewiesen werden.

Sinnvollerweise wird man beide Beglaubigungen zusammen durchführen, ggf. mit einem auszugsweisen Versammlungsprotokoll.

Alles, was zum Protokoll für den Nachweis der Verwaltereigenschaft entschieden wurde (und was Ihnen etwas *Herrler* dazu im letzten Jahr dargestellt hat[717]), gilt daher auch für dieses Protokoll.

5. Bauliche Änderungen

Die vorgeschlagenen Gesetzesänderungen zu baulichen Änderungen habe ich bereits dargestellt.[718]

6. Übergangsvorschriften

Alles sehr interessant, werden Sie vielleicht sagen, aber alles nur Zukunftsmusik. Was bedeutet das (voraussichtliche) neue Recht für bereits bestehende Wohnungseigentümergemeinschaften?

a) Neues Recht gilt auch für bestehende Gemeinschaftsordnungen (§ 47 WEG-E)

Mit Inkrafttreten gilt das neue WEG (natürlich) auch für bereits bestehende Wohnungseigentümergemeinschaften. § 47 WEG-E will ausdrücklich verhindern, dass bei **„Altvereinbarungen"** über die Auslegung der Gemeinschaftsordnung doch wieder das alte Recht zum Tragen kommt. Im Zweifelsfall soll sich aus der Altvereinbarung kein dem neuen Recht entgegenstehender Wille ergeben.

§ 47 WEG-E: Auslegung von Altvereinbarungen

Vereinbarungen, die vor dem … [einsetzen: Datum des Inkrafttretens nach Artikel 17 Satz 1 dieses Gesetzes] getroffen wurden und die von solchen Vorschriften dieses Gesetzes abweichen, die durch das Wohnungseigentumsmodernisierungsgesetz vom … [einsetzen: Datum und Fundstelle

[716] Regierungsentwurf WEMoG, S. 41.

[717] Herrler/Hertel/Kesseler/*Herrler* ImmobilienR 2019 S. 194.

[718] Siehe oben Abschnitt E. V. 4. (S. 244).

dieses Gesetzes] geändert wurden, steht dies der Anwendung dieser Vorschriften in der vom ... [einsetzen: Datum des Inkrafttretens nach Artikel 17 Satz 1 dieses Gesetzes] an geltenden Fassung nicht entgegen, soweit sich aus der Vereinbarung nicht ein anderer Wille ergibt. Ein solcher Wille ist in der Regel nicht anzunehmen.

b) Auch bereits bestehende Haftungsklauseln und bereits gefasste Beschlüsse aufgrund Öffnungsklauseln müssen eingetragen werden (§ 48 WEG-E)

Auch soweit Haftungsklauseln bereits **vor Inkrafttreten** der WEG-Novelle in Gemeinschaftsordnungen enthalten sind oder soweit bereits Beschlüsse aufgrund Öffnungsklauseln gefasst wurden, müssen diese in das Grundbuch eingetragen werden. Nur dann wirken sie auch gegenüber Sonderrechtsnachfolgern.

- Diese Regelung ist **für den Schutz der Erwerber erforderlich.** Sonst gäbe es eine Schutzlücke für alte Haftungsklauseln bzw. für Altbeschlüsse, für die bisher keine Grundbucheintragung erforderlich war. Allerdings greift der Schutz für alte Haftungsklauseln erst bei Veräußerungen ab 2026 (§ 48 Abs. 3 S. 3 WEG-E).
- Vermutlich werden die **WEG-Verwalter** über ihre jeweiligen Informationsmedien auf das Eintragungserfordernis **hingewiesen** werden. Es macht aber sicher Sinn, dass – wenn das neue Gesetz erst einmal im Bundesgesetzblatt steht – auch der Notar WEG-Verwalter, die bei ihm ihre Bestellungsprotokolle beglaubigen lassen, auf die Rechtsänderung hinweist.

§ 48 WEG-E: Übergangsvorschriften

(1) § 5 Absatz 4, § 7 Absatz 2 und § 10 Absatz 3 in der vom ... [einsetzen: Datum des Inkrafttretens nach Artikel 13 dieses Gesetzes] an geltenden Fassung gelten auch für solche Beschlüsse, die vor diesem Zeitpunkt gefasst oder durch gerichtliche Entscheidung ersetzt wurden. Abweichend davon bestimmt sich die Wirksamkeit eines Beschlusses im Sinne des Satzes 1 gegen den Sondernachfolger eines Wohnungseigentümers nach § 10 Absatz 4 in der bis zum ... [einsetzen: Datum des Inkrafttretens nach Artikel 17 Satz 1 dieses Gesetzes] geltenden Fassung, wenn die Sondernachfolge bis zum 31.12.2025 eintritt. Jeder Wohnungseigentümer kann bis zum 31.12.2025 verlangen, dass ein Beschluss im Sinne des Satzes 1 erneut gefasst wird; § 204 Absatz 1 Nummer 1 des Bürgerlichen Gesetzbuchs gilt entsprechend

(2) § 5 Absatz 4 Satz 3 gilt in der bis zum ... [einsetzen: Datum des Inkrafttretens nach Artikel 13 dieses Gesetzes] geltenden Fassung weiter für Vereinbarungen und Beschlüsse, die vor diesem Zeitpunkt getroffen oder gefasst wurden, und zu denen bis zum ... [einsetzen: Datum des Inkrafttretens nach Artikel 17 Satz 1 dieses Gesetzes] alle Zustimmungen erteilt wurden, die nach den bis zu diesem Zeitpunkt geltenden Vorschriften erforderlich waren.

(3) § 7 Absatz 3 Satz 2 gilt auch für Vereinbarungen und Beschlüsse, die vor dem ... [einsetzen: Datum des Inkrafttretens nach Artikel 17 Satz 1 dieses Gesetzes] getroffen oder gefasst wurden. Ist eine Vereinbarung oder ein Beschluss im Sinne des Satzes 1 entgegen der Vorgabe des § 7 Absatz 3 Satz 2 nicht ausdrücklich im Grundbuch eingetragen, erfolgt die ausdrückliche Eintragung in allen Wohnungsgrundbüchern nur auf Antrag eines Wohnungseigentümers oder der Gemeinschaft der Wohnungseigentümer. Ist die Haftung von Sondernachfolgern für Geldschulden entgegen der Vorgabe des § 7 Absatz 3 Satz 2 nicht ausdrücklich im Grundbuch eingetragen, lässt dies die Wirkung gegen den Sondernachfolger eines Wohnungseigentümers unberührt, wenn die Sondernachfolge bis zum 31.12.2025 eintritt.

c) Kostenprivilegierung für Eintragungen (§ 49 WEG-E)

§ 49 WEG-E sieht eine Kostenprivilegierung für Beurkundungen und Grundbucheintragungen zur Überleitung auf das neue Recht vor. Geschäftswert ist dann nur ein Fünfundzwanzigstel des Einheitswertes des Grundstücks.

Welche Beurkundungen genau von der Kostenprivilegierung erfasst werden, werden die Notarkassen bzw. die Notarkammern bei Inkrafttreten des neuen Rechts sicher noch in Arbeitshilfen erläutern.

§ 49 WEG-E: Überleitung bestehender Rechtsverhältnisse

(1) Werden Rechtsverhältnisse, mit denen ein Rechtserfolg bezweckt wird, der den durch dieses Gesetz geschaffenen Rechtsformen entspricht, in solche Rechtsformen umgewandelt, so ist als Geschäftswert für die Berechnung der hierdurch veranlassten Gebühren der Gerichte und Notare im Falle des Wohnungseigentums ein Fünfundzwanzigstel des Einheitswertes des Grundstückes, im Falle des Dauerwohnrechtes ein Fünfundzwanzigstel des Wertes des Rechtes anzunehmen.

(2) [...]

d) Regelungsmöglichkeiten im Vorgriff auf das neue Recht

Was können Beteiligte bereits jetzt im Vorgriff auf eine von ihnen gewünschte Vorschrift des (voraussichtlichen) neuen Rechts regeln – und was können sie umgekehrt bereits jetzt zur Abweichung einer von ihnen nicht gewünschten Vorschrift des (voraussichtlichen) neuen Rechts regeln?

Dinglich können Regelungen nach neuem Recht natürlich erst nach dessen Inkrafttreten getroffen werden. **Schuldrechtlich** können sich die Beteiligten aber bereits vorher verpflichten, später eine entsprechende Vereinbarung zu treffen, vorausgesetzt das neue Recht lässt eine solche Vereinbarung tatsächlich zu. Um eine Bindung ad infinitum zu vermeiden, sollte geregelt werden, dass die Verpflichtung erlischt, wenn nicht bis zu einem bestimmten Termin eine Gesetzesänderung in Kraft getreten ist, die die neue vertragliche Regelung zulässt.

Eine solche Verpflichtung kann auch durch **Vormerkung** abgesichert werden.

- So kann man erwägen, bei Doppelhäusern oder **Reihenhäusern in der Rechtsform des WEG** eine Verpflichtung zur Begründung von Flächeneigentum aufzunehmen.
- Der Text der Regelung kann schon in der einseitigen Aufteilung durch den Bauträger (§ 8 WEG) enthalten sein. Die vertragliche Verpflichtung (und deren Absicherung durch Vormerkung an den anderen Einheiten) kann hingegen erst beim jeweiligen Verkauf begründet werden.

Wollen Wohnungseigentümer hingegen eine Regelung des neuen Rechts ausdrücklich nicht, können sie in die Gemeinschaftsordnung eine **Abwehrklausel gegen die Umdeutung nach § 47 WEG-E** hineinschreiben. Dafür dürfte aber erforderlich sein, die Regelung des neuen Rechts ausdrücklich zu nennen, in deren Richtung nicht ausgelegt werden soll. Und das hilft natürlich nicht gegen zwingende Vorschriften des neuen Rechts.

Ein praktisches Beispiel ist aber dafür aber bisher noch nicht eingefallen.

IX. Bestandteilszuschreibung des erbbaubelasteten Grundstücks zum Erbbaurecht ist unzulässig (OLG Hamm Beschl. v. 30.1.2019 – 15 W 320/18)[719]

Warum sollte ein Bedürfnis bestehen, das mit dem Erbbaurecht belastete Grundstück dem Erbbaurecht als Bestandteil zuzuschreiben? Die Frage drängt sich derart stark auf, dass die Antwort kaum im Sachenrecht gefunden werden kann. Sind Grundstück und Erbbaurecht in einer Hand vereinigt und sollen dies (wozu sonst die Zuschreibung?) auch bleiben, liegt doch nichts näher, als das Erbbaurecht aufzuheben.

Die Antwort findet sich, wie nicht selten bei solchen auf den ersten Blick unsinnigen Konstruktionen nicht im Sachenrecht, sondern schlicht bei den Kosten. Was tut man nicht alles, um Geld zu sparen? Lasten Grundpfandrechte auf dem Erbbaurecht, dann werden deren Gläubiger einer vorzeitigen Aufhebung nur zustimmen, wenn sie anschließend gleichermaßen am Grundstück abgesichert sind. Das ausdrückliche Nachverpfänden des Grundstücks führt aber zu höheren Kosten sowohl bei Notar wie auch bei Gericht.

1. Fallgestaltung

Die konkrete Fallgestaltung ist im Grunde gleichgültig, da es eine einfache Rechtsfrage ist, um die es hier geht. Der Berechtigte eines Erbbaurechts ist gleichzeitig Eigentümer des belasteten Grundstücks. Er beantragt die Bestandteilszuschreibung des Grundstücks und die anschließende Aufhebung des Erbbaurechts. Das Grundbuchamt lehnt die Eintragung ab.

2. Die Ausgangslage

Das OLG Hamm sah sich bei seiner Entscheidung einer wunderbar gespaltenen Auffassung in Rechtsprechung und Literatur gegenüber.

a) Für die Zulässigkeit

Das OLG Jena[720] und mit ihm ein erheblicher Teil der Literatur, im erbbaurechtlichen Schrifttum wohl die Mehrheit,[721] halten die Zuschreibung gerade in den Fällen, in denen diese ein bloßes Vorstadium zur Aufhebung ist, für zulässig.[722]

- Erstes Argument dieser Meinungsgruppe ist der Wortlaut des Gesetzes. § 11 Abs. 1 ErbbauRG lässt auf das Erbbaurecht die sich auf Grundstücke beziehenden Vorschriften entsprechende Anwendung finden. Die Ausnahmen sind genau bezeichnet, § 890 Abs. 2 BGB gehört nicht zu diesen. Untermauert werde dies dadurch, dass der Gesetzgeber trotz Kenntnis des Streits keine Erweiterung der Ausnahmetatbestände bei der Reform des ErbbauRG vorgenommen habe.

---

[719] RNotZ 2019, 266 = ZfIR 2019, 443 mAnm *Giesen*. Siehe dazu auch *Schreinert* notar 2019, 363.

[720] OLG Jena DNotZ 2018, 455.

[721] Staudinger/*Rapp* (2017) ErbbauRG § 11 Rn. 14; Bamberger/Roth/*Maaß* ErbbauRG § 11 Rn. 17; juris-PK-BGB/*Toussaint* BGB § 890 Rn. 34; *Planck/Strecker* § 1012 Anm. 7; *Rosenberg* Anm. II. 1 b; Ingenstau/Ingenstau/*Hustedt* ErbbauR § 11 Rn. 27; *Wilhelm* Rn. 2030; RGRK-BGB/*Räfle* ErbbauRG § 11 Rn. 21; *Schöner/Stöber* GrundbuchR Rn. 1845; KEHE/*Keller* § 6 Rn. 8; *Kehrer* BWNotZ 1954, 86; *Schulte* BWNotZ 1960, 137.

[722] Dies war früher wohl weitgehender vertreten: *Güthe/Triebel* §§ 5, 6 Rn. 5; *Predari* § 5 Anm. 10; *Fuchs* § 1012 Anm. 5b; *Thieme* §§ 5, 6 Anm. 2; *Samoje,* Erbbaurecht, 1919, § 11 Anm. 12.

– Das Gesetz sehe gerade kein Erfordernis vor, wonach die Bestandteilszuschreibung eine gewisse Dauer haben müsse. Die Verwendung des Instruments als bloßem Durchgangsstadium sei nirgends ausgeschlossen.
– Das Erbbaurecht sei im Verhältnis zwischen Grundstück und Erbbaurecht der wirtschaftlich und rechtlich dominierende Teil. Das Eigentum am Grundstück trete während des Bestehens des Erbbaurechts **in rechtlicher und wirtschaftlicher Hinsicht** hinter das Erbbaurecht **zurück,** das auch zur dinglichen Grundlage für sämtliche Belastungen werde.
– Eine Zweckwidrigkeit der Konstruktion sei schon deshalb nicht gegeben, weil die so verwirklichte Belastungserstreckung schon Zweck für sich sei.

b) Die Gegenauffassung

Die herrschende Meinung in der Literatur[723] und auf der Ebene der Obergerichte das KG[724] stellen sich dieser Auffassung entgegen. Schlüsselargumente sind hier:
– Das Wortlautargument greife schon deshalb nicht, weil es in § 890 Abs. 2 BGB um die Zuschreibung eines Grundstücks zu einem Grundstück gehe. Der Wortlaut legitimiere danach die Zuschreibung eines Erbbaurechts zu einem Erbbaurecht, mehr jedoch nicht.
– Historisch lasse sich aus den Motiven zum BGB nicht ableiten, dass der Gesetzgeber die Vereinigung/Zuschreibung von nicht gleichartigen dinglichen Rechten vorausgesetzt hat.
– Die Schaffung der dauerhaften Rechtseinheit sei gerade Ziel der Zuschreibung – das werde hier nicht erreicht.
– Die Zuschreibung des Grundstücks sei zweckwidrig. Das Erbbaurecht brauche ein Grundstück, auf dem es lastet und in dessen Grundbuchabteilung II es eingetragen ist.
– Durch die Zuschreibung würde ein subjektiv-dingliches Erbbaurecht entstehen und der numerus clausus der Realrechte de facto gesprengt. Inhaber des Erbbaurechts wäre bei dieser Konstruktion zwingend der jeweilige Eigentümer des Grundstücks.

3. Das OLG Hamm

Das OLG Hamm entscheidet sich unter Wiedergabe aller wesentlichen Argumente der herrschenden Meinung für deren Auffassung und lehnt die Zuschreibung ab.

4. Bewertung

Der Streit in der Literatur ist schon so alt, dass es vermessen wäre, hier den Gedanken an neue und überzeugende Argumente zu hegen. Der Fall wird vom BGH entschieden werden müssen.

Persönlich finde ich es eigentümlich, eine Sache zu einem Bestandteil eines Gegenstandes zu machen, dessen Grundlage die Sache ist. Das Erbbaurecht ist ein abgespaltener Teil des Grundstücks. Alle im Erbbaurecht verkörperten Rechtspositionen leiten sich vom Grundstück ab. Technisch mag man das Grundstück dem Erbbaurecht zuschreiben kön-

[723] Staudinger/*Picker* (2019) BGB § 890 Rn. 19; Palandt/*Herrler* BGB § 890 Rn. 2; MüKoBGB/*Kohler* BGB § 890 Rn. 6; MüKoBGB/*Heinemann* ErbbauRG § 11 Rn. 33; Erman/*Grziwotz* ErbbauRG Vorb. vor § 1 Rn. 6; *v. Oefele/Winkler/Schlögel,* Handbuch Erbbaurecht, 6. Aufl. 2016, § 5 Rn. 178ff.; Soergel/*Stürner* Rn. 7 aE; BeckOGK/*Hertel* BGB § 890 Rn. 23; *Rapp* MittRhNotK 1999, 376 (377); vgl. auch AK-BGB/*Finger* ERbbVO § 11 Rn. 22; NK-BGB/*Krause* BGB § 890 Rn. 29; *Schöner/Stöber* GrundbuchR Rn. 1845; Meikel/*Böttcher* GBO § 6 Rn. 8; *Demharter* GBO § 6 Rn. 6.

[724] KG DNotZ 2011, 283.

nen, logisch halte ich es für nicht sauber. Das Grundstück als umfassendes Gebilde würde so sich letztlich selbst (jedenfalls einem abgespaltenen Teil seiner selbst) zugeschrieben.

Das Entstehen eines subjektiv-dinglichen Rechts außerhalb des numerus clausus sehe ich dagegen nicht. Da das Erbbaurecht die Hauptsache ist, wird so der Inhaber des Erbbaurechts gleichzeitig zum Grundstückseigentümer, nicht umgekehrt.

5. Praktischer Umgang

Wird das Instrument eingesetzt, um damit wie regelmäßig die Aufhebung des Erbbaurechts vorzubereiten, spricht bei den Gerichten, die das Instrument zulassen, nichts dagegen, dieses auch einzusetzen. Ob es nun dogmatisch sauber ist (ist es wohl nicht), spielt bei einer Zwischennutzung keine Rolle.

Sollte, wovon ich eher ausgehe, der BGH das Konstrukt einmal für unwirksam erklären, droht kein Schaden. Durch die Bestandteilszuschreibung sind nach Aufhebung des Erbbaurechts die Grundpfandrechte am Grundstück eingetragen. Über deren Entstehung besteht auch die Willensübereinkunft, sodass der Entstehungstatbestand, Einigung und Eintragung des § 873 Abs. 1 BGB, gegeben ist. Wie er ehemals zustande kam, ist dann gleich.

Sollte das Konstrukt dagegen auf Dauer angelegt sein und einen entsprechenden Zweck erfüllen (den ich selbst derzeit nicht zu erkennen vermag) wäre ich vorsichtig. Das Konstrukt ist so schief, dass das Risiko der Unwirksamkeit einfach zu hoch für eine dauerhafte Nutzung ist.

Dass *Gursky*[725] es als „Monstrum“ bezeichnet hat, verheißt für seine Existenz nichts Gutes.

[725] Staudinger/*Gursky* (2013) BGB § 890 Rn. 19.

X. Abwendung der Zahlung einer Entschädigung durch Verlängerung des Erbbaurechts

1. BGH Urt. v. 23.11.2018 – V ZR 33/18

Kerngehalt der Entscheidung:

Die Befugnis des Eigentümers, die Zahlung der Entschädigung für das Bauwerk bei Zeitablauf durch Verlängerung des Erbbaurechts auszuschließen, kann in AGB nicht ausgeschlossen werden.

Leitsatz der Entscheidung:

Eine in einem Erbbaurechtsvertrag formularmäßig verwendete Klausel, wonach die Abwendungsbefugnis des Grundstückseigentümers nach § 27 Abs. 3 ErbbauRG schuldrechtlich oder als Inhalt des Erbbaurechts ausgeschlossen ist, widerspricht dem gesetzlichen Leitbild des Erbbaurechts und ist nach § 307 Abs. 1, Abs. 2 Nr. 1 BGB im Zweifel unwirksam. Das gilt auch dann, wenn in dem Erbbaurechtsvertrag die Entschädigung, die der Grundstückseigentümer dem Erbbauberechtigten nach Erlöschen des Erbbaurechts durch Zeitablauf zu leisten hat, auf zwei Drittel des Verkehrswerts des Bauwerks begrenzt wird.

a) § 27 Abs. 3 ErbbauRG: Eigentümer kann Entschädigungszahlung für das Bauwerk durch Verlängerung des Erbbaurechts abwenden

Beim Erbbaurecht gehört dem Eigentümer bekanntlich das Grundstück, dem Erbbauberechtigten das Gebäude. Mit Zeitablauf erlischt das Erbbaurecht. Dafür muss der Eigentümer dem Erbbauberechtigten eine **Entschädigung** für das Bauwerk zahlen (§ 27 Abs. 1 S. 1 ErbbauRG). Die Beteiligten können „Vereinbarungen über die Höhe der Entschädigung und die Art ihrer Zahlung sowie über ihre Ausschließung“ treffen (§ 27 Abs. 1 S. 2 ErbbauRG). Ist das „Erbbaurecht zur Befriedigung des Wohnbedürfnisses minderbemittelter Bevölkerungskreise bestellt, so muss die Entschädigung mindestens zwei Dritteile des gemeinen Wertes betragen, den das Bauwerk bei Ablauf des Erbbaurechts hat (§ 27 Abs. 2 ErbbauRG).

Der Eigentümer kann seine **Zahlungspflicht** dadurch **abwenden,** dass er das Erbbaurecht verlängert (§ 27 Abs. 3 ErbbauRG).

§ 27 Abs. 3 ErbbauRG

[1]Der Grundstückseigentümer kann seine Verpflichtung zur Zahlung der Entschädigung dadurch abwenden, daß er dem Erbbauberechtigten das Erbbaurecht vor dessen Ablauf für die voraussichtliche Standdauer des Bauwerks verlängert; lehnt der Erbbauberechtigte die Verlängerung ab, so erlischt der Anspruch auf Entschädigung. [2]Das Erbbaurecht kann zur Abwendung der Entschädigungspflicht wiederholt verlängert werden.

In der BGH-Entscheidung ging es um die Frage, ob diese Abwendungsbefugnis durch AGB (Allgemeine Geschäftsbedingungen) **ausgeschlossen** werden kann, wenn die AGB vom Erbbauberechtigten gestellt werden.

b) Wirtschaftliches Problem: Verwertungsrisiko bei Spezialimmobilien

BGH Urt. v. 23.11.2018 – V ZR 33/18[726]

In dem zugrundeliegenden **Sachverhalt** war im Jahr 1984 ein Erbbaurecht für einen Supermarkt mit einer Laufzeit von 30 Jahren bestellt worden. Als das Erbbaurecht im Jahr 2014 ablief, wollte die Erbbauberechtigte eine Entschädigung von 933.333,– EUR (= zwei Drittel des von ihrem Sachverständigen geschätzten Verkehrswertes von 1,4 Mio. EUR).

Die Eigentümer boten eine Verlängerung um zehn Jahre an. Die Erbbauberechtigte lehnte die Verlängerung ab. Sie wies darauf hin, dass die Abwendungsbefugnis im Erbbaurechtsvertrag ausgeschlossen war. Im Erbbaurechtsvertrag war dazu geregelt:

„Zeitablauf

1. Nach vertragsgemäßem Zeitablauf des Erbbaurechts hat der Grundstückseigentümer dem Erbbauberechtigten für die im Erbbaurecht errichteten Bauten und Anlagen eine Entschädigung in Höhe von 2/3 des Verkehrswertes zu zahlen.
2. Können sich die Vertragsparteien über die Höhe des Verkehrswertes der Bauwerke und Anlagen nicht einigen, so soll dieser Wert auf Kosten des Erbbauberechtigten durch einen vereidigten Sachverständigen der zuständigen Industrie- und Handelskammer für beide Seiten verbindlich festgesetzt werden.
3. Die Beteiligten schließen das Abwendungsrecht des Grundstückseigentümers nach § 27 Abs. 3 der Erbbaurechtsverordnung für diesen Vertrag aus.
4. [...] Soweit bei Beendigung des Erbbaurechts das Gebäude und die sonstigen baulichen Anlagen noch nutzbar sind, verpflichten sich mehrere Grundstückseigentümer ihre Grundstücke zu einem Grundstück zu vereinigen, das ihnen als Gesellschafter bürgerlichen Rechts im Verhältnis der eingebrachten Grundstücksflächen zusteht."[727]

Entscheidung: Vor dem Landgericht gewannen die Eigentümer: Die Abwendungsbefugnis hätte bestanden. Daher sei der Entschädigungsanspruch erloschen, als die Erbbauberechtigte die Verlängerung ablehnte. Das Erbbaurecht sei ohne Entschädigung im Grundbuch zu löschen.

Vor dem OLG Zweibrücken gewann hingegen die Erbbauberechtigte: Die Abwendungsbefugnis sei im Vertrag wirksam ausgeschlossen; dabei könne dahinstehen, ob die Regelung eine Allgemeine Geschäftsbedingung der Erbbauberechtigten sei. Daher müssten die Eigentümer eine Entschädigung für das Bauwerk zahlen. Dessen Verkehrswert schätzte das OLG aber nur auf knapp 320.000,– EUR (anstelle der von der Erbbauberechtigten geltend gemachten 1,4 Mio. EUR). Daher erhält die Erbbauberechtigte nur 212.417,94 EUR (nebst Verzugszinsen ab Ablauf des Erbbaurechts) zugesprochen.

Der BGH hob auf und verwies an das OLG zurück. Denn wenn AGB vorlägen, sei der Ausschluss der Abwendungsbefugnis unwirksam. Das OLG müsse daher prüfen, ob AGB vorlägen.

c) BGH: § 27 Abs. 3 ErbbauRG ist gesetzliches Leitbild

Der BGH entschied, dass die Abwendungsbefugnis des Grundstückseigentümers AGB-fest ist. Er ließ aber ausdrücklich offen, ob umgekehrt (außerhalb von § 27 Abs. 2 ErbbauRG) die Zahlung einer Entschädigungssumme in AGB gänzlich ausgeschlossen werden könne.[728]

Zunächst führt der BGH aus, dass die **Abwendungsbefugnis** des Grundstückseigentümers nicht gesetzlich zwingend, sondern ist **(im Individualvertrag) vertragsdisponibel** ist. Der Grundstückseigentümer könne auf seinen Schutz verzichten und § 27 Abs. 3 Erb-

[726] NJW-RR 2019, 755 = NotBZ 2019, 260 mAnm *Maaß;* dazu Anm. *Amann* MittBayNot 2019, 539; *Binkowski/Mönig* ZfIR 2019, 493. Vgl. auch *J. Weber* ZWE 2019, 251.

[727] BGH Urt. v. 23.11.2018 – V ZR 33/18, Rn. 1.

[728] BGH Urt. v. 23.11.2018 – V ZR 33/18, Rn. 14.

bauRG könne entweder nur schuldrechtlich oder **auch mit dinglicher Wirkung abbedungen** werden.

(Rn. 10): „bb) Die Abwendungsbefugnis gemäß § 27 Abs. 3 ErbbauRG ist demgegenüber ein Schutzrecht des Grundstückseigentümers gegen den Entschädigungsanspruch (vgl. [...]). Der Eigentümer kann durch das Angebot auf Verlängerung des Erbbaurechts seiner Verpflichtung zur Zahlung der Entschädigung entgehen. Auf diesen Schutz kann er nach allgemeinen Grundsätzen verzichten (vgl. [...]) und mit dem Erbbauberechtigten den Ausschluss der Abwendungsbefugnis vereinbaren. Mit einer solchen Vereinbarung wird dessen Entschädigungsanspruch nach § 27 Abs. 1 Satz 1 ErbbauRG gesichert. Sie kann deshalb nach § 27 Abs. 1 Satz 2 ErbbauRG wie eine Vereinbarung über die Entschädigung nicht nur mit schuldrechtlicher, sondern auch mit dinglicher Wirkung getroffen werden. Als Inhalt des Erbbaurechts kann vereinbart werden, dass das Recht des Grundstückseigentümers gemäß § 27 Abs. 3 ErbbauRG, seine Verpflichtung zur Zahlung der Entschädigung durch Verlängerung des Erbbaurechts abzuwenden, ausgeschlossen ist (vgl. auch [...]). Die Parteien können sich aber auch insoweit auf eine schuldrechtliche Vereinbarung beschränken (vgl. [...])."[729]

Dies gelte aber nur für einen Individualvertrag. In **Allgemeinen Geschäftsbedingungen** des Erbbauberechtigten könne die Anwendungsbefugnis nicht wirksam ausgeschlossen werden. Denn die Abwendungsbefugnis sei zentral für eine wirtschaftliche Interessenbalance zwischen Eigentümer und Erbbauberechtigtem und damit gesetzliches Leitbild.

„(2) Sinn und Zweck der Abwendungsbefugnis ist es, den Grundstückseigentümer davor zu bewahren, durch die Entschädigungspflicht in wirtschaftliche Schwierigkeiten zu geraten. [...]

(3) Der Möglichkeit des Grundstückseigentümers, zwischen der Übernahme des Bauwerks gegen Zahlung einer Entschädigungssumme und der Verlängerung des Erbbaurechts zu wählen, kommt zentrale Bedeutung für den Ausgleich seiner Interessen mit denen des Erbbauberechtigten am Ende der Laufzeit des Erbbaurechts zu. Könnte der Grundstückseigentümer die Entschädigungspflicht nicht abwenden, wäre der Ablauf des Erbbaurechts für ihn unter Umständen mit erheblichen wirtschaftlichen Belastungen verbunden."[730]

Die Zahlung der Entschädigung belaste den Eigentümer. Vor allem trüge er dann das **Verwertungsrisiko für das Bauwerk** – obwohl er typischerweise auf die genaue Art der Erstellung und die Unterhaltung des Bauwerks nur einen geringen Einfluss habe.

„(b) Zum anderen müsste der Grundstückseigentümer eine neue Verwendung für das Bauwerk finden. Dies kann insbesondere dann zu Schwierigkeiten führen, wenn es infolge der Marktentwicklung oder seines Zustands nicht nachgefragt ist. Zwar werden sich ungünstige Nutzungs- und Verwertungsmöglichkeiten des Bauwerks regelmäßig bei der Verkehrswertermittlung niederschlagen, die Grundlage der Berechnung der Entschädigung ist. Das **Risiko, den ermittelten Verkehrs- bzw. Ertragswert zu realisieren,** würde ohne die Regelung in § 27 Abs. 3 ErbbauRG mit dem Ende des Erbbaurechts aber zwingend auf den Grundstückseigentümer übergehen, obwohl er zuvor keinen Einfluss auf die Instandhaltung und Bewirtschaftung und meist auch nicht auf die Nutzung des Bauwerks hatte.

(c) Die Abwendungsbefugnis trägt damit einem wesentlichen Schutzbedürfnis des Grundstückseigentümers Rechnung. Zugleich weist sie das Risiko der weiteren Verwendung des Bauwerks dem Erbbauberechtigten als demjenigen zu, der die baulichen Investitionen getätigt bzw. von seinem Rechtsvorgänger übernommen hat (vgl. RAnz Nr. 26 vom 31.1.1919 zu §§ 26 bis 29 ErbbauVO) und der während der Laufzeit des Erbbaurechts für die **wirtschaftliche Ausrichtung und die Instandhaltung des Bauwerks verantwortlich** war. Das ist interessengerecht. Ist das Bauwerk gewinnbringend nutzbar, entsteht dem Erbbauberechtigten durch die Verlängerung des Erbbaurechts kein wirtschaftlicher Nachteil; sofern er es nicht selbst nutzen will, kann er es vermieten

[729] BGH Urt. v. 23.11.2018 – V ZR 33/18, Rn. 10.
[730] BGH Urt. v. 23.11.2018 – V ZR 33/18, Rn. 17–18.

oder aber das Erbbaurecht verkaufen. Ist dies nicht der Fall und hat der Erbbauberechtigte deshalb kein Interesse an der Verlängerung des Erbbaurechts, ist es sachgerecht, ihm die damit verbundenen Nachteile zuzuweisen. Andernfalls würde das während der Laufzeit des Erbbaurechts grundsätzlich von ihm zu tragende Ertragsrisiko (vgl. Senat, Urteil vom 15.4.2016 – V ZR 42/15, NJW 2016, 3100 Rn. 15) nach Ablauf der Zeit, für die das Erbbaurecht bestellt war, zwangsläufig auf den Grundstückseigentümer übergehen."[731]

Man kann auch nicht argumentieren, dass der Eigentümer mit einem Ausschluss der Abwendungsbefugnis seine Entscheidung schon getroffen habe – nur eben Jahrzehnte vor Zeitablauf des Erbbaurechts. Denn zum Wesen der Abwendungsbefugnis gehört auch, dass der Eigentümer erst bei Zeitablauf des Erbbaurechts entscheiden muss.

„(4) Der in § 27 Abs. 3 ErbbauRG bestimmte Zeitpunkt, zu dem sich der Grundstückseigentümer zwischen der Zahlung der Entschädigung und der Verlängerung des Erbbaurechts entscheiden kann, gehört ebenfalls zu den wesentlichen Grundgedanken der gesetzlichen Regelung. Sähe man in dem Ausschluss der Abwendungsbefugnis bei Abschluss des Erbbaurechtsvertrages lediglich eine zeitlich vorverlagerte Entscheidung zwischen Entschädigungszahlung und Verlängerung des Erbbaurechts, würde sich der Grundstückseigentümer zu einem Zeitpunkt seiner durch das Gesetz eingeräumten Wahlmöglichkeit begeben, zu dem er die für die Wahl notwendigen Entscheidungsgrundlagen (eigene wirtschaftliche Situation bei Ende des Erbbaurechts, Zustand des Bauwerks, Verwertungsmöglichkeiten) nicht kennt. Angesichts der langen, typischerweise mehrere Generationen überdauernden Laufzeit von Erbbaurechten ist bei der Bestellung eines solchen Rechts regelmäßig nicht einmal vorhersehbar, ob der Erbbaurechtsausgeber das Ende des Erbbaurechts noch erleben wird, geschweige denn, ob sich für ihn dann die Übernahme des Bauwerks gegen Entschädigungszahlung oder die Verlängerung des Erbbaurechts empfiehlt. Teil des Leitbildes von § 27 Abs. 3 ErbbauRG ist deshalb auch, dass die Abwendungsbefugnis des Grundstückseigentümers am Ende der Laufzeit des Erbbaurechts noch besteht."[732]

2. Anmerkung

a) Kritik von Amann: BGH-Entscheidung auf Fälle einschränken, in denen Erbbauberechtigter hinsichtlich Art und Umfang der Bebauung frei ist

Amann hat diese Entscheidung in einem Beitrag in der MittBayNot deutlich kritisiert.[733] Ihn überzeugt nicht, § 27 Abs. 3 ErbbauRG als gesetzliches Leitbild anzusehen. Er begründet dies mit einem Gedankenexperiment: Was wäre, wenn es § 27 Abs. 3 ErbbauRG nicht gäbe und der Eigentümer eine derartige einseitiges **Verlängerungsrecht vertraglich als AGB** einführen wollte? Dann würde er doch wohl AGB-rechtlich scheitern.

- Damit hätte sich der Eigentümer, so *Amann,* „die Möglichkeit geschaffen, einseitig Eckdaten des Vertrages zu ändern, sowohl dessen Zeitdauer als auch die Entschädigung bei Ablauf. Als AGB wäre ein solcher Vorbehalt grundsätzlich unwirksam."[734]
- Als erstes Argument führt *Amann* **§ 308 Nr. 4 BGB** an, wonach ein Änderungsvorbehalt des AGB-Verwenders nur zulässig ist, der Änderungsvorbehalt unter Berücksichtigung der Interessen des Eigentümers für den Erbbauberechtigten zumutbar ist.
- Zum anderen wäre ein solcher vertraglicher Verlängerungsvorbehalt **überraschend** (§ 305c Abs. 1 BGB) und **unklar** (§ 305c Abs. 2 BGB).

Dann überlegt Amann, ob es **überragende Interessen des Grundstückseigentümers** gebe, doch eine einseitige Verlängerungsbefugnis zuzulassen:

---

[731] BGH Urt. v. 23.11.2018 – V ZR 33/18, Rn. 20–21.
[732] BGH Urt. v. 23.11.2018 – V ZR 33/18, Rn. 22.
[733] *Amann* MittBayNot 2019, 539.
[734] *Amann* MittBayNot 2019, 539 (540).

- Das erste Argument des BGH ist die Belastung des Eigentümers mit einer Zahlungspflicht. Diese sei dem Eigentümer aber bereits bei Abschluss des Erbbaurechtsvertrages bekannt. Die Beteiligten könnten ja im Erbbaurechtsvertrag Regelungen über die Höhe der Entschädigung treffen (wie vorliegend, wo sie die Entschädigung auf zwei Drittel des Verkehrswertes begrenzt hatten). Die Zahlungspflicht sei nur die Kehrseite dafür, dass der Eigentümer anfänglich einen Liquiditätsvorteil habe, da er das Grundstück verwerten könne, ohne es verkaufen zu müssen. Insbesondere gelte dies, wenn der Erbbauberechtigte bei Erbbaurechtsbestellung ein bestehendes Gebäude erwerbe und auch zahlen müsse.
- Ernster nimmt *Amann* das Argument des BGH, dass dem Eigentümer mit der Entschädigungspflicht für das Gebäude das Risiko einer ungünstige Nutzungs- und Verwertungsmöglichkeit aufgebürdet würde. Diese mindere zwar den Verkehrswert. Dennoch sei das Risiko für den Eigentümer umso weniger beherrschbar, je weniger Einfluss er auf Instandhaltung, Bewirtschaftung oder Nutzung des Bauwerks gehabt habe. Hier hätte *Amann* für ausreichend gehalten,

„einen durch AGB des Erbbauberechtigten unangemessen weit ausgedehnten Spielraum des Erbbauberechtigten für die Bebauung einer Kontrolle gemäß § 307 Abs. 1 Satz 2 BGB (Verletzung des Transparenzgebots wegen ungerechtfertigten Beurteilungsspielraums) oder gemäß § 305c BGB (überraschende Klausel) zu unterwerfen, ohne den systemfremden § 27 Abs. 3 ErbbauRG zum Leitbild zu erheben."[735]

Amann will daher die Entscheidung des BGH auf Fälle einschränken, in denen der Eigentümer keinen Einfluss auf Art und Umfang der Bebauung durch den Erbbauberechtigten habe.

„Kurz gesagt: Je größeren Spielraum sich der Erbbauberechtigte durch AGB für die Bebauung des Erbbaugrundstücks vorbehalten hat, desto eher ist es gerechtfertigt, den Eigentümer gegen eine formularmäßige Abbedingung des § 27 Abs. 3 ErbbauRG zu schützen. Je geringer dieser Spielraum, desto weniger verdient der Eigentümer diesen Schutz; dann muss dem Erbbauberechtigten die Möglichkeit bleiben, § 27 Abs. 3 ErbbauRG auch durch AGB abzubedingen und damit auf die tragenden Grundsätze unserer Rechtsordnung – „pacta sunt servanda", Einstandspflicht für vereinbarte Geldschulden – zu bauen."[736]

b) Meine Meinung: Abwendungsbefugnis ist für Eigentümer elementar

Meist teile ich Amanns Meinung. Sie wissen ja, dass AMANN auch ein Acronym ist für **A**llgemeine **M**einung **A**ller **N**otare und **N**otarinnen. Dieser Umschreibung war jedenfalls die Erklärung eines Kollegen, als ein Grundbuchamt nach dem Hinweis des Kollegen auf eine seinen Antrag stützende literarische Äußerung von Amann tatsächlich nachfragte (horribile dictu), wer denn dieser Amann sei. Nun eben die **A**llgemeine **M**einung **A**ller **N**ur-**N**otare bzw. aller **N**otare und **N**otarinnen.

Hier vertrete ich ausnahmsweise eine andere Meinung. **Dogmatisch** wäre mein Ansatzpunkt, dass § 27 Abs. 3 ErbbauRG nun einmal im Gesetz steht. Und der Gesetzgeber kann durchaus in einem Rechtsgebiet zu einem Leitbild erheben, was das Gesetz in anderen Rechtsgebieten untersagt. Vor allem überzeugt mich auch das **Ergebnis** des BGH.

- Typischer Fall ist für mich das **Erbbaurecht am unbebauten Grundstück** – oder jedenfalls bei einem Gebäude mit sehr geringem Restwert, das erst mit erheblichen Investitionen wieder nutzbar gemacht werden kann. Der Fall, den Amann offenbar auch im Auge hat, dass ein Erbbaurecht an einem nutzbaren Gebäude bestellt wird, dürfte mE eine absolute Ausnahme sein. Denn dann könnte der Eigentümer auch vermieten. In

---

735 *Amann* MittBayNot 2019, 539 (542).
736 *Amann* MittBayNot 2019, 539 (543).

einem solchen Fall mag man gegenüber der BGH-Entscheidung differenzieren. Aber dann wird es kaum AGB des Erbbauberechtigten geben.

- **AGB des Erbbauberechtigten** haben wir nur dann, wenn ein Unternehmen dasselbe Geschäftsmodell immer wieder anwendet. Das ist also der **Supermarkt,** für den die Kette (oder ein Investor, der an die Kette vermietet) einen Standort sucht, oder eine **gewerbliche Sportanlage** (Tennishalle, Kegelbahn, Freizeitpark), die der Betreiber oder Investor an diversen Standorten verwirklicht.
- Typischerweise sind die **Spezialimmobilien,** die ein **besonders hohes Verwertungsrisiko** haben. Baut etwa ein Fonds einen Supermarkt zur Vermietung, so kalkuliert er das Projekt so, als ob das Bauwerk am Ende der vereinbarten Mietdauer keinen Wert mehr hat. Nur dann weiß der Fonds, dass sich das Objekt rentiert. Denn ob die Immobilie danach weiter verwendet werden kann, weiß niemand.
- **Wohnimmobilien,** für die es immer eine Anschlussverwendung geben wird (außer wenn die betreffende Region unter massiver Abwanderung leidet), werden nicht mit AGB des Erbbauberechtigten, sondern allenfalls mit **AGB des Grundstückseigentümers** errichtet.

Bei AGB des Erbbauberechtigten handelt es sich also typischerweise um eine **Spezialimmobilie mit hohem Verwertungsrisiko:**

- Ob auf diesem Standort bei Ablauf des Erbbaurechts noch ein Interessent dieselbe Nutzung betreiben will – oder sogar mehrere, damit nicht der einzige Interessent die Bedingungen diktieren kann, weiß bei Abschluss des Erbbaurechtsvertrages noch niemand.
- Am ehesten kann der Erbbauberechtigte das Verwertungsrisiko einschätzen, weil er als Betreiber oder Investor in der Branche tätig ist.
- Der Eigentümer hat aber keine Ahnung von der Höhe des Verwertungsrisikos.

§ 27 Abs. 3 ErbbauRG schützt den Eigentümer vor dem Verwertungsrisiko. Er kann auf den Erbbauberechtigten schieben, wo es hingehört. Denn der Erbbauberechtigte hat das Risiko durch seinen Spezialbau geschaffen. Er kann es am ehesten kontrollieren (etwa indem er das Bauwerk so gestaltet, dass es auch wieder umnutzbar wäre). Und der Erbbauberechtigte kann das Risiko bei Bauerrichtung am ehesten einschätzen.

Ich hatte erst kürzlich den Fall einer gewerblichen Sportanlage, die ein gewerblicher Betreiber auf dem Grundstück eines Verbrauchers errichten wollte. Dort ging es nicht um den Ausschluss der Verlängerungsbefugnis, sondern um den Ausschluss einer Entschädigung. Wenn man von den geplanten Investitionen des Betreibers ausging – und unterstellte, dass das Bauwerk bei Zeitablauf des Erbbaurechts noch in etwa den Wert der erbrachten Investitionen haben würde (weil es der Erbbauberechtigte ja für die Nutzung in gutem Zustand erhalten würde), so hätte der Grundstückseigentümer am Ende für das Bauwerk mehr an Entschädigung zahlen müssen, als er während der gesamten Laufzeit des Erbbaurechts (über mehrere Jahrzehnte) an Erbbauzins vereinnahmt hatte.

Wo der Grundstückseigentümer nur erwartet hatte, sein Grundstück langfristig zu vermieten, hätte er ohne Ausschluss der Entschädigung **plötzlich ein Bauwerk gekauft,** ohne es zu wollen. Statt Einnahmen zu schaffen, hätte er sich zu einer Investition verpflichtet.

(Im konkreten Fall haben die Beteiligten die Entschädigung ganz ausgeschlossen, aber dem Erbbauberechtigten eine einseitige Verlängerungsmöglichkeit für das Erbbaurecht eingeräumt. So kann er seine Investition weiter nutzen, wenn ihm das sinnvoll erscheint, aber der Eigentümer trägt nicht das Verwertungsrisiko.)

Im Fall des BGH ging es letztlich „nur" um gut 200.000,– EUR. Wahrscheinlich hätte der Eigentümer die Halle irgendwie anderweitig vermieten können und sei es als Lagerhalle und damit den Kredit für die Halle finanzieren können, so dass ihn die Entschädigung nicht gleich in den finanziellen Ruin getrieben hätte. Aber er hätte, ohne es zu ahnen, in den Kauf einer Halle investiert. Und einen Ertrag aus dem Grundstück hätte er dann möglicherweise auch nicht mehr gehabt.

Wenn das in einem Individualvertrag zwischen zwei gleich starken Vertragspartner passiert, ist das okay. Aber die Supermarktkette oder der Investorenfonds sollen ihr Verwertungsrisiko nicht durch AGB auf den privaten Grundstückseigentümer abwälzen können. Daher halte ich die Entscheidung des BGH für richtig.[737]

c) Vertragsgestaltung: Bei Spezialimmobilien Entschädigung oder Verlängerung bei Zeitablauf genau besprechen und regeln

Für die Vertragsgestaltung zeigt die Entscheidung, dass der Notar bei Spezialimmobilien die Rechtsfolgen bei Zeitablauf des Erbbaurechts mit den Beteiligten genau besprechen sollte, damit sich die Beteiligten der möglichen Risiken bewusst sind. Insbesondere ist dem privaten Grundstückseigentümer sonst möglicherweise nicht bewusst, welche Zahlungspflicht in Form der Entschädigung auf ihn zukommen kann. Dabei können die Beteiligten die **Risikoverteilung durch verschiedene Vorgaben steuern:**

Die **Dauer des Erbbaurechts** geben die Beteiligten meist schon vor. Aber auch deren Anpassung können die Beteiligten nochmals erwägen, wenn die Erbbaurechtsdauer nicht zur wirtschaftlichen Abschreibungsdauer des Gebäudes passt.

Wesentlich für das jeweilige Risiko ist natürlich die **Höhe der Entschädigung** – oder deren Begrenzung oder sogar gänzlicher Ausschluss.

- In seiner Entscheidung ließ der BGH offen, ob die Entschädigung in AGB vollständig ausgeschlossen werden könne.[738] Im **Individualvertrag** ist ein Ausschluss nach der ausdrücklichen Regelung des § 27 Abs. 1 S. 2 ErbbauRG aber jedenfalls möglich.
- Sekundär kann hier auch eine **Schiedsgutachterklausel** das Verfahren vereinfachen.

Durch einseitige **Verlängerungsmöglichkeiten** – sei es vertraglich auf Seiten des Erbbauberechtigten, sei es gesetzlich nach § 27 Abs. 3 ErbbauRG auf Seiten des Grundstückseigentümers kann das Risiko eines Beteiligten gemindert werden.

- Sinnvollerweise sollte die einseitige Verlängerungsmöglichkeit auf Seite dessen bestehen, **der das höhere Risiko trägt.**
- Zu regeln ist,
  - **wer** unter welchen **Voraussetzungen** (zB nach § 27 Abs. 3 ErbbauRG oder ohne weitere Voraussetzungen) eine Verlängerung verlangen kann,
  - **wie lange** die Verlängerung ist, ferner
  - **Form und Frist** des Verlangens und ggf.
  - die Entschädigung bei Ablauf der Verlängerung.

Amann hat in seinem Aufsatz auch einen Formulierungsvorschlag geliefert.[739]

---

[737] Dem BGH zustimmend auch *Bińkowski/Mönig* ZfIR 2019, 493.
[738] BGH Urt. v. 23.11.2018 – V ZR 33/18, Rn. 10.
[739] *Amann* MittBayNot 2019, 539 (546f.).

F. Allgemeines Grundstücksrecht/Beschränkte dingliche Grundstücksrechte

I. Nachbarrecht: Von Aufschüttungen und Weltkriegsbomben

Eigentlich sollte man davon ausgehen, dass sich die Probleme mit den aus dem Grundstück resultierenden Rechten und Pflichten langsam aufgelöst haben. Die gesetzlichen Bestimmungen existieren praktisch unverändert seit nunmehr 120 Jahren – und so viele neue Nutzungsmöglichkeiten für Grundstücke sind auch nicht dazu gekommen. Gleichwohl stellen sich immer wieder neue Fragen, die Probleme betreffen, die so auch schon vor 50 Jahren hätten auftreten können.

1. Recyclingunternehmen haftet nicht aus Nachbarrecht, wenn Weltkriegsbombe im Bauschutt explodiert (BGH Urt. v. 5.7.2019 – V ZR 96/18)

Bomben sind auch 75 Jahre nach Ende des 2. Weltkrieges ein noch immer bestehendes Gräuel. Zum Glück werden die meisten, die heute noch gefunden werden, entschärft. Wenn diese explodieren, richten sie aber immer noch großen Schaden an.

a) Sachverhalt

BGH Urt. v. 5.7.2019 – V ZR 96/18[740]

Auf einem Grundstück betreibt der Pächter ein nach dem BImSchG zugelassenes Recycling-Unternehmen mit einem Brecher. Dort werden Betonbauteile zerkleinert. In einem dieser Betonteile ist, ohne dass es dazu irgendwelche Anhaltspunkte gegeben hätte, eine Luftmine aus dem 2. Weltkrieg einbetoniert. Diese explodiert, als ein Baggerfahrer das Betonteil anhebt.

Durch die Explosion kommt es zu erheblichen Schäden an Nachbargebäuden. Deren Eigentümer nehmen sowohl den Unternehmer wie auch den Grundstückseigentümer des Betriebsgrundstücks in Anspruch.

Entscheidung: Ansprüche aus §§ 823 Abs. 1 und Abs. 2, 831 Abs. 1 BGB sind mangels Verschuldens des Eigentümers von vornherein ausgeschlossen.

Der BGH hatte sich im Verhältnis zum Grundstückseigentümer letztlich nur mit der für das Immobilienrecht relevanten Frage zu beschäftigen, inwieweit sich aus § 906 Abs. 2 BGB ein Anspruch der Nachbarn ergibt.

b) Die rechtliche Begründung

§ 906 BGB

(1) [1]Der Eigentümer eines Grundstücks kann die Zuführung von Gasen, Dämpfen, Gerüchen, Rauch, Ruß, Wärme, Geräusch, Erschütterungen und ähnliche von einem anderen Grundstück ausgehende Einwirkungen insoweit nicht verbieten, als die Einwirkung die Benutzung seines Grundstücks nicht oder nur unwesentlich beeinträchtigt. [2]Eine unwesentliche Beeinträchtigung liegt in der Regel vor, wenn die in Gesetzen oder Rechtsverordnungen festgelegten Grenz- oder Richtwerte von den nach diesen Vorschriften ermittelten und bewerteten Einwirkungen nicht überschritten werden. [3]Gleiches gilt für Werte in allgemeinen Verwaltungsvorschriften, die nach

[740] NZM 2019, 893 = IBR 2019, 556 *(Michalczyk)* = RÜ 2019, 691 mAnm *Haack*.

§ 48 des Bundes-Immissionsschutzgesetzes erlassen worden sind und den Stand der Technik wiedergeben.

(2) [1]Das Gleiche gilt insoweit, als eine wesentliche Beeinträchtigung durch eine ortsübliche Benutzung des anderen Grundstücks herbeigeführt wird und nicht durch Maßnahmen verhindert werden kann, die Benutzern dieser Art wirtschaftlich zumutbar sind. [2]Hat der Eigentümer hiernach eine Einwirkung zu dulden, so kann er von dem Benutzer des anderen Grundstücks einen angemessenen Ausgleich in Geld verlangen, wenn die Einwirkung eine ortsübliche Benutzung seines Grundstücks oder dessen Ertrag über das zumutbare Maß hinaus beeinträchtigt.

Grundsätzlich sind die Voraussetzungen des § 906 Abs. 2 S. 2 BGB gegeben:

- Ein nachbarrechtlicher Ausgleichsanspruch analog § 906 Abs. 2 S. 2 BGB ist nach der Rechtsprechung des BGH gegeben, wenn

  „von einem Grundstück im Rahmen privatwirtschaftlicher Benutzung rechtswidrige Einwirkungen auf ein anderes Grundstück ausgehen, die der Eigentümer oder Besitzer des betroffenen Grundstücks nicht dulden muss, jedoch aus rechtlichen oder – wie hier – tatsächlichen Gründen nicht gem. §§ 1004 I, 862 I BGB unterbinden kann, sofern er hierdurch Nachteile erleidet, die das zumutbare Maß einer entschädigungslos hinzunehmenden Beeinträchtigung übersteigen (vgl. Senat, NZM 2018, 224 = NJW 2018, 1542 = WM 2018, 1761 Rn. 5 mwN).“

- Ein solcher Anspruch kann auch dann bestehen, wenn die Grundstücke mehrere 100 m entfernt liegen.

  „Der Umstand, dass Grundstücke nicht aneinandergrenzen, steht einem nachbarrechtlichen Ausgleichsanspruch nicht entgegen (vgl. Senat, NJW 1958, 1393 = LM § 906 BGB Nr. 6 mwN).“

- Der Unternehmer ist auch Störer, da durch seinen Betrieb das Zerkleinern vorgenommen wurde. Ob der Grundstückseigentümer auch als Störer in diesem Sinne gelten kann, ist schon zweifelhaft, da er allenfalls mittelbar durch die Überlassung des Grundstücks Störer geworden sein könnte. Der BGH musste das nicht entscheiden.
- Der BGH bejaht auch den Grundstücksbezug der Schädigung, da diese auf das ortstypische Recycling zurückzuführen sei.

Der BGH lehnt eine Haftung aber aus anderem Grund ab. Die Regelung in § 906 Abs. 2 BGB sei auf Beeinträchtigungen nicht entsprechend anwendbar, die durch die – unverschuldete – Explosion eines Blindgängers aus dem Zweiten Weltkrieg verursacht werden. Der Grund dafür liegt in dem Zweck der Norm. Der BGH erläutert unter Rn. 37:

„Der nachbarrechtliche Ausgleichsanspruch beruht maßgeblich auf der Wertung, dass der Eigentümer oder Besitzer des Grundstücks, von dem die rechtswidrige Beeinträchtigung der Nachbargrundstücke ausgeht, der Beeinträchtigung und ihren Folgen näher steht als die Nachbarn. Er ist gegeben, wenn sich ein zu erwartendes oder auch eher ungewöhnliches Risiko verwirklicht, das in der Nutzung oder in dem Zustand des Grundstücks angelegt ist. In solchen Fällen führt der nachbarrechtliche Ausgleichsanspruch zu einer sachgerechten Verantwortungszuweisung.“

Ein in der Nutzung des Grundstücks angelegtes Risiko bestünde dann, wenn auf diesem regelmäßig Blindgänger gesprengt würden und daraus nun ein Schaden resultierte. Vorliegend sei aber kein solches in der Nutzung bestehendes Risiko realisiert worden. Dass Blindgänger einbetoniert wurden, ist so ungewöhnlich, dass damit in Recyclingunternehmen nicht gerechnet werden muss oder kann.

2. Störereigenschaft bei Aufschüttungen im Grenzbereich zum Nachbargrundstück (OLG Hamm Urt. v. 20.5.2019 – 5 U 59/18)[741]

Kerngehalt der Entscheidung:

Eigentümer, der Aufschüttungen in Auftrag gibt, ist Störer für dadurch verursachten Feuchtigkeitseintritt in Nachbargebäude.

Amtlicher Leitsatz der Entscheidung:

Störer im Sinne von § 1004 Abs. 1 BGB ist auch derjenige, der eine Aufschüttung auf seinem Grundstück im Grenzbereich zum Nachbargrundstück in Auftrag gibt, von der Feuchtigkeit in das grenzständig errichtete Hallengebäude des Nachbarn herangetragen wird. Die Haftung als Auftraggeber folgt zwingend daraus, dass die störende Tätigkeit der Verwirklichung des Werkvertrages und deshalb die Ausübung einer vom Auftraggeber angemaßten Einwirkungsbefugnis bedeutet.

Redaktionelle Leitsätze der Entscheidung:

1. Gelangen ohne den Willen des Eigentümers fremde Gegenstände oder Stoffe auf sein Grundstück oder in dessen Erdreich, beeinträchtigen sie die dem Eigentümer durch § 903 BGB garantierte umfassende Sachherrschaft, zu der es auch gehört, fremde Gegenstände oder Stoffe von dem eigenen Grundstück fern zu halten. Deshalb sind diese Gegenstände oder Stoffe bis zu ihrer Entfernung allein durch ihre Anwesenheit eine Quelle fortdauernder Eigentumsstörungen (vgl. BGH BeckRS 2005, 2656).
2. Eine Eigentumsbeeinträchtigung liegt vor, wenn durch eine Aufschüttungen auf einem Nachbargrundstück das Erdreich unmittelbar an die Außenwand eines grenzständig errichteten Hallengebäude auf dem anderen Grundstück heranreicht und dadurch Feuchtigkeit an das Hallengebäude herangetragen wurde, unabhängig davon, ob hierdurch Schäden an dem Gebäude auf dem klägerischen Grundstück entstanden sind.
3. Liegt eine solche Aufschüttung auf dem Nachbargrundstück vor, ist der Nachbar Störer iSd § 1004 Abs. 1 BGB, unabhängig davon, ob er die Aufschüttungen in dem streitgegenständlichen Bereich selbst vorgenommen hat oder aber ob diese im Zuge eines Bauvorhabens durch ein Bauunternehmen erfolgt sind. Die Haftung des Nachbarn als Auftraggeber folgt zwingend daraus, dass die störende Tätigkeit die Verwirklichung des Werkvertrages und deshalb die Ausübung einer vom Auftraggeber angemaßten Einwirkungsbefugnis bedeutet; der Auftraggeber dehnt hier mittels des Werkunternehmers seine Herrschaftsmacht in eine fremde Eigentumssphäre aus.

3. Kein gewohnheitsrechtliches Wegerecht, allenfalls Notwegerecht

Weil Sie die Frage sicher auch schon in Ihrer Praxis hatten, sei auf folgendes Urteil des BGH hingewiesen:

BGH Urt. v. 24.1.2020 – V ZR 155/18[742]

Sachverhalt: Ein Eigentümer hatte jahrzehntelang hingenommen, dass der Nachbar über sein Grundstück fuhr. Irgendwann wollte er dies unterbinden. Der Nachbar meinte, ihm stünde ein Gewohnheitsrecht zu.

[741] BeckRS 2019, 13088.
[742] NJW 2020, 1360.

Das OLG Köln vermochte dieser Auffassung sogar zu folgen. Der BGH hob auf und verwies zurück. Bei der kostenfreien Nutzung handelt es sich um eine Leihe, die der Eigentümer jederzeit einseitig beenden kann. Allenfalls käme ein Notwegerecht in Betracht, was das OLG noch nicht geprüft hatte.

II. Dienstbarkeitsinhalt

Die nächsten drei Entscheidungen bespreche ich, weil sie sowohl die Unterscheidung wie den Zusammenhang zwischen den dinglichen Beschränkungen aus Dienstbarkeiten einerseits und den zugrundeliegenden schuldrechtlichen Verpflichtungen aufzeigen.

1. BGH Urt. v. 8.2.2019 – V ZR 176/17

Kerngehalt der Entscheidung:

Zeitlich unbefristetes Belegungsrecht ist zwar sachenrechtlich zulässig, kann aber schuldrechtlich nicht aus § 88d des II. WoBauG (dritter Förderweg) begründet werden.

Leitsätze der Entscheidung:

1. Es begegnet keinen sachenrechtlichen Bedenken, wenn eine beschränkte persönliche Dienstbarkeit zugunsten einer juristischen Person ohne zeitliche Befristung bestellt wird (Bestätigung von Senat, Urteil vom 11.3.1964 – V ZR 78/62, BGHZ 41, 209, 214 f.).
2. Bei der vereinbarten Förderung gemäß § 88d II. WoBauG waren zeitlich unbefristete Belegungsrechte nicht vorgesehen; eine darauf gerichtete schuldrechtliche Vereinbarung ist unwirksam, und zwar auch dann, wenn die Kommune dem privaten Investor zur Errichtung von Sozialwohnungen kostengünstiges Bauland überlassen hat.
3. Sind im Rahmen der vereinbarten Förderung gemäß § 88d II. WoBauG zeitlich unbefristete Belegungsrechte vereinbart worden, kann in entsprechender Anwendung von § 139 BGB im Zweifel davon ausgegangen werden, dass die Parteien in Kenntnis der Unwirksamkeit ihrer Vereinbarung Belegungsrechte für einen möglichst langen rechtlich zulässigen Zeitraum vereinbart hätten; deshalb ist bei der Gewährung eines langfristigen, vergünstigten Kredits im Zweifel anzunehmen, dass die im Gegenzug übernommenen Belegungsrechte während der Laufzeit des vergünstigten Kredits fortbestehen sollen.

a) Sachverhalt: Klage gegen unbefristetes Wohnungsbelegungsrecht

Der BGH hatte zu entscheiden, ob eine aufgrund sozialer Wohnraumförderung unbefristet bestellte Dienstbarkeit (Wohnungsbelegungsrecht) nach 20 Jahren abgelaufen war.

BGH Urt. v. 8.2.2019 – V ZR 176/17[743]

In dem zugrundliegenden **Sachverhalt** verkaufte die Stadt im Januar 1995 Grundstücke verbilligt an die Reichsbund Wohnungsbau- und Siedlungsgesellschaft mbH. Die Grundstücke sollten im Rahmen des „dritten Förderweges" nach § 88d des Zweiten Wohnungsbaugesetzes (II. WoBauG) mit 52 Sozialwohnungen bebaut werden. Außerdem gewährte die Stadt dem Reichsbund ein zinsgünstiges Darlehen.

Dafür verpflichtete sich der Reichsbund, die Wohnungen zeitlich unbefristet nur an Inhaber von Wohnberechtigungsscheinen nach § 5 WoBindG bzw. § 88a Abs. 1b II. WoBauG zu vermieten und bestellte der Stadt hierfür ein Wohnungsbelegungsrecht (beschränkte persönliche Dienstbarkeit).

Im Oktober 1995 verkaufte der Reichsbund die Grundstücke weiter. Die jetzige Eigentümerin meint, dass die Beschränkungen 20 Jahre nach Bezugsfertigkeit (dh zum 1.7.2016) abgelaufen seien und klagte auf Löschung.

[743] DNotZ 2019, 440; dazu Anm. *Grziwotz* JZ 2019, 739; *Häublein* NJW 2019, 2019.

Entscheidung: Das Landgericht wies die Klage ab. Auch vor dem OLG war die Eigentümerin erfolglos. Nach Ansicht des OLG war eine unbefristete Bindung angesichts des verbilligten Grundstücksverkaufs zulässig.

b) Absicherung von Belegungsrechten durch Dienstbarkeit möglich

Zunächst bestätigte der BGH, dass Wohnungsbelegungsrechte – wie vorliegend – durch eine beschränkte persönliche Dienstbarkeit abgesichert werden können:

„Es entspricht der ständigen höchstrichterlichen Rechtsprechung, dass beschränkte persönliche Dienstbarkeiten (§§ 1090 ff. BGB) zur Sicherung von Belegungsrechten bestellt werden können (vgl. Senat, Urteil vom 21.12.2012 – V ZR 221/11, ZfIR 2013, 292 Rn. 20 mwN).“[744]

c) Sachenrechtlich ist unbefristete Dienstbarkeit zulässig

Es gibt keine sachenrechtlichen Gründe, die gegen eine unbefristete Dienstbarkeit sprechen. Zwar erlöschen zugunsten einer natürlichen Person bestellte beschränkte persönliche Dienstbarkeiten mit dem Tod dieser Person. Das Gesetz lässt aber beschränkte persönliche Dienstbarkeiten auch zugunsten juristischer Personen zu. Damit sind faktisch auch unbefristete beschränkte persönliche Dienstbarkeiten möglich.[745] Das heißt aber nur, dass die Dienstbarkeit noch nicht erloschen ist. Möglicherweise besteht aber ein schuldrechtlicher Löschungsanspruch.

d) Dritter Förderweg lässt keine unbefristete Bindung zu

Hierfür ist die schuldrechtliche Grundlage für die Wohnungsbindung zu prüfen. Ich will Ihnen die Analyse des dritten Förderweges durch den BGH nicht im Einzelnen darstellen – zumal es schon vor fast zwanzig Jahren durch das Wohnraumförderungsgesetz[746] abgelöst wurde. In Kürze argumentiert der BGH:

- Der sog. „dritte Förderweg“ des sozialen Wohnungsbaus (§ 88d II. WoBauG) wurde im Jahr 1989[747] eingeführt. Er regelt eine **„vereinbarte Förderung“**: Das fördernde Land und der geförderte Bauherr legen jeweils in einer Einzelvereinbarung einerseits die Förderung (insbesondere eines leistungsfreien Darlehens oder eines Zuschusses) sowie Umfang und Dauer des Bindung des Bauherrn fest.
- Wie der BGH feststellt, sollte der dritte Förderweg eine flexiblere Förderung gegenüber den starren und langjährigen Mietpreis- und Belegungsbindungen des ersten bzw. zweiten Förderweges (§§ 25–72 bzw. §§ 88–88c II. WoBauG) ermöglichen.
- Nach § 88d Abs. 2 Nr. 2 II. WoBauG soll die Dauer der Zweckbestimmung der Belegungsrechte und der vereinbarten Regelung der Miete 15 Jahre nicht überschreiten, wenn nicht auf Grund der Zielsetzung und der Art der Förderung, insbesondere wegen der Bereitstellung von Bauland oder wegen der Förderung zu Gunsten bestimmter Personengruppen, ein längerer Zeitraum geboten ist.
- Für die längerfristigen Bindungen des ersten und zweiten Förderungsweges schrieb der Gesetzgeber im Jahr 1994 ausdrücklich vor, dass der Eigentümer höchstens bis zu dem Zeitpunkt gebunden sein dürfte, ab dem die durch die Subvention gewährten Vorteile aufgebraucht sind (§§ 15 Abs. 1, 16 Abs. 1 WoBindG für den ersten Förderweg, § 88a Abs. 2 II. WoBauG für den zweiten Förderweg).

---

[744] BGH Urt. v. 8.2.2019 – V ZR 176/17, Rn. 7.
[745] BGH Urt. v. 8.2.2019 – V ZR 176/17, Rn. 7.
[746] Wohnraumförderungsgesetz v. 13.9.2001, BGBl. 2001 I 2376.
[747] Art. 1 Nr. 4 Gesetz zur Änderung des Zweiten Wohnungsbaugesetzes v. 21.2.1989, BGBl. 1989 I 242.

Daraus schließt der BGH, dass für den kurzfristigeren, flexibleren dritten Förderweg auch keine unbefristete Bindung zulässig ist (auch wenn die Literatur dies anders gesehen hatte).[748]

e) Verkürzung auf wirksame Befristung

Ähnlich wie bei Einheimischenmodellen mit überlangen Fristen streicht der BGH die unzulässige Dauerbindung nicht einfach. Denn eine **Subventionsvergabe ohne jede Bindung** des Subventionsempfängers **wäre unwirksam** gewesen. Daher ist zu fragen, welche Frist die Beteiligten vereinbart hätten, wenn sie die Unwirksamkeit der unbefristeten Bindung bereits bei Vertragsschluss gekannt hätten.[749] Dies erforderte noch weitere Tatsachenfeststellungen, weswegen der BGH an das OLG zurückverwies.

Nachdem hier ein für 35 Jahre zinsloses Darlehen vereinbart worden war, hielt der BGH für durchaus möglich, dass dann eine 35-jährige Bindungsfrist vereinbart worden wäre – möglicherweise sogar länger, sofern auch der damals nach Ablauf der zinslosen Zeit vereinbarte Zins von 4% p.a. sich aus damaliger Sicht als Subvention des Kreditnehmers darstellte (bei den heutigen Zinssätzen mag man zur Klarstellung hinzufügen: als Subvention für den Kreditnehmer, nicht von Seiten des Kreditnehmers).

f) Fristablauf führt zu Aufhebungsanspruch, nicht zu Unwirksamkeit der Dienstbarkeit

Angemerkt sei noch, dass auch der Fristablauf der gesicherten Verpflichtung nicht zum automatischen Erlöschen der Dienstbarkeit führt, sondern nur zu einem Löschungsanspruch.

2. OLG München Beschl. v. 15.7.2019 – 34 Wx 264/17

Kerngehalt der Entscheidung:

Dienstbarkeit kann nicht Nutzung auf Betriebsinhaber und Austrägler beschränken (während Wohnungsbesetzungsrecht zulässig wäre).

Leitsatz der Entscheidung:

Zur (Un)Zulässigkeit einer beschränkten persönlichen Dienstbarkeit, die die Verpflichtung enthält, das auf einem Grundstück errichtete Wohngebäude nur zu Wohnzwecken für einen bestimmten Personenkreis zu benützen.

a) Baurechtlicher Hintergrund: Zweckbestimmung des Bauwerks für land- oder forstwirtschaftlichen Betrieb sichern (§ 35 Abs. 1 Nr. 1 BauGB)

Im **Außenbereich** ist ein Bauvorhaben grundsätzlich nur zulässig, wenn es einem **privilegierten Zweck nach § 35 Abs. 1 BauGB** dient (und ausreichende Erschließung gesichert ist und öffentliche Belange nicht entgegenstehen).

Der in der Praxis wichtigste privilegierte Zweck ist die **Land- und Forstwirtschaft,** also wenn das Bauvorhaben „einem land- oder forstwirtschaftlichen Betrieb dient und nur eine untergeordneten Teil der Betriebsfläche einnimmt" (§ 35 Abs. 1 Nr. 1 BauGB).

---

[748] BGH Urt. v. 8.2.2019 – V ZR 176/17, Rn. 17.

[749] BGH Urt. v. 8.2.2019 – V ZR 176/17, Rn. 26.

Privilegiert ist auch ein **Wohngebäude,** wenn es von Betriebsangehörigen genützt wird, also insbesondere vom jetzigen Betriebsinhaber und dessen Familie, vom früheren Betriebsinhaber oder von einem (hauptberuflich) auf dem Hof Beschäftigten.

Nachdem man einem Wohngebäude nicht ansieht, wer es nutzt, kann die Baugenehmigungsbehörde eine Absicherung der Nutzungsbeschränkung verlangen[750] – entweder durch Baulast oder durch zivilrechtliche **Unterlassungsdienstbarkeit.**

- Inwieweit eine diesbezügliche Baulast möglich ist, bestimmt das Bauordnungsrecht des jeweiligen Bundeslandes. In Bayern gibt es etwa keine derartigen Baulasten.
- Die Absicherung durch eine Unterlassungsdienstbarkeit hat den Vorteil, dass sie aus dem Grundbuch ersichtlich ist und damit durch die dem Notar vorgeschriebene Grundbucheinsicht (§ 21 GBO) bei einer Grundstücksveräußerung nicht übersehen werden kann.

Daher dürfte die Entscheidung vor allem in Bayern relevant sein.

b) Unterlassungsdienstbarkeit kann nicht Nutzung durch bestimmte Personengruppen untersagen

Nutzt man eine zivilrechtliche Absicherung, muss das verwendete Sicherungsmittel natürlich auch zivilrechtlich möglich und wirksam sein. Allein dass es für einen sinnvollen öffentlich-rechtlichen Zweck genutzt wird (oder dafür sogar erforderlich ist), hilft noch nicht über zivilrechtliche Schranken hinweg. Davon handelt der Fall des OLG München.

OLG München Beschl. v. 15. 7. 2019 – 34 Wx 264/17[751]

In dem zugrundeliegenden **Sachverhalt** hatten die damaligen Hofeigentümer im Jahr 1972 eine Dienstbarkeit bestellt, ein geplantes Wohngebäude nur für Wohnzwecke der Austrägler, sonst anderer Familienangehöriger zu nutzen. In der Urkunde hieß es:

„Die Ehegatten … verpflichten sich daher gegenüber dem Freistaat Bayern zu folgenden:

das zur Errichtung kommende Wohngebäude darf nur für Zwecke benutzt werden, die dem landwirtschaftlichen Anwesen … unmittelbar dienen und zwar nach näherer Maßgabe wie folgt:

1.) soweit und solange auf dem landwirtschaftlichen Anwesen ein oder mehrere Austrägler leben, ist das vorgenannte Wohngebäude ausschließlich zu Wohnzwecken für diese Austrägler zu benutzen. Jede andere Benutzung ist zu unterlassen.

2.) Sofern auf dem landwirtschaftlichen Anwesen … keine Austrägler leben, darf das Gebäude auch dem Eigentümer des landwirtschaftlichen Anwesens, seinen auf dem Hof lebenden Familienangehörigen oder auf dem Anwesen beschäftigten landwirtschaftlichen Arbeitern zu Wohnzwecken dienen. Andere als die vorgenannten Personen dürfen das Wohngebäude nicht bewohnen."[752]

Dafür hatten die Beteiligten eine Dienstbarkeit bestellt, die auch in das Grundbuch eingetragen wurde.

Im Jahr 2000 überließen die Eigentümer das Grundstück an ein Kind.

Im Jahr 2017 beantragte der neue Eigentümer beim Grundbuchamt, die Dienstbarkeit zu löschen. Sie sei inhaltlich unzulässig und damit unwirksam.

Vor dem Grundbuchamt scheiterte der Eigentümer damit.

---

[750] Vgl. BVerwG Urt. v. 5. 2. 1971 – IV C 1.68, BauR 1972, 90; BayVGH Urt. v. 13. 1. 2011 – 2 B 10.269, BayVGHE 64, 1 = BauR 2011, 1466; OVG Lüneburg Urt. v. 11. 2. 1985 – 6 A 64/83, BauR 1986, 191; Battis/Krautzberger/Löhr/*Mitschang/Reidt,* 14. Aufl. 2019, BauGB § 35 Rn. 24.

[751] FGPrax 2019, 203. Zuständiges Grundbuchamt war Weilheim i. OB. Ich persönlich war aber nicht mit dem jetzigen Löschungsverfahren befasst.

[752] OLG München Beschl. v. 15. 7. 2019 – 34 Wx 264/17, Rn. 5.

Entscheidung: Das OLG München gab seiner Beschwerde hingegen statt. Das OLG München referiert die ständige Rechtsprechung: Die Unterlassungsdienstbarkeit muss die tatsächliche Nutzung des Grundstücks betreffen. Eine bloße Einschränkung der rechtlichen Verfügungsmacht kann hingegen nicht zulässiger Dienstbarkeitsinhalt sein. Kriterium ist, ob die zulässig und die unzulässige Grundstücksnutzung unterschiedliche tatsächliche Arten der Nutzung sind.

„(4) Dabei muss sich nach der vor allem von einer gefestigten Rechtsprechung vertretenen herrschenden Meinung ein Verbot von Handlungen, das zulässiger Inhalt einer Dienstbarkeit sein kann, auf die Benutzung des Grundstücks in tatsächlicher Hinsicht auswirken. Dem Eigentümer muss das Verbot einer andersartigen Benutzung des Grundstücks auferlegt sein, also die Vornahme der verbotenen Handlung **eine andere tatsächliche Art der Benutzung** des Grundstücks darstellen, als dies bei der weiterhin zulässigen Nutzung der Fall wäre (BGHZ 29, 244; BGH vom 14.3.2003, V ZR 304/02 = NZM 2003, 440; BGH vom 21.12.2012, V ZR 221/11 = NZM 2013, 324; BayObLG vom 14.11.1952, 2 Z 165/52 = BayObLGZ 1952, 287; BayObLG vom 1.9.1953, 2 Z 119/53 = BayObLGZ 1953, 295; BayObLGZ 1980, 232; BayObLG vom 28.10. 1980, 2 Z 4/80 = MittBayNot 1981, 21; BayObLG vom 30.3.1989, 2 Z 75/88 = BayObLGZ 1989, 89; OLG Düsseldorf, NJW 1961, 176; […]). Das Verbot der Handlung muss so gestaltet sein, dass der Gebrauch in der verbotenen und der Gebrauch in der erlaubten Weise sich als ein Unterschied im tatsächlichen Gebrauch des Grundstücks darstellen.“[753]

Danach kann zwar die Wohnnutzung als solche untersagt werden, aber **nicht die Wohnnutzung durch bestimmte Personengruppen** – egal ob Hoffremde, Franken oder Preußen. Wohnnutzung bleibt Wohnnutzung.

Die Leitenscheidungen für Austragshausdienstbarkeiten traf das BayObLG im Jahr 1980. Sie zitiert das OLG München jetzt auch. Diese Entscheidung konnten die Beteiligten bei Beurkundung der Dienstbarkeit im Jahr 1972 natürlich noch nicht kennen.

Leitsatz der Entscheidung BayObLG Beschl. v. 31.7.1980 – BReg 2 Z 41/80:[754]

1. Das Verbot, ein zu errichtendes Wohnhaus durch andere Personen als den Inhaber eines bestimmten landwirtschaftlichen Betriebs und dessen Familienangehörige oder Betriebsangehörige zu Wohnzwecken zu nutzen, sowie das Gebot, bei Auseinanderfallen des Eigentums am Wohnhaus und am landwirtschaftlichen Betrieb das Wohnhaus dem Inhaber des landwirtschaftlichen Betriebs unentgeltlich auf Dauer zu Wohnzwecken zur Verfügung zu stellen, können nicht Inhalt einer beschränkten persönlichen Dienstbarkeit (hier: zugunsten der öffentlichen Hand) sein.

c) Alternative: Untersagung der Wohnnutzung ohne Zustimmung des Landratsamtes

Sie heute wissen natürlich alle, wie man es richtig macht, nämlich mit einem Wohnungsbesetzungsrecht. Auch das OLG München grenzt den entschiedenen Sachverhalt von einem – zulässigen – Wohnungsbelegungs- bzw. -besetzungsrecht ab. Der Unterschied liegt darin, dass bei einem Wohnungsbesetzungsrecht jegliche Wohnnutzung untersagt ist, sofern nicht der Dienstbarkeitsberechtigte zustimmt.

Für ein Wohnungsbesetzungsrecht zur Sicherung der Verwendung eines Austragshauses hatte dies das BayObLG erstmals im Jahr 1982 entschieden:

[753] OLG München Beschl. v. 15.7.2019 – 34 Wx 264/17, Rn. 5.
[754] BayObLGZ 1980, 232 = MittBayNot 1980, 201.

Leitsatz der Entscheidung BayObLG Beschl. v. 6.4.1982 – BReg 2 Z 7/82:[755]

1. Ein Wohnungsbesetzungsrecht, wonach der Eigentümer die auf dem belasteten Grundstück errichteten Wohnungen nur an solche Personen überlassen darf, die ihm von dem Berechtigten benannt werden, kann als beschränkte persönliche Dienstbarkeit im Grundbuch eingetragen werden.

Die Leitentscheidung zu Wohnungsbesetzungsrechten für ein Austragshause – natürlich ebenfalls vom BayObLG – stammt dann aus dem Jahr 1989:

Leitsatz der Entscheidung BayObLG Beschl. v. 30.3.1989 – BReg 2 Z 75/88:[756]

1. Eine Grunddienstbarkeit für den jeweiligen Eigentümer eines Hofgrundstücks und eine beschränkte persönliche Dienstbarkeit für den Freistaat Bayern, die im Zusammenhang mit der Erteilung einer Baugenehmigung für ein sog Austragshaus im Außenbereich bestellt werden, können mit dem folgenden Inhalt in der Form von Wohnungsbesetzungsrechten (Austragshausdienstbarkeiten) in das Grundbuch eingetragen werden: Der zu errichtende Wohnraum darf nur von Personen genutzt werden, die durch den jeweiligen Eigentümer des Hofgrundstücks mit Zustimmung des Freistaats Bayern bestimmt werden; die Zustimmung gilt als erteilt für Personen, die entweder ehemalige Inhaber des landwirtschaftlichen Betriebs waren oder die hauptberuflich im landwirtschaftlichen Betrieb des Bestimmungsberechtigten tätig sind oder zu dessen noch nicht selbständigen und wirtschaftlich von ihm abhängigen Familienangehörigen gehören.

RG und BGH hatten bereits früher in verschiedenen Zusammenhängen Wohnungsbesetzungsrechte für grundsätzlich zulässig erklärt, der BGH zuletzt im Jahr 2013 bei einem Wohnungsbesetzungsrecht zur Sicherung der Verpflichtung aus dem Betreuten Wohnen (wobei der Unterlassungsanspruch aber im konkreten Fall nicht geltend gemacht werden konnte, da der gesicherte schuldrechtliche Anspruch unwirksam war).

Kerngehalt der Entscheidung BGH Urt. v. 21.12.2012 – V ZR 221/11:[757]
Wohnungsbesetzungsrecht für Betreutes Wohnen.

Dort führt der BGH aus, dass sich im Wohnungsbesetzungsrecht eine **Unterlassungspflicht** (Unterlassen der Wohnnutzung) und ein **Nutzungsrecht** (Recht zur Bestimmung des Nutzers) überschneiden und verbinden:

„aa) An dieser Stelle kann dahinstehen, ob der wesentliche Inhalt eines Wohnungsbesetzungsrechts das an den Eigentümer gerichtete Verbot (so BayObLGZ 1982, 184, 189; 1989, 89, 94; [...]) oder das Benennungsrecht des Berechtigten ist (so [...]). Die Einräumung eines Benutzungsrechts und die Verpflichtung zur Unterlassung gewisser Handlungen können in einer Dienstbarkeit miteinander verbunden sein; diese stellt dann ein einheitliches Recht dar, das lediglich zwei Arten der Belastung enthält (vgl. Senat, Beschlüsse vom 30.1.1959 – V ZB 31/58, BGHZ 29, 244, 146 und vom 22.9.1961 – V ZB 16/61, BGHZ 35, 378, 381)."[758]

Der BGH betont, dass Wohnungsbesetzungsrechte seit langem als zulässiger Dienstbarkeitsinhalt angesehen werden:

„Dienstbarkeiten zur Sicherung von Belegungsrechten werden seit vielen Jahrzehnten in der Rechtsprechung (vgl. RGZ 111, 384, 395; BGH, Urteile vom 20.12.1967 – VIII ZR 143/67, WM 1968, 374; vom 14.1.1970 – VIII ZR 125/68, WM 1970, 689; vom 8.1.1975 – VIII ZR 184/73, NJW 1975, 381, 382; Senatsurteil vom 14.3.2003 – V ZR 304/02, NJW-RR 2003,

[755] BayObLGZ 1982, 184 = MittBayNot 1982, 122.
[756] BayObLGZ 1989, 89 = MittBayNot 1989, 212.
[757] NJW 2013, 1963 = NotBZ 2013, 178 mAnm *Otto* = ZfIR 2013, 292 mAnm *Grziwotz*.
[758] BGH Urt. v. 21.12.2012 – V ZR 221/11, Rn. 13.

733, 734 sowie BayObLGZ 1982, 184, 188; 1989, 89, 93 und 2000, 140, 141; KG, NJW 1954, 1245; OLG Stuttgart, MDR 1956, 679, 680) als nach §§ 1090, 1018 BGB zulässige Grundstücksbelastungen anerkannt. Gründe für eine Abkehr von der gefestigten Rechtsprechung sind weder ersichtlich noch werden sie von der Revisionserwiderung aufgezeigt."[759]

3. OLG München Beschl. v. 13. 2. 2019 – 34 Wx 202/18

Kerngehalt der Entscheidung:

Absicherung naturschutzrechtlicher Ausgleichs- und Ersatzmaßnahmen durch Dienstbarkeit und Reallast.

Leitsatz der Entscheidung:

Zur privatrechtlichen Absicherung von Ausgleichs- und/oder Ersatzmaßnahmen nach dem Naturschutzrecht durch Eintragung einer Unterlassungs- und Benutzungsdienstbarkeit sowie einer Reallast.

a) Sachverhalt

Die nächste Entscheidung könnte wieder irgendwo in der Republik spielen. Der Bauer will einen Kuhstall bauen. Der ist zwar auch im Außenbereich genehmigungsfähig (§ 35 Abs. 1 Nr. 1 BauGB). Um die Baugenehmigung zu erhalten, muss er aber für die notwendigen **naturschutzrechtlichen Ausgleichsmaßnahmen** noch folgende Dienstbarkeit und Reallast bestellen:

OLG München Beschl. v. 13. 2. 2019 – 34 Wx 202/18[760]

„**II. Dienstbarkeitsbestellung**

Herr […] (der Eigentümer)

– nachfolgend „Verpflichteter" genannt –

[…] verpflichtet sich hiermit gegenüber dem Freistaat Bayern […], auf einer Teilfläche von ca. 2.550 m² des Grundstücks […], welche aus dem dieser Urkunde beigefügten Plan […] rot eingezeichnet ist, Maßnahmen zu unterlassen, die einen Eingriff im Sinne des § 14 BNatSchG darstellen.

Unabhängig davon ist es untersagt, auf der vorgenannten Teilfläche des Grundstücks […]
- bauliche Anlagen zu errichten,
- Drainagen anzulegen beziehungsweise weitere Grabenvertiefungen oder Grabenverbreiterungen vorzunehmen,
- zu düngen oder Pflanzenschutz- und Pflanzenspritzmittel auszubringen,
- Pflanzen einzubringen, die nicht einer Vegetation entsprechen, die sich ohne menschliche Nutzung an diesem Standort einstellen würde – soweit sich aus der nachfolgend bestellten Reallast nicht etwas anderes ergibt -,
- Tiere auszusetzen, die nicht an diesem Standort auf natürliche Weise vorkommen,
- Flächen umzubrechen oder aufzufüllen oder sonstige Maßnahmen zur Verbesserung der land- oder forstwirtschaftlichen Nutzung vorzunehmen,
- Freizeiteinrichtungen anzulegen,
- jagdliche und fischereiliche Nutzungen vorzunehmen.

Ausnahmen bedürfen der vorherigen Einwilligung des Landratsamts […]

[759] BGH Urt. v. 21. 12. 2012 – V ZR 221/11, Rn. 20.
[760] MittBayNot 2019, 519 mAnm *Grziwotz*.

Erfüllt der Verpflichtete die Verpflichtungen gemäß Ziffer III. nicht oder fehlerhaft, so ist der Freistaat Bayern berechtigt, ihm schriftlich eine angemessene Frist zur Ausführung der Arbeiten zu setzen. Nach Ablauf dieser Frist ist der Freistaat Bayern berechtigt, auf der genannten Teilfläche [...] alle genannten Maßnahmen, insbesondere Gestaltungs-, Pflege- und Erhaltungsmaßnahmen auf Kosten des Grundstückseigentümers durchzuführen beziehungsweise durchführen zu lassen, welche zur Schaffung und Erhaltung der genannten Ausgleichsmaßnahme erforderlich oder zweckdienlich sind und zu diesem Zweck das dienende Grundstück durch beauftragte Personen betreten und befahren zu lassen.

Herr [...] (der Eigentümer) bestellt hiermit zur Sicherung der vorstehenden Unterlassungsverpflichtungen und zur Sicherung der vorstehenden Benutzungsrechte für den Freistaat Bayern [...] eine beschränkte persönliche Dienstbarkeit (Unterlassungs- und Benutzungsdienstbarkeit) und bewilligt [...] die Eintragung ins Grundbuch.

III. Reallast

Herr [...] (der Eigentümer) verpflichtet sich, die vorgenannte Teilfläche [...] als Fläche für Maßnahmen zum Schutz, zur Pflege und zur Entwicklung von Natur und Landschaft in der Weise zu gestalten und vorzuhalten, dass er folgende Maßnahmen auf eigene Kosten und Zug um Zug mit der Durchführung des geplanten Bauvorhabens durchzuführen hat:

- Entwicklung und Erhaltung eines zusätzlichen Gehölzstreifens – einschließlich Pflanzung und Ersetzung der Ausfälle in der Pflanzung innerhalb der ersten fünf Jahre ab Errichtung der Pflanzung – mit autochthonen Gehölzen der Herkunftsregion 3 entlang des Baches;
- Errichtung, Instandhaltung und ggf. Erneuerung eines Zauns entlang der Pflanzung bis längstens fünf Jahre;
- Kennzeichnung der Pflanzung durch farbige Pflöcke und Erhaltung dieser Pflöcke bis längstens fünf Jahre.

Zur Sicherung der vorstehenden wiederkehrenden Leistungen bestellt Herr [...] (der Eigentümer) für den Freistaat Bayern [...] eine Reallast und bewilligt [...] die Eintragung ins Grundbuch.[761]

Das Grundbuchamt verweigerte die Eintragung. Die Dienstbarkeit sei teilweise zu unbestimmt, teilweise sogar widersprüchlich (weil sie sich auf § 14 BNatSchG beziehe, aber manche danach zulässige Maßnahmen ausschließe).

Entscheidung: Das OLG München gab dem Grundbuchamt im Ergebnis recht, wenn es auch die Begründung nur teilweise mitträgt.

b) Sachenrechtliche Bestimmtheit der Dienstbarkeit

Zunächst hakt das OLG München die Punkte ab, hinsichtlich derer die Dienstbarkeit hinreichend bestimmt ist: Der **Ausübungsbereich** war vorliegend durch eine maßstabsgetreue Planzeichnung bestimmt.

Entgegen der Beanstandung durch das Grundbuchamt war auch die Untersagung von Maßnahmen, die **§ 14 BNatSchG** widersprechen, und – unabhängig davon – bestimmter ausdrücklich aufgelisteter Maßnahmen, bestimmt und in sich widerspruchsfrei.

Beruhigend ist auch, dass das OLG München die **Verweisung auf unbestimmte Gesetzesbegriffe** ausdrücklich billigte. Denn das ist oft die präziseste Beschreibung, die den Beteiligten und dem Notar zur Verfügung steht.

„(1) Grundsätzlich kann allerdings zur Beschreibung des Rechtsinhalts auf geltende und allgemein zugängliche inländische Gesetzesbestimmungen Bezug genommen werden. Die Verwendung unbestimmter, aber der Gesetzessprache entnommener Rechtsbegriffe in notariellen Urkunden ge-

[761] OLG München Beschl. v. 13.2.2019 – 34 Wx 202/18, Rn. 3–24.

nügt im Allgemeinen dem Bestimmtheitsgrundsatz (BGHZ 130, 341/345 f.; BayObLGZ 2004, 103/108; OLG Oldenburg BeckRS 1998, 10203 im Hinblick auf §§ 8, 8a BNatSchG in der damals gültigen Fassung).

(2) Die Annahme des Grundbuchamts, die Bezugnahme auf § 14 BNatSchG bewirke schon wegen der Unbestimmtheit der Norm einen sachenrechtlich nicht zulässigen, weil nicht bestimmbaren Rechtsinhalt, erscheint bedenklich. Der naturschutzrechtliche Eingriffsbegriff ist in § 14 Abs. 1 BNatSchG legal definiert. […]"[762]

Das OLG München ließ ausdrücklich offen, ob eine Dienstbarkeit zulässig wäre, die nur **gesetzlich ohnehin schon bestehende Pflichten** wiederholt. In der Praxis dürfte dies aber selten ein Problem sein, da idR die Dienstbarkeit zumindest in Teilaspekten über die gesetzlichen Pflichten hinausgehen dürfte. Warum sollte man sonst überhaupt eine Dienstbarkeit bestellen?

Im vorliegenden Fall waren es einzelne, über § 14 BNatSchG hinausgehende Pflichten. Denn § 14 Abs. 2 BNatSchG ließe auch eine land- und forstwirtschaftliche Nutzung zu. Der Sinn von Ausgleichsdienstbarkeiten ist aber gerade, eine bestimmte Nutzung, zB als Feuchtwiese, vorzuschreiben und andere Arten land- und forstwirtschaftlicher Nutzung auszuschließen.

In der Benutzungsdienstbarkeit fand das OLG München aber drei unzulässige bzw. unbestimmte Punkte:
- Zu **welchen Ausgleichsmaßnahmen** das Landratsamt berechtigt sein sollte, ließ sich aus der Urkunde nicht klar entnehmen.
- Auch war unklar, **wo und in welcher Größe der Gehölzstreifen** angelegt werden konnte.
- Schließlich enthielten die Worte „auf Kosten des Grundstückseigentümers" eine für eine Dienstbarkeit **unzulässige Zahlungspflicht.** (Hier hätte man aber regeln können, dass der Grundstückseigentümer im Rahmen der Reallast zum Kostenersatz verpflichtet ist.)

c) Keine einmaligen Leistungspflichten bei Reallast

Bei der Reallast rügt das OLG München zwei klassische Fehler:
- Die Reallast kann **nur wiederkehrende Leistungspflichten** absichern. Welcher Art die Leistungspflicht ist, ist nicht von Belang; insbes. muss es keine Geldleistung sein. Einmalige Leistungspflichten kann eine Reallast aber nicht absichern.

  „Zu wiederkehrenden Leistungen zählen jedenfalls nicht die Errichtung eines Zauns und die Kennzeichnung der einzubringenden Pflöcke. Dass die erstmalige Herstellung Voraussetzung für nachfolgend wiederkehrende Maßnahmen der Instandhaltung und ggfls. Instandsetzung ist, ändert daran nichts. Die Herstellungspflicht wird dadurch nicht zu einer unselbständigen Nebenkomponente der Instandhaltungspflicht, weshalb sich die Frage nicht stellt, ob dingliche Rechte auch zur Sicherung von – außerhalb des gesetzlichen Anwendungsbereichs liegenden – Nebenleistungen begründet werden können (vgl. […])."[763]
- Häufig ist auch die **Verweisung auf** irgendwelche **außerhalb der Urkunde liegende Umstände,** etwa dass Flächen gemäß einem Pflanzplan oder Pflegeplan etc. zu pflegen seien, diese Pläne aber nicht beiliegen. Hier war der anzulegende Pflanzstreifen in der Urkunde in keiner Weise definiert.

---

[762] OLG München Beschl. v. 13.2.2019 – 34 Wx 202/18, Rn. 44–45.
[763] OLG München Beschl. v. 13.2.2019 – 34 Wx 202/18, Rn. 60.

„b) Der Inhalt des Rechts genügt jedenfalls insofern nicht dem Bestimmtheitsgebot, als der Umfang des zu entwickelnden und zu erhaltenden Gehölzstreifens **weder textlich beschrieben noch durch Bezugnahme auf die Planskizze** kenntlich gemacht ist (vgl. [...]).“[764]

d) Teilweise Abhilfe durch Einschränkung der Bewilligung auf sachenrechtlichen Teil

Bei der Gestaltung von Dienstbarkeiten und Reallasten sollte man immer zwischen dem schuldrechtlichen und dem sachenrechtlichen Teil unterscheiden. Kann etwas eindeutig nicht Dienstbarkeitsinhalt sein, so kann man in einem gesonderten Abschnitt formulieren:

Formulierungsbeispiel:
Rein schuldrechtlich vereinbaren die Beteiligten außerdem – mit der Verpflichtung, diese Pflichten auch Rechtsnachfolgern im Eigentum weiterzugeben (wiederum mit Weitergabepflicht an Rechtsnachfolger etc.): ...

Ist man sich nicht sicher, ob zwischen die sachenrechtlichen Regelungen doch eine nur schuldrechtlich zulässige Vereinbarung geraten ist, kann man nach dem Prinzip Schrotflinte formulieren:

Formulierungsbeispiel:
Soweit vorstehende Vereinbarungen nicht als dinglicher Inhalt der Dienstbarkeit (Reallast) zulässig sind, sollen sie jedenfalls schuldrechtlich zwischen den Beteiligten gelten – mit der Verpflichtung, diese Pflichten auch Rechtsnachfolgern im Eigentum weiterzugeben (wiederum mit Weitergabepflicht an Rechtsnachfolger etc.).

Dann hat man einen Ansatzpunkt, um erforderlichenfalls später nachzubessern. Da dergestalt im Umkreis um die dinglichen Belastungen schuldrechtlich noch zusätzliche oder Nebenpflichten bestehen können, sollte man bei der Übernahme von Belastungen in Abteilung II immer formulieren „samt aller zugrundeliegenden Beschränkungen“ oder „samt aller zugrundeliegenden Pflichten und Beschränkungen“.

[764] OLG München Beschl. v. 13.2.2019 – 34 Wx 202/18, Rn. 61.

III. Unterhaltungspflicht zwischen den Berechtigten mehrerer Grunddienstbarkeiten (BGH Urt. v. 8.3.2019 – V ZR 343/17)

Fragen zur Kostentragung bei von Nutzungsrechten erfassten Anlagen auf Grundstücken sind nicht gerade selten. Dass Erschließungsgrundstücke von mehreren Berechtigten und daneben auch durch den Eigentümer genutzt werden, kommt häufig vor, man denke nur an gemeinsam genutzte Leitungen und eben auch an die hier betroffenen Privatstraßen. Selten treffen wie im entschiedenen Fall aber gleich über 100 Nutzungsberechtigte aufeinander.

Der BGH[765] war mit der Frage konfrontiert, wie in einem solchen Fall das Verhältnis der Beteiligten geregelt werden kann.

1. Schuldrechtliche Vereinbarungen/Reallasten

Natürlich können, wie mit einigen Berechtigten geschehen, schuldrechtliche Vereinbarungen getroffen oder entsprechende Reallasten bestellt werden. Dieses Vorgehen entspricht wohl dem üblichen Standard in der notariellen Praxis. Dass Dienstbarkeiten ohne jede Regelung zur Tragung der Kosten bestellt werden, dürfte die Ausnahme sein.

Mit dem beklagten Berechtigten war eine solche Regelung aber gerade nicht zustande gekommen.

2. Gesetzliche Regeln

Das Gesetz ist sehr schweigsam. Als einziger Norm des Rechts der Dienstbarkeiten findet sich in § 1024 BGB etwas zum Aufeinandertreffen mehrerer gleichrangiger Nutzungsrechte, geregelt wird aber nur die Nutzungskollision – zu den Pflichten aus der Dienstbarkeit schweigt sich die Norm aus.

Ob eine Anwendung des Rechtsgedankens des wechselseitigen Anspruchs auf Regelung der Ausübung auch die Unterhaltungspflichten erfassen kann, erscheint zumindest zweifelbehaftet, da Kostentragungspflichten mehrerer Dienstbarkeitsberechtigter untereinander gesetzlich überhaupt nicht erfasst sind. Jedenfalls geht die herrschende Meinung und mit ihr auch der BGH davon aus, dass § 1024 BGB keine Regelungen im Verhältnis zum Eigentümer treffen will.

3. Schonungspflicht

§ 1020 S. 1 BGB mit der dort geregelten Schonungspflicht ist vom BGH schon früher als Grundlage der Unterhaltungspflichten des Grunddienstbarkeitsberechtigten angesehen worden.[766] *Amann*[767] hat dies einmal sehr schön zusammengefasst in dem Satz:

„Wer sorgsam schont, muss weniger für die Erhaltung tun. Wer weniger schont, hat größere Erhaltungsaufwendungen."

Diese Schonungspflicht kann im Verhältnis mehrerer Nutzungsberechtigter untereinander auch die Pflicht zur gemeinsamen Koordinierung enthalten. Was der Norm aber fehlt,

[765] NJW 2019, 2615 mAnm *Kesseler* = NotBZ 2019, 297 *(Grziwotz)*.
[766] BGHZ 161, 115 (122f.) = DNotZ 2005, 617 mAnm *Amann* = JuS 2005, 466 mAnm *Schmidt* = ZfIR 2005, 357 mAnm *Dümig*.
[767] *Amann* DNotZ 2005, 617 (622).

ist der Gedanke des Koordinierungsanspruchs des Eigentümers. Das Verhältnis des Eigentümers zum Dienstbarkeitsberechtigten erfasst § 1021 BGB. Allerdings setzt die Norm gerade die hier nicht bestehende Vereinbarung voraus.

4. Die Pflegegemeinschaft

Mit der aktuellen Entscheidung greift der BGH einen bereits 2004 entwickelten Rechtsgedanken auf.

> Zwischen dem Dienstbarkeitsberechtigten und dem Eigentümer bestehe ein Gemeinschaftsverhältnis, das Regelungen nach den §§ 744, 745 BGB zugänglich sei.[768]

Es bestehen nach seiner Auffassung keine Bedenken gegen die Anwendung dieser Regeln, da schon der Gesetzgeber in § 1024 BGB auf eine dem Recht der Gemeinschaft vergleichbare Regelung des Verhältnisses zweier Nutzungsberechtigter zueinander zurückgegriffen habe.

a) Gemeinschaft?

Nun bewegen wir uns sicher nicht im direkten Anwendungsbereich der Regeln der Gemeinschaft. Das Verhältnis zwischen Eigentümer und Nutzungsberechtigtem ist gerade nicht durch die gemeinsame Innehabung eines Gegenstands gekennzeichnet. Der eine hat das Eigentum, der andere die Dienstbarkeit. Dass beide ein Recht zur Nutzung ein und desselben Gegenstands innehaben, macht sie noch nicht zur Gemeinschaft.

b) Analogie?

Auch ist die Grundlage für eine Analogie nicht unbedingt stabil. Der Gesetzgeber hat das Verhältnis des Eigentümers zum Dienstbarkeitsberechtigten in den §§ 1020 und 1021 BGB geregelt.

Schon der Sprung von der schonenden Ausübung des § 1020 S. 1 BGB zur Unterhaltungspflicht liegt nicht so nahe, wie es der BGH in seinen Entscheidungen erscheinen lässt. Der Gesetzgeber hätte sich die besonderen Regelungen zur Unterhaltungspflicht in den §§ 1020 S. 2 und 1021 BGB sparen können, enthielte § 1020 S. 1 BGB schon diese Verpflichtung. Konzipiert der Gesetzgeber die Pflicht, schonend zu nutzen, dann kann deren Verletzung zu Ersatzpflichten des Dienstbarkeitsberechtigten führen. Erfüllt er die Verpflichtung aber, dann kann daraus im Grunde kein Anspruch des Eigentümers erwachsen. An Ammans Satz fehlt nämlich im Grunde der letzte Teil:

„Wer gesetzeskonform schont, muss überhaupt nicht unterhalten."

c) Praktische Notwendigkeit

Gleichwohl ist dem BGH und der entsprechenden herrschenden Literaturauffassung in ihrem Ergebnis zuzustimmen. Die Unterhaltspflicht kraft Schonungsverpflichtung schützt vor dem **Trittbrettfahrer** bzw. demjenigen, der es am längsten aushält, dem Verfall einer Anlage zuzusehen.

Wenn diese Verpflichtung aber einmal anerkannt ist, dann lässt sich die tatsächliche Umsetzung der wechselseitig bestehenden Verpflichtungen wohl nur über die analoge Anwendung des Rechts der Gemeinschaft erreichen. Wie soll der Fall der 100 Anlieger-

[768] BGHZ 161, 115 (122) = NJW 2005, 894; bestätigt durch BGH NJW 2008, 3703.

grundstücke anders gelöst werden, als dass der Eigentümer die Unterhaltung und Verkehrssicherung koordiniert und anschließend abrechnet? Dass dazu dann über die reinen Kosten der Unterhaltung hinaus auch solche der Verwaltung gehören, dürfte sich angesichts der schieren Zahl der beteiligten Anlieger fast von selbst verstehen. Auf das Problem, ob die Voraussetzungen des § 745 Abs. 2 BGB überhaupt gegeben waren, musste der BGH nicht eingehen, da dies für das Revisionsverfahren unterstellt werden musste und im Übrigen die Umsetzung der Verwaltung durch den Eigentümer wohl unstreitig war.

5. Fazit

Auch wenn der BGH mit seiner Rechtsprechung zur allgemeinen Unterhaltungspflicht aus § 1020 S. 1 BGB und der Anwendung der Regeln der Gemeinschaft einen Ausweg aus ungeregelten Unterhaltungspflichten der jeweiligen Beteiligten aufgezeigt hat, sollte dieser Weg für die Gestaltungspraxis nur der Notausgang bleiben. Idealerweise sollte bei der gemeinsamen Nutzung von Anlagen im Rahmen von Dienstbarkeiten zu dem in § 1021 Abs. 1 BGB aufgezeigten Mittel der Vereinbarung gegriffen und die wechselseitigen Pflichten definiert werden.

IV. Keine Übertragung einer beschränkten persönlichen Dienstbarkeit bei Ausgliederung aus dem Vermögen eines Einzelkaufmanns möglich

1. Unübertragbarkeit des Nießbrauchs/der beschränkten persönlichen Dienstbarkeit (§§ 1059, 1092 Abs. 1 S. 1 BGB)

Der Nießbrauch und die beschränkte persönliche Dienstbarkeit sind nach § 1059 BGB bzw. § 1092 Abs. 1 S. 1 BGB unübertragbar. Etwas anderes gilt nur für derartige dingliche Rechte, die zugunsten einer juristischen Person oder einer rechtsfähigen Personengesellschaft bestellt wurden, in den in §§ 1059a ff., 1092 Abs. 2 und Abs. 3 BGB ausdrücklich normierten Fällen.

2. Sonderfall: Ausgliederung aus dem Vermögen eines Einzelkaufmanns?

Versteht man die vorgenannten Vorschriften wörtlich, hat dies zur Folge, dass eine zugunsten eines Einzelkaufmanns (also einer natürlichen Person) bestellte beschränkte persönliche Dienstbarkeit im Falle der Ausgliederung nach §§ 152ff. UmwG nicht auf die übernehmende Gesellschaft übergeht, da insbesondere § 1059a Abs. 1 Nr. 1, Abs. 2 iVm § 1092 Abs. 2 BGB die Übertragbarkeit für diesen Fall nicht vorsieht.

a) Mindermeinung

Teilweise wird dafür plädiert, § 1059a Abs. 1 Nr. 1, Abs. 2 iVm § 1092 Abs. 2 BGB auch für im Handelsregister eingetragene Einzelunternehmen anzuwenden. Zur Rechtfertigung wird insbesondere angeführt, dass
(1) die unterschiedliche Behandlung von kleinen Gesellschaften (im Extremfall Zwei-Personen GbR mit einem Minderheitsgesellschafter ohne vermögensmäßige Beteiligung) und großen Einzelunternehmen ebenso wenig wertungsmäßig überzeuge wie
(2) die unterschiedliche Behandlung von Einzelunternehmen und Ein-Personen-Gesellschaften.
(3) Die Annahme, bei der Bestellung von Dienstbarkeiten für natürliche Personen einschließlich Einzelkaufleuten liege ein persönliches Vertrauensverhältnis vor, welches einer Übertragbarkeit entgegenstehe, sei überholt.
(4) Zudem sei bei Nichtanwendung der § 1059a Abs. 1 Nr. 1, Abs. 2 iVm § 1092 Abs. 2 BGB die effektive Einsetzbarkeit der §§ 152ff. UmwG gefährdet (Ausgliederungsbremse).[769]

b) OLG Naumburg Beschl. v. 4.3.2019 – 12 Wx 36/18

Das OLG Naumburg hat indes im Anschluss an das OLG Nürnberg[770] in seinem Beschluss vom 4.3.2019 (12 Wx 36/18)[771] die herrschende Meinung bestätigt, wonach § 1059a BGB auf das gemäß § 152 UmwG ausgegliederte Unternehmen eines Einzelkaufmanns wegen der **Schutzwürdigkeit des Eigentümers,** der eine beschränkte persönliche Dienstbarkeit bzw. einen Nießbrauch für eine natürliche Person und somit **für einen beschränkten Zeitraum (§ 1061 BGB,** ggf. iVm § 1090 Abs. 2 BGB) bestellt hat, nicht anwendbar ist. Bei der in § 1059 BGB bzw. § 1092 Abs. 1 S. 1 BGB niedergelegten Unübertragbarkeit handele es sich um zwingendes Recht, das nicht durch Parteivereinbarung ausgeschlossen werden könne. Die Unübertragbarkeit folge daraus, dass die beschränkte

[769] Vgl. *Wachter* GmbHR 2019, 1012 (1013f.).
[770] OLG Nürnberg NZG 2013, 750.
[771] OLG Naumburg BeckRS 2019, 11121 = GmbHR 2019, 1010 mAnm *Wachter.*

persönliche Dienstbarkeit an eine bestimmte Person gebunden sei und der Umfang der beschränkten persönlichen Dienstbarkeit sich nach § 1092 BGB im Zweifel nach den Bedürfnissen des Berechtigten bestimme. Das **hinter der Regelung stehende gesetzgeberische Ziel** sei es, **ewige Dienstbarkeiten" zu unterbinden.** Vorliegend sei keine Ausnahme von diesem Grundsatz eröffnet, da keine juristische Person oder rechtsfähige Personengesellschaft eingetragener Berechtigter der persönlichen beschränkten Dienstbarkeit sei, sondern eine natürliche Person.[772]

(Rn. 15): „Hiergegen greifen auch die umwandlungsrechtlichen Überlegungen der Beschwerde nicht durch. Es ist dem Beteiligten zu 3) zwar unbenommen gewesen, wie geschehen, sein einzelkaufmännisches Unternehmen vertraglich durch Ausgliederung nach § 152 UmwG so aufzuspalten, dass das Vermögen einschließlich Rechten an Grundstücken auf den übernehmenden Rechtsträger, hier die Beteiligte zu 4), ohne Einzelübertragungsakte übergeht [...]. **Indes erfolgt dieser Übergang eben nur hinsichtlich derjenigen Rechte, die überhaupt übertragbar sind.** Zu solchen übertragbaren Rechten gehört aber eine zu Gunsten einer natürlichen Person bestellte beschränkte persönliche Dienstbarkeit gemäß § 1092 Abs. 1 BGB gerade nicht."[773]

Der Position der beiden Oberlandesgerichte ist zuzustimmen. Insbesondere ist das von der Gegenansicht angeführte Argument nicht überzeugend, die Bestellung für bestimmte juristische Personen bzw. Personengesellschaften ähnele in den wirtschaftlichen Auswirkungen der Bestellung für einen Einzelkaufmann als natürliche Person. Der entscheidende Unterschied liegt schlicht darin, dass der Grundstückseigentümer im Fall der Bestellung der beschränkten persönlichen Dienstbarkeit für eine natürliche Person berechtigterweise davon ausgehen kann und darf, dass das eingeräumte dingliche Recht mit deren Tod unwiederbringlich erlischt. Wird ein Nießbrauch bzw. eine beschränkte persönliche Dienstbarkeit hingegen für eine juristische Person bzw. eine Personengesellschaft bestellt, muss sich der Eigentümer darauf einstellen, dass dieses Recht für einen sehr langen Zeitraum bzw. unter Umständen für die Ewigkeit besteht.[774]

c) Folgen für die Gestaltungspraxis

Sofern die Bestellung eines Nießbrauchs bzw. einer beschränkten persönlichen Dienstbarkeit (zB eine Photovoltaikdienstbarkeit) für einen Einzelkaufmann als natürliche Person im Raum steht, sollte im Interesse der Beständigkeit dieses dinglichen Rechts erwogen werden, das Recht zu Gunsten einer juristischen Person bzw. einer Personengesellschaft zu bestellen, die ggf. extra zu diesem Zweck vom Einzelkaufmann gegründet wird. Ob der Eigentümer unter diesen geänderten Vorzeichen weiterhin zu Bestellung des dinglichen Rechts (zu denselben Bedingungen) bereit ist, bleibt freilich im Einzelfall zu klären.

V. Keine dingliche Wirkung von Vereinbarungen zur Form der Vorkaufsrechtsmitteilung

1. Ausgangssituation

Der inhaltlichen Ausgestaltung des dinglichen Vorkaufsrechts iSv §§ 1094 ff. BGB sind – anders als dem schuldrechtlichen Vorkaufsrecht gemäß §§ 463 ff. BGB – aufgrund des **sachenrechtlichen Typenzwangs** Grenzen gesetzt. Die mit einem dinglichen Vorkaufsrecht einhergehenden Rechte und Pflichten ergeben sich abschließend und zwingend aus §§ 1094–1104 BGB und §§ 463–473 BGB. Eine vertragliche Abbedingung einzelner

[772] OLG Naumburg BeckRS 2019, 11121 Rn. 13 f.
[773] OLG Naumburg BeckRS 2019, 11121 Rn. 15.
[774] Vgl. Palandt/*Herrler* BGB § 1059a Rn. 1.

dieser Regelungen ist nur zulässig, sofern und soweit dies gesetzlich vorgesehen ist (zB Erstreckung auf Zubehör gemäß § 1096 BGB; Bestellung für mehrere oder alle Verkaufsfälle gemäß § 1097 Hs. 2 BGB). Sofern die Beteiligten von den vorgenannten zwingenden Vorgaben abweichen wollen (zB Statuierung eines Mindest- oder eines Höchstpreises), können sie dies mit weitgehend identischen Wirkungen dadurch erreichen, dass sie ein schuldrechtliches Vorkaufsrecht vereinbaren und den Eigentumsverschaffungsanspruch durch Eintragung einer Vormerkung sichern.

2. KG Urt. v. 21.1.2019 – 22 U 67/17

Im Detail ist allerdings nicht abschließend geklärt, wie weit der sachenrechtliche Typenzwang reicht, wie die Entscheidung des KG verdeutlicht.

KG Urt. v. 21.1.2019 – 22 U 67/17[775]

Sachverhalt: In einem Grundstückskaufvertrag räumte der Verkäufer dem Käufer ein Vorkaufsrecht „für alle Vorkaufsfälle" ein und bestimmte, dass die Ausübungsfrist drei Monate beträgt und „mit Zugang einer beglaubigten Abschrift des rechtswirksamen Kaufvertrags beim Verkäufer" beginnt. Daraufhin wurde ein „Vorkaufsrecht für bestimmte Verkaufsfälle" unter Bezugnahme auf die Eintragungsbewilligung im Grundbuch eingetragen. In der Folge veräußerte der Verkäufer das mit dem Vorkaufsrecht belastete Grundstück an den Beklagten.

Im Rahmen eines Weiterverkaufs durch den Beklagten wurde der Vorkaufsberechtigte vom beurkundenden Notar jedenfalls mit Schreiben vom 14.4.2016 (unter Beifügung einer *einfachen*) Kopie des Kaufvertrags, eingegangen beim Vorkaufsberechtigungen am 9.5.2016, zur Erklärung der Nichtausübung des Vorkaufsrechts aufgefordert. Dieser teilte mit E-Mail vom 27.5.2016 mit, dass die B-GmbH mit der Durchführung des Grundstücksgeschäfts beauftragt sei. Daraufhin bat der Notar die B-GmbH mit Schreiben vom 30.5.2016, dem eine *beglaubigte* Abschrift des Kaufvertrags beigefügt war, die Nichtausübung des Vorkaufsrechts zu erklären. Diese erklärte mit Schreiben vom 23.8.2016 die Ausübung des Vorkaufsrechts.

Gegenstand des gerichtlichen Verfahrens ist die Frage, ob das Vorkaufsrecht wirksam ausgeübt wurde.

Entscheidung: Während die Vorinstanz noch die wirksame Ausübung des Vorkaufsrechts bejaht und den Beklagten dazu verurteilt hatte, das Grundstück an den Vorkaufsberechtigten aufzulassen, verneint das KG eine wirksame Ausübung des Vorkaufsrechts.

a) Disponibilität der gesetzlichen Ausübungsfrist (§ 469 Abs. 2 S. 2 BGB)

Zutreffend weist der Senat darauf hin, dass die Ausübungsfrist auch für das dingliche Vorkaufsrecht, die bei Grundstücken grundsätzlich zwei Monate beträgt (§ 469 Abs. 2 S. 1 BGB), gemäß § 469 Abs. 2 S. 2 iVm § 1098 Abs. 1 S. 1 BGB vertraglich individuell und mit dinglicher Wirkung geregelt werden kann. Die für eine derartige **Verdinglichung** der vertraglich verlängerten Ausübungsfrist erforderliche Eintragung im Grundbuch genügt dergestalt, dass im Grundbuch – wie vorliegend – **auf die Eintragungsbewilligung Bezug genommen** wird.[776]

---

[775] KG MittBayNot 2019, 452 = ZfIR 2019, 347 mAnm *Gohrke/Gocht*.
[776] KG MittBayNot 2019, 452 Rn. 13.

b) Keine Statuierung strengerer Formvorgaben für die fristauslösende Vorkaufsrechtsanzeige

Somit kommt es entscheidend darauf an, ob vorliegend die mit dinglicher Wirkung vereinbarte dreimonatige Ausübungsfrist bereits mit Eingang des Schreibens vom 14.4.2016, also am 9.5.2016, oder erst mit Schreiben vom 30.5.2016, dem die beglaubigte Abschrift des Kaufertrags beigefügt war, zu laufen begonnen hat. Das KG steht auf dem Standpunkt, dass insoweit bereits der Eingang des ersten Schreibens mit lediglich einfacher Kopie des Kaufvertrags maßgebend ist. Vorliegend habe der Vorkaufsberechtigte die Mitteilung über den Vorkaufsfall, dem eine einfache Abschrift des Kaufvertrages beigefügt war, am 9.5. 2016 empfangen. Die Ausübungsfrist begann demnach gemäß § 187 Abs. 1 BGB am 10.5.2016 um 0.00 Uhr zu laufen und endete nach § 188 Abs. 2 BGB am 9.8.2016 (einem Dienstag) um 24.00 Uhr. Am 23.8.2016 war die Ausübungsfrist somit bereits abgelaufen. Die Mitteilung des Vorkaufsfalls iSv § 469 Abs. 2 S. 1 BGB bedürfe als Wissenserklärung keiner bestimmten Form.

(Rn. 16): „Zwar ist in § 7 Abs. 1 Satz 2 des Kaufvertrages 1995 vereinbart worden, dass die dreimonatige Frist mit dem Tag des Zugangs „einer beglaubigten Abschrift des rechtswirksamen Kaufvertrages" beim Verkäufer beginnt. Die Vereinbarung war für die an dem Kaufvertrag nicht beteiligte Beklagte aber nicht bindend. Denn die **Vorschriften der §§ 463 bis 473 BGB** über die Ausübung des Vorkaufsrechts und hier insbesondere der § 469 BGB, der die Pflicht des Vorkaufsverpflichteten beschreibt, dem Berechtigten den Inhalt des mit dem Dritten geschlossenen Vertrages über den Verkauf unverzüglich mitzuteilen, gilt für das rechtsgeschäftlich begründete Vorkaufsrecht [...]. Die Regelungen sind **dispositiv** und weitgehend der privatautonomen Gestaltung der Vertragsparteien unterworfen [...]. Das zwischen den Parteien anwendbare **dingliche Vorkaufsrecht** nach den §§ 1094 ff. BGB stellt hingegen ein eigenständiges (Sachen-)Recht dar und ist vom schuldrechtlichen Vorkaufsrecht streng zu unterscheiden [...]. Beides sind eigenständige Rechtsinstitute, die sich in ihrer Existenz nicht gegenseitig bedingen [...]. Zwar findet über § 1098 Abs. 1 Satz 1 BGB die Vorschrift des § 469 BGB auch auf das dingliche, gegen jeden Eigentümer geltende Vorkaufsrecht Anwendung. Wesentliches Unterscheidungsmerkmal zum obligatorischen Vorkaufsrecht bleibt jedoch die weitgehend zwingende inhaltliche Ausgestaltung des dinglichen Vorkaufsrechts. Deshalb sind die §§ 463 bis 473 BGB, auf die § 1098 Abs. 1 Satz 1 BGB verweist, anders als beim schuldrechtlich vereinbarten Vorkaufsrecht beim dinglichen Vorkaufsrecht grundsätzlich zwingend [...]. **Wegen des sachenrechtlichen Typenzwangs darf von den gesetzlichen Vorgaben grundsätzlich nicht abgewichen werden, es sei denn dies ist in den §§ 1094 ff., 463 ff. BGB ausdrücklich vorgesehen.**"

Sodann stellt das KG klar, dass die §§ 463–473 BGB eine ausdrückliche Möglichkeit der Abweichung in Bezug auf die Form der Mitteilung nicht vorsehen.

(Rn. 17): „Hätte der Gesetzgeber gewollt, dass (auch mit dinglicher Wirkung) eine strengere Form vereinbart werden kann, hätte er dies in dem von § 1098 Abs. 1 BGB in Bezug genommenen § 469 Abs. 1 BGB – so wie in Hinblick auf die Frist zur Ausübung des Vorkaufsrechts in Abs. 2 geschehen – aufnehmen können. Weil dies nicht erfolgt ist, ist davon auszugehen, dass eine Vereinbarung zur Einhaltung einer bestimmten Form der Mitteilung nicht Inhalt des dinglichen Vorkaufsrechts sein kann [...]. Gerechtfertigt wird diese strenge Anwendung der in das Sachenrecht übertragenen Normen des schuldrechtlichen Vorkaufsrechts durch den sachenrechtlichen Typenzwang, der aus Gründen der Rechtsklarheit die Gestaltung der Rechte an Sachen der Privatautonomie weitgehend entzieht [...]. In Bezug auf das Vorkaufsrecht bedeutet dies, dass der jeweilige Eigentümer des Grundstücks sich in Hinblick auf die Ausübung des Vorkaufsrechts nur auf die gesetzlich ausdrücklich vorgesehenen Abweichungsmöglichkeiten einstellen muss, nicht aber auf solche, die er womöglich gar nicht kennt oder kennen kann, weil er nicht Partei der hierzu getroffenen Vereinbarung war."[777]

---

[777] KG MittBayNot 2019, 452 Rn. 17.

Nach Ansicht des KG lasse sich aus dem Wortlaut und der Systematik von § 469 Abs. 2 S. 2 BGB, der es den Parteien ermögliche, an die Stelle der gesetzlichen Frist eine privatautonom vereinbarte Frist zu setzen, schließen, dass hiernach alleine die Frist, also deren Dauer, gemeint sei, nicht hingegen der hiervon zu trennende Beginn der Frist oder die Form der fristauslösenden Mitteilung. Insoweit sehe § 469 BGB keine Möglichkeit für abweichende Vereinbarungen vor. Auch aus dem Sinn und Zweck der Norm ergebe sich nichts anderes. Im Gegenteil würde eine abweichende Vereinbarung des Fristbeginns zur Unklarheit darüber, wann die Frist zu laufen beginnt, und damit zu Rechtunsicherheit führen, die durch den sachenrechtlichen Typenzwang gerade vermiede werden soll.[778] Abschließend stellt das KG klar, dass der **gute Glaube an die Wirksamkeit einer unzulässigen Eintragung nicht nach § 892 Abs. 1 BGB geschützt** wird.

(Rn. 20): „Denn am Gutglaubensschutz des Grundbuchs nach § 892 Abs. 1 BGB nehmen inhaltlich unzulässige Eintragungen im Sinne von § 53 Abs. 1 Satz 2 GBO nicht teil [...]. Zu den unzulässigen Eintragungen gehören auch solche, die aus Rechtsgründen nicht bestehen können, weil sie ein dem numerus clausus der Sachenrechte unterliegendes und damit eintragungsfähiges Recht mit einem gesetzlich nicht zulässigen Inhalt oder einer gesetzlich nicht zulässigen Ausgestaltung verlautbaren [...]. Wird ein Vorkaufsrecht mit einer Ausgestaltung, die nicht mit dinglicher Wirkung vereinbart werden kann, Bestandteil des Grundbuchs, ist die Eintragung daher zu löschen oder auf den wirksamen Teil der Eintragung zu beschränken [...]. Solche unzulässigen Eintragungen können keine Grundlage für einen guten Glauben sein."[779]

3. Stellungnahme

Der Entscheidung des KG, die der schon bislang hL entspricht ist uneingeschränkt zuzustimmen. Im Interesse der Rechtssicherheit und Rechtsklarheit sind vertragliche Vereinbarungen nur insoweit einer Verdinglichung zugänglich, als dies **im Gesetz ausdrücklich vorgesehen** ist.[780] Abschließend sei darauf hingewiesen, dass § 309 Nr. 13 BGB auch für schuldrechtliche Vereinbarungen Grenzen für die Anordnung von Formanforderungen setzt, sofern diese in Allgemeinen Geschäftsbedingungen niedergelegt werden. Selbst bei beurkundungspflichtigen Rechtsgeschäften darf die Erklärung des Klauselgegners an keine strengere Form als die schriftliche Form geknüpft werden (§ 309 Nr. 13 lit. a BGB), im Übrigen an keine strengere Form als Textform (§ 309 Nr. 13 lit. b BGB). Da die Ausübung des Vorkaufsrechts an einer Immobilie eine Verpflichtung zur Übertragung bzw. zum Erwerb von Grundeigentum begründet, ist vorliegend § 309 Nr. 13 lit. a BGB ungeachtet dessen einschlägig, dass die Bestellung des dinglichen Vorkaufsrechts nicht § 311b Abs. 1 S. 1 BGB unterfällt, sondern nach § 873 BGB Einigung und Eintragung voraussetzt.

---

[778] KG MittBayNot 2019, 452 Rn. 18.
[779] KG MittBayNot 2019, 452 Rn. 20.
[780] Ebenso *Gohrke/Gocht* ZfIR 2019, 350 (351).

VI. Löschung einer Inhabergrundschuld (KG Beschl. v. 22.1.2019 – 1 W 127/18)

Ab und zu tauchen in der Rechtsprechung Rechtsinstitute auf, von denen man in der Praxis so gut wie nie etwas sieht. Das Kammergericht hatte es in der Entscheidung mit einer sog. „Inhabergrundschuld" zu tun. Die Inhabergrundschuld ist in § 1195 BGB definiert.

§ 1195 BGB: Inhabergrundschuld

[1]Eine Grundschuld kann in der Weise bestellt werden, dass der Grundschuldbrief auf den Inhaber ausgestellt wird. [2]Auf einen solchen Brief finden die Vorschriften über Schuldverschreibungen auf den Inhaber entsprechende Anwendung.

Ein solches Recht ist zwingend ein Briefrecht, da sich die Berechtigung am selben allein aus dem Brief ergibt. Da sie auf den Inhaber lautet und dieser auch als solcher im Grundbuch eingetragen wird, entsteht sie durch einseitige Bestellungserklärung des Eigentümers gegenüber dem Grundbuchamt, § 1188 Abs. 1 BGB.

Übertragen wird die Inhabergrundschuld durch Einigung und Übergabe des Briefes. Es findet also keine Zession statt, sondern eine Übertragung nach dem Recht der Mobilien,[781] nach dem sich auch der Schutz des gutgläubigen Erwerbs richtet.[782]

1. Sachverhalt

KG Beschl. v. 22.1.2019 – 1 W 127/18[783]

Bei einem solchen Recht war nun der Grundschuldbrief abhandengekommen. Im Grundbuch fand sich also die Inhabergrundschuld, der Brief konnte nicht vorgelegt werden und der Eigentümer hätte das Recht gerne gelöscht gehabt.

Der Eigentümer hatte ein Ausschlussurteil nach § 799 BGB erwirkt und beantragte unter dessen Vorlage und der eigenen Löschungsbewilligung die Löschung des Rechts.

Das Grundbuchamt wies den Antrag mit dem Argument zurück, es müsse zunächst ein Ausschluss unbekannter Gläubiger nach § 1170 BGB erfolgen. Dem wohnte offenbar der Gedanke inne, bei einer Inhabergrundschuld sei der Gläubiger naturgemäß immer unbekannt.

2. Die Entscheidung des KG

Das Kammergericht hatte es im Grunde nicht schwer mit der Entscheidung. Wie die Löschung eines Briefrechts vonstattengeht, ist in §§ 41, 42 GBO geregelt. Grundsätzlich bedarf es der Vorlage des Briefes – Eintragungen sollen nach § 41 Abs. 1 S. 1 GBO nur erfolgen, wenn der Brief vorgelegt wird. Eine Besonderheit sieht das Gesetz für den verloren gegangenen Brief in § 41 Abs. 2 GBO vor. Ist der Brief verloren gegangen und wird die Löschung des Rechts beantragt, reicht die Vorlage des Ausschlussurteils für die Umsetzung der Löschung aus. Eine Klippe stand damit nur noch mit § 42 GBO der Löschung im Wege:

---

[781] BGHZ 217, 178 Rn. 35; BeckOGK/*R. Rebhan/S. Rebhan* BGB § 1195 Rn. 6; MüKoBGB/*Lieder* BGB § 1195 Rn. 4.

[782] MüKoBGB/*Lieder* BGB § 1195 Rn. 4; Staudinger/*Wolfsteiner* (2015) BGB § 1195 Rn. 11; BeckOGK/*R. Rebhan/S. Rebhan* BGB § 1195 Rn. 6.

[783] DNotZ 2019, 448.

§ 42 GBO

[1]Die Vorschriften des § 41 sind auf die Grundschuld und die Rentenschuld entsprechend anzuwenden. [2]Ist jedoch das Recht für den Inhaber des Briefes eingetragen, so bedarf es der Vorlegung des Briefes nur dann nicht, wenn der Eintragungsantrag durch die Bewilligung eines nach § 1189 des Bürgerlichen Gesetzbuchs bestellten Vertreters oder durch eine gegen ihn erlassene gerichtliche Entscheidung begründet wird.

Die umschiffte das Kammergericht elegant:

„§ 41 Abs. 2 GBO gilt auch für den Grundschuldbrief auf den Inhaber (Bauer/Schneider GBO, 4. Aufl., § 42 Rn. 5; Güthe GBO, 1. Aufl., § 43 Rn. 6). Die Ausnahme des § 42 S. 2 GBO erfasst nur § 41 Abs. 1 S. 2 und 3 GBO. Das ergibt sich sowohl aus dem Wortlaut – „bedarf es der Vorlage nur dann nicht", während § 41 Abs. 2 GBO die Gleichstellung bestimmt – als auch aus dem Sinn und Zweck des § 42 S. 2 GBO."

Wie konnte es der Eigentümer nun erreichen, dass er für die Belange der (hier nicht erforderlichen, aber eine Voraussetzung des § 41 Abs. 2 S. 2 GBO darstellenden) Erteilung eines neuen Briefes nach §§ 67, 70 Abs. 1 S. 1 GBO als Inhaber der Inhabergrundschuld angesehen wurde?

Aus den Grundakten war ersichtlich, dass der Inhabergrundschuldbrief an den Grundstückseigentümer, also den Antragsteller, übergeben worden war. Er war danach der einzige bekannte Inhaber der Grundschuld und damit verfahrensrechtlich Berechtigter der Erteilung des neuen Briefes.

VII. Grundbuchnachweis der Umwandlung einer Zwangshypothek zur Eigentümergrundschuld (OLG München Beschl. v. 23.5.2019 – 34 Wx 255/19)

Lässt sich ein Gläubiger im Rahmen einer Zwangsvollstreckung eine Zwangshypothek im Grundbuch eintragen, ist deren Löschung im Falle einer einfachen Leistung auf die ausgeurteilte Forderung eine einfache Angelegenheit. Der Gläubiger erteilt nach Befriedigung seiner Forderung die löschungsfähige Quittung und der Eigentümer lässt das Recht löschen.

Was aber ist zu tun, wenn es nicht zur Leistung auf die vollstreckte Forderung kommt, sondern die Zwangsvollstreckung aus anderen Gründen ihr Ende findet?

1. Sachverhalt

OLG München Beschl. v. 23.5.2019 – 34 Wx 255/19[784]

Sachverhalt: Auf Grundlage der vollstreckbaren Ausfertigung eines Kostenfestsetzungsbeschlusses erwirkt der Gläubiger die Eintragung einer Zwangshypothek im Grundbuch.[785]

Der Eigentümer beantragt einige Zeit später unter Vorlage einer eigenen Löschungsbewilligung in der Form des § 29 GBO die Löschung der Zwangshypothek. Dazu legt er eine beglaubigte Abschrift des Beschlusses des Amtsgerichts über die Aufhebung des Kostenfestsetzungsbeschlusses vor.

Das Grundbuchamt hat die Löschung abgelehnt und eine Zwischenverfügung mit dem Ziel erlassen, der Eigentümer möge eine mit einem Rechtskraftvermerk versehene Ausfertigung des Beschlusses vorlegen.

---

[784] FGPrax 2019, 164.

[785] Vgl. BGH NJW 1976, 1453; BeckOK ZPO/*Preuß* ZPO § 776 Rn. 1 mwN.

2. Kann einfach so gelöscht werden?

Eine **Löschung wegen inhaltlicher Unrichtigkeit** nach § 53 Abs. 1 GBO kommt ersichtlich nicht in Betracht, da die Eintragung einen zulässigen Inhalt hat.

Einfach gelöscht werden kann die Zwangshypothek aber auch nicht. Allein dadurch, dass der Kostenfestsetzungsbeschluss aufgehoben wird, findet keine Beendigung der Vollstreckung in dem Sinne statt, dass die Hypothek zu löschen wäre.

Nach § 776 S. 1 iVm § 775 Nr. 1 ZPO hat das Vollstreckungsorgan die Zwangsvollstreckung einzustellen und zugleich die von ihm bereits getroffenen Vollstreckungsmaßregeln aufzuheben, wenn die Ausfertigung einer vollstreckbaren Entscheidung vorgelegt wird, aus der sich ergibt, dass das zu vollstreckende Urteil bzw. ein sonstiger Schuldtitel iSd § 794 ZPO aufgehoben ist. Da die Aufhebung gemäß § 776 S. 1 ZPO zugleich mit der Einstellung zu erfolgen hat, ist die Rechtskraft des Einstellungsbeschlusses selbst nicht abzuwarten. Für Zwangshypotheken ordnet § 868 Abs. 1 ZPO allerdings eine Sonderregelung an.

§ 868 ZPO

(1) Wird durch eine vollstreckbare Entscheidung die zu vollstreckende Entscheidung oder ihre vorläufige Vollstreckbarkeit aufgehoben oder die Zwangsvollstreckung für unzulässig erklärt oder deren Einstellung angeordnet, so erwirbt der Eigentümer des Grundstücks die Hypothek.

3. Löschung aufgrund Bewilligung

Verlangt der Eigentümer nun die Löschung aufgrund seiner Stellung als Inhaber der Eigentümergrundschuld, muss er den Übergang iSd § 868 Abs. 1 ZPO nachweisen. Das OLG führt dazu aus:

„Gemäß § 868 Abs. 1 Alt. 1 ZPO erwirbt der Grundstückseigentümer die Zwangshypothek dann, wenn durch eine vollstreckbare Entscheidung die zu vollstreckende Entscheidung aufgehoben wird. Danach ist Voraussetzung für den gesetzlich angeordneten Erwerb des Grundpfandrechts durch den Eigentümer, dass die Entscheidung, mit der der Schuldtitel – hier der Kostenfestsetzungsbeschluss – aufgehoben wird, ihrerseits vollstreckbar ist."

Vollstreckbar sind Entscheidungen, wenn sie rechtskräftig oder kraft Gesetzes vollstreckbar sind, ferner wenn sie für vorläufig vollstreckbar erklärt wurden. Gemäß § 794 Abs. 1 Nr. 3 ZPO findet die Zwangsvollstreckung aus Entscheidungen statt, gegen die das Rechtsmittel der Beschwerde statthaft ist. Dies betrifft insbesondere Beschlüsse, die somit kraft Gesetzes bereits vor Rechtskraft vollstreckbar sind.

Die materiell-rechtliche Wirkung, die der Aufhebungsentscheidung kraft Gesetzes (§ 868 Abs. 1 ZPO) beigelegt ist, tritt mit dem Wirksamwerden der Entscheidung durch Zustellung gemäß § 329 Abs. 3 ZPO ein und hängt nicht von der Rechtskraft ab.

Vorgelegt werden muss danach gerade nicht die rechtskräftige Entscheidung, also auch kein Rechtskraftvermerk. Es reicht vielmehr aus, dass dem Grundbuchamt eine Ausfertigung der Aufhebungsentscheidung vorgelegt wird.

G. Grundbuchrecht

I. Vollmacht im Grundbuchverfahren

1. OLG Celle Beschl. v. 16. 8. 2019 – 18 W 33/19

Kerngehalt der Entscheidung:
Widerrufliche General- oder Vorsorgevollmacht ist nicht beurkundungsbedürftig.

OLG Celle Beschl. v. 16. 8. 2019 – 18 W 33/19[786]

Sachverhalt: Der Vater hatte dem Sohn zu unterschriftsbeglaubigter Urkunde eine umfassende Vorsorgevollmacht erteilt, die ausdrücklich auch zu Veräußerung oder Belastung von Immobilien bevollmächtigte und über den Tod hinaus fortwirken sollte.

Kurze Zeit später verstarb der Vater. Der Sohn veräußerte ein Nachlassgrundstück. Er handelte dabei für sich und für seine Geschwister als Miterben aufgrund der ihm vom Vater erteilten transmortalen Vollmacht.

Das Grundbuchamt verlangte durch Zwischenverfügung Erbnachweis und Genehmigung der Erben. Die Vollmacht sei unwirksam, da sie der notariellen Beurkundung bedurft hätte. Denn aufgrund ihrer Weite und ohne jeden Bezug auf ein Grundgeschäft nehme sie die tatsächliche Bindung vorweg.

Entscheidung: Zu recht sah das OLG Celle die Vollmacht als **nicht beurkundungsbedürftig** an:

„Ist die Vollmacht allerdings bereits Bestandteil eines formbedürftigen Grundstücksverkehrsgeschäftes, ist sie auch beurkundungspflichtig. Die Notwendigkeit, auch die Vollmacht notariell zu beurkunden wird für die Fälle diskutiert, in denen sich aus der Vollmacht selbst schon eine Bindung wie aus dem Vertretergeschäft ergibt, insbesondere bei der unwiderruflich erteilten Vollmacht, bei der Vereinbarung von Vertragsstrafen für den Widerruf oder wenn die Umstände einen Widerruf faktisch unmöglich machen. Beurkundungsbedürftig ist in erster Linie das Grundverhältnis, wenn sich aus ihm – nach Auslegung und unter Berücksichtigung aller Umstände des Einzelfalls, insbesondere der beiderseitigen Interessenlage – eine Bindung an eine Erwerbs- oder Veräußerungsverpflichtung ergibt, wobei sich diese Verpflichtung bereits aus der dann ebenfalls formbedürftigen Vollmacht, mithin der Abhängigkeit des Grundgeschäftes von dieser ergeben kann [...]. Es kommt deshalb darauf an, ob zwar die Vollmacht rechtlich widerrufen werden kann, tatsächlich aber mit der Bevollmächtigung schon die gleiche Bindungswirkung eintreten sollte und nach der Vorstellung des Vollmachtgebers auch eingetreten ist, wie durch Abschluss des formbedürftigen Hauptvertrages, die Vollmacht also den damit in Wahrheit bereits gewollten Grundstücksübertragungsvertrag nur verdeckt. Dies folgt nicht allein aus einer Befreiung des Bevollmächtigten von der Beschränkung des § 181 BGB, weil damit lediglich seine Vertretungsmacht erweitert wird, ohne dass der Vollmachtgeber stärker an die Vollmacht gebunden ist. Ferner rechtfertigen Zweckmäßigkeitserwägungen allein, etwa um einem schon kranken Erblasser weitere Mühen zu ersparen, keinen zwingenden Schluss auf eine gewollte Bindungswirkung der Vollmacht (vgl. BGH, Urteil vom 23. 2. 1979 – V ZR 171/77 –, Rn. 11–13, juris).“[787]

In einem obiter dictum wies das OLG Celle auch darauf hin, dass es auch für die Eintragung der **Finanzierungsgrundschuld** des Käufers **keiner Voreintragung der Erben** bedürfte. § 40 GBO sei auch darauf anwendbar. Das OLG Celle schloss sich damit den

[786] DNotI-Report 2019, 150.
[787] OLG Celle Beschl. v. 16. 8. 2019 – 18 W 33/19, Rn. 12.

Entscheidungen der OLG Frankfurt a. M., Köln und Stuttgart an, die *Kesseler* letztes Jahr besprochen hat.[788]

2. KG Beschl. v. 4.12.2018 – 1 W 342/18

Gewissermaßen eine Wiederholung mehrerer Grundsätze für Vollmachten im Grundbuchverfahren bietet diese Entscheidung.

Kerngehalt der Entscheidung:
Auch bei erneuter Antragsstellung nach Antragsrücknahme muss nur Bestand der Vollmacht bei Abgabe der Erklärung nachgewiesen werden.

Leitsatz der Entscheidung:
Wird die von einem Handlungsbevollmächtigten bewilligte Eintragung im Grundbuch – hier einer Eigentumsvormerkung – nach vorheriger Rücknahme des Antrags von dem Urkundsnotar im Namen aller Beteiligten erneut zum Vollzug dem Grundbuchamt vorgelegt, ist in der Form des § 29 Abs. 1 GBO die Vertretungsmacht des Bevollmächtigten im Zeitpunkt seiner Erklärung nachzuweisen.

a) Sachverhalt: Vorgetragene Gründe für Unwirksamkeit, zwischenzeitliche Antragsrücknahme

KG Beschl. v. 4.12.2018 – 1 W 342/18[789]

In dem zugrundliegenden **Sachverhalt** wurde die Vormerkungseintragung umstritten: Ein Handlungsbevollmächtigter, der ausdrücklich auch zur Veräußerung und Belastung von Immobilien bevollmächtigt war (§ 54 Abs. 2 HGB) verkaufte einen der GmbH gehörenden Grundstücksanteil. Der beurkundende Notar beantragte die Eintragung einer Auflassungsvormerkung.

Vor Eintragung der Vormerkung meldete sich bei dem Grundbuchamt ein Rechtsanwalt für die C. GmbH und gab an, diese sei Gesellschafterin der veräußernden GmbH. Er trug diverse Gründe gegen die Eintragung der Vormerkung vor: Der Geschäftsführer, der den Handlungsbevollmächtigten bestellt hatte, sei mittlerweile durch Beschluss der Gesellschafterversammlung abberufen. Das Landgericht habe ihm verboten, die Gesellschaft weiter zu vertreten. Außerdem handele es sich bei der veräußerten Immobilie um den einzigen Vermögensgegenstand der veräußernden GmbH; die C. GmbH als deren Gesellschafterin stimme einer Veräußerung der Immobilie nicht zu.

Kurz darauf nahm der Notar den Antrag auf Eintragung der Vormerkung zurück, stellte ihn aber zwei Tage später erneut.

Dem Grundbuchamt war die Sache offenbar zu heiß. Durch Zwischenverfügung verlangte es den Nachweis, dass die einstweilige Verfügung des Landgerichts gegenüber dem Geschäftsführer aufgehoben sei, oder eine Genehmigung „durch den zur Zeit zur Vertretung der Eigentümerin Berechtigten" vorzulegen.

Entscheidung: Auf Beschwerde des Urkundsnotars hob das KG die Zwischenverfügung auf. Keiner der vom KG entschiedenen Punkte ist neu. Dennoch zeigt die Entschei-

[788] OLG Frankfurt a. M. Beschl. v. 27.6.2017 – 20 W 179/17, ErbR 2018, 157 mAnm *Wendt* = MittBayNot 2018, 247 mAnm *Milzer* = ZfIR 2017, 833 mAnm *Cramer;* OLG Köln Beschl. v. 16.3.2018 – 2 Wx 123/18, FGPrax 2018, 106 mAnm *Bestelmeyer;* OLG Stuttgart Beschl. v. 2.11.2018 – 8 W 312/18, MittBayNot 2019, 578 mAnm *P. Becker.* Dazu Herrler/Hertel/Kesseler/*Kesseler* ImmobilienR 2019 S. 280.

[789] DNotZ 2019, 445.

dung eine schöne Zusammenfassung immer wieder auftauchender Probleme (auch wenn die Ballung in einem Sachverhalt zum Glück ungewöhnlich ist. Irgendetwas war hier möglicherweise faul – aber ob es auf Seiten der Handelnden lag oder auf Seiten der Quertreibenden war nicht mit den Mitteln des Grundbuchverfahrens zu klären.)

b) Vollmachtsnachweis zum Zeitpunkt des Wirksamwerdens der Bewilligung

Dem Grundbuchamt ist die Vollmacht (in der Form des § 29 GBO) zum Zeitpunkt des Wirksamwerdens der Bewilligung nachzuweisen.

- Vorliegend wurde die Bewilligung für die Vormerkung im Kaufvertrag erklärt. Der Käufer hatte **Anspruch auf Erteilung einer Ausfertigung** (§ 51 Abs. 1 Nr. 1 BeurkG). Damit war die Bewilligung bereits mit ihrer **Abgabe** wirksam.
- Bei einer **einseitigen Urkunde** wäre die Bewilligung hingegen erst mit Eingang beim Grundbuchamt wirksam. Dabei bestünde aber die Vermutung, dass die bei Beurkundung vorlegte Vollmacht noch fortbesteht.

„b) Die Eintragung einer Vormerkung im Grundbuch erfolgt auf Antrag, § 13 Abs. 1 S. 1 GBO, wenn sie derjenige, dessen Recht betroffen wird, bewilligt, § 19 GBO. Die Bewilligung muss von dem Betroffenen nicht persönlich abgegeben werden. Sie kann auch von einem Vertreter erklärt werden. In diesem Fall ist dem Grundbuchamt die Vertretungsmacht des Vertreters in der Form des § 29 Abs. 1 S. 2 GBO nachzuweisen. Maßgeblich kommt es dabei auf den Zeitpunkt des Wirksamwerdens der Bewilligung an (vgl. Senat, Beschluss vom 14.7.2015 – 1 W 688–689/15 – FGPrax 2015, 195).

aa) Grundsätzlich wird die Bewilligung erst dann wirksam, wenn sie mit dem Willen des Erklärenden dem Grundbuchamt oder zur Vorlage bei diesem demjenigen, zu dessen Gunsten die Erklärung erfolgen soll, in Urschrift, Ausfertigung oder beglaubigter Abschrift zugeht (Senat, Beschluss vom 30.10.2012 – 1 W 46–67/12 – FGPrax 2013, 56; Demharter, aaO, § 19, Rdn. 21). Dem steht es gleich, wenn der Begünstigte einen unwiderruflichen gesetzlichen Anspruch auf Erteilung von Ausfertigungen der notariellen Urkunde hat (Senat, Beschluss vom 4.11.2014 – 1 W 247–248/14 – FGPrax 2015, 10, 11). Danach wurde die Bewilligung im Zeitpunkt der Beurkundung zur UR-Nr. 7.../2... wirksam, weil sowohl für die Beteiligte zu 1 als auch die Beteiligte zu 2 dort Erklärungen abgegeben worden waren und somit beide einen Anspruch auf die Erteilung von Ausfertigungen erworben hatten, § 51 Abs. 1 Nr. 1 BeurkG.“[790]

c) Keine Besonderheit durch zwischenzeitliche Antragsrücknahme

Daran änderte auch die zwischenzeitliche Antragsrücknahme nichts.

„Die durch die Antragsrücknahme bewirkte Unwirksamkeit der Bewilligung steht ihrer Verwendung in einem anderen Verfahren aber nicht schlechthin entgegen. So erlangt sie ihre Wirkung als Verfahrenshandlung wieder, wenn sie mit dem Willen des Bewilligenden erneut in ein Eintragungsverfahren eingeführt wird. [...]“[791]

Man mag sich zwar fragen, warum der Notar seinen Eintragungsantrag zunächst zurücknahm und dann zwei Tage später wieder stellte. Aber Motivforschung ist nicht Aufgabe des Grundbuchamtes.

[790] KG Beschl. v. 4.12.2018 – 1 W 342/18, Rn. 10–11.
[791] KG Beschl. v. 4.12.2018 – 1 W 342/18, Rn. 13.

d) Bei Vertretungskette muss Vertretungsmacht des Hauptvertreters nur zum Zeitpunkt der Erteilung der Untervollmacht vorliegen

Der Anwalt der (laut eigenem Vortrag) Gesellschafterin hatte vorgetragen (und wohl auch glaubhaft gemacht), dass der die Vollmacht erteilende Geschäftsführer nach Vollmachtserteilung abberufen worden war.

Das war aber irrelevant. Bei einer Vollmachtskette ist lediglich die Vertretungsmacht des Erklärenden zum Zeitpunkt des Wirksamwerdens der Bewilligung nachzuweisen. Wurde die Vollmacht nicht vom Vollmachtgeber selbst, von einem Vertreter erteilt, muss die Vertretungsmacht lediglich im Zeitpunkt der Vollmachtserteilung bestanden haben; ein späterer Wegfall der Vertretungsbefugnis berührt die Wirksamkeit der erteilten Vollmacht nicht.

„bb) Wird die für eine Eintragung im Grundbuch erforderliche Bewilligung durch einen Unterbevollmächtigten unmittelbar im Namen des Geschäftsherrn erklärt, ist gegenüber dem Grundbuchamt der Fortbestand von Untervollmacht und Hauptvollmacht nachzuweisen. Während es für die Untervollmacht auf den Zeitpunkt der Wirksamkeit der Bewilligung ankommt, ist bei der Hauptvollmacht allein der Zeitpunkt der Erteilung der Untervollmacht maßgeblich, wenn die Wirksamkeit der Untervollmacht nicht vom Fortbestand der Hauptvollmacht abhängig gemacht worden ist (Senat, Beschluss vom 14. 7. 2015 – 1 W 688–689/15 – FGPrax 2015, 195).“[792]

Dies hatte das Kammergericht bereits im Jahr 2015 entschieden:

Leitsätze der Entscheidung KG Beschl. v. 14. 7. 2015 – 1 W 688–689/15[793]

1. Erteilt ein Unterbevollmächtigter unmittelbar im Namen des Geschäftsherrn eine Eintragungsbewilligung, ist gegenüber dem Grundbuchamt der Fortbestand von Untervollmacht und Hauptvollmacht nachzuweisen. Dabei kommt es bei der Untervollmacht auf den Zeitpunkt der Wirksamkeit der Bewilligung und bei der Hauptvollmacht auf den Zeitpunkt der Erteilung der Untervollmacht an.
2. Der Fortbestand der Untervollmacht ist durch Vorlage der Urschrift, einer Ausfertigung oder der notariellen Bescheinigung, dass Urschrift oder Ausfertigung bei Abgabe der Bewilligung vorlagen, nachzuweisen. Hinsichtlich der Hauptvollmacht genügt eine beglaubigte Abschrift, wenn die Untervollmacht nicht vom Bestand der Hauptvollmacht abhängt und der die Untervollmacht beurkundende Notar bescheinigt, dass die Urschrift oder eine Ausfertigung der Hauptvollmacht vorlag.

e) Bloße Behauptung materiell-rechtlicher Unwirksamkeit genügt nicht

Der Rechtsanwalt hatte schließlich noch geltend gemacht, dass der Kaufvertrag unwirksam sei, weil es sich bei dem veräußerten Miteigentumsanteil um den einzigen Vermögensgegenstand der veräußernden Gesellschaft handele. Daher sei zur Veräußerung analog § 179a AktG ein Gesellschafterbeschluss erforderlich gewesen. Dieser liege aber nicht vor.

Auch dieser Einwand war nicht stichhaltig: Die bloße Behauptung einer Unwirksamkeit kann nicht genügen, um den Vollzug zu verhindern. Sonst wäre das formelle Prüfungsverfahren des Grundbuchamtes wertlos.

„3. Für das weitere Verfahren weist der Senat ohne Bindungswirkung für das Grundbuchamt darauf hin, dass die Eintragung einer Vormerkung nicht von dem Nachweis des zu sichernden Anspruchs abhängt. Nur wenn zweifelsfrei feststeht, dass das Grundbuch durch die Eintragung im Sinne von § 894 BGB unrichtig würde, oder wenn die Eintragung im Sinne von § 53 Abs. 1 S. 2 GBO nach ihrem Inhalt unzulässig wäre, besteht für das Grundbuchamt Anlass, den Antrag auf Eintragung der Vormerkung zu beanstanden (vgl. Senat, Beschluss vom 12. 12. 1972 – 1 W 1781/72 OLGZ 1973, 163, 171).

[792] KG Beschl. v. 4. 12. 2018 – 1 W 342/18, Rn. 14.
[793] FGPrax 2015, 195.

[...]
Auch steht der Einwand, bei dem Grundstück handele es sich um den einzigen Vermögensgegenstand der Beteiligten zu 1, weshalb zur Wirksamkeit des Vertrags ein Gesellschafterbeschluss analog § 179a AktG erforderlich sei, dem Vollzug des Antrags auf Eintragung einer Vormerkung nicht entgegen. Insoweit fehlt es an einer sicheren Grundlage für die Feststellung, das Grundstück sei das einzige Vermögen der Beteiligten zu 1. Mehr als die ohne jeden Nachweis vorgetragene Behauptung des Verfahrensbevollmächtigten der C... Immobilien GmbH hierzu liegt nicht vor."[794]

3. OLG München Beschl. v. 15.1.2019 – 34 Ws 367/18 und 34 Wx 389/18: Vollmachtswiderruf vor Antragseingang beim Grundbuchamt

a) Gemeinsamer Sachverhalt: Vollmachtswiderruf geht nach Beurkundung zu

Zwei Entscheidungen des OLG München behandeln den Wettlauf zwischen Antragstellung zum Grundbuchamt und Vollmachtswiderruf. In beiden Fällen geht es offensichtlich um dieselben Beteiligten.

OLG München Beschl. v. 15.1.2019 – 34 Ws 367/18 und 34 Wx 389/18

Der gemeinsame **Sachverhalt** beider Entscheidungen ist (wie ich ihn aus beiden Entscheidungsbegründungen kombiniere):
- Die Tochter hatte ihrem Vater im Jahr 2014 umfassende Vollmacht zu notarieller Urkunde erteilt. Mit einem auf den 31.7.2018 datierten Schreiben **widerrief** die Vollmachtgeberin die Vollmacht.
- Aufgrund der Vollmacht beurkundete der Bevollmächtigte am 1.8.2018 um 11:00 Uhr diverse **Briefgrundschulden** – für ein Münchner Grundstück zugunsten seiner Ehefrau, für mehrere im Amtsgerichtsbezirk Ebersberg belegene Grundstücke zu seinen eigenen Gunsten. Dabei legte er dem Notar eine **Ausfertigung** der ihm erteilten notariellen Vollmacht vor.
- Der Bevollmächtigte trägt vor, ihm sei die Widerrufserklärung am 1.8.2018 um 16:25 Uhr zugegangen – also erst nach Beurkundung und damit zu spät. (Außerdem wahre der Widerruf nicht die Form der §§ 31, 29 GBO.)
- Da der Notar nichts von dem Widerruf weiß, legt er die Grundschuldurkunden den Grundbuchämtern zum Vollzug vor.
- Der Rechtsanwalt der Tochter teilte den Widerruf den Grundbuchämter München und Ebersberg per Fax mit, jeweils mit einem Begleitschreiben seinerseits.
- Darauf fordern die Grundbuchämter München und Ebersberg jeweils durch Zwischenverfügung den Nachweis der Vollmacht durch Vollmachtsbestätigung der Eigentümerin oder durch gerichtliche Entscheidung.

b) OLG München Beschl. v. 15.1.2019 – 34 Wx 389/18

Kerngehalt der Entscheidung:
Widerruf der Vollmacht bis zum Bewilligungseingang beim Grundbuchamt beachtlich.

OLG München Beschl. v. 15.1.2019 – 34 Wx 389/18[795]

Ab hier unterscheidet sich der **Sachverhalt**: Beim Grundbuchamt München ging der Widerruf vor dem Eintragungsantrag für die Grundschuld ein.

---
[794] KG Beschl. v. 4.12.2018 – 1 W 342/18, Rn. 24, 26.
[795] DNotZ 2019, 757.

Das Grundbuchamt München beanstandete mit Zwischenverfügung vom 6.8.2018 das Fehlen eines Vollmachtnachweises und setzte Frist zum Nachreichen einer gültigen Vollmacht oder Genehmigung.

Danach beantragte die Tochter die Eintragung einer Fremdgrundschuld.

aa) Zwischenverfügung unzulässig bei nicht zeitnah behebbarem Eintragungshindernis

Das OLG München entschied, dass eine **Zwischenverfügung** hier **unzulässig** war, weil eine Nachreichung der Vollmacht offensichtlich **nicht in angemessener Zeit möglich** war:

- Die Eigentümerin hatte nicht nur durch den Widerruf der Vollmacht, sondern auch nach Erlass der Zwischenverfügung zum Ausdruck Gebrauch gebracht, dass sie **nicht zur erneuten Erteilung einer Vollmacht bereit** war.
- Auch ein **rechtskräftiges Urteil** sei nicht in absehbarer Zeit zu erwarten. Die Beteiligten stritten über insgesamt mehr als zehn Immobilien – und mit Vehemenz, wie sich schon an den erhobenen strafrechtlichen Vorwürfen zeige.[796]
- Andere Möglichkeiten des Vollmachtsnachweises seien nicht ersichtlich.

bb) Grundbuchamt hat ihm bekannten Widerruf in freier Beweiswürdigung zu prüfen

Viel mehr interessiert uns, was der OLG München obiter dictum feststellt (ohne Bindungswirkung für das Grundbuchamt):

- Grundsätzlich genügt zwar der Nachweis, dass die **Vollmacht bei Abgabe** der Grundbucherklärung bestand. Dann besteht grundsätzlich die Vermutung, dass die Vollmacht fortbesteht. (Der Fortbestand muss nicht durch Vorlage der Vollmachtsurkunde nachgewiesen werden – anders als zB für den Erbschein.)
- Wird dem Grundbuchamt aber ein **Widerruf bekannt,** muss es dem nachgehen. Hierfür gelten dann nicht die Nachweiserfordernisse des Grundbuchverfahrens. Vielmehr hat das Grundbuchamt in freier Beweiswürdigung zu entscheiden.

„Vom Fortbestand einer erteilten Vollmacht ist auszugehen, wenn im Grundbuchverfahren keine auf Tatsachen gestützten Zweifel hieran zu Tage treten. Auch die Rechtsscheintatbestände des materiellen Rechts (§§ 170 bis 173 BGB) sind im Grundbuchverfahren zu berücksichtigen, solange keine konkreten tatsächlichen Anhaltspunkte dafür vorliegen, dass sie – etwa wegen Bösgläubigkeit des Geschäftspartners – nicht greifen [...]. Ist – wie hier – ein Widerruf bekannt geworden, so ist das Grundbuchamt berechtigt und verpflichtet, den dadurch bedingten Zweifeln am Bestand der Vollmacht nachzugehen. Es hat unter Berücksichtigung der ihm bekannten Tatsachen und Umstände in **freier Beweiswürdigung** darüber zu befinden, ob die Vollmacht im maßgeblichen Zeitpunkt widerrufen war oder fortbestanden hat (vgl. [...]). Bleiben Zweifel, die nicht zerstreut werden können, ist die Grundbucheintragung abzulehnen (OLG Frankfurt Rpfleger 1977, 102; [...]).“[797]

Anmerkung: Hier ging es nur um die Rechtzeitigkeit, nicht um die Wirksamkeit des Widerrufs. Ist die Vollmacht hingegen ausdrücklich oder konkludent **unwiderruflich** erteilt, so ist strittig, ob der wichtige Grund, der ausnahmsweise doch einen Widerruf zulässt, dem Grundbuchamt nur mit einem erheblichen Grad an Wahrscheinlichkeit dargetan sein muss[798] oder ob er zur Überzeugung des Grundbuchamts vorliegen muss.[799]

---

[796] OLG München Beschl. v. 15.1.2019 – 34 Wx 389/18, Rn. 21–24.
[797] OLG München Beschl. v. 15.1.2019 – 34 Wx 389/18, Rn. 27.
[798] So OLG Stuttgart DNotI-Report 1998, 61 = MittBayNot 1997, 370 mAnm *Munzig.*
[799] So *Demharter* GBO § 19 Rn. 83.

cc) Widerruf muss nicht in der Form des § 29 GBO nachgewiesen werden

Insbesondere müsse der **Widerruf nicht in öffentlicher Urkunde nachgewiesen** werden. § 31 S. 3 GBO verlangt zwar für den Widerruf einer Vollmacht zur Stellung eines Eintragungsantrages eine öffentliche Urkunde. Das OLG München differenziert davon aber den Widerruf der Vollmacht zur Erklärung der Grundbuchbewilligung.

„Dass der Widerruf nicht in notarieller Form erklärt und angezeigt wurde, ist unerheblich. Der notariellen Form bedarf gemäß § 31 Sätze 1 und 3, § 29 Abs. 1 Satz 1 GBO eine Erklärung, mit der eine Vollmacht zur Stellung eines Eintragungsantrags widerrufen wird. Der Widerruf von Vollmachten im Übrigen unterfällt hingegen nicht § 31 Sätze 1 und 3 GBO (vgl. [...]).“[800]

Anmerkung: Der Urkundsnotar wollte **§ 31 S. 3 GBO** auch auf den Widerruf der Vollmacht zur Erklärung einer Eintragungsbewilligung anwenden. Das geht über den Wortlaut hinaus, ist aber durchaus vertretbar.

- Denn zunächst erweitert § 31 S. 1 GBO das Formerfordernis des § 29 GBO auf die Rücknahme des Eintragungsantrags. Der Eintragungsantrag als solcher bedarf bekanntlich keiner Form – ausgenommen wenn er zugleich die Eintragungsbewilligung oder eine andere für die Eintragung erforderliche Erklärung ersetzt (§ 30 GBO – „gemischter Antrag“). Im Interesse der Rechtssicherheit verlangt aber § 31 S. 1 GBO für die Antragsrücknahme die öffentliche Form (bzw. öffentlich beglaubigte Form). Dann ist natürlich auch die Vollmacht zur Antragsrücknahme in öffentlicher Form nachzuweisen.
- § 31 S. 3 GBO erweitert dies auch auf den Widerruf der Vollmacht zur Antragsrücknahme. Wenn aber schon deren Widerruf der Form des § 29 GBO bedarf – obwohl doch der Antrag selbst grundsätzlich formfrei ist, so spricht dies dafür, das Formerfordernis erst recht auf den Widerruf der Vollmacht für die Bewilligung und andere Grundbucherklärungen zu erstrecken, die schon allgemein dem Formerfordernis des § 29 GBO unterliegen.
- Die hM sieht dies aber anders und verlangt für den Nachweis des Vollmachtwiderrufs keine Form.[801] Dem folgt das OLG München.[802]

dd) Vollmacht muss bis zum Eingang beim Grundbuchamt bestehen – bis dahin ist ein Widerruf beachtlich

Nach hM muss die **Vollmacht aber auch noch beim Wirksamwerden der verfahrensrechtlichen Erklärung,** also grundsätzlich beim Eingang beim Grundbuchamt bestehen. Dies bestätigt das OLG München gegen abweichende Literaturstimmen.

„(1) Nach herrschender Ansicht muss eine wirksame Vollmacht oder ein dem gleichstehender Vertrauenstatbestand noch im Zeitpunkt des Wirksamwerdens der verfahrensrechtlichen Erklärung, etwa durch Vorlage beim Grundbuchamt, bestehen (BayObLG Rpfleger 1986, 216 f.; KG FGPrax 2015, 10/11; FGPrax 2013, 56; DNotZ 1972, 615/617; Demharter § 19 Rn. 74.2; Hügel/Holzer § 19 Rn. 99; Kössinger in Bauer/Schaub § 19 Rn. 288 mit Schaub AT G Rn. 1 mit 165, 172; KEHE/Munzig § 19 Rn. 121, 133, 136; KEHE/Volmer § 29 Rn. 157; Meikel/Böttcher GBO 11. Aufl. Einl E Rn. 9 mit 98). Der Wegfall der Vollmacht vor diesem Zeitpunkt führe zwar nicht zum Erlöschen der Bewilligung, hindere aber das Wirksamwerden der Bewilligung als verfahrensrechtliche Erklärung im Grundbuchverfahren, sofern der Mangel der Vollmacht nicht wegen eines Rechtsscheintatbestands unerheblich ist.

Danach kann, wenn kein Rechtsscheintatbestand greift, die Bewilligung nicht mehr Grundlage der erstrebten Eintragung sein, wenn die Vollmacht erloschen war, als die Bewilligung beim

---

[800] OLG München Beschl. v. 15.1.2019 – 34 Wx 389/18, Rn. 29.

[801] Vgl. Bauer/Schaub/*Schaub* GBO § 31 Rn. 32 ff.; *Demharter* GBO § 29 Rn. 4; Hügel/*Otto* GBO § 31 Rn. 10.

[802] Ebenso bereits OLG München Beschl. v. 23.11.2012 – 34 Wx 319/12, DNotZ 2013, 372.

Grundbuchamt einging. Ist nämlich die Vollmacht im Zeitpunkt des Eingangs der Bewilligung beim Grundbuchamt bereits widerrufen, kann die vom Bevollmächtigten erklärte Bewilligung verfahrensrechtlich nur dann eine taugliche Grundlage für die begehrte Eintragung sein, wenn der Vollmachtgeber diese noch wünscht."[803]

Diese hM halte auch ich für richtig. Folgt das Grundbuchamt dieser hM, musste es daher den Eintragungsantrag zurückweisen. Denn der Widerruf war vor dem vom Bevollmächtigten bewilligten Eintragungsantrag eingegangen.

c) OLG München Beschl. v. 15.1.2019 – 34 Wx 367/18

Kerngehalt der Entscheidung:
Eingang beim Grundbuchamt, nicht beim Amtsgericht ist entscheidend.

OLG München Beschl. v. 15.1.2019 – 34 Wx 367/18[804]

In der **Sachverhaltsabwandlung** beim Grundbuchamt Ebersberg war zu entscheiden, wann der Eintragungsantrag bzw. der Widerruf eingegangen war: Kommt es auf den Eingang beim Grundbuchamt an – oder genügt bereits der Eingang beim Amtsgericht als solchem?

Für im Bereich des Amtsgerichts Ebersberg liegende Grundstücke ließ der Bevollmächtigte Briefgrundschulden zu seinen eigenen Gunsten beurkunden.

Der Notar **beantragte** mit Schreiben vom 2.8.2018 beim Grundbuchamt die Grundschuldeintragung unter Vorlage einer beglaubigten Abschrift der vorgelegten Vollmachtsausfertigung „gemäß § 15 GBO – beim Eintrag von Grundpfandrechten auch im Namen des Gläubigers". Das Schreiben wurde als Einwurf-Einschreiben versandt und nach dem Vermerk der Post am 3.8.2018 ausgeliefert. Es ging laut Eingangsstempel des Grundbuchamts dort am 7.8.2018 um 8:55 Uhr ein.

Eine Kopie des Widerrufs ging ebenfalls am 3.8.2018 um 10:17 Uhr auf dem Faxgerät des Grundbuchamts ein, als Anlage zu einem Schreiben des Rechtsanwalts der Vollmachtgeberin, dass die Vollmacht widerrufen sei.

Wer hat den Wettlauf zwischen Vollmachtsgebrauch und Vollmachtswiderruf gewonnen?
- Genügt der Eingang irgendwo beim zuständigen Amtsgericht, so wären beide Schreiben am 3.8.2018 eingegangen. Dann wäre zu prüfen, ob der Posteinlauf vor oder nach 10:17 Uhr war.
- Kommt es hingegen auf den Eingang beim Grundbuchamt an, so wäre der Widerruf am 3.8.2018 vor der Eintragungsbewilligung eingegangen (die erst am 7.8.2018 beim Grundbuchamt einlangte).

Die Antwort ergibt sich aus § 13 Abs. 2 S. 2 GBO.

§ 13 GBO

(1) […]

(2) [1]Der genaue Zeitpunkt, in dem ein Antrag beim Grundbuchamt eingeht, soll auf dem Antrag vermerkt werden. [2]Der Antrag ist beim Grundbuchamt eingegangen, wenn er **einer zur Entgegennahme zuständigen Person vorgelegt** ist. [3]Wird er zur Niederschrift einer solchen Person gestellt, so ist er mit Abschluß der Niederschrift eingegangen.

Weil es nach dem Gesetz auf die genaue Antragsreihenfolge ankommt, hat der Gesetzgeber auch geregelt, wie diese Antragsreihenfolge festzustellen ist. Sie kennen das alle:

---

[803] OLG München Beschl. v. 15.1.2019 – 34 Wx 389/18, Rn. 41–42.
[804] DNotZ 2019, 450.

Wenn Sie sich eine Abschrift aus den Grundakten holen, ist dort jeweils mit einem Eingangsstempel nicht nur das Eingangsdatum, sondern auch die Uhrzeit des Eingangs beim Grundbuchamt vermerkt.

Antrag oder Widerruf müssen daher nicht nur im Briefkasten des Amtsgerichts, sondern **auf dem Tisch des Grundbuchbeamten** gelandet sein. Damit gewann hier der Widerruf den Wettlauf (wobei der Urkundsnotar wahrscheinlich gar nicht wusste, dass er an einem Wettlauf teilnahm).

„cc) Der Widerruf der Vollmacht ist nach Aktenlage vor dem Vollzugsantrag eingegangen. Soweit der Beteiligte zu 1 vorträgt, laut Post sei das Schreiben des Notars früher, als es der Stempelaufdruck ausweise, „ausgeliefert" worden, ist dies unerheblich. Nach § 13 Abs. 2 Satz 1 GBO kommt es auf den Zugang der Bewilligung beim Grundbuchamt an. Dies ist der Zeitpunkt, bei dem der Antrag einer zur Entgegennahme zuständigen Person vorgelegt ist (§ 13 Abs. 2 Satz 2 GBO). Mithin kommt es nicht darauf an, wann der Eintragungsantrag ans Amtsgericht als solches gelangt ist (OLG Düsseldorf Rpfleger 1997, 259; Demharter § 13 Rn. 23; Meikel/Böttcher § 13 Rn. 69; Bauer in Bauer/Schaub § 13 Rn. 48; KEHE/Volmer § 13 Rn. 38). Für das Faxschreiben mit dem Widerruf der Vollmacht, das direkt an das Faxgerät des Grundbuchamts gesandt wurde, steht der Zugang beim Grundbuchamt am 3.8.2018 um 10:17 Uhr fest. Bei einem Einwurf-Einschreiben ist aus dem Vermerk der Post schon die Uhrzeit des Einwurfs des Schreibens in den Briefkasten nicht zu entnehmen. Erst recht ergibt sich daraus nicht, dass der Eintragungsantrag an diesem Tag, einem Freitag, schon der zur Entgegennahme zuständigen Person im Grundbuchamt vorgelegt worden wäre. Mithin kann sicher nur von einem Eingang gemäß Stempelaufdruck, somit am 7.8. 2018 um 8:55 Uhr, und damit jedenfalls nach Eingang des Widerrufs bei Gericht ausgegangen werden."

Das Ergebnis stimmt. Ein Fragezeichen würde ich allerdings setzen, wenn das OLG München **Faxeingang** für den Widerruf bereits genügen lässt – und nicht erst die Vorlage beim zuständigen Rechtspfleger oder Einlaufbeamten.

- Zwar ist § 13 Abs. 2 S. 2 GBO nicht unmittelbar anwendbar, da es kein Eintragungsantrag ist. Aber ihrem Sinn nach passt die Vorschrift sehr wohl. Es kommt nicht darauf an, ob irgendwo im Amtsgericht ein Papier herumliegt, sondern dass es das Papier auf den Tisch des zuständigen Beamten geschafft hat.
- Allerdings wird man den Faxeingang als Indiz nehmen, dass das Fax kurz danach auf den Tisch des zuständigen Grundbuchbeamten kam. Denn das Fax ging beim Grundbuchamt selbst ein, nicht bei irgendeinem anderen Faxgerät des Amtsgerichts. Da hier der „konkurrierende" Antrag erst Tage später beim Grundbuchamt einging, kommt es auf die genaue Ankunftszeit nicht an.
- Wäre das Fax aber um 10:17 Uhr eingelaufen und trüge der Antrag den Eingangsstempel 10:35 Uhr vom selben Tag, sähe ich ein Problem. Kann man nicht näher feststellen, wann das Fax dem Einlaufbeamten vorgelegt wurde, wird man wahrscheinlich schon irgendwie auf den Faxeinlauf abstellen müssen – aber möglicherweise mit Faxeingang + 15 Minuten oder + 30 Minuten – oder wie schnell typischerweise das Fax zum Einlaufbeamten gelangt.

d) Fallabwandlung: Vollmachtswiderruf bzw. Widerruf der Vollzugsanweisung gegenüber dem Notar

Wir sind Notare. Also interessiert uns auch, wie wir uns als Urkundsnotar zu verhalten gehabt hätten, wenn die Vollmachtgeberin gemutmaßt hätte, zu welchem Notar der Bevollmächtigte möglicherweise gehen könnte und den Vollmachtswiderruf auch gegenüber dem Notar erklärt hätte, nachdem die Grundschuld beurkundet war, und den Notar angewiesen hätte, vom Bevollmächtigten für sie beurkundete Rechtsgeschäfte nicht zu vollziehen.

War die Grundschuld schon beurkundet, kommt der Widerruf für die Beurkundung natürlich zu spät. Es stellt sich nur mehr die Frage, ob die Vollmachtgeberin dann die Erteilung von Ausfertigungen und den Vollzugsantrag durch den Notar noch stoppen kann. Das ist also eine andere Rechtsfrage. (Es geht also nicht, wie man zuerst vielleicht meinen könnte, um die Frage, wann ein Beteiligter einen dem Notar gemeinschaftlich erteilten Vollzugsauftrag bzw. Vollzugsvollmacht einseitig widerrufen kann.)

Nehmen wir zunächst den einfachen Fall der **Fremdgrundschuld:** Hätte der Bevollmächtigte eine Grundschuld für ein Kreditinstitut bestellt, so wäre es eine einseitige Erklärung der Vollmachtgeberin gewesen – wenn auch vertreten durch den Bevollmächtigten.

- Hätte die Vollmachtgeberin die Grundschuld selbst beurkunden lassen, hätte sie natürlich den Notar später einseitig anweisen können, keine Abschriften und Ausfertigungen herauszugeben (etwa weil sie sich nachträglich entschlossen hat, doch bei einer anderen Bank zu finanzieren).
- Nichts anderes gilt, wenn die ursprüngliche Erklärung durch einen Bevollmächtigten abgegeben wurde. Soweit die Vollmachtgeberin eine eigene Erklärung noch ändern kann, kann sie auch die Erklärung ihres Bevollmächtigten noch ändern.
- Zu spät ist es, sobald das Kreditinstitut eine **Ausfertigung** in Händen hat. Dann ist die Erklärung ihm gegenüber materiell-rechtlich bindend geworden. Und beurkundungsverfahrensrechtlich kann die Vollmachtgeberin zwar ihren eigenen (durch den Bevollmächtigten erteilten) Vollzugsauftrag wieder zurücknehmen. Das Kreditinstitut kann aber einen eigenen Vollzugsauftrag erteilen, der aufgrund der ihm erteilten Ausfertigung auch vollziehbar ist.

Dasselbe gilt mE für die vom Bevollmächtigten **für seine Ehefrau bestellte Grundschuld.** Auch hier hat der Bevollmächtigte (einen typischen Sachverhalt unterstellt) nur für die Vollmachtgeberin gehandelt, nicht für seine Ehefrau als Grundschuldgläubigerin.

Schwieriger tue ich mich mit dem Fall der Grundschuld für den **Bevollmächtigten als Grundschuldgläubiger.**

- Denn auch hier handelt der Bevollmächtigte in der Urkunde nur für die Vollmachtgeberin (wiederum einen typischen Sachverhalt unterstellt). Aber er erhält doch Kenntnis von der Grundschuldbestellung – anders als die abwesende Bank.
- Doch ist ihm die Erklärung der Vollmachtgeberin **noch nicht zugegangen** – obwohl er die Erklärung selbst abgegeben hat. Denn Zugang ist noch nicht das bloße Hören der beurkundeten Erklärung, sondern erst der Zugang in Form einer Ausfertigung. Letzteres wäre nur irrelevant, wenn er als materiell Beteiligter einen originären Anspruch auf Erteilung einer Ausfertigung hat.
- Nach § 51 Abs. 1 Nr. 1 BeurkG kann aber kraft Gesetzes bei Niederschriften über Willenserklärungen zwar „jeder, der eine Erklärung im eigenen Namen abgegeben hat oder in dessen Namen eine Erklärung abgegeben worden ist" eine **Ausfertigung** verlangen. Der Vertreter, der nur Erklärungen im fremden Namen abgegeben hat, hat also nicht kraft Gesetzes einen eigenen Anspruch auf eine Ausfertigung.[805]
- Die Beteiligten können natürlich etwas anderes festlegen. Ist dies aber nur einseitig vom Grundschuldbesteller angeordnet, so kann er es auch einseitig wieder ändern.
- Auch wenn der Bevollmächtigte also selbst Grundschuldgläubiger ist, kann der Vollmachtgeber die Erteilung von Ausfertigungen und den Grundbuchvollzug beim Notar noch stoppen, solange der Grundschuldgläubiger noch keine Ausfertigung erhalten hat.
- Eine Vergleichsüberlegung bestätigt mE die Richtigkeit des Ergebnisses: Angenommen ein (empfangsberechtigter) Vertreter der Bank wäre ausnahmsweise bei Grundschuldbeurkundung anwesend gewesen. Dann hätten wir aus der bloßen Anwesenheit auch keine weitergehende Bindung als bei einer sonstigen Grundschuldbestellung angenommen.

---

[805] OLG Frankfurt a. M. Beschl. v. 13.3.1997 – 20 W 66/96, FGPrax 1997, 119; LG Stuttgart Beschl. v. 6.12.2001 – 1 T 51/00, MittBayNot 2003, 158; *Winkler* BeurkG § 51 Rn. 9.

Nichts anderes gilt, wenn die Rollen von Bevollmächtigtem und Grundschuldgläubiger in einer Person zusammenfallen. Auch dann sind sie gedanklich getrennt zu prüfen.

4. OLG München Beschl. v. 7.11.2018 – 34 Wx 395/17

Kerngehalt der Entscheidung:
Das Grundbuchamt darf eine Eintragung aufgrund (konkludent) unwiderruflicher Vollmacht nur ablehnen, wenn es sichere Kenntnis vom Missbrauch der Vollmacht hat oder wenn nach seiner Überzeugung ein wichtiger Grund für den Widerruf vorliegt.

Leitsätze der Entscheidung:

1. Eine Zwischenverfügung darf dann nicht ergehen, wenn das vom Grundbuchamt angenommene Eintragungshindernis nur mit Mitteln behoben werden kann, die der Antragsteller in absehbarer Zeit nicht beibringen kann, und das Grundbuchamt dies weiß.
2. Das Grundbuchamt ist für die Beurteilung, ob eine unwiderruflich erteilte Vollmacht dennoch wegen bestehender Widerrufsgründe durch den im Grundbuchverfahren bekannt gewordenen Widerruf erloschen ist, im Wesentlichen auf die aus den vorgelegten förmlichen Urkunden sowie aus dem Vorbringen der Beteiligten aufgrund freier Beweiswürdigung gewonnene Überzeugung beschränkt.
3. Zum im Grundbuchverfahren erhobenen Einwand, die im Ehevertrag erteilte Auflassungsvollmacht sei wegen Sittenwidrigkeit des Ehevertrags von Anfang an nichtig.

a) Sachverhalt: Ehevertrag enthält Übertragungspflicht für Grundstück und Vollmacht dafür – verpflichteter Ehegatte widerruft die Vollmacht

OLG München Beschl. v. 7.11.2018 – 34 Wx 395/17[806]

In dem zugrundeliegenden **Sachverhalt** hatten die Ehegatten vereinbart, dass der Ehemann der Ehefrau im Fall der Ehescheidung binnen drei Monaten nach Rechtshängigkeit des Scheidungsantrags seinen Miteigentumsanteil an einer Immobilie übertragen muss.

Weil der Urkundsnotar schon geahnt hatte, dass der Ehemann im Scheidungsverfahren vielleicht nur mehr wenig Bereitschaft zur Erfüllung dieser Verpflichtung zeigen würde, war im Ehevertrag gleich eine Vollmacht für die Ehefrau enthalten, die Auflassung auf sich selbst zu beurkunden.

Nun erschien die Ehefrau beim Notar, erklärte, die Scheidung sei rechtshängig und ließ die Übertragung des Miteigentumsanteils auf sich beurkunden. In der Urkunde versicherte sie, dass ein Scheidungsantrag bereits seit mehr als drei Monaten rechtshängig sei. Der Notar legte die Urkunde dem Grundbuchamt vor.

Der Ehemann hatte bereits zuvor (nach Beurkundung, aber vor Grundbucheingang der Urkunde) durch seinen Rechtsanwalt eine Schutzschrift beim Grundbuchamt einreichen lassen. Darin widerrief er die Vollmacht und trug vor, der Scheidungsantrag sei verfrüht gestellt.

Das Grundbuchamt – vorsichtig wie immer, um ja nichts falsch zu machen – verlangte durch Zwischenverfügung die Zustimmung des Ehemannes zur Veräußerung.

---

[806] DNotZ 2019, 197.

b) Zwischenverfügung nur bei in absehbarer Zeit behebbarem Eintragungshindernis zulässig

Zunächst rügte das OLG München (ähnlich wie auch in mehreren anderen der hier besprochenen Entscheidungen), dass vorliegend eine Zwischenverfügung nicht das richtige Mittel war, sondern dass der Antrag (wenn denn die Vollmacht wirksam widerrufen war) zurückzuweisen gewesen wäre, da das behauptete Eintragungshindernis nicht in absehbarer Zeit zu beheben war. Denn der Ehemann war natürlich nicht zur Zustimmung bereit. Die Ehefrau hätte seine Zustimmung erst in einem Prozess erstreiten müssen.

„a) Die ergangene Zwischenverfügung kann schon deshalb keinen Bestand haben, weil sie ein Mittel zur Beseitigung des angenommenen Eintragungshindernisses bezeichnet, das die Beteiligte zu 1 offensichtlich nicht in absehbarer Zeit beibringen kann (vgl. Senat vom 30.9.2011, 34 Wx 418/11 = Rpfleger 2012, 140; BayObLGZ 1984, 126/128; BayObLG FGPrax 1997, 89; OLG Jena vom 11.1.2012 – 9 W 526/11, juris Rn. 7; OLG Düsseldorf FGPrax 2013, 14/15 f.; auch OLG Düsseldorf Rpfleger 2018, 435; [...]).“[807]

Dogmatisch hat das OLG München ja recht. Aber die Zwischenverfügung ist beim Grundbuchamt als nahezu Allheilmittel beliebt, weil der Rechtspfleger damit in zweifelhaften Rechtsfällen erst einmal Zeit gewinnt und die Beteiligten zu einer Äußerung zwingt, ohne – wie durch eine unberechtigte Antragszurückweisung – einen ernsthaften Schaden anrichten zu können.

Und wir als Notare können froh sein, dass Grundbuchamt uns öfter noch die Möglichkeit zur Nachbesserung gibt, wo es den Antrag (aus seiner Sicht) eigentlich gleich hätte zurückweisen müssen. Denn eine unberechtigte Zwischenverfügung kann man eher einfangen als eine unberechtigte Antragszurückweisung. Manchmal lässt sich das Grundbuchamt durch Gegenvorstellungen überzeugen. Ein Zurückziehen der Zwischenverfügung fällt dem Grundbuchamt schon psychologisch leichter, als einen förmlich zurückgewiesenen Antrag doch noch zu vollziehen.

Und wenn die Zwischenverfügung unschwer zu erfüllen ist, so lege jedenfalls ich den geforderten Nachweis oder die geforderte Erklärung im Zweifel lieber vor, auch wenn das Grundbuchamt aus meiner Sicht nicht recht hat – und hebe mir meine Einwände lieber für die Fälle auf, in denen die (unberechtigte) Zwischenverfügung nicht oder jedenfalls nicht leicht zu erfüllen ist.

c) Verstoß gegen Innenverhältnis nur beachtlich, wenn das Grundbuchamt sichere Kenntnis vom Vollmachtsmissbrauch hat

Der Ehemann hatte vorgetragen, die Ehefrau hätte die Vollmacht missbraucht, da sie den Scheidungsantrag verfrüht gestellt habe. Mit der Rüge der verfrühten Antragsstellung hatte er wahrscheinlich recht. Das Familiengericht hatte fünf Monate nach der Beurkundung der Übertragung die Scheidung mangels Ablauf des Trennungsjahres.

Die Messlatte liegt aber sehr hoch: Das Grundbuchamt darf die Eintragung nur verweigern, wenn es **sichere Kenntnis vom Missbrauch der Vollmacht** hat.

„aa) Ist die Vollmacht – wie hier – im Außenverhältnis unbeschränkt erteilt, so hat das Grundbuchamt eine Eintragung dennoch abzulehnen, wenn es – etwa aus ihm bekannten offensichtlichen und eindeutig gefassten internen Bindungsklauseln – sichere Kenntnis vom Missbrauch der Vollmacht hat (Senat vom 20.2.2013, 34 Wx 439/12 = FGPrax 2013, 11). Denn das Grundbuchamt darf aufgrund des Legalitätsprinzips (vgl. Demharter Einleitung Rn. 1) nicht bewusst daran mitwirken, das Grundbuch unrichtig zu machen.“[808]

---

[807] OLG München Beschl. v. 7.11.2018 – 34 Wx 395/17, Rn. 28.
[808] OLG München Beschl. v. 7.11.2018 – 34 Wx 395/17, Rn. 28.

Hier war aber nach dem Wortlaut des Ehevertrages nur die Stellung des Scheidungsantrages Voraussetzung für die Immobilienübertragung. Ob sich daraus eine Einschränkung im Innenverhältnis bei verfrühter Antragsstellung ergeben sollte, war für das Grundbuchamt jedenfalls nicht sicher erkennbar.

d) Widerruf bei (konkludent) unwiderruflicher Vollmacht nur bei Überzeugung des Grundbuchamts von Widerrufsgrund

Der Widerruf der Vollmacht wäre bei einer widerruflich erteilten Vollmacht rechtzeitig gewesen. Hier war die Vollmacht aber **konkludent unwiderruflich** erteilt. Denn sie diente erkennbar nahezu ausschließlich Interessen der Ehefrau – um genau den hier eingetretenen Fall zu verhindern, dass der Ehemann im Scheidungsverfahren nichts mehr von seinen früher eingegangenen Verpflichtungen wissen wollte. (Besser wäre natürlich gewesen, der Notar hätte die Vollmacht im Ehevertrag ausdrücklich als unwiderruflich bezeichnet.)

Auch eine unwiderrufliche Vollmacht ist aus wichtigem Grund widerruflich. Dann muss aber der **Widerrufsgrund zur Überzeugung des Grundbuchamts dargelegt** sein – wobei der Widerrufende den Nachweis aber nicht in der Form des § 29 GBO erbringen muss, da es sich nicht um eine Eintragungsvoraussetzung handelt (sondern im Gegenteil um ein Eintragungshindernis).

„b) Ergibt die Auslegung, dass eine nicht ausdrücklich als unwiderruflich bezeichnete Vollmacht unwiderruflich erteilt wurde, so kann das Grundbuchamt nur dann aus Anlass eines ihm bekannt gewordenen Widerrufs einen Nachweis für den Fortbestand der Vollmacht verlangen, wenn nach der freien Beweiswürdigung des Grundbuchamts (vgl. Munzig MittBayNot 1997, 371/372) zu dessen Überzeugung oder zumindest mit einem erheblichen Grad von Wahrscheinlichkeit Gründe, die einen Widerruf rechtfertigen, dargetan sind (Senat vom 7.1.2015, 34 Wx 418/14 = RNotZ 2015, 355; vom 15.6.2015, 34 Wx 513/13 = NJW-RR 2015, 1230; OLG Stuttgart MittBayNot 1997, 370 m. Anm. Munzig; Demharter § 19 Rn. 83.2; Bauer/Schaub AT G Rn. 187).“[809]

II. Grundbuchberichtigung nach Erbfall: Ausländisches Vindikationslegat und Legalnießbrauch

1. KG Beschl. v. 3.9.2019 – 1 W 161/19

Kerngehalt der Entscheidung:

Gültigkeitsfrist des Europäischen Nachlasszeugnisses darf bei Grundbuchvollzug noch nicht abgelaufen sein.

Leitsatz der Entscheidung:[810]

Der Nachweis der Bewilligungsbefugnis eines Erben kann durch ein Europäisches Nachlasszeugnis nur durch Vorlage einer von der Ausstellungsbehörde ausgestellten beglaubigten Abschrift des Zeugnisses geführt werden, deren Gültigkeitsfrist im Zeitpunkt der Eintragung im Grundbuch noch nicht abgelaufen ist. Das gilt auch bei Ablauf der Gültigkeitsfrist nach Antragstellung beim Grundbuchamt.

---

809 OLG München Beschl. v. 7.11.2018 – 34 Wx 395/17, Rn. 46.

810 ErbR 2019, 696 mAnm *Wachter* = FGPrax 2019, 193 mAnm *Dressler-Berlin* = MDR 2019, 1389 = Rpfleger 2019, 699 mAnm *Lamberz;* dazu Anm. *Bohlsen* jurisPR-IWR 6/2019 Anm. 4.

a) Nur sechs Monate Geltungsdauer des ENZ

Als Erbnachweis genügt im Grundbuchverfahren neben Erbschein oder notariellem Testament auch ein Europäisches Nachlasszeugnis (ENZ; Art. 69 Abs. 5 EuErbVO, § 35 Abs. 1 S. 1 GBO).

Die von der Ausstellungsbehörde erteilten „beglaubigten Abschriften" (nach deutschem Verständnis wären es Ausfertigungen[811]) des ENZ haben jedoch jeweils nur eine begrenzte Gültigkeitsdauer von grundsätzlich **sechs Monaten;** das **konkrete Ablaufdatum** ist **auf der beglaubigten Abschrift** anzugeben (Art. 70 Abs. 3 S. 1 EuErbVO). Im Kommissionsentwurf der EuErbVO war sogar eine Befristung auf nur drei Monate vorgesehen (Art. 43 Abs. 2 COM (2009) 154). Mit dieser Geltungsbefristung wollte der europäische Gesetzgeber die Gefahr eines Umlaufs falscher ENZ vermindern.[812] Ein Einziehungsverfahren, wie es etwa das deutsche Recht kennt, hielt man im europäischen Rahmen für nicht durchführbar. Funktionaler Ersatz ist die Befristung: Wenn die Beteiligten immer wieder um eine Neuerteilung des ENZ nachsuchen müssen, kann ein falsches ENZ jedenfalls nur zeitlich befristet Schaden anrichten. Kehrseite ist, dass damit auch das Vertrauen in die Richtigkeit des ENZ nur zeitlich befristet geschützt ist.

b) KG: Stichtag ist Grundbuchvollzug, nicht Antragstellung

Das KG hatte nun zu entscheiden, ob das ENZ noch bei Grundbuchvollzug wirksam sein muss – oder ob ausreicht, wenn noch der Eintragungsantrag (und die Eintragungsbewilligung) innerhalb der Geltungsfrist der beglaubigten Abschrift eingegangen sind.

- Die Literatur wollte überwiegend auf das Datum der Antragstellung abstellen. Denn die Beteiligten hätten nicht in der Hand, wie schnell das Grundbuchamt den Antrag bearbeite. Auch führten sie den Rechtsgedanken des § 878 BGB an.
- Nur eine Minderheit in der Literatur verlangte die Geltung des ENZ noch im Zeitpunkt des Grundbuchvollzugs (also vergleichbar wie für den deutschen Erbschein, der auch noch bei Grundbuchvollzug in Ausfertigung vorliegen muss).

Die Frage der Gültigkeitsdauer ist nach europäischem Recht zu beantworten, wenn man davon ausgeht, dass der deutsche Gesetzgeber dem ENZ zwar die ihm kraft der EuErbVO zukommende Geltung zugestehen wollte, ihm aber keine überschießende bzw. weitergehende Wirkung zuerkennen wollte. Wahrscheinlich hätte der deutsche Gesetzgeber dem ENZ auch gar keine zeitlich weiterreichende Geltung als das europäische Recht verleihen können, da das europäische Recht nicht nur eine Mindestfrist, sondern eine feste Frist und damit zugleich eine Höchstfrist anordnet.

Und nach europäischem Recht ist die Geltungsdauer der beglaubigten Abschriften rigoros auf den von der Ausstellungsbehörde angegebenen Zeitraum (von idR sechs Monaten) beschränkt. Danach müssen die Beteiligten eben eine neue beglaubigte Abschrift bzw. die Verlängerung der Gültigkeitsdauer der vorhandenen beglaubigten Abschrift beantragen.

Das KG verweist darauf, dass das ENZ nach Ablauf seiner Gültigkeitsdauer keine Beweiskraft mehr entfalte. Wenn der europäische Gesetzgeber bewusst eine kurze Befristung gewählt hat, widerspräche es der gesetzgeberischen Intention, einem älteren ENZ nur aufgrund früherer Antragstellung möglicherweise noch über einen deutlich längeren Zeitraum hinaus Rechtswirkungen zuzuerkennen.[813]

Das KG hat wohl recht. Zwar sprechen Praktikabilitätsgründe dafür, auf den Zeitpunkt der Antragsstellung abzustellen, wie dies die Mehrheit der Literatur vertritt. Aber die bewusst kurze Befristung durch den europäischen Gesetzgeber kann man damit wohl nicht überwinden.

---

[811] BT-Drs. 18/4201, 81.
[812] *Buschbaum/Simon* ZEV 2012, 525 (526).
[813] KG Beschl. v. 3.9.2019 – 1 W 161/19, Rn. 16.

c) Für Grundbuchvollzug neue beglaubigte Abschrift des ENZ erforderlich

In dem vom KG zu entscheidenden Sachverhalt ging es um die Löschung einer für den Erblasser eingetragenen Vormerkung.

In der Praxis problematisch wird aber vor allem die **Eigentumsumschreibung beim Verkauf durch Erben** sein. Denn eine Vormerkung wird typischerweise kurzfristig nach der Beurkundung eingetragen. War das ENZ bei Beurkundung noch einigermaßen neu, so wird es auch noch für die Eintragung der Vormerkung genügen. Die Auflassung wird aber idR erst drei bis vier Monate nach der Beurkundung vollzogen. Bis dahin wird die Geltungsfrist für das bei Kaufvertragsbeurkundung vorgelegte ENZ häufig schon abgelaufen sein. Die durch die Erben erklärte Auflassung kann dann aber nach der Entscheidung des KG nur vollzogen werden, wenn die beglaubigte Abschrift des ENZ auch bei Eigentumsumschreibung noch wirksam ist – oder eine neue, dann noch wirksame beglaubigte Abschrift vorgelegt wird.

Zunächst ist dies erst einmal nur **lästig,** aber dahinter lauert eine ungesicherte Vorleistung. Normalerweise wird der Veräußerer, wenn ihn der Notar darum bittet, eine neue beglaubigte Abschrift des ENZ beantragen und beibringen. Möglicherweise sind Interesse und Kooperationsbereitschaft des Verkäufers aber schon deutlich gesunken, nachdem er den Kaufpreis schon erhalten hat, so dass er sich nicht oder nur sehr schleppend um die Beschaffung einer neuen beglaubigten Abschrift des ENZ kümmert. Die Gebühr für die Verlängerung oder neue beglaubigte Abschrift ist aber mit 20,– EUR (KV Nr. 12218 GNotKG) in Deutschland sehr überschaubar.

Geht beim Verkäufer gar nichts voran, kann auch der **Käufer** eine beglaubigte Abschrift des ENZ beantragen. Denn antragsberechtigt ist jede Person, die ein berechtigtes Interesse nachweist (Art. 70 Abs. 1 EuErbVO). Aber das ist schon einmal lästig – vor allem wenn eine ausländische Behörde das ENZ erstellt hat, deren Sprache man nicht spricht. Denn in welcher Sprache beantragt man bei einer finnischen, slowakischen oder ungarischen Behörde ein neues ENZ?

d) Vormerkungsschutz schützt wohl auch guten Glauben in Erbschein/ENZ bei Vormerkungseintragung

Was wäre aber, wenn sich das **ursprüngliche ENZ** als **unrichtig** erweist und daher keine neue beglaubigte Abschrift mehr erteilt wird? Hilft dem Käufer dann möglicherweise die für ihn eingetragene **Vormerkung?**

Ist eine Vormerkung eingetragen, so genügt (analog § 883 Abs. 2 BGB) für den Gutglaubensschutz nach § 892 BGB die **Buchlage** im Zeitpunkt der **Eintragung der Vormerkung.**[814] Der bei Erwerb der Vormerkung bestehende gute Glaube bleibt auch für den späteren Erwerb des durch die Vormerkung gesicherten dinglichen Rechts maßgebend; die Vormerkung „konserviert" gewissermaßen die bei ihrer Eintragung bestehende Buchlage zugunsten des Vormerkungsberechtigten (wobei hier nach § 892 Abs. 2 BGB sogar der gute Glaube zur Zeit der Antragstellung für die Vormerkung genügt).

Nach hM genügt bei Eintragung einer Vormerkung auch für den Gutglaubensschutz an die Richtigkeit des Erbscheins nach **§ 2366 BGB** der gute Glaube im Zeitpunkt der Vormerkungseintragung. Auch hier sei § 883 Abs. 2 BGB entsprechend anzuwenden, da mit Eintragung der Vormerkung ein Anwartschaftsrecht des Erwerbers entstanden sei, das zum

[814] BGH NJW-RR 2008, 102; NJW 1981, 446 (447); BGHZ 57, 341 (343) = NJW 1972, 434; BGHZ 28, 182 (187) = NJW 1958, 2013; RGZ 121, 44 (47); BayObLG MittBayNot 1991, 78 (79); OLG Dresden NotBZ 1999, 261; OLG Jena OLG-NL 2000, 37 (39); OLG Karlsruhe NJW-RR 1998, 445 (447); OLG Köln DNotZ 2011, 441; OLG Schleswig FGPrax 2004, 264 (265); LG Erfurt NotBZ 2000, 387; Gutachten DNotI-Report 2016, 87; *Mülbert* AcP 197 (1997), 335 (343 f.); Palandt/*Herrler* BGB § 885 Rn. 13; *Schöner/Stöber* GrundbuchR Rn. 1536; Staudinger/*Picker* (2019) BGB § 892 Rn. 187; **aA** *Assmann,* Die Vormerkung (§ 883 BGB), 1998, S. 102 ff., 357 ff., 370.

Vollrecht erstarken kann.[815] (§ 892 Abs. 2 BGB gilt aber nicht, so dass der gute Glaube in die Richtigkeit des Erbscheins noch bei der Eintragung, nicht nur bei Antragsstellung für die Vormerkung vorliegen muss).

Hier wäre ich ein bisschen vorsichtiger als beim Gutglaubensschutz in die Richtigkeit des Grundbuchs – auch wenn das Ergebnis für uns Notare natürlich praktisch ist:

- Während man beim Gutglaubensschutz des Grundbuchs eine ganze Latte höchst- und obergerichtlicher Rechtsprechung zitieren kann, gibt es hier **nur eine BGH-Entscheidung,** die fast 50 Jahre zurückliegt.
- Dass die Entscheidung das Ergebnis mit einem **Anwartschaftsrecht** begründet, macht sie mir etwas suspekt. Das mag daran liegen, dass ich zu wenig vom Anwartschaftsrecht verstehe. Aber ein Anwartschaftsrecht ist doch immer nur eine Beschreibung für eine Verdichtung von Rechten, die ohnehin schon vorhanden sind – und passt schlecht als alleinige Begründung zur Ableitung einer Rechtsfolge.
- Inhaltlich ist eine Kombination von Vormerkungswirkung (§ 883 Abs. 2 BGB) und Gutglaubensschutz in den Erbschein (§ 2366 BGB) schwerer zu begründen als eine Kombination von Vormerkungswirkung und Gutglauben in das Grundbuch (§ 892 BGB).

Bitte missverstehen Sie nicht, dass ich das Ergebnis missbillige. Es schützt den Erwerber und ist für die notarielle Praxis gut. Auch in meiner eigenen notariellen Praxis verlasse ich mich darauf, wenn die Beteiligten sich die Zwischeneintragung der Erben sparen wollen. Aber ich wäre mir weniger sicher, dass es bei einer erneuten höchstrichterlichen Prüfung Bestand hat als bei der reichlich höchstrichterlich abgesicherten Vorverlagerung des Gutglaubensschutzes in die Buchlage bei Vormerkungsantrag.

Wenn es beim deutschen Erbschein auf den guten Glauben bei Eintragung der Vormerkung ankommt, so kann für den guten Glauben in die Richtigkeit des **ENZ** nichts anderes gelten. Zwar sind Grundlage und Umfang des guten Glaubens im europäischen Recht geregelt **(Art. 69 Abs. 4 EuErbVO).** Der für den Gutglaubensschutz maßgebliche Zeitpunkt ist aber nicht im europäischen Recht geregelt. Insoweit ist daher nationales Recht anzuwenden. Genauer: Es kommt darauf an, zu welchem Zeitpunkt nach dem auf den Erwerbsvorgang anwendbaren Recht die Verfügungsbefugnis vorlegen muss.[816]

e) Für Grundbuchvollzug notfalls Zustimmungsanspruch aus Vormerkung durchsetzen

Der gutgläubige Vormerkungserwerb hilft aber im **Grundbuchverfahren** nicht für die Eigentumsumschreibung. Das Grundbuchamt wird dann auf die hier besprochene Entscheidung des KG verweisen und den Grundbuchvollzug verweigern, solange nicht ein noch geltendes ENZ vorgelegt wird. Ein solches ENZ kann aber nicht mehr vorgelegt werden, wenn sich das ursprüngliche ENZ ja als unrichtig herausgestellt hat. Der gutgläubige Vormerkungserwerber müsste also seine **Zustimmungsansprüche nach §§ 883 Abs. 2, 888 BGB** gegen die wahren Erben geltend machen. Erst dann kommt er ins Grundbuch. (Dasselbe gilt natürlich beim Gutglaubensschutz nach § 2366 BGB).

f) Vormerkungsschutz plus Grundbuchberichtigung auf die Erben vereinfacht

Einfacher wird es, wenn das Grundbuch aufgrund des Erbscheins oder ENZ auf die Erben berichtigt wurde.

---

[815] BGHZ 57, 341 = NJW 1972, 434; BeckOK BGB/*Siegmann/Höger* BGB § 2366 Rn. 15; MüKoBGB/*J. Mayer* BGB § 2366 Rn. 17; NK-BGB/*Kroiß* BGB § 2366 Rn. 5; Staudinger/*Herzog* (2016) BGB § 2366 Rn. 15.

[816] *Faber/Grünberger* ÖNtZ 2011, 97 (113); MüKoBGB/*Dutta* EuErbVO Art. 69 Rn. 20; Rauscher/*Hertel,* EuZPR/EuIPR, 4. Aufl. 2016, EuErbVO Art. 69 Rn. 21.

- Hauptvorteil ist, dass wir dann dogmatisch für den **guten Glauben in das Grundbuch** stützen. Hier ist die Vorverlagerung des Gutglaubensschutzes auf die Vormerkung solide abgesichert (und wirkt sogar schon ab Antragstellung für die Vormerkung).
- Grundbuchverfahrensrechtlich stört dann weder der Zeitablauf der Geltungsfrist des ENZ noch eine allfällige Einziehung des Erbscheins. Ohne Grundbuchberichtigung scheitert schon hier der Vollzug, weil die Verfügungsbefugnis der Erben bei Vollzug der Auflassung nicht mehr nachgewiesen, solange nicht ein gültiger Erbschein/ENZ vorliegt.
- Wurde hingegen auf die Erben umgeschrieben, so kann die Auflassung auch ohne Vorlage von Erbschein oder ENZ vollzogen werden. Der bloße Zeitablauf des ENZ oder die Einziehung des Erbscheins stehen dem nicht entgegen, weil die Verfügungsbefugnis nicht mehr durch den Erbnachweis, sondern unmittelbar aus dem Grundbuch nachgewiesen wird. Nur wenn das Grundbuch zwischenzeitlich auf die nach dem neuen Erbschein/ENZ ausgewiesenen Erben berichtigt wurde, müsste der Erwerber seinen Zustimmungsanspruch nach § 888 BGB geltend machen.

Daher halte ich die Zwischeneintragung der Erben für vorzugswürdig.

g) Übersicht: Voreintragung der Erben nach § 40 GBO entbehrlich

Weil die Erben immer wieder fragen, ob sie sich nicht die Kosten für ihre Zwischeneintragung sparen können – und ich mir in manchmal selbst nicht ganz sicher bin, wie denn der aktuelle Stand der Rechtsprechung zur entsprechenden Fallgruppe ist – habe ich Ihnen nachstehend kurz zusammengestellt, in welchen Fällen nach § 40 GBO die Voreintragung der Erben entbehrlich ist:

Anwendungsbereich: Erbfolge und ähnliche Gesamtrechtsnachfolge

- § 40 Abs. 1 GBO – unmittelbarer Anwendungsbereich: **Erblasser** eingetragen
- entsprechende Anwendung bei **Gesamtrechtsnachfolge einer Gesellschaft**: Umwandlung, Verschmelzung oder Spaltung
- entsprechende Anwendung bei Übergang aller Gesellschaftsanteile auf den **letzten verbleibenden Gesellschafter**: BGH Urt. v. 5.7.2018 – V ZB 10/18[817]

1. Ausnahme bei Rechtsübertragung oder -aufhebung (§ 40 Abs. 1 Var. 1 GBO)

- unmittelbarer Anwendungsbereich: **Übertragung oder Aufhebung** eines Rechts, insbesondere Auflassung
- entsprechende Anwendung für Eintragung einer **Vormerkung** auf Übertragung oder Aufhebung eines Rechts[818]

2. Ausnahme bei Bewilligung des Erblassers, Nachlasspflegers (§ 40 Abs. 1 Var. 2 GBO) oder des Testamentsvollstreckers (§ 40 Abs. 2 GBO)

- Erklärung des **Erblassers oder Nachlasspflegers** (§ 40 Abs. 1 Var. 2 GBO)
- Erklärung des **Testamentsvollstreckers** (§ 40 Abs. 2 GBO)
- bei **Finanzierungsgrundschuld** des Käufers aufgrund **postmortaler Vollmacht** des Erblassers entsprechende Anwendung von § 40 Abs. 1 Var. 2 GBO (OLG Frankfurt a. M., OLG Köln, OLG Stuttgart[819]); wird die Finanzierungsgrundschuld hingegen

[817] DNotZ 2018, 914 = ZfIR 2018, 826 mAnm *Niesse.* Dazu Anm. *K. Schmidt* JuS 2019, 395; *Vossius* NotBZ 2018, 460; Herrler/Hertel/Kesseler/*Kesseler* ImmobilienR 2019 S. 278.

[818] BGH DNotZ 2018, 914 = ZfIR 2018, 826 mAnm *Niesse.* Dazu Anm. *K. Schmidt* JuS 2019, 395; *Vossius* NotBZ 2018, 460; Herrler/Hertel/Kesseler/*Kesseler* ImmobilienR 2019 S. 278. Ebenso etwa KG Beschl. v. 2.8.2011 – 1 W 243/11, FGPrax 2011, 270.

[819] OLG Frankfurt a. M. Beschl. v. 27.6.2017 – 20 W 179/17, ZfIR 2017, 833 mAnm *Cramer* = ErbR 2018, 157 mAnm *Wendt* = MittBayNot 2018, 247 mAnm *Milzer;* OLG Köln Beschl. v. 16.3.2018 – 2 Wx 123/18, FGPrax 2018, 106 mAnm *Bestelmeyer;* OLG Stuttgart Beschl. v. 2.11.2018 – 8 W 312/18,

aufgrund Vollmachtserteilung der Erben als Erben (ohne transmortale Vollmacht) bestellt, so ist eine Voreintragung erforderlich[820]

Der Anwendungsbereich ist meist unproblematisch. In der Praxis haben wir es meist mit einer **Erbfolge** zu tun, selten mit gesellschaftsrechtlicher Nachfolge.

- Braucht der Erwerber **keine Finanzierungsgrundschuld,** ist die Antwort auch einfach: Dann ist auch **keine Voreintragung der Erben erforderlich** – auch nicht, wenn eine Auflassungsvormerkung eingetragen werden soll.
- Soll hingegen eine **Finanzierungsgrundschuld** eingetragen werden, so ist grundsätzlich die **Voreintragung der Erben erforderlich.** Die von der Rechtsprechung entschiedenen Ausnahmen betreffen nur den Fall, das die Finanzierungsvollmacht aufgrund einer **transmortalen Vollmacht** des Erblassers erteilt wurde.

Kesseler hat die dazu ergangenen Entscheidungen der OLG Frankfurt, Köln und Stuttgart bereits im letzten Jahr besprochen.[821] Er ließ eine gewisse Skepsis anklingen.

- Auf eine Parallele zu § 40 Abs. 1 Var. 1 GBO **(Übertragung des Rechts)** kann man sich nicht berufen, weil die Finanzierungsgrundschuld der Käufer zwar wirtschaftlich der Vorbereitung der Übertragung dient, sich darin aber nicht erschöpft – anders als die Auflassungsvormerkung. Daher berufen sich die OLG hierauf auch nicht.
- Stattdessen stützen sie sich auf eine Analogie zu § 40 Abs. 1 Var. 2 GBO (Bewilligung des **Nachlasspflegers**). Ebenso hätte man § 40 Abs. 2 GBO heranziehen können (Bewilligung des **Testamentsvollstreckers**). Das kann man vertreten, weil auch bei der transmortalen Vollmacht zwar für die Erben gehandelt wird, sich die Rechtsmacht aber noch unmittelbar vom Erblasser herleitet.

h) Formulierungsbeispiel: Belehrung über Risiken ohne Zwischeneintragung der Erben

Erst wenn man festgestellt, dass das Gesetz nach § 40 GBO ausnahmsweise keine Voreintragung erfordert,

- also keine Finanzierungsgrundschuld bestellt wird, oder
- die Finanzierungsgrundschuld aufgrund transmortaler Vollmacht (oder aufgrund Vollmacht des Nachlasspflegers oder Testamentsvollstreckers) bestellt wird,

kann man mit den Beteiligten besprechen, ob ihr Wunsch, von einer Voreintragung abzusehen, sinnvoll ist.

Einziges Argument gegen eine Voreintragung sind idR die **Grundbuchgebühren** (1,0 Gebühr nach KV Nr. 14110 GNotKG, in Bayern plus Katasterfortschreibungsgebühr von 30% der Eintragungsgebühr des Grundbuchamtes, Art. 1 Abs. 3 BayKatFortGebG). Daher erübrigt sich die Diskussion idR, wenn ein **Erbschein oder ENZ** vorliegt und seit dem Erbfall noch keine zwei Jahre vergangen sind. Denn dazu regelt KV Nr. 14110 GNotKG:

KV Nr. 14110 GNotKG

(1) Die Gebühr wird nicht für die Eintragung von Erben des eingetragenen Eigentümers oder von Erben des Gesellschafters bürgerlichen Rechts erhoben, wenn der Eintragungsantrag binnen zwei Jahren seit dem Erbfall bei dem Grundbuchamt eingereicht wird. Dies gilt auch, wenn die Erben erst infolge einer Erbauseinandersetzung eingetragen werden.

Zusätzliche Kosten fallen also bei einem Erbschein oder ENZ nur an, wenn die Berichtigung mehr als zwei Jahre nach dem Erbfall beantragt wird – oder wenn ein Miterbe erwirbt und damit für die unmittelbare Umschreibung auf den Miterben ohne Voreintra-

MittBayNot 2019, 578 mAnm *Becker.* Dazu *Weber* DNotZ 2018, 884; Herrler/Hertel/Kesseler/*Kesseler* ImmobilienR 2019 S. 280.

[820] KG Beschl. v. 2.8.2011 – 1 W 243/11, FGPrax 2011, 270.

[821] Herrler/Hertel/Kesseler/*Kesseler* ImmobilienR 2019 S. 280.

gung der Erbengemeinschaft keine Grundbuchgebühren anfallen. Schon nach dem Gesetzeswortlaut kommt es nicht darauf an, ob die Grundbuchberichtigung aufgrund eines deutschen ENZ oder eines ENZ aus einem anderen EuErbVO-Mitgliedstaat erfolgt.

Von mir aus als Notar spreche ich das Thema nur bei einer **Veräußerung unter Miterben** oder sonst unter Angehörigen (zB an einen Abkömmling eines Miterben) an. Hier soll der Erwerber entscheiden, ob er das Risiko in Kauf nimmt und dadurch den Beteiligten insgesamt die Kosten der Voreintragung erspart. Denn hier ist das Risiko idR überschaubar, weil der Miterbe die wirtschaftlichen Verhältnisse der anderen Miterben meist (aber keinesfalls immer) in etwa kennt.

Wird **an einen Dritten veräußert,** schlage ich als Notar immer den sicheren Weg einer Zwischeneintragung der Erben vor.

- Liegt ein **Erbschein/ENZ** vor und sind **seit dem Erbfall weniger als zwei Jahre** vergangen, löst dies auch keine zusätzlichen Kosten aus. Dann wird es auch keine Diskussion von Seiten der Verkäufer geben.
- Ist die Erbfolge **nur durch notarielles Testament** (oder Erbvertrag) nachgewiesen, würde ich den Erwerber dringend davor warnen, auf die Voreintragung der Erben zu verzichten. Denn wenn später doch noch ein abweichendes späteres Testament auftauchen sollte, wäre der Erwerber in seinem guten Glauben nicht geschützt und hätte nicht wirksam erworben.

In anderen Fällen kann man darüber diskutieren, ob auf eine Voreintragung verzichtet wird. Bei einem Verkauf an einen Dritten lege ich den Beteiligten aber eben nur auf deren ausdrückliche Frage die Vor- und Nachteile beider Lösungen dar.

- Gegen die Voreintragung sprechen deren Kosten.
- Für die Voreintragung spricht der erhöhte Schutz.

Bei manchen Beteiligten dringen andere Argumente nicht mehr durch, sobald sie hören, dass sie irgendwo Gebühren oder Steuern sparen können.

Da das Thema möglicherweise erst in der Beurkundung aufkommt, habe ich Ihnen nachstehend einen Formulierungsvorschlag erstellt, der das Für und Wider kurz zusammenfasst und den man bei einem Verzicht auf die Voreintragung in die Urkunde einfügen kann.

Formulierungsbeispiel:

Die Beteiligten wünschen ausdrücklich **keine Voreintragung der Veräußerer** als Erben im Grundbuch. Der Notar belehrte:

- Bestellt der Erwerber eine **Finanzierungsgrundschuld** aufgrund Vollmacht der Erben, so ist eine Voreintragung der Erben erforderlich (ausgenommen bei Veräußerung durch Nachlasspfleger oder Testamentsvollstrecker oder bei transmortaler Vollmacht des Erblassers).
- Liegt **kein Erbschein** (und kein Europäisches Nachlasszeugnis) vor (sondern wird die Erbenstellung nur durch notarielles Testament oder Erbvertrag nachgewiesen), so ist der **gute Glaube in die Erbenstellung nicht geschützt.** Hier schützt nur die Voreintragung der Erben den guten Glauben des Erwerbers bzw. der Grundschuldgläubigerin in die Erbenstellung.
- Liegt ein **Erbschein** (oder ein Europäisches Nachlasszeugnis) vor, so verursacht die Voreintragung der Erben **keine zusätzlichen Kosten,** wenn sie binnen zwei Jahren nach dem Erbfall beantragt wird. (Allerdings wird dadurch die Kostenfreiheit für die Umschreibung auf einen Miterben verbraucht.) Die Voreintragung der Erben vereinfacht die Grundbuchumschreibung nach Fristablauf des Europäischen Nachlasszeugnisses bzw. im Fall der Einziehung des Erbscheins. Auch ist die Vorverlagerung des Gutglaubensschutzes auf den Zeitpunkt der Eintragung der Vormerkung bei der Voreintragung der Erben besser durch die obergerichtliche Rechtsprechung abgesichert als ohne Voreintragung.

- Wird aufgrund einer noch vom Erblasser erteilten **transmortalen Vollmacht** gehandelt, so schützt die Vormerkung nicht vor Mängeln der Verfügungsbefugnis der Erben (zB Insolvenz eines Erben). Nur bei Voreintragung der Erben ist der Erwerber auch insoweit durch die Vormerkung geschützt.

Im konkreten Fall nicht einschlägige Spiegelstriche kann man in der Urkunde natürlich weglassen. Ich wollte aber möglichst alle möglichen Fallvarianten in einem Baustein zusammenfassen, damit man in der Beurkundungsverhandlung nichts übersieht.

Um auf den Ausgangsfall mit dem ENZ zurückzukommen: Hier wird man die Beteiligten idR unschwer von der Zwischeneintragung überzeugen können:

- Im Regelfall verursacht die Berichtigung keine Zusatzkosten (sofern nicht seit dem Erbfall bereits mehr als zwei Jahre vergangen sind oder an einen Miterben veräußert wird).
- Der Vorteil, den Vertrag unabhängig vom Ablauf der Geltungsdauer des ENZ weitervollziehen zu können, dürfte den Beteiligten einleuchten.

2. OLG Saarbrücken Beschl. v. 23.5.2019 – 5 W 25/19: ENZ genügt für Eintragung eines Legalnießbrauchs nach ausländischem Erbrecht im Wege der Grundbuchberichtigung

Die Entscheidung des OLG Saarbrücken ist nur vor dem Hintergrund der EuGH-Entscheidung in der Rechtssache Kubicka verständlich.

a) EuGH Urt. v. 12.10.2017 – C-218/16 (Kubicka): ENZ genügt als Nachweis für Eigentumsübergang aufgrund ausländischen Vindikationslegats

Im Gesetzgebungsverfahren der EuErbVO und bei deren anfänglicher Auslegung war das Verhältnis von Erbstatut und Sachenrecht eines der am heftigsten umstrittenen Themen. Diskutiert wurde dies vor allem am Fall des Vindikationslegats für Grundstücke: Sollte das Grundstückseigentum unmittelbar mit dem Erbfall auf einen Vermächtnisnehmer übergehen, wenn zwar das anwendbare Erbrecht einen solchen unmittelbaren Übergang als sogenanntes Vindikationslegat vorsah, ein solcher Übergang aber dem anwendbaren Immobiliarsachenrecht unbekannt ist? Relevant sind insbesondere folgende Regelungen der EuErbVO:

Nach Art. 23 Abs. 2 lit. e EuErbVO unterliegt dem Erbstatut insbesondere

„der Übergang der zum Nachlass gehörenden Vermögenswerte, Rechte und Pflichten auf die Erben und gegebenenfalls die **Vermächtnisnehmer,** einschließlich der Bedingungen für die Annahme oder die Ausschlagung der Erbschaft oder eines Vermächtnisses und deren Wirkungen."

Das heißt grundsätzlich bestimmt das anwendbare Recht auch, ob ein Vermächtnis als Vindikationslegat unmittelbare dingliche Wirkung hat oder ob es als Damnationslegat nur einen schuldrechtlichen Übereignungsanspruch gegen den Erben gibt (wie zB nach § 2174 BGB). Für bewegliche Sachen war das die ganz überwiegende Meinung.[822] Ausgenommen vom Anwendungsbereich sind jedoch nach

Art. 1 Abs. 2 lit. k und lit. l EuErbVO

k) die Art der dinglichen Rechte und
l) jede Eintragung von Rechten an beweglichen oder unbeweglichen Vermögensgegenständen in einem Register, einschließlich der gesetzlichen Voraussetzungen für eine solche Eintragung, sowie die Wirkungen der Eintragung oder der fehlenden Eintragung solcher Rechte in ein Register.

[822] Allerdings mit prominenter Gegenstimme von *Dörner.*

Zur Auslegung war noch **Erwägungsgrund 18** heranzuziehen:

Erwägungsgrund 18 EuErbVO

„Die Voraussetzungen für die Eintragung von Rechten an beweglichen oder unbeweglichen Vermögensgegenständen in ein Register sollten vom Anwendungsbereich dieser Verordnung ausgenommen werden. Somit sollte das Recht des Mitgliedstaats, in dem das Register (für unbewegliches Vermögen das Recht der belegenen Sache **(lex rei sitae)**) geführt wird, bestimmen, unter welchen gesetzlichen Voraussetzungen und wie die Eintragung vorzunehmen ist und welche Behörden wie etwa Grundbuchämter oder Notare dafür zuständig sind, zu prüfen, dass alle Eintragungsvoraussetzungen erfüllt sind und die vorgelegten oder erstellten Unterlagen vollständig sind bzw. die erforderlichen Angaben enthalten. Insbesondere können die Behörden prüfen, ob es sich bei dem Recht des Erblassers an dem Nachlassvermögen, das in dem für die Eintragung vorgelegten Schriftstück erwähnt ist, um ein Recht handelt, das als solches in dem Register eingetragen ist oder nach dem Recht des Mitgliedstaats, in dem das Register geführt wird, anderweitig nachgewiesen wird. Um eine doppelte Erstellung von Schriftstücken zu vermeiden, sollten die Eintragungsbehörden diejenigen von den zuständigen Behörden in einem anderen Mitgliedstaat erstellten Schriftstücke annehmen, deren Verkehr nach dieser Verordnung vorgesehen ist. Insbesondere sollte das nach dieser Verordnung ausgestellte ENZ im Hinblick auf die Eintragung des Nachlassvermögens in ein Register eines Mitgliedstaats ein gültiges Schriftstück darstellen. Dies sollte die an der Eintragung beteiligten Behörden nicht daran hindern, von der Person, die die Eintragung beantragt, diejenigen zusätzlichen Angaben oder die Vorlage derjenigen zusätzlichen Schriftstücke zu verlangen, die nach dem Recht des Mitgliedstaats, in dem das Register geführt wird, erforderlich sind, wie beispielsweise Angaben oder Schriftstücke betreffend die Zahlung von Steuern. Die zuständige Behörde kann die Person, die die Eintragung beantragt, darauf hinweisen, wie die fehlenden Angaben oder Schriftstücke beigebracht werden können."

Daraus hatten Teile der Literatur (auch ich selbst) den Vorrang des Immobiliarsachenrechts vor dem Erbrecht abgelesen. Der EuGH sah dies anders. Er entschied dies in der Rechtssache Kubicka.

Kerngehalt der Entscheidung:

Vindikationslegat nach anwendbarem Erbrecht gilt auch, wenn Belegenheitsrecht keinen unmittelbaren Eigentumsübergang aufgrund Vermächtnisses kennt.

Leitsatz der Entscheidung:

Art. 1 Abs. 2 Buchst. k und l sowie Art. 31 der Verordnung (EU) Nr. 650/2012 des Europäischen Parlaments und des Rates vom 4.7.2012 über die Zuständigkeit, das anzuwendende Recht, die Anerkennung und Vollstreckung von Entscheidungen und die Annahme und Vollstreckung öffentlicher Urkunden in Erbsachen sowie zur Einführung eines Europäischen Nachlasszeugnisses sind dahin auszulegen, dass sie der Ablehnung der Anerkennung der dinglichen Wirkungen des Vindikationslegats, das dem von einem Erblasser gemäß Art. 22 Abs. 1 dieser Verordnung gewählten auf die Rechtsnachfolge von Todes wegen anzuwendenden Recht bekannt ist, durch eine Behörde eines Mitgliedstaats entgegenstehen, wenn diese Ablehnung allein auf der Begründung beruht, dass dieses Vermächtnis das Eigentum an einer Immobilie betrifft, die in einem Mitgliedstaat belegen ist, dessen Rechtsordnung das Institut des Vermächtnisses mit unmittelbarer dinglicher Wirkung im Zeitpunkt des Eintritts des Erbfalls nicht kennt.

EuGH Urt. v. 12.10.2017 – C-218/16 (Kubicka)[823]

Der **Sachverhalt** ist etwas undurchsichtig: Ein polnischer Notar lehnte die Beurkundung eines Vermächtnisses über ein deutsches Grundstück ab. Seine Begründung: Dem Vermächt-

[823] DNotZ 2018, 33 mAnm *J. Weber* DNotZ 2018, 16; *Bandel* MittBayNot 2018, 99; *Döbereiner* FamRZ

nis komme nach dem maßgeblichen polnischen Erbrecht dingliche Wirkung zu. Dies würde das deutsche Sachenrecht jedoch nicht anerkennen. Etwas Unwirksames könne er nicht beurkunden.

Vor dem Hintergrund des deutschen Beurkundungsrechts klingt dies sehr merkwürdig. Die deutsche und die ungarische Regierung hatten daher angeregt, der EuGH möge die Frage als hypothetisch ablehnen. Nach polnischem Beurkundungsrecht muss aber etwas an der Argumentation sein. Jedenfalls legte das von dem Beteiligten angerufene polnische Gericht dem EuGH vor.

Zunächst stellte der EuGH fest, dass **Art. 1 Abs. 2 lit. k EuErbVO** (Art der dinglichen Rechte) der Anerkennung der dinglichen Wirkungen nicht entgegensteht. Denn das Vindikationslegat sei nur eine andere Art des Eigentumsübergangs, aber kein dem deutschen Sachenrecht unbekannte Rechtsart.[824] Insoweit ist der Entscheidung zuzustimmen.

Auch die Ausnahme des **Art. 1 Abs. 2 lit. l EuErbVO** hält der EuGH nicht für anwendbar. Hier argumentiert er – nur unwesentlich vereinfacht – dass es doch einfacher für Erblasser und Vermächtnisnehmer sei, wenn das Vindikationslegat unmittelbar gelte. Er versteigt sich dazu, in der Ablehnung der unmittelbaren Wirkung eines Vindikationslegats eine Nachlassspaltung zu sehen – was doch etwas übertrieben ist.

Sonderlich tiefschürfend ist die Argumentation des EuGH nicht, sondern eher dezisionistisch. Insbesondere erwähnt er nicht, dass Art. 1 Abs. 2 lit. l EuErbVO etwas mit schützenswerten Zielen des Systems des jeweiligen Registers zu tun haben könnte, nämlich der Herstellung von Rechtssicherheit für die Allgemeinheit. Der Sache nach entscheidet der EuGH hier wie seit Cassis de Dijon: Egal um welches Rechtsgebiet es geht: Was in einem Mitgliedstaat geht, muss auch in den anderen Mitgliedstaaten gehen. Insoweit halte ich die Entscheidung des EuGH für falsch.[825] Aber sie ist jetzt geltendes Recht.

b) OLG Saarbrücken Beschl. v. 23.5.2019 – 5 W 25/19: Legalnießbrauch der Witwe nach französischem Erbrecht an deutschem Grundstück

Die Entscheidung des OLG Saarbrücken ist die erste oberlandesgerichtliche Entscheidung in Deutschland, die Konsequenzen aus der Kubicka-Entscheidung des EuGH zieht.

Kerngehalt der Entscheidung:

Europäisches Nachlasszeugnis genügt für Grundbuchberichtigung von Legalnießbrauch nach ausländischem Erbrecht

Leitsätze der Entscheidung:

1. Nach Inkrafttreten der Verordnung (EU) Nr. 650/2012 über die Zuständigkeit, das anzuwendende Recht, die Anerkennung und Vollstreckung von Entscheidungen und die Annahme und Vollstreckung öffentlicher Urkunden in Erbsachen sowie zur Einführung eines Europäischen Nachlasszeugnisses (EuErbVO) in ihrer Auslegung durch den Europäischen Gerichtshof (EuGH, Urteil vom 12.10.2017 – C-218/16, NJW 2017, 3767) ist das Grundbuchamt nicht mehr berechtigt, einem nachgewiesenen Vindikationslegat nach französischem Recht seine dingliche Wirkung abzusprechen.
2. Ein vom Legatar vorgelegtes Europäisches Nachlasszeugnis stellt grundsätzlich einen ausreichenden Unrichtigkeitsnachweis im Sinne des § 22 GBO dar, mit dem die Rechtsstellung belegt werden kann. Wie auch sonst bei nationalen Erbscheinen steht dem Grundbuchamt aber ein Prüfungsrecht zu, soweit Zweifel dies gebieten.

2017, 2060; *Dorth* ZEV 2018, 11; *Dressler* Rpfleger 2018, 413; *Kurth* ErbR 2018, 89; *Leitzen* ZEV 2018, 311; *Ludwig* FamRB 2018, 64; *Thorn/Lasthaus* IPRax 2019, 24; *Wilsch* ZErb 2019, 57.

[824] EuGH Urt. v. 12.10.2017 – C-218/16 (Kubicka), Rn. 49–51.

[825] Vgl. Rauscher/*Hertel*, EuZVR/EuIPR, 4. Aufl. 2016, EuErbVO Art. 1 Rn. 42 mwN.

OLG Saarbrücken Beschl. v. 23.5.2019 – 5 W 25/19[826]

In dem zugrundeliegenden **Sachverhalt** war französisches Erbrecht anwendbar. Hier hatte eine Pariser Notarin ein Europäisches Nachlasszeugnis erstellt. Darin war unter anderem bescheinigt, die „Immobiliargüter und -rechte in S. (Deutschland), … pp. XX, bestehend aus einer Einzimmerwohnung mit Bad und Kochecke" aufgrund gesetzlicher Erbfolge wie folgt zustehen:

- C. S. und A. S (wohl zwei Kindern) je 1/8 Miteigentumsanteil sowie Y. S. und C. Sch. (wohl zwei Enkeln von Seiten eines vorverstorbenen Kindes) je 1/16 Miteigentumsanteil,
- der Ehefrau/Witwe „5/8 zum Volleigentum und 3/8 zum Nießbrauch".

In dem Zeugnis heißt es unter anderem: „Im Rahmen der Regelung des Nachlasses von Herrn K. S. übernimmt Frau G. K. S. ihre 4/8 zum Volleigentum und erhält 1/8 zum Volleigentum und 3/8 zum Nießbrauch."

Das deutsche Grundbuchamt hatte die Erbfolge nicht nachzuprüfen. Nur zu Erklärung, wie die französische Kollegin auf die genannten Erbquoten gekommen sein könnte:

- 4/8 (= 1/2) des Eigentums an der Wohnung stand der **Witwe** vorab zu. „Ihre" 4/8 übernahm sie ausweislich des ENZ zu Volleigentum. Die 4/8 könnten aus einer hälftigen Aufteilung der Errungenschaftsgemeinschaft als des gesetzlichen Güterstands nach französischem Recht kommen. Das übrige ENZ wäre aber schlüssiger, wenn die Ehegatten in Zugewinngemeinschaft nach deutschem Recht lebten und die Wohnung ihnen zu je 1/2 gehörte; dann hätte aber der ohnehin der Ehefrau gehörende Miteigentumsanteile im ENZ nichts zu suchen gehabt, weil er gar nicht zum Nachlass gehörte.
- Das weiter 1/8 = 1/4 von der Hälfte des Erblassers ist vermutlich der pauschale **Zugewinnausgleich nach § 1371 Abs. 1 BGB.** Denn nach französischem Erbrecht hat der überlebende Ehegatte, wenn er nur neben gemeinsamen Abkömmlingen erbt, nach Art. 757 CC (Code civil)[827] die Wahl, entweder den Nießbrauch am ganzen Nachlass oder ein Viertel des Nachlasses zu Eigentum zu erhalten. Ein Viertel Eigentum plus Nießbrauch am Rest sieht das französische Erbrecht aber nicht vor.
- Also kann das Viertel nur aus § 1371 Abs. 1 BGB kommen. Dies würde voraussetzen, dass die Ehegatten im gesetzlichen Güterstand der Zugewinngemeinschaft nach französischem Recht lebten. Die Notarin, die das ENZ ausstellte, qualifizierte also § 1371 Abs. 1 BGB offenbar rein güterrechtlich (ebenso wie der BGH[828] nach Art. 15, 25 EGBGB aF). Das Problem daran ist, dass der EuGH das güterrechtliche Viertel wohl erbrechtlich qualifiziert (möglicherweise aber auch nur ausdrücken wollte, dass auch das güterrechtliche Viertel in das ENZ aufzunehmen ist).[829] Auch die bisherige französische Lehre qualifizierte § 1371 Abs. 1 BGB nach früherem autonomen französischen IPR als erbrechtlich.[830]

[826] ZEV 2019, 640 mAnm *Leitzen*.

[827] www.legifrance.gouv.fr.

[828] BGH Beschl. v. 13.5.2015 – IV ZB 30/14, BGHZ 205, 290 = DNotZ 2015, 624 = FamRZ 2015, 1180 mAnm *Mankowski* = ZEV 2015, 409 mAnm *Reimann;* dazu Anm. *Dörner* IPRax 2017, 81; *Dutta* FamRZ 2015, 1238; *Looschelders* JR 2016, 197; *Lorenz* NJW 2015, 2157; *Schäuble* NZFam 2015, 761; *Süß* MittBayNot 2015, 510; *Wiedemann* Rpfleger 2015, 649 sowie Aufsatz *Weber* DNotZ 2016, 424.

[829] EuGH Urt. v. 1.3.2018 – C-558/16 (Mahnkopf), DNotZ 2018, 785; dazu Anm. *Bandel* MittBayNot 2018, 209 und ZEV 2018, 207; *Dörner* ZEV 2018, 305; *Fornasier* FamRZ 2018, 634; *Gebauer* IPRax 2018, 586; *Kleinschmidt* ErbR 2018, 327; *Lamberz* Rpfleger 2018, 331; *Löhnig* NotBZ 2018, 225; *Ludwig* FamRB 2018, 274; *Majer* ZEV 2018, 331; *Mankowski* ErbR 2018, 295; *Ring* ZErb 2018, 297; *Röhl* notar 2018, 222; *Sakka* MittBayNot 2018, 377; *Sonnentag* JZ 2019, 657; *Süß* DNotZ 2018, 742; *Wachter* ErbStB 2018, 206; *J. Weber* NJW 2018, 1356.

[830] Süß/*Döbereiner,* Erbrecht in Europa, 3. Aufl. 2015, Frankreich, Rn. 14.

c) Ist noch eine Nießbrauchsbestellung und Bewilligung der Erben erforderlich?

Wäre der Erblasser vor dem 17.8.2015, also vor Anwendbarkeit der EuErbVO verstorben, wäre kein Legalnießbrauch der Witwe an den deutschen Nachlassgegenständen entstanden:

- Zum einen kennt das deutsche Recht keine Nießbrauchsentstehung aufgrund Gesetzes.
- Zum anderen kennt das deutsche Recht keinen Nießbrauch an einer Sachgesamtheit. Vielmehr muss der Nießbrauch an den einzelnen Vermögensgegenständen je einzeln bestellt werden.

Stand der Witwe daher ein Legalnießbrauch nach französischem Erbrecht zu und waren Nachlassgegenstände in Deutschland belegen, hatte sie nach früheren Recht nur einen Anspruch gegen die Erben auf rechtsgeschäftliche Bestellung des Nießbrauchs an den einzelnen deutschen Nachlassgegenständen.

Selbst *Lagarde,* einer der Väter der EuErbVO, ging davon aus, dass dies auch nach Inkrafttreten der EuErbVO weiterhin so sein würde.[831]

Alles falsch, meint das OLG Saarbrücken.[832] Wenn der EuGH in der Rechtssache Kubicka entschieden hat, dass ein Vindikationslegat nach dem anwendbaren Erbrecht auch dann zum unmittelbaren Eigentumsübergang führt, wenn das Recht des Belegenheitsstaates keinen derartigen unmittelbaren Rechtsübergang kennt, müsse dies auch für einen Legalnießbrauch gelten.

Nicht so schnell, warnen *Bandel,*[833] *Leitzen*[834] und *Litzenburger:*[835] In der Rechtssache Kubicka ging es um die Übertragung eines schon bestehenden Rechts, hier geht es um die Begründung eines neuen (beschränkten dinglichen) Rechts. Hier stellen sich auch Probleme der Anpassung, weil der Nießbrauch nach dem anwendbaren Erbrecht (hier französischem Recht) dem Nießbrauch nach dem anwendbaren Sachenrecht (hier deutschem Recht) nicht entsprechen muss – ja es bei beschränkten dinglichen Rechten eher unwahrscheinlich ist, dass diese in zwei verschiedenen Rechtsordnungen zu hundert Prozent identisch sind.

Richtig daran ist: Die EuGH-Entscheidung zu Kubicka ist sorgfältig auf die vorgelegte Rechtsfrage zu Vindikationslegaten beschränkt. Sie besagt unmittelbar nichts zu einem Legalnießbrauch:

> „Daher ist festzustellen, dass Art. 1 Abs. 2 Buchst. k der Verordnung Nr. 650/2012 dahin auszulegen ist, dass er der Ablehnung der Anerkennung der dinglichen Wirkungen, die ein Vindikationslegat im Zeitpunkt des Eintritts des Erbfalls gemäß dem vom Erblasser gewählten Recht entfaltet, in einem Mitgliedstaat, dessen Rechtsordnung das Institut des Vindikationslegats nicht kennt, entgegensteht."[836]

Daher ist die von *Bandel, Leitzen* und *Litzenburger* vorgeschlagene Differenzierung mit der bisherigen EuGH-Rechtsprechung vereinbar. Dennoch erscheint mir wahrscheinlicher, dass der EuGH so wie vom OLG Saarbrücken vorhergesagt entscheiden wird. Der EuGH denkt nicht so fein ziseliert, wie *Bandel, Leitzen* und *Litzenburger* differenzieren wollen. Auch wenn das OLG Saarbrücken eher holzschnittartig argumentiert, ohne die Differenzierungsmöglichkeit überhaupt zu sehen, dürfte seine Lösung eher der Argumentation und dem Ergebnis des EuGH entsprechen.

Ich glaube also eher, dass der EuGH entscheiden würde: Tut nichts, das ENZ ist unmittelbar umzusetzen. Oder juristisch präziser formuliert: Die **Modalität der Entstehung** –

---

[831] *Lagarde* Rev.crit.DIP 2012, 691 (716). Vgl. Süß/*Döbereiner,* Erbrecht in Europa, 3. Aufl. 2015, Frankreich, Rn. 30.
[832] OLG Saarbrücken Beschl. v. 23.5.2019 – 5 W 25/19, Rn. 8.
[833] *Bandel* MittBayNot 2018, 99 (103).
[834] *Leitzen* ZEV 2019, 642.
[835] *Litzenburger* FD-ErbR 2019, 418921.
[836] EuGH Urt. v. 12.10.2017 – C-218/16 (Kubicka), Rn. 51.

also ob das Recht automatisch mit dem Erbfall oder erst mit einem gesonderten Bestellungsakt entsteht – **entscheidet nach Ansicht des EuGH das Erbrecht,** auch wenn es um Immobilien geht. (Um Missverständnisse auszuschließen: Für „registrierte" Gegenstände wie insbesondere Immobilien hätte ich dies anders als der EuGH entschieden. Aber der EuGH hat nun einmal entschieden.)

Als weiteres Argument, dass hier vielleicht doch ein gesonderter Bestellungsakt für den Nießbrauch erforderlich ist, könnte man vortragen, dass unmittelbar mit dem Erbfall nur die Wahlmöglichkeit der Witwe entsteht, entweder den Nießbrauch am gesamten Nachlass oder ein Viertel des Nachlasses zu Eigentum. Erst mit ihrer Wahl konkretisiert sich dies.

Das Argument zieht aber nicht. Denn auch diese Wahlmöglichkeit ist erbrechtlich. Ähnliches kannten wir schon bisher bei einem ausländischen Noterbrecht, das vom Berechtigten geltend gemacht werden musste. (Ein Noterbrecht ist so etwas wie ein dinglich wirkender Pflichtteil, also eine gesetzlich nicht entziehbare Beteiligung am Nachlass – nicht nur ein Geldanspruch, wie das deutsche Pflichtteilsrecht.) Bei einem solchen Noterbrecht mit Herabsetzungsverlangen/-klage war unstrittig, dass das geltend gemachte Noterbrecht in den (Fremdrechts-)Erbschein gehört.

d) Erforderliche Anpassung eines ausländischen Rechtsinstituts (Art. 31 EuErbVO)

Damit zusammen hängt die Frage, was denn hier an den deutschen Nachlassgegenständen entsteht und ins Grundbuch einzutragen ist: Ist das ein deutscher oder ein französischer Nießbrauch? Die praktischen Unterschiede dürften meist nur gering sein. Aber was ist in das Grundbuch einzutragen: §§ 1030 ff. BGB oder Artikel des französischen Code civil?

Die Antwort kann nur sein: Ein deutscher Nießbrauch. Denn die EuErbVO ändert nichts an der **Art der dinglichen Rechte,** wie Art. 1 Abs. 2 lit. k EuErbVO bzw. für Immobilien der Verweis auf die Geltung der **lex rei sitae** in Erwägungsgrund 18 EuErbVO klarstellt. Für deutsche Grundstücke gilt deutsches Sachenrecht. Also kann nur ein deutscher Nießbrauch daran entstehen. Dasselbe gilt für in Deutschland befindliche bewegliche Sachen (auch wenn hier nicht die lex rei sitae, sondern das Sachenrecht des jeweiligen Ortes gilt und das anwendbare Sachenrecht damit wandelbar ist). Damit ich nicht des Chauvinismus verdächtigt werde: Umgekehrt gilt für eine französische Sache nur französisches Sachenrecht, für eine polnische Sache zwingend polnisches Sachenrecht etc.

Jetzt fragt sich nur noch, wie wir zu diesem Ergebnis kommen.

- Eine Möglichkeit wäre, dass das **französische Erbrecht** ohnehin die Entstehung des Nießbrauchs nach dem **jeweils anwendbaren Sachenrecht anordnet.** Denn mehr kann ein Erbrecht bei im Ausland belegenen Sachen realistischerweise nicht anordnen. Allerdings könnte das anwendbare Erbrecht dann anordnen, dass – soweit vom jeweiligen Sachenrecht zugelassen – gewisse vertragliche Modifikationen vorzunehmen sind, um den ausländischen Nießbrauch dem nach dem Erbrecht eigentlich geschuldeten Inhalt des französischen Nießbrauchs weitestmöglich anzunähern.
- Die zweite Möglichkeit wäre, dass zwar eigentlich ein Nießbrauch nach französischem Recht entsteht, dies aber dann an das nach dem anwendbaren Sachenrecht Mögliche **angepasst** wird.

Beides ist mE mit der EuErbVO vereinbar. Es kommt darauf, was das anwendbare Erbrecht anordnet:

- Ordnet das anwendbare Erbrecht zunächst nur an, dass automatisch ein **Nießbrauch mit dem gesetzlichen Inhalt der lex rei sitae** entsteht – und dass bei Abweichungen gegenüber dem Nießbrauch der auf das Erbrecht anwendbaren Rechtsordnungen **nur ein schuldrechtlicher Anpassungsanspruch** besteht, so lässt sich dies im Belegenheitsstaat ohne irgendwelche Anpassungsprobleme umsetzen.

– Hat das anwendbare Erbrecht hingegen einen weitergehenden Geltungsanspruch, so sieht **Art. 31 EuErbVO** eine Anpassung vor.

Art. 31 EuErbVO: Anpassung dinglicher Rechte

Macht eine Person ein dingliches Recht geltend, das ihr nach dem auf die Rechtsnachfolge von Todes wegen anzuwendenden Recht zusteht, und kennt das Recht des Mitgliedstaats, in dem das Recht geltend gemacht wird, das betreffende dingliche Recht nicht, so ist dieses Recht soweit erforderlich und möglich an das in der Rechtsordnung dieses Mitgliedstaats am ehesten vergleichbare Recht anzupassen, wobei die mit dem besagten dinglichen Recht verfolgten Ziele und Interessen und die mit ihm verbundenen Wirkungen zu berücksichtigen sind.

Im letzteren Fall stellt sich die Frage: Wer nimmt die Anpassung vor:
- die das **ENZ ausstellende Behörde,**
- das **Grundbuchamt** bei Eintragung des Nießbrauchs aufgrund des ENZ oder
- die **Beteiligten** durch Vereinbarung.

Bei jeder Lösung kann es Probleme geben:
- Die das ENZ ausstellende Behörde kennt möglicherweise das anwendbare ausländische Sachen- und Grundbuchrecht nicht.
- Das Grundbuchamt kennt möglicherweise die Nießbrauchsregelungen im Recht des Erbrechtsstaates nicht.
- Und die Beteiligten können sich möglicherweise nicht einigen.

Eine ideale Lösung gibt es also nicht. *Bandel,*[837] *Leitzen*[838] und *Litzenburger*[839] plädieren für eine Anpassung durch **Vereinbarung der Beteiligten.** Wenn das zu erreichen ist, ist das zweifellos eine gute Idee und dazu würde ich als Notar den Beteiligten auch als beste Lösung **raten.** Dann kann auch dahinstehen, ob möglicherweise das anwendbare Erbrecht ohnehin nur einen Anpassungsanspruch gegeben hätte (also die erste der beiden vorstehend erwähnten Varianten). Wenn die Anpassung mit einer grundbuchtauglichen Bewilligung in der Form des § 29 GBO erklärt wird, sind alle glücklich und zufrieden.

Die Frage ist, ob eine Vereinbarung und Bewilligung der Beteiligten erforderlich ist,
- entweder **europarechtlich** nach Art. 31 EuErbVO oder
- **sachenrechtlich** nach § 874 BGB bzw. grundbuchverfahrensrechtlich nach § 29 GBO.

Europarechtlich schreibt **Art. 31 EuErbVO** nur vor, dass eine Anpassung zu erfolgen hat. Art. 31 EuErbVO regelt nicht, wer die Anpassung vorzunehmen hat. Nachdem die Vorschrift aber nicht nur einen Anpassungsanspruch gibt, dürfte die Anpassung wohl bereits durch die zuständigen Behörden vorgenommen werden. Ob Ausstellungsbehörde und Grundbuchamt damit möglicherweise überfordert sind, ist ein Argument de lege ferenda, aber nur begrenzt für die Auslegung.
- Meines Erachtens kann die **Behörde, die das ENZ ausstellt,** dabei auch die Anpassung nach Art. 31 EuErbVO bereits vornehmen. Sie muss es aber mE nicht. Insbesondere würde ich der Ausstellungsbehörde zugestehen, ausdrücklich einen Vorbehalt der Anpassung nach Art. 31 EuErbVO in das ENZ hineinzuschreiben. Denn es wäre Unsinn, die Ausstellungsbehörde zu einer Anpassung zu zwingen, mit der sie sich selbst als überfordert ansieht.
- Hat die Ausstellungsbehörde die Anpassung noch nicht vorgenommen – und haben sich Beteiligten auch nicht einvernehmlich auf eine Anpassung geeinigt -, so kann und muss mE das **Grundbuchamt** die Anpassung vornehmen. Hat das Grundbuchamt keine näheren Erkenntnisse, so trägt es eben einen Nießbrauch mit dem gesetzlichen Inhalt nach Belegenheitsrecht ein. Denn der ENZ kann nach Art. 1 Abs. 2 lit. k EuErbVO nur einen Nießbrauch nach Belegenheitsrecht anordnen.

[837] *Bandel* MittBayNot 2018, 99 (103).
[838] *Leitzen* ZEV 2019, 642.
[839] *Litzenburger* FD-ErbR 2019, 418921.

- Wenn die **Beteiligten** damit nicht zufrieden sind, können sie entweder einvernehmlich etwas anderes bewilligen oder im Wege der Beschwerde die aus ihrer Sicht richtige Anpassung vortragen.

Betrachten wir noch, ob auch sachenrechtlich und grundbuchverfahrensrechtlich klappt:

- Unproblematisch ist, wenn die Beteiligten selbst eine Einigung getroffen haben und der nach dem ENZ als Eigentümer Ausgewiesene eine **Bewilligung** für die Nießbrauchseintragung in der Form des § 29 GBO erteilt. (Ein Problem ergäbe sich hier nur, wenn der Nießbrauchsberechtigte unter Berufung auf das ENZ einen abweichenden Eintragungsantrag stellt.)
- Enthält das ENZ vom gesetzlichen Inhalt des Nießbrauchs abweichende Bestimmungen, die nach deutschem Sachenrecht zulässiger Inhalt des Nießbrauchs sein können, so kann das Grundbuch **nach § 874 BGB** auf das ENZ als die der Eintragung zugrundeliegende Urkunde **Bezug nehmen.**
- Enthält das ENZ keine Anpassung und hat auch das Grundbuchamt keine näheren Erkenntnisse, so trägt es einen Nießbrauch mit dem **gesetzlichen Inhalt** nach deutschem Recht ein. Denn dies ist dann der Inhalt des ENZ (wenn die Ausstellungsbehörde keine Anpassung vorgenommen hat). Und dem Eintragungsantrag ist zu entsprechen, wenn das Grundbuchamt nicht positiv dessen Unrichtigkeit kennt. (Zwar beruht die Unrichtigkeit hier nicht auf Tatsachen, sondern auf Rechtsgründen – aber auf solchen ausländischen Rechts, die auch anderweitig in unserer und vielen anderen Rechtsordnungen wie Tatsachen behandelt werden.)

Ich denke, das ist eine Lösung, die auch in der Rechtspraxis funktioniert:

- Faktisch wird die nächsten Jahre im ENZ und im Grundbuch immer nur „Nießbrauch" stehen. Über die Art des Nießbrauchs (deutsches oder französisches Recht – gesetzlicher Inhalt oder Anpassung) werden sich Ausstellungsbehörde, Grundbuch und Beteiligte idR keine Gedanken machen. Bei meiner Lösung kommt aber einfach etwas zumindest so einigermaßen Richtiges in das Grundbuch. Jetzt schon die perfekte Lösung zu verlangen, hieße die Praxis zu überfordern.
- Dann wird man, Fall für Fall, Unterschiede im Nießbrauch zwischen den einzelnen Rechtsordnungen feststellen und Lösungen dafür entwickeln. Im Lauf der Jahre werden wir dann wissen, wie ein deutscher Nießbrauch anzupassen ist, um weitestmöglich dem französischen Legalnießbrauch zu entsprechen. Dann werden sich Formulierungsmuster für die Anpassung entwickeln und in die Praxis der Ausstellungsbehörden und der Grundbuchämter einfließen.

Das einstweilen etwas nicht ganz Richtiges im Grundbuch steht, ist nicht so schlimm:

- Wenn es im Einzelfall stört, haben die Beteiligten ja gegeneinander einen **Berichtigungsanspruch** aus dem jeweiligen Erbrecht.
- Eine **Grundbuchberichtigung nach § 22 GBO** ist eher theoretisch, da dazu erst einmal die genauen Unterschiede zwischen französischem und deutschen Nießbrauch herausgearbeitet werden müssten.
- Soweit der gesetzliche Nießbrauch nach dem anwendbaren Sachenrecht **weiter** ist als der nach dem Erbrecht dem überlebenden Ehepartner zustehende Nießbrauch – und eine Beschränkung mit dinglicher Wirkung möglich wäre, ist das Grundbuch hinsichtlich des **überschießenden Teils** unrichtig. Insoweit darf der Buchberechtigte seinen Nießbrauch aber nicht geltend machen. Und beim Nießbrauch besteht auch keine Gefahr eines gutgläubigen Erwerbs, weil der Nießbrauch nicht übertragbar ist.
- Ist umgekehrt der gesetzliche Nießbrauch nach dem anwendbaren Sachenrecht **enger** als der nach dem Erbrecht dem überlebenden Ehepartner zustehende Nießbrauch – und wäre eine Erweiterung mit dinglicher Wirkung möglich, so hat der Nießbrauchsberechtigte einen **Anspruch auf die Anpassung.** Bis zur Anpassung wäre er insoweit nicht dinglich abgesichert. Das kennen wir aber auch von anderen Rechten, dass möglicherweise der schuldrechtliche Anspruch weiter geht als die dingliche Absicherung. Eine

größere wirtschaftliche Gefahr dürfte für den Nießbrauchsberechtigten daraus kaum entstehen.
- Es sind auch Kombinationen denkbar, dass der Nießbrauch nach dem anwendbaren Sachenrecht in einzelnen Punkten weiter und in anderen Punkten enger ist als der nach dem anwendbaren Erbrecht. Aber es dürfte sich in den meisten Fällen eher um Details handeln.

Das OLG Saarbrücken äußert sich zu der Frage nicht. Es entscheidet nur, dass der Nießbrauch aufgrund des französischen Erbrechts einzutragen ist. *Litzenburger*[840] empört sich daher in seiner Anmerkung, dass damit ein französischer Nießbrauch in das deutsche Grundbuch käme. Ich würde eher davon ausgehen, dass das OLG Saarbrücken Nießbrauch für Nießbrauch hielt und daher gar keinen Unterschied und damit keinen Anpassungsbedarf sah.

Hier ist eine mea culpa angebracht: Ich habe selbst etwa auch in meiner Kommentierung als Fall der Anpassung nur den Unterschied zwischen einen Nießbrauch an einer Vermögensgesamtheit und dem Nießbrauch besprochen, nicht den Unterschied zwischen dem Nießbrauch nach der Rechtsordnung des anwendbaren Erbrechts und dem anwendbaren Sachenrecht.[841] Konkrete Rechtsfälle zeigen eben immer wieder, dass man Rechtsfragen noch nicht zu Ende durchdacht hat.

Und wenn man den deutschen Grundbuchrechtspfleger fragt, was er denn da ins Grundbuch eingetragen habe, würde er sicher antworten: Einen Nießbrauch nach §§ 1030 ff. BGB (und nicht nach irgendwelchen Artikeln des französischen Code civil). Das ist mE auch die einzig sinnvolle Auslegung, wenn im Grundbuch ein Nießbrauch ohne nähere Angabe aufgrund eines ausländischen ENZ eingetragen wird. Dass eine Eintragung unter Verletzung des numerus clausus des deutschen Sachenrechts erfolgt, kann man mE als Auslegung der Eintragung ausschließen – solange sich nicht eindeutig aus der Eintragung ergibt, dass ein Nießbrauch etc. nach einer ausländischen Rechtsordnung gemeint ist.

e) Sedes materiae § 35 GBO oder § 22 GBO?

Als Rechtsgrundlage will das OLG Saarbrücken § 22 Abs. 1 S. 1 GBO, nicht § 35 Abs. 1 GBO anwenden. Denn der Legalnießbrauch ist keine Erbfolge, sondern ein Legalvermächtnis. Das halte ich für falsch. § 35 GBO spricht von „Erbfolge“, weil früher ein Nachweis eines Vermächtnisses gegenüber dem Grundbuchamt irrelevant war. Nach früherem autonomen deutschen IPR ging das Sachenrecht dem Erbrecht vor. Auch wenn das ausländische Erbrecht ein Vindikationslegat oder einen Legalnießbrauch anordnete, war dies aus Sicht des deutschen Rechts nur ein Vermächtnisanspruch.

Jetzt sind aber jedenfalls das Vindikationslegat – und mE auch der Legalnießbrauch – nach Maßgabe der EuGH-Entscheidung in Sachen Kubicka anzuerkennen. Sie sind auch im ENZ auszuweisen (Art. 68 lit. m EuErbVO). Dann wäre doch merkwürdig, zwischen dem Nachweis der Erbfolge im engeren Sinn und einem Nachweis der sonstigen erbrechtlichen Vermögensnachfolge im Grundbuchverfahren zu unterscheiden. § 35 Abs. 1 S. 1 GBO ist daher mE im Lichte der EuErbVO so zu lesen, dass der „Nachweis der erbrechtlichen Vermögensnachfolge von Todes wegen“ nur durch Erbschein oder ENZ geführt werden kann.

Nur kurz angemerkt sei: Ein **ausländisches öffentliches Testament** genügte auch schon vor Anwendbarkeit der EuErbVO als Erbnachweis (§ 35 Abs. 1 S. 2 GBO) – aber nur in Verbindung mit der Eröffnungsniederschrift des Nachlassgerichts. Kennt das ausländische Verfahrensrecht keine Eröffnungsniederschrift oder wird diese sonst nicht vorgelegt,

---

[840] *Litzenburger* FD-ErbR 2019, 418921.
[841] Rauscher/*Hertel*, EuZPR/EuIPR, 4. Aufl. 2016, EuErbVO Art. 31 Rn. 2.

so muss das Grundbuchamt einen Erbschein oder ein ENZ verlangen.[842] Auch kann und wird das Grundbuchamt idR eine deutsche Übersetzung verlangen, wenn das ausländische öffentliche Testament in einer Fremdsprache errichtet wurde.

f) Keine Prüfung des ENZ durch das Grundbuchamt

Das Grundbuchamt muss und darf ein ENZ höchstens im selben Umfang prüfen wie einen deutschen Erbschein – also nur ganz ausnahmsweise:

„Wie auch sonst bei nationalen Erbscheinen steht den Grundbuchämtern ein Prüfungsrecht zu, soweit Zweifel dies gebieten (Grziwotz in: MünchKomm(BGB), 2017, § 2365 Rn. 27 zur Rechtslage bei einem deutschen Erbschein)."[843]

Hier ist dem OLG Saarbrücken zuzustimmen.

- Dass ein ENZ nicht stärker als ein deutscher Erbschein geprüft werden darf, ergibt sich aus § 35 Abs. 1 S. 1 GBO. Dieser stellt das ENZ einem deutschen Erbschein gleich.
- Außerdem ergeben sich aus europäischem Recht Grenzen für die Überprüfung, insbesondere aus Art. 69 Abs. 5 EuErbVO. Danach stellt das ENZ „ein wirksames Schriftstück für die Eintragung des Nachlassvermögens in das einschlägige Register eines Mitgliedstaates dar, unbeschadet des Artikels 1 Absatz 2 Buchstaben k und l." Eine normale Überprüfung wie für inländische Erbnachweise auch dürfte damit zulässig sein.

Auch wenn man sich im vorliegenden Fall fragen kann, ob die Anwendung des § 1371 Abs. 1 BGB bei ausländischem Erbstatut nach Maßgabe der EuGH-Entscheidung in der Rechtssache Mahnkopf entspricht, wäre dies sicher kein Grund für das Grundbuchamt gewesen, die Eintragung aufgrund des ENZ zu verweigern.

Sollten die Ehegatten bereits Miteigentümer je zur Hälfte gewesen sein, wäre die Zuweisung ihrer Hälfte an die Ehefrau zwar Unsinn, aber unschädlich. Auch das wäre mE kein Grund gewesen, die Eintragung aufgrund des ENZ zu verweigern.

g) Anhörung im Grundbuchverfahren

Nach der Entscheidung des OLG Saarbrücken ist den Miterben vor der Eintragung rechtliches Gehör zu gewähren.[844] Denn die betroffenen Miterben haben der Belastung ihres Erbteils ja nicht durch Bewilligung zugestimmt.

In dem maßgeblichen **BGH-Urteil** ging es um die Löschung eines Vorkaufsrechts aufgrund Unrichtigkeitsnachweises. Dort heißt es:

„Soll indessen eine Berichtigung nicht auf Bewilligung, sondern, wie hier, durch Nachweis der Unrichtigkeit erfolgen, ist der von der Eintragung (hier: Löschung) Betroffene zu hören (zutr. OLG Zweibrücken, Rpfleger 1999, 532; BayObLG 1994, 177; 1999, 174; OLG Hamm, FGPrax 1995, 15; Meikel/Böttcher, Grundbuchrecht, 9. Aufl., F 73)."[845]

Eine Anhörung ist mE nur erforderlich, soweit das Grundbuchamt vom Inhalt des ENZ abweichen will (etwa weil sie eine Anpassung nach Art. 31 EuErbVO vornimmt), nicht soweit sie nur den Inhalt des ENZ übernimmt. Denn die ausstellende Behörde hat vor Erteilung des ENZ allen Beteiligten rechtliches Gehör zu geben (Art. 66 Abs. 4 EuErbVO). Einmal rechtliches Gehör genügt. Wie auch bei einem innerstaatlichen Erbschein, muss das Grundbuchamt nicht nachprüfen, ob die Ausstellungsbehörde ihre verfahrens-

[842] *Heggen* RNotZ 2007, 1 (7); Meikel/*Krause* GBO § 35 Rn. 112.
[843] OLG Saarbrücken Beschl. v. 23.5.2019 – 5 W 25/19, Rn. 14.
[844] OLG Saarbrücken Beschl. v. 23.5.2019 – 5 W 25/19, Rn. 15 – unter Berufung auf *Demharter* GBO § 1 Rn. 69 und § 22 Rn. 49.
[845] BGH Urt. v. 12.11.2004 – V ZR 322/03, 14, ZEV 2005, 65 (Löschung eines Vorkaufsrechts aufgrund Unrichtigkeitsnachweises).

rechtlichen Pflichten auch eingehalten hat. Im Fall des OLG Saarbrücken war daher ein nochmaliges rechtliches Gehör mE nicht erforderlich.

h) Grundbuchverfahrensrechtliche Erfordernisse (hier § 28 GBO)

Letztlich scheiterte die Eintragung daran, dass das betroffene Grundstück bzw. Wohnungseigentum nicht in der Form des § 28 GBO bezeichnet war.

„Zu beachten ist auch, dass im Europäischen Nachlasszeugnis das Vindikationslegat nach § 28 S. 1 GBO richtig zu bezeichnen ist. Deutsches Grundbuchrecht wird insoweit nicht tangiert (vgl. Art. 1 Abs. 2 lit. l EuErbVO; Wilsch ZfIR 2018, 253 (260); Böhringer ZfIR 2018, 81 (83); Kleinschmidt LMK 2018, 403371). Das Grundbuchamt ist allerdings gehalten, eine Zwischenverfügung zu erlassen, sollte im Europäischen Nachlasszeugnis dem Bezeichnungsgebot nach § 28 S. 1 GBO nicht Genüge getan sein (Wilsch in: BeckOK, GBO, § 35 Rn. 40–40d; Weber DNotZ 2018, 16; Ludwig, FamRB 2018, 64).“[846]

Auch hier ist dem OLG Saarbrücken zuzustimmen. § 28 GBO zählt zum reinen Grundbuchverfahrensrecht, dessen Anforderungen nach Art. 1 Abs. 2 lit. l EuErbVO eindeutig nicht durch die EuErbVO verdrängt werden. Vorliegend war die Immobilie im ENZ bezeichnet als „Immobiliargüter und -rechte in S. (Deutschland), … pp. XX, bestehend aus einer Einzimmerwohnung mit Bad und Kochecke“. Damit war zwar der Versuch gemacht worden, die Blattstelle zu benennen („pp.“ XX = pages – Seiten/Blätter), aber offenbar ohne Angabe von Grundbuchamt und Gemarkung. Das genügte nicht.

Hieran dürfte der Grundbuchvollzug bei ENZ häufig scheitern. Allerdings muss das Grundbuchamt den Beteiligten durch Zwischenverfügung die Möglichkeit geben, die Bezeichnung der Immobilie in der Form des § 28 GBO noch nachzuholen.

III. Auch für Rente zweckgebundene Personenstandsurkunde genügt im Grundbuchverfahren (OLG Nürnberg Beschl. v. 24.7.2019 – 15 W 1125/19)

Jeder von Ihnen kennt die Situation: Im Grundbuch steht noch ein Wohnungsrecht oder ein Leibgeding der Großeltern. Zur Löschung ist eine Sterbeurkunde erforderlich. Nachdem man den Beteiligten eingeschärft hat, dass es ein Original „mit Siegel der Gemeinde“ sein müsse – bringen die Beteiligten glücklich die letzte Sterbeurkunde mit Siegel, die sie finden konnten. Darauf steht „nur für Zwecke der Sozialversicherung“. Die ersten Male habe ich mir noch überlegt, ob das wohl für das Grundbuchamt langt. Aber nachdem keine Beanstandung kam, achte ich nicht mehr auf die Einschränkung.

Ein mittelfränkisches Grundbuchamt ärgerte sich offenbar über diese (Un-)Sitte und beanstandete die Vorlage der gebührenfreien Urkunde. Diese genüge nicht für das Grundbuchverfahren. Durch den Vermerk „Nur für Rente – gebührenfrei –“ sei ausgedrückt, dass die Urkunde nur in Rentenangelegenheiten Beweiskraft haben soll.[847] Das OLG Nürnberg entschied anders: Öffentliche Urkunde ist öffentliche Urkunde.

Kerngehalt der Entscheidung:

Auch wenn eine Personenstandsurkunde als für Zwecke der Sozialversicherung/Rente zweckgebunden gekennzeichnet ist, genügt sie als Unrichtigkeitsnachweis im Grundbuchverfahren.

[846] OLG Saarbrücken Beschl. v. 23.5.2019 – 5 W 25/19, Rn. 16.
[847] OLG Nürnberg Beschl. v. 24.7.2019 – 15 W 1125/19, Rn. 3.

Leitsätze der Entscheidung:[848]

1. Zum Nachweis gemäß § 29 GBO, dass ein Nießbrauch gemäß § 1061 Satz 1 BGB wegen Versterbens des Berechtigten erloschen ist, genügt die Vorlage der notariell beglaubigten Abschrift einer Sterbeurkunde beim Grundbuchamt auch dann, wenn diese vom Standesamt mit dem Vermerk „Nur für Rente – gebührenfrei –" versehen worden ist.
2. Die einer Personenstandsurkunde im Sinne des § 55 Abs. 1 PStG zukommende Beweiskraft (§ 54 Abs. 1 Satz 1, Abs. 2 PStG) wird nicht dadurch eingeschränkt, dass sie gemäß § 64 Abs. 2 Satz 3 SGB X gebührenfrei erteilt wurde.
3. Aus der Grundbuchordnung ergibt sich nicht, dass das Grundbuchamt die Gebühreninteressen des Standesamts zu wahren hätte und deshalb gebührenfrei erteilte Sterbeurkunden zurückweisen dürfte.

Das OLG Nürnberg argumentiert, dass das Personenstandsgesetz keine Personenstandsurkunden mit eingeschränkter Beweiskraft kenne. Auch das SGB X, das die Gebührenfreiheit anordne, schränke die Beweiskraft der so erteilten Urkunden nicht ein.

[848] FGPrax 2019, 209.

IV. Keine Voreintragung der Erben bei Finanzierungsgrundschuld aufgrund Vollmacht des Testamentsvollstreckers erforderlich (OLG München Beschl. v. 15.1.2019 – 34 Wx 400/18)

Leitsatz der Entscheidung:

Bewilligt der Testamentsvollstrecker über den Nachlass eines Erblassers, der im Grundbuch noch als Berechtigter eingetragen ist, eine Grundbucheintragung (hier: Auflassungsvormerkung und Finanzierungsgrundschuld) und handelt er dabei in den Grenzen seiner Verfügungsbefugnis, so bedarf es unabhängig davon, ob die Übertragung oder Aufhebung des für den Erblasser eingetragenen Rechts eingetragen werden soll, verfahrensrechtlich keiner Voreintragung der Erben.

Im vergangenen Jahr hatten wir uns eingehend mit den Entscheidungen der OLG zur Frage der Notwendigkeit der Grundbuchberichtigung bei einem Handeln eines post- oder transmortal Bevollmächtigten auseinandergesetzt. *Hertel* hat vorstehend dazu eine gleichartig argumentierende Entscheidung des OLG Celle (18 W 33/19) referiert. Obschon die OLG nun offenbar eine einheitliche Linie in dieser Frage verfolgen, bleibt es bei den schwerwiegenden Bedenken gegen dieses Verfahren.

Das OLG München hatte dagegen einen Fall vorliegen, der schon lange der Klärung bedurfte und dessen Geradestellung sehr erfreulich ist.

1. Sachverhalt

OLG München Beschl. v. 15.1.2019 – 34 Wx 400/18[849]

Ein Testamentsvollstrecker verkauft im Rahmen seiner Befugnisse ein Grundstück aus dem verwalteten Nachlass und erteilt dem Käufer eine Finanzierungsvollmacht. Auf Grundlage dieser Finanzierungsvollmacht will der Käufer nun die Eintragung der Grundschuld erreichen.

Das Grundbuchamt verlangt mittels Zwischenverfügung vor Eintragung der Grundschuld die Grundbuchberichtigung auf die Erben.

Entscheidung: Das OLG München hebt die Zwischenverfügung auf.

2. Wie kommt es zu dem Problem?

Ich vermute, ich bin nicht der einzige, der angesichts der Entscheidung des OLG München aufatmet. Mit dem Verlangen, auch beim Handeln eines Testamentsvollstreckers dann, wenn dieser etwas anderes als „die Übertragung oder die Aufhebung des Rechts" beantragt, vorab eine Grundbuchberichtigung auf die Erben vorzunehmen, bin ich auch schon bei einigen Grundbuchämtern konfrontiert worden.

Liest man die gesetzlichen Regeln, versteht man es im Grunde nicht, weshalb der Fall überhaupt in die Beschwerde gelangt ist. Das Verfahren wird von zwei Normen der GBO bestimmt:

§ 39 GBO

(1) Eine Eintragung soll nur erfolgen, wenn die Person, deren Recht durch sie betroffen wird, als der Berechtigte eingetragen ist.

[849] DNotZ 2019, 535.

§ 40 GBO

(1) Ist die Person, deren Recht durch eine Eintragung betroffen wird, Erbe des eingetragenen Berechtigten, so ist die Vorschrift des § 39 Abs. 1 nicht anzuwenden, wenn die Übertragung oder die Aufhebung des Rechts eingetragen werden soll oder wenn der Eintragungsantrag durch die Bewilligung des Erblassers oder eines Nachlaßpflegers oder durch einen gegen den Erblasser oder den Nachlaßpfleger vollstreckbaren Titel begründet wird.

(2) Das gleiche gilt für eine Eintragung auf Grund der Bewilligung eines Testamentsvollstreckers oder auf Grund eines gegen diesen vollstreckbaren Titels, sofern die Bewilligung oder der Titel gegen den Erben wirksam ist.

Grundprinzip ist also nach § 39 Abs. 1 GBO die Voreintragung der Person, deren Recht betroffen ist. Zweck der Norn ist nur zum einen die Erleichterung der Legitimationsprüfung im Grundbuchverfahren. Wesentliches Ziel ist auch, dass sich aus dem Grundbuch der aktuelle Rechtsstand als Kette der zu diesem hinführenden Änderungen und damit dessen gesamte Entwicklung erkennen lässt.[850]

Die Ausnahmen statuiert § 40 GBO:

- Abs. 1 Var. 1: Übertragung oder die Aufhebung des Rechts,
- Abs. 1 Var. 2: Bewilligung des Erblassers oder eines Nachlasspflegers oder durch einen gegen den Erblasser oder den Nachlasspfleger vollstreckbaren Titel,
- Abs. 2: Bewilligung eines Testamentsvollstreckers oder auf Grund eines gegen diesen vollstreckbaren Titels.

Wie nun erklärt sich das Verfahren vor dem OLG? Hat das Grundbuchamt einfach nicht das Gesetz gelesen? Das OLG München zitiert die Quelle der Verwirrung selbst: Im *Schöner/Stöber* findet sich in dem vollkommen zutreffenden Absatz über den Erben als Betroffenem[851] der nachfolgend unterstrichene Satz:

„Voreintragung des Erben des eingetragenen Berechtigten als Betroffener ist nicht erforderlich, wenn die Übertragung oder die Aufhebung des Rechts eingetragen werden soll, oder wenn auf Grund Bewilligung des Erblassers oder eines Nachlasspflegers (gleich steht der Nachlassverwalter und der Nachlassinsolvenzverwalter, der das Verfügungsrecht des (der) betroffenen Erben ausübt, § 80 Abs 1 InsO; Rdn 101) oder auf Grund eines gegen den Erblasser oder den Nachlasspfleger vollstreckbaren Titels einzutragen ist (§ 40 Abs 1 GBO). Gleiches gilt für eine Eintragung, die vom Testamentsvollstrecker bewilligt ist oder auf Grund eines gegen diesen vollstreckbaren Titels zu erfolgen hat, sofern Bewilligung oder Titel gegen den Erben wirksam sind (§ 40 Abs 2 GBO). Es soll einmal für Fälle, in denen der Erbe das eingetragene Recht nicht behalten, sondern veräußern oder aufgeben will, die Berechtigung des Erben nicht grundbuchersichtlich werden. Damit soll das Grundbuchverfahren erleichtert und vermieden werden, dass dem Erben, wenn seine Eintragung durch Interessen Dritter nicht geboten ist, unnötige Kosten entstehen. Im Übrigen ist eine Vereinfachung für die Eintragungen bestimmt, in denen der Erbe (selbst wenn er aus irgendwelchen Gründen noch nicht bekannt ist) Erklärungen des Erblassers, Nachlasspflegers, Nachlassinsolvenzverwalters oder Testamentsvollstreckers sowie gegen diese gerichtete vollstreckbare Titel gegen sich gelten lassen muss. Das schließt nicht aus, dass der Erbe gleichwohl seine vorherige Eintragung beantragt. Wird die Erbfolge nicht durch Erbschein, sondern durch beglaubigte Abschrift eines öffentlichen Testaments oder Erbvertrags und Eröffnungsniederschrift nachgewiesen (§ 35 Abs 1 Satz 2 GBO), sollte Voreintragung erfolgen, um demjenigen, der vom Erben erwirbt, den Schutz des § 892 BGB zu schaffen. Voreintragung als Erbe erübrigt sich unter den Voraussetzungen des § 40 GBO für den Alleinerben, für mehrere Erben in Erbengemeinschaft, für den Erbeserben, Vorerben und Nacherben (nach Eintritt der Nacherbfolge), nicht aber für einen Vermächtnisnehmer, Erbschaftskäufer und den Pflichtteilsberechtigten und auch nicht für einen Mit-

[850] BGHZ 16, 101; KG FGPrax 2011, 270 (271); *Weber* DNotZ 2018, 884 f.

[851] *Schöner/Stöber* GrundbuchR Rn. 142.

erben als Erwerber eines Nachlassgrundstücks durch Auflassung bei Auseinandersetzung, ferner nicht für einen einzelnen Miterben, weshalb eine Verfügung nur über einen Anteil am Nachlass (§ 2033 Abs 1 BGB) Eintragung der Erbengemeinschaft erfordert. Veräußerung eines Nachlassgrundstücks durch Miterben zusammen mit einem Erbteilserwerber erübrigt mit Voreintragung der Erben in Erbengemeinschaft auch Voreintragung des Erbteilserwerbers. Nur wenn der Erblasser eingetragener Berechtigter ist, kann die Voreintragung des Erben unterbleiben. Dem steht bei einem Briefrecht der Fall des § 39 Abs 2 GBO gleich: Eintragung des Erben ist sonach nicht erforderlich, wenn er sich im Besitz des Briefes befindet und das Gläubigerrecht des Erblassers nach § 1155 BGB nachweist. Eintragung des Erblassers als Grundstückseigentümer genügt für Übertragung oder Aufhebung des aus einem Fremdrecht hervorgegangenen Eigentümergrundpfandrechts. Nicht von Bedeutung ist, ob das Recht vor oder nach dem Erbfall Eigentümerrecht geworden ist, ob also der eingetragene Erblasser oder sogleich der Erbe das Eigentümerrecht erworben hat. *Nur bei Eintragung der Übertragung oder Aufhebung des Rechts, nicht aber bei sonstigen Eintragungen, kann die Voreintragung des Erben unterbleiben.* Unerheblich ist, ob die Eintragung rechtsändernd oder berichtigend erfolgt und auf welcher Grundlage (Bewilligung, Urteil, Unrichtigkeitsnachweis) sie zu geschehen hat. Veräußern die Erben ein Grundstück, ist zur Eintragung der Auflassungsvormerkung für den Erwerber die Voreintragung der Erben nicht erforderlich, wohl aber zur Eintragung eines für Rechnung des Erwerbers von den Erben zur Eintragung bewilligten Finanzierungsgrundpfandrechts."

Dieser eine Satz ist es, der immer wieder zu Friktionen bei den Grundbuchämtern führt. Auch wenn dieser aus dem Kontext gerissen ist – er bezieht sich nämlich nur auf Verfügungen der Erben selbst – wird er von den Grundbuchämtern immer mal wieder zitiert.

Mit der Entscheidung des OLG München dürfte sich die Sache nun erledigt haben.

3. Erinnerung an die Abgrenzung zur transmortalen Vollmacht?

Das OLG München weist im letzten Absatz seiner Entscheidung darauf hin, dass die von ihm entschiedene Frage nichts mit derjenigen der Behandlung der transmortalen Vollmacht und der entsprechenden Notwendigkeit einer Grundbuchberichtigung zu tun hat.

Die Entscheidungen zur transmortalen Vollmacht sind für die Praxis überaus hilfreich und insbesondere auch aus dem Gesichtspunkt der Kosten positiv aufgenommen worden.[852] In zwei wesentlichen Punkten unterscheiden sie sich jedoch von dem Handeln des Testamentsvollstreckers. Zweifel an der Begeisterung sind aber durchaus berechtigt.[853]

- Die Parallele zum Nachlasspfleger ist gerade deshalb nicht gerechtfertigt, weil diese Ausnahme nur der besonderen Situation der nicht durchführbaren Berichtigung geschuldet ist. Wäre diese Ausnahme nicht vorgesehen, könnte man sich für Grundstücke die Bestellung des Nachlasspflegers sparen. Das ist mit der Situation der Vollmacht (reines Kostenargument) nicht vergleichbar.
- Eher schon könnte das Argument der Parallele zum bevorstehenden Eigentumswechsel verfangen. Die Berichtigung wird hier nicht gefordert, weil diese nur zum Zwecke der Übertragung des Rechts zur sofortigen Löschung der Eintragung führte und deshalb als unnötige Belastung angesehen wurde. Die Finanzierungsgrundschuld ist aber kein besonderer sachenrechtlicher Typus. Sie mündet auch nicht zwangsläufig wie die Vormerkung im Eigentumswechsel. Es ist eine Grundschuldbestellung. Für die typisierende

---

[852] *Cramer* ZfIR 2017, 834 (835); *Milzer* MittBayNot 2018, 248f.; *Ott* notar 2018, 189 (190).

[853] So auch *Weber* DNotZ 2018, 884 (896f.); so auch die nach Veröffentlichung der Entscheidungen des OLG Köln und des OLG Frankfurt a. M. erfolgten Kommentierungen BeckOK GBO/*Zeiser* GBO § 40 Rn. 20; BeckOK GBO/*Reetz* Sonderbereich Vertretungsmacht Rn. 50; Bauer/Schaub/*Bauer* GBO § 40 Rn. 19; siehe auch *Bestelmeyer* FGPrax 2018, 107 (108).

Betrachtung des Grundbuchverfahrens ist die Abgrenzung von der Finanzierungsgrundschuld zur normalen Grundschuld einfach ungeeignet.[854]

- Schließlich darf auch nicht übersehen werden: Der Gesetzgeber hat ein klares Regel/Ausnahme-Prinzip statuiert. Regel ist die Voreintragung, Ausnahme der § 40 GBO. Wenn mit dem Argument der unnötigen Lästigkeit ein Abweichen vom § 39 GBO begründet wird, kann man die Norm gleich streichen. Das aber ist Aufgabe des Gesetzgebers.[855]

4. Vergesst die Risiken nicht!

Wie vorstehend bereits angeführt, darf eines auch hier nicht übersehen werden: Wird das Grundbuch nicht berichtigt, begibt sich der Vertragspartner des Schutzes vor in der Person des oder der Erben liegenden Risiken in der Verfügungsmacht.

Die Fragen des Vertrauens auf den Grundbuchstand sind kein Problem. Ist der Erblasser fälschlich eingetragen, bleibt es beim gutgläubigen Erwerb, da sich der Bevollmächtigte mit der Vollmacht für die Erben hinsichtlich der Eintragungsfehler auf die Person des Rechtsvorgängers stützt.

Ist aber auch nur in der Person eines der möglicherweise sogar gänzlich unbekannten Erben eine Verfügungsbeeinträchtigung vorhanden oder gar das Insolvenzverfahren eröffnet, kann die Vollmacht nicht mehr weiterhelfen – im Falle der Insolvenz erlischt diese sogar. Der gute Glaube an das Nichtbestehen von Verfügungsbeschränkungen (§ 892 Abs. 1 S. 2 BGB) und §§ 81 und 91 InsO greifen nicht.

---

[854] Dezidiert anders OLG Stuttgart BWNotZ 2018, 145 (147).

[855] So auch *Bestelmeyer* FGPrax 2018, 107 (108).

V. Das Grundbuch auf die Blockchain?

Nach den Erfahrungen in einigen ausländischen Staaten, vor allem eines Versuchsprojekts zur Übertragung des schwedischen Landregisters auf eine sog. „private blockchain", gab es auch in Deutschland eine Diskussion, ob und ggf. in welchem Umfang die Blockchain öffentliche Register wie das Grundbuch oder das Handelsregister ablösen könne. Im Kern geht es bei dieser Diskussion um die Frage, ob eine Bewilligung von Umschreibungen durch eine Mehrheit der Blockchainteilnehmer die Umschreibungskontrolle durch das staatliche Grundbuchamt ersetzen kann.[856]

In der im Sommer 2019 vorgelegten Blockchain-Strategie die Bundesregierung wird diesen Vorschlägen (bis auf weiteres) eine Absage erteilt:

„Die Bundesregierung sieht es jedoch nicht als Selbstzweck, funktionierende Verwaltungsprozesse sowie bestehende öffentliche Register durch Blockchain-basierte Lösungen zu ersetzen. Stattdessen sollen im Einzelfall der Bedarf und die Sinnhaftigkeit der Umsetzung von Verwaltungsprozessen mittels Blockchain-Technologien geprüft werden. Beispielsweise scheint eine Sinnhaftigkeit nicht gegeben, **wenn öffentliche Register auch der inhaltlichen rechtlichen Prüfung durch staatliche Stellen dienen (vor allem Grundbuch und Handelsregister und Personenstandsregister).** Als vielversprechende Anwendungsbereiche sind beispielsweise die Fahrzeughaltung oder die digital gestützte Verifikation von oft dezentral vorgehaltenen Originaldokumenten, wie Urkunden und Zeugnissen, zu nennen."[857]

[856] Vgl. *C. Heinze,* Gastkommentar: Kann die Blockchain das klassische Grundbuch ablösen?, Handelsblatt v. 10.7.2019, https://www.handelsblatt.com/finanzen/steuern-recht/recht/gastkommentar-kann-die-blockchain-das-klassische-grundbuch-abloesen/24575822.html?ticket=ST-5595-NzJiwPDMy1FWPtVgBn6f-ap6 (3) Jeder Vertragsstaat bestimmt die für die Ausstellung der Bescheinigung zuständigen Behörden.

[857] https://www.bmwi.de/Redaktion/DE/Publikationen/Digitale-Welt/blockchain-strategie.pdf?__blob=publicationFile&v=10, S. 19 (Hervorhebung nicht im Original).

H. Steuerrecht und Öffentliches Recht

I. Geltungserhaltende Reduktion auf 20 Jahre Bindungsfrist bei 20 % Verbilligung bei Grundstücksverkauf durch Gemeinde

1. Übersicht BGH-Entscheidungen zu Einheimischenmodellen

Die nachfolgende Entscheidung des BGH zu Einheimischenmodellen liegt ganz auf der Linie der BGH-Entscheidungen der letzten Jahre.

Im letzten Jahr[858] hatte ich Ihnen die wichtigsten BGH-Entscheidungen zu Einheimischenmodellen bereits in folgender Übersicht zusammengefasst, die ich Ihnen nachstehend leicht erweitert nochmals abdrucken darf. (Ich habe lediglich beim zweiten Spiegelstrich von B. 1. die BGH-Entscheidung vom 15.2.2019 nachgetragen und B. 3. und C. 3. ergänzt). An der Übersicht sehen Sie schon: Die Entscheidung ergänzt Details zum bestehenden System oder an dessen Begründung, ändert es aber nicht.

A. Prüfungsmaßstab

Praktisch können Sie für die Vertragsgestaltung **dahinstehen** lassen, ob die Klausel an § 11 Abs. 2 BauGB oder an §§ 307 ff. BGB zu messen ist. Der Prüfungsmaßstab ist weitestgehend identisch (zumal wenn Sie vorab eine mögliche gerichtliche Prüfung abschätzen wollen).

Dogmatisch ist zu unterscheiden:
- **§ 11 Abs. 2 BauGB** ist Prüfungsmaßstab bei städtebaulichen Verträgen, also insbesondere wenn die Gemeinde **unter Marktpreis** verkauft oder der Erwerber eine **Baupflicht** eingehen muss (wohl auch schon bei Pflicht zur Eigennutzung).
- Grundsätzlich verdrängt § 11 Abs. 2 BauGB als lex specialis die AGB-Kontrolle nach **§§ 307 ff. BGB.** Lediglich im Anwendungsbereich der EG-Klauselrichtlinie sind die §§ 307 ff. BGB möglicherweise kumulativ anzuwenden. Voraussetzung ist, dass der Vertragspartner **Verbraucher** ist. Der BGH hat die Frage noch nie entschieden, sondern immer nur kumulativ geprüft.

B. Verkauf unter Marktpreis

1. Rückkaufsrecht

Verkauft die Gemeinde unter Marktpreis und muss sich der Erwerber dafür zur Bebauung und Eigennutzung des Vertragsgrundstücks verpflichten, das durch ein An- oder Rückkaufsrecht der Gemeinde abgesichert wird,
- so bemisst sich die Höchstlänge der zulässigen Bindungsfrist als öffentlich-rechtliche **Verhältnismäßigkeitsprüfung** bzw. AGB-rechtliche Angemessenheitsprüfung je nach **Höhe des Preisabschlags,** den die Gemeinde dem Erwerber gewährt hat.
- Jedenfalls bei einem typischen Abschlag von ca. **30 %** gegenüber dem Verkehrswert erachtete der BGH bereits bisher eine **20-jährige Bindungsfrist** als zulässig.[859]
  Nach der hier vorzustellenden BGH-Entscheidung vom 15.2.2019[860] genügt auch bereits ein 20 % Preisnachlass für eine 20-jährige Bindungsfrist.
- Eine Bindungsfrist über 30 Jahre hinaus ist bei einem Einheimischenmodell grundsätzlich unzulässig[861] (ausgenommen etwa bei einem Erbbaurecht[862]).

[858] Herrler/Hertel/Kesseler/*Hertel* ImmobilienR 2019 S. 316.
[859] BGH Urt. v. 26.6.2015 – V ZR 271/14, DNotZ 2015, 819.
[860] BGH Urt. v. 15.2.2019 – V ZR 77/18, DNotI-Report 2019, 118; siehe nachstehende Besprechung.
[861] BGH Urt. v. 21.7.2006 – V ZR 252/05, DNotZ 2006, 910.
[862] BGH Urt. v. 26.6.2015 – V ZR 144/14, BGHZ 206, 120 = DNotZ 2015, 761.

2. Nachzahlungsklausel

Eine Nachzahlungsklausel erkannte der BGH in zwei Varianten an:
- entweder als **Mehrerlösklausel,** bei der der Erwerber beim Weiterverkauf den Mehrerlös an die Gemeinde abführen muss,[863]
- oder als **Aufzahlungsklausel,** bei der der Erwerber bei einem Verstoß gegen die Einheimischenbindung nachträglich die Differenz zwischen dem seinerzeitigen Kaufpreis und dem seinerzeitigen Verkehrswert nachzahlen muss.[864]

3. Geltungserhaltende Reduktion

Ist bei einem Verkauf unter Marktwert eine zu lange Bindungsfrist vereinbart, kann diese auf das zulässige Maß verringert werden.[865] Dasselbe müsste wohl bei einer überhöhten Nachzahlungsklausel gelten. Denn ohne die Absicherung durch Wiederkaufsrecht und/oder Nachzahlungsklausel läge ein unzulässiger Unter-Wert-Verkauf vor und wäre der gesamte Kaufvertrag unwirksam.

C. Verkauf zum Marktpreis

1. Nachzahlungsklausel

Verkauft die Gemeinde zum Marktpreis, so ist eine Aufzahlungsklausel zulässig,
- wenn die Gemeinde hieran ein **anerkennenswertes Interesse** hat, das über die reine Abschöpfung eines Veräußerungsgewinns hinausgeht – etwa damit die **Bebauung des Grundstücks** absichern will[866] – mE ebenso, wenn sie die fortdauernde gewerbliche **Nutzung** des Grundstücks sichern will (und damit bloße Bodenspekulation verhindern) will, und
- wenn die Nachzahlung abhängig vom **tatsächlichen Vorteil** des Erwerbers ist – etwa indem sie (höchstens) den **Mehrerlös** bei einer Weiterveräußerung oder eine Aufzahlung in Höhe der **zwischenzeitlichen Bodenwertsteigerung.**[867]
- Zur **Bindungsfrist** hat der BGH beim Verkauf zum Marktpreis noch nichts entschieden. Auch hier ist eine Interessensabwägung erforderlich. Nachdem die Gemeinde keine Verbilligung des Kaufpreises in die Waagschale werfen kann, dürften nur kürzere Bindungsfristen als beim Verkauf unter Marktpreis sein.

2. Wiederkaufsrecht

Zum Wiederkaufsrecht nach Verkauf zum Marktwert gibt es noch keine BGH-Entscheidungen. Ich würde eine ähnliche Prüfung vornehmen:
- Hat die Gemeinde ein **anerkennenswertes Interesse** am Rückerwerb (etwa dass das Grundstück innerhalb bestimmter Fristen bebaut und für bestimmte Fristen gewerblich genutzt wird)?
- Ist der Rückerwerb angemessen gestaltet. Das heißt erhält der Erwerber seinen Kaufpreis und Investitionen zurück (wobei mE auch eine Begrenzung der Rückerstattung von Investitionen mit einem gewissen Abschlag unterhalb der Wertsteigerung zulässig ist).

3. Keine geltungserhaltende Reduktion bei Verkauf zum Marktwert

Ist zum Marktwert verkauft, ist eine überhöhte Nachzahlungsklausel[868] oder ein unangemessenes Wiederkaufsrecht insgesamt unwirksam und aus dem Vertrag zu streichen. Eine Rettung durch geltungserhaltende Reduktion ist nicht möglich.

---

[863] BGH Urt. v. 29.11.2002 – V ZR 105/02, BGHZ 153, 93 = DNotZ 2003, 341.

[864] BGH Urt. v. 13.10.2006 – V ZR 33/06, DNotZ 2007, 513.

[865] Bestätigt durch BGH Urt. v. 15.2.2019 – V ZR 77/18, DNotI-Report 2019, 118; siehe nachstehende Besprechung.

[866] BGH Urt. v. 16.3.2018 – V ZR 306/16, DNotI-Report 2018, 118 = ZfIR 2018, 655 mAnm *Simon/Zintl*. Dazu Herrler/Hertel/Kesseler/*Hertel* ImmobilienR 2019 S. 307.

[867] BGH Urt. v. 20.4.2018 – V ZR 169/17, DNotI-Report 2018, 134 = ZfIR 2018, 745 mAnm *Krautzberger*. Dazu Herrler/Hertel/Kesseler/*Hertel* ImmobilienR 2019 S. 312.

[868] BGH Urt. v. 20.4.2018 – V ZR 169/17, DNotI-Report 2018, 134 = ZfIR 2018, 745 mAnm *Krautzberger*. Dazu Herrler/Hertel/Kesseler/*Hertel* ImmobilienR 2019 S. 312.

2. BGH Urt. v. 15. 2. 2019 – V ZR 77/18: Geltungserhaltende Reduktion auf 20 Jahre Bindungsfrist bei 20 % Verbilligung bei Grundstücksverkauf durch Gemeinde

Kerngehalt der Entscheidung:

Vereinbart die Gemeinde bei einem um 20 % verbilligten Grundstücksverkauf unzulässigerweise eine Bindungsfrist von 30 Jahren, ist nicht der gesamte Kaufvertrag unwirksam, sondern die Frist auf die zulässigen 20 Jahre Bindungsfrist herabzusetzen.

Leitsätze der Entscheidung:

a) Bei einem Verkauf verbilligten Baulandes an einen privaten Käufer im Rahmen eines städtebaulichen Vertrages ist eine Bindungsfrist von 30 Jahren für die Ausübung eines Wiederkaufsrechts der Gemeinde grundsätzlich nur dann angemessen, wenn dem Erwerber ein besonders hoher Preisnachlass gewährt wurde oder sonst außergewöhnliche Umstände vorliegen, die eine derart lange Bindung des Erwerbers rechtfertigen. Die Gewährung eines Preisnachlasses von 29 % gegenüber dem Verkehrswert genügt hierfür nicht.

b) Bei einer Kaufpreisverbilligung von 20 % ist eine Bindungsfrist von 20 Jahren grundsätzlich noch angemessen.

a) Sachverhalt: 30-jährige Bindungsfrist bei 20 % oder 29 % Verbilligung vereinbart

BGH Urt. v. 15. 2. 2019 – V ZR 77/18[869]

Eine ehemalige Kleingartenanlage war teilweise bereits seit 1936 ohne Genehmigung zum Wohnen genutzt worden. 1959 wies die Stadt die Fläche als Bauland aus. Im September 1996 verkaufte sie das streitgegenständliche Grundstück von 552 qm für 101.790,– DM (plus Vermessungskosten) an die damaligen Pächter. Dies lag unter dem damaligen Verkehrswert (wobei zwischen den Beteiligten strittig ist, ob die Vergünstigung nur 20 % oder 29 % betrug).

Im Vertrag behielt sich die Stadt ein Wiederkaufsrecht insbesondere für den Fall eines Weiterverkaufs binnen von 30 Jahren seit Eigentumsumschreibung im Grundbuch vor. Das Eigentum wurde im Mai 1999 umgeschrieben.

Im Jahr 2013 teilte der Eigentümer der Stadt mit, dass er das Grundstück verkaufen wolle. Die Stadt erklärte, gegen Zahlung eines Ablösebetrages von 47.078,78 EUR auf die Ausübung ihres Wiederkaufsrechts verzichten zu wollen. Zugleich wies sie den Eigentümer darauf hin, dass das Wiederkaufsrecht ihrer Meinung nach am 16. 3. 2017 ende. Der Kläger bezahlte den Ablösebetrag vorbehaltlich einer Klärung der Wirksamkeit des Wiederkaufsrechts. Er verkaufte das bebaute Grundstück mit Vertrag vom 2016 zu einem Kaufpreis von 335.000,– EUR.

Der Eigentümer klagte gegen die Stadt auf Rückzahlung und gewann sowohl vor dem Landgericht wie vor dem Oberlandesgericht.

Entscheidung: Der BGH gab hingegen der Stadt recht.

[869] DNotI-Report 2019, 118.

b) Geltungserhaltende Reduktion: Besser auf 20 Jahre verkürzte Frist als insgesamt unwirksamer Kaufvertrag

Der BGH hielt die 30-jährige Bindungsfrist ebenfalls für unwirksam. Nach seiner Entscheidung ist aber der Vertrag dann mit einer kürzeren zulässigen Bindungsfrist aufrechtzuerhalten. Dies waren hier bei 20% Preisnachlass 20 Jahre Bindung. Damit war das Aufzahlungsverlangen der Stadt berechtigt und der Kläger hatte keinen Bereicherungsanspruch.

Die Argumentation des BGH im Einzelnen: Wie in allen bisherigen Entscheidungen ließ der BGH offen, ob **Prüfungsmaßstab** hier § 11 Abs. 2 BauGB oder §§ 307 ff. BGB sei. Denn nach beiden Prüfungsmaßstäben sei gleich zu entscheiden.[870] Maßgeblich ist nach beiden Prüfungsmaßstäben, ob die vereinbarte Bindung angesichts des gewährten Preisnachlasses angemessen ist.

„Da die Bindung des Käufers der Preis für den verbilligten Erwerb des Grundstücks ist, sinkt die zulässige Bindungsdauer je geringer der Preisnachlass ist, während sie mit dem Umfang der Verbilligung steigt (vgl. Senat, Urteil vom 16.4.2010 – V ZR 175/09, NJW 2010, 3505 Rn. 16).“[871]

Eine **30-jährige Bindungsfrist** hätte der BGH bei einem **besonders hohen Preisnachlass** als noch zulässig angesehen. Erforderlich wäre wohl ein Nachlas von deutlich mehr als 30% gewesen.

„Der Senat hat bei Grundstücken, die zum Zwecke der Errichtung von Einfamilienhäusern an Einzelpersonen verkauft werden, **über 30 Jahre hinausgehende Bindungen als in aller Regel unverhältnismäßig** angesehen (Senat, Urteil vom 29.10.2010 – V ZR 48/10, NJW 2011, 515 Rn. 18; Urteil vom 20.5.2011 – V ZR 76/10, NJW-RR 2011, 1582 Rn. 20). Aber auch eine Bindungsfrist von **30 Jahren** für die Ausübung eines Wiederkaufsrechts der Gemeinde ist grundsätzlich nur dann angemessen, wenn dem Erwerber ein **besonders hoher Preisnachlass** gewährt wurde oder sonst außergewöhnliche Umstände vorliegen, die eine derart lange Bindung des Erwerbers rechtfertigen. Solche Umstände liegen hier nicht vor. Die dem Kläger gewährte Verbilligung von 29% stellt weder – verglichen mit der bei den sogenannten Einheimischenmodellen üblichen Kaufpreisreduzierung um bis zu 30% gegenüber dem Verkehrswert (vgl. Senat, Urteil vom 16.4.2010 – V ZR 175/09, NJW 2010, 3505 Rn. 16 mwN) – eine über den üblichen Rahmen hinausgehende Subvention dar noch liegen hier ganz besondere, eine Bindungsdauer von 30 Jahren rechtfertigende Umstände vor.“[872]

Die vereinbarte Bindungsfrist war damit unwirksam. Die entscheidende Frage war, was anstelle der unwirksamen Bindungsfrist tritt. Der Kläger – und ihm folgend LG und OLG – wollten das Wiederkaufsrecht wegen der unzulässig langen Frist einfach insgesamt streichen. Ihr Argument: Bei AGB gibt es **keine geltungserhaltende Reduktion.**

Der **BGH** hatte schon bisher bei Einheimischenmodellen unzulässig lange Fristen auf das **noch Zulässige verkürzt.**[873] Auch hier verkürzte der BGH auf die noch zulässige Frist. Er begründet dies noch genauer als in den früheren Entscheidungen:

- Die Gemeinde verkauft unter Verkehrswert. Dies darf und kann sie nur, wenn sie damit einen öffentlichen Zweck verfolgt. Ansonsten wäre ein **Unter-Wert-Verkauf** der Gemeinde unwirksam.
- Hier ist der Zweck die Schaffung von Wohnraum für Bevölkerungsgruppen, die sich sonst keine Wohnimmobilie leisten könnten. Dann muss diese **Zweckbindung** des Verkaufs auch **abgesichert** werden. Dem dient das Wiederkaufsrecht.

---

[870] BGH Urt. v. 15.2.2019 – V ZR 77/18, Rn. 6.
[871] BGH Urt. v. 15.2.2019 – V ZR 77/18, Rn. 12.
[872] BGH Urt. v. 15.2.2019 – V ZR 77/18, Rn. 15.
[873] So etwa BGH Urt. v. 16.4.2010 – V ZR 175/09, DNotZ 2011, 121 Rn. 22, 24.

Merke:

Ohne das Wiederkaufsrecht wäre der Verkauf unter Verkehrswert unzulässig und unwirksam.

- Würde die überlange Bindungsfrist dazu führen, dass das Wiederkaufsrecht ganz wegfällt, so wäre der **gesamte Kaufvertrag unwirksam.** Das wäre auch nicht im Interesse des Käufers.
- Daher ist hier im Wege **ergänzender Vertragsauslegung** die Bindungsfrist auf das zulässige Maß anzupassen.

„Vorliegend ist eine ergänzende Vertragsauslegung geboten. Die **ersatzlose Streichung** der Klausel über die Ausübung eines Wiederkaufsrechts führte dazu, dass der zwischen den Parteien geschlossene Vertrag ohne eine solche Auslegung gemäß § 6 Abs. 3 AGBG (jetzt: § 306 Abs. 3 BGB) **in seiner Gesamtheit keinen Bestand** mehr haben könnte (vgl. [...]). Die beklagte Gemeinde hatte dem Kläger das Grundstück zu einem unter dem Verkehrswert liegenden Preis veräußert. Eine Veräußerung unter dem objektiven Verkehrswert ist ihr aus haushaltsrechtlichen Gründen wegen des Gebots der sparsamen Verwendung öffentlicher Mittel nur gestattet, wenn dies der Erfüllung legitimer öffentlicher Aufgaben dient und die zweckentsprechende Mittelverwendung sichergestellt wird (vgl. § 90 GO NRW). Mit der Vereinbarung eines zeitlich befristeten **Wiederkaufsrechts** wurden die **Voraussetzungen für die Vergabe preisgünstigen Baulands** daher überhaupt erst geschaffen (vgl. Senat, Urteil vom 29. 11. 2002 – V ZR 105/02, BGHZ 153, 93, 103 f.; Urteil vom 8. 2. 2019 – V ZR 176/17, WuM 2019, 191 Rn. 26). Eine Unwirksamkeit des Vertrages hätte für den Kläger aber besonders nachteilige Folgen, weil dann der zwischen den Parteien geschlossene subventionierte Grundstückskaufvertrag nach Bereicherungsrecht rückabzuwickeln wäre.“[874]

c) Vergleich mit BGH Urt. v. 20. 4. 2018 – V ZR 169/17: Keine geltungserhaltende Reduktion für überhöhte Aufzahlungsklausel bei Verkauf zum Verkehrswert

Stopp, wird vielleicht der eine oder andere von Ihnen hier sagen: Haben Sie uns nicht im letzten Jahr eine Entscheidung vorgestellt, in der der BGH eine geltungserhaltende Reduktion beim Grundstücksverkauf durch die Gemeinde abgelehnt hatte? In der Tat:

Kerngehalt der Entscheidung:

Vorteilsunabhängige Aufzahlungsklausel ist bei Verkauf durch Gemeinde zum Verkehrswert unzulässig.

Leitsatz der Entscheidung:

Verkauft eine Gemeinde im Rahmen eines städtebaulichen Vertrages ein von dem Erwerber mit einem Eigenheim zu bebauendes Grundstück zum Verkehrswert, verstößt eine Regelung, die dem Erwerber eine von einer Verkehrswertsteigerung des Grundstücks unabhängige Zuzahlung bei dessen Weiterverkauf innerhalb von acht Jahren nach Errichtung des Eigenheims auferlegt, gegen das Gebot angemessener Vertragsgestaltung.

BGH Urt. v. 20. 4. 2018 – V ZR 169/17[875]

In dem **Sachverhalt** der letztjährigen Entscheidung hatte die Gemeinde **zum Marktwert verkauft.**

---

[874] BGH Urt. v. 15. 2. 2019 – V ZR 77/18, Rn. 19.

[875] DNotI-Report 2018, 134 = ZfIR 2018, 745 mAnm *Krautzberger*. Dazu Herrler/Hertel/Kesseler/*Hertel* ImmobilienR 2019 S. 312.

Im Vertrag musste sich der Erwerber zur Eigennutzung verpflichten. Für den Fall einer Weiterveräußerung war eine Aufzahlung an die Gemeinde vereinbart. Die Aufzahlung war unabhängig davon geschuldet, ob der Erwerber beim Weiterverkauf einen Mehrerlös erzielte.

Für diese Aufzahlungsklausel gab es keine Begründung:

- Weder wurde eine dem Käufer gewährter **Preisnachlass (= Subvention) abgeschöpft.**
- Noch wurde ein **Mehrerlös abgeschöpft.**

Eine reine Mehrerlösklausel wäre wahrscheinlich zulässig gewesen.[876] Der BGH ließ aber nicht zu, die unbeschränkte Aufzahlungsklausel auf eine bloße Mehrwertabschöpfungsklausel zu reduzieren.

- Entscheidendes Unterscheidungskriterium ist, dass die Gemeinde in der Entscheidung vom 20.4.2018 **zum Marktpreis verkauft** hatte.
- Bei einem Verkauf zum Marktpreis kann man eine überzogene Aufzahlungsklausel ganz streichen, ohne dass die Wirksamkeit des Vertrages im Übrigen beeinträchtigt wäre.

d) Vergleich mit BGH Urt. v. 26.6.2015 – V ZR 271/14: Bei weniger als 20% Preisnachlass keine 20-jährige Bindung zulässig

Der BGH stellte dann recht knapp fest, dass er eine **zwanzigjährige Bindungsfrist** bei einem **Preisnachlass** von (unstrittig mindestens) **20% für angemessen** hielt:

„Vor diesem Hintergrund stellt – ausgehend von dem seitens des Klägers behaupteten Preisnachlass von 20% – im vorliegenden Fall eine Ausübungsfrist für das Wiederkaufsrecht von 20 Jahren eine ausgewogene Regelung dar. Eine solche Frist dient dem von der Gemeinde verfolgten Zweck der effektiven Sicherung der Vermeidung von Grundstücksspekulationen und stellt zugleich eine adäquate Gegenleistung des Klägers für den verbilligten Erwerb des Grundstücks dar."[877]

Der BGH konnte dahinstehen lassen, ob auf die Frist ab Eigentumsumschreibung (wie im Vertrag vereinbart) oder schon ab Kaufvertragsschluss zu berechnen war. Denn in beiden Fällen erfolgte der Verkauf noch innerhalb der 20-jährigen Bindungsfrist. Nach der bisherigen Rechtsprechung war dies nicht so eindeutig.

- Bisher hatte der BGH nur entschieden, dass ein Preisnachlass von weniger als 20% für eine zwanzigjährige Bindungsfrist nicht genügt.
- Umgekehrt hatte er gesagt, dass ein Preisnachlass von 30% für eine über zwanzigjährige Bindungsfrist genügt.
- Noch nicht entschieden war damit, welche Bindungsfrist bei einem Preisnachlass von 20% zulässig ist. Erst mit der Entscheidung vom 19.2.2019 wissen wir, dass auch hier eine zwanzigjährige Bindungsfrist zulässig ist. In seinem Urteil vom 26.6.2015 hatte der BGH dazu ausgeführt:

„Über zwanzig Jahre hinausgehende Bindungen des Käufers hat der Senat bisher nur dann für verhältnismäßig erachtet, wenn die Höhe der dem Käufer gewährten Subvention deutlich über die bei dem Einheimischenmodell üblichen Abschläge von bis zu 30% gegenüber dem Verkehrswert hinausgegangen war (Senat, Urteil vom 30.9.2005 – V ZR 37/05, NJW-RR 2006, 298, 300; Urteil vom 16.4.2010 – V ZR 175/09, NJW 2010, 3505 Rn. 17 – bei Nachlässen von 70% bzw. von 50% gegenüber dem Verkehrswert). [...]

cc) Über die Frage, ob eine 20 Jahre überschreitende Frist für die Ausübung des Wiederkaufsrechts der Gemeinde noch dem Gebot angemessener Vertragsgestaltung entspricht, wenn sie mit einer verhältnismäßig geringen Subvention einhergeht, hatte der Senat noch nicht zu entscheiden. Die

---

[876] Vgl. BGH Urt. v. 16.3.2018 – V ZR 306/16, DNotI-Report 2018, 118 = ZfIR 2018, 655 mAnm *Simon/Zintl.* Dazu Herrler/Hertel/Kesseler/*Hertel* ImmobilienR 2019 S. 307.

[877] BGH Urt. v. 15.2.2019 – V ZR 77/18, Rn. 20.

Antwort ergibt sich aus den oben genannten Grundsätzen in Fortführung der bisherigen Rechtsprechung. Eine zwanzig Jahre überschreitende Frist für die Ausübung des Wiederkaufsrechts der Gemeinde in einem zum Zwecke der Errichtung von Eigenheimen im Einheimischenmodell mit Einzelpersonen abgeschlossenen Kaufvertrag verstößt, wenn dem Käufer ein nur geringer Preisnachlass (weniger als 20% gegenüber dem Verkehrswert) gewährt wurde, gegen das Gebot angemessener Vertragsgestaltung (§ 11 Abs. 2 Satz 1 BauGB).“[878]

3. Engere Vorgaben durch Einigung zwischen Deutschland und EU-Kommission

Dennoch werden Sie nur selten noch eine zwanzigjährige Bindungsfrist beurkunden können. Denn wieder einmal sind vorrangige Vorgaben des Europarechts zu beachten.

Nach der **Einigung zwischen Deutschland und der EU-Kommission** vom Februar 2017[879] in dem Vertragsverletzungsverfahren gegen Deutschland ist eine Sicherung des Förderungszwecks nur für **zehn Jahre Bindungsdauer** mit dem EU-Recht konform. Wenn auf der einen Seite das **Europarecht** nur Bindungsfristen von **zehn Jahren** zulässt, andererseits aber das **Haushaltsrecht** der Länder (mit dem Verbot des Unter-Wert-Verkaufs) eine dem Preisnachlass entsprechende Absicherung durch ein Wiederkaufsrecht oÄ erfordert, so dürften bei zehn Jahren Bindungsfrist wohl nur mehr weniger als 20% Preisnachlass zulässig sein. Da bleibt für klassische Einheimischenmodelle wenig mehr übrig.

Gründet sich die Bindung hingegen nicht auf einer Subventionierung, sondern auf städtebaulichen Zielen, nur eine bestimmte Art der Bebauung oder Nutzung abzusichern (zB bei Bebauung im Außenbereich oder Dorfteilen, die nur für den Eigenbedarf wachsen sollen), so greifen mE die europarechtlichen Bedenken der Kommission nicht und sind daher auch längere Bindungsfristen zulässig.

[878] BGH Urt. v. 26.6.2015 – V ZR 271/14, DNotZ 2015, 819.

[879] Leitlinien für Gemeinden bei der vergünstigten Überlassung von Baugrundstücken im Rahmen des sogenannten Einheimischenmodells. Die Leitlinien sind als Anlage zu einem Gemeinsamen Rundschreiben des Bayerischen Gemeindetags und des Bayerischen Städtetages vom 10.3.2017 enthalten. Das Rundschreiben findet sich auch auf der Homepage des DNotI.

II. Kaufrechtsvermächtnis (BFH Urt. v. 16.1.2019 – II R 7/16)

Ein in der erbrechtlichen Gestaltungspraxis nicht selten verwendetes Instrument ist das Kaufrechtsvermächtnis, also die vermächtnisweise Zuwendung des Anspruchs, von dem Beschwerten den Abschluss eines Kaufvertrags über ein zum Nachlass gehörendes Grundstück zu fordern. Der Begriff wird dabei durchaus vielfältig verwendet. Damit können sowohl Teilungsanordnungen unter Ausgleichsverpflichtungen, wie Erwerbsvermächtnisse als auch echte Ansprüche auf Abschluss eines Kaufvertrages gemeint sein. Die Vorstellungen der Beteiligten sind dabei ebenso schillernd wie die verwendeten Begriffe. Der BFH hatte nun den Fall zu entscheiden, wie ein solches Vermächtnis grunderwerbssteuerlich einzuordnen ist.

1. Sachverhalt

BFH Urt. v. 16.1.2019 – II R 7/16[880]

Der **Sachverhalt** der Entscheidung war denkbar einfach: Der Erblasser hatte zur Alleinerbin seine Tochter eingesetzt und seinem Sohn folgendes Vermächtnis ausgesetzt: „Ich vermache meinem Sohn ein Ankaufsrecht an meiner Eigentumswohnung im Haus M. Der Ankaufspreis entspricht dem Verkehrswert der Eigentumswohnung zum Zeitpunkt der Ausübung des Ankaufsrechts."

2013 erwarb der Sohn die Eigentumswohnung von seiner Schwester zu dem seinerzeit aktuellen Verkehrswert iHv 45.000 Euro.

Das Finanzamt setzte Grunderwerbssteuer fest. Das FG Köln bestätigte den Bescheid.

2. Die Rechtsfragen

Erste und alles entscheidende Rechtsfrage in einem solchen Fall ist, wie der Erwerb aufgrund eines solchen Vermächtnisses zu qualifizieren ist:
- Man kann, wie der BFH das in der Vergangenheit schon einmal getan hatte,[881] solche Erwerbe unabhängig von der Qualifikation des Vermächtnisses (direkter Übereignungsanspruch oder Anspruch auf Abschluss eines Vertrages, der selbst erst wieder den Übereignungsanspruch begründet) dem Bereich des § 3 Nr. 2 GrEStG zuordnen.
- Man kann umgekehrt darauf abstellen, ob der Erblasser dem Vermächtnisnehmer den direkten Übereignungsanspruch ggfls. unter Leistung eines Ausgleichsbetrages oder eben nur den Anspruch auf Abschluss eines Vertrages, der selbst erst wieder den Übereignungsanspruch begründet, zuordnen wollte und die Entscheidung der Anwendbarkeit des § 3 Nr. 2 GrEStG entsprechend fällen.

Differenziert man tatsächlich nach dem Grund des Übereignungsanspruchs
- in der Verfügung von Todes wegen direkt angelegt oder
- nur Ergebnis eines noch abzuschließenden Rechtsgeschäfts

ist alsdann auszulegen, was der Erblasser mit der Verfügung denn gemeint haben kann.

[880] BFHE 263, 465 = BStBl. II 2019, 617 = ZEV 2019, 496 mAnm *Litzenburger* = ZfIR 2019, 631 mAnm *Lambert* = notar 2019, 347 mAnm *Schmitz* = FD-ErbR 2019, 418261 *(Litzenburger)* = DStRK 2019, 186 *(Staschewski)*.

[881] BFH Urt. v. 21.7.1993 – II R 118/90, BFHE 172, 118 = BStBl. II 1993, 765.

3. Der BFH

a) Ausgangspunkt

Der BFH hat genau diese Betrachtung angestellt und im Wesentlichen danach differenziert, worauf der Erwerb des Vermächtnisnehmers beruht:
- Ist Erwerbsgrund das Vermächtnis selbst und bedarf es zur Erfüllung nur der Auflassung, greift § 1 Abs. 1 Nr. 2 GrEStG.
- Ist Erwerbsgrund dagegen der spätere Kaufvertrag und muss dieser also noch abgeschlossen werden, ist dies ein Vorgang nach § 1 Abs. 1 Nr. 1 GrEStG.

Im ersteren Fall kommt die Anwendung von § 3 Nr. 2 GrEStG in Betracht, im zweiten nicht.

Da der BFH ausdrücklich den Gedanken verwirft, den Erwerb als vom Erblasser kommend zu behandeln und so ggf. zur Anwendung von § 3 Nr. 6 GrEStG zu gelangen, ist hier die entscheidende Weichenstellung. Dazu erläutert der BFH unter Rn. 22:

„Nur in einem solchen Fall ist es mit Ziel und Zweck von § 3 Nr. 2 S. 1 GrEStG – Vermeidung der Doppelbelastung eines Lebenssachverhalts mit Erbschaft- und Schenkungsteuer sowie Grunderwerbsteuer – vereinbar, den Erwerbsvorgang von der Grunderwerbsteuer zu befreien, da der Erwerb durch Vermächtnis bereits nach § 3 Abs. 1 Nr. 1 ErbStG grds. der Erbschaftsteuer unterliegt. Die Steuerbefreiung nach § 3 Nr. 2 S. 1 GrEStG hängt allein vom Rechtsgrund des Erwerbs und nicht von der Höhe des gezahlten Kaufpreises ab."

Entscheidend für die Belastung mit der Grunderwerbssteuer soll also die Auslegung dessen, was der Erblasser dem Vermächtnisnehmer hat zukommen lassen, sein.

Dass die vorstehend zitierte Stelle des Urteils selbst widersprüchlich klingt, sei bemerkt. Der Zweck des § 3 Nr. 2 GrEStG, die Doppelbelastung zu vermeiden, trägt den zweiten Satz der Argumentation doch gerade nicht. Geht es um die Vermeidung der Doppelbelastung muss die Höhe der Gegenleistung doch wohl eine entscheidende Rolle spielen. Zahlt er den vollen Verkehrswert, ist er nicht erbschaftssteuerbelastet. Unter diesem Begründungsdefizit leider auch die Auslegung.

b) Auslegungskriterien

Nach welchen Kriterien erfolgt nun die Einordnung? Man könnte einfach auf den Wortlaut der Verfügung abstellen. Es ist damit zu rechnen, dass so auch auf Ebene der Finanzämter zunächst verfahren werden wird. Entscheidend muss es aber darauf ankommen, was der Erblasser gewollt hat. Die Indizien für die Auslegung zählt das Gericht in Rn. 15 und Rn. 16 auf:

„Für ein vermachtes Recht – lediglich – auf Abschluss eines Kaufvertrags über das Grundstück kann sprechen, wenn im Vermächtnis noch kein fester Kaufpreis angeführt wird oder ein solcher nur bestimmbar ist. In einem solchen Fall müssen sich Beschwerter und Bedachter in einem weiteren Schritt erst noch über den Kaufpreis einigen, der dann als Gegenleistung im Kaufvertrag aufgeführt wird. Ebenso kann ein zeitlicher Rahmen für die Ausübung des Kaufrechts auf ein Kaufrechtsvermächtnis hindeuten, da er die Möglichkeit offen lässt, dass der Vermächtnisnehmer den Anspruch nicht ausübt. In einem solchen Falle käme es nicht mehr zu einem grunderwerbsteuerbaren Erwerbsvorgang.

Ein Indiz für einen vermachten Anspruch auf Übertragung des Grundstücks hingegen kann ein bereits im Vermächtnis bestimmter Kaufpreis sein. In diesem Fall kann der Bedachte von dem Beschwerten direkt die Übereignung des Grundstücks gegen Bezahlung des Kaufpreises verlangen."

Mein Eindruck ist, dass trotz der umfangreichen Abgrenzung zwischen direktem Übereignungsanspruch aus Vermächtnis und erst sekundärem aus Kaufvertrag der BFH sich doch weiter von der Frage leiten lässt, was denn gewollt ist: Übernahme zum Verkehrswert – dann Kauf, Übernahme zu anderem Wert – dann direkter Übereignungsanspruch.

Im konkreten Fall kam der BFH so zu dem Ergebnis, dass der Bruder einen Anspruch auf Abschluss eines Kaufvertrags erwarb. Der Kaufpreis für das Grundstück sei im Vermächtnis eben noch nicht beziffert gewesen, weshalb erst nach Ermittlung des Wertes ein Kaufvertrag abzuschließen gewesen sei. Das sei eben das Recht auf Abschluss des Kaufvertrags und nicht das auf direkte Übereignung. Wirklich griffig ist diese Begründung nicht.

4. Wie geht man damit um?

Es wäre sicher zu kurz gesprungen, darauf zu vertrauen, dass einfach die Vermeidung des Begriffes „Kauf" schon sicher zum Ziel führte. Es wäre natürlich schön, das Problem mit folgender einfachen Gestaltung zu lösen:

Formulierungsbeispiel:
Ich vermache X das Grundstück .... Ich belege ihn mit einem Untervermächtnis, den Wert des Grundstücks Zug um Zug gegen dessen Übereignung an den Erben zu zahlen.

Ebenso ginge dann wohl:

Formulierungsbeispiel:
Ich vermache X den Anspruch, das Grundstück ... übereignet zu erhalten. Er hat dessen vom Gutachterausschuss verbindlich festzustellenden Wert als Ausgleich an die Erben zu leisten. Die Ausgleichsleistung ist fällig innerhalb eines Jahres nach Übereignung und bei Übereignung durch eine Grundschuld in Höhe des 20-fachen Einheitswertes des Grundstücks bei meinem Tode zu sichern.

Vertrauen würde ich auf diese Gestaltungen aber nicht wollen. Soll eine Gegenleistung erbracht werden, dürfte es das Beste sein, diese von vornherein festzusetzen, womit man aber das Risiko der Fehleinschätzung auf sich nimmt.

Sicher dürfte es dagegen sein, den Begünstigten zum Miterben mit Teilungsanordnung unter Ausgleich zu bestimmen. § 3 Nr. 3 GrEStG ist sicher.

III. Sondernutzungsrecht als steuerliches Gestaltungsmittel (BFH Urt. v. 5.7.2018 – VI R 67/15)

Entnahmen aus dem Betriebsvermögen sind dem Landwirt regelmäßig ein Graus. Auch wenn sich nicht selten gezeigt hat, dass wirtschaftlich Entnahmen sinnvoll gewesen wären, da der Verbleib von Grundstücken im Betriebsvermögen deren Wertsteigerungen weiter steuerpflichtig beließ, raubt die Entnahme dem Landwirt dennoch das, was er regelmäßig am wenigsten hat, nämlich Geld.

Dazu werden durchaus aufwendige Konstruktionen angestellt. Man denke nur an die Erbbaurechtsbestellungen an betrieblichen Grundstücken, um den Kindern das „entnahmelose" Bauen zu ermöglichen. Im vorliegenden Fall nun war das Bauen für die Kinder realisiert worden durch die Aufteilung eines Grundstücks in Wohnungs- und Teileigentum.

1. Sachverhalt

BFH Urt. v. 5.7.2018 – VI R 67/15[882]

Der Grundstückseigentümer teilt sein im Betriebsvermögen befindliches Hofgrundstück in Wohnungseigentum dergestalt auf, dass einem MEA von 45/100 das Sondereigentum an der linken Seite eines noch zu errichtenden Doppelhauses und dem anderen MEA von 55/100 das an der rechten Doppelhaushälfte zugeordnet wird. Dem Eigentümer des 55/100 Anteil ist das Sondernutzungsrecht an der gesamten Hoffläche ausgenommen der Bereich des linken Doppelhauses und eines kleinen Gartenteils, der als Sondernutzungsrecht dem 45/100 Anteil zusteht, eingeräumt.

Der Landwirt überträgt den 45/100 Anteil auf seine Tochter und erklärt eine Entnahme im Umfang des dem 45/100 zugeordneten Grundstücksteils einschließlich der Berücksichtigung der Sondernutzungsrechte, ausmachend eine Fläche von 202 qm.

Das Finanzamt rechnet dem 45/100 Anteil dagegen 45 % der gesamten Grundstücksfläche zu und kommt so zu einer 20-fach höheren Entnahme.

Entscheidung: FG und BFH bestätigen das Finanzamt.

2. Begründung des BFH

Die Begründung des BFH ist denkbar einfach:

(Rn. 17): „Wirtschaftsgüter sind nach § 39 I AO grundsätzlich dem zivilrechtlichen Eigentümer zuzurechnen. Übt ein anderer als der Eigentümer die tatsächliche Herrschaft über ein Wirtschaftsgut in der Weise aus, dass er den Eigentümer im Regelfall für die gewöhnliche Nutzungsdauer von der Einwirkung auf das Wirtschaftsgut wirtschaftlich ausschließen kann, so ist ihm das Wirtschaftsgut zuzurechnen (§ 39 II Nr. 1 S. 1 AO)."

Grundlage ist also das zivilrechtliche Eigentum, Ausnahme die anderweitige Zurechnung. Diese Ausnahme gilt nur, wenn der andere „den Eigentümer im Regelfall für die gewöhnliche Nutzungsdauer von der Einwirkung auf das Wirtschaftsgut wirtschaftlich ausschließen kann."

Der BFH überprüft nun, welche Qualität insoweit einem Sondernutzungsrecht in einer WEG zuzuordnen ist.

(Rn. 21): „Der Kl. ist aufgrund des in Rede stehenden Sondernutzungsrechts weder wie ein zivilrechtlicher Eigentümer zur umfassenden Nutzung des im Gemeinschaftseigentum stehenden Grundstücks berechtigt noch stehen ihm für die voraussichtliche (unbegrenzte) Nutzungsdauer des Grundstücks Substanz und Ertrag zu."

Ich hätte das Gegenteil erwartet, da der Sondernutzungsberechtigte mit seinem umfassenden Recht an der Hofstelle weitgehend frei agieren konnte. Das reicht aber für den BFH nicht.

(Rn. 25): „Es bedarf im Streitfall keiner Entscheidung, ob das Sondernutzungsrecht in Einzelfällen in der Weise gestaltet werden kann, dass im wirtschaftlichen Ergebnis jeder Wohnungseigentümer steuerrechtlich so gestellt wird, als ob er Alleineigentümer der Sondernutzungsflächen seines Gebäudes wäre. Denn das streitgegenständliche Sondernutzungsrecht vermittelt dem Kl. jedenfalls keine einem Eigentümer vergleichbare Rechtsposition."

(Rn. 26): „Ausweislich der Teilungserklärung vom Januar 2011 ist der Kl. lediglich zur unbefristeten landwirtschaftlichen Nutzung des gemeinschaftlichen Eigentums befugt. Eine anderweitige

[882] BFHE 262, 108 = BStBl. II 2018, 798 = DStR 2018, 2325.

Nutzung ist nicht genannt und daher ohne Zustimmung der Miteigentümerin untersagt. Ferner enthält die Teilungserklärung vom Januar 2011 keine Bebauungsrechte an der Sondernutzungsfläche zugunsten des Kl. Ebenso wenig hat er dauerhaft Anteil an der Substanz des mit dem Sondernutzungsrecht belasteten Bruchteilseigentums der T. Denn im Fall der Veräußerung des gesamten Grundstücks nach Auflösung der Gemeinschaft steht T als zivilrechtlicher Eigentümerin und nicht dem Kl. der Erlös für ihren Miteigentumsanteil zu. Der Miteigentumsanteil der T von 45/100 ist damit trotz des Sondernutzungsrechts des Kl. auch nicht wertlos. Vielmehr nimmt sie bzw. ihr Rechtsnachfolger – worauf das FG zutreffend hingewiesen hat – entsprechend ihrer Miteigentumsquote an grundstücksbezogenen Wertsteigerungen oder -minderungen teil."

Der Bauer war mit dieser Entscheidung sicher unglücklich – ich hätte diese auch so nicht erwartet.

3. Gestaltungsüberlegungen

Der BFH lädt mit seiner Argumentation natürlich zu Gestaltungsüberlegungen geradezu ein. Wenn alleine die (willkürlich zu bestimmende und für eine Beendigung der Gemeinschaft gerade nicht wertrelevante) Festsetzung der MEA darüber entscheidet, wem welche Teile des Grundstücks steuerlich zuzurechnen sind, dann ermöglicht dies jedenfalls auf Ebene der Ertragssteuer weites Gestaltungspotential.

Aus dem Blick lassen sollte man aber auch nicht die Chancen auf schenkungssteuerlicher Ebene.

I. Beurkundungsverfahren und Insolvenzrecht

I. Beurkundungsverfahren bei zweisprachigen Urkunden

1. BGH Beschl. v. 20.3.2019 – XII ZB 310/18: Nicht übersetzte Teile der Urkunde sind wie nicht verlesene Teile zu behandeln

Kerngehalt der Entscheidung:

Ist eine Übersetzung erforderlich und wurde ein Teil der Urkunde nicht übersetzt, so bestimmt sich die Fehlerfolge so, als wäre dieser Teil (gegenüber dem betreffenden Beteiligten) nicht verlesen worden.

Leitsätze der Entscheidung:

1. Zur Abgrenzung der Konstellation einer (ausnahmsweisen) notariellen Niederschrift in zwei gleichwertigen Sprachfassungen von der Konstellation, in der ausschließlich die deutsche Sprachfassung für die notarielle Niederschrift verbindlich ist, während der fremdsprachige Text eine – fakultative oder im Fall des § 16 Abs. 2 Satz 2 BeurkG obligatorische – schriftliche Übersetzung darstellt, die der Niederschrift lediglich zu Beweiszwecken beigefügt wird.
2. Werden solche Passagen einer notariellen Niederschrift, die nicht gemäß § 9 Abs. 1 Satz 1 BeurkG deren zwingender Bestandteil sind, sondern bloße Sollvorschriften des notariellen Verfahrensrechts umsetzen, gegenüber einem sprachkundigen Beteiligten nicht verlesen und gegenüber nicht sprachkundigen Beteiligten nicht mündlich übersetzt, führt dies zwar zu einem Verfahrensfehler im Beurkundungsverfahren, nicht aber zur Unwirksamkeit des Beurkundungsakts.

Hier will ich nur die beurkundungsrechtlichen Fragen der Entscheidung behandeln. Der BGH behandelt darüber hinaus auch die Frage des Prüfungsmaßstabs für ehevertragliche Vereinbarungen (bzw. für Vereinbarungen über nachehelichen Unterhalt und für den Verzicht auf Versorgungsausgleich). Dies soll uns hier nicht interessieren.

a) Sachverhalt: Vermerk über fehlende Sprachkunde nicht übersetzt

BGH Beschl. v. 20.3.2019 – XII ZB 310/18[883]

Im Jahr 1995 wurde ein Ehevertrag zwischen dem deutschen Ehemann und seiner britischen Ehefrau durch einen deutschen Notar beurkundet. Die Ehefrau konnte kein oder kaum Deutsch.

Im Jahr 2014 trennten sich die Ehegatten. 2016 beantragte die Ehefrau die Scheidung.

Dem deutschen Urkundstext ist eine englische Übersetzung als Anlage beigefügt. In der Urkunde heißt es hierzu

„Die Erschienene zu 2. erklärte, sie sei der deutschen Sprache nicht hinreichend mächtig. Die Erschienenen erklärten, sie seien damit einverstanden, dass der Notar den nachfolgenden Ehevertrag übersetze. Eine vorliegende schriftliche Übersetzung des Ehevertrages wurde den Beteiligten zur Durchsicht vorgelegt. Diese Übersetzung in englischer Sprache ist dieser Niederschrift als Anlage beigefügt. Der Notar wies darauf hin, dass auch ein Dolmetscher hinzugezogen werden könne oder eine gesonderte schriftliche Übersetzung ver-

[883] DNotZ 2019, 830; dazu Anm. *Bergschneider* FamRZ 2019, 958; *Forschner* MittBayNot 2019, 513; *Genske* notar 2019, 266; *Heinemann* NotBZ 2019, 298; *Ott* DNotZ 2019, 835; *Raude* notar 2019, 377.

langt werden könne. Die Vertragschließenden erklären, sie seien mit der Übersetzung durch den Notar einverstanden.

Der Notar verlas sodann den nachfolgenden Ehevertrag und die als Anlage dieser Niederschrift beigefügte englische Übersetzung, die beide von den Vertragschließenden genehmigt und unter der deutschen Fassung unterschrieben wurden."[884]

In dem Ehevertrag vereinbarten die Ehegatten unter anderem Gütertrennung. Die dazu vereinbarte Kompensation las sich im deutschen Urkundstext so:

„Soweit wir im Laufe unserer Ehe aus unseren Einkünften Rücklagen bilden, sind wir darüber einig, dass dieses so gebildete Vermögen zu gleichen Anteilen jedem der Ehepartner (also je zur Hälfte) zusteht."[885]

Im englischen Text stand dazu:

„New property we get in our marriage belongs us half."[886]

b) Fremdsprachiger Text als zweisprachige Beurkundung oder als Übersetzung?

Das OLG Hamm hielt den Ehevertrag wegen eines wegen versteckten Einigungsmangels (§ 155 BGB) für unwirksam: Nach Ansicht des OLG Hamm sollten sowohl die deutsche wie die englische Sprachfassung gleichwertig gelten. Denn ausweislich des Eingangsvermerks des Notars wurden sowohl der deutsche Text wie die englische Übersetzung „beide von den Vertragschließenden genehmigt und unter der deutschen Fassung unterschrieben".

Die englische und die deutsche Sprachfassung widersprachen sich aber in dem dargestellten Punkt zur möglichen Kompensation: Nach dem englischen Text stand alles während der Ehe erworbene Vermögen den Ehegatten je hälftig zu, während dies nach dem deutschen Text nur Rücklagen aus „Einkünften" betraf. Dieser Widerspruch sei ein versteckter Einigungsmangel iSd § 155 BGB. Daher sei diese Regelung unwirksam. Da es sich um eine wesentliche Regelung handelt, sei der ganze Vertrag unwirksam.

Der BGH verwarf schon die Annahme, dass zwei gleichwertige Sprachfassungen beurkundet worden seien:

- In der Urkunde ist der englische Text ausdrücklich als „Übersetzung" bezeichnet.
- Regelmäßig wollten die Beteiligten nicht eine zweisprachige Beurkundung, sondern nur eine Beurkundung mit einer Übersetzung.
- Die Verlesung des englischen Textes lässt sich ebenso – und zwangloser – als mündliche Übersetzung iSd § 16 BeurkG verstehen.

Ich stimme dem BGH zu. Eine zweisprachige Beurkundung wäre ein seltener Ausnahmefall.

c) Bei zweisprachiger Beurkundung Widersprüche durch Auslegung klären

Aber selbst wenn eine zweisprachige Urkunde vorläge, hätte das OLG Hamm mE nicht recht. Das OLG Hamm argumentiert so, als ob der Ehemann die deutsche Version „angeboten" und die Ehefrau mit der englischen Version die „Annahme erklärt" hätte. Dann könnte man die deutsche Fassung anders auslegen als die englische Fassung. Wenn man aber von einer zweisprachigen Beurkundung ausgeht, haben beide Ehegatten sowohl die deutsche wie die englische Fassung erklärt. Auszulegen ist also jeweils der ganze Vertragstext – und zwar nach seinem objektiven Erklärungsinhalt, nicht nach dem, was der jeweils

[884] BGH Beschl. v. 20.3.2019 – XII ZB 310/18, Rn. 3.
[885] BGH Beschl. v. 20.3.2019 – XII ZB 310/18, Rn. 4.
[886] BGH Beschl. v. 20.3.2019 – XII ZB 310/18, Rn. 5.

Erklärende innerlich gewollt hat.[887] Da derselbe Vertragstext auszulegen ist, kann man nicht zu zwei unterschiedlichen Ergebnissen kommen.

Dann bliebe ein in sich widersprüchlicher Vertragstext – so als hätte man in einem einsprachigen Vertrag zwei abweichende Regelungen zu derselben Frage. Der Widerspruch wäre durch Auslegung zu lösen. Wenn zwei Regelungen in einem Vertrag dasselbe behandeln und die eine präziser als die andere ist, dürfte man mE bei der Auslegung typischerweise zu dem Ergebnis kommen, dass die präzisere Regelung gewollt ist und die andere keinen Widerspruch, sondern nur ein verkürzende Wiedergabe darstellt. So war es ja auch hier: Die deutsche Fassung enthält das eigentlich Vereinbarte. Die englische Version ist eine missglückte Kurzfassung.

Allenfalls könnte man argumentieren, dass wegen des Widerspruchs eine Regelung zu diesem Punkt ganz fehlt. Dann hätte man einen Fall des § 155 BGB.

d) Fehlende Übersetzung ist wie fehlende Verlesung zu behandeln

Die Rechtsbeschwerde führte auch an, die Urkunde sei formunwirksam, weil in der schriftlichen englischen Übersetzung die Feststellung des Notars zur fehlenden Sprachfähigkeit der Ehefrau fehlte. Hierin sahen weder das OLG Hamm noch der BGH einen zur Formunwirksamkeit führenden Fehler.

Im zugrundeliegenden Sachverhalt war eine **Übersetzung erforderlich,** da der Notar einen Vermerk in die Urkunde aufgenommen hatte, dass die Ehefrau des Deutschen nicht hinreichend mächtig war. Ist eine Übersetzung nach § 16 BeurkG erforderlich, so ist die **gesamte Urkunde** zu übersetzen. Denn die Übersetzung ersetzt nach § 16 BeurkG die sonst erforderliche Verlesung (§ 13 BeurkG) („anstelle des Vorlesens übersetzt").

„Da die mündliche Übersetzung für den sprachunkundigen Beteiligten an die Stelle des Vorlesens tritt, muss sich die Übersetzung auf alle – gegenüber einem sprachkundigen Beteiligten vorzulesenden – Teile der Niederschrift beziehen. Zu übersetzen sind deshalb nicht nur die sachlichen Erklärungen der Beteiligten, sondern es ist die gesamte Niederschrift einschließlich aller tatsächlichen Feststellungen und Vermerke des Notars in dem gleichen Umfang zu übersetzen, in dem sie gegenüber einem sprachkundigen Beteiligten nach § 13 Abs. 1 Satz 1 BeurkG zu verlesen wären [...]."[888]

Die Übersetzung ist eine **Muss-Vorschrift.** Enthält die Urkunde einen Vermerk über die fehlende Sprachfähigkeit, wurde aber nicht übersetzt, ist die Urkunde unwirksam.

Jetzt kommen wir zum beurkundungsrechtlich zentralen Teil der Entscheidung: Wurde ein Teil der Urkunde nicht übersetzt, so bestimmt sich die Fehlerfolge so, **als wäre dieser Teil** (gegenüber dem betreffenden Beteiligten) **nicht verlesen** worden. Wurde ein Teil der Urkunde nicht übersetzt. so ist zu fragen, was wäre, wenn der entsprechende Teil nicht verlesen worden wäre.

Wurde ein bloßer **„Soll"-Teil der Urkunde** nicht verlesen oder nicht übersetzt, so führt dies nicht zur Unwirksamkeit der Urkunde. Denn „Soll"-Vermerke hat der Notar zwar in die Urkunde aufzunehmen (= unbedingte Amtspflicht). Das Fehlen eines Soll-Vermerks würde aber nicht zur Unwirksamkeit der Urkunde führen. Dann kann auch die fehlende Verlesung eines Soll-Vermerks – oder dessen fehlende Übersetzung nicht zur Formunwirksamkeit der Urkunde führen.

„cc) Weil die mündliche Übersetzung nach § 16 Abs. 2 Satz 1 BeurkG die Verlesung nach § 13 Abs. 1 Satz 1 BeurkG ersetzt, kann ein Verstoß gegen die Übersetzungspflicht gegenüber einem sprachunkundigen Beteiligten grundsätzlich keine anderen Rechtsfolgen auslösen als ein Verstoß gegen die Verlesungspflicht gegenüber einem sprachkundigen Beteiligten. Die Nichtübersetzung

[887] Palandt/*Ellenberger* BGB § 155 Rn. 2.
[888] BGH Beschl. v. 20.3.2019 – XII ZB 310/18, Rn. 27.

von bloßen Sollbestandteilen der Urkunde, die in der Niederschrift nicht einmal enthalten sein müssten, führt daher nicht zu einer Unwirksamkeit des Beurkundungsakts und nicht zu einer materiell-rechtlichen Nichtigkeit des zu beurkundenden formbedürftigen Rechtsgeschäfts."[889]

Noch präziser wäre wohl: Zwar ist der nicht verlesene oder nicht übersetzte Vermerk nicht wirksam beurkundet. Das führt aber nicht zur Formunwirksamkeit der restlichen Urkunde, weil auch das völlige Fehlen des Vermerks die Urkunde nicht unwirksam machen würde.

2. Beurkundungsverfahren und Formulierungsvorschlag bei Lücken oder Fehlern in der schriftlichen Übersetzung

a) Hinweise für das Beurkundungsverfahren

Bitte Vorsicht!

Das ist kein Freibrief, nun die „unwichtigen" Teile bei der Verlesung oder Übersetzung einfach wegzulassen:
- Die vollständige Verlesung und Übersetzung ist unbedingte Amtspflicht.
- „Soll"-Bestandteile gibt es nur wenige.
- Werden Erklärungen der Beteiligten nicht verlesen oder nicht übersetzt, ist der betreffende Teil der Erklärung nicht wirksam beurkundet und damit formunwirksam. Dies kann zur Gesamtunwirksamkeit der Urkunde führen (§ 139 BGB).

Für die Übersetzung heißt das: Wenn eine **schriftliche Übersetzung** vorliegt (und diese natürlich sinnvollerweise als Anlage zu Beweiszwecken zur Urkunde genommen wird), die Übersetzung aber **lückenhaft** ist, so sollte dies in der Urkunde ausdrücklich vermerkt werden. Der Notar muss dann sicherstellen, dass auch die in der schriftlichen Übersetzung des Entwurfs fehlenden Teile übersetzt werden.

b) Zweisprachige Urkunde

Gestaltet der Notar die Urkunde zweisprachig und zweispaltig (anders als im Fall des BGH), macht das nur Sinn, wenn er auch für eine saubere Übersetzung sorgt (auch wenn ohnehin nur die deutsche Spalte Urkundstext ist). Bei einer zweispaltigen Urkunde fallen längere Lücken sofort auf. Allenfalls kann dem Notar einmal ein fehlender Halbsatz durchrutschen, der in einer Sprachversion ergänzt und in der anderen vergessen wurde.

Hier hat man meist den Vorteil, *native speakers* bei der Beurkundung dabei zu haben, die einem den passenden Begriff liefern können, wenn die Entwurfsübersetzung schief ist. Wenn die Beteiligten einigermaßen mitarbeiten, merkt schon einer der Engländer oder US-Amerikaner an, dass dieser Satz irgendwie merkwürdig klinge. Dann erläutert der Notar, was damit gemeint sei – und meist kommt dann von den Englisch-Muttersprachlern eine vernünftige Formulierung, die als Übersetzung passt.

c) Notar übersetzt selber

Übersetzt der Notar ausnahmsweise selbst (wie im Ausgangsfall des BGH) und stellt er dabei fest, dass eine ihm vorliegende schriftliche Übersetzung des Entwurfs mangelhaft hat, so könnte er etwa wie folgt formulieren:

[889] BGH Beschl. v. 20.3.2019 – XII ZB 310/18, Rn. 27.

Formulierungsbeispiel:

Frau/Herr … ist nach eigener Erklärung und nach Überzeugung des Notars der deutschen Sprache nicht hinreichend mächtig. Sie/Er spricht nach eigener Angabe und Überzeugung des Notars hinreichend Englisch.

Zusätzlich zum Verlesen übersetzte daher der Notar die Urkunde ins Englische.

Der Notar wies Frau/Herrn … darauf hin, dass sie/er eine schriftliche Übersetzung verlangen könne. Frau/Herr verzichtete darauf.

Herr/Frau … hatte vorab eine schriftliche Übersetzung des Entwurfs erhalten, die in Anlage zu Beweiszwecken beigefügt ist. Diese zog der Notar als Hilfsmittel für die Übersetzung heran. Teilweise verlas der Notar diese Übersetzung. Soweit der endgültige Text der Urkunde von der Entwurfsübersetzung abwich, wies der Notar darauf hin und übersetzte abweichende oder in der schriftlichen Entwurfsübersetzung fehlende Teile mündlich. Auch korrigierte er die schriftliche Entwurfsübersetzung in einzelnen Punkten. Die Änderungen sind aber auf der beigefügten Entwurfsübersetzung nur teilweise vermerkt.

*Der **Schlussvermerk** ist wie folgt zu ändern:*

Verlesen vom Notar
und vom Notar zusätzlich ins Englische übersetzt,
von den Erschienenen genehmigt
und von ihnen eigenhändig unterschrieben

d) Dolmetscher übersetzt

Übersetzt, wie im Regelfall, ein Dolmetscher, so lautet mein Formulierungsmuster bei Mitwirkung eines Übersetzers wie folgt:

Formulierungsbeispiel:

Frau/Herr … ist nach eigener Erklärung und nach Überzeugung des Notars der deutschen Sprache nicht hinreichend mächtig. Sie/Er spricht nach Angabe … *(Fremdsprache).*

Daher wurde als Übersetzer/in in das … *(Fremdsprache)* zur Beurkundung hinzugezogen:

Frau/Herr …,
geboren am …, wohnhaft …,
ausgewiesen durch amtlichen deutschen Lichtbildausweis.

Ein Ausschlussgrund nach § 26 BeurkG (nahe Verwandtschaft mit einem der Urkundsbeteiligten oder Ähnliches) liegt nicht vor.

Diese Niederschrift wurde Frau/Herrn … anstelle des Vorlesens durch den Dolmetscher übersetzt. Der Notar wies Frau/Herrn … darauf hin, dass sie/er eine schriftliche Übersetzung der Niederschrift verlangen kann; sie/er verzichtete jedoch auf eine schriftliche Übersetzung.

Alternative 1: Alle Beteiligten verzichteten auf die Vereidigung des Dolmetschers durch den Notar für diese Übersetzung.

Alternative 2: Die/Der Dolmetscher/in, Frau/Herr …, erklärte, dass sie/er in Bayern für Übersetzungen aus dem oder in das … *(Fremdsprache)* für gerichtliche und behördliche Zwecke allgemein vereidigt ist (§ 189 GVG); sie/er berief sich auf diese allgemeine Vereidigung.

Alternative 3: Der Notar belehrte über die Bedeutung des Eides und die Strafbarkeit einer falschen Übersetzung (§§ 154, 161 StGB). Danach leistete die/der Dolmetscherin,

Frau/Herr ..., vor dem Notar einen Eid, dass sie/er treu und gewissenhaft übertragen werde (§ 189 GVG).

*Der **Schlussvermerk** ist wie folgt zu ändern:*

Verlesen vom Notar,
vom Dolmetscher übersetzt,
von den Erschienenen genehmigt
und von ihnen und vom Dolmetscher eigenhändig unterschrieben

Liegt eine **schriftliche Übersetzung** des Entwurfs vor, die aber **lückenhaft** ist oder vom endgültigen Urkundstext abweicht, so würde ich etwa Folgendes hinzufügen:

Formulierungsbeispiel:

Frau/Herr ... hatte vorab eine schriftliche Übersetzung des Entwurfs erhalten, die in Anlage zu Beweiszwecken beigefügt ist. Der Notar wies darauf hin, dass der endgültige Text der Urkunde in einigen Punkten vom Entwurf abweicht. Der Notar ermahnte den Übersetzer, hierauf bei der Übersetzung besonders zu achten. Der Übersetzer verwendete die Entwurfsübersetzung als Hilfsmittel, ergänzte und korrigierte aber bei der mündlichen Übersetzungen. Die Änderungen sind auf der beigefügten Entwurfsübersetzung nur teilweise vermerkt.

3. Inhaltliche Anmerkungen

a) Eine zweisprachige Beurkundung macht keinen Sinn, eine zweisprachige Urkunde schon

Die stärker gesellschaftsrechtlich tätigen Kollegen mögen mir widersprechen. Aber aus meiner Sicht macht eine zweisprachige Beurkundung keinen Sinn, eine zweisprachige Urkunde hingegen schon.

In aller Regel wird die Urkundssprache Deutsch sein, weil die Urkunde Grundlage einer Eintragung im Grundbuch oder im Handelsregister sein soll. Eine zusätzliche englische Sprachfassung ist gewünscht, weil eine ausländische Gesellschaft beteiligt ist oder weil eine der Gesellschaften eine ausländische Mutter hat, die das Dokument direkt ohne Übersetzung kontrollieren wollen. Für die ausländischen Beteiligten genügt aber mE eine qualifizierte Übersetzung, wie man sie mit einer zweispaltigen Urkunde liefert.

Auch wenn die Urkunde ausnahmsweise weder für das Grundbuchamt noch für das Handelsregister bestimmt ist, wird der deutsche Notar mutmaßlich nach deutschem Recht beurkunden. Dann sollte er besser auch auf Deutsch beurkunden, weil er nur hier die passenden juristischen Termini verwenden kann. Das Englische eignet sich bekanntermaßen besonders schlecht zur Übersetzung von Termini kontinentaler Rechtsordnungen; eine Übersetzung in das Französische, Spanische, Italienische etc wäre (bei entsprechenden Sprachkenntnissen) leichter möglich, weil die jeweilige Rechtssprache besser passende juristische Termini enthält.

Also: Hände weg vom Englischen als Urkundssprache, wo es nicht unbedingt sein muss. Als ganz banales Argument kommt dazu, dass 99,9% der deutschen Notare besser Deutsch als Englisch sprechen dürften.

Was wäre aber, wenn das Englische gleichberechtigt neben die deutsche Fassung träte – als zweisprachige Urkunde? Dann stellt sich das Problem bei Abweichungen: Bei einer bloßen Übersetzung ist eine schiefe Übersetzung der Fachbegriffe des deutschen Rechts ein bloßer Schönheitsfehler. Bei Zweisprachigkeit droht hingegen Unwirksamkeit wegen Ungenauigkeit oder sogar Widersprüchlichkeit des Vertrages. Zwei authentische Sprachfassungen heißt doppelte Fehlerquelle. Als Notar würde ich mich daher mit Händen und Füßen gegen eine zweisprachige Beurkundung wehren.

Machen Sie Ihre zweispaltigen deutsch-englischen Urkunden, aber stellen Sie klar, dass nur der deutsche Text der Urkundstext ist und dass die englische Spalte nur eine Übersetzung ist.

b) Funktion des englischen Textes

Bei einer zweispaltig deutsch-englischen Urkunde mit Deutsch als alleiniger Urkundssprache hat die englische Übersetzung eine unterschiedliche Funktion – je nachdem, ob alle Beteiligten hinreichend des Deutschen mächtig sind: Versteht ein (formell) Urkundsbeteiligter nicht hinreichend Deutsch, so ist nach § 16 Abs. 2 BeurkG eine Übersetzung erforderlich. Hier ist daher die englisch-sprachige Spalte als Übersetzung mitzuverlesen.

Sitzen hingegen nur deutsche Anwälte oder Geschäftsführer um den Beurkundungstisch, so ist keine Übersetzung erforderlich. Die Übersetzung ist beurkundungsrechtlich nicht erforderlich, sondern nur eine zusätzliche Serviceleistung des Notars. Hier ist umgekehrt zu fragen, ob der Notar einfach so einen zusätzlichen Text, der nicht Urkundstext ist, auf dasselbe Blatt wie die Urkunde aufnehmen darf. Um sie zu beruhigen: Die allgemeine Antwort ist, er darf. Denn die Übersetzung ist ja nicht irgendein Text, sondern eine Übersetzung der Urkunde. Für ihre zweispaltige Anordnung unmittelbar neben der Urkunde sprechen Sachkunde, da man dann Text und Übersetzung einfach miteinander vergleichen kann. Und durch den Schlussvermerk ist klargestellt, dass nur der deutsche Text der Urkundstext und die fremdsprachige Fassung nur eine Übersetzung darstellt.

Aber auch, wenn der englische Text nicht als Übersetzung erforderlich ist, darf der Notar natürlich auch die Übersetzung zur Kontrolle verlesen. Dann kann er aber etwa auch nur die besonders wichtigen Teile verlesen, um sicherzustellen, dass alle Beteiligten mit der Übersetzung einverstanden sind.

Nur als Nebenbemerkung: Wären beide Sprachfassungen selbst Urkundstext, so geht dies unproblematisch nur, wenn alle Beteiligten auch beide Sprachen beherrschen. Sonst müsste ja die eine Fassung übersetzt werden – und ob die andere Fassung zugleich Ursprungstext wie Übersetzung sein kann, kann man sich durchaus fragen. (Im Ergebnis wird man es aber auch als gegenseitige Übersetzung genügen lassen müssen, weil die Übersetzung ja inhaltsgleich wie die zweite Sprachfassung sein müsste.)

c) Fehlende Verlesung kann zur Unwirksamkeit führen, aber nicht falsche Übersetzung

Der BGH behandelte nicht die Frage, welche Folgen eine falsche Übersetzung hätte. Das OLG Hamm hätte wohl einen Dissens angenommen, da es davon ausgeht, dass jeder die Erklärung in seiner Sprachfassung abgibt. Da die BGH-Entscheidung die Übersetzung zu recht als Funktionsäquivalent des Verlesens charakterisiert, könnte man annehmen, dass falsch übersetzt = nicht übersetzt = nicht verlesen wäre, so dass die falsch übersetzten Erklärungen dieses Beteiligten formell unwirksam wären und damit möglicherweise seine gesamte Erklärung und darüber hinaus das ganze beurkundete Rechtsgeschäft materiell unwirksam sein könnte. Meines Erachtens darf man aber eine falsche Übersetzung nicht mit einer fehlenden Übersetzung gleichsetzen.

Die Übersetzung ist das Funktionsäquivalent der Verlesung für den der Urkundssprache unkundigen Beteiligten. Auch beim Verlesen ist falsch verlesen – oder besser falsch oder nicht gehört – nicht gleich nicht gelesen. Ein Fehler bei der Übersetzung ist eher dem Fall vergleichbar, dass sich der Notar beim Verlesen des deutschen Textes verspricht – oder besser noch: Ein Beteiligter verhört sich – oder hört gar nichts (weil er sein Hörgerät zwischendurch ausgeschaltet hat), nickt aber immer verständnisvoll und antwortet auf Fragen sinnvoll (weil er dann schnell das Hörgerät wieder einschaltet). Hier hat der Notar verlesen. Die Urkunde ist also formell wirksam, auch wenn der Beteiligte nach dem einleitenden Gespräch mit dem Notar sein Hörgerät abgeschaltet und dann kein einziges Wort der Urkunde mehr verstanden hat, bevor er nach der Unterschrift sein Hörgerät wieder einschaltet. (Natürlich darf der Notar nicht einfach weiter verlesen, wenn er weiß, dass der Beteiligte das Hörgerät ausgeschaltet hat.) Das Problem liegt nicht beim Verlesen – sondern beim Hören, nicht auf der Seite des Notars, sondern auf der Seite des Empfängers.

Ebenso würde ich die falsche Übersetzung einordnen. Hat der Notar den Dolmetscher um Übersetzung gebeten, kann er ihn nur begrenzt kontrollieren: Bei einer Übersetzung ins Englische oder Französische kann ich eingreifen. Wenn aber ins Russische oder Türkische übersetzt wird, kann ich als Notar nur anhand der Länge der Übersetzung mutmaßen, ob wirklich alles wörtlich übersetzt wurde oder sich der Übersetzer mit einer zusammenfassenden Beschreibung begnügt hat. Aber ob der Dolmetscher Begriff und Konzept der Auflassungsvormerkung richtig übersetzt hat, kann ich bei einer unbekannten Sprache nicht kontrollieren. Dies spricht mE dafür, eine falsche Übersetzung – ebenso wie eine falsch (oder nicht verstandene) Verlesung – als für die formelle Wirksamkeit der Beurkundung irrelevant anzusehen.

Natürlich muss ich als Notar einschreiten, wenn ich merke, dass der Dolmetscher unvollständig übersetzt, und ggf. mit dem Abbruch der Beurkundungsverhandlung drohen. Aber die formelle Wirksamkeit der Beurkundung kann mE nicht von der Qualität der Übersetzung abhängen. Bei einem privaten Dolmetscher bestünde sonst die Gefahr, dass der sprachunkundige Beteiligte faktisch ein Reuerecht hätte, indem der (mit ihm befreundete) Übersetzer erklärt, er hätte leider den deutschen Text falsch verstanden und daher falsch übersetzt – und deshalb sei die Urkunde unwirksam. Dann müsste man überlegen, ob – und aus welcher Rechtsgrundlage? – die anderen Vertragsbeteiligten einen Schadensersatzanspruch gegen den Dolmetscher haben könnten. (Das ist natürlich kein Problem bei einem amtlich vereidigten Dolmetscher.)

Die Lösung liegt mE auf der Ebene des materiellen Rechts. Die Urkunde ist wirksam und nach ihrem beurkundeten Text auszulegen. Wenn der sprachunkundige Beteiligte aber wegen einer falschen Übersetzung etwas anderes erklären wollte, kann er ggf. nach § 119 Abs. 1 BGB wegen Irrtums anfechten. Dafür ist er aber nach allgemeinen Grundsätzen beweisbelastet.

II. OLG Braunschweig Beschl. v. 15. 7. 2019 – 1 W 12/19

Kerngehalt der Entscheidung:
Verweisung auf materiell unwirksame, aber formell wirksame Urkunde ist wirksam.

Leitsätze der Entscheidung:[890]

1. Durch eine Verweisung gemäß § 13a BeurkG wird eine andere notarielle Niederschrift in das Schriftstück inkorporiert; sie gilt als in der Niederschrift selbst enthalten.
2. Die Urkunde, auf die gemäß § 13a BeurkG verwiesen wird, muss unbedingt entsprechend den Formvorschriften der §§ 6 ff. BeurkG errichtet worden sein; inhaltliche Fragen bleiben dagegen außer Betracht, so dass auch auf notarielle Niederschriften verwiesen werden kann, in denen materiell-rechtlich unwirksame Erklärungen protokolliert worden sind.
3. Eine Verweisung nach § 13a BeurkG ist auch dann zulässig, wenn die erklärenden Personen der Bezugsurkunde nicht identisch mit denen der Haupturkunde sind; die in der

[890] DNotI-Report 2019, 143.

Bezugsurkunde enthaltene Erklärung ist dann als von der an der Hauptturkunde beteiligten Person abgegeben anzusehen.

Die Entscheidung bestätigt, was wir alle wissen. Dennoch ist es schön, jetzt noch eine OLG-Entscheidung als Beleg dafür zitieren zu können. In praktisch jedem Kommentar zum BeurkG finden Sie ausgeführt:

- Die Niederschrift, auf die verwiesen wird, muss lediglich **formwirksam errichtet** sein. Ob sie auch materiell-rechtlich wirksam ist, ist für die Formwirksamkeit der Verweisung irrelevant.
- Die an beiden Beurkundungen beteiligten **Personen** müssen **nicht identisch** sein.[891] (Allerdings dürfen Sie natürlich Ihre Verschwiegenheitspflicht als Notar durch die Verweisung nicht verletzen.)
- Möglich ist auch eine **teilweise Verweisung** (auf bestimmte Teile einer anderen Urkunde) bzw. eine **Kettenverweisung** (zB auf Anlagen zu einer anderen Urkunde).
- Die Verweisungsurkunde muss keine Willenserklärungen enthalten (wie jeder von der Verweisung auf die Baubeschreibung weiß).

Was Sie auch alle wissen, aber doch erinnert sei: Die Amtspflicht des Notars zur belehrungsgerechten Gestaltung des Beurkundungsverfahrens nach § 17 Abs. 2a BeurkG und die diese Pflicht ausfüllenden Regeln des notariellen Standesrechts beschränken das pflichtgemäße Ermessen des Notars bei der Wahl des Beurkundungsverfahrens[892] und verbieten insbesondere die **„missbräuchliche Auslagerung geschäftswesentlicher Vereinbarungen in Bezugsurkunden“** (Ziff. II. 2. Richtlinienempfehlung BNotK und die entsprechenden Regelungen der Richtlinien der einzelnen Notarkammern). Deshalb dürfen vertragliche Regelungen für den Bauträgervertrag nicht durch Verweisung zwischen Teilungserklärung und Baubeschreibung versteckt werden.

Soll in einem Verbrauchervertrag über Immobilien auf eine andere Urkunde verwiesen werden, hat der Notar dem Verbraucher auch den Text der Verweisungsurkunde mindestens **zwei Wochen** vor der Beurkundung zur Verfügung zu stellen (§ 17 Abs. 2a S. 2 Nr. 2 BeurkG).

[891] OLG Düsseldorf DNotI-Report 2003, 14.

[892] *Wöstmann* ZNotP 2002, 246 (255).

III. § 1365 BGB gilt nicht für Insolvenzverwalter

Kerngehalt der Entscheidung:
Das Erfordernis der Zustimmung des Ehegatten nach § 1365 Abs. 1 BGB gilt nicht für den Insolvenzverwalter über das Vermögen des anderen Ehegatten.

Eine interessante Frage, die da in einem Grundbuchverfahren auftrat: Ist der Insolvenzverwalter, wenn er über einen Gegenstand des Vermögens des Schuldners verfügt, der den wesentlichen Teil dessen Vermögens ausmacht, an das Zustimmungserfordernis des § 1365 BGB gebunden?

OLG Naumburg Beschl. v. 6.11.2017 – 12 Wx 54/17[893]

Sachverhalt: Der im Güterstand der Zugewinngemeinschaft lebende Insolvenzschuldner hatte als einzigen werthaltigen Vermögensgegenstand seine Eigentumswohnung. Diese verkaufte und übereignete der Insolvenzverwalter an einen Dritten. Dagegen wandte sich der Schuldner mit dem Antrag auf Eintragung eines Widerspruchs, da die Veräußerung gegen § 1365 BGB verstoße.

In der insolvenzrechtlichen Literatur findet sich dazu nur der knappe Hinweis, § 1365 BGB gelte im Insolvenzverfahren nicht.[894] Ebenso knapp begründet dies das OLG Naumburg – es verweist nur auf die Literatur.

Die Lösung liegt ganz einfach in der Rolle, die der Insolvenzverwalter einnimmt. Wäre der Verwalter der Vertreter des Schuldners,[895] dann stellte sich die Frage tatsächlich. Nach der heute herrschenden Amtstheorie ist der Verwalter dagegen Sachwalter und nicht Vertreter,[896] sodass er schon vom Wortlaut des § 1365 BGB nicht erfasst wird.

[893] MittBayNot 2019, 188.
[894] Kübler/Prütting/Bork/*Lüke* InsO § 80 Rn. 108; Uhlenbruck/*Mock* InsO § 80 Rn. 254.
[895] So früher *Bley* ZZP 62 (1941), 111; *Lent* ZZP 62 (1941), 129ff.; *Bernhardt* NJW 1962, 2194; *Ballerstedt* AcP 151 (1951), 501 (526ff.).
[896] Ständige Rechtsprechung seit RGZ 29, 29; BGHZ 24, 393; weitere Nachweise bspw. bei MüKoInsO/*Vuia* InsO § 80 Rn. 27.

J. Geldwäschebekämpfung durch Notare bei Immobiliengeschäften

> **Hinweis:**
> Den nachstehenden Ausführungen liegt die Auslegung des Geldwäschegesetzes (GwG) durch die Geschäftsstelle der Bundesnotarkammer zu Grunde, soweit sich die Ausführungen nicht bereits aus den geltenden Auslegungs- und Anwendungsempfehlungen zum GwG aus dem Jahr 2018 ergeben. Die aktualisierten Auslegungs- und Anwendungsempfehlungen werden nach Erlass der Rechtsverordnung gemäß § 43 Abs. 6 GwG mit den Landesjustizverwaltungen abgestimmt.

I. Grundlagen zum Geldwäschegesetz

1. Anwendbarkeit des Geldwäschegesetzes

Das GwG gilt für Notare nicht bei sämtlichen Vorgängen, sondern nur bei den sog. Kataloggeschäften (siehe § 2 Abs. 1 Nr. 10 GwG).

a) Allgemeine Grundsätze

Das GwG ist für Notare anwendbar bei
- **Immobilienkäufen** einschließlich Sondereigentum und Erbbaurecht,
- **sämtlichen gesellschaftsrechtlichen Vorgängen** einschließlich Handelsregisteranmeldungen und
- **Verwahrungstätigkeiten.**

Nach dem Wortlaut von § 2 Abs. 1 Nr. 10 GwG unterfallen im Gesellschaftsrecht der Kauf von Gewerbebetrieben sowie die Gründung, der Betrieb oder die Verwaltung von Gesellschaften dem GwG. Neben dem entgeltlichen **Erwerb von Anteilen** an einer Gesellschaft ist damit jedenfalls auch die erstmalige **Gründung** vor dem Notar einer GmbH oder AG sowie die erstmalige **Handelsregisteranmeldung** sonstiger Gesellschaften erfasst. Aufgenommen in den Anwendungskatalog wurde nunmehr zudem die Beratung im Zusammenhang mit **Zusammenschlüssen oder Übernahmen.** Gleiches gilt für die Beratung des Mandanten im Hinblick auf dessen Kapitalstruktur. Darüber hinaus sind unter „Verwaltung einer Gesellschaft" aber ohnehin sämtliche weiteren gesellschaftsrechtlichen Vorgänge anzusehen, die in Zusammenhang mit Geldwäsche und Terrorismusfinanzierung stehen könnten. Vor diesem Hintergrund empfiehlt es sich, die **Sorgfaltspflichten im Gesellschaftsrecht stets zu beachten.**[897]

Das GwG ist auch anwendbar auf **Unterschriftsbeglaubigungen** iSd § 40 BeurkG, die ein Geschäft im Anwendungsbereich des GwG betreffen. Hierbei (insbesondere bei Handelsregisteranmeldungen) darf sich der die Unterschrift beglaubigende Notar jedoch auf die geldwäscherechtliche Identifizierung des vor ihm Erschienenen beschränken. Bei Unterschriftsbeglaubigungen im Rahmen des Vollzugs eines von einem anderen Notar beurkundeten Geschäfts (zB Genehmigungen und Vollmachtsbestätigungen) obliegt die Ermittlung des wirtschaftlich Berechtigten (einschließlich der Einsicht in das Transparenzregister), des Zwecks und der Art der Geschäftsbeziehung sowie die Feststellung etwaiger politisch exponierter Personen (PeP), Familienmitglieder oder bekanntermaßen nahestehender Personen bereits dem den Entwurf fertigenden Notar.

[897] BNotK-Anwendungsempfehlungen 2018, S. 7 f.

Auch **Spezialvollmachten** für die genannten Kataloggeschäfte fallen in den Anwendungsbereich des GwG. Da die übrigen geldwäscherechtlichen Pflichten ohnehin im Rahmen des mit der Vollmacht abgeschlossenen Geschäfts zu beachten sind, kann sich der Notar jedoch auch hier auf die geldwäscherechtliche Identifizierung des vor ihm Erschienenen beschränken. Dies gilt auch dann, wenn die Vollmacht nach den Vorschriften über die Beurkundung von Willenserklärungen errichtet wird.

Die Pflichten nach dem GwG müssen stets bei **Notaranderkonten** erfüllt werden und sollten auch bei der Verwahrung sonstiger Kostbarkeiten iSv § 62 Abs. 1 BeurkG berücksichtigt werden.

Dem GwG unterfallen dagegen nicht:
- **Schenkungen** sowie Übergabe- und Überlassungsverträge,
- sämtliche Vorgänge, die auf die Begründung, Änderung oder Löschung **sonstiger Rechte an einem Grundstück** oder die Verfügung über solche Rechte gerichtet sind (insbesondere Grundpfandrechte),
- **familienrechtliche Angelegenheiten,**
- **erbrechtliche Angelegenheiten** (Nachlassauseinandersetzungen und Erbteilskäufe, die Grundstücke oder Gewerbebetriebe betreffen, führen nach dem Wortlaut des § 2 Abs. 1 Nr. 10 lit. a sublit. aa GwG ebenfalls nicht zur Eröffnung des Anwendungsbereichs),
- **Generalvollmachten,** die zwar geeignet, aber nicht konkret dafür bestimmt sind, die in § 2 Abs. 1 Nr. 10 lit. a GwG genannten Geschäfte abzuschließen, da in diesen Fällen die Tätigkeit des Notars nicht in der Mitwirkung an der Planung und Durchführung eines in § 2 Abs. 1 Nr. 10 lit. a GwG genannten Geschäfts besteht.

b) Einzelfragen

aa) Versteigerung, Tausch

Immobilienkäufen gleichzustellen sind Versteigerungen nach § 156 BGB durch Notare iSd § 15 BeurkG. Da für den Tausch die Vorschriften des Kaufvertrags entsprechend gelten (§ 480 BGB), ist das GwG auch anwendbar, wenn Gegenstand des Tausches eine Immobilie oder Gesellschaftsanteile sind.

bb) Bestellung eines Erbbaurechts

Grundsätzlich unterfällt die Bestellung von Rechten an einem Grundstück (insbesondere Grundpfandrechte) nicht dem GwG. Wenn die Bestellung eines Erbbaurechts jedoch entgeltlich erfolgt (also gegen Zahlung eines Erbbauzinses), ähnelt dies einem Immobilienverkauf. Es dürfte sich daher aus Vorsichtsgründen empfehlen, in solchen Fällen die Pflichten nach dem GwG einzuhalten.

cc) Gegenleistungen im Rahmen von Schenkungs- oder Übergabe-/Überlassungsverträgen

Schenkungs- sowie Übergabe- und Überlassungsverträge unterfallen nicht dem GwG. Dies gilt grundsätzlich auch dann, wenn Gegenleistungen vereinbart werden. Allerdings ist darauf zu achten, dass ein Kaufvertrag nicht unter dem Deckmantel eines Schenkungsvertrags dem Anwendungsbereich des GwG entzogen wird.

dd) Beurkundung eines Angebots

Die geldwäscherechtlichen Pflichten beziehen sich immer nur auf den „Vertragspartner", also den vor dem Notar Erschienenen (= formell Beteiligten), sowie die wirtschaftlich Berechtigten des Vorgangs. Bei Beurkundung eines Angebotes bestehen damit keine geldwäscherechtlichen Pflichten hinsichtlich des Annehmenden, es sei denn, dieser ist an der

Urkunde beteiligt. Dies gilt unabhängig davon, ob der die Annahme beurkundende Notar auch für den Vollzug des Kaufvertrags zuständig ist.

ee) Vollmachtlose Vertretung

Der den Immobilienkauf beurkundende Notar muss zunächst die Erschienenen (formell Beteiligten) identifizieren und damit auch den vollmachtlosen Vertreter. Da der (vollmachtlos) Vertretene wirtschaftlich Berechtigter des Vorgangs ist, muss der beurkundende Notar auch diesen identifizieren (die Vorlage eines Ausweises ist hierfür jedoch nicht erforderlich). Sollte es sich bei der (vollmachtlos) vertretenen Person um eine Gesellschaft handeln, muss der beurkundende Notar bei Erwerbsvorgängen nach § 1 GrEStG (und damit insbesondere bei Immobilienkäufen) eine schlüssige Dokumentation der Eigentums- und Kontrollstruktur einholen.

Den die Nachgenehmigung beglaubigenden Notar trifft lediglich die Pflicht, den vor ihm Erschienenen nach den Vorschriften des GwG und des BeurkG zu identifizieren.

2. Überblick über die Pflichten nach dem Geldwäschegesetz

Die Pflichten nach dem GwG stützen sich auf drei Säulen:
- Risikomanagement,
- Sorgfaltspflichten,
- Meldepflichten.

a) Risikomanagement

Notare müssen zur Verhinderung von Geldwäsche und Terrorismusfinanzierung über ein wirksames Risikomanagement verfügen, das im Hinblick auf Art und Umfang ihrer Geschäftstätigkeit angemessen ist (§ 4 Abs. 1 GwG). Dazu zählen eine Risikoanalyse (§ 5 GwG) sowie interne Sicherungsmaßnahmen (§ 6 GwG).

Notare müssen die **Risikoanalyse** im Hinblick auf die von ihnen allgemein betriebenen Geschäfte durchführen und diese dokumentieren, regelmäßig überprüfen und gegebenenfalls aktualisieren sowie den Aufsichtsbehörden auf Verlangen zur Verfügung stellen. Als Muster für die Durchführung einer solchen Risikoanalyse kann die Anlage zu den Anwendungsempfehlungen der BNotK dienen, die sich unter anderem an den in der Anlage 1 und Anlage 2 des GwG genannten Risikofaktoren sowie den Informationen, die auf Grundlage der Nationalen Risikoanalyse zur Verfügung gestellt wurden, orientiert. Kernaussagen der Ersten Nationalen Risikoanalyse sind, dass im Bereich von Immobilientransaktionen, insbesondere im Rahmen von Share Deals, Luxusimmobilien und Versteigerungen, sowie bei Anderkonten ein höheres Geldwäscherisiko besteht. Daraus kann man keine generellen Rückschlüsse für den Einzelfall entnehmen, sodass nicht bei jeder Immobilientransaktion automatisch von einem höheren Geldwäscherisiko auszugehen ist; vielmehr bedarf es insoweit auch weiterhin einer Gesamtschau aller festgestellten Faktoren des Einzelfalls. Zur Dokumentation der Risikoanalyse empfiehlt sich die Ablage in der Generalakte. Die Gesetzesbegründung sieht zumindest eine jährliche Überprüfung vor.[898] Abhängig vom Ergebnis der Überprüfung muss die Risikoanalyse gegebenenfalls aktualisiert werden.

Notare haben außerdem angemessene **interne Sicherungsmaßnahmen** zu schaffen, um die Risiken von Geldwäsche und Terrorismusfinanzierung in Form von Grundsätzen, Verfahren und Kontrollen zu steuern und zu mindern. Angemessen sind solche Maßnahmen, die der jeweiligen Risikosituation des einzelnen Verpflichteten entsprechen und diese

[898] BT-Drs. 18/11555, 109.

hinreichend abdecken. Die Verpflichteten haben die Funktionsfähigkeit der internen Sicherungsmaßnahmen zu überwachen und sie bei Bedarf zu aktualisieren (§ 6 Abs. 1 GwG). Mögliche angemessene geschäfts- und kundenbezogene interne Sicherungsmaßnahmen sind in der Anlage zu den Anwendungsempfehlungen der BNotK dargestellt. Durch den Begriff der „Angemessenheit" wird den Verpflichteten einerseits ein (weiter) Ermessensspielraum zugestanden, andererseits erschwert dieser unbestimmte Rechtsbegriff dem Notar, die Angemessenheit einer Maßnahme in seiner konkreten Situation zu beurteilen. Die in der Anlage zu den Anwendungsempfehlungen vorgeschlagenen Maßnahmen können daher nicht für jeden Notar zwingend sein, sondern müssen risikoangemessen reduziert oder erweitert werden.

b) Sorgfaltspflichten

Notare haben bestimmte allgemeine und verstärkte Sorgfaltspflichten zu erfüllen.

aa) Allgemeine Sorgfaltspflichten

Zu den allgemeinen Sorgfaltspflichten zählen insbesondere:
- eine konkrete Risikobewertung geldwäscherelevanter Vorgänge,
- die Identifizierung der formell Beteiligten (§ 10 Abs. 1 Nr. 1 GwG),
- die Abklärung des Handelns für einen wirtschaftlich Berechtigten und dessen Identifizierung (§§ 10 Abs. 1 Nr. 2, 11 Abs. 5 GwG; bei Gesellschaften ist grundsätzlich ein Transparenzregisterauszug einzuholen, siehe § 11 Abs. 5 S. 2 GwG),
- die Feststellung mit angemessenen, risikoorientierten Verfahren, ob es sich bei dem Erschienenen oder dem wirtschaftlich Berechtigten um eine politisch exponierte Person, um ein Familienmitglied oder um eine bekanntermaßen nahestehende Person handelt (§ 10 Abs. 1 Nr. 4 GwG).

(1) Konkrete Risikobewertung. Jeder geldwäscherelevante Vorgang ist auf das konkrete Geldwäscherisiko zu prüfen. Auf der Basis der Feststellungen der allgemeinen Risikoanalyse erfolgt eine vorgangsspezifische Risikobewertung anhand der vorliegenden Risikofaktoren. Darüber hinaus sind zumindest der von den Beteiligten mit dem notariellen Amtsgeschäft verfolgte Zweck (in der Regel aus der Urkunde ersichtlich), die wirtschaftliche Bedeutung des Vorgangs (in der Regel Geschäftswert) und die Anzahl der Vorgänge mit dem Beteiligten (in der Regel nur einer) zu berücksichtigen.

Die Vornahme und das Ergebnis der konkreten Risikobewertung sind zu dokumentieren. Das Ergebnis der konkreten Risikobewertung kann mit dreistufiger Skala (geringeres Risiko – mittleres Risiko – höheres Risiko) auf dem Verfügungsbogen oder einem gesonderten Dokument in der Nebenakte festgehalten werden.

Der gesetzgeberische Normalfall ist die Annahme eines mittleren Geldwäscherisikos (der nicht ausdrücklich im GwG geregelt ist). Wird ein Vorgang entsprechend eingestuft, müssen keine Abwägungsgesichtspunkte genannt werden. An ein mittleres Risiko sind keine besonderen Rechtsfolgen geknüpft, es sind die allgemeinen geldwäscherechtlichen Pflichten zu beachten. Nur wenn von dem Normalfall abgewichen und ein geringes oder höheres Geldwäscherisiko angenommen wird, ist dies zu begründen.

Aus der Feststellung eines höheren Risikos folgen weitere Pflichten, insbesondere sind die daraufhin ergriffenen Maßnahmen zu dokumentieren; vgl. Abschnitt bb). Bei der Feststellung eines geringeren Risikos können die Sorgfaltspflichten angemessen verringert werden, insbesondere muss die Identifizierung nicht zwingend anhand eines gültigen amtlichen Lichtbildausweises erfolgen, mit dem im Inland die Pass- und Ausweispflicht erfüllt wird.

(2) Identifizierung der formell Beteiligten. Vertragspartner des Notars im Sinne des GwG sind immer nur die Erschienenen, sodass der Begriff „Vertragspartner" und „für ihn auftretenden Person" für den Bereich der notariellen Praxis zusammenfallen.[899] Die Pflicht zur Identifizierung nach § 10 Abs. 1 Nr. 1 GwG bezieht sich daher immer nur auf den formell Beteiligten iSd § 6 Abs. 2 BeurkG. Dem gleichzustellen sind bei Unterschriftsbeglaubigungen nach § 40 BeurkG diejenigen Personen, welche die Unterschrift vollziehen oder anerkennen.

Auch in **Vertretungsfällen** ist daher nur der Vertreter nach §§ 11 Abs. 4 Nr. 1, 12 Abs. 1, 13 Abs. 1 GwG zu identifizieren. Im Hinblick auf den Vertretenen ist hingegen lediglich der wirtschaftlich Berechtigte nach § 11 Abs. 5 GwG zu identifizieren; vgl. Abschnitt (3).

Die **geldwäscherechtliche Identifizierung** der formell Beteiligten setzt sich zusammen aus der Feststellung der Identität und der Überprüfung der Identität. Die **Feststellung der Identität** erfolgt durch die Erhebung folgender Angaben:
- Vorname und Nachname,
- Geburtsort und -datum,
- Staatsangehörigkeit und
- Wohnanschrift.

Die **Überprüfung der Identität** erfolgt grundsätzlich gemäß § 12 Abs. 1 S. 1 Nr. 1 GwG anhand eines gültigen amtlichen Lichtbildausweises, mit dem im Inland die Pass- und Ausweispflicht erfüllt wird. Das ist für einen **deutschen Staatsangehörigen** insbesondere der Personalausweis und der Reisepass, aber auch ein amtlicher Dienst- oder Diplomatenpass (§ 1 Abs. 1 S. 1 PAuswG, § 1 Abs. 1 S. 1 PassG). Auch vorläufige Dokumente genügen insoweit.

Für Staatsangehörige eines Mitgliedstaates der **Europäischen Union** und eines Vertragsstaates des Abkommens über den **Europäischen Wirtschaftsraum** (Island, Liechtenstein und Norwegen) sowie Staatsangehörige der Schweiz wird die inländische Ausweispflicht ebenfalls mit einem von diesen Staaten ausgestellten Personalausweis oder Reisepass erfüllt (§ 8 Abs. 1 FreizügigkeitsG/EU iVm § 3 Abs. 1 S. 1 AufenthaltsVO; Art. 3 iVm Anlage I Art. 1 Abs. 1 S. 1 Freizügigkeitsabkommen Schweiz-EU). Gleiches gilt für durch deutsche Behörden ausgestellte **Passersatzpapiere** (§ 4 AufenthV iVm § 79 AufenthV).

Bei nicht **Nicht-EU-Angehörigen** wird die inländische Ausweispflicht hingegen grundsätzlich nur durch folgende Dokumente erfüllt:
- von **ausländischen Behörden** ausgestellte amtliche Ausweise, die
  (1) vom Bundesministerium des Innern durch im Bundesanzeiger bekannt gegebene Allgemeinverfügung anerkannt (§§ 3 Abs. 1, 71 Abs. 6 AufenthG) oder
  (2) durch zwischenstaatliche Vereinbarung allgemein zugelassen wurden (§ 3 AufenthV),
- durch **deutsche Behörden** ausgestellte Passersatzpapiere gemäß § 4 Abs. 1 AufenthV (insbesondere Reiseausweise),
- Bescheinigungen über einen **Aufenthaltstitel** oder über die **Aussetzung der Abschiebung,** die als Ausweisersatz erteilt wurden und mit Angaben zur Person und einem Lichtbild versehen sind (§ 48 Abs. 2 AufenthG),

---

[899] Der Begriff der „für den Vertragspartner auftretenden Person" ist mit der teilweisen Umsetzung der Vierten EU-Geldwäscherichtlinie (EU) 2015/849 durch das Gesetz zur Umsetzung der Richtlinie über die Vergleichbarkeit von Zahlungskontoentgelten, den Wechsel von Zahlungskonten sowie den Zugang zu Zahlungskonten mit grundlegenden Funktionen eingeführt worden. Dabei hat der Gesetzgeber ausdrücklich festgestellt, dass „der Begriff ‚des Vertragspartners' und der ‚auftretenden Person' für den Bereich der notariellen Praxis zusammenfallen und diese Pflichten sich nur auf den Erschienenen beziehen" (BT-Drs. 18/7204, 99). Das Gesetz zur Umsetzung der Änderungsrichtlinie zur Vierten EU-Geldwäscherichtlinie geht ebenfalls davon aus, das Vertragspartner des Notars nur die Erschienenen sind: § 11 Abs. 5a GwG sieht ausdrücklich vor, dass die Prüfungspflicht des Notars nur dann besteht, wenn „der Vertragspartner für eine Rechtsform im Sinne von § 3 Absatz 2 oder 3 handelt". Dies ergibt nur dann Sinn, wenn Vertragspartner des Notars nicht die Rechtsform selbst, sondern die natürliche Person ist, die die Rechtsform vertritt, also der Erschienene.

– Bescheinigungen über eine **Aufenthaltsgestattung** (§§ 63, 64 Abs. 1 AsylVfG).
Dabei ist zu beachten, dass eine Identifizierung zur Gewissheit des Notars nur dann möglich ist, wenn nach dem Inhalt des Dokuments die Personalangaben nicht lediglich auf den eigenen Angaben des Inhabers beruhen.[900]

(3) Identifizierung der wirtschaftlich Berechtigten. Gemäß § 10 Abs. 1 Nr. 2 GwG muss der Notar abklären, ob der Vertragspartner für einen wirtschaftlich Berechtigten handelt, und, soweit dies der Fall ist, den wirtschaftlich Berechtigten nach Maßgabe des § 11 Abs. 5 GwG identifizieren. Wirtschaftlich Berechtigte sind stets natürliche Personen.

Insbesondere folgende Konstellationen sind bei notariellen Amtsgeschäften denkbar:

Konstellation	Wirtschaftlich Berechtigter
Vertretung einer natürlichen Person	vertretene natürliche Person
Vertretung von Kapital- oder Personengesellschaften	Natürliche Personen, die unmittelbar oder mittelbar mehr als 25 % der Kapital- oder Stimmanteile halten oder auf vergleichbare Art und Weise Kontrolle ausüben (§ 3 Abs. 2 S. 1 GwG). Kann kein wirtschaftlich Berechtigter ermittelt werden, gilt als wirtschaftlich Berechtigter der gesetzliche Vertreter, der geschäftsführende Gesellschafter oder der Partner der Gesellschaft (§ 3 Abs. 2 S. 5 GwG).
Treuhand	Treugeber

Die Identifizierung des wirtschaftlich Berechtigten setzt sich gemäß § 11 Abs. 5 GwG zusammen aus der **Feststellung der Identität** durch Erhebung der Identifizierungsmerkmale und der **Vergewisserung,** dass die erhobenen Daten zutreffend sind. Beide Komponenten haben risikoangemessen zu erfolgen. Die Identifizierungspflicht umfasst zumindest die Feststellung des Namens, kann in Ansehung des im Einzelfall bestehenden Risikos aber auch weitere Angaben erfassen.

bb) Verstärkte Sorgfaltspflichten

Hat der Notar im Rahmen der konkreten Risikobewertung aufgrund der vorliegenden Risikoindikatoren festgestellt, dass ein **höheres Risiko** vorliegt, sind zusätzlich zu den allgemeinen Sorgfaltspflichten verstärkte Sorgfaltspflichten zu erfüllen. Der Umfang der zusätzlichen Maßnahmen hängt von dem jeweiligen Risiko ab. In jedem Fall sind folgende verstärkte Sorgfaltspflichten zu erfüllen:
- Es sind angemessene Maßnahmen zu ergreifen, mit denen die **Herkunft** der im Rahmen des Vorgangs eingesetzten **Vermögenswerte** bestimmt werden kann (zB Mittel zur Zahlung des Kaufpreises oder zur Leistung der Einlagen bei einer Gesellschaftsgründung oder Kapitalerhöhung).
- Der Vorgang ist einer **verstärkten kontinuierlichen Überwachung** zu unterziehen.

Sind an der Beurkundung natürliche oder juristische Person beteiligt, die in einem von der Europäischen Kommission ermittelter Drittstaat mit hohem Risiko ansässig sind (siehe hierzu die Anlage 3 des Merkblatts zum GwG der BNotK), sind zudem, sofern verfügbar, (zusätzliche) Informationen einzuholen über

[900] Vgl. dazu DNotI-Gutachten Nr. 145516/15 und Nr. 154337/17.

– die Beteiligten und die wirtschaftlich Berechtigten,
– die Herkunft der Vermögenswerte und des Vermögens des Vertragspartners und gegebenenfalls des wirtschaftlich Berechtigten (mit Ausnahme der fiktiven wirtschaftlich Berechtigten nach § 3 Abs. 2 S. 5 GwG),
– die Gründe für die geplante oder durchgeführte Transaktion und
– die geplante Verwendung der Vermögenswerte, die im Rahmen der Transaktion oder Geschäftsbeziehung eingesetzt werden (soweit dies zur Beurteilung der Gefahr von Terrorismusfinanzierung erforderlich ist).

Handelt es sich um einen Vorgang, der im Vergleich zu ähnlichen Fällen besonders komplex oder ungewöhnlich groß ist, einem ungewöhnlichen Transaktionsmuster folgt oder keinen offensichtlichen wirtschaftlichen oder rechtmäßigen Zweck erkennen lässt, ist dieser mit angemessenen Mitteln – insbesondere im Hinblick auf seinen Hintergrund und Zweck – näher zu untersuchen.

Regelmäßig wird dem Notar im Rahmen der verstärkten Sorgfaltspflichten nur die Möglichkeit offenstehen, bei den Beteiligten nachzufragen, um die erforderlichen (zusätzlichen) Informationen zu erhalten und diese auf Plausibilität zu überprüfen. Die Möglichkeit, Erkundigungen bei Dritten einzuholen, scheidet für den Notar schon aufgrund seiner Verschwiegenheitsverpflichtung nach § 18 Abs. 1 BNotO aus.

Die Pflicht zur verstärkten kontinuierlichen Überwachung kommt aufgrund der Einzelfallbezogenheit der notariellen Tätigkeit allenfalls in Ausnahmefällen in Betracht.

Die aufgrund des höheren Risikos veranlassten Maßnahmen sowie deren Ergebnisse sind aufzuzeichnen und aufzubewahren.

c) Meldepflichten

Schließlich treffen den Notar nach dem GwG bestimmte Meldepflichten. Dies umfasst die Meldung an die Zentralstelle für Finanztransaktionsuntersuchungen (§ 43 GwG, vgl. Abschnitt III.) sowie die Unstimmigkeitsmeldung an das Transparenzregister (§ 23a GwG, vgl. Abschnitt IV.).

II. Beurkundungsverbote nach dem Geldwäschegesetz

Da der Gesetzgeber ein höheres Geldwäscherisiko bei Immobiliengeschäften sieht, hat er hier besondere Pflichten normiert. Werden diese nicht eingehalten, kann ein Beurkundungsverbot bestehen (§ 10 Abs. 9 S. 4 GwG). Im Übrigen geht der Urkundsgewährungsanspruch der Erfüllung der allgemeinen Sorgfaltspflichten grundsätzlich vor. Etwas anderes gilt nur dann, wenn der Notar weiß, dass seine Tätigkeit für den Zweck der Geldwäsche oder Terrorismusfinanzierung genutzt werden soll. Liegt ein solcher Fall nicht vor, können die Sorgfaltspflichten auch noch nach der Beurkundung erfüllt werden (insbesondere etwa ein Transparenzregisterauszug gemäß § 11 Abs. 5 S. 2 GwG eingeholt werden).

1. Schlüssige Dokumentation der Eigentums- und Kontrollstruktur

Bei Erwerbsvorgängen nach § 1 GrEStG muss der beurkundenden Notar die Identität des wirtschaftlich Berechtigten beteiligter Gesellschaften (und zwar ggf. auf Veräußerer- und Erwerberseite; auch bei GbR) anhand einer von den Beteiligten vorzulegenden Dokumentation der Eigentums- und Kontrollstruktur auf ihre Schlüssigkeit prüfen (§ 11 Abs. 5a GwG). Solange die Gesellschaft ihrer Vorlagepflicht nicht nachkommt, hat der Notar die Beurkundung abzulehnen (§ 10 Abs. 9 S. 4 Alt. 1 GwG).

a) Betroffene Rechtsgeschäfte

Das Beurkundungsverbot gilt für Erwerbsvorgänge nach § 1 GrEStG. Unter einem Erwerbsvorgang ist allgemein ein Rechtsvorgang iSd § 1 Abs. 1–3a GrEStG zu verstehen, der einen Erwerb eines inländischen Grundstücks bewirkt oder bezweckt. Dabei müssen stets verschiedene Rechtsträger beteiligt sein. Für die Zwecke des GwG ist nach Ansicht der Geschäftsstelle der Bundesnotarkammer – wie auch bei den steuerlichen Meldepflichten – unerheblich, ob der Vorgang steuerbar oder gar steuerpflichtig ist.

Da nur solche Erwerbsvorgänge nach § 1 GrEStG relevant sind, die in den Anwendungsbereich des GwG fallen, ist das Beurkundungsverbot bei folgenden Rechtsgeschäften zu beachten:

- Verkauf einer inländischen Immobilie (einschließlich einer Versteigerung nach § 156 BGB),
- Verkauf von Anteilen an einer Gesellschaft, zu deren Vermögen unmittelbar oder mittelbar eine inländische Immobilie gehört,
- alle sonstigen gesellschaftsrechtlichen Vorgänge, sofern dadurch eine inländische Immobilie auf einen anderen Rechtsträger übergeht (zB Verschmelzung, Spaltung und Vermögensübertragung, nicht aber ein Formwechsel) oder einem anderen rechtlich oder wirtschaftlich ermöglicht wird, eine inländische Immobilie auf eigene Rechnung zu verwerten (zB Begründung sowie Auflösung eines Treuhandverhältnisses).

Mitunter ist es schwer zu erkennen, ob ein Rechtsvorgang in den Anwendungsbereich des § 1 GrEStG fällt (etwa bei Anteilsabtretungen). Zudem besteht auch bei anderen geldwäscherelevanten Vorgängen die Pflicht zur Feststellung des wirtschaftlich Berechtigten, was durch eine Dokumentation der Eigentums- und Kontrollstruktur vereinfacht wird. Es kann sich daher empfehlen, bei Gesellschaften standardmäßig eine solche Dokumentation zu verlangen.

b) Anforderungen an die Dokumentation

aa) Darstellung der Eigentums- und Kontrollstruktur; Erleichterungen bei komplexen Strukturen

Die Eigentums- und Kontrollstruktur kann sich insbesondere aus der Gesellschafterliste oder den Gesellschaftsverträgen, aber auch aus anderen Dokumenten (etwa Stimmbindungs-, Beherrschungs- oder Treuhandverträgen) ergeben. Es empfiehlt sich, hierfür standardmäßig eine Abfrage beim Mandanten vorzusehen. Dieser ist verpflichtet, die erforderlichen Informationen und Dokumente zur Verfügung zu stellen. Dabei sind nicht nur die Kapitalanteile, sondern auch die jeweiligen Stimmrechte und sonstigen Umstände, die eine vergleichbare Kontrolle begründen, zu berücksichtigen. Daher genügt etwa bei einer GmbH die bloße Einsicht in die Gesellschafterliste nicht, weil sich dieser nur die Kapitalanteile entnehmen lassen. Bei Personengesellschaften reicht die Einsicht in den Handelsregisterauszug nicht aus, weil aus diesem nicht die Beteiligungsverhältnisse ersichtlich sind.

Im Rahmen der sich anhand der vorliegenden Angaben zur Eigentums- und Kontrollstruktur anschließenden Ermittlung des wirtschaftlich Berechtigten sind die wesentlichen/maßgeblichen Anteilsinhaber unter Berücksichtigung der in § 3 GwG genannten Schwellenwerte und sonstigen Vorgaben zu erfassen.[901] Letztlich dient die Eigentums- und Kontrollstruktur der Identifizierung des wirtschaftlich Berechtigten. Im Rahmen einer Plausibilitätsprüfung ist zu entscheiden, inwieweit der Umfang an Informationen über die Eigentums- und Kontrollstrukturen sowie zu ergreifende Maßnahmen zwecks Identifizierung angemessen sind. Den Notaren steht insoweit ein Ermessensspielraum zu.[902] Auch bei komplexen Beteiligungsstrukturen mit zwischengeschalteten Gesellschaften kann ggf. eine

---

[901] Herzog/*Figura,* 3. Aufl. 2018, GwG § 10 Rn. 19.
[902] Vgl. Herzog/*Figura,* 3. Aufl. 2018, GwG § 10 Rn. 19.

risikobasierte Entscheidung über den Umfang der Abklärungsmaßnahmen zur Ermittlung indirekt beteiligter Personen zu treffen sein.[903] Wichtig ist, dass die Eigentums- und Kontrollstruktur mehr ist als der Abgleich, ob zB Anteilseigner mit mehr als 25% vorhanden sind. Die Struktur erfordert ein Gesamtbild von der Gesellschaft. Sie muss umso intensiver erforscht werden, je risikobehafteter der Vorgang erscheint. Hier kann es hilfreich sein, die Struktur in geeigneter Weise, zB durch schriftliche Aufzeichnungen oder auch schematisch in Form eines Schaubildes, aufzuzeichnen.[904]

Bei einer **börsennotierten Gesellschaft** gelten Besonderheiten, wenn sie

i) an einem organisierten Markt iSv § 2 Abs. 11 WpHG in Deutschland, der EU oder dem Europäischen Wirtschaftsraum notiert ist (also zB an der Frankfurter Wertpapierbörse, nicht dagegen Open Market) oder
ii) Transparenzanforderungen im Hinblick auf Stimmrechtsanteile unterliegt, die entweder dem Gemeinschaftsrecht oder gleichwertigen internationalen Standards entsprechen.

Bei solchen Gesellschaften ist keine Prüfung des wirtschaftlich Berechtigten erforderlich. Damit sind auch die Einholung eines Transparenzregisterauszugs und die Einholung einer Dokumentation der Eigentums- und Kontrollstruktur entbehrlich. Wenn die börsennotierte Gesellschaft jedoch nicht selbst an einem Erwerbsvorgang nach § 1 GrEStG beteiligt ist, sondern etwa über eine Tochtergesellschaft eine Immobilie erwirbt, muss die Eigentums- und Kontrollstruktur bis zur börsennotierten Gesellschaft als Muttergesellschaft vorliegen. Gleiches gilt für **juristische Personen des öffentlichen Rechts** (etwa Kommunen oder Kirchen).

bb) Form der Dokumentation

Das Gesetz schreibt Textform der Dokumentation vor. Da es sich insoweit jedoch nicht um eine Willenserklärung, sondern eine Wissenserklärung handelt, ist § 126b BGB nicht anzuwenden. Erforderlich ist lediglich, dass die Dokumentation in lesbarer Form auf einem dauerhaften Datenträger vorgelegt wird (zB auf Papier, in einer E-Mail oder als PDF-Dokument). Die Person des Erklärenden muss in der Dokumentation nicht zwingend genannt werden. Mangels Schriftform muss die Dokumentation erst recht nicht unterschrieben sein.

Die Formvorgaben an die Dokumentation der Eigentums- und Kontrollstruktur wären gewahrt, wenn diese in der Urkunde selbst aufgenommen wird. Vor dem Hintergrund, dass dadurch aber auch der anderen Vertragsseite die Struktur offengelegt würde und die Urkunde möglicherweise gar öffentlich einsehbar wäre (etwa bei einem Immobilienkauf über die Grundbucheinsicht), erscheint eine Aufnahme in die Urkunde nicht zweckmäßig.

cc) Person des Erklärenden

Bei der Dokumentation der Eigentum- und Kontrollstruktur handelt es sich nicht um eine Willenserklärung, sondern um eine Wissenserklärung. Deshalb ist entscheidend, dass sie aus der „Sphäre der Gesellschaft" kommt. Es ist nicht erforderlich, dass die Person Vertretungsmacht hat; die Dokumentation muss daher nicht zwingend durch die vertretungsberechtigten Organe abgegeben werden. Es kommt allein darauf an, ob sich die Gesellschaft die Erklärungen der Person zurechnen lassen muss. Daher kann die Dokumentation etwa auch von Mitarbeitern der Rechtsabteilung oder dem Steuerberater abgegeben werden.

c) Aktualisierung der Dokumentation

Bei der Einholung einer schlüssigen Dokumentation der Eigentums- und Kontrollstruktur handelt es sich um eine Maßnahme zur Identifizierung des wirtschaftlich Berechtigten

[903] Herzog/*Figura*, 3. Aufl. 2018, GwG § 10 Rn. 19.
[904] BaFin-Anwendungsempfehlungen 2018, S. 49.

(§§ 10 Abs. 1 Nr. 2, 11 Abs. 5a GwG). Eine erneute Identifizierung ist nach dem Gesetz nur erforderlich, wenn der Notar aufgrund äußerer Umstände Zweifel hat, ob die bei der früheren Identifizierung erhobenen Angaben weiterhin zutreffend sind (§ 11 Abs. 3 GwG). Vor diesem Hintergrund genügt zunächst die einmalige Einholung einer schlüssigen Dokumentation. Nur wenn der Notar aufgrund äußerer Umstände Zweifel daran hat, dass die Dokumentation weiterhin zutreffend ist, muss er eine neue einholen.

Es mag sich jedoch empfehlen, in gewissen Abständen oder gar standardmäßig bei jedem neuen Vorgang eine Art „Aktualitätsbestätigung" des Mandanten einzuholen, mit der dieser erklärt, dass sich seit dem letzten Auftrag die Eigentums- und Kontrollstruktur nicht geändert hat oder ggf. welche Veränderungen sich ergeben haben.

2. Erwerb von Grundbesitz durch eine ausländische Vereinigung

Erwirbt eine ausländische Vereinigung eine Immobilie in Deutschland, muss sie zwingend im Transparenzregister Deutschlands oder eines anderen EU-Mitgliedstaates registriert sein. Anderenfalls besteht ein Beurkundungsverbot (§ 10 Abs. 9 S. 4 Alt. 2 iVm § 20 Abs. 1 S. 2 und S. 3 GwG).

Abgesehen von dem Fall, dass eine ausländische Vereinigung eine in Deutschland gelegene Immobilie erwirbt, müssen ausländische Gesellschaften nicht im Transparenzregister registriert sein. Dementsprechend muss bei ausländischen Vereinigungen grundsätzlich auch kein Transparenzregisterauszug eingeholt werden.

Das Beurkundungsverbot gilt nur, wenn die ausländische Vereinigung die Immobilie erwirbt, nicht hingegen, wenn sie Veräußerin ist. Das Beurkundungsverbot ist auch nur anwendbar bei Immobilienkaufverträgen, nicht hingegen bei sonstigen Erwerbsvorgängen nach § 1 GrEStG (insbesondere Anteilsabtretungen an immobilienhaltenden Gesellschaften). Der Anwendungsbereich dieses Beurkundungsverbots ist damit enger als bei dem Beurkundungsverbot mangels schlüssiger Dokumentation der Eigentums- und Kontrollstruktur.

Ebenfalls nicht anwendbar ist das Beurkundungsverbot, wenn eine deutsche Gesellschaft eine Immobilie erwirbt und die Muttergesellschaft eine ausländische Vereinigung ist. Die Muttergesellschaft muss nicht im Transparenzregister registriert sein. Es muss jedoch eine schlüssige Dokumentation der Eigentums- und Kontrollstruktur der Erwerberin (= deutsche Gesellschaft) eingeholt werden, die auch Auskunft über die Eigentums- und Kontrollstruktur der ausländischen Muttergesellschaft gibt.

3. Konsequenzen bei Verstoß gegen ein Beurkundungsverbot

Wie bei §§ 3, 4 BeurkG, § 14 Abs. 2 BNotO führt ein Verstoß gegen die Beurkundungsverbote nach dem GwG nicht zur Unwirksamkeit des beurkundeten Rechtsgeschäfts. Anders als bei §§ 6, 7 BeurkG ist im GwG gerade nicht angeordnet, dass ein Verstoß die Unwirksamkeit des Rechtsgeschäfts zur Folge hat. Der Verstoß gegen ein Beurkundungsverbot nach dem GwG stellt jedoch eine Verletzung der Amtspflichten des Notars dar, was entsprechende aufsichts- und disziplinarrechtliche Konsequenzen haben kann. Zudem begründet der Verstoß eine Ordnungswidrigkeit.

III. Meldung an die Zentralstelle für Finanztransaktionsuntersuchungen

Die geringe Anzahl von Meldungen durch Notare an die Zentralstelle für Finanztransaktionsuntersuchungen (Financial Intelligence Unit oder „FIU") wurde politisch zunehmend kritisiert. Daher hat sich der Gesetzgeber für eine Erweiterung der Meldepflichten entschieden.

1. Voraussetzungen der Meldepflicht

Eine Meldepflicht besteht, wenn
- der Notar weiß, dass die notarielle Amtstätigkeit für Zwecke der Geldwäsche, der Terrorismusfinanzierung oder einer anderen Straftat genutzt wurde oder wird (§ 43 Abs. 2 S. 2 GwG, „Wissensmeldung") oder
- ein Sachverhalt bei Erwerbsvorgängen nach § 1 GrEStG vorliegt, der nach einer Rechtsverordnung stets zu melden ist (§ 43 Abs. 2 S. 2 iVm Abs. 6 GwG, „Sachverhaltsmeldung").

Liegen die Voraussetzungen nicht vor, besteht keine Pflicht und wegen der Verschwiegenheitspflicht des Notars auch kein Recht zur Meldung. Insbesondere begründet ein bloßer Geldwäscheverdacht keine Meldepflicht.

Die Rechtsverordnung zur Bestimmung meldepflichtiger Sachverhalte wurde bislang noch nicht erlassen und wird für das erste Halbjahr 2020 erwartet. Bis dahin verbleibt es bei der Pflicht zur Abgabe nur von Wissensmeldungen durch den Notar.

2. Meldevorgang

Die Meldung hat unverzüglich gegenüber der Zentralstelle für Finanztransaktionsuntersuchung zu erfolgen (nicht mehr gegenüber der Bundesnotarkammer). Die Abgabe erfolgt über https://goaml.fiu.bund.de/Home. Alternativ kann auch das künftig von der Bundesnotarkammer zur Verfügung gestellte Meldeportal verwenden werden, das unter https://gwg.bnotk.de abrufbar sein wird. In jedem Fall ist vor Abgabe einer Meldung eine Registrierung bei goAML erforderlich. Eine Pflicht, sich unabhängig von konkreten Meldungen bei goAML zu registrieren, besteht erst mit Inbetriebnahme des neuen Informationsverbundes der Zentralstelle für Finanztransaktionsuntersuchungen, spätestens jedoch ab dem 1.1.2024 (§ 59 Abs. 6 GwG). Da davon auszugehen ist, dass jeder Notar bald zur Abgabe einer Meldung verpflichtet sein wird, bietet es sich jedoch an, sich bereits im Vorfeld zu registrieren.

3. Pflichten im Falle einer Meldung

a) Anhaltepflicht

Wurde eine Meldung abgegeben, darf der Notar in dem Vorgang grundsätzlich erst dann wieder tätig werden, wenn die Zentralstelle für Finanztransaktionsuntersuchungen oder die Staatsanwaltschaft der Fortsetzung zugestimmt hat oder der dritte Werktag nach dem Abgangstag der Meldung verstrichen ist, ohne dass diese die Fortsetzung untersagt haben (sog. „Anhaltepflicht", § 46 Abs. 1 GwG). Insbesondere darf er vorher nicht beurkunden oder ein bereits beurkundetes Rechtsgeschäft weiter vollziehen.

Für die Fristberechnung bei der Anhaltepflicht gelten die §§ 187ff. BGB entsprechend. Wurde beispielsweise die Meldung an einem Mittwoch abgegeben, darf der Notar in dem Vorgang erst wieder an dem darauffolgenden Dienstag tätig werden.

Wenn der Notar weiß, dass seine Amtstätigkeit für den Zweck der Geldwäsche, der Terrorismusfinanzierung oder eine andere Straftat dient, muss er seine Mitwirkung bereits wegen § 4 BeurkG, § 14 Abs. 2 BNotO versagen.

Mitunter erfährt der Notar erst während der Beurkundungsverhandlung von Umständen, die eine Meldepflicht begründen. Es besteht – abgesehen von den gerade genannten Fällen nach § 4 BeurkG, § 14 Abs. 2 BNotO – grundsätzlich keine Pflicht, die Beurkundung deshalb abzubrechen. Vielmehr liegt es prinzipiell im Ermessen des Notars, wie er mit einer solchen Situation umgeht. Ein Abbruch könnte einen hohen „Warneffekt" für die Beteiligten haben[905] und deshalb die Strafverfolgung behindern (vgl. § 46 Abs. 2 GwG). Zudem hat der Notar gerade bei Grundstückskaufverträgen die Herrschaft über den weiteren Vollzug des Rechtsgeschäfts. Durch den Abschluss der Beurkundung werden keine endgültigen oder nicht mehr rückverfolgbare Tatsachen geschaffen. Entscheidet sich der Notar gegen einen Abbruch, muss er die Meldung unverzüglich nach Beurkundung vornehmen und für den weiteren Vollzug die Anhaltepflicht einhalten; insbesondere darf er vorher keine Ausfertigungen oder Abschriften erteilen. Sollte jedoch nach der Meldung die Zentralstelle für Finanztransaktionsuntersuchungen oder die Staatsanwaltschaft die Fortsetzung untersagen, könnte das bereits beurkundete Rechtsgeschäft auf unbestimmte Zeit nicht vollzogen werden. Um eine solche Situation zu vermeiden, mag sich der Notar auch für den Abbruch der Verhandlung entscheiden. Besteht eine hohe Wahrscheinlichkeit für einen kriminellen Hintergrund,[906] sollte der Notar schon aus Gründen der eigenen Absicherung von einer Beurkundung vorläufig absehen. Allein das Vorliegen eines nach der Rechtsverordnung meldepflichtigen Sachverhalts genügt hierfür jedoch nicht, da es sich dabei um abstrakt risikogeneigte Fälle handelt und ein konkreter Verdacht für einen kriminellen Hintergrund gerade nicht erforderlich ist. Einen Abbruch der Verhandlung sollte der Notar lediglich allgemein unter Hinweis auf seine gesetzlichen Verpflichtungen begründen, da er das Verbot der Informationsweitergabe zu beachten hat; vgl. Abschnitt b).

b) Verbot der Informationsweitergabe

Der Notar darf die Beteiligten nicht über eine beabsichtigte oder erstattete Meldung an die Zentralstelle für Finanztransaktionsuntersuchungen, ein aufgrund einer Meldung eingeleitetes Ermittlungsverfahren oder ein Auskunftsverlangen der Zentralstelle für Finanztransaktionsuntersuchungen informieren (§ 47 Abs. 1 GwG).

Durch das Verbot, die Beteiligten zu informieren, wird nicht ausgeschlossen, dass ein Notar sich bemüht, einen Beteiligten davon abzuhalten, eine rechtswidrige Handlung zu begehen.

Problematisch erscheint die Pflichtenkollision des Notars zwischen dem „Urkundsgewähranspruch" und dem bußgeldbewährten Verbot der Informationsweitergabe nach § 47 Abs. 1 GwG, da der Notar den Beteiligten begründen muss, warum er eine notarielle Amtstätigkeit versagt, sähe sich dann allerdings einem Bußgeld ausgesetzt. Es sollte daher eine allgemein gehaltene Begründung abgegeben oder im Gespräch mit der Zentralstelle für Finanztransaktionsuntersuchungen und dem Landgerichtspräsidenten erörtert werden, welche Informationen möglicherweise preisgegeben werden dürfen.

---

[905] Siehe zu diesem Aspekt Herzog/*Barreto da Rosa,* 3. Aufl. 2018, GwG § 46 Rn. 16.
[906] Hierzu Herzog/*Barreto da Rosa,* 3. Aufl. 2018, GwG § 46 Rn. 16.

IV. Unstimmigkeitsmeldung an das Transparenzregister

1. Grundlagen zum Transparenzregister

Das Transparenzregister ist das offizielle Portal der Bundesrepublik Deutschland zu Daten über wirtschaftlich Berechtigte. In diesem Register müssen insbesondere juristische Personen des Privatrechts und eingetragene Personengesellschaften bestimmte Angaben zu ihren wirtschaftlich Berechtigten machen (Vor- und Nachname, Geburtsdatum, Wohnort, Art und Umfang des wirtschaftlichen Interesses, Staatsangehörigkeit, §§ 19, 20 Abs. 1 GwG). Sofern sich diese Angaben (mit Ausnahme der Staatsangehörigkeit) bereits aus Eintragungen und Dokumenten aus anderen Registern (Handels-, Genossenschafts-, Vereins- oder Partnerschaftsregister) ergeben und dort elektronisch abrufbar sind, entfällt die Mitteilungspflicht (sog. Mitteilungsfiktion, § 20 Abs. 2 S. 1 GwG). Auch in diesem Fall besteht aber (automatisch) eine Eintragung der Gesellschaft im Transparenzregister. Dem Transparenzregisterauszug lässt sich dann entnehmen, dass keine Angaben zu den wirtschaftlich Berechtigten mitgeteilt wurden (sog. „Negativattest", vgl. § 18 Abs. 4 S. 1 Var. 2 GwG). Im Transparenzregister können – ohne weitere Angabe von Gründen – auch Handelsregisterauszüge und alle sonstigen im Handelsregister elektronisch verfügbaren Dokumente abgerufen werden.

Viele Einzelheiten zum wirtschaftlich Berechtigten, zur Mitteilungspflicht an das Transparenzregister sowie zu den Voraussetzungen der Mitteilungsfiktionswirkung können den FAQs des Bundesverwaltungsamts entnommen werden. Diese sind abrufbar unter https://www.bva.bund.de/DE/Das-BVA/Aufgaben/T/Transparenzregister/_documents/FAQ_transparenz_kachel.html.

2. Voraussetzungen der Unstimmigkeitsmeldung

Durch die Unstimmigkeitsmeldung (§ 23a GwG) soll die Qualität der Angaben im Transparenzregister erhöht werden. Danach hat der Notar eine Meldung an die Bundesanzeiger Verlag GmbH als registerführende Stelle abzugeben, sofern

- er feststellt, dass Unstimmigkeiten zwischen den im Transparenzregister zugänglichen Angaben und den sonstigen ihm zur Verfügung stehenden Angaben und Erkenntnissen über die wirtschaftlich Berechtigten bestehen (§ 23a Abs. 1 S. 1 GwG) und
- gleichzeitig ein Fall vorliegt, den er nach § 43 Abs. 2 GwG der Zentralstelle für Finanztransaktionsuntersuchungen zu melden hat (§ 23a Abs. 1 S. 2 GwG).

Eine Unstimmigkeit liegt vor, wenn der Notar eigene Erkenntnisse zu den wirtschaftlich Berechtigten hat und diese von den im Transparenzregister erfassten Angaben abweichen. Dies ist insbesondere der Fall, wenn

- der Notar einen Transparenzregisterauszug erhalten hat und die dort angegebenen wirtschaftlich Berechtigten von seinen Erkenntnissen abweichen,
- die im Transparenzregisterauszug enthaltenen Daten zu den wirtschaftlich Berechtigten nicht stimmen (zB falscher Name, falsches Geburtsdatum),
- der Notar ein Negativattest erhalten hat, aber zu dem Ergebnis kommt, dass eine Eintragung im Transparenzregister notwendig ist,
- der Notar die von ihm gesuchte Rechtseinheit im Transparenzregister nicht finden konnte, obwohl dort eine Eintragung hätte erfolgen müssen.

Sofern eine Rechtseinheit überhaupt nicht im Transparenzregister erfasst werden muss (insbesondere GbR), kann keine Unstimmigkeit bestehen, die zu einer Meldepflicht führt.

Die Abgabe der Unstimmigkeitsmeldung erfolgt über die Internetseite des Transparenzregisters. Die Bundesanzeiger Verlag GmbH hat die Unstimmigkeitsmeldung unverzüglich zu prüfen. Hierzu kann sie von dem Notar die zur Aufklärung erforderlichen Informationen und Unterlagen verlangen (§ 23a Abs. 3 S. 2 GwG). Der Notar wird über den Ausgang der Prüfung informiert.